全国银行招聘考试专用教材
银行招聘考试一本通

中公教育全国银行招聘考试研究中心 ◎ 编著

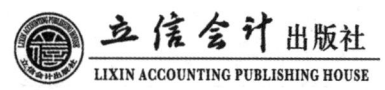

图书在版编目(CIP)数据

银行招聘考试一本通/中公教育全国银行招聘考试研究中心编著.—3版.—上海：立信会计出版社，2023.3
全国银行招聘考试专用教材
ISBN 978-7-5429-7323-8

Ⅰ.①银… Ⅱ.①中… Ⅲ.①银行-招聘-考试-中国-教材 Ⅳ.①F832

中国国家版本馆CIP数据核字(2023)第048706号

责任编辑　毕芸芸

银行招聘考试一本通(第三版)
Yinhang Zhaopin Kaoshi Yibentong(Di-san Ban)

出版发行	立信会计出版社			
地　　址	上海市中山西路2230号	邮政编码	200235	
电　　话	(021)64411389	传　　真	(021)64411325	
网　　址	www.lixinaph.com	电子邮箱	lixinaph2019@126.com	
网上书店	http://lixin.jd.com	http://lxkjcbs.tmall.com		
经　　销	各地新华书店			
印　　刷	三河市海新印务有限公司			
开　　本	889毫米×1194毫米　1/16			
印　　张	30.5			
字　　数	844千字			
版　　次	2023年3月第3版			
印　　次	2023年3月第1次			
书　　号	ISBN 978-7-5429-7323-8/F			
定　　价	88.00元			

如有印订差错，请与本社联系调换

前 言

银行一直在国内外的金融业中处于重要的地位,其稳定的收入和广阔的发展空间吸引着越来越多的高校人才加入其中,近年来银行招聘考试的竞争也越来越激烈。各大银行每年都会专门针对应届生进行校园招聘,一般分秋季校园招聘(以下简称秋招)和春季校园招聘(以下简称春招),以秋招为主。秋招笔试时间一般集中在每年9~10月,春招一般在次年的3月中旬至4月。

笔试形式一般为线上机考,设多个考试单元,各单元独立计时且有规定答题时间,规定时间结束自动跳至下一单元。笔试的内容主要包括职业能力测试、专业知识、综合知识和英语四部分内容。题型全部为客观题,以单项选择题为主,部分银行有少量多项选择题和案例分析题。每个银行题量均不相同,同一银行不同岗位的考试题量也可能不同,如中国银行金融综合类别的题量为175道(140分钟),基础岗位类别的题量为105道(90分钟);中国建设银行综合类笔试题量为160道(150分钟),题量均较大。

银行招聘考试的特点如下:

(1)从整体上看,银行招聘考试考查范围广、题量大,时间紧。虽然考查内容总体难度不大,大部分试题考点比较基础,但有限的答题时间让考试难度加大,考生需作答得又快又准确才可获得高分。

(2)从内容上看,职业能力测试占比最高,多数银行约占40%;专业知识占比10%~40%;综合知识占比20%~30%;英语占比约15%,但中国银行、中国农业银行、中国进出口银行英语占比30%左右。

针对全国银行招聘考试的特点,中公教育全国银行招聘考试研究中心在认真分析历年考情的基础上精心编写了此套图书,并几经修改,真正从广大考生的角度出发,帮助考生掌握核心考试内容,高效复习。本书的特色如下。

1. 考情分析细致,让学习更高效

本书第一篇详细分析了六大国有银行、政策性银行、招商银行、广发银行的笔试情况及题型、题量、答题时间。每一章的"考情简报"板块,说明了在考试中不同银行对本章内容的考查情况,以帮助考生明确考情,更有针对性地备考,提高效率。

2. 细分图书版块，让备考更全面

本书设置多个版块，在考点讲解的基础上提示重点、总结要点、直击难点、指导方法，帮助考生全方位备考。

【考点拓展】链接相关知识，构建丰富知识网络，生僻考点不遗漏。

【要点提示】提示易错易混知识、点拨备考方法，指点迷津，事半功倍。

【命题角度】总结考试命题点，知己知彼，考场实战不慌张。

【示例】列举具体实例，深化理解考点，复习记得牢更轻松。

【经典例题】精选典型考题，即学即练，巩固所学，加强记忆。

另外，本书特对高频、重要考点以★分级标识，对关键词句以不同颜色突出显示。

特别提醒：本书配有精讲网课，请扫描本书封二二维码领取。同时，扫描下方二维码，可免费领取学习资料［内含高频考点速记手册（电子版）及2023年最新时政试题等］。

小提示：扫描左侧二维码，下载并登录中公教育App，点击"中公图书"—"专享资料"—"财经财会"，即可获取本书配套高频考点速记手册、时新知识、最新法律法规等相关文件。

目 录

第一篇　银行招聘考情纵览

第一章　各大银行招考概况　2
一、银行招聘机构及岗位　2
二、招聘条件　2
三、招聘流程及报名渠道　3
四、报名时间及笔试时间　3
五、笔试形式　3

第二章　各大银行招考笔试分析　4
一、中国银行　4
二、中国农业银行　4
三、中国工商银行　5
四、中国建设银行　6
五、交通银行　7
六、中国邮政储蓄银行　7
七、中国农业发展银行　8
八、中国进出口银行　8
九、招商银行　9
十、广发银行　9

第二篇　职业能力测试

第一章　言语理解与表达　12

第一讲　选词填空　12
考点一　辨析词语　12
考点二　分析题干　15

第二讲　语句表达　18
考点一　病句辨析　18
考点二　修辞运用　21
考点三　语句连贯　24

第三讲　阅读理解　26
考点一　主旨观点　26
考点二　细节判断　28
考点三　词句理解　29
考点四　推断下文　30
考点五　标题添加　31
考点六　文章阅读　32

第二章　数学运算　37

第一讲　数学运算技巧方法　37
考点一　整除及其性质　37
考点二　代入排除法　40
考点三　方程法　41
考点四　特值法　42
考点五　十字交叉法　44

第二讲 数学运算常考题型 45	考点二 可能性推理 93
考点一 几何问题 45	**第四讲 定义判断** 100
考点二 行程问题 47	考点一 定义判断解题基础 100
考点三 工程问题 51	考点二 定义判断解题技巧 102
考点四 利润问题 52	**第五讲 类比推理** 104
考点五 浓度问题 53	
考点六 排列组合问题 54	# 第四章 思维策略 108
考点七 概率问题 58	考点一 算式求值 108
第三讲 数学运算其他经典题型 59	考点二 解不定方程 110
考点一 容斥问题 59	考点三 智力推理 111
考点二 数列问题 60	考点四 极限思想 112
考点三 最值问题 61	
考点四 日期问题 63	# 第五章 资料分析 115
考点五 年龄问题 64	**第一讲 资料分析核心考点** 115
考点六 时钟问题 64	考点一 百分数与百分点 115
考点七 周期循环 65	考点二 增长量 116
考点八 盈亏问题 66	考点三 增长率 118
考点九 鸡兔同笼 66	考点四 比重 121
考点十 植树问题 67	考点五 平均数 122
考点十一 方阵问题 67	考点六 倍数与翻番 124
	考点七 指数 126
# 第三章 逻辑推理 69	考点八 拉动……增长、贡献率、利润率 127
第一讲 数字推理 69	考点九 进出口额、贸易顺差、贸易逆差 128
考点一 数列形式数字推理 69	考点十 出生率、死亡率、人口自然增长率 129
考点二 图形形式数字推理 75	**第二讲 资料分析快解技巧** 129
第二讲 图形推理 77	考点一 首数法 129
考点一 图形构成 77	考点二 尾数法 130
考点二 几何性质 80	考点三 有效数字法 131
考点三 图形转化 82	考点四 特征数字法 132
考点四 空间折叠 83	考点五 乘除转化法 133
考点五 其他形式 83	考点六 同位比较法 135
第三讲 逻辑判断 85	考点七 差分法 135
考点一 必然性推理 85	

第三篇 专业知识

第一章 经济学 138

第一讲 经济学基础知识 138
- 考点一 经济规律与经济体制 138
- 考点二 商品和价值 139
- 考点三 西方经济学的研究对象、基本假定和分类 140

第二讲 供求理论 141
- 考点一 需求与供给 141
- 考点二 市场均衡与价格政策 144
- 考点三 需求弹性 145

第三讲 效用理论 148
- 考点一 效用论与消费者均衡 148
- 考点二 价格变化和收入变化对消费者均衡的影响 151
- 考点三 收入效应和替代效应 151

第四讲 厂商理论 152
- 考点一 生产理论 152
- 考点二 成本理论 154

第五讲 市场结构 159
- 考点一 市场类型的划分和特征 159
- 考点二 完全竞争市场 159
- 考点三 不完全竞争市场 163

第六讲 帕累托最优和市场失灵 166
- 考点一 帕累托最优 166
- 考点二 市场失灵 166

第七讲 国民收入核算理论 168
- 考点一 国内生产总值及核算方法 168
- 考点二 国民收入的其他衡量指标 169
- 考点三 国民收入的基本公式 170

第八讲 简单国民收入决定理论 171
- 考点一 均衡产出 171
- 考点二 凯恩斯的消费理论 171
- 考点三 均衡收入与乘数理论 173

第九讲 产品市场与货币市场的一般均衡 174
- 考点一 产品市场的一般均衡 174
- 考点二 货币市场的一般均衡 176
- 考点三 IS-LM 模型 179

第十讲 总需求和总供给 180
- 考点一 总需求 180
- 考点二 总供给曲线 181
- 考点三 总需求-总供给模型 182

第十一讲 失业与通货膨胀 182
- 考点一 失业 182
- 考点二 通货膨胀 183

第十二讲 宏观经济政策 186
- 考点一 财政政策 186
- 考点二 财政政策和货币政策的混合使用 188

第二章 金融学 190

第一讲 货币与货币制度 190
- 考点一 货币 190
- 考点二 货币制度 191

第二讲 信用、利息与利率 194
- 考点一 信用 194
- 考点二 利息与利率概述 195
- 考点三 利率理论 197

第三讲 金融机构 199

第四讲 金融市场 201
- 考点一 金融市场与金融工具概述 201
- 考点二 货币市场、资本市场与外汇市场 204

考点三 股票市场	206	
考点四 债券市场	210	
考点五 证券投资基金市场	215	
考点六 金融衍生工具	216	
考点七 互联网金融	219	
第五讲 资产组合与资产定价	**222**	
第六讲 货币理论	**225**	
考点一 货币需求	225	
考点二 货币供给	227	
考点三 货币均衡	230	
第七讲 中央银行与货币政策	**231**	
考点一 中央银行	231	
考点二 货币政策体系	233	
第八讲 国际金融及其管理	**237**	
考点一 外汇与汇率	237	
考点二 国际收支及其调节	240	
考点三 国际储备	242	

第三章 商业银行经营与管理   244

第一讲 商业银行导论	**244**
考点一 商业银行概述	244
考点二 商业银行的组织形式与组织架构	245
第二讲 商业银行资本	**246**
考点一 商业银行资本概述	246
考点二 巴塞尔资本协议与我国银行业资本监管	247
第三讲 商业银行的负债业务	**251**
考点一 存款业务	251
考点二 借款业务	253
第四讲 商业银行的资产业务	**255**
考点一 贷款业务	255
考点二 现金资产业务	259
第五讲 商业银行的中间业务与表外业务	**260**
考点一 中间业务	260
考点二 表外业务	262
第六讲 资产负债管理的理论与工具	**265**
考点一 商业银行资产负债管理理论	265
考点二 商业银行资产负债管理工具	267
第七讲 商业银行的管理与监督	**268**
考点一 商业银行管理的基本指标	268
考点二 公司治理、内部控制与合规管理	274
考点三 商业银行的风险管理与计量	275

第四章 财会基础知识   279

第一讲 会计概论	**279**
考点一 会计学基础概念	279
考点二 账户与借贷记账法	280
考点三 会计凭证与会计账簿	281
考点四 财务会计报告	283
第二讲 会计账务处理	**285**
考点一 应收款项	285
考点二 存货	285
考点三 固定资产	287
考点四 投资性房地产	289
考点五 无形资产	290
第三讲 年金终值与年金现值的计算	**291**
第四讲 筹资与投资管理	**291**
考点一 杠杆效应	291
考点二 投资项目财务评价指标	292
第五讲 本量利分析与应用	**294**
第六讲 财务分析与预测	**295**
考点一 财务分析方法	295
考点二 基本的财务报表分析	296
考点三 上市公司特殊财务分析指标	299
考点四 可持续增长率的测算	300

第四篇　综合知识

第一章　常　识　302

第一讲　政治常识　302
考点一　时政热点类型归纳　302
考点二　党的二十大报告主要内容　304

第二讲　人文与历史　309
考点一　文化常识　309
考点二　文学常识　313
考点三　历史常识　321

第三讲　科技常识　325
考点一　基础科学常识　325
考点二　科技成就常识　329

第四讲　地理常识　331
考点一　自然地理概况　331
考点二　中国地理概况　333
考点三　外国地理概况　335

第二章　法　律　337

第一讲　民法　337
考点一　民法的基本知识　337
考点二　物权法律制度　341
考点三　合同法律制度　345

第二讲　公司法　351
考点一　公司法概述　351
考点二　公司法相关规定　351

第三讲　票据法　354
考点一　票据法总论　354
考点二　汇票、本票、支票　355

第四讲　银行业法　357
考点一　商业银行法　357
考点二　银行业监督管理法　358

第五讲　其他法律制度　359
考点一　反不正当竞争法　359
考点二　消费者权益保护法　360
考点三　个人所得税法　361
考点四　保险法　362
考点五　刑事法律制度　362
考点六　招标投标法实施条例　363

第三章　计算机知识　366

第一讲　计算机基础知识　366
考点一　计算机系统构成　366
考点二　软件基础知识　369

第二讲　Office 基础操作　370
考点一　Word 2016 基础知识　370
考点二　Excel 2016 基础知识　372

第三讲　计算机网络与安全　374
考点一　计算机网络基础知识　374
考点二　Internet 基础　376
考点三　计算机信息安全技术　378

第四讲　前沿信息技术　380
考点一　物联网技术　380
考点二　大数据技术　381
考点三　云计算技术　383
考点四　人工智能技术　383
考点五　区块链技术　386

第四章　管理及市场营销基础知识　389

第一讲　管理概述　389
第二讲　决策与计划　390
考点一　决策　390

考点二 计划 392	第五讲 控制 404
第三讲 组织与领导 396	第六讲 市场营销基础知识 405
考点一 组织 396	考点一 消费者购买决策 405
考点二 领导 398	考点二 目标市场营销战略 405
第四讲 沟通与冲突 402	考点三 产品策略 407
考点一 沟通 402	考点四 品牌策略 409
考点二 冲突 403	考点五 定价策略 410

第五篇 英 语

第一章 选词填空 414	第四讲 非谓语动词与主谓一致 449
第一讲 词义辨析及常用词 414	考点一 非谓语动词 449
考点一 词义辨析 414	考点二 主谓一致 453
考点二 词性辨析 417	第五讲 特殊句式 455
考点三 介词 418	考点一 虚拟语气 455
考点四 连词 420	考点二 There be 句型 458
考点五 高频短语、固定搭配集锦 422	考点三 反义疑问句 461
第二讲 动词的时态、语态和情态动词 430	考点四 倒装句 464
考点一 动词的时态和语态 430	**第二章 阅读理解** 466
考点二 情态动词 435	考点一 细节题 466
第三讲 从句 436	考点二 推断题 467
考点一 主语从句 436	考点三 主旨题 468
考点二 宾语从句 437	考点四 态度题 469
考点三 表语从句 438	考点五 词义猜测题 470
考点四 同位语从句 439	**第三章 完形填空** 475
考点五 定语从句 440	
考点六 状语从句 445	

附录 性格测试指引 477

第一篇
银行招聘考情纵览

第一章　各大银行招考概况

一、银行招聘机构及岗位

(一) 银行招聘机构

各大银行的招聘机构一般包括总行、总行直属机构、境内分行、子公司等；具体的招聘部门虽不尽相同，但基本都涉及营业部、业务部、风险管理部、信贷审批部、合规部、财务部、资金营运部、科技部、人力资源部等。

(二) 银行招聘的主要岗位

1. 商业银行招聘的主要岗位

商业银行招聘的岗位一般分为柜员、销售、信息技术、职能、综合、管理培训生六类。具体内容见表1-1-1。

表1-1-1　商业银行招聘的主要岗位及其具体工作

招聘岗位	具体工作
柜员类岗位	该岗位主要从事柜面相关的服务，为个人和公司进行开户、存取款、转账等各项操作
销售类岗位	销售也称客户经理，主要负责营销类工作，分为对公客户经理和对私客户经理。对公客户经理主要负责从事公司或机构客户关系的管理和拓展、公司或机构产品的销售管理等工作。对私客户经理主要负责个人客户关系的管理和拓展、日常维护、理财策划、产品销售以及客户潜力挖掘等工作
信息技术类岗位	该岗位主要从事开发和测试应用软件，安装和维护硬件系统，保障信息系统安全稳定，支持业务发展要求。该岗位主要面向计算机、软件等专业学生，需要有较强的专业性
职能类岗位	职能类岗位可细分为财务岗、风险管理岗、风险控制岗、金融岗等。财务岗主要负责财会工作；风险管理岗主要负责贷款的风险审查、贷中审查及风险防范；风险控制岗负责资产业务的贷后管理、催收等工作；金融岗主要负责同业业务，大额资金的成本核算、拆借等工作
综合类岗位	该岗位主要负责银行的各项细节性工作，包括人力资源岗、安保岗、后勤岗等
管理培训生	管理培训生是银行的后备力量，是其重点培养对象。一般管培生入职后需在基层先历练2~3年，以便了解各岗位的工作情况

2. 政策性银行招聘的主要岗位

中国农业发展银行：①总行招聘岗位包括信贷岗、数据分析岗、法律岗、财务会计岗、综合管理岗；②总行直属机构招聘岗位包括财务会计岗、薪酬福利岗、法律事务岗、综合管理类通用岗、软件研发岗；③省级分行招聘岗位一般分为信贷及通用岗位、财务会计岗位、法律岗位和信息科技岗位四大类。

中国进出口银行：招聘岗位类别主要有金融经济类、国际经济合作类、会计统计类、法律类、信息科技类、管理综合类、与进出口银行主责主业相关的产业类。

二、招聘条件

各银行的招聘条件均不相同，一般总行的要求会高于总行直属机构、分行、子公司等。考生在报考时要关注以下两个基本条件：

(1) 学历要求：一般为国内外院校应届毕业生，大学本科(含)及以上学历。但也有放宽至上一届的。

(2) 英语要求：总行一般要求大学英语六级(CET6)425分及以上，分行一般要求大学英语四级(CET4)425分以上。但也有部分岗位不要求。

具体招聘条件以每年最新发布的公告为准。

三、招聘流程及报名渠道

银行招聘的一般流程为:发布公告→网上报名→资格审查→笔试→面试→体检→签约。

各大银行招聘考试的报名均为线上报名,报名渠道一般有以下两种:一是登录各银行的官方网站报名,二是通过各银行人才招聘的微信公众号报名。具体以每年最新发布的公告为准。

四、报名时间及笔试时间

银行校园招聘考试分为秋季校园招聘(以下简称秋招)和春季校园招聘(以下简称春招)。

(1)秋招属于统招,招聘人数多、规模大,一般实行全国统一报名及笔试。

(2)春招属于对秋招的补招,即各银行秋招没招满,还缺人时才会在第二年的春季进行招聘,故有些银行没有春招。与秋招相比,春招的招聘人数相对较少、岗位选择少、标准较宽松,大部分银行也不再实行全国统一报名及笔试,而是由各招聘机构自行组织,有些甚至无笔试环节。

秋招和春招的报名时间及考试时间每年都相差不大。各大银行秋招发布招聘公告的时间集中在 8~10月。报名时间从发布公告日起,通常持续 20~40 天。报名结束大概 10~20 天后,各大银行会陆续举行笔试。银行春招时间一般集中在 2~5 月,3 月中旬至 4 月为招聘高峰期,大多数银行笔试时间安排在 4 月。2022—2023 年度银行秋招考试报名时间及笔试时间见表 1-1-2。

表 1-1-2　2022—2023 年度银行秋招考试报名时间及笔试时间

银行	2022 年度秋招		2023 年度秋招	
	报名时间	笔试时间	报名时间	笔试时间
中国银行	2021.9.3~10.12	2021.10.24（亚洲、澳洲）	2022.9.8~10.14	2022.10.29（亚洲、澳洲）
中国农业银行（境内分行）	2021.8.27~10.7	2021.10.17	2022.9.9~10.16	2022.10.29
中国工商银行	2021.8.30~10.10	2021.10.23	2022.9.8~10.14	2022.10.30
中国建设银行	2021.9.1~10.9	2021.10.24	2022.9.8~10.12	2022.10.30
交通银行	2021.8.18~10.17	2021 年 10 月下旬	2022.8.8~10.16	2022 年 10 月下旬
中国邮政储蓄银行	2021.8.26~9.26	2021.10.25	2022.8.29~10.9	2022.10.31
中国农业发展银行	2021.9.6~9.29	2021.10.17	2022.9.1~9.23	2022.10.15
中国进出口银行	2021.11.1~11.21	2021.12.10	2022.9.29~10.23	2022.11.11

注:2022、2023 年度交通银行未统一举行笔试,由各招聘机构单独举行。

五、笔试形式

各大银行招聘考试笔试一般均采用线上机考形式,分多个单元进行,每个单元单独计时,时间到将自动跳转至下一单元。如提前结束本单元,剩余时间将扣除,不累加至后续单元。一旦进入下一单元,将无法返回上一单元。

为帮助考生熟悉考试系统,了解考试流程并调试软硬件环境,一般正式考试之前,各大银行均有试考环节,即考生可在指定时间段内,提前登录考试系统,进行测试。试考题目内容与正式考试内容无关,且不记入正式考试成绩。

第二章 各大银行招考笔试分析

一、中国银行

近两年,中国银行(以下简称中行)秋招考试笔试安排和内容均比较稳定,变化不大。2023年度中行秋招笔试有多个考试单元,不同岗位的考试单元不同,每个单元都有特定答题时间。具体内容见表1-2-1。

表1-2-1　2023年度中行秋招笔试安排

考试类别	对应岗位	考试时间
基础岗位类	仅入围A类岗位	90分钟
金融综合类	仅入围B类岗位或同时入围A类及B类岗位	140分钟
信息科技类	仅入围C类岗位或同时入围A类及C类岗位	130分钟
金融综合+信息科技类	同时入围A、B、C类岗位或B、C类岗位	180分钟

注:A类是指营业网点岗位、保险分公司相关岗位;B类是指管理培训生或其他综合岗位;C类是指信息科技岗位。

以亚洲、澳洲场的金融综合类笔试试题为例,2023年度中行秋招笔试内容见表1-2-2。

表1-2-2　2023年度中行秋招考试(金融综合类)笔试内容(亚洲、澳洲场)

单元	考查内容	题型	题量(道)	单元用时
职业能力 (70道)	逻辑推理	单项选择	10	60分钟
	数学运算		10	
	言语理解		10	
	思维策略		10	
	资料分析		10	
	时政、常识、金融、商业银行经营与管理、中行相关知识等	单项选择、多项选择混合	20	
英语 (35道)	选词填空	单项选择	20	30分钟
	完形填空		10	
	阅读理解		5	
综合知识 (70道)	英语扩展(阅读理解)	单项选择	10	50分钟
	经济、金融、会计、管理、统计、常识、法律、计算机、决策	单项选择 (含材料题)	35	
	经济、金融、会计、管理、统计、常识、法律、计算机	多项选择	15	
	金融	案例分析	10	
合计			175	140分钟

中行春招考试也是统一进行笔试,但与秋招相比,春招笔试内容相对简单,题量也比秋招少。基础岗位类笔试内容涉及行测、英语、常识、时政、金融、中行相关知识;其他岗位,除了考查上述内容,还会考查对应的岗位专业知识(如计算机专业知识)。

二、中国农业银行

中国农业银行(以下简称农行)招聘考试笔试,一般总行和境内分行分别进行,考试类别主要有综合类和计算机类。本书以分析境内分行(综合类)考试为主。

近两年,农行境内分行招聘考试笔试内容较为稳定,变化较小。笔试内容一般分为综合知识、通用能力测试和英语三部分,题型均为单项选择题。2023年度农行境内分行秋招考试(综合类)笔试内容具体见表1-2-3。

表1-2-3　2023年度农行境内分行秋招考试(综合类)笔试内容

单元	考查内容	题量(道)	单元用时
综合知识(一) (18道)	经济、金融	8	15分钟
	财会	4	
	法律	3	
	管理	3	
综合知识(二) (22道)	信息科技	4	15分钟
	常识	5	
	时政	9	
	农行特色知识	4	
通用能力测试(一) (23道)	言语理解	7	30分钟
	数学运算	11	
	资料分析	5	
通用能力测试(二) (22道)	逻辑推理	11	30分钟
	思维策略	11	
英语 (35道)	选词填空	20	30分钟
	阅读理解	15	
合计		120	120分钟

注:此表中不包含心理测评部分,该部分共54题,作答时间为20分钟。

三、中国工商银行

近两年,中国工商银行(以下简称工行)秋招考试笔试内容较为稳定,变化较小。2022和2023年度均分两个科目,考生根据所入围笔试岗位参加相应科目考试,试卷为多单元形式。每个单元独立计时且有规定答题时间。2023年度工行秋招笔试安排见表1-2-4。

表1-2-4　2023年度工行秋招笔试安排

科目	对应岗位	考试时长
科目一	仅入围A类岗位	150分钟,最短答题时间为138分钟
科目二	仅入围B类岗位或同时入围A类+B类岗位	170分钟(含20分钟信息科技专业加试),最短答题时间为158分钟

注:A类岗位包括星辰管培生、专业英才、客户经理、客服经理、服务代表、金融通才;B类岗位包括科技菁英。

2023年度工行(科目一)考试的内容包括综合知识、通用能力测试、英语三个模块,共四个单元(通用能力测试包含两个单元)。科目二在科目一的基础上增加信息科技模块(20分钟),共五个单元。

以科目一为例,2023年度工行秋招考试笔试内容见表1-2-5。

表 1-2-5　2023 年度工行秋招考试(科目一)笔试内容

单元	考查内容	题型	题量(道)	单元用时
综合知识 (48 道)	时政	单项选择、多项选择	15	53 分钟
	管理	单项选择	5	
	经济、金融	单项选择、多项选择	10	
	决策分析	案例分析	18	
通用能力测试(一) (42 道)	言语理解	单项选择	7	47 分钟
	数学运算		15	
	逻辑推理		20	
通用能力测试(二) (30 道)	思维策略	单项选择	15	35 分钟
	资料分析		15	
英语 (20 道)	完形填空	单项选择	10	15 分钟
	阅读理解		10	
合计			140	150 分钟

工行春招考试也是统一进行笔试,题型题量、考查内容、难易程度与秋招基本一致,变化不大。

四、中国建设银行

近几年中国建设银行(以下简称建行)秋招和春招考试笔试内容比较稳定,均分为综合类和信息技术类两个科目。试卷包括职业基本知识、职业行为测试、综合能力测试一、综合能力测试二(含英语)、职业个性测评五个单元,考试时间共计 180 分钟。建行秋招和春招笔试,题型题量、考查内容、难易程度基本一致。下面以 2023 年度建行秋招笔试内容为例,讲解笔试内容。

(一)综合类

综合类笔试侧重考查经济学、财政金融学、货币银行学、会计学基础、法律、营销、管理、数理统计、信息技术等方面应知应会的知识。

2023 年度建行秋招考试(综合类)笔试内容见表 1-2-6。

表 1-2-6　2023 年度建行秋招考试(综合类)笔试内容

单元	考查内容	题型	题量(道)	单元用时
职业基本知识 (65 道)	经济、金融、商业银行经营与管理、财会、法律、管理、 市场营销、信息技术、统计、时政、建行相关知识	单项选择	40	45 分钟
		多项选择	25	
职业行为测试 (15 道)	思想道德、法律、时政	单项选择	10	10 分钟
		多项选择	5	
综合能力测试一 (34 道)	言语理解	单项选择	17	40 分钟
	数量关系		17	
综合能力测试二 (含英语)(46 道)	逻辑推理	单项选择	16	55 分钟
	资料分析		15	
	英语附加题(阅读理解)		15	
合计			160	150 分钟

注:此表不包含心理测评部分,该部分共 54 题,涉及工作场所行为表现和个人偏好,作答时间为 30 分钟。

(二)信息技术类

信息技术类笔试内容中,除职业基本知识单元外,其他单元的题目均与综合类相同。信息技术类笔试的职业基本知识单元主要考查计算机专业知识,侧重考查计算机网络、操作系统、软件工程、信息安全、设计模式、数据结构与算法、开发语言语法、数据库(语法)等方面应知应会的知识。题型分为单项选择题和多项选择题。

五、交通银行

2022和2023年度交通银行并未统一组织考试,而是由各招聘机构自己决定招聘流程,并组织招聘工作。部分机构如海南省分行、贵州省分行等未设置笔试环节;部分机构如江西省分行、云南省分行、苏州分行、交通银行金融服务中心等分别进行了线上笔试。下面以2021年度交行秋招笔试内容为例,介绍其特点。

根据岗位的不同,交行笔试分为综合类和技术类两种,考试时间均为120分钟,但两类试卷题量不同:综合类100道,技术类110道。2021年度交行秋招考试(综合类)笔试内容见表1-2-7。

表1-2-7　2021年度交行秋招考试(综合类)笔试内容

单元	考查内容	题型	题量(道)
英语 (10道)	完形填空	单项选择	5
	阅读理解		5
专业能力考核 (50道)	经济、金融、交行相关知识	单项选择	20
	数理统计	案例分析	10
	计算机	单项选择	13
	时政		7
工作能力考核 (40道)	言语理解	单项选择	10
	逻辑推理		6
	数学运算		6
	思维策略		8
	资料分析		10
合计			100

六、中国邮政储蓄银行

近几年中国邮政储蓄银行(以下简称邮储银行)秋招考试笔试内容较为稳定,分为通用就业能力测试、行业知识和英语三个单元,题型主要为单项选择题,个别多项选择题。2023年度邮储银行秋招考试笔试内容见表1-2-8。

表1-2-8　2023年度邮储银行秋招考试笔试内容

单元	考查内容	题型	题量(道)	单元用时
通用就业能力测试(EPI) (50道)	言语理解	单项选择	10	50分钟
	数学运算		10	
	逻辑推理		10	
	思维策略		10	
	资料分析		10	
行业知识 (60道)	银行行业相关知识	单项选择	35	50分钟
		多项选择	5	
	前沿科技	单项选择	5	
	邮储银行特色知识		5	
	时政		10	

(续表)

单元	考查内容	题型	题量（道）	单元用时
英语 （20道）	选词填空	单项选择	10	20分钟
	阅读理解		10	
合计			130	120分钟

与秋招相比，邮储银行春招并不组织全国统一笔试，而是由各省分行组织安排报名、笔试、面试时间。如广东分行春季招聘考试，由广东省内统一组织笔试、面试。

七、中国农业发展银行

中国农业发展银行（以下简称农发行）秋招考试笔试分岗位进行，包括信贷及通用岗、法律岗、财务会计岗、信息技术岗。

由于未搜集到2023年度考试试题，下面以2022年度信贷及通用岗试卷为例，分析笔试内容。此次笔试内容分为能力测试、综合知识和性格测试三个单元，题型均为单项选择题。其中第一单元能力测试和第二单元综合知识的第1~33题（农发行相关知识、时政、社科人文常识、英语）为统考内容（所有岗位均考查），题目相同。第二单元的第34~85题分岗位考查对应的专业知识，各岗位的考查内容分别为：①信贷及通用岗，考查经济、金融和工程管理知识；②法律岗，考查法律知识；③财务会计岗，考查财务管理和会计知识；④信息技术岗，考查计算机知识。具体内容见表1-2-9。

表1-2-9 2022年度农发行秋招考试（信贷及通用岗）笔试内容

单元	考查内容	题量（道）	单元用时
能力测试 （80道）	言语理解	13	80分钟
	数学运算	17	
	逻辑推理	18	
	思维策略	17	
	资料分析	15	
综合知识 （85道）	农发行相关知识	6	70分钟
	时政	6	
	社科人文常识	6	
	英语（选词填空）	10	
	英语（阅读理解）	5	
	经济、金融、会计	36	
	工程管理	16	
合计		165	150分钟

注：1. 此表不包含性格测试内容，该部分共72道，作答时间为30分钟。
　　2. 此表中的综合知识单元，经济、金融、会计和工程管理为分岗位考查的专业知识。

八、中国进出口银行

中国进出口银行（以下简称进出口银行）秋招考试笔试分岗位进行，一般分为金融经济岗、财务会计岗、信息科技岗、法律岗、其他岗。

从搜集到的金融经济岗和财务会计岗笔试试卷来看，进出口银行笔试内容分为三个单元，分别是英语、专业知识和行测。英语和行测单元，两个岗位的考查题目均相同；专业知识单元，题型题量相同，但题目不同，分别考查岗位对应的专业知识。

由于未搜集到 2022 和 2023 年度笔试试题，下面以 2021 年度金融经济岗试卷为例，介绍进出口银行笔试特点。具体内容见表 1-2-10。

表 1-2-10　2021 年度进出口银行秋招考试（金融经济岗）笔试内容

单元	考查内容	题型	题量（道）
英语 （51 道）	选词填空	单项选择	21
	阅读理解		30
专业知识 （75 道）	经济、金融	单项选择	50
		多项选择	25
行测 （50 道）	进出口银行相关知识	单项选择	10
	时政		20
	言语理解		5
	数学运算		3
	逻辑推理		7
	资料分析		5
合计			176

注：未搜集到每个单元具体用时，总的考试时长为 120 分钟。

九、招商银行

招商银行（以下简称招行）每年招聘笔试的内容和结构会略微调整，从 2023 年度秋招笔试内容来看，主要考查了英语、职业能力、综合知识、职业性格测试等内容。除综合知识单元的内容因岗位有所差异外，不同岗位的其他部分题目大致相同。笔试时间约 125 分钟，题量约 160 道（不包含职业性格测试），题型以选择题为主。具体内容见表 1-2-11。

表 1-2-11　2023 年度招行秋招考试笔试内容

单元	考查内容	题量（道）	单元用时
英语	选词填空	20	15 分钟
	阅读理解		
职业能力	言语理解	70	50 分钟
	数学运算		
	逻辑推理		
	资料分析		
综合知识	经济金融、银行从业相关知识、时政、招行相关知识	70	40 分钟
职业性格测试	人格测验、职业价值观等	100	20 分钟

注：此表中的单元用时只是根据历年情况预计的时间，仅供各位考生参考。

十、广发银行

2022 年度广发银行秋季校园招聘考试共包含两个单元，分别是综合素质测评和英语，具体内容见表 1-2-12。

表 1-2-12　2022 年度广发银行秋招考试笔试内容

单元	考查内容	题型	题量（道）	单元用时
综合素质测评 （100 道）	言语理解	单项选择	41	100 分钟
	数量关系		15	
	判断推理		20	
	资料分析		7	
	公文		1	
	统计		1	
	经济		3	
	金融	单项选择	7	
		多项选择	5	
英语 （20 道）	选词填空	单项选择	10	20 分钟
	阅读理解		10	
合计			120	120 分钟

注：此表中的单元用时只是根据历年情况预计的时间，仅供各位考生参考。

第二篇
职业能力测试

第一章　言语理解与表达

考情简报

题型题量概述

对于本章内容,多数银行笔试考查题量为 10 道左右,建行近几年每年均为 17 道。

分析各大银行招聘考试真题可知,考试中主要考查选词填空、语句表达和阅读理解三部分内容,总体难度不大。

考查内容概述

选词填空题的考查以两空为主,多考查实词和成语。语句表达题的考查内容包括语句排序、语句填充和病句辨析等,其中语句排序和病句辨析考查较多。阅读理解题的考查以主旨观点题为主,其他题型均有涉及,如细节判断题、推断下文题等。

第一讲　选词填空

考点一　辨析词语

辨析词语是选词填空的重要考点,测查考生的词语储备情况。可从以下五个角度进行考虑。

一、词义的侧重点

有些词语虽然表示的概念、含义大致相同,但在表现对象上却有不同的侧重。做题时,需仔细体会选项中相近词语的不同侧重点。

示例1　"精准"vs"精确"

精准:侧重很符合、没差错。

精确:侧重精细、确切,如:精确到小数点后多少位数。

【误用】8 号选手的远投非常精确。

解读:句子说的是投篮投得准,所以"精确"应改为"精准"。

示例2　"因地制宜"vs"因时制宜"

"因地制宜":根据不同地区的具体情况规定适宜的办法,侧重不同地区。

"因时制宜":根据不同时期的具体情况,采取适当的措施,侧重不同时期。

【误用】社会变化快速,做事方法不能一成不变,当因地制宜。

解读:句子说的是社会变化快,即强调时间的变化,应改为"因时制宜"。

///　要点提示　///

做题过程中经常会遇到语义相近且含有相同语素的词语,若不加以准确辨析,则容易混淆。这时候可以从比较相异语素入手,如"简洁"侧重"洁",强调说话、行文简明扼要;"简捷"侧重"捷",强调做事简便、快捷、直截了当。对于这类具有相同语素的近义词,应比较其相异语素的含义,再结合相应语境进行选择。

> **经典例题** 只有_____勤俭节约,_____铺张浪费之歪风_____,才能有效净化我们的社会风气,培育健康向上的文明风尚。

填入画横线部分最恰当的一项是( )。

A. 厉行　提防　漫延
B. 力行　防止　漫延
C. 力行　防备　蔓延
D. 厉行　防范　蔓延

【答案】D。解析:第一空,"力行"侧重"力",强调亲自实践;"厉行"侧重"厉",强调严格执行。根据"只有……才……"可知,强调严格执行的"厉行"更适合,排除B、C。第三空,"漫延"一般用于水流向四周扩散;"蔓延"一般用于植物或火灾的生长或发展,也可用于抽象事物。文段说的是风气,为抽象事物,此处应选"蔓延",排除A。

二、词义的轻重程度

有的近义词虽然表示的概念、含义大致相同,但在表现的程度上有着轻重、强弱的不同。

> **示例** "相信"vs"信任"vs"信赖"

相信:认为正确,不怀疑,词义程度较轻。

信任:相信而敢于托付,词义程度较重。

信赖:信任并且可以依靠,词义程度最重。

【误用】大禹因治水有功,得到了众多部落的拥戴和舜的信赖,继舜之后担任了部落联盟的首领。

解读:由"继舜之后担任了部落联盟的首领"可知,句子侧重说的是舜对禹的相信与托付,故用"信任"比"信赖"更合适。

> **经典例题** 怎样的事物才能真正永存?阿房宫和华清池都已片瓦不留,李杜的名句和老庄的格言却一字不误地_____在每个华人的心里。世上延绵最久的还是非物质的——思想与精神,能够_____地记忆思想的只有文字。所以说,文字是我们的生命。

填入画横线部分最恰当的一项是( )。

A. 保存　永久
B. 铭刻　永恒
C. 保留　明确
D. 镌刻　准确

【答案】D。解析:第一空,由"片瓦不留""一字不误"等词义程度较重的词语可知,文段要表达的是李杜的名句与老庄的格言深深地刻在每个华人的心里,"保存""保留"词义程度较轻,排除A、C。第二空,此处是说文字具有一字不误的记载功能,用"准确"恰当。

三、词语的感情色彩

根据感情色彩,词语可分为褒义词、贬义词和中性词。做题时,需根据现有句子提供的语境,判断作者的感情态度和褒贬意味,从而选出与作者感情色彩最相符合的词语。

> **示例** "充斥"vs"充满"vs"充溢"

充斥:塞满(含厌恶意),为贬义词。

充满:填满、布满,为中性词。

充溢:充满、洋溢,为褒义词。

【误用】假冒伪劣商品充溢市场,泛滥成灾,严重地侵害了消费者的利益。

解读:对于"假冒伪劣商品",人们应持否定态度,"充溢"为褒义词,不符合句子的感情色彩,应改为"充斥"。

> **经典例题** 文字可将一个人思考之所得传诸他人,于是不仅可以_____,而且可以利用他人的思考为出发点。文字发展成为传至远方与后世的书籍,书籍也就成了人类思考结果的库藏。读书者可以从此库藏中_____,手执一卷可以上对邃古的哲人,远对绝域的学者,而仿佛亲聆其以言词_____毕生思考的心得。

填入画横线部分最恰当的一项是( )。

A. 群策群力　任意索求　显露
B. 集思广益　予取予求　吐露
C. 传承文明　随心所欲　倾诉
D. 取长补短　无厌求取　诉说

【答案】B。解析:先看第二空,句意为读者凭借意愿选择书籍,由"手执一卷可以上对邃古的哲人,远对绝域的学者……"可知,此处应为褒义语境。"随心所欲"在不同的语境可用作中性词或贬义词,但不能用作褒义词,排除C。"无厌求取"为贬义词,与文段的感情色彩不符,排除D。再看第三空,"显露"与"心得"搭配不当,排除A。"吐露"含有的诉说之意,与"心得"搭配更恰当。

点拨:第一空的备选词语不易辨析,考生可直接跳过,不要过于纠结某一空。第二空备选词语词义相近且没有可利用的相异语素,这时不要再从词义的角度进行辨析,可以从词义的轻重或感情色彩的角度进行考虑。

四、词语的语体色彩

根据语体色彩,词语可分为口头语和书面语两大类。口头语的主要特点是自然、通俗,常用于日常交谈,或比较口语化的文学作品。书面语的特点是文雅、庄重,多用于比较正式的场合、理论性强的文章等。从试题选材来看,考试中多考查考生对书面语的掌握情况。

> **示例**　"摇晃"vs"摇曳"

摇晃:摇摆、晃动,较为口语化。

摇曳:摇荡,多用于书面语。

【误用】轻风拂来,明净的湖面堆起丝丝笑靥,惹得四周心旌摇晃。

解读:句子表述文学气息较重,应选取书面语,"摇晃"较为口语化,应改为"摇曳"。

> **经典例题** 在奥斯威辛解放60周年纪念活动的电视实况转播里,看到奥斯威辛正飘飞着鹅毛大雪。远处苍茫的背景下,奥斯威辛集中营那些处在低洼之地的木制和砖砌的营房和毒气室,在洁白飞舞的雪花中,静静地_____着,无言地出示着历史的一份_____着血泪的证言。

填入画横线部分最恰当的一项是( )。

A. 伫立　浸透
B. 肃立　书写
C. 站立　浸染
D. 树立　饱含

【答案】A。解析:第一空,"树立"是指建立(多用于抽象的好的事情),如树立榜样,与"营房和毒气室"不能搭配,排除D。与"60周年纪念活动""在洁白飞舞的雪花中"对应,"伫立""肃立"所含有的庄重的意思更符合文段的语体色彩,"站立"较为口语化,排除C。第二空,由"集中营""毒气室"可知,这份血泪证言见证了一段惨痛的战争历史,"浸透"词义程度更重,且与"血泪"搭配更恰当。

五、词语的搭配

词语的搭配既受语法规则的支配,又受语义条件的限制,同时还存在专业领域的固定搭配。因此,在解题时,可从词语的搭配角度入手快速解题。

示例1 "发扬"vs"发挥"

发扬:常与"风格""精神""品质"等搭配。

发挥:常与"作用""水平""想象力"等搭配。

【误用】看图作文时,除了看懂图画的内容,还要充分发扬自己的想象力。

解读:与"想象力"搭配,用"发扬"不恰当,应改为"发挥"。

示例2 "年轻"vs"年青"

年轻:年纪比相比较的对象小,适用对象较为广泛。

年青:处在青少年时期,适用对象为青少年。

【误用】她是一个精致讲究的女人,虽然年过花甲,但鹤发童颜,十分年青。

解读:"年青"是指处在青少年时期,句中的"她"已经年过花甲,应改为"年轻"。

> **经典例题**《流浪地球》的持续热映让刘慈欣的作品再度受到大众_____,人们的目光也逐渐_____到中国科幻文学作品上来。

填入画横线部分最恰当的一项是( )。

A. 青睐　聚集　　　　　　　　　　B. 瞩目　聚焦

C. 热捧　汇集　　　　　　　　　　D. 追捧　凝聚

【答案】B。解析:先看第二空,"聚集"常与"力量""资金"等搭配,"汇集"常与"材料""信息"等搭配,"凝聚"常与"心血""智慧"等搭配,三者均与"目光"搭配不当,排除A、C、D。"聚焦"比喻视线、注意力等集中于某处,与"目光"搭配恰当,符合句意。验证第一空,"瞩目"用来形容刘慈欣的作品再次受到大众的关注也恰当。

考点二 分析题干

选词填空题中,空缺处所填词语必须能够满足语境需求,且不能有语法问题。因此,在解题时首要任务是分析题干,主要是分析题干中对解题有帮助的信息。

一、逻辑关系

分析语境,通常是分析空缺处前后的逻辑关系。考试中最常见的逻辑关系有解释说明关系、相反相对关系、并举关系、递进关系和顺承关系。

(一)解释说明关系

解释说明关系是指语段中的某些词句对空缺处词语的含义进行了解释说明。当文段中出现以下提示信息时,可重点考虑此处是否存在解释说明关系。

提示存在解释说明关系的五种信息:

(1)含有指代义的词语:这、那、此、这些、这样。

(2)表同义互换的词语:也就是说、或者说、即。

(3)表概括、归纳、总结说明的词语:可见、因此、因而、所以。

(4)表举例论证的词语:也是如此、即是例证、譬如。

(5)表解释说明的符号:冒号、破折号。

(二)相反相对关系

相反相对关系是指语段中的某些词句对空缺处词语的含义进行了反面提示。解答此类题目可以通过找出句中相应词语的反义词或者与分句语义相对的词语。

提示存在相反相对关系的五类词语：
(1)转折词：虽然……但是……、却、反而、然而、而、其实。
(2)否定词：是……不是……、不是……而是……、并非、不能、不会。
(3)选择词：是……还是……、与其……不如……、或。
(4)变化词：从……到……、过去……现在……、直到。
(5)相对词：一些(类)……另一些(类)……、少数……大多数……。

（三）并举关系

并举关系是指语段中的某些词句与空缺处所填词语为并列关系，二者语义相近、结构相当。

暗示存在并举关系的三种信息：
(1)表并举关系的词语：和、与、既……又……。
(2)表并举关系的符号：顿号、分号。
(3)相同或相似的句式。

（四）递进关系

递进关系是指语段中的某些词句与空缺处所填词语存在范围或程度上的阶梯差异。

当文段中出现表递进关系的关联词语时，可考虑此处是否存在递进关系。常见的**表递进关系的词语有：甚至、更、还、以至、不仅/不但/不光……而且……、尚且……何况……**。

（五）顺承关系

顺承关系是指作者在描述一个连续的动作或事情时，常遵循一定的时间、空间或逻辑顺序，表现在句子中则是分句之间有前后相承的关系，或描述连续动作的词语之间具有不可颠倒的前后次序。

/// **要点提示** ///

要注意区分递进关系与顺承关系。递进关系强调的是程度上存在差异，可以是一个事物内部存在差异，也可以是与其他事物相比存在差异；而顺承关系强调的是顺序不可逆，多用于一个事件的完成。

> **经典例题1** 近二十几年来，人类已发现数千颗围绕其他恒星公转的行星，其中绝大多数与地球_____。不过，《发现》杂志曾预测，观察大约150个邻近星系，应该就会找到一个类似地球的小型行星。
>
> 填入画横线部分最恰当的一项是(　　)。
> A. 泾渭分明　　　　B. 唇齿相依　　　　C. 息息相关　　　　D. 大相径庭
>
> 【答案】D。解析：由转折词"不过"可知，所填词语与后文"类似"构成相反相对关系，表示有差别之意。"泾渭分明"比喻界限清楚或是非分明。"唇齿相依"比喻双方关系密切，相互依存。"息息相关"形容彼此的关系非常密切。三者均不含有差别之意，排除A、B、C。"大相径庭"比喻相差很远或矛盾很大，符合句意。

> **经典例题2** 提供优质的教学内容和服务，是学习类应用程序的_____，是彰显其教育性的首要维度。漂亮的界面、花哨好玩的功能均是_____，内容才是内在价值和竞争力之所在。
>
> 填入画横线部分最恰当的一项是(　　)。
> A. 焦点　喧宾夺主
> B. 根基　锦上添花
> C. 要旨　如虎添翼
> D. 追求　缘木求鱼

【答案】B。解析：第一空，"是……的_____，是……的首要维度"句式平行并列，所填词语应与"首要维度"词义相近，表达提供优质的教学内容和服务是学习类应用程序的基础之意。"焦点"未体现基础之意，排除A。"追求"与句意不符，排除D。"要旨"是指重要的意旨，与句意不符，排除C。验证第二空，"锦上添花"比喻使美好的事物更加美好，填入说明漂亮的界面和花哨好玩的功能是辅助作用，恰当。

二、语法与语用 ★★★

语法，是指语言的结构规律。做选词填空题时，除了要考虑文意、词义，还需要遵循一定的语法规则，通过分析所缺词语在句子中充当的句子成分，选择合适的词语填入其中。

语用，是指语言的实际应用。语法探讨的是遣词造句的规则，而语用更多是指遣词造句的习惯。语用既是选词填空题的一个考查重点，也是解题的一个重要法宝。

（一）词性

1. 认识常考词性

考试中考查得比较多的是名词、动词、形容词和连词。其中，连词主要考查关联词，这部分内容在后文会详细讲解。

名词在句中主要作主语和宾语。动词在句中主要作谓语。形容词在句中主要作定语、谓语、状语和补语。名词、动词、形容词的区分方法见表2-1-1。

表2-1-1　名词、动词、形容词的区分方法

项目	名词	动词	形容词
与"很"搭配	不能搭配，如"很太阳"	不能搭配，如"很研究"	能搭配，如"很积极"
与"不"搭配	不能搭配，如"不太阳"	能搭配，如"不研究"	能搭配，如"不积极"

需要注意，有两类形容词不能与"很""不"搭配：第一类，词语本身已有达到某种程度之意，如"雪白""飞快"，"雪""飞"分别形容"白""快"的程度；第二类，ABB式和AABB式形容词，如"绿油油""漂漂亮亮"等。

示例 撒哈拉沙漠是地球上最不适合生物生长的地方之一，其恶劣的气候_____了植物的生长。（障碍/阻碍）

解读：空缺处词语应作句子的谓语，"障碍"是名词，填入会产生语法错误；"阻碍"是动词，填入恰能充当设空句的谓语。

2. 并列成分的词语的词性通常一致

当句子中存在并列成分时，为了保持句子内部节奏的一致性、流畅性，并列成分的词语的词性通常要保持一致。

示例 在动荡的社会里，汉字的随意性比较强，当一个社会稳定的时候，就会出现对汉字的整理和_____。（规范/标准）

解读：由"和"可知，所填词语应与"整理"构成并举关系，且保持词性一致。"整理"为动词，所填词语也应为动词。"标准"为名词，不能与"整理"构成并举关系。"规范"既可为名词也可为动词，作动词时，意为使合乎规范，与"整理"并列恰当。

---- 考点拓展 ----

成语也有词性之分，大致可分为动词性、名词性、形容词性、副词性四类。不同词性的成语在句子中充当不同的成分，行使不同的语法功能。大家在做题时要注意甄别，以免落入命题者的陷阱。

> **经典例题** 量子理论_____,正是大有可为之时。公众的关注,对量子理论的研究和普及有着很好的_____作用。但是,如果为了商业利益和各种私心,毫无底线、肆无忌惮地过度消费公众对量子领域的好奇心,到头来就会使公众对量子理论的科学性产生怀疑。

填入画横线部分最恰当的一项是(　　)。

A. 大势所趋　促进

B. 方兴未艾　推动

C. 风起云涌　传播

D. 前途无量　示范

【答案】B。解析:第一空,分析可知,所填词语应表示量子理论开始兴起、发展之意,横线处应填入一个动词。"大势所趋"是指整个局势发展演变的必然趋势,为名词性成语,填入缺少谓语,排除 A。"前途无量"多指人未来的发展不可限量,不能用来形容"量子理论",排除 D。第二空,句意是公众的关注会促进量子理论的研究和普及,"传播"填入不当,排除 C。

(二)语义重复

当一个词语中已包含另一个词语的意思时,这两个词一般不能连用。例如:"中旬"本身就是一个概数,所以不能与"前后""左右"连用;"必需"意为一定要有,已包含了"有"的意思,所以不能再和"有"连用;"威慑"意为使人感到恐惧,已包含了"使"的意思,所以不能与"令人""让人"等表使动的词语连用。

> **经典例题** 世间有很多事真的是"只有想不到的,没有做不到的"。当我们陷入_____的境地时,开动脑筋,激活智慧,往往会"急中生智"而杀出一条_____的新路来。没有四肢,就用牙齿行走;缺少力气,就用智慧谋生……生活中的很多奇迹和成功,就是这样诞生的。

填入画横线部分最恰当的一项是(　　)。

A. 山穷水尽　另辟蹊径

B. 一筹莫展　异想天开

C. 进退维谷　匪夷所思

D. 举棋不定　出乎意料

【答案】C。解析:先看第二空,"另辟蹊径"的"径"与后文的"新路"语义重复,排除 A。"异想天开"与"匪夷所思"都含有想法荒唐离奇的意思,但"异想天开"含贬义,与文段的感情色彩不相符,排除 B。再看第一空,由后文的"急中生智"中的"急"可知,这里陷入的是一种困难危急的境地,"举棋不定"比喻犹豫不决,与句意不符,排除 D。

第二讲　语句表达

考点一　病句辨析

病句,实际上就是有毛病的句子。这里的"毛病"是指违反了语法结构规律或客观事理逻辑。病句主要包括六种类型:成分残缺、成分赘余、句式杂糅、搭配不当、歧义、不合逻辑。

一、成分残缺

成分残缺是因缺少应有的成分造成句子结构不完整、表意不明确的一种语病。其类型及释义见表 2-1-2。

表 2-1-2　成分残缺的类型及释义

类型	释义
主语残缺	主要是由滥用介词或暗中更换主语造成的
谓语残缺	错把状语或宾语中的动词当作整个句子的谓语
宾语残缺	主要是由于动词所带的宾语较长,在表述时,往往只写了宾语的修饰语,而丢失了宾语的中心语
其他残缺	如状语残缺、介词残缺、关联词语残缺等

示例1 我国人民正在意气风发地为建设一个现代化的社会主义强国。

解读:谓语残缺。本句缺少谓语,删去"为",或者在最后加上"而奋斗"。

示例2 作为2008年北京奥运会保险合作伙伴,中国人保以更适合公众参加的形式,组织了弘扬奥林匹克精神、服务奥运,分享奥运所带来的激情和欢乐。

解读:宾语残缺。谓语动词"组织"缺少宾语,应在"服务奥运"后加上"的活动"。

示例3 那些手上有过硬技术的职工,企业即使面临困难,也要千方百计地挽留。

解读:介词残缺。应在"那些手上有过硬技术的职工"前加介词"对于"。

示例4 不管天气多么恶劣,他是按时到校学习。

解读:关联词语残缺。应在"是"前面加上"都"。

二、成分赘余

成分赘余是指句子中出现了重复表达的内容。常见情形有:词语隐含义与已提供的语境义重复、虚词多余等。

示例1 只有把想法付诸于行动,才能最大限度地达到我们的目标。

解读:"诸"已含有"之于"的意思,其后不能再接"于",可将"于"删去。

示例2 我们必须拿出自己的正版计算机游戏软件,否则,拿不出新软件,就难以抵制不健康的盗版软件。

解读:"否则"本身是一种表否定的假设,与后面"拿不出新软件"重复,可删除"拿不出新软件"。

三、句式杂糅

句式杂糅是把两种不同的句法结构混杂在一起,造成结构混乱、语义不清的语法错误。

示例1 教师心态浮躁的背后,是整体学术氛围不纯的表现。

解读:"背后是……"与"是……表现"两种句式杂糅,可去掉"的表现"。

示例2 要想真正深入学习实践科学发展观,就一定要在求真务实创新上下苦功夫不可。

解读:"一定要……"和"非要……不可"两种句式杂糅,可改为"就一定要在求真务实创新上下苦功夫"或"就非要在求真务实创新上下苦功夫不可"。

四、搭配不当

搭配不当是比较常见的语病。其类型及释义见表2-1-3。

表 2-1-3　搭配不当的类型及释义

类型	释义
主谓搭配不当	主要表现为谓语不能陈述主语,有时主语或谓语由联合短语充当,其中一部分不能搭配
动宾搭配不当	主要表现为当动词带两个以上宾语时,部分宾语与动词不搭配
主宾搭配不当	主要出现在由"是"充当谓语的句子中
修饰语与中心词搭配不当	主要表现为句子的定语、状语、补语与其修饰、限制的中心词搭配不当

示例1 机关考勤制度改革后,"一杯茶、一支烟、一张报纸看半天"的现象不见了,全勤的人数骤然增多,出勤率较前三个月有很大增加。

解读:主谓搭配不当,主语"出勤率"与谓语"增加"不搭配,应把"增加"改为"提高"。

示例2 在拉萨市郊的每块土地上,都可以看到农民们愉快的笑脸和那"喔哝、喔哝"的赶牛的吆喝声。

解读:动宾搭配不当。谓语动词"看到"只能与"笑脸"搭配,不能与"吆喝声"搭配。

示例3 汉末之王充思想,是批评阴阳五行、天人感应及是古非今思想的代表人物。

解读:主宾搭配不当。本句的主语是"王充思想",宾语是"代表人物","王充思想是代表人物"明显搭配不当。

示例4 我们中华民族在人类文明发展史上,曾经有过优越的贡献。

解读:修饰语与中心词搭配不当。"优越的"不能作为修饰语与"贡献"搭配,可改为"卓越的贡献"。

五、歧义

歧义是指一个句子存在两种或两种以上解释的现象。其类型及释义见表 2-1-4。

表 2-1-4　歧义的类型及释义

类型	释义
词的多义导致歧义	由句子中的多义词或多义短语造成的歧义
停顿不同导致歧义	因句中停顿不明确(或者说句中可以有不同的停顿)而引起的歧义
指代不明导致歧义	句中的指示代词或人称代词指代不明确造成的歧义
修饰语两可导致歧义	由修饰语修饰的中心词不明确而造成的歧义

示例1 柏林反对申办奥运的暴力活动升级。

解读:停顿不同导致歧义。既可理解为"反对/申办奥运的暴力活动升级",也可理解为"反对申办奥运的暴力活动/升级"。

示例2 "有偿新闻"应当受到批评,这是极其错误的。

解读:指代不明导致歧义。"这"可以指"有偿新闻",也可以指"有偿新闻受到批评"。

示例3 几个学校的领导一起来了。

解读:修饰语两可导致歧义。"几个"既可以修饰"学校",理解成"不同学校";也可以修饰"领导",理解为"来自同一个学校的多个领导"。

六、不合逻辑

不合逻辑主要考查的是对事理逻辑的分析能力。其类型及释义见表 2-1-5。

表 2-1-5　不合逻辑的类型及释义

类型	释义
一面对两面	这类病句的主要特征是句子内容不能前后照应,句子的一部分内容涉及两个方面,而与之对应的另一部分内容却只涉及一个方面
自相矛盾	前面的说法与后面的说法彼此冲突,主要涉及时间、数量、范围、动作、位置、状态等
主客倒置	颠倒了主体与客体之间的主要与次要、认知与被认知、主动与被动等关系,造成表达的混乱
否定失当	句中有多个否定词,多重否定失当从而造成与逻辑不符的结果
并列不当	这种语病通常是由对词语所表达的概念内涵及概念间关系的误解而造成的

示例1 在那个时候,报纸与我接触的机会是很少的。

解读:主客倒置。主体应该是"我",应改为"我与报纸接触的机会是很少的"。

示例2 为了防止不再发生类似事故,领导制定了一系列切实加强安全保卫工作的措施。

解读:否定失当。"防止""不"双重否定表肯定,与句子要表达的意思相反,应删去其一。

示例3 展望21世纪,中国文化和东方文化的伟大复兴,必将改变西方文化片面主宰世界的格局。

解读:并列不当。"中国文化"属于"东方文化",二者不能并列。

经典例题1 下列各句中,没有语病的一句是(　　)。

A. 21世纪的中国有没有希望,关键在于既要坚定地继承和发扬中华民族的优良传统,又要广泛地学习外国先进的科学文化。

B. 提高早餐质量十分重要,早餐营养应提供占人体每天所需总量三分之二的维生素和矿物质,因而我们对待早餐一定不要马虎。

C. 那几天阴雨连绵,造成他家住的平房因年久失修而大面积漏雨,屋内连个下脚的地方都没有,妻子只在这时才写信向他发一两句牢骚。

D. 为及时征求和收集广大人民群众对我省"十三五"规划的意见和建议,省统计局目前在省内组织了一系列大型社会调查活动。

【答案】D。解析:A项两面对一面,第一个分句"有没有"关涉两面,而第二个分句"关键在于"只体现了肯定的一面。B项语序不当造成表意不明,第二个分句应改为"早餐应提供占人体每天所需的维生素和矿物质总量三分之二的营养"。C项结构混乱,可以改为"那几天阴雨连绵,造成他家住的平房大面积漏雨……"或改为"那几天阴雨连绵,他家住的平房因年久失修而大面积漏雨……"。D项没有语病。

经典例题2 下列句子没有语病的一项是(　　)。

A. 夏天的耗电量比冬天的耗电量小一倍。

B. 那场火让我知道,所谓的家,不是我住在哪儿,我心中拥有的东西。

C. 历经8个多小时的风浪颠簸,一个东西走向、形似扁担的小岛,隐约出现在眼前。

D. 通过冬季野营拉练,锤炼战斗作风。

【答案】C。解析:A项有语病,搭配不当,"小"不能与"倍"搭配,可以改为"少一半"。B项有语病,成分残缺,应该在"我心中拥有的东西"前添加"而是"。C项没有语病。D项有语病,成分残缺,后半句应改为"军人的战斗作风得到锤炼"。

考点二　修辞运用

修辞是在使用语言的过程中,利用多种语言手段以收到尽可能好的表达效果的一种语言活动。考试中,对修辞的考查通常是给出几个句子,要求考生判断修辞格的类型。十种常见的修辞格的定义、特点及类型见表2-1-6。

表2-1-6 十种常见的修辞格的定义、特点及类型

修辞格	定义和特点	类型
对比	对比是指把两个相反、相对的事物或同一事物两个不同方面并举出来,加以比较的修辞方法 运用对比能使事物的特征更加鲜明,给人以深刻的印象和启示	(1)两体对比:把不同事物针锋相对的某个方面加以比较。如虚心使人进步,骄傲使人落后 (2)一体两面对比:从一个事物的正反两个方面来说明问题。如当面说得好听,背后又在捣鬼,这就是两面派行为的表现
衬托	衬托是指为了突出主要事物,用类似的事物或反面的、有差别的事物作陪衬的修辞方法 运用衬托能突出主体,或渲染主体,使之形象鲜明,给人以深刻的感受	(1)正衬:用类似的事物衬托所描绘的事物。如上有天堂,下有苏杭 (2)反衬:用相反或相异的事物衬托所描绘的事物。如在这幽静的湖上,唯一活动的东西是天鹅,天鹅的洁白增添了湖水的明净,天鹅的叫声增添了湖面的幽静
比喻	比喻,又叫打比方,是指用某一具体的、浅显的、熟悉的事物或情境来说明另一种抽象的、深奥的、生疏的事物或情境的一种修辞方法 运用比喻能使抽象道理变得具体,使深奥的道理变得浅显易懂,给人以鲜明深刻的印象	(1)明喻。形式可简缩为:甲(本体)如乙(喻体)。喻词主要包括:像、似、若、犹、好像、仿佛、好比。如书籍好比一架梯子,它能引导我们登上知识的殿堂 (2)暗喻。形式可简缩为:甲是乙。喻词主要包括:成、变成、成为、当作、化作。如理想是石,敲出星星之火 (3)借喻。只出现喻体,本体与比喻词都不出现。如燕雀安知鸿鹄之志哉
借代	借代是指不用事物本来的名称,而用和它有密切关系的其他事物的名称来代替的修辞方法。原来的事物叫"本体",被用来代替的事物叫"借体"。"本体"不出现,用"借体"来代替 运用借代可以引人联想,使语句具有形象突出、特点鲜明、具体生动的效果	(1)部分代整体。如两岸青山相对出,孤帆一片日边来。(用船的一部分"帆"代替船) (2)特征代本体。如大胡子凶神恶煞地吼叫着。(用特征"大胡子"代替人) (3)具体代抽象。如不拿群众一针一线。(用具体的"一针一线"代替抽象的群众的一切财产) (4)专名代泛称。如中国人民中间,实在有成千上万的诸葛亮。(用专名"诸葛亮"代替所有聪明的人)
通感	通感,即把不同感官的感觉沟通起来,借联想引起感觉转移,"以感觉写感觉" 运用通感可以突破语言的局限,丰富表情达意的审美情趣,收到增强文采的艺术效果	(1)形容通感:借助形容使视觉、听觉、嗅觉、味觉和触觉相沟通。如我将深味这非人间的浓黑的悲凉。("浓黑"本是视觉感受用来形容主观感觉"悲凉",刻画了旧中国的极度黑暗,深化了文章的意境) (2)比喻通感:借助比喻的形式使视觉、听觉、嗅觉、味觉和触觉相沟通。如塘中的月色并不均匀,但光与影有着和谐的旋律,如梵婀玲上奏着的名曲。(视觉的"光和影"与听觉的"旋律""名曲"构成了通感)

(续表)

修辞格	定义和特点	类型
比拟	比拟,即把一个事物当作另一个事物来描述、说明。诗歌、小说、散文、寓言、童话等经常使用比拟的辞格 运用比拟可以使感情色彩鲜明,描绘形象生动,表意更加丰富	(1)拟人:把物当人来描述,让物具有人的思想感情、动作神态。如密集的芦苇,细心地护卫着脚下偷偷开放的野花 (2)拟物:把人当作物或者把某种物当作其他物来描述,让被拟物具有新的寓意、色彩。如我们每到一个地方,就要在那个地方生根、发芽
排比	排比,即用三个或三个以上结构相同或相近、语气一致的短语或句子,把相关或相似的内容逐一表达出来 运用排比可增强语言的气势,加强表达效果	(1)并列性排比。从几个方面表达一个事物、一种思想,句间呈并列关系。如他们的品质是那样的纯洁和高尚,他们的意志是那样的坚韧和刚强,他们的气质是那样的淳朴和谦虚,他们的胸怀是那样的美丽和宽广 (2)承接性排比。各排比项先后有序,相互承接。如你要面对红旗回答——你是否为保卫红旗而生,为保卫红旗而战,为保卫红旗而贡献了问心无愧的一生
设问	明知故问,自问自答;提出问题,不需确定答案 基本特点是无疑而问。运用设问能引人注意,启发思考,有助于层次分明,结构紧凑,可以更好地描写人物的思想活动	(1)先问后答。先提出问题,然后给予回答。此种形式最为常见。如社会生产力有这样巨大的发展,劳动生产率有这样大幅度的提高,原因是什么?最主要的是科学的力量、技术的力量 (2)只问不答。只提出问题,无须回答。目的是以这个问题来引起人们的注意,启发读者的思考。如燕子飞去了,有再来的时候;杨柳枯了,有再青的时候;桃花谢了,有再开的时候。但是,聪明的,你告诉我,我们的日子为什么一去不复返呢?是他们自己逃了吧,现在又到哪儿呢
反问	反问是指用疑问的形式表达确定的意思,以加重语气的一种修辞手法 在一定的语言环境中,这种方式比正面说明更有力量,更容易引起受众的想象,能加强语气,把意思表达得更强烈	(1)用肯定的形式表示否定。如钢琴笨重如棺材,制造虽精,世间有几人能够享有呢 (2)用否定的形式表示肯定。如池水涟漪,莺花乱飞,谁能说它不美呢
夸张	夸张是指运用丰富的想象力,在客观现实的基础上有目的地放大或缩小事物的形象特征,以增强表达效果的修辞手法 这种方式用言过其实的方法,突出事物的本质,或加强作者的某种感情,烘托气氛,引起读者的联想	(1)扩大夸张:故意把客观事物说得"大、多、高、强、深……"的夸张形式。如蜀道之难,难于上青天 (2)缩小夸张:故意把客观事物说得"小、少、低、弱、浅……"的夸张形式。如芝麻粒儿大的事,不必放在心上 (3)超前夸张:在时间上把后出现的事物提前一步的夸张形式。如看见这样鲜绿的麦苗,就嗅出白面馍馍的香味来了

>> **经典例题** 下列对文段中修辞方法的分析,错误的一项是(　　)。

人为什么要读书呢?书,可以唤醒沉睡的心灵,可以引领迷惘的灵魂。一本好书,就是一面引领方向的旗帜,一盏指路的明灯。读历史,我坚定了不断前行的信念;读哲学,我鼓起了直面人生的勇气;读文学,我充满了对精神家园的憧憬……读书,就像用麦管吮吸甘露,让人欣喜,让人着迷。还有什么比读书更能产生令人陶醉的内心体验呢?

A. 文段开头运用反问,强调了书对人的思想的启迪和引领作用,有助于读者的思考
B. 文段中运用"读……,我……"的排比句式,语势强烈,意在突出读书带给"我"力量,让"我"有更高的追求
C. 文段中"读书,就像用麦管吮吸甘露"运用比喻,生动地写出阅读给人带来的惬意感受
D. 文段中把书比喻成旗帜和明灯,形象地道出了书对提升人的精神境界、引领人前进的作用

【答案】A。解析:文段开头提出问题,接下来自问自答,运用的是"设问",不是"反问",A项错误。

考点三 语句连贯

语句连贯,即语句表达要前后勾连、前后衔接和呼应恰当。银行招聘考试中的语句连贯包括语句排序和语句填充两种题型。

一、语句排序 ★★

语句排序题先给出几个打乱顺序的句子,要求考生对其进行排序。这种题型主要考查考生对句子的理解能力和逻辑组合能力。与语句填充题相比,这种题型更侧重考查语言的呼应与衔接,难度更大。解答语句排序题可考虑以下几种思路。

(一)关注首尾句

首尾句是文段中特点非常鲜明的句子,做题时可先从选项给出的首尾句入手,排除干扰项。

首句一般是一个文段的引论,当句子内容是介绍背景、引出话题时,可考虑此句为首句;首句一般不含有指代词,一般不含有转折性词语、递进性词语和总结性词语。

尾句通常是结论性的,当句子内容为结论性表述时,可考虑此句为尾句。

(二)抓住关联词语

关联词语提示了句子之间的逻辑关系,根据关联词语也可以确定句子之间的顺序。

通过关联词语判断句子顺序有两种情况:

(1)当出现固定搭配的关联词语,且两个词语在不同句子中时,可根据固定搭配的关联词语确定句子的前后顺序。

(2)当出现单独使用的关联词语时,需要通过句子意思判断与其逻辑关系相符的前后句顺序。

///// 要点提示 /////

表转折关系、因果关系和递进关系的关联词语特征明显,从这些词语入手通常比较容易判断分句间的逻辑关系。当出现这些词语时,可查看选项中与其相连的句子是否衔接恰当。

(三)重视指代词

指代词是表示指示概念的代词,常用来代替前面已提到过的对象。指代词通常紧跟在被指代的对象之后,通过指代词可以确定其前面的句子。

>> 经典例题 据统计,在所有被引入的外来物种中,大约有10%在新的生态系统中可以自行繁殖,_____。

将以下5个句子重新排列填入横线处,语序正确的是( )。

①又有大约10%会造成生物灾害,成为外来入侵物种
②而在这些可以自行繁殖的外来物种中

③它们不仅会破坏我们的环境,还会给我们造成巨大的经济损失

④这一小股力量不可小觑

⑤甚至对我们的生存也会构成不同程度的威胁

A. ④②①③⑤　　　B. ②①③⑤④　　　C. ①②④③⑤　　　D. ②①④③⑤

【答案】D。解析:观察各句内容。②中"这些可以自行繁殖的外来物种"指代的是横线前提到的10%可以自行繁殖的外来物种,因此②应紧跟前文内容,排在首句,排除A、C。④中的"这一小股力量"指的应是①提到的会造成生物灾害的外来入侵物种,因此①④应前后紧密相连,排除B。

(四)注意逻辑顺序

文章在表情达意时,都要遵从一定的逻辑顺序。根据文段中的逻辑顺序也可以确定句子之间的前后关系。

语句排序题中常考的逻辑顺序包括时间顺序和事物发展顺序。当几个句子中都出现时间词时,句子之间的排列应遵循时间的先后顺序。当几个句子分别提到某一事物的状态、情况时,应按照其固有发展规律排序,事物发展的顺序是环环相扣的,不应违背其发展的先后顺序。

考试中,还少量考查空间顺序,即要求文段能够按照一定的顺序(上下、左右、内外、整体与局部)介绍事物。

二、语句填充

解答语句填充题,首先要观察设空位置,然后根据题干和选项寻找合适的破题角度。话题统一和前后照应是解答语句填充题的基本思路,此外,遇到文段前后分句存在并列、对比关系时,还可考虑从句式一致入手。

(一)关注设空的位置

在语句填充题中,题干的设空位置不同,考查的侧重点也不同。从设空位置入手,能够快速判断所填句子在文段中的作用。语句填充的设空位置,无非是首尾句和过渡句。

1. 首尾句

文段首句有引出话题、提出观点、总领后文的作用。当设空位置在首句时,通常考虑所填句子是文段的总起句,然后通过分析其后文内容,归纳出所填句子的大致内容。

文段的尾句,通常是文段的总结句,即根据上文内容得出结论。当设空位置在尾句时,考虑所填句子是对前文内容的总结,即对其前文进行梳理和归纳。

2. 过渡句

过渡句并非指其位于文段正中间,而是其上文和下文都有内容。设空句若是过渡句,则所填句子应起到承上启下的作用,保证前后的话题紧密衔接在一起。

(二)判断选项的标准

1. 话题统一

话题统一是指组成段落或复句的句子之间,彼此紧密联系,都围绕一个中心集中地表现一个事实、场景或观点。

话题统一包括以下两种方式:

(1)保持主语一致,即填入句子的主语应与文段各句的主语保持一致。因为主语在话题表述中承担着重要的作用,共同的主语是贯穿文段中各句的灵魂,行文时要尽量保持主语的一致性。

(2)保持话题一致,即句群之间涉及的领域、对象、观点一致。每个文段的内容都是围绕某一个中心话题

展开的,因此所填句子要能紧密连接前后文的论述内容,使整个文段的句子共同指向一个中心话题。

2. 前后照应

前后照应指语段中的信息要前后吻合,彼此呼应,在表意上形成一个严密的整体。

前后照应在语句填充题中表现为以下三种形式:

(1)词语照应,即正确选项中的词语与文段中的关键词语相互照应。

(2)观点照应,即正确选项中的观点应与文段的整体观点一致。

(3)问答照应,即选项与文段之间的问与答、肯与否要协调一致。

3. 句式一致

句式一致是指组成文段的语言结构形式前后具有一致性。句式的整齐一致,既可以增强语势,又可以加强语句的通畅性,给人以思路清晰的感觉。

句式一致可以从形式和内容两方面考虑。形式上,文段运用了对比、对偶、排比的修辞手法。内容上,句子间的内容是并列关系。

> **经典例题** 如果法律不能成为公民自卫的武器,他们就没有武器;如果法律不能保障公民合法的权利不受侵犯,他们就不会有权利;如果法律总是出乎公民的意料成为威权的"贤内助",他们就形同被宣布不配拥有法律,只配拥有宿命;如果执法部门不做出以事实为依据,以法律为准绳的公正审判,_____。

填入画横线部分最恰当的一句是(　　)。

A. 公民就不会得到安全的保障　　B. 惩恶扬善的功能就难以实现

C. 政府的公信力就会受到挑战　　D. 社会就不会有公正的立足之地

【答案】D。解析:分析可知,文段为并列结构,前三个分句均为否定句,所填句子也应为否定句,排除B、C。执法不公对应的不仅仅是公民的安全没有保障的问题,排除A。D项"不会有公正"与"公正审判"呼应恰当。

第三讲　阅读理解

考点一　主旨观点

主旨观点题主要考查考生"概括阅读材料的主要内容;分析归纳阅读材料主旨;根据上下文合理推断阅读材料的隐含信息;判断作者的态度、意图、目的"等对材料进行综合分析理解的能力。常见的提问方式有"这段文字主要说明的是""这段文字的主旨是""这段文字的作者意在强调""这段文字主要支持的观点是""这段文字主要想表达的是"等。

解答主旨观点题要从阅读材料入手。这类题的阅读材料通常字数较多,考生应能提取其中的关键词和关键句。

一、关键词　★★

关键词是指文段中出现的某些具有提示文段主旨作用的词语,主要有高频词、总结词和强调词。

(1)高频词,即文段中多次出现的词或短语。当某个词在文段中多次出现时,这表示文段的核心话题与此相关。对主旨的概括不能偏离其核心话题,所以,不包含高频词的选项可以直接排除。

(2)总结词,通常出现在文段末尾,引出对文段进行总结性表述的句子。常见的总结词有:因此、所以、总之、换句话说、这就意味着、从这个意义上讲等。

(3)强调词。作者在表达自己的观点时,为了引起读者的注意常常使用一些语气比较重的词语。阅读文段时关注这些强调词有助于抓住作者的中心观点。常见的强调词有:关键、尤其、务必、其实、实际上、最为重要、最为突出、重中之重等。

> **经典例题** 当前,世界新一轮科技革命和产业革命呈现历史性交汇,产业升级和生产要素转移步伐加快。对中国而言,推进产业转型升级,实现新旧动能转换,由"中国制造"向"中国创造""中国智造"转变,时不我待。对世界而言,无论是发达国家还是发展中国家,加快经济发展速度,提升经济增长质量,都是当务之急。从这个意义上讲,为经济社会培养更多更好的高素质技能型人才,是时代赋予职业教育的责任和使命。

这段文字的主旨是(　　)。

A. 发展更高水平的现代职业教育是时代发展的要求

B. 职业教育是推动中国经济转型发展的关键

C. 大力发展职业教育才能推动我国产业转型升级

D. 职业教育和高等教育都是我国教育体系中的重要组成部分

【答案】A。解析:文段首先分析了当前世界形势——新一轮科技革命和产业革命交汇;然后指出这对中国和对世界都提出了产业转型升级、加快经济发展速度、提升发展质量的要求;最后由"从这个意义上讲"总结,这种形势下,为经济社会培养更多更好的高素质技能型人才是时代赋予职业教育的责任和使命。最后一句话是主旨句,即在当今的经济形势下,要发展更高水平的职业教育,A项最符合主旨句的意思。B项,"关键"无中生有,排除;C项,"才能"说法过于绝对,排除;D项,"高等教育"无中生有,不是文段中的内容,排除。

二、关键句 ★★★

关键句是指文段中某一句话直接或间接提示了文段的主旨。它一般包括首尾句、转折句、对策句等。

(1)首尾句。"总—分""分—总"结构是主旨观点题常见的写作结构。采用这种写作结构的文段,其首句或尾句通常是文段的重点所在。

(2)转折句,通常出现在文段中间或末尾,表示前后话题或观点的转折。转折句之后的内容为文段论述的重点,因此属于转折前内容的选项可以直接排除。

(3)对策句,即论述解决问题的方法或建议的句子,如果文段先给出某个问题,然后给出解决问题的对策,那么这个对策句就是文段的论述重点,正确答案应与此相关。常见的表示提出对策的词语有:应该、要、可以、倡导、建立、完善、加强等。

> **经典例题** 英国《自然》(Nature)杂志从1869年创办至今,经过约一个半世纪的经营,已成为具有国际声誉的科学周刊。如今它在国内科学界和媒体眼中似乎已成"顶级科学杂志",很多研究机构把能在《自然》上发表文章当作衡量科研人员学术水平的一项重要指标,前些年国内甚至还流传着"能在《自然》上发文章,评上院士就是迟早的事情"的神话。但是,上述神话的营造和传播,在许多情况下都只是人云亦云——如果仔细考察历年的《自然》杂志,就会发现实际情况有与上述想象大相径庭之处。

这段文字的主要意思是(　　)。

A. 国内对《自然》杂志的认识有偏误

B. 《自然》杂志在国际学术界的权威地位

C. 《自然》杂志在国内外评价不一致

D. 《自然》杂志的学术水平已经发生了变化

【答案】A。解析：文段首先介绍了《自然》杂志作为具有国际声誉的科学周刊在国内科学界和媒体眼中具有崇高地位；接着用"但是"引出文段重点，即如果仔细考察历年的《自然》杂志，就会发现实际情况有与上述想象大相径庭之处。因此，文段意在表明国内对《自然》杂志的想象与实际情况有很大差异。A项为文段主旨的同义转述。B项为文段转折前的内容，排除；C项，"国内外评价不一致"无中生有，排除；D项，"学术水平已经发生了变化"无法从文段中得出，排除。

考点二 细节判断

细节判断题主要考查考生"根据选项对原文进行信息查找；推理、判断选项说法与原文的表述是否相符"的能力。常见的提问方式有"对这段文字理解(不)正确的一项是""下列说法与原文(不)相符的是""根据这段文字，以下说法(不)正确的是"等。

细节判断题的正确选项，有些是对原文的同义表述或近义替换，有些则是根据文段信息进行的合理推断。在细节判断题中，命题人常用的设错陷阱可归纳为四字口诀——绝、无、误、换。

一、设错四字口诀之"绝"

"绝"即表述绝对。表述绝对的选项通常既不符合原文，也不符合常识。所以，若题目中出现"一定、肯定、必须、只能、所有、只要、任何、仅仅"等表述绝对的选项，大家可以优先验证其说法是否错误。

二、设错四字口诀之"无"

"无"即无中生有。它主要是指把没有的说成有，凭空捏造。在细节判断题中，"无中生有"的选项主要指选项中出现的概念、问题或结论，在原文中并没有出现，或者选项中将两个事物进行对比而原文并未将两者对比的情况。

三、设错四字口诀之"误"

"误"是指推断错误或逻辑错误。推断错误，是指选项过度推断了作者意图，或者与文段表述相反。细节判断题中最常见的逻辑错误有以下两种：

(1) 因果混乱。因果混乱包括两个方面：一是因果颠倒，即颠倒了"因"和"果"；二是强加因果，就是把没有因果关系的说成有因果关系。

(2) 充分条件与必要条件的混淆。充分条件常用的关联词是"只要……就……"，必要条件常用的关联词是"只有……才……"。

四、设错四字口诀之"换"

"换"是指偷换概念或偷换时态。偷换概念，即将原文中一些词语偷换成另一些相似的词语，改变了原来概念的修饰语、适用范围、所指对象等具体内涵。偷换时态，即将未发生或未实现的（"未然"）说成已经发生或已经实现的（"已然"），将可能发生的（"或然"）说成"必然"发生。

》经典例题 各种陨石的撞击、宇宙射线和太阳风粒子等引发的物理和化学反应，据认为是造成月球等天体表面风化的主要原因。美国和俄罗斯科学家在一块来自月球的陨石中发现了一种由铁和硅组成的新型矿物，这一发现有助于更深入理解月球等没有大气层的天体表面的风化过程。美俄科学家推测说，陨石撞击产生的高温有可能熔化月球岩石中的金属并使之汽化，汽化后的金属冷却后又会重新沉积到岩石碎片等表面，新发现的矿物可能正是在这一过程中形成的。

下列选项中，对这段文字理解正确的是(　　　　)。

A. 月球陨石中发现的矿物在地球上没有

B. 陨石撞击产生的高温会熔化月球岩石中的金属

C. 地球和月球的风化机制是不同的

D. 月球上的风化主要是陨石撞击的结果

【答案】C。解析：由"在一块来自月球的陨石中发现了一种由铁和硅组成的新型矿物"无法推出地球上是否有这种矿物，A项说法绝对。由"陨石撞击产生的高温有可能熔化月球岩石中的金属并使之汽化"可知，高温不一定会熔化金属，B项说法错误。由"这一发现有助于更深入理解月球等没有大气层的天体表面的风化过程"可知，地球与月球的风化过程不一样，C项说法正确。由文段首句可知D项说法错误，且文段的"据认为"表推测，并不确定。

///// 要点提示 /////

当选项中有"没有、不是、是……的结果、是……的原因"等表述时，要有意识地考虑选项是否从原文的反面来设置陷阱。

考点三 词句理解

词句理解题主要考查考生对文段中含有特定意义的词语、句子以及代词的理解能力。常见的提问方式有"这段文字中'××'指的是""文中的'这'指代的是""根据文意，画横线部分的意思是"等。

解答词句理解题的关键在于：对词句的理解不能脱离文段，必须紧密联系上下文，结合词句的本义与具体的语言环境综合分析。下面介绍做词句理解题比较实用的方法。

一、遵循就近原则

词句理解题对代词指代内容的考查比较常见，遵循就近原则是理解代词指代内容的一个重要方法。代词一般出现在所指代的事物、人物之后，也就是说它指代的对象一般在上句或上文。

二、划分句子层次

对词句的理解离不开特定的语境，通过对词句所在句子的层次进行划分，可以帮助大家快速理解词句的含义。一般而言，在词句理解题中，划分句子层次只要抓住句子主干（主谓宾）即可。

三、代入验证法

代入验证法，即把选项内容代入文段的语境中，通过分析选项代入后的语意是否通顺来判断选项正误。

▷ 经典例题　巩固基础，就要坚持发展是硬道理的战略思想，新常态下，发展仍然是解决一切问题的关键；化解各种矛盾和风险，归根到底要靠发展。要紧紧抓住发展这个第一要务，做到发展意识不淡化、发展干劲不懈怠、发展势头不减弱。我们不是不要 GDP，而是要有质量、有效益、可持续的 GDP，这是"发展是硬道理"战略思想的内在要求。目前经济运行中出现的一些矛盾和问题，根源恰恰在于盲目追求速度的旧思维、老路径，只有顺应新常态的趋势性特征，以提高经济发展质量和效益为中心，把握好稳增长与调结构的平衡，让改革提供持续发展的内驱力，让创新成为点燃发展的新引擎，努力走出一条质量更高、效益更好、结构更优、后劲更足的发展新路，才能有效破解经济工作中的深层次矛盾和问题。

"'发展是硬道理'战略思想的内在要求"一句中"内在要求"是指（　　）。

A. 有质量、有效益、可持续的 GDP

B. 发展意识不淡化、发展干劲不懈怠、发展势头不减弱
C. 有效破解经济工作中的深层次矛盾和问题
D. 把握好稳增长与调结构的平衡

【答案】A。解析：定位到原文第三句，由"这是……的内在要求"可知，其指代的应是前文内容，再由"不是……而是……"的句式可知，"而是"之后是文段论述的重点，故"内在要求"是指"有质量、有效益、可持续的GDP"，即A。B、D两项是做法，C项是作用，均不是"发展是硬道理"战略思想的内在要求。

考点四 推断下文

推断下文题考查考生利用所给阅读材料进行阅读分析并对下文进行推断的能力。常见的提问方式有"根据这段文字，作者接下来最有可能介绍的是""这段文字接下来最有可能讨论的是""这段文字是一篇文章的引言，文章接下来最应该讲述的是"等。

推断下文题以已知推断未知的题型特点，决定了论述的逻辑顺序及行文结构是其命题点也是解题突破点。快速解答此类题目有两种思路，分别是关注尾句和排除三种信息。

一、关注尾句

尾句经常起到总结上文、提示下文信息走势的作用，因此，蕴含着作者下一步意图的尾句是解题的关键，正确选项往往与尾句相关。

在这类题型中，尾句可能提出一个概念、指出一种现象或得出一个结论。

（一）提出一个概念

有些题目的尾句会提出一个特定的概念，这个概念在前文没有提及，有时甚至会用引号加以强调。在这种情况下，下文很可能围绕这个概念展开。如果选项中有多项提到这个概念，可首先考虑介绍"此概念是什么"的选项。

（二）指出一种现象

有些题目的尾句会指出一种现象，这个现象可能比较新奇、特殊，也可能与前文内容形成一定的对比。在这种情况下，下文多围绕这个现象展开，或者继续论述该现象，或者解释该现象产生的原因。

（三）得出一个结论

有些题目在阐述完一个问题后，会在尾句得出一个结论，这个结论可能是作者对某事的评价、观点，也可能是作者的一个倡导。若文段未涉及结论得出的原因，则下文很可能就其原因进行分析；若文段中就原因进行了分析，则下文一般围绕"怎么做"展开。

二、排除三种信息

在分析尾句和材料结构后都无法找到正确答案的情况下，可以考虑排除法。在推断下文题中，可排除的信息主要有三种：前文信息、本文信息和无关信息。

(1)前文信息，是指从逻辑顺序上说应在前文而非下文出现的信息。
(2)本文信息，是指已在文段中体现的信息，这种信息如果再在下文出现，就显得重复赘余。
(3)无关信息，是指与本文主旨相去甚远或与文段基本没有联系的信息。

▶ 经典例题 网络文化是人类文明的划时代成果，它所包含的丰富的经济、科技、教育、艺术等信息，有助于人们开阔眼界、增长知识、陶冶性情、愉悦身心，而且具有传播速度快、时效性强、信息容量大、覆盖范围

广、高度的开放性和交互性等优势,实现了文化传播方式的深刻变革。近年来,随着互联网的发展,网络文化在我国呈现出总体良好的发展前景。

由此可推知,作者接下来要介绍的内容是(　　)。

A. 网络文化在我国呈现出良好发展前景的表现

B. 网络文化的作用

C. 怎样建设网络文化

D. 网络文化实现了文化传播方式的变革

【答案】A。解析:文段首先介绍了网络文化的产生;然后指出网络文化的特点、优势及作用;最后指出一个现象,即近年来,网络文化在我国呈现出良好的发展前景。根据尾句指出的现象,下文应围绕这一现象继续展开论述,即该现象的具体表现,A项与文段话题衔接紧密,当选。B、D两项文段均已论述,属于本文信息,排除。C项文段未涉及,属于无关信息,排除。

考点五 标题添加

标题添加题是阅读理解部分的一种常考题型,要求考生找到最适合做材料的标题,主要考查考生归纳概括、提炼重点的能力。常见的提问方式有"最适合做本段文字标题的是""这段话最贴切的标题是"。

一、标题添加题的类型

标题添加题实际上是前文提到的几种题型的变体。根据考查内容,标题添加题可以分为主旨类、主题类、寓意类三种。

(一) 主旨类

主旨类标题题目是指通过提炼文段的主旨即可选出正确标题的题目。对于此种题型,大家可通过寻找文中表明观点或发表议论的句子来确定标题,这样的句子通常在文段的结尾或开头。正确选项通常是这些句子的同义替换或者浓缩提炼。

(二) 主题类

主题类标题题目是指通过把握文段的论述主题便可确定标题的题目。对于这种题型,大家可通过把握材料所说明的中心事物或现象来确定标题。

解答主题类标题题目要把握好以下两个关键点:

(1)突出精华、抓住特点:说明文或者记叙文一定有说明或记叙的对象,且该对象必有一个或几个特点,正确选项一定是最能突出对象特点的一项。

(2)研究成果为重点:此种题型的材料通常会包含提示词,如研究显示、研究者指出、在……中指出、据调查等。紧随以上提示词的句子即研究成果,应在标题中体现出来。

(三) 寓意类

寓意类标题题目是指可以通过把握文段的寓意来确定标题的题目。正确选项,即标题应该是一个富有哲理的句子,可以不完整,但是一定要有高度与深度,不能停留在故事本身,就事论事。

二、好标题的特征

一个好的标题可以起到先声夺人、提升作品表现力的作用。好标题一般具有以下四个特征:题文一致、简洁凝练、吸人眼球、含义隽永。

(1)题文一致,即标题的内容、格调、话题、情感倾向等都应该与整个文段一致,这是一个标题最基本的特征。

(2)简洁凝练,即标题要有概括性,它要求尽量用最少的字数概括出文章的精华。

(3)吸人眼球。文章实现吸人眼球的方式主要有两种:一是使用比喻、拟人、夸张等修辞手法;二是在新闻标题中突出"首次、第一、最"等表示极端程度的词语。

(4)含义隽永,即标题应该与文段的整体意境相吻合,体现出语言的美感。在具体运用时,主要从标题的措辞入手,尽量选择那些有画面感、有情感层次、文学色彩浓厚的词语。

> **经典例题** 贸易保护是把"双刃剑"。一个国家在运用技术性贸易壁垒阻碍外国农产品进入本国市场,给出口国生产企业造成损失的同时,也给本国的经销商和消费者带来相应的伤害。这种做法未必会得到国内不同人群的一致支持。这种情况实际也为出口企业提供了一种可能,即可以由行业协会出面,通过联合进口国的民间组织,向他们的政府施加影响,促使其做出让步,解除贸易保护。

最适合做这段文字标题的是(　　)。

A. 贸易保护是把双刃剑

B. 发挥行业协会作用,解除进口国的贸易保护

C. 贸易保护的利弊

D. 贸易保护的作用

【答案】B。解析:文段主要讲的是贸易保护会带来"双刃剑"效应,而其产生的负面作用未必会得到本国的一致支持,最终可能会通过发挥行业协会作用,解除进口国的贸易保护。B项与文段强调的重点一致,当选。A、C两项,文段并没有说贸易保护积极、有益的一面,只说了贸易保护给出口国造成损失的同时也给本国带来了相应的损害,排除。D项,文段并未提及贸易保护的作用,排除。

考点六 文章阅读

文章阅读的命题形式是给出一篇400~1 300字的文章,后面给出几个问题,要求考生根据对文章内容的理解来回答问题。

从微观角度看,文章阅读题融合了选词填空、词句理解、语句连贯、细节判断等题型,要求考生能够快速查找并判断细节信息的正误,对特殊的词语或句意进行理解、推断,判断上下文之间的衔接等。解题关键在于快速定位到具体段落,找到有效信息,进行仔细分析。

从宏观角度看,文章阅读题融合了主旨观点题和标题添加题等,要求考生在短时间内对文章整体进行全面的把握。解题时,不需纠结细节信息,重点应放在对文章大意的梳理上。

一、选词填空

文章阅读中,选词填空题考查的词语范围比较广泛,涵盖实词、成语、关联词等。其中,实词和成语考查得较多,而近义词辨析又是考查内容的重中之重。

近义词专指意思相近的实词、成语。要想正确辨析近义词,可以从以下几个方面着手:

(1)看词义的轻重程度。有的近义词表示的概念、含义大致相同,但在程度上存在轻重之分。

(2)看词义的侧重点。有的近义词虽然表示的概念、含义大致相同,但对表现对象的侧重却不相同。

(3)看词语的感情色彩。根据词语的褒义、贬义等感情色彩判断其适用范围。

(4)看词语的语体色彩。词语可分为书面语体和口头语体两大类,可根据表达的内容和文章的体裁,选

用恰当的词语。

(5)看词语的搭配。从词语的搭配入手可快速找到解题的突破口。

二、词句理解

词句理解题是考查考生对文章中个别词语、句子含义或指代义理解的一种题型。词句理解题中考查的词语(句子)或是所在句的句法结构比较复杂,或被赋予了特殊含义,大家在做题时要从词语(句子)的本义入手,同时联系上下文语境及文段主旨综合考虑。

三、语句连贯

语句连贯题是指语言在表达上要注意句与句之间的排列组合,注意上下句的联系、衔接和呼应,做到话题统一,句序合理,衔接自然。文章阅读中的语句连贯题主要包括以下两类。

(1)语句填充。它有两种考查形式:一种是在文中画横线处填入合适的句子;另一种是将题干中给定的句子填入文中合适的位置。总的来说,此类题型主要考查考生的阅读理解、逻辑分析及语言表达能力。

(2)语句排序题。它主要考查考生的言语理解、语句组合、表达及思维判断能力。语段内部句子的排列次序是根据语意的需要进行组合的,这种组合具有不可随意更改的逻辑性。语句排序题是语句填充题的变异题型。

四、细节判断

文章中的细节信息多而杂,是最容易被考生忽略的内容。因此,命题人更倾向于在细节中考查考生的观察和判断能力。此类题目在选项设置上呈现以下特点。

(一)正确选项非绝对化倾向

细节判断题的正确选项多为可能性表述,故带有含绝对意味的"一定""必然"等词语的选项,通常可以首先排除。另外,对于不合常理或有违客观事实的选项,也可直接排除。

(二)正确选项高度概括化倾向

细节判断题的选项内容涉及对诸多细节信息的把握。但如果提问方式包含"正确理解文段"这一信息,选项内容必然涉及对主旨的把握,正确选项的表述多是对整个文段内容的概括,在解题时,应注意这一特殊情况。

现将命题人常设的陷阱以及相应的解题技巧归纳如下:

(1)"偷换概念"是指偷换句子的主、谓、宾、定、状、补等成分,进而改变句子中某一概念的内涵或外延。关键的动词、连词和副词,一般是命题人偷换的对象,可做特别标识。

(2)"无中生有"是指把没有说成有,凭空捏造,带有迷惑性的选项一般添加修饰语,所以大家要注意选项中的定语、状语、补语是否与原文对应。

(3)"混淆是非"是指故意把错误的说成正确的,把正确的说成错误的。设错点如下:

表示肯定或否定的副词:必须、准、的确、不、没、未、莫、否、不必、可以等。

表示肯定或否定的关联词语:既A,也B;又(也)A,又(也)B;一方面A,(另、又)一方面B;一会儿A,一会儿B;是A,不是B。

(4)"以偏概全"是指以部分代整体,以局部代全局。一概而论是指以全局代局部,以一般代个别。特别注意重要词语前面的修饰与限制词,如"一些""几乎""绝大多数""全部"等。

(5)"因果混乱"有两种情况:一是因果颠倒,二是强加因果。

(6)"逻辑错误"包括混淆已然与未然,混淆必要条件和充分条件等。

五、主旨观点

归纳文章主旨、观点是快速解答这类题型的关键。文章主旨可通过记叙文中的主题、议论文中的论点、说明文中的事物特征加以确定,而作者观点则要通过能表现作者感情倾向的词语加以确认或快速排除干扰项。常用解题方法如下:

(1)选项提示法。给出对策的选项通常为正确答案,其标准格式为"应……""要……",需重点关注。正确答案所给的对策应积极向上且切实可行。

(2)副词提示法。副词尤其是语气、程度副词在理解主旨方面具有关键性提示作用。大家应特别注意"事实上""倒""尤其""特别"等副词。

(3)关联词提示法。关联词所承载的前后语段的关系对于判断主旨、把握文意有重要提示作用。熟识并列、转折、条件、因果、假设关系等常见的关联词,可帮助大家快速判断文章主旨所在。

六、标题添加

标题,是指标明文章、作品等主要内容的简短语句,是文章最重要的组成部分之一。

解答此类题的一些实用性技巧如下:

(1)注意极端程度词。"最""首""全部""严重""新"等表极端程度或具有里程碑意义的词往往代表了某一事件的意义与报道价值,在正确选项里应有所体现。

(2)概括全面。正确答案一般是概括最全面、表述最简练、包含信息点最多的一项。

(3)研究成果为重点。此类材料常见提示词有"研究显示""研究者指出""据调查"等。紧随其后的句子即为研究成果,研究成果一般是论述重点,应在标题里体现。

> **经典例题** 在整个殖民时期,【   】是对欧洲殖民者,【   】是对被他们压迫的非洲奴隶及本土的印第安人来说,烈酒都是艰难岁月中的一种慰藉。

对于印第安人为什么如此喜欢烈酒,人们众说纷纭。最有说服力的解释是印第安人认为烈酒就像当地能让人产生幻觉的植物一样具有超自然能力,而饮用者只有让自己完全喝醉才能产生这种幻觉。一位17世纪的法国研究者在介绍印第安部落时说道:"他们非常喜欢酒精浓度高的饮品。但如果手边的饮品不足以让人一醉方休,他们往往不屑一饮。"如果手边的酒不足以让一大群人全部喝醉,那么这些酒就给一小部分人喝,其他人则在一旁看着。印第安人有"要喝必醉"的习惯,因此,当看到欧洲人有时选择喝葡萄酒时,他们感到非常纳闷。

我们且不说印第安人到底为什么对烈酒如此着迷,单说欧洲人,他们着实充分利用了印第安人的这一习惯,在与印第安人进行土地和货物贸易时,他们提供了大量的烈酒(如朗姆酒、白兰地等)。法国毛皮商人给加拿大提供了大量的白兰地,对此,一位法国的传教士大加批评:"罪恶的白兰地交易让这些地区的印第安人变得残忍、暴躁和逆来顺受,我们在深表愤慨的同时,更要阻止这种罪恶交易,因为它会让人变得麻木和放荡。"然而,当地的法国军队不但不阻止这种交易,反而把保证白兰地的供应作为自己的首要职责。因为这些酒一部分要卖给印第安人,另一部分要留着自己喝。

在墨西哥,自从西班牙人引进了蒸馏术后,麦斯卡尔酒得到了发展。它是墨西哥和中美洲人的日常饮料,经当地的阿兹台克人发酵制作的一种酒精浓度较低的龙舌兰酒蒸馏而成。后来殖民者使阿兹台克人和其他的当地印第安人爱上了麦斯卡尔酒,并逐渐离不开这种高浓度烈酒。1786年,墨西哥总督认为,既然印第安人如此喜欢烈酒,而这种喜好又能很好地帮助殖民者巩固统治,那么这种以酒治人的方法也完全可以用来对付北方阿帕奇人。他建议:"这样,我们就能让他们有一种新的需要,这种需要就会让他们清楚地意识到他们必须依靠我们。"

在火器、枪炮、疾病、瘟疫和蒸馏饮品的帮助下,老牌帝国的殖民者成了新世界的统治者,烈酒帮助殖民者对成百万的人进行奴役和驱逐,帮助他们建立新国家,并帮助他们侵略异国文化。今天,烈酒不再与奴役和剥削联系在一起,但它仍然被人所用:由于它长时间不变质,飞机上的乘客总喜欢在行李中放上一瓶免费的烈酒;为了逃避消费税,消费者总是购买免征赋税的烈酒。这种行为不正是对朗姆酒经营者和威士忌爱好者传统的一种继承吗?

1. 填入文中【　】处最恰当的一项是(　　)。
A. 不但　而且　　　B. 不论　还　　　C. 因为　所以　　　D. 既　又

2. 关于印第安人喜欢烈酒的习惯,下列表述与文意不符的是(　　)。
A. 印第安人认为烈酒具有让人产生幻觉的超自然能力,人只有完全喝醉才能产生幻觉
B. 印第安人有"要喝必醉"的习惯,如果达不到一醉方休的程度,他们宁可不饮酒
C. 印第安人具有非常好的餐桌礼仪,当酒的数量不足时会谦虚地让给小部分人
D. 葡萄酒在印第安人眼中不是美味的饮品,其原因在于葡萄酒的酒精浓度不够高

3. 下列说法中正确的一项是(　　)。
A. 欧洲人与印第安人进行贸易时提供大量烈酒,目的是垄断贸易活动
B. 法国军队保证白兰地在加拿大的供应,原因之一是他们自己也钟爱烈酒
C. 法国传教士对"罪恶的白兰地交易"的批评,源于法国毛皮商人在加拿大的行为
D. 麦斯卡尔酒是西班牙人用一种酒精浓度较低的龙舌兰酒蒸馏而成的

4. 第四段中加点的"新的需要"指的是(　　)。
A. 殖民者巩固统治的需要　　　　　　B. 欧洲人奴役印第安人的需要
C. 印第安人获得精神慰藉的需要　　　D. 阿帕奇人对高浓度烈酒的需要

5. 下列最适合做本文标题的一项是(　　)。
A. 烈酒与印第安人　　　　　　　　　B. 烈酒里的精神慰藉
C. 酒瓶与异国文化　　　　　　　　　D. 酒瓶里的殖民主义

1.【答案】B。解析:由"烈酒都是艰难岁月中的一种慰藉"中的"都"可知,前两个分句无主次之分,故可排除表递进的 A 项和表因果的 C。"既……又……"与"对……来说"搭配不当,排除 D。

2.【答案】C。解析:根据题干"印第安人喜欢烈酒的习惯"可定位到文章第二段。由"最有说服力的解释是印第安人认为烈酒……才能产生这种幻觉"可知,A 项表述与文意相符。由"但如果手边的饮品不足以让人一醉方休,他们往往不屑一饮""印第安人有'要喝必醉'的习惯"可知,B 项表述与文意相符。由"他们非常喜欢酒精浓度高的饮品""印第安人有'要喝必醉'的习惯,因此,当看到欧洲人有时选择喝葡萄酒时,他们感到非常纳闷"可知,D 项表述与文意相符。由"如果手边的饮品不足以让人一醉方休,他们往往不屑一饮"可知,印第安人谦让给小部分人喝酒的原因在于他们饮酒必醉的习惯,并非出于餐桌礼仪。

3.【答案】B。解析:A 项"目的是垄断贸易活动"无法从文中得出,排除。由文章第三段中"当地的法国军队不但不阻止这种交易……另一部分要留着自己喝"可知,B 项说法正确。由文章第三段可知,法国传教士之所以批评"罪恶的白兰地交易"是因为白兰地让印第安人变得残忍、暴躁和逆来顺受,变得麻木和放荡,C 项说法错误,排除。由文章第四段中"自从西班牙人引进了蒸馏术后……经当地的阿兹台克人发酵制作的一种

酒精浓度较低的龙舌兰酒蒸馏而成"可知,麦斯卡尔酒并非西班牙人酿制,只是借用了西班牙人的蒸馏技术,D项说法错误。

4.【答案】D。解析:由文章第四段中"后来殖民者使阿兹台克人和其他的当地印第安人爱上了麦斯卡尔酒,并逐渐离不开这种高浓度烈酒""那么这种以酒治人的方法也完全可以用来对付北方阿帕奇人""这样,我们就能让他们有一种新的需要"可知,这里的"他们"指的是北方阿帕奇人,"新的需要"指的是对高浓度烈酒的需要。

5.【答案】D。解析:文章以烈酒为话题,先分析了印第安人喜欢烈酒的缘由,接着重点叙述了殖民者以酒治人的历史,最后指出烈酒在今天仍然为人所用的情况。由此可知,文章意在说明酒与殖民主义之间的关系,D项是文章主旨的同义转述。A项迷惑性比较大,文章重点讲述的是殖民时期烈酒对印第安人的作用,但A项并没有体现这个特殊的时间背景,不如D项准确。B、C两项均未体现关键词"殖民",排除。

第二章 数学运算

考情简报

题型题量概述

对于本章内容,多数银行笔试考查题量为10~20道。

数学运算主要考查考生对数据关系的分析、推断和运算能力,涉及的题型较多,包括几何问题、行程问题、工程问题和利润问题等。

考查内容概述

考试主要考查各题型的核心要点和基本的解题思路,解题时需要运用代入排除法、方程法、特值法等基本解题方法和整除等数学性质。

第一讲 数学运算技巧方法

考点一 整除及其性质

一、整除的判定

在数学运算中,存在这样一类题:通过题干条件可以确定其正确答案是某些数的倍数,通过对选项进行简单验证即可排除错项、锁定答案,而无须进行烦琐的计算。对于这类题目,我们需要掌握整除判定依据,尤其要重点掌握一个数能被3、9、7、11、6整除的判定方法,具体内容见表2-2-1。

表2-2-1 整除的判定方法

类别	判定方法	示例
能被3整除	各位数字之和是3的倍数	7 725,各位数字之和是21,21是3的倍数,所以7 725能被3整除
能被9整除	各位数字之和是9的倍数	6 084,各位数字之和是18,18是9的倍数,所以6 084能被9整除
能被7整除	末三位数字与剩下的数之差能被7整除	1 005 928,末三位数字为928,其余数字为1 005,1 005-928=77,77能被7整除,所以1 005 928能被7整除
能被11整除	奇位数字之和与偶位数字之和的差能被11整除	1 331,奇位数字之和为4,偶位数字之和为4,相差为0,0可以被11整除,所以1 331可以被11整除
能被6整除	能同时被2和3整除	2 334,既可以被2整除也可以被3整除,所以2 334能被6整除

除此之外,我们在判定选项数据的整除性时,经常会用到整除的可传递性和可加减性。

可传递性:如果数 a 能被数 b 整除,数 b 能被数 c 整除,则数 a 能被数 c 整除。例如,42能被14整除,14能被7整除,则42能被7整除。

可加减性:如果数 a 能被数 c 整除,数 b 能被数 c 整除,则 $(a+b)$、$(a-b)$ 均能被数 c 整除。例如,30能被3整除,18能被3整除,则30+18=48、30-18=12也能被3整除。

>**经典例题1** 一个四位数"□□□□"分别能被15、12和10整除,且被这三个数整除时所得的三个商的和为1 365,这个四位数"□□□□"中四个数字的和是多少?(　　)

A. 17　　　　　B. 16　　　　　C. 15　　　　　D. 14

【答案】C。解析:方法一,设这个四位数为x,可列式$x÷15+x÷12+x÷10=1\ 365$,解得$x=5\ 460$,所求为$5+4+6+0=15$。

方法二,这个四位数能被15、12整除,而15、12又能被3整除,则这个数一定能被3整除。能被3整除的数其各位数字之和也能被3整除,观察选项,只有C项符合。

>**经典例题2** 某超市搞活动,雪碧和可乐搭配出售。如果按7瓶雪碧5瓶可乐搭配分组,则只剩下8瓶雪碧;如果按9瓶雪碧5瓶可乐搭配出售,只剩下40瓶可乐。该超市拥有的雪碧和可乐的总数可能是(　　)瓶。

A. 368　　　　　B. 488　　　　　C. 508　　　　　D. 576

【答案】B。解析:根据题干可知,若按7瓶雪碧+5瓶可乐搭配分成n组,剩余8瓶雪碧,则两种饮料的总数应是$12n+8$;若按9瓶雪碧+5瓶可乐搭配分成m组,剩余40瓶可乐,则两种饮料的总数应是$14m+40=14(m+2)+12$。因为饮料总数是整数,所以该总数减去8能被12整除,减去12能被14整除。验证四个选项,只有B项符合。

二、质数与合数

质数:只可以被1和自身整除,不能被其他整数整除。比如5,只能被1和5整除,为质数。2是唯一的偶质数,其他质数均为奇数。

合数:除了1和自身,还能被其他整数整除。比如6,除了能被1、6整除,还能被2、3整除。

任何一个合数都能够写成若干质数的乘积,这个分解过程称为质因数分解,主要通过短除法实现。其核心是从最小的质数开始需要分解的数,直到不能除尽,然后换更大的质数继续这一操作,直至商也为质数。

>**示例** 对14 700进行质因数分解。

解读:使用短除法对14 700进行质因数分解,过程如下。

```
2 | 14 700  ……………… 从最小的质数2开始
2 |  7 350
3 |  3 675  ……………… 2除不尽换稍大的质数3
5 |  1 225  ……………… 3除不尽换稍大的质数5
5 |    245
7 |     49  ……………… 5除不尽换稍大的质数7
         7  ……………… 最终结果为质数
```

把所有质数连乘,即完成对14 700的质因数分解。$14\ 700=2^2×3×5^2×7^2$。

>**经典例题** 设a、b、c皆为质数,且$a+b+c=94$,$ab+bc+ac=2\ 075$,abc的值是(　　)。

A. 3 728　　　　　B. 3 782　　　　　C. 1 378　　　　　D. 1 738

【答案】B。解析:由"$a+b+c=94$"可知三个质数的和为偶数,则必然有一个质数为2,假设$a=2$,则$b+c=92$,$2b+bc+2c=2\ 075$,解得$bc=1\ 891$,则$abc=2×1\ 891=3\ 782$。

点拨:此题的突破口在于2是唯一的偶质数,其他质数均为奇数。三个奇数相加不可能得到偶数,因此其中必然存在一个 2。

三、公因数与公倍数

若两个数有公共的因数,则称这个因数为它们的公因数。最大公因数指的是公因数中最大的那个数。比如,1、2、3、4、6、12 是 24 和 36 的公因数,最大公因数是 12。若两个数只有 1 这一个公因数时,那么这两个数互质。

若两个数有公共的倍数,则称这个倍数为它们的公倍数。最小公倍数是指公倍数中最小的那个数。比如,48 和 60 的最小公倍数是 240。

下面以 24 和 60 为例来说明最大公因数与最小公倍数的求法。

首先,进行质因数分解,然后确定共有质因数,它们的乘积即为最大公因数。

$24 = 2 \times 2 \times 2 \times 3 = 2^3 \times 3$ $60 = 2 \times 2 \times 3 \times 5 = 2^2 \times 3 \times 5$

可直观看出:24、60 的共有质因数包括 2 个 2、1 个 3,则最大公因数为 $2 \times 2 \times 3 = 12$。

确定各数所有种类的质因数,将所有种类的质因数相乘,每种质因数的指数取各数中该种质因数个数最多的个数,得到最小公倍数。

对于 24、60 来说,质因数出现了 2、3、5。24 分解出 3 个 2,60 分解出 2 个 2;24 和 60 都分解出 1 个 3;60 分解出 1 个 5。则 24、60 的最小公倍数为 3 个 2、1 个 3、1 个 5 的乘积,为 $2^3 \times 3 \times 5 = 120$。

▷ **经典例题1** $M = 29 \times 38 \times 47 \times 56 \times \cdots \times n$(每两个连续因数的差均相等),已知数 M 的末尾连续有 12 个"0",则数 n 的最小值是( )。

A. 470   B. 515   C. 560   D. 1 010

【答案】A。解析:可以看出,M 的因数分别为奇数、偶数、奇数、偶数……,偶数中必然含有因数 2,若再有一个因数 5,就可以使末尾得到一个 0。因数 2 的量肯定是足够的,只要在因数中找到 12 个 5,就可以在末尾得到 12 个 0。

相邻两个因数之间的差为 9,则下一个因数应为 65,65 是第一个含有因数 5 的数,之后每相差 45(5 和 9 的最小公倍数)的数,都会含有因数 5。列表如下:

数字	65	65+45=110	110+45=155	155+45=200	200+45=245
含有因数 5 的个数	1	1(总共 2)	1(总共 3)	2(总共 5)	1(总共 6)
数字	245+45=290	290+45=335	335+45=380	380+45=425	425+45=470
含有因数 5 的个数	1(总共 7)	1(总共 8)	1(总共 9)	2(总共 11)	1(总共 12)

因此当 $29 \times 38 \times 47 \times 56 \times \cdots \times n$ 的末尾有连续的 12 个"0"时,n 的最小值为 470。

▷ **经典例题2** 一队中学生在排队进行升旗仪式,这支队伍可以换成 16 排、18 排和 20 排。问:队伍的总人数应是( )的倍数。

A. 480   B. 500   C. 640   D. 720

【答案】D。解析:队伍可换为 16 排、18 排和 20 排,可知人数应为 16、18 和 20 的公倍数,这三个数的最小公倍数为 720,则队伍的总人数应是 720 的倍数。

四、由比例判定倍数

在数学运算中,题干若出现分数、百分数,一般指的是两个量之间的比例关系。由于要求的量多为整数,可以利用比例的相关性质减少计算量。

当题干中给出两个数的比例关系时,可以将这个比例化简为一个分子和分母互质的分数,由此得出这两个数所应满足的倍数关系。

$$\frac{甲}{乙}=\frac{m}{n} \quad (m、n为互质整数) \longrightarrow \begin{array}{l} 甲为m份,乙为n份 \\ 甲是m的倍数、乙是n的倍数 \\ 甲、乙之和是(m+n)的倍数;甲、乙之差是(m-n)的倍数 \end{array}$$

一定要注意,只有在 m、n 互质的情况下才能得到上述结论。

连比即多个量之间的比例关系,数学运算中通常给出三个量,需要找出一个中间量,统一它们的比例关系,中间量的数值一般取比例关系中代表中间量的两个数的最小公倍数。例如,甲：乙＝3：4,乙：丙＝5：7,则甲：乙：丙＝15：20：28。

> **经典例题1** 一艘客轮从 A 港出发到 C 港,途中到 B 港有 $\frac{2}{7}$ 的旅客离船,又有 45 人上船,这时船上旅客人数相当于从 A 港开出时的 $\frac{20}{21}$,则从 A 港上船的旅客有多少人？( )

A. 140   B. 160
C. 189   D. 200

【答案】C。解析：方法一,由题干可知,$\frac{B港离船旅客数}{A港上船旅客数}=\frac{2}{7}$,$\frac{离开B港时船上旅客数}{A港上船旅客数}=\frac{20}{21}$。其中 2 和 7 互质,20 和 21 互质,因此从 A 港上船的旅客数为 21 的倍数。结合选项,只有 C 项符合。

方法二,到达 B 港时有 $\frac{2}{7}$ 的旅客离船,还剩 $\frac{5}{7}$ 的旅客,又有 45 人上船,此时旅客人数变为出发时的 $\frac{20}{21}$,则这 45 人相当于从 A 港开出时的 $\frac{20}{21}-\frac{5}{7}=\frac{5}{21}$。则从 A 港上船时有旅客有 $45\div\frac{5}{21}=189$（人）。

> **经典例题2** 某家庭在一年总支出中,子女教育支出与生活资料支出的比为 3：8,文化娱乐支出与子女教育支出为 1：2。已知文化娱乐支出占家庭总支出的 10.5%,则生活资料支出占家庭总支出的( )。

A. 40%   B. 42%
C. 48%   D. 56%

【答案】D。解析：由题干可知,文化娱乐支出：子女教育支出＝1：2,子女教育支出：生活资料支出＝3：8,则文化娱乐支出：子女教育支出：生活资料支出＝3：6：16。已知文化娱乐支出的 3 份占家庭总支出的 10.5%,故生活资料支出占家庭总支出的 10.5%÷3×16＝56%。

考点二 代入排除法

选项是试题的组成部分之一,孤立地看题干而忽略选项是不可取的。对于正面求解十分困难的题目,可以将选项代入题干,如果与题干任何一个条件相矛盾则立即排除这个选项。

一、直接代入

直接代入是指将选项一个一个代入验证,直到找出正确选项。当题中要求的量是"最大""最多"时,则从选项中最大的数开始代入;当题中要求的量是"最小""最少"时,则从选项中最小的数开始代入。这种代入次序可以减少代入的次数,节省解题时间。

> **经典例题** 某银行的考试试卷共50题,每题2分,答对得2分,答错扣2分,不答扣1分。小刘是该银行职员,他共得了83分,那么这次考试他答对了( )题。
> A. 43　　　　B. 44　　　　C. 45　　　　D. 46

【答案】C。解析:每题有答对、答错和不答三种得分情况,不易计算出总分为83分的情况。观察选项给出了具体的数值,可选择直接代入排除。

若小刘答对43题,可得43×2=86(分),还剩7题答错或不答,至少扣7分,86-7<83,排除A。若小刘答对44题,可得44×2=88(分),还剩6题答错或不答,至少扣6分,88-6<83,排除B。若小刘答对45题,可得45×2=90(分),还剩5题答错或不答,被扣除90-83=7(分),1+1+1+2+2=7,即三道题没答,两道题答错,满足条件。所以小刘答对了45题。

二、选择性代入

选择性代入是指根据题干给出的条件,尤其是整除、余数等整数特征,对选项进行筛选,再代入排除。

> **经典例题** 已知甲、乙两人共有260本书,其中甲的书中13%是专业书,乙的书中12.5%是专业书,则甲有多少本非专业书?( )
> A. 75　　　　B. 87　　　　C. 174　　　　D. 67

【答案】B。解析:甲的书中13%是专业书→甲的非专业书占甲的书的 $1-13\%=87\%=\dfrac{87}{100}$,为最简分数,不能再化简→甲的书是100的倍数,非专业书是87的倍数,排除A、D。

乙的书中 $12.5\%=\dfrac{1}{8}$ 是专业书→乙的书是8的倍数。结合选项,若甲有174本非专业书,则甲有200本书,那么乙的书有60本,不是8的倍数,排除C。

考点三 方程法

方程法适用于绝大部分题目,基本的解题思路可以表示为"审题——找等量关系——设未知数、列方程——解方程"。

一、设未知数的技巧

设未知数是列方程的第一步,未知数设定的优化程度决定了解方程的速度。为了便于列方程和解方程,在某些情况下,不一定要直接设所求量,也可以按照以下方式巧设未知数。

(1)利用题干中的比例关系设未知数。比如,两个量的比例为 $m:n$,则可以设这两个量分别为 mx 和 nx。这样设未知数,可以减少未知数的个数,并且规避分数的出现,进而减少计算量。

(2)当题干中有两个或更多个未知数时,根据各未知数之间的关系,采用取中间量的方法,减少未知数的个数,从而在一定程度上减少计算量。

> **经典例题1** 某人从家走到公司,走了24分钟时接到电话,随后加快速度,速度提高了20%,到公司时,他发现一共走了48分钟。那么他从家走出一半路程花了( )分钟。
> A. 20　　　　B. 22　　　　C. 26　　　　D. 30

【答案】C。解析:根据题干可知,接电话前后的速度比为 $1:(1+20\%)=5:6$。由此可设接电话之前的速度为 $5a$,之后的速度为 $6a$,那么前24分钟走了 $24×5a=120a$,后24分钟走了 $24×6a=144a$,那么全程为 $120a+144a=264a$。全程的一半为 $264a÷2=132a$,前 $120a$ 走了24分钟,剩余 $132a-120a=12a$ 的路程行走速

度为 $6a$，则所求为 $24+12a\div6a=26$（分钟）。

> **经典例题2** 某单位有四个部门共 173 人，其中销售部比办公室多 25 人，客服部比销售部少 9 人，技术部的人数是客服部的两倍。问：客服部有多少人？（ ）
> A. 22　　　B. 36　　　C. 44　　　D. 51

【答案】B。解析：题干给出了四个部门人数之间的关系，可设所求为未知数，依次表示出其余三个部门的人数。设客服部有 x 人，则技术部有 $2x$ 人，销售部有 $(x+9)$ 人，办公室有 $(x+9-25)$ 人。根据题意有 $x+2x+(x+9)+(x+9-25)=173$，解得 $x=36$。

二、解方程组的技巧

方程组由多个方程组成，并含有多个未知数，在解方程组时要将其转化为一元一次方程。解方程组通常采用代入消元法求出单个未知数的解，但这样逐一求解比较费时。在不需要求出方程组所有未知数的解时，可以把方程视为一个整体进行加减运算，即**整体代换法**。

> **经典例题1** 某年级有四个班，不算甲班其余三个班的总人数是 131 人；不算丁班其余三个班的总人数是 134 人；乙、丙两班的总人数比甲、丁两班的总人数少 1 人，这四个班共有多少人？（ ）
> A. 177　　　B. 176　　　C. 266　　　D. 265

【答案】A。解析：题干中未知量较多，为便于识别，可用甲、乙、丙、丁分别代替甲班、乙班、丙班、丁班的人数，则列式如下：

$$\begin{cases} 乙+丙+丁=131 & \cdots\cdots① \\ 甲+乙+丙=134 & \cdots\cdots② \\ 乙+丙=甲+丁-1 & \cdots\cdots③ \end{cases}$$

对上述方程组，可以采用整体加减的方法。①+②得，甲+2乙+2丙+丁=265……④。③代入④得，甲+丁=89，乙+丙=88，从而甲+乙+丙+丁=177。

> **经典例题2** 甲买了 3 支签字笔、7 支圆珠笔和 1 支铅笔，共花了 32 元，乙买了 4 支同样的签字笔、10 支圆珠笔和 1 支铅笔，共花了 43 元。如果同样的签字笔、圆珠笔、铅笔各买 1 支，则共需要多少元？（ ）
> A. 10　　　　　　　　　　　B. 11
> C. 17　　　　　　　　　　　D. 21

【答案】A。解析：假设签字笔、圆珠笔、铅笔的单价分别为 A、B、C，则根据题意可列式如下：

$$\begin{cases} 3A+7B+C=32 \\ 4A+10B+C=43 \end{cases}$$

题目要求的是 $A+B+C$，因此可通过改写，让 $A+B+C$ 出现在改写的式子中，上面两式可以变形如下：

$$\begin{cases} 2(A+3B)+(A+B+C)=32 & \cdots\cdots① \\ 3(A+3B)+(A+B+C)=43 & \cdots\cdots② \end{cases}$$

这样的方法相当于换元，将原来的三个未知量换元为 $(A+3B)$ 和 $(A+B+C)$ 两个未知量。①×3-②×2，即可得 $A+B+C=32\times3-43\times2=10$。因此，签字笔、圆珠笔、铅笔各买 1 支，共需要 10 元。

考点四　特值法

当题中未知量的取值具有任意性、不影响所求值时，可令其为利于计算的特殊数值，这就是特值法。

一、设特殊值为 1

在涉及乘法的计算中,为了避免出现过大的数字,可将某些未知量设为 1。

> **经典例题** 某工程队有 10 人,筑路工程需要 30 天完成,做了 6 天后,要求提前 8 天完成,那么需要增加( )人。

A. 4　　　　　　　　　　　　　　　B. 5
C. 6　　　　　　　　　　　　　　　D. 7

【答案】B。解析:已知工作总量=工作效率×工作时间,结合题干条件,为避免出现数字较大,可设每人每天的工作效率为 1。则筑路工程的工作总量为 10×1×30＝300,10 人工作 6 天完成 10×1×6＝60,剩余工作量为 300-60＝240,工作时间为 30-6-8＝16(天),要想按要求完成,每天需要完成 240÷16＝15,则需要增加 15-10＝5(人)。

二、设特殊值为 100

当题干给出百分数时,把百分数分母代表的量设为 100,往往能够消去百分数直接做整数运算。

> **经典例题** 年初,商场将某品牌的空调降价 20% 出售。夏天将至,空调热销,商场欲原价出售,要涨价多少才能恢复到原价?( )

A. 15%　　　　B. 20%　　　　C. 25%　　　　D. 40%

【答案】C。解析:题干中只含有一个百分数,为方便计算,可假设原价为 100 元,则现价为 80 元。设要恢复到 100 元需要涨价 x,则 $80×(1+x)=100$,解得 $x=25\%$。

三、设特殊值为公倍数

在题干含有多个比例关系的情况下,可设未知的总量为已知分量的公倍数,以便将数值整数化,方便计算。

> **经典例题** 两个相同的瓶子装满酒精溶液,一个瓶子中酒精与水的体积比是 3∶1,另一个瓶子中酒精与水的体积比是 4∶1。若把两瓶酒精溶液混合,则混合后的酒精和水的体积之比是( )。

A. 31∶9　　　　　　　　　　　　　B. 7∶2
C. 31∶40　　　　　　　　　　　　　D. 20∶11

【答案】A。解析:一个瓶子的酒精与水的体积比为 3∶1,则瓶子的体积是 3+1＝4 的倍数;另一个瓶子的酒精与水的体积比为 4∶1,则瓶子的体积是 4+1＝5 的倍数。因为瓶子的体积是相同的,为方便计算,不妨设瓶子的体积是 4、5 的最小公倍数 20。则两瓶中酒精体积分别为 20÷4×3＝15、20÷5×4＝16,水的体积分别为 20-15＝5、20-16＝4。混合后的酒精和水的体积比为(15+16)∶(5+4)＝31∶9。

四、设特殊值为比例份数

根据比例设份数,因其灵活多变,故体现了特值法的精髓。这种方法减少了分式计算和未知数个数,在数学运算中被广泛运用。

> **经典例题** 某班学生团购一批单价为 9 角的 2B 铅笔,班长发现如果将这些铅笔分给男生,平均每人得到 12 支;如果将这些铅笔分给女生,平均每人得到 15 支。如果将这些铅笔平均分给全班同学,则每人应付多少元?( )

A. 6　　　　　B. 7　　　　　C. 8　　　　　D. 9

【答案】A。解析:由题意可知,将这些铅笔分给男生,平均每人得到 12 支;分给女生,平均每人得到 15

支。因为铅笔的数量一定,所以男生和女生人数之比为15∶12=5∶4。假设男生有5人,女生有4人,若将这些铅笔平均分给全班同学,则每人应付12×5×0.9÷(5+4)=6(元)。

考点五 十字交叉法

十字交叉法,即通过交叉的线段,将方程转换为图形,直观呈现各部分之间的关系,被用来解决事物之间的平均数问题。究其本质,十字交叉法是方程法的简便形式。

示例 某班期末考试平均分为89分,其中男生平均分为92分,女生平均分为87分。问:该班男生、女生人数比为多少?

解读:

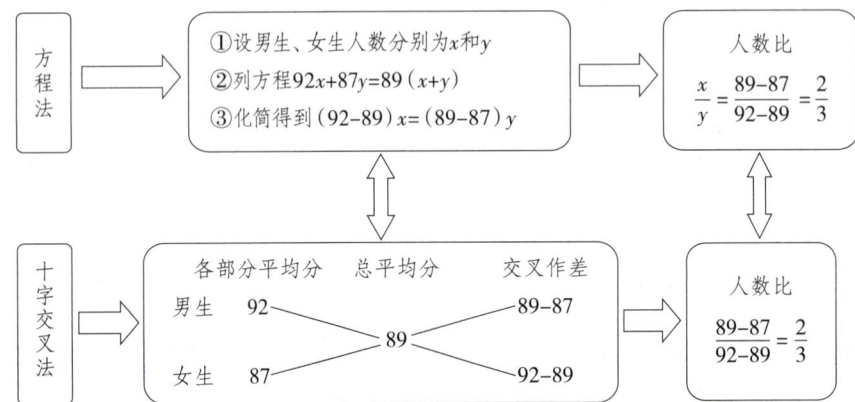

通过对上面两种方法的对比可知,形如 $ax+by=c(x+y)$ 的方程能够使用十字交叉法快速求解 x、y 的比值。其一般表现形式如下:

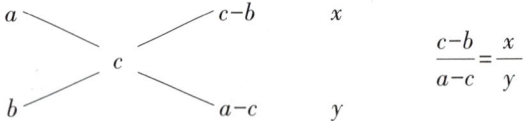

其中,a 和 b 分别表示两个分量对应的平均数,c 表示混合后总的平均数。这里的平均数可以指浓度、速度、增长率等。涉及分量和混合后平均数的计算问题,均可以使用十字交叉法快速求解。

---要点提示---

在使用十字交叉法时,$\dfrac{c-b}{a-c}$ 表示的是 a、b 分母对应量的比值。譬如在浓度问题中,a、b 为浓度,浓度=$\dfrac{溶质质量}{溶液质量}$,那么 $\dfrac{c-b}{a-c}$ 就是两种溶液的质量比;在行程问题中,a、b 为速度,速度=$\dfrac{路程}{时间}$,那么 $\dfrac{c-b}{a-c}$ 就是以两个速度行驶的时间比。

经典例题 某车间进行考核,整个车间平均分是85分,其中女工的平均分是90分,男工的平均分是75分,则女工人数是男工人数的多少倍?(　　)

A. 1　　　　　　　　　　　　B. 1.5
C. 2　　　　　　　　　　　　D. 2.5

【答案】C。解析:已知两个分量(女工、男工)以及总量(整个车间)的平均分,要求两个分量的人数比,可采用十字交叉法。

```
        平均分    总平均分   交叉作差
女工    90                    10
                  85
男工    75                    5
```

可得女工人数：男工人数＝10∶5＝2∶1，即女工人数是男工人数的2倍。

第二讲　数学运算常考题型

考点一　几何问题

一、平面图形的周长与面积

数学运算中对平面图形的考查包括周长和面积。常见平面几何图形的周长与面积公式见表2-2-2。

表2-2-2　常见平面几何图形的周长与面积公式

图形	图例	周长(C)	面积(S)
三角形	(图)	$a+b+c$	$\frac{1}{2}ah$
正方形	(图)	$4a$	a^2
长方形	(图)	$2(a+b)$	ab
梯形	(图)	$a+b+c+d$	$\frac{1}{2}(a+b)h$
圆形	(图)	$\pi d=2\pi r$	πr^2

经典例题 右图中有两个正方形，边长分别是8厘米、5厘米，则阴影部分的面积是（　　）平方厘米。

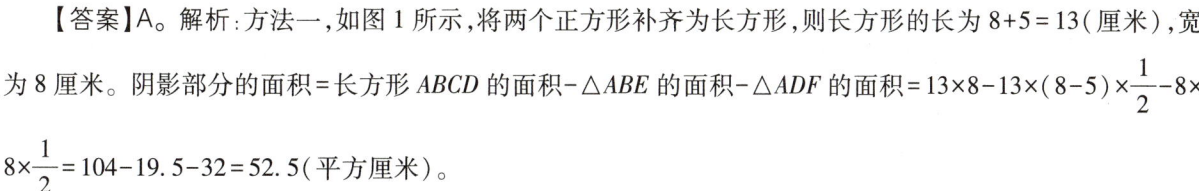

A. 52.5　　　　　　　　　　　　B. 57
C. 54.5　　　　　　　　　　　　D. 55

【答案】A。解析：方法一，如图1所示，将两个正方形补齐为长方形，则长方形的长为8＋5＝13（厘米），宽为8厘米。阴影部分的面积＝长方形 $ABCD$ 的面积－△ABE 的面积－△ADF 的面积＝13×8－13×(8－5)×$\frac{1}{2}$－8×8×$\frac{1}{2}$＝104－19.5－32＝52.5（平方厘米）。

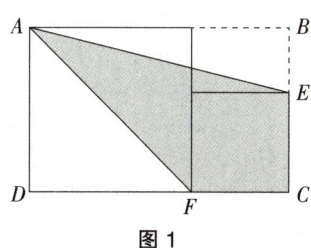
图1

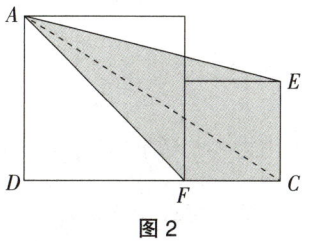
图2

方法二,如图 2 所示,连接 AC,则阴影部分面积 = △ACF 的面积 + △ACE 的面积 = $\frac{1}{2} \times AD \times CF + \frac{1}{2} \times DC \times CE = \frac{1}{2} \times 8 \times 5 + \frac{1}{2} \times (8+5) \times 5 = 52.5$(平方厘米)。

/// 要点提示 ///

当所求图形是不规则图形时,无法直接利用公式计算所求面积,可以运用图形割补的思想构造规则图形,再运用公式进行计算。

二、勾股定理

在直角三角形中,两直角边的平方和等于斜边的平方(勾股定理)。能构成直角三角形的一组整数称为勾股数。常见勾股数有:(3、4、5);(5、12、13);(6、8、10)。

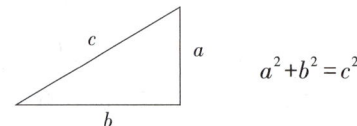

特殊地,在直角三角形中,若有一个角是 30°,那么,较短的直角边边长:较长的直角边边长:斜边边长 = $1:\sqrt{3}:2$;若有一个角是 45°,那么,直角边边长:斜边边长 = $1:\sqrt{2}$。

经典例题 某型号卡车长 5 米,宽 3 米。设计国道时需要让这种型号的卡车在道路上掉头,那么国道设计最窄约为( )米。

A. 5　　　　　B. 6　　　　　C. 7　　　　　D. 8

【答案】B。解析:如右图所示,卡车的最长距离为对角线距离,即道路的宽度应大于卡车的最长距离。卡车的最长距离为 $\sqrt{5^2+3^2} = \sqrt{34}$(米),$5 < \sqrt{34} < 6$,则国道设计最窄约为 6 米。

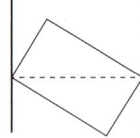

三、三角形相似

两个三角形形状相同则称这两个三角形相似。相似的两个三角形的三个角对应相等,三条边对应成比例,面积之比等于对应边之比的平方。

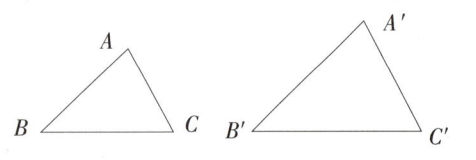

△ABC 与 △A′B′C′ 相似,可推出:
∠A = ∠A′, ∠B = ∠B′, ∠C = ∠C′
$\frac{AB}{A'B'} = \frac{AC}{A'C'} = \frac{BC}{B'C'} = m$, $\frac{S_{\triangle ABC}}{S_{\triangle A'B'C'}} = m^2$

有两种特殊的三角形相似情形:在图 1 中,DE∥BC,则 △ABC 与 △ADE 相似;在图 2 中,AB∥CD,则 △ABE 与 △DCE 相似。

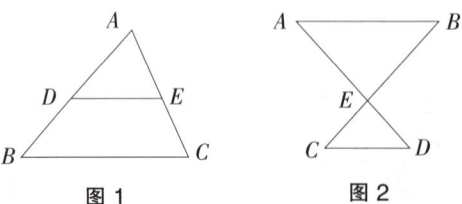

图 1　　　图 2

在图 1 中,若 D、E 分别为 AB、AC 的中点,则 DE 被称为 △ABC 的中位线。三角形的中位线等于底边的一半,即 $DE = \frac{1}{2}BC$。此时,△ADE 与 △ABC 的面积之比为 1:4。

经典例题 如右图,在四边形 $ABCD$ 中,$AB\mathbin{/\mkern-6mu/}CD$,$AB$ 与 CD 的边长分别为 4 厘米和 8 厘米,已知三角形 ABE 的面积为 4 平方厘米,那么四边形 $ABCD$ 的面积为多少平方厘米?(　　)

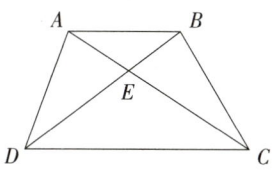

A. 24　　　　　　　　　　　　B. 30

C. 32　　　　　　　　　　　　D. 36

【答案】D。解析:三角形的面积=(底×高)÷2,那么△ABE 的高为 $4\times2\div4=2$(厘米)。因为 $AB\mathbin{/\mkern-6mu/}CD$,所以△$ABE$ 与△CDE 相似。$AB:CD=4:8=1:2$,那么△ABE 的高与△CDE 的高的比也为 1:2,所以△CDE 的高为 $2\times2=4$(厘米),那么四边形 $ABCD$ 的高为 $2+4=6$(厘米)。又因四边形 $ABCD$ 为梯形,根据"梯形的面积=(上底+下底)×高÷2"可得,四边形 $ABCD$ 的面积为 $(4+8)\times6\div2=36$(平方厘米)。

四、立体图形的表面积与体积

常见立体几何图形的表面积与体积公式见表 2-2-3。

表 2-2-3　常见立体几何图形的表面积与体积公式

图形	图例	表面积(S)	体积(V)
正方体		$6a^2$	a^3
长方体		$2(ab+bc+ac)$	abc
球体		$4\pi r^2$	$\dfrac{4}{3}\pi r^3$
圆柱体		$2\pi r^2+2\pi rh$	$\pi r^2 h$
圆锥体		通常不考查	$\dfrac{1}{3}\pi r^2 h$

经典例题 在一个正方体木块朝上的一面上竖直挖一个贯通的正方形通道,已知正方体的边长为 20 厘米,通道洞口的边长为 10 厘米,则正方体的表面积增加了(　　)平方厘米。

A. 100　　　　B. 400　　　　C. 500　　　　D. 600

【答案】D。解析:挖完通道后,正方体的表面增加了通道的面积,减少了洞口的面积。通道由 4 个长为 20 厘米、宽为 10 厘米的长方形组成,表面积为 $4\times20\times10=800$(平方厘米);通道洞口是 2 个边长为 10 厘米的正方形,表面积为 $2\times10\times10=200$(平方厘米)。实际上正方体的表面积增加了 $800-200=600$(平方厘米)。

考点二　行程问题

行程问题主要研究路程(s)、速度(v)、时间(t)这三个量之间的关系。核心公式如下:

$$路程=速度\times时间$$

一、基本行程问题

(一)平均速度

做变速运动的物体,其路程与时间的比值不是恒定不变的。对此,可以利用平均速度粗略地描述物体在这段时间内运动的快慢情况。

平均速度是总路程与总用时的比,其核心公式是 $\bar{v}=\dfrac{s}{t_1+t_2+\cdots+t_n}=\dfrac{s}{\dfrac{s_1}{v_1}+\dfrac{s_2}{v_2}+\cdots+\dfrac{s_n}{v_n}}$。

特别的,当 $n=2$,且 $s_1=s_2$ 时,$\bar{v}=\dfrac{2s_1}{\dfrac{s_1}{v_1}+\dfrac{s_1}{v_2}}=\dfrac{2v_1v_2}{v_1+v_2}$。

经典例题 甲开车从 A 地到 B 地办事,前半段路程车速为 60 千米/时,后半段路程车速为 90 千米/时,则甲的平均车速是( )千米/时。

A. 75　　　　　　　　　　　　B. 70

C. 72　　　　　　　　　　　　D. 65

【答案】C。解析:根据路程相等的平均速度公式可得,甲的平均车速为 $\dfrac{2\times 90\times 60}{90+60}=72$(千米/时)。

(二)比例关系

对于两个运动过程,当速度、时间、路程三个量中有一个量相等时,另外两个量成比例关系。其比例关系如下:时间一定,路程与速度成正比;速度一定,路程与时间成正比;路程一定,速度与时间成反比。

经典例题 老赵计划以某一速度从 A 市到 B 市,但他发现自己如果一开始就提速 25%,则可比原计划提前 54 分钟到达;如果以原速行驶 24 千米后再将速度提高 30%,也可比原计划提前 54 分钟到达。那么 A、B 两市相距多少千米?( )

A. 160　　　　　　　　　　　　B. 180

C. 200　　　　　　　　　　　　D. 240

【答案】B。解析:由题意可知,计划速度与提速 25% 后的速度之比为 1:(1+25%)=4:5,则所需时间之比为 5:4,原计划所需时间为 $\dfrac{54}{60}\times 5=4.5$(小时)。计划速度与提速 30% 后的速度之比为 1:(1+30%)=10:13,则所需时间之比为 13:10,提速后行驶的路程原计划用时 $\dfrac{54}{60}\times\dfrac{13}{13-10}=3.9$(小时),以计划速度行驶 24 千米所用时间为 $4.5-3.9=0.6$(小时),则 A、B 两市相距 $\dfrac{24}{0.6}\times 4.5=180$(千米)。

要点提示

在行程问题中,比例关系的应用十分广泛。抓住行程问题中的比例关系,能够简化计算过程。但要注意,在利用比例关系时,一定要确保比例关系所代表的速度、时间和路程对应统一。

二、相遇与追及 ★★
(一)直线相遇与追及

两个物体同时在同一条直线上做运动时,从两地相向出发,可能涉及相遇问题;一前一后同向出发,可能涉及追及问题。这类问题中至少出现两个物体,故应考虑其运动时的相对速度。相遇与追及的核心公式如下:

相遇路程=速度和×相遇时间

追及路程=速度差×追及时间

>> **经典例题1** 小李、小王分别从两地同时相向骑行,小李的速度是25千米/时,小王的速度是20千米/时。如果小李提前出发,那么两人提前20分钟相遇。问:小李提前多少分钟出发?( )

A. 30　　　　　B. 36　　　　　C. 38　　　　　D. 40

【答案】B。解析:若小李提前出发,两人将提前20分钟相遇,则小李提前出发所走的路程为两人20分钟所走的路程,为$(25+20) \times \frac{20}{60} = 15$(千米),小李走这段路程需要$15 \div 25 \times 60 = 36$(分钟)。

>> **经典例题2** 一条与铁路平行的公路上有一行人和一骑车人同时向南行进,行人的速度是3.6千米/时,骑车人的速度是10.8千米/时。如果一列火车从他们背后驶来,其从行人身旁驶过的时间是22秒,从骑车人身旁驶过的时间是26秒,则这列火车长( )米。

A. 280　　　　　B. 282　　　　　C. 284　　　　　D. 286

【答案】D。解析:行人的速度为3.6千米/时=1米/秒,骑车人的速度为10.8千米/时=3米/秒。火车从行人或骑车人身边驶过的问题,可看作火车与行人或骑车人的追及问题,追及距离为火车车长。在追及问题中,追及距离=时间×速度差。设火车速度为x米/秒,车长为y米,则有$y=22(x-1),y=26(x-3)$。联立两式,解得$x=14,y=286$。

(二)直线多次相遇

当甲、乙两人分别从A、B两地同时出发,相向而行,且做往返运动时,就会涉及多次相遇问题。记第一次相遇时,两人所走的路程和即AB全程为s,两人所用的时间为t;则第二次相遇时,两人所走的路程和为$3s$,所用的时间为$3t$,如图2-2-1所示。

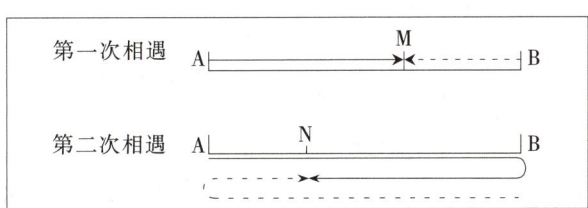

图2-2-1　直线两次相遇图示

由此总结出,第n次相遇时的路程和公式如下:

$$s_n = (2n-1)s$$

相应地,第n次相遇时所用时间满足:

$$t_n = (2n-1)t$$

///// **要点提示** /////

在计算第n次相遇时,每个人所走的路程也同样等于第一次相遇时其所走路程的$(2n-1)$倍。

>> **经典例题** 甲从A地、乙从B地同时以均匀的速度相向而行,第一次相遇离A地6千米,继续前进,到达对方起点后立即返回,在离B地3千米处第二次相遇,则A、B两地相距多少千米?( )

A. 10　　　　　B. 12　　　　　C. 18　　　　　D. 15

【答案】D。解析:如下图所示,甲、乙第一次相遇时,甲走了6千米。第二次相遇时,甲所走的路程应为第一次相遇时所走路程的$2 \times 2-1=3$倍,即$6 \times 3=18$(千米)。第二次相遇距离B地3千米,则A、B两地的距离为$18-3=15$(千米)。

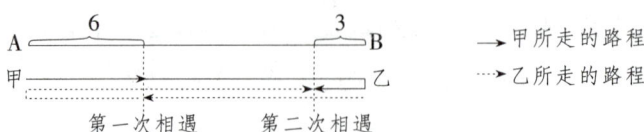

(三)环线相遇与追及

在周长为 s 的环形跑道上,甲、乙二人由同一起点同时出发,异向而行,则他们第一次相遇时,二人路程之和为 s,如图 2-2-2 所示。

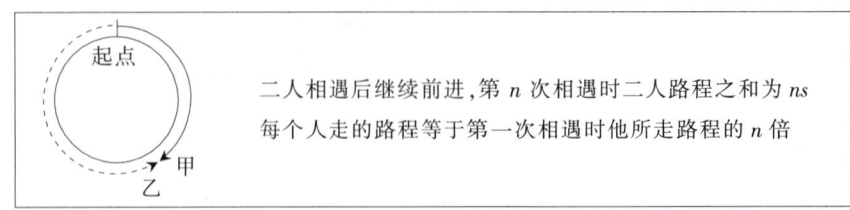

图 2-2-2 环线相遇问题图示

在周长为 s 的环形跑道上,甲、乙二人由同一起点同时出发,同向而行,则当乙第一次追上甲时,乙比甲多跑的路程为 s,如图 2-2-3 所示。

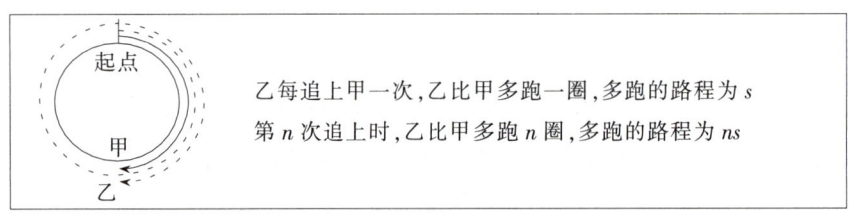

图 2-2-3 环线追及问题图示

///// 要点提示 /////

当两人由不同地点出发时,在计算过程中,从开始到第一次相遇(或追上)要单独计算,相遇(或追及)的距离就是两人的初始距离,此后的情况则可按照上面的结论进行计算。

经典例题1 A、B、C 三人同时从 400 米环形跑道的同一地点出发,C 与 A、B 的方向相反。已知 A 的速度是每秒 3 米,B 的速度是每秒 4 米,C 的速度是每秒 4.5 米。出发后( )秒,C 第一次位于 A、B 的正中间。

A. 20 B. 30 C. 40 D. 50

【答案】D。解析:当 C 第一次位于 A、B 的正中间时,应是 C 与 B 第一次相遇之后,与 A 第一次相遇之前。B、C 第一次相遇,需经过 400÷(4+4.5)≈47(秒),A、C 第一次相遇,需经过 400÷(3+4.5)≈53(秒)。则 C 第一次位于 A、B 的正中间是出发后的 47—53 秒的某个时间,只有 D 项符合。

经典例题2 环形跑道周长 400 米,甲、乙两人同时顺时针自起点出发,甲的速度是 375 米/分钟,乙的速度是 365 米/分钟,多少分钟后甲第一次追上乙?( )

A. 34 B. 36 C. 38 D. 40

【答案】D。解析:甲的速度大于乙,根据环线追及的结论,甲第一次追上乙时,甲比乙多跑一圈,两人用时 400÷(375-365)=40(分钟)。

三、流水行船

在流水行船问题中,船速是指船在静水中行进的速度,水速是指水流动的速度。流水行船时,必须考虑水

流对行船的影响。其核心公式如下:

$$顺水速度(v_{顺}) = 船速(v_{船}) + 水速(v_{水})$$
$$逆水速度(v_{逆}) = 船速(v_{船}) - 水速(v_{水})$$

>> **经典例题** 甲、乙两个港口相距360千米,A船往返两个港口需花费25小时,其中逆水时间比顺水时多5小时,B船的速度为18千米/时,则B船往返两个港口需要( )小时。

　　A. 30　　　　　　B. 20　　　　　　C. 45　　　　　　D. 38

【答案】C。解析:A船顺水航行的时间为(25-5)÷2=10(小时),逆水航行的时间为10+5=15(小时),则顺水速度为360÷10=36(千米/时),逆水速度为360÷15=24(千米/时),水速为(36-24)÷2=6(千米/时)。故所求为$\frac{360}{18+6} + \frac{360}{18-6} = 15+30 = 45$(小时)。

考点三 工程问题

工程问题是数学运算中的高频考题,只要掌握其中的解题思路,便可以轻松作答。工程问题的核心公式是**工作总量=工作效率×工作时间**,其中工作效率是指单位时间完成的工作量。

一、比例关系

当工作总量、工作效率、工作时间三个量中有一个量相等时,另外两个量成比例关系。其比例关系如下:工作效率相同,工作总量与工作时间成正比;工作时间相同,工作总量与工作效率成正比;工作总量相同,工作效率与工作时间成反比。

>> **经典例题** 某工程队承修一条公路,原计划每天修720米。但实际每天比计划多修80米,按此速度施工,当剩下1 200米公路未修时,已施工时间比原计划完整工期恰好提前了3天。那么这条公路全长多少米?( )

　　A. 12 000　　　　B. 10 800　　　　C. 10 000　　　　D. 9 600

【答案】B。解析:工作总量一定时,工作效率之比为工作时间的反比,已知原计划每天的工作效率与实际工作效率之比为720:(720+80)=9:10,则工作时间之比为10:9。剩余的1 200米公路实际再需要1 200÷800=1.5(天)即可完成,即实际工作时间比原计划少了1份,对应3-1.5=1.5(天),则实际工作时间为1.5×9=13.5(天),这条公路全长为13.5×800=10 800(米)。

二、合作完工 ★★

在复杂的工程问题中,参与工程的有多个人,有时候有多项工程、每个人参与到不同的工程中,这类多人合作问题是命题热点。解题的关键在于,对于其中任何一项工程,工作总量都等于所有参与到这个工程的人完成的工作量的和。

$$效率和 = 效率1 + 效率2 + \cdots\cdots$$
$$工作总量 = 第一人工作量 + 第二人工作量 + \cdots\cdots$$

>> **经典例题** 师徒两人生产一产品,每套产品由甲、乙配件各1个组成。师傅每天生产150个甲配件或75个乙配件;徒弟每天生产60个甲配件或24个乙配件,师徒决定合作生产,并进行合理分工,则他们工作15天后最多能生产该种产品( )套。

　　A. 900　　　　　　　　　　　　　　　B. 950

　　C. 1 000　　　　　　　　　　　　　　D. 1 050

【答案】D。解析：150÷75=2,60÷24=2.5,则对徒弟来说,生产甲配件的效率更高。要使生产的产品套数尽量多,则徒弟只生产甲配件,师傅既生产甲配件又生产乙配件。设师傅花 x 天生产甲配件,则有 $150x+60×15=75×(15-x)$,解得 $x=1$,故他们工作15天后最多能生产该种产品 $150×1+60×15=1\,050$(套)。

考点四 利润问题

利润问题与我们的生活息息相关,其中涉及成本、售价、利润、利润率、打折这些基本概念,要求考生能准确分析题中的销售过程,熟练运用公式。

一、收支与利润 ★★

利润来源于收入与支出之间的差额,因此收支计算最重要的就是有条理地分析清楚每一笔收入与支出,然后计算总利润。核心公式如下：

$$利润 = 收入 - 支出$$

> **经典例题** 某经销商以2元/千克的价格购进5 000千克大蒜存入冷库。已知大蒜的市场价每天每千克将上涨0.5元,而冷库存放大蒜每天需要支出各种费用合计400元,且大蒜在冷库中最多保存60天,同时每天有10千克大蒜坏掉不能出售。若经销商获得39 600元利润,则这批大蒜存放多少天后集中全部出售? ( )

A. 16　　　　　　B. 20　　　　　　C. 24　　　　　　D. 28

【答案】B。解析：设大蒜存放 x 天后出售, $x≤60$,则出售价为 $(2+0.5x)$ 元/千克,售出数量为 $(5\,000-10x)$ 千克,故总售价为 $[(2+0.5x)(5\,000-10x)]$ 元。购进大蒜花费 $2×5\,000$ 元,冷库存放费用为 $400x$ 元。总利润为 $(2+0.5x)(5\,000-10x)-2×5\,000-400x=39\,600$,化简为 $416x-x^2=7\,920$。代入选项,A项, $416×16-16^2=6\,400≠7\,920$,排除；B项, $416×20-20^2=7\,920$。

二、利润率

在商品销售的过程中,商品利润率是指商品利润占成本的比例,商品利润等于商品售价与成本之间的差额。其中售价即商品的销售收入,成本即购进该商品时的支出。计算过程中主要用到以下公式：

$$利润 = 售价(收入) - 成本(支出)$$

$$利润率 = \frac{利润}{成本} = \frac{售价-成本}{成本} = \frac{售价}{成本}-1$$

> **经典例题** 某品牌冰箱3月的利润率是43%,10月降价11%,11月价格又上涨7%。问：11月该冰箱的利润率约为多少? ( )

A. 32%　　　　　B. 34%　　　　　C. 36%　　　　　D. 38%

【答案】C。解析：题干中只给出了三个百分数,没有其他具体数值,为避免小数出现,可将冰箱的成本赋值为100,则冰箱3月的售价为 $100×(1+43\%)=143$。因为10月降价11%,11月价格上涨7%,则11月售价为 $143×(1-11\%)×(1+7\%)≈143×95\%≈136$。所求约为 $\frac{136-100}{100}=36\%$。

三、打折 ★★

打折,即按原价的一定比例销售。打折情况反映了折后售价与原价之间的比例关系。打八折,即按原价的80%进行销售。例如,一件原价为100元的衣服,打八折后,售价变为80元。

$$打\,N\,折 = 售价 ÷ 原价 × 10$$

经典例题 ××商场周年庆,进行促销活动,提供两种"满减"优惠券:满200元减50元,满500元减100元。一次购物只能使用其中一张优惠券。另外,在使用了满500减100的优惠券后还能再打九折。小刘使用了优惠券后,在此商场购物一共花费了350元,则他购买了原价为( )元的商品。

A. 400   B. 385   C. 530   D. 560

【答案】A。解析:若小刘使用的是满200减50的优惠券,实际支付350元,那么原价为350+50=400(元),A项符合。若小刘用的是满500减100的优惠券,之后再打九折,则原价至少为500元,此时实际至少需要支付(500-100)×90%=360(元),高于350元,所以一定没有用满500减100的优惠券。

考点五 浓度问题

一、基本公式 ★★★

溶质溶于溶剂,形成溶液,溶质在溶液中所占的比即浓度。浓度问题涉及浓度、溶质、溶液三个量之间的关系。其核心解题公式如下:

浓度=溶质÷溶液

溶液=溶质+溶剂

经典例题 现有含糖率为5%的糖水500克,现在分别倒入200克含糖率为 A 和300克含糖率为 B 的两种糖水,含糖率变为6%,已知 $A=2B$,则 A 为( )。

A. 5%   B. 10%   C. 15%   D. 20%

【答案】B。解析:原有糖水的含糖量为5%×500=25(克),倒入200克含糖率为 A 和300克含糖率为 B 的糖水之后,含糖量变为25+200A+300B。已知 $A=2B$,那么含糖量为(25+350A)克。混合后糖水的质量为500+200+300=1 000(克),浓度为6%,那么含糖量为1 000×6%=60(克)。可列方程25+350A=60,解得 A=10%。

二、十字交叉法在浓度问题中的应用 ★★

在浓度问题中利用十字交叉法可以解决两种溶液的混合问题。例如,甲、乙两种溶液质量(或体积)分别为 m_1、m_2,浓度分别为 c_1、c_2,混合后浓度为 c,此时可由十字交叉法直接得出 $\dfrac{c-c_2}{c_1-c}=\dfrac{m_1}{m_2}$。

经典例题 小刘将130克含糖5%的糖水,与含糖9%的糖水混合,配成含糖6.4%的糖水,则需要加入含糖9%的糖水( )克。

A. 70   B. 68   C. 72   D. 64

【答案】A。解析:设需要加入含糖9%的糖水 x 克。方法一,含糖5%的糖水(分量1)与含糖9%的糖水(分量2)混合,配成含糖6.4%的糖水(总量)。可运用十字交叉法。

```
分量1      5%            9%-6.4%=2.6%         130
总量            6.4%
分量2      9%            6.4%-5%=1.4%          x
```

可列方程 $\dfrac{2.6\%}{1.4\%}=\dfrac{130}{x}$,解得 $x=70$。

方法二,130克含糖5%的糖水含糖量为130×5%=6.5(克),根据混合前后溶质的量不变可列方程6.5+9%×x=6.4%×(130+x),解得 $x=70$。

三、倒水与加水

某种浓度的溶液,每次先倒出若干,再添水稀释,重复操作多次;或者先添水稀释,然后倒出若干,重复操作多次,求浓度的变化或判断最终的状态。这类问题的解题关键是分析溶质或溶剂的变化情况,这种变化一般是按某个固定比例进行,若能找到这个规律,就能快速求解。

例如,一瓶浓度为64%的酒精溶液,倒出$\frac{1}{4}$后加满清水,此时溶质减少$\frac{1}{4}$,变为操作前的$\frac{3}{4}$,溶液质量不变,则浓度变为操作前的$\frac{3}{4}$。若重复操作三次,则浓度变为$64\% \times \frac{3}{4} \times \frac{3}{4} \times \frac{3}{4} = 27\%$。

▶ **经典例题** 从一瓶浓度为20%的消毒液中倒出$\frac{2}{5}$后,加满清水,再倒出$\frac{2}{5}$,又加满清水,此时消毒液的浓度为( )。

A. 7.2%　　　　B. 3.2%　　　　C. 5.0%　　　　D. 4.8%

【答案】A。解析:每一次稀释,溶质的量都变为前一次的$1-\frac{2}{5}=\frac{3}{5}$,而溶液的量不变,则浓度为前一次的$\frac{3}{5}$,因此最后的浓度为$20\% \times \frac{3}{5} \times \frac{3}{5} = 7.2\%$。

考点六 排列组合问题

排列组合问题可以直观地理解为求完成某些事件的所有情况数。根据完成这一事件的步骤或过程的不同,应选不同的计数方法。某些特定的事件模型,其完成的方法是确定的,可以根据既定公式直接得出方法总数。

一、基本原理及公式

(一)加法原理与乘法原理

加法原理:完成一件事情,需要划分几个类别,各类别中的方法可以独立完成这件事情。当分类没有重复、遗漏时,完成这件事情的方法总数等于每一类方法数之和。加法原理体现的是分类讨论的思想。

例如,从A地到B地,有3个车次的火车、有5趟汽车、有2班飞机。那么从A地到B地一共有3+5+2=10(种)方法。

乘法原理:完成一件事情,需要分为几个步骤,每个步骤内的方法刚好完成该步骤,所有步骤实施完毕刚好完成这件事,则完成这件事情的方法总数等于每一个步骤的方法数之积。乘法原理体现的是分步讨论的思想。

例如,从A地到B地需在C地转机,已知从A地到C地有4种方法,从C地到B地有3种方法。那么从A地到B地要分两步,A→C、C→B,共有4×3=12(种)方法。

▶ **经典例题** 小张忘记了行李箱密码的最后两位数字,只记得其中有且只有一位是6,则他最多需试( )次才能保证密码锁解开。

A. 16　　　　B. 17　　　　C. 18　　　　D. 19

【答案】C。解析:6可以位于最后一位也可以位于倒数第二位,可以分两类讨论:①6位于最后一位,那么倒数第二位不可以是6,有9种可能;②6位于倒数第二位,那么最后一位不可以是6,有9种可能。分类用加法,总共有9+9=18(种)可能。

（二）排列与组合 ★★★

排列，即从 m 个不同元素中任取 n 个元素按照一定的顺序排成一列，排列种数记作 A_m^n。根据乘法原理，把整件事分成 n 步，挑第一个有 m 种选择，挑第二个有 $(m-1)$ 种选择，以此类推可得：

$$A_m^n = m \times (m-1) \times \cdots \times (m-n+1)$$

如果直接对 m 个不同元素进行排列，就是 $A_m^m = m \times (m-1) \times \cdots \times 1 = m!$，称为全排列。

例如，从 4 个孩子中选出 2 个排成一行。先排第一个位置，有 4 种选择；再排第二个位置，从剩下的 3 个孩子中选一个，有 3 种选择。共有 $4 \times 3 = 12$（种）排法。

组合，即从 m 个不同元素中取出 n 个元素作为一组，组合数记作 C_m^n。与排列不同的是，组合只关注取出的是什么，不考虑取出的顺序。

根据排列的计算方法，从 m 个不同元素中任取 n 个元素排成一列有 A_m^n 种情况，每组有 A_n^n 种排列，则组合数的列式如下：

$$C_m^n = \frac{A_m^n}{A_n^n} = \frac{m \times (m-1) \times \cdots \times (m-n+1)}{n \times (n-1) \times \cdots \times 1}$$

例如，从 4 个孩子中选出 2 个组成一组。不需要考虑这 2 个孩子的顺序，是一个组合问题，因此共有 $C_4^2 = \frac{4 \times 3}{2 \times 1} = 6$（种）选法。

▷ 经典例题 一家管道疏通公司共有 4 名有经验的水管工和 4 名实习生，现有一大楼需要 3 名水管工去疏通管道，如果由 1 名有经验的水管工和 2 名实习生组成疏通小组，则组成方式有（　　）种。

A. 6　　　　　　　　　　　　　　　　B. 10
C. 12　　　　　　　　　　　　　　　　D. 24

【答案】D。解析：第一步，从 4 名有经验的水管工中选出 1 名，有 $C_4^1 = 4$（种）选择；第二步，从 4 名实习生中选出 2 名，不考虑顺序，有 $C_4^2 = 6$（种）选择。分步用乘法，组成方式有 $4 \times 6 = 24$（种）。

二、限制条件型问题 ★★

（一）指定位置型

在排列组合问题中，有些元素有特殊的位置限制，如指定某人站在某一位置或不能站在某一位置。可用特殊元素优先法求解，即先排特殊元素或者特殊位置，再排其他元素或位置。

例如，A、B、C、D、E，5 人排成一列，要求 A 必须站在第一位，先将 A 放在第一位，剩余 4 人在剩下的 4 个位置上进行全排列，有 $A_4^4 = 24$（种）排法。

▷ 经典例题 某企业举办晚会，晚会共有 6 个大型节目，包括 4 个不同的相声表演和 2 个不同的歌舞表演，编排节目表时要求首尾必须是歌舞表演，则共有多少种不同的编排方式？（　　）

A. 48　　　　　　　　　　　　　　　　B. 40
C. 36　　　　　　　　　　　　　　　　D. 32

【答案】A。解析：题干对首尾节目有要求，那么可以先排首尾的节目，再排其他，为分步排列。首尾必须是歌舞表演，总共有 $A_2^2 = 2$（种）编排方式。中间的 4 个节目可任意排列，有 $A_4^4 = 24$（种）编排方式。总共有 $2 \times 24 = 48$（种）不同的编排方式。

（二）相邻问题型

排列组合问题中，有些元素要求必须相邻，可用捆绑法求解。分两步来完成，先将必须相邻的元素捆绑作为一个整体,参与全排列,然后考虑捆绑元素之间的相对顺序。

例如,A、B、C、D、E,5人排成一排,要求A、B必须相邻。如下图所示,先将A、B捆绑起来,作为一个整体与C、D、E一起进行排列,有A_4^4种排法;然后考虑A、B之间的排列,有A_2^2种排法。故共有$A_4^4 \times A_2^2 = 48$(种)排法。

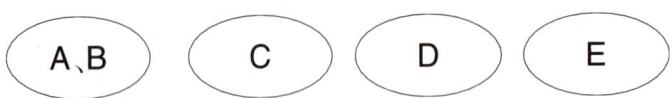

▶经典例题 老师和学生拍照片,共六人,如果班长和老师必须站中间,且班里的一对双胞胎要站在一起,则一共有( )种排列方式。

A. 14　　　　　B. 15　　　　　C. 16　　　　　D. 18

【答案】C。解析:将班长和老师、双胞胎、另外两名同学分别看作1个整体,排列在3个位置中。班长和老师的组合要站在中间,则双胞胎从两边的位置中选择1个,剩余位置留给另外两名同学,有$C_2^1 = 2$(种)排列方式。又因每个组合的2个人位置可以互换,则有$2 \times 2 \times 2 = 8$(种)排列方式。分步用乘法,共有$2 \times 8 = 16$(种)排列方式。

(三)不相邻问题型

排列组合问题中,指定元素不相邻,可用插空法求解。分两步来完成:第一步,将除指定元素以外的其他元素进行全排列;第二步,将不相邻的元素插入这些元素所形成的"空"中,切记"空"的数量要数清楚。

例如,A、B、C、D、E,5人排成一列,要求A、B不能相邻。如图,先将C、D、E排成一列,有A_3^3种排法,C、D、E正好形成4个"空",将A、B插入"空"中,有A_4^2种排法。故共有$A_3^3 \times A_4^2 = 72$(种)排法。

▶经典例题 某电影院空着一排相邻的8个座位,现有4名观众就座,恰好没有连续空位的就座方式有( )种。

A. 48　　　　　　　　　　　B. 120

C. 640　　　　　　　　　　 D. 1 440

【答案】B。解析:4名观众就座后,剩下了4个空位,要求空位不连续,可将4个空位插入4名观众就座位置形成的5个空中,有$C_5^4 = 5$(种)方式,因为观众就座方式有$A_4^4 = 24$(种),则恰好没有连续空位的就座方式有$24 \times 5 = 120$(种)。

(四)顺序固定型

排列组合问题中,当指定多个元素之间的排列顺序固定时,如m个元素中的n个元素相对位置固定,可用归一法求解。分两步来完成:第一步,先将m个元素进行全排列;第二步,由于n个元素的固定顺序是n个元素全排列数中的一种,所以用m个元素的全排列数除以n个元素的全排列数,即可得到满足条件的排列数。

例如,A、B、C、D、E,5人排成一列,要求A必须站在B前面。对5人进行全排列,因为在全排列中A、B两人有A_2^2种相对位置的变化,取其中1种。所以共有$A_5^5 \div A_2^2 = 60$(种)排法。

▶经典例题 一张节目表上原有3个节目,在保持这3个节目的相对顺序不变的情况下,再添进去2个新节目,有多少种安排方法?( )

A. 20　　　　　B. 12　　　　　C. 6　　　　　D. 4

【答案】A。解析：先将 5 个节目进行全排列，然后除以相对位置固定的 3 个节目的全排列，即有 $\frac{A_5^5}{A_3^3} = \frac{5\times4\times3\times2\times1}{3\times2\times1} = 20$（种）安排方法。

三、排列组合经典模型

（一）环线排列

与直线排列相比，环线上的排列问题没有前后与首尾之分。n 个元素中任取一个作为队首，环线排列问题便转化为剩下的 $(n-1)$ 个元素的直线排列问题。

n **个人围成一圈，不同的排列方式有** $A_{n-1}^{n-1} = (n-1)!$ **种**

> **经典例题** 某小组有四位男性和两位女性，六人围成一圈跳集体舞，不同的排列方法有多少种？（　　）
> A. 720　　　　B. 60　　　　C. 480　　　　D. 120

【答案】D。解析：本题考虑了顺序，属于排列问题，但由于围成一圈，是没有首尾之分的，如果将其中一个人列为队首，其余 5 个人顺次坐下来即可。这样就将环线排列转化为直线排列。不同排列方式有 $A_5^5 = 120$（种）。

（二）错位重排

错位重排问题是指把 n 个元素的位置重新排列，使每个元素都不在原来位置上的排列问题，记 n 个元素的错位重排数为 D_n，$D_n = (n-1)(D_{n-1} + D_{n-2})$。

//// **要点提示** ////

当只有 1 个元素时，无法进行错位重排，故 $D_1 = 0$；当有 2 个元素时，错位重排只有互相交换这一种情况，故 $D_2 = 1$。由公式推导可知 $D_3 = 2$，$D_4 = 9$，$D_5 = 44$。考试涉及的错位重排数一般在 5 以内，考生应熟记。

> **经典例题** 甲、乙、丙、丁四个同学排成一排，从左往右数，要求甲不排在第一个位置上，乙不排在第二个位置上，丙不排在第三个位置上，丁不排在第四个位置上，那么不同的排法共有多少种？（　　）
> A. 9　　　　B. 11　　　　C. 14　　　　D. 6

【答案】A。解析：将甲、乙、丙、丁四个同学分别看成一、二、三、四，则该题可理解为学生的排号与位置的排号不同，即 $n = 4$ 的错位重排问题，$D_4 = 9$。

（三）同素分堆

如果题中要求将 n 个相同元素分成 m 组，且每组"至少一个"元素时，可用 $(m-1)$ 个"挡板"插入这 n 个元素之间形成的 $(n-1)$ 个"空"中，将元素隔成 m 组，此时有 C_{n-1}^{m-1} 种情况。这种方法被称为"插板法"。

> **示例** 将 10 个足球分给 4 个小朋友，每个小朋友最少要分得一个。问：共有多少种不同的分法？
> 解读：如下图，10 个足球，9 个空，插入 3 个板，就分为了 4 份。问题变成求在 9 个空中插入 3 个板的方法总数，所求为 $C_9^3 = \frac{9\times8\times7}{3\times2\times1} = 84$。

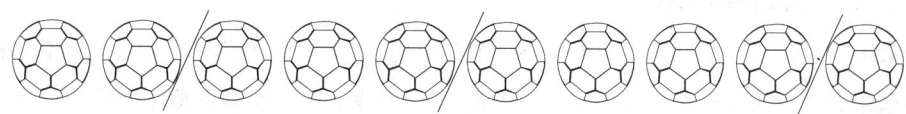

要点提示

当元素之间无差异时才可使用同素分堆模型,如上述示例中的足球就属于无差异元素。

经典例题 小明要将30个一模一样的玩具球放入3个不同颜色的桶里面,每个桶至少放9个玩具球,问:一共有多少种不同的放法?(　　)

A. 12　　　　　　　　　　　　B. 11

C. 10　　　　　　　　　　　　D. 9

【答案】C。解析:先将3个桶中均放入8个玩具球,还剩30-8×3=6(个)球,然后采用插板法,在6个球之间产生的5个空中插入2个挡板,共有$C_5^2=10$(种)不同的放法。

考点七　概率问题

概率是对随机事件发生可能性的测度,它介于0和1之间。

一、古典概率　★★

把事件分成n个等可能的情形(即所有可能情况),事件A包括其中的m个情形,那么事件A发生的概率如下:

$$P(A) = \frac{m}{n}$$

对任何一个随机事件而言,其发生的概率与其不发生的概率之和为1。因此,当一个事件的概率不便正面求解时,可以先求其对立面,即它不发生的概率。

经典例题1 箱子里有10个球,其中黑球3个、白球3个、黄球4个,从中任取3个球,恰好是一个黄球、一个白球、一个黑球的概率是(　　)。

A. $\frac{4}{15}$　　　　B. $\frac{3}{10}$　　　　C. $\frac{2}{5}$　　　　D. $\frac{7}{30}$

【答案】B。解析:任取三个球的情况有C_{10}^3种,其中恰好是一个黄球、一个白球、一个黑球的情况有$C_4^1 C_3^1 C_3^1$种,所求概率为$\frac{C_4^1 C_3^1 C_3^1}{C_{10}^3}=\frac{3}{10}$。

经典例题2 市教委组织初三学生体育达标测试,学生甲通过1 000米跑的概率是$\frac{1}{2}$。已知每个学生可以有连续两次参加达标测试的机会,最终以最好的成绩进行登记,则甲至少有一次通过1 000米跑的概率是(　　)。

A. $\frac{1}{2}$　　　　B. $\frac{1}{4}$　　　　C. $\frac{3}{4}$　　　　D. $\frac{1}{3}$

【答案】C。解析:"至少有一次通过1 000米跑"的反面是"两次都没有通过"。从反面计算可知,学生甲两次都没有通过1 000米跑的概率为$(1-\frac{1}{2})^2=\frac{1}{4}$,那么所求为$1-\frac{1}{4}=\frac{3}{4}$。

二、分类与分步事件概率

分类事件概率,顾名思义,需要将目标事件划分为几个类别,所求概率为不同类别的概率之和。

分步事件概率是指完成目标事件需要分几个步骤,所求概率为每个步骤的概率之积。

> **经典例题** 袋子中有黑球 3 个,白球 4 个,无放回式拿出,每次只拿出一个。第二次拿到黑球的概率是( )。

A. $\dfrac{3}{7}$ B. $\dfrac{4}{7}$ C. $\dfrac{5}{12}$ D. $\dfrac{1}{2}$

【答案】A。解析:第二次拿到黑球的情况有两种:一是第一次拿到白球,第二次拿到黑球,概率为 $\dfrac{4}{7}\times\dfrac{3}{6}$;二是两次都拿到黑球,概率为 $\dfrac{3}{7}\times\dfrac{2}{6}$。则所求为 $\dfrac{4}{7}\times\dfrac{3}{6}+\dfrac{3}{7}\times\dfrac{2}{6}=\dfrac{3}{7}$。

第三讲　数学运算其他经典题型

考点一　容斥问题

容斥原理专门用于处理有"重叠"的计数问题,它的核心就是剔除重叠。解这类题目需要学会画文氏图。

一、两集合容斥

如果被计数的事物有 A、B 两类,那么,先把 A、B 两类的元素个数相加,之后发现既是 A 类又是 B 类的部分重复计算了一次,要减去。如图 2-2-4 所示,A∪B 表示 A 与 B 的并集(圆所覆盖的总面积),A∩B 表示 A 与 B 的交集(灰色部分)。

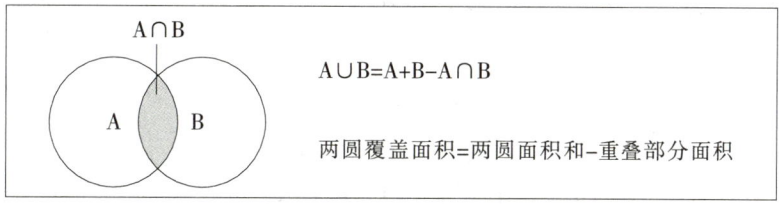

图 2-2-4　两集合容斥图示

> **经典例题** 某班学生总数为 32 人,其中参加第一场文娱晚会的有 26 人,参加第二场文娱晚会的有 24 人。若两场文娱晚会都没有参加的有 4 人,则两场文娱晚会都参加的有( )人。

A. 22　　　　B. 18　　　　C. 30　　　　D. 20

【答案】A。解析:至少参加过一场文娱晚会的有 32-4=28(人),根据两集合容斥原理可知,两场文娱晚会都参加的有 26+24-28=22(人)。

二、三集合容斥　★★

如果被计数的事物有 A、B、C 三类,如图 2-2-5 所示,A+B+C 后,灰色部分被重复计算一次,黑色部分被重复计算两次。减去两两的交集 A∩B、B∩C、C∩A 后,被重复计算的灰色部分被去掉,但是黑色部分又被多减了一次。所以最后还要再加上 A、B、C 的交集 A∩B∩C。

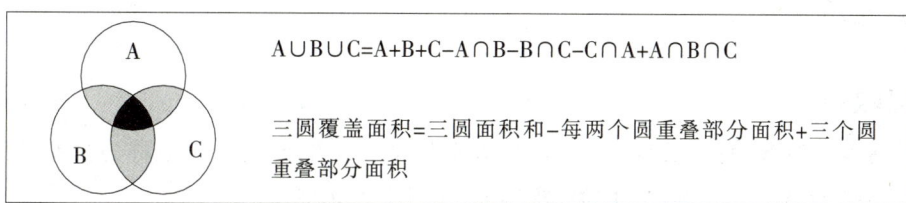

图 2-2-5　三集合容斥图示

从上图可直观看出,总数被分成了七块,三块空白的"只属于其中某一个集合"、中间黑色的"属于三个集合"、三块灰色的"只属于其中两个集合"。于是又可以得到以下两个常用结论:

总数=只属于其中一个集合的+只属于其中两个集合的+属于三个集合的

总数=三个集合数之和-只属于其中两个集合的-2×属于三个集合的

> **经典例题** 某高校对一些学生进行问卷调查。在接受调查的学生中,准备参加注册会计师考试的有63人,准备参加英语六级考试的有89人,准备参加计算机考试的有47人,三种考试都准备参加的有24人,准备参加其中两种考试的有46人,不参加其中任何一种考试的有15人。接受调查的学生共有多少人?( )

A. 120   B. 144
C. 177   D. 192

【答案】A。解析:计算总人数时,参加两种考试的人数被重复计算了一次,三种考试都参加的被重复计算了两次,根据三集合容斥原理公式可知,接受调查的学生共有63+89+47-46-2×24+15=120(人)。

三、多集合容斥极值

多集合容斥极值问题的题干会给出多个集合,但集合之间的相互关系并不明确,需要结合所求考虑"最不利"或"最有利"情况,以求得最小值和最大值。其中,有两个基本知识点需要掌握:

(1)集合之间没有任何交叉时,这些集合的元素总数最多。

(2)当一个集合包含另一个集合时,这两个集合的元素总数最少。

设全体的数量为m,全体之下的集合分别为A、B、C、D……并用a、b、c、d……表示每个集合中元素的数量,则有:

$A \cap B$ 数量的最小值 $=a+b-m$

$A \cap B \cap C$ 数量的最小值 $=a+b+c-2m$

$A \cap B \cap C \cap D$ 数量的最小值 $=a+b+c+d-3m$

> **经典例题** 小明、小刚和小红三人一起参加一次英语考试,已知考试共有100道题,且小明做对了68题,小刚做对了58题,小红做对78题。问:三人都做对的题至少有几道?( )

A. 4   B. 8
C. 12   D. 16

【答案】A。解析:方法一,小明做错了32题,小刚做错了42题,小红做错了22题。当每个人错的题都各不相同时,三人都做对的题最少。最多有32+42+22=96(道)三人没有都做对,则三人都做对的题至少有100-96=4(道)。

方法二,所求为三个集合交集的最小值,可直接利用三集合容斥极值公式,三人都做对的题至少有68+58+78-2×100=4(道)。

考点二 数列问题

一、等差数列

等差数列是从第二项起,每一项与它前一项之差都是同一个常数,这个常数称为公差,记为d。例如:2,5,8,11,14,17,……相邻两项之差(后项减前项)均为3,即公差$d=3$。

等差数列基本公式见表2-2-4。

表 2-2-4　等差数列基本公式

分类	公式	示例
通项公式	$a_n = a_1 + (n-1) \times d$ 推论：$a_n - a_m = (n-m) \times d$	$a_1 = 0, d = 4$，则 $a_{16} = 0 + (16-1) \times 4 = 60$
对称公式	$a_m + a_n = a_i + a_j$，其中 $m+n=i+j$	$a_1 = 0, a_2 = 4, a_3 = 8, a_4 = 12$，有 $a_1 + a_4 = a_2 + a_3$
通项求和	$S_n = na_1 + \dfrac{1}{2}n(n-1)d$	$a_1 = 1, d = 3$，则 $S_6 = 6 \times 1 + \dfrac{6 \times (6-1)}{2} \times 3 = 51$
中项求和	$S_n = $ 中项 $\times$ 项数	中项 $a_3 = 7$，则 $S_5 = 7 \times 5 = 35$
平均数求和	$S_n = \dfrac{首项+末项}{2} \times$ 项数 = 平均数 $\times$ 项数	首项 $a_1 = 1$，末项 $a_6 = 16$，则 $S_6 = \dfrac{1+16}{2} \times 6 = 51$

经典例题 某个月有五个星期六，且这五个日期的和为 85，则这个月中最后一个星期六是多少号？（　　）

A. 10　　　　　　B. 17　　　　　　C. 24　　　　　　D. 31

【答案】D。解析：五个星期六的日期构成是以 7 为公差的等差数列，根据等差数列的中项求和公式可知，第三个星期六是 85÷5 = 17（号），则最后一个星期六为 17+7×2 = 31（号）。

二、等比数列

等比数列是从第二项起，每一项与它前一项之比都相等且非零的数列，这个固定的比值称为公比，记为 q。细胞分裂的个数（1 个变 2 个，2 个变 4 个，4 个变 8 个……）在时间序列上就是一个等比数列。等比数列基本公式见表 2-2-5。

表 2-2-5　等比数列基本公式

分类	公式	示例
通项公式	$a_n = a_1 \times q^{n-1}$	$a_1 = 1, q = 4$，则 $a_6 = 1 \times 4^{6-1} = 1\,024$
对称公式	$a_m \times a_n = a_i \times a_j$，其中 $m+n=i+j$	$a_1 = 1, a_2 = 4, a_3 = 16, a_4 = 64$，有 $a_1 \times a_4 = a_2 \times a_3$
求和公式	$S_n = \dfrac{a_1(1-q^n)}{1-q}$ $(q \neq 1)$ 特殊地，当 $q=1$ 时，数列各项均相同，$S_n = na_1$	$a_1 = 1, q = 9$，当 $n = 6$ 时，$S_6 = \dfrac{1 \times (1-9^6)}{1-9} = \dfrac{9^6 - 1}{8}$

经典例题 一个细菌放在一个瓶子里，每秒钟每个细菌能分裂成两个，一分钟后能充满整个瓶子。现在一次性放进去 32 个细菌，（　　）秒就能使瓶中充满细菌。

A. 57　　　　　　B. 56　　　　　　C. 54　　　　　　D. 55

【答案】D。解析：瓶子里的细菌个数每秒钟为上一秒的 2 倍，即细菌数构成公比为 2 的等比数列。放入 32 个细菌，相当于放入 1 个细菌分裂了 5 秒后的状态，细菌少分裂了 5 秒钟，即还需要 55 秒就能使瓶中充满细菌。

考点三　最值问题

一、一元二次函数的最值

一元二次函数的一般式为 $y = ax^2 + bx + c (a \neq 0)$，它的图象是抛物线，如图 2-2-6 所示，当 $a>0$ 时，y 有最小值，当 $a<0$ 时，y 有最大值。在数学运算中会涉及这样一类问题：当 x 取何值时，y 取到最值（最大值或最小

值)。对此,我们可以利用一元二次函数求解。

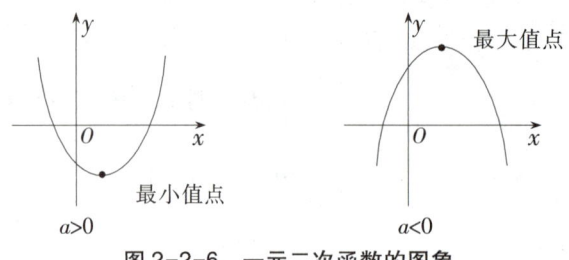

图 2-2-6 一元二次函数的图象

(1)函数形式为 $f(x)=ax^2+bx+c(a\neq 0)$,当 $x=-\dfrac{b}{2a}$ 时,函数取得最值。将 x 代回函数后可求得 $f(x)$ 的值。

(2)函数形式为 $f(x)=a(x-m)\times(x-n)$,其中 $a\neq 0$,当 $x=m$ 或 $x=n$ 时函数值均为 0,一元二次函数具有对称性,当 $x=\dfrac{m+n}{2}$ 时,函数取得最值。将 x 代回函数后可求得 $f(x)$ 的值。

> **经典例题** 某客户拟采购 8 台设备,若按原定价格厂家可获利 3 200 元。现客户提出单台设备厂家每让利 50 元就多采购 4 台,厂家若想获利最大,则每台设备应降价多少元?(　　)

A. 250　　　　　B. 200　　　　　C. 150　　　　　D. 100

【答案】C。解析:按原定价格每台设备厂家可获利 3 200÷8=400(元)。设每台设备让利 $50x$ 元,每台利润为 $(400-50x)$ 元,总共卖出 $(8+4x)$ 台,根据"总利润=单个利润×总数",有利润 $y=(400-50x)(8+4x)$,当 $x=8$ 或 $x=-2$ 时,$y=0$,那么当 $x=(8-2)\div 2=3$ 时,y 取最大值,此时每台设备降价 $50\times 3=150$(元)。

二、和定最值

和定最值也是最值问题常考的题型,解题时体现最不利原则的思想。这类题目的特点是已知若干个整数的和以及其他相关条件,要求其中某个数的最大值或最小值。它包括以下两类:

(1)相等型和定最值问题:题干没有明确要求各组数据的大小。这类问题的解题核心是要考虑"数据相等"这一极端情况。

> **示例** 21 朵鲜花分给 5 人,则分得鲜花最多的人至少分得几朵鲜花?

解读:要令分得最多的人鲜花数最少,那么其他 4 个人分得的鲜花数应尽可能多且尽量接近(可以相等)。根据"均等"思想,21÷5=4……1,每个人分得 4 朵,剩余 1 朵分给鲜花最多的人,则最多的人至少分得 4+1=5(朵)。

(2)不等型和定最值问题:题干明确要求各组数据互不相等。这类问题的解题核心是,首先要考虑"数据按连续整数分配"这一极端情况,然后求最大值(或最小值)时保证其他数尽可能小(或尽可能大)。

> **示例** 现有 21 朵鲜花分给 5 人,若每个人分得的鲜花数各不相同,则分得鲜花最多的人至少分得几朵鲜花?

解读:要令分得最多的人鲜花数最少,那么其余 4 人分得的鲜花数应尽可能多且尽量接近。根据"均等"思想,21÷5=4……1,因为每个人分得的鲜花数各不相同,所以这 5 个人分别分得 2 朵、3 朵、4 朵、5 朵、6 朵,剩余 1 朵分给鲜花最多的人,则最多的人至少分得 6+1=7(朵)。

> **经典例题** 某单位订购了 335 本学习周报杂志,发给 3 个楼层共 10 个部门,要求每个楼层至少发 100 本,每个部门至少发 15 本,那么发的最多的那个部门最多发(　　)本。

A. 135　　　　　B. 145　　　　　C. 126　　　　　D. 116

【答案】A。解析：要想某个部门分得的数量最多，那么该部门所在楼层的部门数应该最少，该楼层分得的杂志数应该最多。方法一，每个楼层至少发100本，每个部门至少分15本，那么发100本的楼层最多有100÷15≈6.7(个)部门，取整为6个。那么按照一个楼层6个部门，一个楼层3个部门，一个楼层1个部门的方式分，每个楼层分100本之后，还剩335-3×100=35(本)，将剩余的35本分给独自一个楼层的部门，最多能够分得100+35=135(本)。

方法二，发的最多的那个部门所在的楼层只有1个部门，此时剩余2个楼层的9个部门最少共发100×2=200(本)，平均每个部门发200÷9≈22.2(本)，可以满足每个部门至少发15本。那么发的最多的部门最多发335-200=135(本)。

///// 要点提示 /////

(1)求最大量的最小值或最小量的最大值时，应让各个分量尽可能地"均等"，且保持大的量仍大、小的量仍小。

(2)当题干中没有明确数据大小时，很容易忽略"数据相等"的情况，从而导致计算错误。我们在遇到和定最值问题时，除题干明确要求数据各不相同外，应牢记存在"数据相等"这一极端情况。

考点四 日期问题

在数学运算中，日期问题着重考查一些基本的推算技巧与历法常识。根据已知条件求日期或星期等是此类问题最直接的设问形式。

已知年份分为平年和闰年，每个世纪的后99年能被4整除或者每个世纪的第1年能被400整除的年份是闰年，不是闰年的都是平年。如2000年是21世纪的第一年，其能被400整除，为闰年。平年有365天，闰年有366天。每年12个月中，1月、3月、5月、7月、8月、10月、12月为大月，每月有31天；4月、6月、9月、11月为小月，每月有30天；特殊的2月，平年有28天，闰年有29天。

///// 考点拓展 /////

平年有52个星期零1天，则每过一年，星期数的变化加1。闰年有52个星期零2天，比平年多出2月29日这一天，所以若经过的一年时间包含2月29日，星期数的变化加2。

一、星期推算 ★★

星期数以7天为一个周期，题干通常告知某日是星期几，求另一天的星期数。

求解时先计算两个日期相差的天数，记作 n；用 n 除以7，若无余数，则所求星期数与已知星期数相同；若有余数，则余数是几星期数就向后推几。

示例 某年3月31日是星期六，则当年6月12日是星期几？

解读：从3月31日到6月12日，经过4月30天、5月31天、6月的12天，共经过30+31+12=73(天)。73÷7=10……3，余数为3，易得当年6月12日为星期二。

经典例题 2019年1月12日是星期六，那么，2040年1月12日是（　　）。

A. 星期二　　　B. 星期三　　　C. 星期四　　　D. 星期五

【答案】C。解析：从2019年1月12日到2040年1月12日，共经过21年，其中有5个闰年，16个平年，每过一个平年星期数加1，每过一个闰年星期数加2，则从2019年1月12日到2040年1月12日，2×5+1×16=26，26÷7=3……5，则星期数应加5，星期六经过5天后为星期四。

二、月历推算

已知一个星期有7天,则每个月至少含有28÷7=4(个)完整的星期,任意一个星期数最多可出现5次(31÷7=4……3)。

///// 考点拓展 /////

每个月任意星期数最少出现4次,只有每月1日、2日、3日对应的星期数可能出现5次。大月1日、2日、3日对应的星期数出现5次;小月1日、2日对应的星期数出现5次;闰年2月有29天,当月1日对应的星期数出现5次;平年2月有28天,正好是4个完整的星期。

经典例题 某人连续打工24天,赚得190元(日工资10元,星期六做半天工,发半天工资,星期日休息,无工资)。已知他打工是从1月下旬的某一天开始的,这个月的1日恰好是星期日。问:这人打工结束的那一天是2月几日?(　　)

A. 14　　　　　B. 18　　　　　C. 24　　　　　D. 28

【答案】B。解析:由题意可知,此人每个星期挣10×5+5=55(元),根据55×3+25=190(元)和7×3+3=24(天)可知,他干了3个星期零3天,且多干的这3天挣了25元,包括两个全天工、一个半天工,因此他打工的第1天是星期四,由于这个月的1日是星期日,因此星期四分别为5日、12日、19日和26日。由于从1月下旬开始打工,所以打工的第一天是1月26日。因为24-(31-26+1)=18,所以打工的最后一天是2月18日。

考点五　年龄问题

妈妈25岁时,生下小明,妈妈比小明大25岁。每过一年,两人都增加1岁;不论过多少年,两人的年龄差一直都是25岁,保持不变。所以在推算年龄时,要把握两个原则:①年龄差不变;②经过相同年份,年龄变化相同。在年龄问题中,一般将出生当年的年龄定为0,例如:小洲1987年出生,到2018年,为2 018-1 987=31(岁)。

经典例题 小张和小刘两人年龄不相同,已知小张像小刘那么大的时候,小刘23岁。小刘像小张那么大的时候,小张32岁。今年小张和小刘的年龄分别是(　　)岁。

A. 30,24　　　　B. 29,26　　　　C. 34,25　　　　D. 33,24

【答案】B。解析:根据题意,小张的年龄大于小刘的年龄,设两人的年龄差为x,且年龄差不变。当小张像小刘那么大的时候,小刘23岁,此时的小张与23岁的小刘相差x岁;同理当小刘像小张那么大的时候,小张32岁,此时的小刘与32岁的小张相差x岁。根据题意可画图如下,可知小张32岁和小刘23岁之间相差了$3x$,则$x=(32-23)÷3=3$。今年小刘23+3=26(岁),小张32-3=29(岁)。

考点六　时钟问题

一、钟面问题

钟面问题围绕时针与分针之间的位置关系设问。钟面问题可以类比为行程问题中的环线追及问题。时针与分针都是顺时针转动,且分针总是在"追赶"着时针,两指针间的"追及距离"就是顺时针的角度差。如图2-2-7所示。

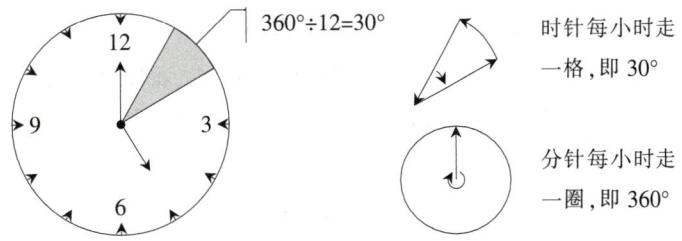

图2-2-7 钟面问题图示

时针每分钟转30°÷60=0.5°,分针每分钟转360°÷60=6°,则二者的角速度差为每分钟5.5°。

经典例题 现在时间为4点13$\frac{7}{11}$分,此时时针与分针成什么角度?（　　）

A. 30°　　　　　　B. 45°　　　　　　C. 90°　　　　　　D. 120°

【答案】B。解析:分针每分钟走6°,时针每分钟走0.5°,从4点到4点13$\frac{7}{11}$分,分针比时针多走13$\frac{7}{11}$×(6°−0.5°)=75°。从顺时针方向看,4点时时针在分针前,且两针夹角为120°,所以到4点13$\frac{7}{11}$分时针与分针夹角是120°−75°=45°。

二、坏钟问题

坏钟问题里的坏钟特指走时不准的钟(表),核心是求"坏钟时间"与"标准时间"的比例关系。例如:快钟每小时比标准时间快3分钟,则实际经过60分钟的时候,快钟显示经过63分钟,故快钟与标准钟的时间比为63∶60,即21∶20。此时若给出其中一个钟表经过的时间,可以根据比例关系求得另一个钟表经过的时间。

经典例题 一个时钟每小时慢4分钟,照这样计算,早上6:00对准标准时间后,当日晚上该时钟指向8:00时,标准时间是多少?（　　）

A. 20:56　　　　　B. 21:00　　　　　C. 21:30　　　　　D. 21:56

【答案】B。解析:慢钟每小时慢4分钟,则慢钟时间:标准时间=56∶60。慢钟由早上6:00到晚上8:00,一共经过14个小时,则有14∶标准时间=56∶60,易得标准钟走过了15个小时,应为晚上9:00,即21:00。

/// **要点提示** ///

坏钟问题的解题核心是利用比例关系,而题干通常给出的是坏钟时间与标准时间在每个小时内的时间差,考生易误用时间差进行求解。如在上题中,坏钟每小时慢4分钟,若按照时间差求解,则早上6点到晚上8点,两钟相差的时间是4×14=56(分钟),标准时间就变成20:56。

考点七 周期循环

周期循环问题最明显的特征是有一个循环变化的"最小周期",计算该类题目的方法是要找到循环周期,确定整数个周期后的余数是多少,再在循环周期内往后推相应的个数。

例如,$\frac{1}{7}$=0.$\dot{1}$42 85$\dot{7}$,小数部分是"142 857"的循环,共6个数,我们说小数部分的最小循环周期数是6。现在要知道其小数点后的第2 020位是什么,2 020÷6=336……4,则可知第2 020位与第4位相同,为8。这就是循环周期问题,解答的关键在于确定"最小周期"。

>> **经典例题** 500个同学从前往后排成一列,按下面的规则报数:如果某个同学报的数是一位数,后面的同学就要报出这个数与7的和,如果某个同学报的数是两位数,后面的同学就要报出这个数的个位数与4的和。现在让第一位同学报1,那么最后一个同学报的是几?(　　)

A. 8　　　　　　　　　　　　　　　B. 9
C. 10　　　　　　　　　　　　　　　D. 11

【答案】C。解析:由题意可知,从第一位同学开始,依次往后报的数为1、8、15、9、16、10、4、11、5、12、6、13、7、14、8、15、9……分析可知,从第二位同学开始,剩下的同学报的数是以13个数为一个周期变化的。499÷13=38……5,所以最后一个同学报的是10。

考点八　盈亏问题

把若干物品平均分给一定数量的人,如果物品还有剩余,就叫"盈";如果物品不够,就叫"亏"。盈亏问题是根据盈亏数求解有多少物品、多少人的一类问题。

盈亏问题通常会给出两种分配方式,涉及两组盈亏数和分配数,核心公式如下:

对象数＝盈亏差÷分配差

其中分给谁,谁就是"对象数"。比如,苹果分给人,那么人数就是对象数;将人分组,那么组数就是对象数……求出对象数后可代入任意一种分配方式求得物品数。

每次分配都可能出现分尽、盈或亏三种情况,相应地两次分配下就存在五种组合。具体内容见表2-2-6。

表2-2-6　盈亏问题的类型及其公式

问题类型	公式
一盈一尽型	盈数÷两次分配个数的差=对象数
一亏一尽型	亏数÷两次分配个数的差=对象数
一盈一亏型	(盈数+亏数)÷两次分配个数的差=对象数
两次皆盈型	(大盈数-小盈数)÷两次分配个数的差=对象数
两次皆亏型	(大亏数-小亏数)÷两次分配个数的差=对象数

>> **经典例题** 小明、小华去商店买笔。若小明用所带的钱全买铅笔,则买5支铅笔,剩余4元;买7支铅笔,差2元。若小华用所带的钱全买钢笔,则买6支钢笔,剩余2元;买10支钢笔,差18元。若他们想买6支铅笔和7支钢笔,则需要(　　)元。

A. 34　　　　　　　　　　　　　　　B. 41
C. 51　　　　　　　　　　　　　　　D. 53

【答案】D。解析:小明买5支铅笔,盈数为4;买7支铅笔,亏数为2。则每支铅笔(4+2)÷(7-5)=3(元)。同理,每支钢笔(18+2)÷(10-6)=5(元)。则所求为6×3+7×5=53(元)。

考点九　鸡兔同笼

鸡兔同笼本质是两种物体的混合问题。以鸡兔为例,将35只鸡兔关进一个笼子里,已知每只鸡会露出2只脚,每只兔子会露出4只脚,现共露出94只脚。求鸡兔各自的数量。

通常采用假设法进行求解:

第一步,假设全都是鸡,则应有 35×2=70(只)脚。

第二步,与实际的 94 只脚相比,相差 94-70=24(只)。

第三步,依次计算兔和鸡的数量。每将一只鸡换作一只兔,脚的数量增加 2,故兔有 24÷2=12(只),鸡有 35-12=23(只)。

///// 要点提示 /////

上面的过程是"设鸡求兔"(假设全是鸡),也可以"设兔求鸡"(假设全是兔)。在解题过程中,要明确谁是"鸡"、谁是"兔",不要将两者混淆。

经典例题 搬运工李强承担了为某公司搬运 1 000 只玻璃瓶的任务,按照约定,安全运到 1 只可得搬运费 0.3 元,但打破 1 只,搬运费为 0 元并且需赔偿 0.5 元,运完玻璃瓶后该公司共支付李强 260 元,那么李强在搬运中一共打碎玻璃瓶( )只。

A. 46　　　　　B. 48　　　　　C. 50　　　　　D. 52

【答案】C。解析:假设 1 000 只玻璃瓶全部安全运达,则可获得搬运费 1 000×0.3=300(元),而实际搬运费为 260 元,由于每打破 1 只玻璃瓶,将会少获得 0.3+0.5=0.8(元),则打破的玻璃瓶瓶数为(300-260)÷0.8=50(只)。

考点十　植树问题

在一条"路"上等距离植树的问题称为植树问题。在植树问题中,"路"被分为等距离的几段。

解题思路为:先判断植树类型,再套用公式。植树问题的类型及其公式见表 2-2-7。

表 2-2-7　植树问题的类型及其公式

问题类型	公式
路不封闭且两端都植树	棵数=总路长÷间距+1
路不封闭且有一端植树	棵数=总路长÷间距
封闭道路植树(闭合曲线)	
路不封闭且两端都不植树	棵数=总路长÷间距-1

经典例题 在一周长为 50 米的花坛周围种树,如果每隔 5 米种一棵,共要种多少棵树?( )

A. 10　　　　　B. 11　　　　　C. 12　　　　　D. 15

【答案】A。解析:此题属于封闭道路植树问题,路长=50 米,间距=5 米。套用公式,棵数=总路长÷间距,可得花坛周围种树 50÷5=10(棵)。

考点十一　方阵问题

方阵问题主要研究的是方阵的层数、每层人数以及总人数之间的关系。方阵分为实心方阵和空心方阵两种。

一、实心方阵

中心区域没有空缺的方阵称为实心方阵。从外到里,每层每边人数依次减少 2,每层总人数依次减少 8。特殊地,当最外层每边人数为奇数时,最里面的两层总人数分别为 1、8,相差 7。

方阵总人数=最外层每边人数的平方

二、空心方阵

中心位置有空缺的方阵称为空心方阵。在空心方阵中满足：

$$总人数 = 最外层每边人数的平方 - (最里层每边人数 - 2)的平方$$

>**经典例题** 学校校庆计划进行方阵表演，男女同学按照最外层是男生，从外往内每层按男生、女生相间排列。已知最外层有60位男生，问：整个方阵男生比女生多多少人？（　　）

A. 16　　　　　　B. 24　　　　　　C. 32　　　　　　D. 40

【答案】C。解析：从外往内，每层人数依次减少8，可列出每层的人数依次为60、52、44、36、28、20、12、4，共8层。每两层中男生人数比女生人数多8人，共有4个两层，则整个方阵男生比女生多4×8＝32(人)。

第三章 逻辑推理

> **考情简报**

📝 题型题量概述

对于本章内容,多数银行招聘考试笔试考查题量为10~20道。

分析各大银行招聘考试真题可知,数字推理、图形推理、逻辑判断是高频考点,考生需要重点掌握。

📋 考查内容概述

数字推理题的考查形式包括数列形式和图形形式。图形推理题的考查内容以图形构成和图形转化为主,其他如几何性质、空间折叠等也偶有涉及。逻辑判断题的考查内容较多,包括直言命题、复言命题、削弱型、加强型等。定义判断和类比推理考查较少,考生根据需要复习即可。

第一讲 数字推理

考点一 数列形式数字推理

数列形式数字推理的题干是一个数列,但其中缺少一项或几项,要求考生观察各项之间的关系,确定其中的规律,选择符合条件的选项。数列形式数字推理是考试中最典型、最常见的题型,因此学会分析数列规律是备考数字推理的关键。

我们先从四大基本数列入手,之后是具有一定难度的递推数列和较为特殊的多次方数列、分式数列、组合数列。

一、多级数列 ★★★

多级数列包括等差数列、等比数列、和数列和积数列,这四类数列是数字推理其他题型的基础。

(一)等差数列

如果一个数列从第二项开始,每一项与它前面一项的差都等于同一个常数,那么该数列就叫作等差数列,这个常数称为这个等差数列的公差。1,2,3,4,5,……这个自然数列是最典型的等差数列。

(1)等差数列基本形式:通过一次作差得到等差数列,称原数列为二级等差数列;通过两次作差得到等差数列,称原数列为三级等差数列。

(2)等差数列变式:数列相邻两项作差(或两次作差),得到其他基本数列或其变式。

(3)等差数列特征归纳:等差数列主要分析数项整体趋势以及个别数项特征。①数列整体递增、递减或增减交替,都可能是等差数列或其变式;②基本等差数列各数项特征不明显,一般含有0或质数。

▶ 经典例题1 39,62,91,126,149,178,( )

A. 205　　　　B. 213　　　　C. 221　　　　D. 226

【答案】B。解析:每个数字都不具备明显特征,递增趋势平稳的情况下优先考虑作差。

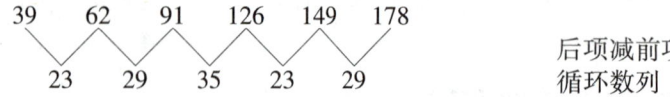

差数列的下一项是 35,原数列应填入 35+178＝213。

要点提示

增减无序的数列作差后,所得数列一般不具有递增(减)的规律性,所以不会是等差数列。

>> 经典例题2 3,4,7,16,(　　)

A. 23　　　　　　　　　　　　　B. 27
C. 39　　　　　　　　　　　　　D. 43

【答案】D。解析:数列逐项递增,且含有 3、7 两个质数,可优先考虑作差。后项减前项,得到 1,3,9,(27),是公比为 3 的等比数列。原数列应填入 27+16＝43。

(二)等比数列

如果一个数列从第二项开始,每一项与它前面一项的比值等于同一个非零常数,那么该数列就叫作等比数列,这个非零常数称为这个等比数列的公比。例如,2,6,18,54,162,486,……是一个公比为 3 的等比数列。

(1)等比数列基本形式:通过一次作商得到等比数列,称原数列为二级等比数列;通过两次作商得到等比数列,称原数列为三级等比数列。

(2)等比数列变式:数列相邻两项作商,得到一个其他基本数列或其变式。

(3)等比数列特征归纳:①等比数列各数项具有良好的整除性;②等比数列整体递增(减)趋势明显,还会出现先增后减的情况;③当数列相邻项之间有明显的倍数或比例关系时,优先考虑作商;④由于除数不能为 0,所以当数列中出现 0 时,不考虑作商。

>> 经典例题 1,2,4,4,1,(　　)

A. 16　　　　B. 17　　　　C. $\frac{1}{32}$　　　　D. $\frac{1}{16}$

【答案】C。解析:数列各项数字较小,但相邻项之间有倍比关系,可以考虑作商寻求规律。

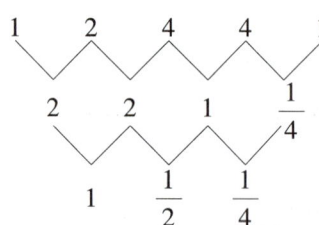

后项除以前项

后项除以前项
公比为 $\frac{1}{2}$ 的等比数列

二级商数列的下一项是 $\frac{1}{8}$,应填入 $\frac{1}{8} \times \frac{1}{4} \times 1 = \frac{1}{32}$。

(三)和数列

和数列是指项与项间通过作和寻求规律的数列。

(1)两项和数列:数列从第三项开始,每一项等于它前面两项之和。比如 1,2,3,5,8,13,……

(2)三项和数列:数列从第四项开始,每一项等于它前面三项之和。比如 1,1,2,4,7,13,24,……

(3)和数列变式:相邻两项作和后得到其他基本数列或其变式。

(4)和数列特征归纳:①和数列各数项偏小;②和数列或其变式在数列整体趋势上并非只有单调递增或递减,也会出现增减很杂乱的情况。

> **经典例题** 1,2,3,4,7,6,(　　)

A. 11　　　　　　B. 8　　　　　　C. 5　　　　　　D. 4

【答案】A。解析:题干数字较小,但6与整体递增趋势不符,增减无序,故可排除作差,考虑作和。

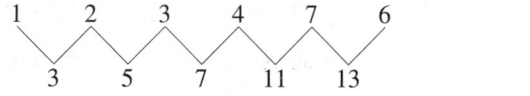

作和
连续质数

和数列的下一项应为17,原数列应填入17-6=11。

(四)积数列

积数列是指项与项间通过作积呈现出一定规律的数列。

(1)两项积数列:数列从第三项开始,每一项等于它前面两项之积。

这类数列最为常见,通常表现为1,A,A,……形式。这是因为寻常的积数列,往往容易发现规律,以1开头则具有一定的迷惑性。

(2)三项积数列:数列从第四项开始,每一项等于它前面三项之积。(考查较少)

这类数列是两项积数列的延伸,需要对数字有一定的敏感度。同时,这类题型的数字递增(减)趋势往往很明显,仅次于加入多次方运算规律的数列。

(3)积数列变式:相邻两项积构成其他基本数列或其变式。

> **经典例题** 1,2,2,(　　),8,32

A. 4　　　　　　B. 3　　　　　　C. 5　　　　　　D. 6

【答案】A。解析:两项积数列,相邻两项之积等于后一项,以此类推,应填入2×2=4。

二、递推数列 ★★★

数列从某一项开始,前项经过一定的运算得到后面的项,称为递推数列。

(一)单一运算和组合运算

递推数列通常涉及加法、减法、乘法、除法、乘方等运算。递推过程中只涉及一种运算,称为单一运算。几种运算的组合,如加、减、乘、除四则运算的组合,四则运算与乘方运算的组合等,称为组合运算。

(二)一项递推和二项递推

数列从第二项开始,每一项都是它前面一项简单变化的结果,称为一项递推;数列从第三项开始,每一项都是它前面两项简单变化的结果,称为二项递推。

(三)递推规律分析方法

(1)分析数列趋势:当题干数字变化幅度很大时,优先考虑数列相邻项的乘积。当题干数字出现跳跃(幅度更大)时,应考虑乘方运算。

(2)分析局部数字:考虑数列中某两项或某三项之间的运算关系,得出常见的规律。小数字之间的运算关系过多,因此通常需要通过大数字来确定规律。

> **经典例题1** 3,7,16,107,(　　)

A. 1 704　　　　B. 1 072　　　　C. 1 707　　　　D. 1 068

【答案】C。解析:选项数值均很大,数列递增趋势明显,因此考虑含乘法的递推规律。由16变到107可能是16×7-5,也可能是16×6+11。再考虑由7到16为3×7-5=16。故从第三项开始,每一项等于前两项的乘积减去5,下一项为16×107-5=1 707。

>> **经典例题2** 5,13,35,(   ),275,793,2 315

A. 81 B. 97
C. 137 D. 179

【答案】B。解析:数列后部分和前部分相差较大,考虑乘法运算。每一项均与前一项的 3 倍比较接近,$13=5\times3-2,35=13\times3-4,793=275\times3-32,2\ 315=793\times3-64$,规律为后一项=前一项×3-$2^n$($n$ 依次为从 1 开始的自然数),则应填入 $35\times3-2^3=97$,验证 $97\times3-2^4=275$,与第五项一致。

三、多次方数列

多次方数列及其变式指数列各项可表示为幂次形式,规律多体现在幂次之中的数列。

(1)平方数列:数列各项可以改写为平方数,底数呈现规律。

(2)立方数列:数列各项可以改写为立方数,底数呈现规律。

(3)多次方数列:数列各项可改写成指数、底数均不相同的数列,底数和指数分别具有规律。

(4)多次方数列变式:数列各项可以改写成多次方数列+常数/基本数列的形式。

多次方数列变式的规律类型主要包括两种:①原数列各项是多次方数列与常数做简单运算得到的。比如 2,3,10,15,26,这个数列各项可依次改写为 $1^2+1,2^2-1,3^2+1,4^2-1,5^2+1$,即这是一个平方数列经过±1 的运算修正得到的数列。②各项之间通过幂次运算形成递推规律。比如 2,3,7,16,65,321,这个数列规律为第一项的平方加第二项等于第三项。

多次方数列及其变式强调数字敏感度。表 2-3-1 列出了常用的多次方数,考生不仅要熟记表中所列多次方数,还要记住该数±5 范围内的其他数,这样才能应对多次方数列变式对数字敏感度的要求。

表 2-3-1 常用的多次方数

底数	指数								
	2	3	4	5	6	7	8	9	10
2	4	8	16	32	64	128	256	512	1 024
3	9	27	81	243	729				
4	16	64	256	1 024					
5	25	125	625						
6	36	216							
7	49	343							
8	64	512							
9	81	729							

注:1. 除 0 以外,任何数的 0 次方都等于 1,0 的 0 次方是没有意义的。

2. 表中加底纹的数字(除表头外)有多种多次方表现形式,解题中应格外注意。

(5)多次方数列特征归纳:①单调递增的多次方数列增幅明显,可由此确定规律类型;②底数与指数规律性变化的数列强调数字敏感度,一般看到一个数列中有三项是不加变化的多次方数就可以直接考虑从这方面入手构造;③多次方数+常数(基本数列),要熟记多次方数及其±5 范围内的数字;④多次方数×常数(基本数列),此形式数列中通常会出现 0,应以 0 作突破口构造多次方数列。

>> 经典例题1 $\frac{1}{10}$, 1, 6, 16, 8, (   )

A. -2   B. -1   C. 0   D. 1

【答案】C。解析：$\frac{1}{10}$较为特殊，是迷惑项。数列中16、8均是较为明显的多次方数，考虑构造多次方数列。原数列可依次改写为$10^{-1}, 8^0, 6^1, 4^2, 2^3, (0^4)$，底数是公差为-2的等差数列，指数是公差为1的等差数列。应填入0。

>> 经典例题2 1, 32, 81, 64, 25, (   ), 1

A. 5   B. 6   C. 10   D. 12

【答案】B。解析：数列各项是明显的多次方数，但是题干中出现了两个1，因此构造多次方数列的时候需要考虑1可能是1的多次方，也可能是某数的0次方。原数列可依次改写为$1^6, 2^5, 3^4, 4^3, 5^2, (6^1), 7^0$，底数和指数都是连续自然数。

///// 要点提示 /////

（1）1可以写成任何非零数的0次方，也可以写成1的任意次方。这往往是命题人设置的障碍，需要从其他数入手，有效避开。

（2）5、7等质数的多次方形式是5^1、7^1；分子为1的分数，也可写成多次方形式，比如，$\frac{1}{7}=7^{-1}$。

不能因为数列中有分数或质数而放弃考虑多次方规律。

四、分式数列

分式数列是指数项以分数为主的数列。分式数列按其内在变化规律分为四类。

（1）分子分母分别变化：此类数列的本质是两个基本数列对应项的比值。通常需要对数列中的某些项进行适当形式的改写。

>> 示例 等比数列1, 2, 4, 8, 16, 32；等差数列2, 6, 10, 14, 18, 22。

解读：两个数列分别作为分数的分子和分母，对应项相除，依次是$\frac{1}{2}, \frac{2}{6}, \frac{4}{10}, \frac{8}{14}, \frac{16}{18}, \frac{32}{22}$，记作数列①。

若对分数进行约分，为$\frac{1}{2}, \frac{1}{3}, \frac{2}{5}, \frac{4}{7}, \frac{8}{9}, \frac{16}{11}$，记作数列②。

将数列②转化为数列①，就是对分式数列的改写。改写时要注意两点：一是要有意识地构造简单变化的数列；二是分子、分母与原数列其他项分子、分母的整体增减趋势一致。

（2）分子分母关联变化：此类数列考查的是各项分子、分母之间的简单运算关系。比如，数列各项的分子（分母）都是前一项分子、分母简单运算的结果。

（3）分子分母顺次变化：此类数列的本质是将一个简单的数列顺次作为各项的分子、分母。

（4）分子分母交错变化：此类数列的本质是将两个简单变化的数列交错放置，作为数列各项的分子、分母。

>> 经典例题 $\frac{1}{2}, \frac{1}{2}, \frac{5}{8}, \frac{7}{9}, \frac{11}{10}, \frac{13}{12}, (\ \ )$

A. $\frac{17}{14}$ B. $\frac{19}{16}$ C. $\frac{7}{6}$ D. $\frac{23}{20}$

【答案】A。解析：将数列前两项依次改写为 $\frac{2}{4}$，$\frac{3}{6}$，则原数列变为 $\frac{2}{4}$，$\frac{3}{6}$，$\frac{5}{8}$，$\frac{7}{9}$，$\frac{11}{10}$，$\frac{13}{12}$，分子是连续的质数，分母是连续的合数，所填应为 $\frac{17}{14}$。

///// 要点提示 /////

对于分式数列，要注重从局部出发，选择比较特殊的分子(分母)大胆构造简单数列，再由分母(分子)加以验证。另外，对含 0 的数列可直接从 0 入手，因为这个分数无论如何改写，分子必然是 0，可根据这一点推断分子的规律。

五、组合数列

前面所讲的数列及其变式重在考查数列各项之间的运算关系，而组合数列重在考查数列结构特征，即只要发现了数列的结构特征，就能很容易地找到数字推理规律。

(一) 间隔组合数列

间隔组合数列的奇数项和偶数项分别构成某个基本数列或其变式，奇数项与偶数项规律可以相同、相似，也可以不同。由于基本数列及其变式规律众多，所以间隔组合数列的规律种类也很多，其共同特点是数列项数较多，有时需要填出题干空缺的两项。

(二) 分组组合数列

分组组合数列考查的是分组结构，解题时须将数列相邻数字分为独立的几组，然后考查组内数字或组间数字在运算关系上的联系，分组时以连续两项作为一组居多。这类数列的共同特点是数列项数较多，数列通常增减不定，或数字跳跃较大，没有明显的递增或递减趋势。

(三) 数位组合数列

数位组合数列的题干数字以多位数为主，解题时需要将这些多位数分解成几个相互独立的部分。数位组合数列考查的规律有两类：

(1) 数位对应型，即各项对应位置上的数组成一个简单数列。
(2) 数位关系型，即数列每一项分成的几个部分之间有相同或相似的联系。

> 经典例题1 2, 1, 4, 4, 8, 9, 16, ( )

A. 25 B. 36
C. 20 D. 16

【答案】D。解析：数列已知项很多，且增减无序，明显应重新组合各项来寻找规律。奇数项为 2, 4, 8, 16, 是公比为 2 的等比数列；偶数项为 1, 4, 9, (16), 是平方数列。

> 经典例题2 23, 77, 35, 65, 80, 20, 49, ( )

A. 82 B. 93
C. 51 D. 64

【答案】C。解析：数列数字均为两位数，但变化毫无规律，寻找数字特征、运算关系都是不能解决的，只能从整体角度考虑。每两个数作为一组，23+77=35+65=80+20=100，所以 49 与括号中的数的和也应是 100，应填入 100-49=51。

考点二 图形形式数字推理

图形形式数字推理的题干是一个或几个包含数字的图形,需要考生从图形的数字中寻找数字间的运算关系,再选择合适的选项。图形形式数字推理是数字推理的另一大类型,分布在图形中的数字由于位置不同而具有相应的运算关系。

一、圆圈形式数字推理

圆圈形式数字推理是数字排列在一个圆圈中的图形形式数字推理。其主要形式有两种:简单圆圈形式数字推理和带中心数字的圆圈形式数字推理。

(1)简单圆圈形式数字推理:这类题型一般是四个数字分布在一个被四等分的圆中。这四个数字之间存在一定的运算关系,需要找出这个运算关系从而求出有空缺项圆中缺少的数字。

(2)带中心数字的圆圈形式数字推理:这类题型是在简单圆圈形式的基础上于中心处添加了一个数字,四周的数字通过简单运算得到中间数字。

经典例题1

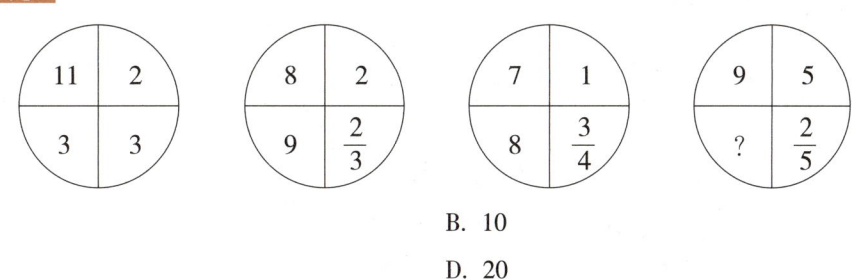

A. 5
B. 10
C. 15
D. 20

【答案】B。解析:后三个圆圈中都含有特殊的分数,以这些分数为突破口进行分析。先看第二个和第三个圆圈,除分数外其他三个数字都是整数,说明圆圈中的分数应与其他数字相乘得到整数。第二个圆圈中 $9 \times \frac{2}{3} = 6, 8-2=6$,第三个圆圈中 $8 \times \frac{3}{4} = 6, 7-1=6$,左下数字×右下数字=左上数字-右上数字。可通过第一个圆圈中的数字进行验证 $3 \times 3 = 11-2$,规律成立。所以第四个圆圈中 $? \times \frac{2}{5} = 9-5$,易得 $?=10$。

/// 要点提示 ///

简单圆圈形式数字推理的核心是对数字进行分组,每组分别构造运算关系使两组数的运算结果相等。分组无外乎纵、横、斜向(对角线)三个方面。

经典例题2

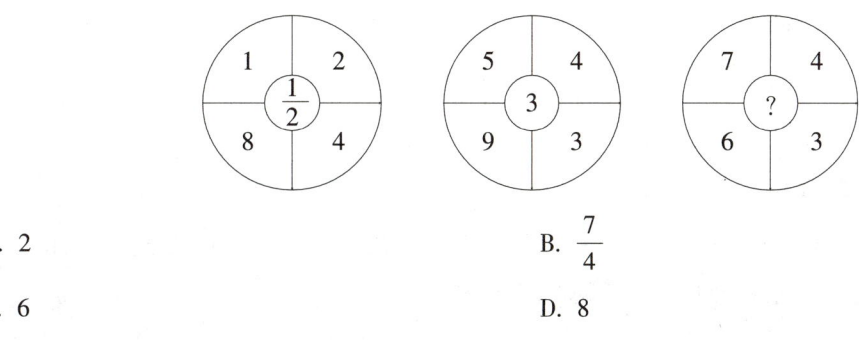

A. 2
B. $\frac{7}{4}$
C. 6
D. 8

【答案】D。解析:第一个圆圈中间的数字是分数 $\frac{1}{2}$,可寻找第一个圆圈周围四个数字与分数 $\frac{1}{2}$ 的运算关系。因为$\frac{1}{2}=2^{-1}$，$8\div4=2$，$1-2=-1$，所以$(\frac{8}{4})^{(1-2)}=\frac{1}{2}$。验证第二个圆圈中的数字，$(\frac{9}{3})^{(5-4)}=3$。那么第三个圆圈中，应填入$(\frac{6}{3})^{(7-4)}=2^3=8$。

二、三角形式数字推理

三角形式数字推理的表现形式为一个三角形的三个角各有一个数字，中间有一个数字。其一般规律是三个角的数字通过运算得到中间的数字。从某种程度上说，三角形式数字推理是带中心数字的圆圈形式数字推理的简化。

解题时，需注意以下几点：

(1) 三个角上数字之和与中心数字的大小关系。若三个角上数字之和远小于中心数字，应充分考虑乘法；反之，则应注意寻求加减运算规律。

(2) 从周围数字和中间数字差异很大的三角形入手分析。

(3) 对较大的质数要格外关注，它们的存在往往涉及加法或减法运算。

> **经典例题1**

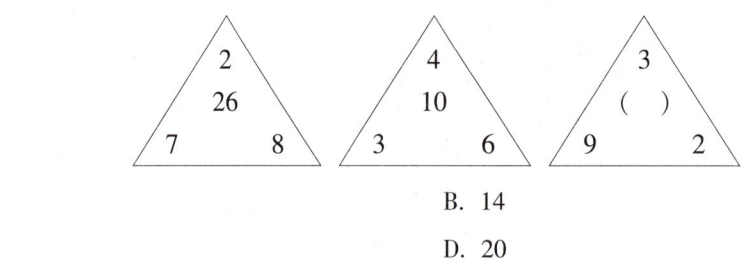

A. 12　　　　　　　　　　　　　　　B. 14
C. 16　　　　　　　　　　　　　　　D. 20

【答案】C。解析：第一个三角形的周围数字相加难以得到26，因此考虑26是由乘除运算得到的。对26进行因式分解，$26=2\times13$，易得到$13=7+8-2$；将此规律进行验证得到$(7+8-2)\times2=26$，$(3+6-4)\times2=10$，应填入$(9+2-3)\times2=16$。

> **经典例题2**

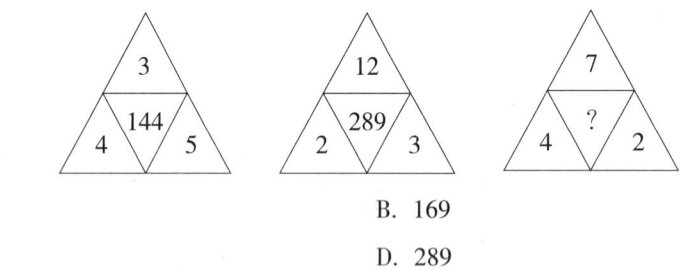

A. 144　　　　　　　　　　　　　　B. 169
C. 196　　　　　　　　　　　　　　D. 289

【答案】B。解析：观察发现中间数字144、289是明显的平方数（12^2、17^2），三个角上的数字相对较小，且与12和17有明显的加和关系，即三个角上数字之和的平方等于中间数字。以此规律，应填入$(7+4+2)^2=169$。

三、表格形式数字推理

表格形式数字推理的数字是在表格之中。表格被分成了几行、几列，考试中常见的是九宫格样式。其中的数字推理规律往往存在于行间或列间，也有很多是整体规律。

>> 经典例题

12	9	?
11	33	66
8	3	27

A. 35　　　　　　B. 40　　　　　　C. 45　　　　　　D. 55

【答案】C。解析:观察第二行、第三行,每行的第三个数字明显大于前两个数字,考虑前两个数字与第三个数字之间的数量关系。发现11×3+33=66,8×3+3=27,所以每行的第一个数字×3+第二个数字=第三个数字,应填入12×3+9=45。

第二讲　图形推理

考点一　图形构成

图形构成是指图形的组成及一些细节特征,以及它们在数量和位置等方面的体现。这部分是图形推理中涉及考点最多的一部分,也是一个难点。

一、点、线、角、面 ★★★

点、线、面是图形的基本构成要素,角则是由相交直线构成的特殊元素。

(一) 点

图形推理中需要关注的"点"有以下几种:

(1) 交点。交点是指线与线相交的点,一般包括"十"字点、"T"字点、折点(∠、⌐)。

(2) 切点。两条光滑曲线的交点,且在此点的切线相同,这个点就是两条曲线的切点。除曲线与曲线的切点外,常考的还有曲线与直线的切点,如圆和直线相切。

(3) 接触点。两个常见几何图形相接触而构成的点,常考的是内外图形的接触点。

(二) 线

线条是图形最主要的构成要素,图形推理中主要从直线和曲线两个方面来考查。另外,还有一个与线条相关的概念——笔画,也是一个重要的考点。

1. **直线和曲线**

直线图形:完全由直线构成的图形。例如,三角形、正方形。

曲线图形:完全由曲线构成的图形。例如,圆。

直曲线混合图形:由直线和曲线共同构成的图形。

此部分还经常从数量上考查图形的直线数、曲线数或线条总数。

2. **笔画**

考试中经常涉及图形笔画数的判定。若一个图形可以从某一点开始不重复、不间断地画出,则这个图形是一笔画图形;若一个图形可至少通过n次不重复、不间断的线条描出,则这个图形的笔画数为n。

图形的笔画数由图形中奇点的个数决定。对于一个连通图形,所有线条之间的交点(以及端点)中,连接线条数量为奇数的点就是奇点(端点一定是奇点)。

图形笔画数的判定方法如下：

(1)一个连通图形中的奇点数为0或者2时,图形可由一笔画出。

(2)一个连通图形中的奇点数不为0也不为2时,图形可由多笔画出,图形笔画数=奇点数÷2。(注意,奇点均成对出现,即图形的奇点数必然为偶数。)

对于由多个部分组成的图形,先分别计算各个部分的笔画数,相加后得到图形的总笔画数。另外,汉字与字母的笔画数较为特殊,要按照书写习惯来计算。

(三)角

直线和直线相交形成角。考试中常见的与角相关的规律包括：

(1)图形中都含有直角。

(2)图形中角(锐角、直角)的个数存在数量关系(构成等差数列或其他基本数列)。

(四)面

图形推理中,与面相关的内容包括立体图形的面以及平面图形的封闭区域。

1. 立体图形的面

立体图形的面的常考规律：

(1)不同立体图形之间面的个数相等。

(2)不同立体图形之间面的个数能够构成等差数列或其他数量关系。

2. 平面图形的封闭区域

封闭图形：图形的边缘是由封闭线条围成的。以下图形均是封闭图形。

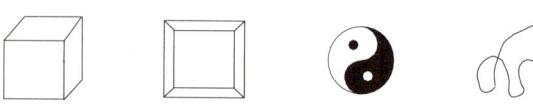

开放图形：图形中不存在由封闭线条围成的区域。以下图形均是开放图形。

封闭区域：图形中由封闭线条围成的一个个空白。区域内部任何一点与区域外任何一点的连线都将和区域的边界相交。

封闭区域数：图形中所有封闭区域的个数。例如,汉字"品"的封闭区域数是3;在圆中任意画两条不重合的直径会形成4个封闭区域。

>> 经典例题1 从所给的四个选项中,选择最合适的一个填入问号处,使之呈现一定的规律性。(　　)

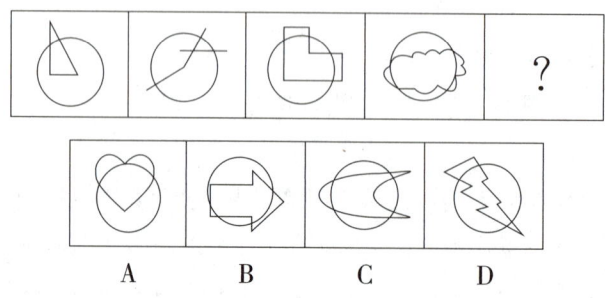

【答案】C。解析:观察发现每个图形均由圆形和一定数量的线条组成,且线条均和圆形有数量不等的交点,这类交点的数量依次为2、3、4、5、(6)。

>> **经典例题2** 从所给的四个选项中,选择最合适的一个填入问号处,使之呈现一定的规律性。(   )

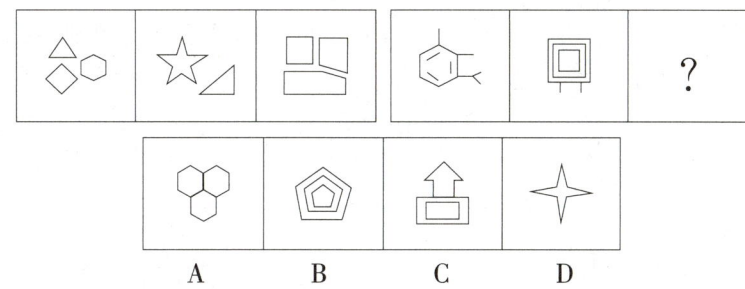

【答案】C。解析:题干和选项图形均由直线构成,考虑分析直线数。第一组图形的直线数均为13,第二组图形的直线数均为14,选项中只有 C 项的直线数是14。

二、图形部分

从直观上看,图形中不相连的就是图形中不同的部分,图形部分数就是图形中不相连部分的个数。任何一个图形的部分数都是确定的。考查部分数的图形比较多样,不仅包括一般的图形,也可以是汉字、数字等。

图形部分常考规律:

(1)图形的部分数相同。

(2)图形的部分数存在数量关系(构成等差数列或存在和差关系)。

>> **经典例题** 从所给的四个选项中,选择最合适的一个填入问号处,使之呈现一定的规律性。(   )

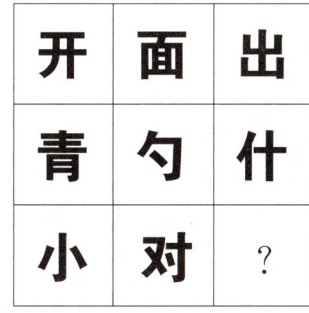
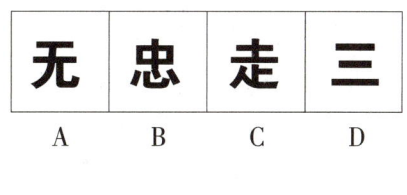

【答案】D。解析:题干均为汉字,在笔画数上没有发现规律,汉字的结构方面也不存在相似性,考虑汉字的部分数。第一行图形都由1个部分组成,第二行图形都由2个部分组成,第三行图形都由3个部分组成,选项中只有 D 项符合。

三、图形种类 ★★

(一)元素种类数

把形状相同的构成元素称为图形的一种元素种类。图形中所有小图形的种类的个数称为这个图形的元素种类数。

(二)同种图形元素

同种图形元素常考规律:

(1)图形都含有某种相同元素。

(2)图形中相同元素的个数相同或存在数量关系(构成等差数列或存在和差关系)。

（三）数量换算

当题干出现两种小图形,但每种小图形的数量并不构成规律时,可以考虑将其中一种小图形换算成另一种小图形,然后寻找存在的规律。此类题型的实质是通过小图形间的数量换算,寻找图形间的数量关系。

> 经典例题 从所给的四个选项中,选择最合适的一个填入问号处,使之呈现一定的规律性。（　　）

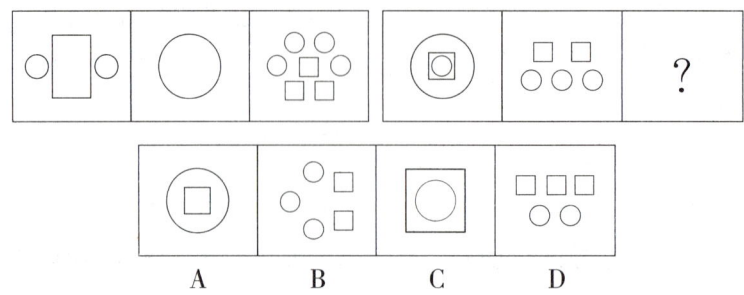

【答案】B。解析：观察题干图形,发现除第一组第二个图形外,每个图形都含有多个小图形,则可以分析这些小图形的种类和数量。第一组图形的元素种类数依次为2、1、2,不存在规律。再看每种小图形的个数,第一组图形中圆的个数依次为2、1、4,四边形的个数依次为1、0、3,发现每个图形中圆都比四边形多1个。分析第二组图形,发现也遵循此规律。

四、元素位置

（一）图形结构

图形结构是指图形中几个(至少两个)部分之间的相对位置关系,主要有左右结构、上下结构、内外结构、相交、相接、相离、相切、相邻、相对、线条的平行与垂直等。汉字的结构按照我们的认识习惯而定,例如,汉字"行"是左右结构,"李"是上下结构。

（二）元素在图形的特殊位置

如果题干给出的一组图形组成元素基本相同,如都包含一个小元素和主体元素,则其很有可能考查元素的特殊位置,即图形中的小元素在主体图形中的位置固定或有规律。

> 经典例题 把下面的六个图形分为两类,使每一类图形都有各自的共同特征或规律,分类正确的一项是(　　)。

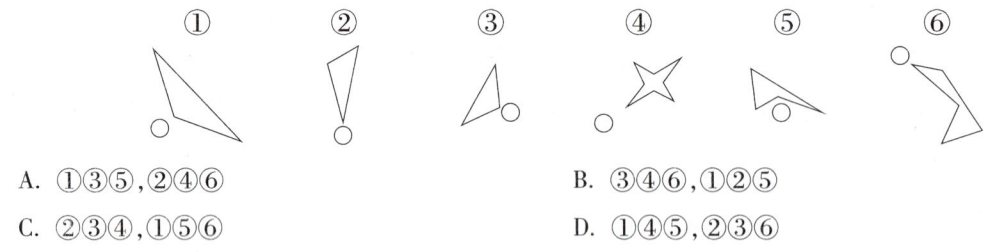

A. ①③⑤,②④⑥　　　　　　　　　B. ③④⑥,①②⑤
C. ②③④,①⑤⑥　　　　　　　　　D. ①④⑤,②③⑥

【答案】A。解析：每个图形均由一个圆形和一个多边形组成,且圆形均与多边形的一个角相对,可按照圆形所对的多边形的角的类型来分类。图形①③⑤中圆形所对的角为钝角,图形②④⑥中圆形所对的角均为锐角。

考点二　几何性质

图形的几何性质包括图形的对称性、重心、面积和体积等。考试中考查最多的是图形的对称性,该部分内容需要重点掌握。重心、面积和体积则考查较少。

一、对称性 ★★★

图形的对称性包括轴对称和中心对称。

轴对称图形:对于一个平面图形,若存在一条直线,图形沿这条直线折叠,图形的两部分能完全重合,这个图形就是轴对称图形,这条直线就是这个图形的一条对称轴。有的轴对称图形只有一条对称轴,有的轴对称图形有多条对称轴,因此考试中还可能考查对称轴的数量或方向。

中心对称图形:对于一个平面图形,若存在某一点,图形绕这个点旋转180°后,与原图形能够完全重合,我们就说这个图形是中心对称图形,这个点叫作这个图形的对称中心。对于一个中心对称图形的任意一点,它关于对称中心的对称点都在这个图形上。

> **经典例题** 从所给的四个选项中,选择最合适的一个填入问号处,使之呈现一定的规律性。(   )

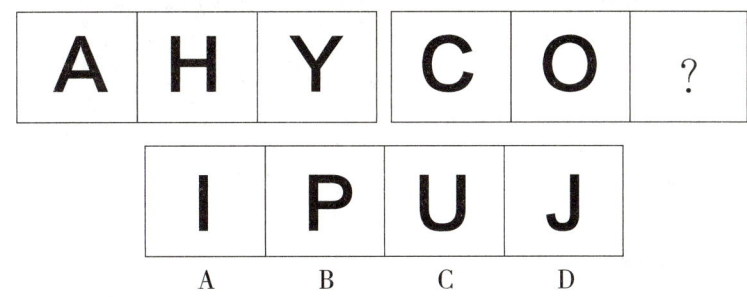

【答案】C。解析:观察题干图形,发现每组图形中第一个图形与第三个图形均为仅含有一条对称轴的轴对称图形,第二个图形既是轴对称图形又是中心对称图形,问号处应选择仅含有一条对称轴的轴对称图形。

二、重心

重心:一个物体的各部分都要受到重力的作用,从效果上看,我们可以认为各部分受到的重力作用集中于一点,这一点叫作物体的重心。

物体的重心与物体的形状和质量的分布有关。一般题目所给的图形均看成质量分布均匀的物体。其中形状规则的物体,它的重心就在几何中心上,其考查重点是重心的位置,即观察图形的重心位置是在图形的上部、中部还是下部。

> **经典例题** 从所给的四个选项中,选择最合适的一个填入问号处,使之呈现一定的规律性。(   )

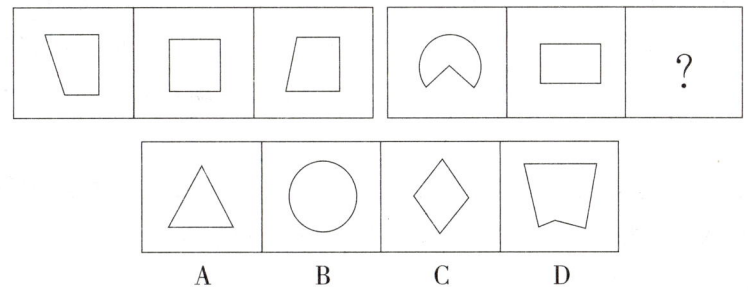

【答案】A。解析:两组图形的重心依次位于图形的上部、中部、下部。因此问号处图形的重心应位于图形的下部。

三、面积和体积

面积和体积常考规律:

(1)图形中有相同的阴影或阴影的面积相等。

(2)小图形的面积或体积占大图形面积或体积的比例相同。

>> 经典例题 从所给的四个选项中,选择最合适的一个填入问号处,使之呈现一定的规律性。(   )

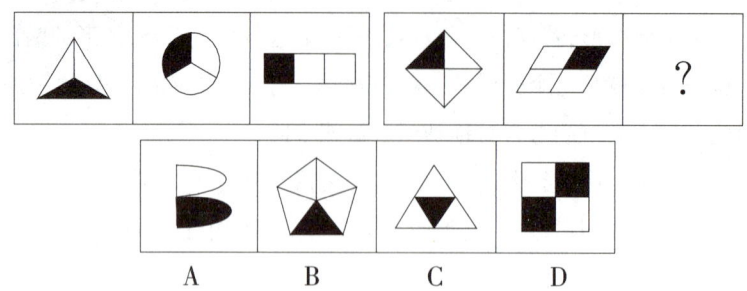

【答案】C。解析:第一组图形中阴影部分的面积占整个图形面积的 $\frac{1}{3}$,第二组图形中阴影部分的面积占整个图形面积的 $\frac{1}{4}$。

考点三 图形转化

一、移动、旋转、翻转

图形的移动、旋转和翻转是图形位置的改变,通常不会改变图形的大小和形状。在考试中,若题干各个图形中的元素形状、大小都相同,只是位置不同,则首先应考虑移动、旋转或翻转。

移动——找准移动的距离(一格、两格⋯⋯)和方向(上、下、左、右、顺时针、逆时针)。

旋转——确定旋转的方向(顺时针、逆时针)和角度(30°、45°、60°、90°、135°等)。

翻转——确定翻转的方式(左右翻转、上下翻转)。

>> 经典例题 从所给的四个选项中,选择最合适的一个填入问号处,使之呈现一定的规律性。(   )

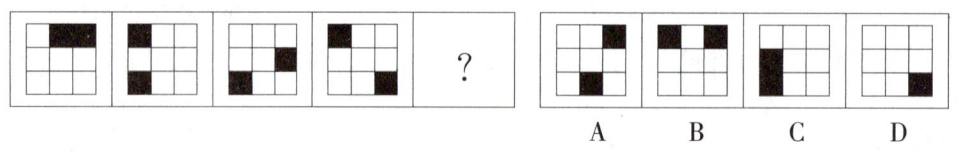

【答案】A。解析:题干图形都是九宫格内有两个黑色方块,直观来看,两个黑色方块之间的间隔依次是0、1、2、3,应选择两个黑色方块之间有4个间隔的图形。从本质来看,此题是黑色方块的移动,即第一个图中的一个黑色方块每次逆时针移动两格,另一个黑色方块每次逆时针移动三格。由此可确定两个黑色方块的位置。

点拨:根据图形组成元素完全相同,只是其相对位置不同,可确定考查的是图形间的移动转化规律,本题的关键是要根据图形间的对比找到小图形是如何移动的。

二、图形叠加

图形叠加是将两个图形叠放在一起,通过某种规则得到第三个图形,它是两个图形转化为第三个图形的重要方式。

图形叠加常考规律:

(1)直接叠加:图形叠加形成一个新图形,新图形中保留了两个原图形的所有构成元素。

(2)去同存异:图形叠加后去掉相同的部分,保留不同的部分。

(3)去异存同:图形叠加后去掉不同的部分,保留相同的部分。

(4)自定义叠加:图形叠加后,按照一定的规律发生改变,常出现在阴影类的图形推理中,叠加后相同位置的阴影情况会发生改变。

>> 经典例题 从所给的四个选项中,选择最合适的一个填入问号处,使之呈现一定的规律性。( )

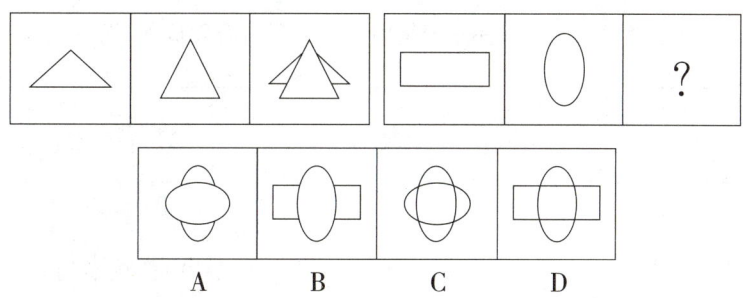

【答案】B。解析:观察第一组图形,发现存在叠加规律,即将第一个图形和第二个图形进行叠加,使第二个图形在上,第一个图形在下,且第一个图形被第二个图形覆盖的部分不显示出来。

考点四 空间折叠

除平面形式的图形推理外,考试中还会涉及空间形式的图形推理。空间形式图形推理主要考查考生的空间想象能力,常考题型为空间折叠,包括"折纸盒"问题和"拆纸盒"问题。考生在解答这类问题时,不仅要对图形中面与面的位置关系、小图形的指向、线条交点位置、阴影部分的位置关系等十分熟悉,还要熟练运用空间折叠的多种方法,使解题过程步骤化、简单化。

空间折叠图形推理的解题方法主要有以下三种:

(1)相对面与相邻面区分法。平面图形中相邻的两个面折成立体图形后也相邻,立体图形中相对的两个面拆成平面图形后不相邻,区分相对面与相邻面是解决空间折叠问题的基础。

(2)小图形特征判定法。根据相邻面中小图形的指向、线条交点位置、阴影部分的位置关系等,确定面与面之间的位置关系是否正确。

(3)两面定位法。有些题目的选项中可能不存在相对面和相邻面的区分,也难以从小图形特征入手进行分析,此时可假设其中两个面的方位正确,判断第三个面的方位正确与否,从而确定答案。

>> 经典例题 左边给定的是纸盒的外表面展开图,下列能由它折叠而成的是( )。

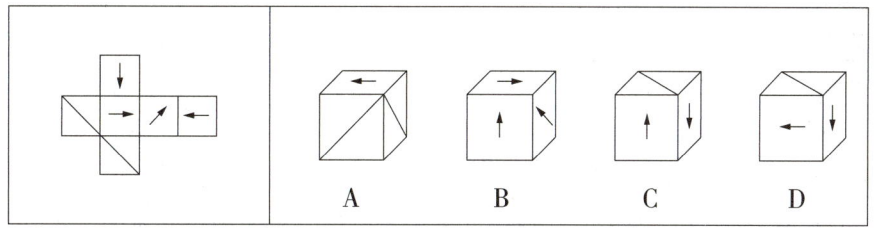

【答案】D。解析:A项,假设正面和右侧面正确,则顶面箭头方向错误,应当顺时针旋转90°,排除。B项,假设顶面和右侧面正确,则正面箭头方向错误,应当指向下方,排除。C项,正面和右侧面是相对面,不可能相邻,排除。D项,可以由题干图形折叠而成,正确。

考点五 其他形式

一、图形重组

图形重组的考查内容包括线条组合和片块组合两种。线条组合要求将题干所有的线条组合在一起形成一个新的图形;片块组合是将题干所有片块组合在一起得到新的图形,可移动、旋转这些片块,但不能翻转。

这类题型的作答思路主要有两种:

(1)利用图形中的特征部位,对比题干图形和选项图形。

(2)利用元素数量不变的特征进行排除,即图形重组前后的元素(线条、片块、小方格等)数量相等。

>> 经典例题1 选项的四个图形中,只有一个是由题干图形拼合而成的,请选出来。(　　)

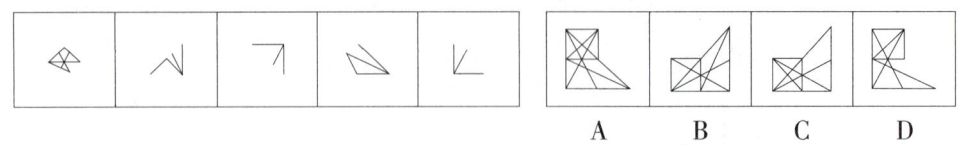

【答案】A。解析:题干中的第一个图形是解题关键点。B、C、D三项中都找不到完整的第一个图形,只有A项包含题干第一个图形。

>> 经典例题2 下列选项中哪个是由上边三个小图形拼起来的?(　　)

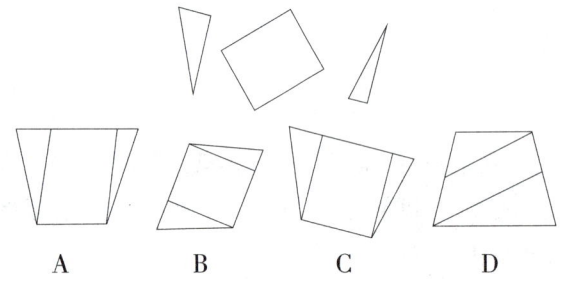

【答案】C。解析:题干中间的图形为矩形,由此可以排除A、D。题干最右边的三角形,其直角无法通过旋转得到在B项顶部的三角形。

二、图形求异

图形求异一般直接给出四个选项图形,要求考生直接找出与众不同的那个图形。其涉及的考点以图形构成、几何性质为主。从以往考试中出现的真题来看,解决图形求异问题的关键是对图形特征以及图形间差异的准确把握,这需要认真观察、仔细辨别。

>> 经典例题 从所给的四个选项中,选择与其他三项不同的一项。(　　)

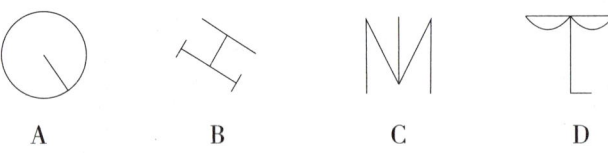

【答案】D。解析:题干图形均比较简单,且多个图形具有对称性,因此可以从对称性的角度进行区分。观察发现,题干中的图形除D项外均为轴对称图形。

三、三视图

将人的视线规定为平行投影线,然后正对着物体看过去,将所见物体的轮廓用正投影法绘制出来的图形称为视图。

如图2-3-1所示,用三个互相垂直的平面作为投影面,其中正对着我们的叫作正面,正面下方的叫作水平面,右边的叫作侧面。一个物体在三个投影面内同时进行正投影,在正面内得到的由前向后观察物体的视图,叫作主视图;在水平面内得到的由上向下观察物体的视图,叫作俯视图;在侧面内得到的由左向右观察物体的视图,叫作左视图。主视图、俯视图、左视图统称为三视图。

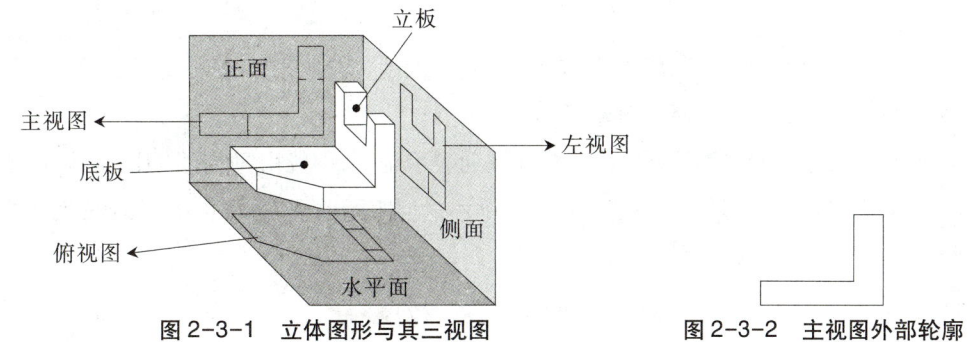

图 2-3-1　立体图形与其三视图　　　　图 2-3-2　主视图外部轮廓

画三视图时不仅要表示出物体的外部轮廓,还要体现其细节特征。以图 2-3-1 中物体的主视图为例来说明三视图的绘制方法。

外部轮廓:外部轮廓即最大的外部边界,在视图中以实线画出。图 2-3-1 中物体的主视图外部轮廓如图 2-3-2 所示。

细节特征:除了外部轮廓,立体图形的主视图中还有两条线(一条实线和一条虚线),这两条线被用来表示物体的细节特征。实线表示的是底板在长度方向上切除的那一块的位置,而虚线表示的是立板在高度方向上切除的深度,但由于这个特征我们从前向后观察不到,所以用虚线画出(或者不画出)。

相切问题:当立体图形中有相切面时,由于相切处是光滑过渡,不存在轮廓线,所以在视图上一般不画出。对于三视图题目,考生需在理解三视图含义的基础上能够捕捉图形的细节特征。

> **经典例题** 从所给的四个选项中,选择最合适的一个填入问号处,使之呈现一定的规律。(　　)

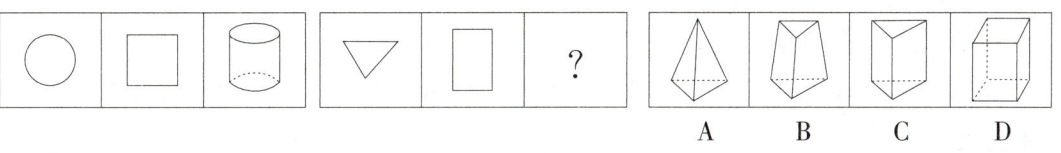

【答案】C。解析:本题以类比型图形推理的形式出现。在第一组图形中,第三个图形是立体图形,而第一个和第二个图形分别是它的俯视图和侧视图。在第二组图形中,问号处也应填入一个立体图形,其俯视图是三角形,侧视图是长方形,则可以确定该立体图形是 C。

第三讲　逻辑判断

考点一　必然性推理

必然性推理在考试中时有出现,且必然性推理知识是解答可能性推理的基础。这里,我们主要介绍直言命题和复言命题。

一、直言命题

(一)直言命题的定义

日常生活中我们常用一些简单句子来断定事物是否具有某种性质,例如,我们都是中国人,中国是文明古国,有些人是好人,人不能做坏事……这些句子都是直言命题。

这样的句子主要由四部分组成。例如,有些人是好人。在这个句子中,被断定的对象"人"称为主项,所要断定的性质"好人"称为谓项,表示对象数量的词"有些"称为量项,表示对象是否具有该性质的词"是"称为联项。

联项分为肯定和否定两种。肯定一般用"是"表示,否定一般用"不是""没"等否定词表示。"是"在有些命题中可以省略,例如"人会说话"这句话就省略了"是"。

量项有全称量词、特称量词和单称量词三种。全称量词表示全部,一般用"所有""凡"等表示,有时也可省略。特称量词表示不定量,一般用"有""有些"表示。单称量词表示单个,通常省略,主项常为人名或地名等专有名词,例如"长城是建筑奇迹"中的"长城"。

/// 要点提示 ///

特称量词"有的"与我们的日常理解不同,这里的"有的"强调的是"有",即指"至少有一个",存在三种情况:既可能是"一个",也可能是"一部分",还可能是"全部"。

例如,"有的人是好人",可能"只有一个人是好人",也可能"有多个人是好人",还有一种特殊的情况是"所有人都是好人"。因此,由"有的人是好人"推不出"有的人不是好人"。

(二)直言命题的分类

根据联项和量项的不同,可以将直言命题分为以下六种:

(1)全称肯定命题:所有 A 是 B。例如,所有人都是会笑的。
(2)全称否定命题:所有 A 不是 B。例如,所有动物都不是植物。
(3)特称肯定命题:有的 A 是 B。例如,有的人是好人。
(4)特称否定命题:有的 A 不是 B。例如,有的人不是好人。
(5)单称肯定命题:a 是 B。例如,姚明是篮球运动员。
(6)单称否定命题:a 不是 B。例如,刘翔不是演员。

当然,考试中出现的直言命题不一定是标准形式,有的可能需要转化。比如,"没有人不爱他"可转化为"所有人都爱他"。

/// 要点提示 ///

在直言命题中,"所有 A 不都是 B"表示"有的 A 不是 B",是特称否定命题,而"所有 A 都不是 B"表示全称否定命题。

(三)直言命题的对当关系

具有相同主项和谓项的直言命题之间在真假方面存在必然的制约关系,这种关系称为真假对当关系,主要包括推出关系、矛盾关系、下反对关系和反对关系四种。常考的对当关系见图 2-3-3。

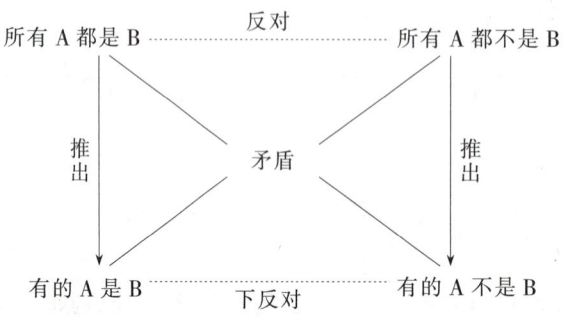

图 2-3-3　对当关系

(1)具有推出关系的两个命题之间的真假关系：**全称真则特称真；特称假则全称假**。

由此得出直言命题之间的推出关系：所有 A(不)是 B→某个 A(不)是 B→有的 A(不)是 B。例如，所有人都(不)是党员→我(不)是党员→有的人(不)是党员。

(2)具有矛盾关系的两个命题之间的真假关系：**必有一真一假**。

除了图 2-3-3 中的两对矛盾关系，单称肯定命题和单称否定命题之间也是矛盾关系。

考点拓展

负直言命题的等值命题

当直言命题前面加上"并非"时，为负直言命题，与原命题具有矛盾关系。因此有如下推论：

并非"所有 A 是 B"="有的 A 不是 B"。

并非"所有 A 不是 B"="有的 A 是 B"。

并非"某个 A 是 B"="某个 A 不是 B"。

将两个命题反过来也成立，如并非"有的 A 不是 B"="所有 A 是 B"。

由此，我们可以总结出这两种等值命题的相互转化规律：加上或去掉"并非"，把"所有"和"有的"互换，"是"和"不是"互换。

(3)具有下反对关系的两个命题之间的真假关系：**不能同假，必有一真**。

(4)具有反对关系的两个命题之间的真假关系：**不能同真，必有一假**。

> **经典例题** 通过调查得知，并非所有职务犯罪人员都有徇私舞弊的行为。

如果上述调查的结论是真实的，下列选项一定为真的是(　　)。

A. 多数职务犯罪人员都有徇私舞弊的行为

B. 所有职务犯罪人员都没有徇私舞弊的行为

C. 有的职务犯罪人员没有徇私舞弊的行为

D. 有的徇私舞弊的行为不属于职务犯罪

【答案】C。解析：根据"并非所有是"="有的不是"，可知题干等值于"有的职务犯罪人员没有徇私舞弊的行为"，C 项正确，其他三项均不能得出。

(四)直言命题的推理

在考试中，考查直言命题推理的题目通常有以下特点：题干给出多个直言命题，要求据此选择可以推出或不能推出的一项。对于这类题目，考生可以利用概念间关系进行推理，也可以利用三段论推理与变形推理进行解题。

1. 利用概念间关系进行推理

概念间关系是指两个概念所表示的集合之间的关系，主要有全同、真包含于、真包含、交叉以及全异五种关系，其文氏图见图 2-3-4。

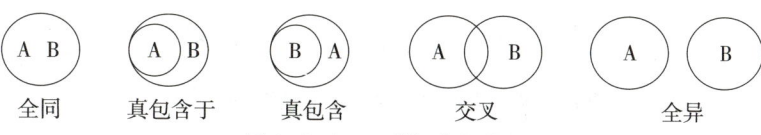

图 2-3-4　五种概念间关系

在解题时，考生可以将题干中的直言命题转化为其所表示的概念间关系，并画出文氏图进行直观判断。

直言命题所表示的概念间关系的情况见表 2-3-2。

表 2-3-2　直言命题所表示的概念间关系的情况

命题类型	概念间关系（A 和 B 之间的关系）				
	全同关系	真包含于关系	真包含关系	交叉关系	全异关系
所有 A 是 B	√	√	×	×	×
所有 A 不是 B	×	×	×	×	√
有的 A 是 B	√	√	√	√	×
有的 A 不是 B	×	×	√	√	√

从表 2-3-2 可以发现，一种直言命题能表示多种概念间关系，因此在做题时要充分考虑概念间关系的多种情况，也就是多种文氏图表示。

2. 三段论推理

三段论推理是由两个直言命题作为前提和一个直言命题作为结论而构成的推理。其中，两个前提中包含三个不同的概念，且在前提和结论中，每个概念都只出现两次。

三段论推理需要遵循一定的规则，尤其是当题干给出一个前提和结论，要求补充另一个前提时，三段论推理规则就显得更为有用。三段论推理中常用的两条规则如下：

（1）一特得特。两个前提不能都是特称命题，且只要前提有一个为特称，则结论就为特称。

（2）一否得否。两个前提不能都是否定命题，且只要前提有一个为否定，则结论就为否定。

根据这两条规则以及前面所说的包含三个概念且每个概念出现两次，再用概念间的关系作为辅助工具，可以极大地提高解题的速度和正确率。

"三段论"补充前提型的解题步骤：

第一步，查看题干已知概念，找出所需补充的前提包含的概念，排除无关选项。

第二步，根据"一特得特，一否得否"的推理规则进一步排除。

第三步，将剩余选项代入题干验证，能确保推出结论的即正确选项。

3. 直言命题的变形推理

直言命题的变形推理是指通过改变直言命题的联项或主项与谓项的位置来进行的推理，主要有换质推理和换位推理两种。

（1）换质推理，也就是换一种说法，是通过改变原命题中"是"与"不是"的表述，同时在"是"或"不是"后面增加或去掉"非"，从而得到等价命题的推理。

（2）换位推理，是通过改变主项和谓项的位置，从而推出结论的推理。

直言命题的换质推理和换位推理见图 2-3-5。

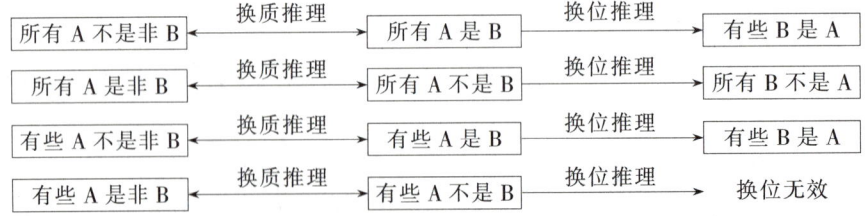

图 2-3-5　直言命题的换质推理和换位推理

上图中有两个直言命题的换位推理较为特殊，需要考生记住。即"所有 A 是 B"通过换位只能推出"有些 B 是 A"，而"有些 A 不是 B"不能进行换位推理。

此外，由"少数""大部分""一半"等词语作为量项引导的命题，尽管也是特称命题，但不能进行换位推理。

>> **经典例题** 来自公安机关的资料显示,娱乐圈中有人赌博,高级知识分子中也有人赌博。赌博中有些人是女性,而抢劫犯中有些人是赌博者。

由此可以推出( )。

A. 高级知识分子中也有抢劫犯

B. 抢劫犯中赌博者占了大多数

C. 有些抢劫犯可能是女性

D. 有些抢劫犯不是女性

【答案】C。解析:将题干信息用文氏图表示出来,其中两种情况如下图所示。

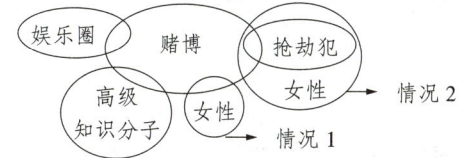

上图中画出了关于"女性"这个概念的两种情况。当根据题干画出情况 1 时,会发现 A、B 两项明显错误,此时 C 项不成立,D 项成立。但要注意,C 项说的是"可能",因此还要考虑其他的文氏图情况,看是否存在"有些抢劫犯可能是女性"这样的情况。据此可画出情况 2,此时 C 项正确,D 项错误。由于 C 项是可能性的表述,D 项是确定的表述,因此只要找出一种情况使 D 项不成立,即可排除 D。

二、复言命题 ★★★

复言命题一直是考试中的重点和难点,且掌握其中的一些知识点对解可能性推理题目有一定的帮助,考生需引起重视。

(一)复言命题的定义

复言命题,是由若干个命题通过逻辑联结词组合而成的命题。例如,一滴水只有放进大海里才永远不会干涸。其中"只有……才……"为联结词,"放进大海里"和"永远不会干涸"是构成复言命题的肢命题。

根据逻辑联结词的不同,复言命题可以分为以下几种。

1. 联言命题

联,是联合的意思,联言命题就是将若干个命题联合起来,表示这些情况同时存在的命题。

例如,考试时间紧并且题目难。考试时间紧和题目难是考试的两个特点。

可表示为 A 并且 B(A、B 是联言肢,"并且"是联结词)。

其他还有"虽然……但是……""不但……而且……"等表示转折、递进等关系的联结词。

真假关系:联言命题只要有一个联言肢为假即为假,即**"一假即假,全真才真"**。如上例中,只要"考试时间紧"和"题目难"有一个不成立,则该联言命题为假。

2. 选言命题

选,是选择的意思,选言命题就是给出若干个命题,可以选择出一种或者多种情况存在的命题。根据所能选择的情况不同,选言命题可以分为以下两种。

(1)相容选言命题:多种情况可以同时存在。

例如,去德国馆或者去意大利馆。可以既去德国馆又去意大利馆。

可表示为 A 或者 B(A、B 是选言肢,"或者"是联结词)。

其他联结词还有"或……或……""可能……也可能……"等。

真假关系:**一真即真,全假才假**。

(2) 不相容选言命题：只允许一种情况存在。

例如，要么顽强抵抗，要么屈膝投降。顽强抵抗和屈膝投降只能选择一种。

可表示为**要么 A，要么 B**（A、B 是选言肢，"要么……要么……"是联结词）。

其他联结词还有"或……或……，二者不可得兼"等。

真假关系：**有且只有一真才为真**。

///// 要点提示 /////

相容选言命题的多个选言肢可以都为真，而不相容选言命题只能有一个选言肢为真。因此，相容选言命题当所有肢命题都为假时才为假，而不相容选言命题当有多个选言肢为真或有多个选言肢为假时均为假。

3. 假言命题

假，是假设的意思，假言命题就是带有假设条件的命题。假言命题通常包含两个肢命题：反映条件的肢命题在前，称为前件；反映结果的肢命题在后，称为后件。根据前后件间条件关系的不同，又可分为三种。

(1) 充分条件假言命题：当条件 A 存在时，结论 B 一定成立，而无须考虑其他条件，则 A 是 B 的充分条件，即"有它就行"。

例如，如果天下雨，那么地就会湿。一旦天下雨了，地肯定会湿，地未湿就一定没有下雨。

可表示为**如果 A，那么 B** 或 A→B（A 是前件，B 是后件，"如果……那么……"是联结词）。

其他联结词还有"只要……，就……""若……，则……"等。

真假关系：当 A 出现而 B 没有出现时，充分条件假言命题才为假，即**"A 真 B 假才为假"**。

(2) 必要条件假言命题：当条件 A 不存在时，结论 B 一定不成立，则 A 是 B 的必要条件，即"没它不行"。

例如，只有年满 18 周岁才有选举权。在没有达到 18 周岁的时候肯定是没有选举权的，有选举权就说明已经年满 18 周岁了。

可表示为**只有 A，才 B** 或 A←B（A 是前件，B 是后件，"只有……才……"是联结词）。

其他联结词还有"不……，不……""除非……，否则不……""没有……，就没有……"等。

真假关系：当 A 不存在但 B 成立时，必要条件假言命题才为假，即**"A 假 B 真才为假"**。

///// 考点拓展 /////

充分条件与必要条件的转化

必要条件假言命题"只有 A，才 B"="A←B"="B→A"="如果 B，那么 A"。

例如，"只有年满 18 周岁才有选举权"="如果有选举权，那么年满 18 周岁"。

由必要条件假言命题的定义可知，"只有 A，才 B"="如果非 A，那么非 B"。因此，表示必要条件的其他联结词也可用充分条件来理解。

例如，"除非政府出台新政策，否则楼市难降"="只有政府出台新政策，楼市才不难降"="如果政府不出台新政策，那么楼市难降"。

(3) 充分必要条件假言命题：表示 A 是 B 的充分条件和必要条件的命题，即表示 A 与 B 等值的命题。

例如，人不犯我，我不犯人；人若犯我，我必犯人。也就是说"人犯我"和"我犯人"要么都发生，要么都不发生。即人犯我=我犯人。

可表示为**当且仅当 A，有 B** 或 A↔B（A 是前件，B 是后件，"当且仅当"是联结词）。

其他联结词还有"若……则……，且若不……则不……"等。

真假关系:当 A 与 B 不等值时该充分必要条件假言命题为假,即"**A、B 不同真假时为假**"。

充分条件假言命题和必要条件假言命题的相关内容在考试中经常出现,需重点掌握;充分必要条件假言命题比较简单,且在考试中较少涉及。

>> **经典例题** 某书画展的主办方决定,除非是来自美术学院的应届毕业生,否则不能取得本次大学生书画展览的资格。

以下哪项如果为真,说明主办方上述决定没有得到贯彻?(　　)

Ⅰ. 李丽是来自美术学院的应届毕业生,没有取得展览资格

Ⅱ. 黄雷是来自人文学院的大三学生,取得了展览资格

Ⅲ. 刘婷不是美术学院的学生,取得了展览资格

A. Ⅰ和Ⅱ

B. Ⅰ和Ⅲ

C. Ⅱ和Ⅲ

D. Ⅰ、Ⅱ和Ⅲ

【答案】C。解析:本题要求选择主办方的决定没有得到贯彻的一项,而主办方的决定可以理解为充分条件假言命题,其没有得到贯彻,也就是要选择这个充分条件假言命题的矛盾命题。题干推理关系为:取得本次大学生书画展览资格→是来自美术学院的应届毕业生。根据充分条件假言命题在前件真、后件假时为假,可知其矛盾命题为"取得本次大学生书画展览资格,但不是来自美术学院的应届毕业生",Ⅱ、Ⅲ符合,Ⅰ不符合。

(二)复言命题的基本推理

1. 联言推理

联言推理即依据联言命题的逻辑性质进行的推理。其推理规则有两条:

(1)全部肢命题为真推出联言命题为真。

(2)联言命题为真,可推出其中任一肢命题为真。

其推理的有效式可表示如下:

A 并且 B	A,B
所以,A(B)	所以,A 并且 B
分解式	**组合式**

例如,"你很高"和"你很帅"可以推出"你又高又帅"这个联言命题;"你又高又帅"又可以推出"你很高"和"你很帅"。

2. 选言推理

选言推理即依据选言命题的逻辑性质进行的推理。相容和不相容选言命题的推理见表 2-3-3。

表 2-3-3　相容和不相容选言命题的推理

命题	相容选言命题(A 或者 B)	不相容选言命题(要么 A,要么 B)
推理规则	肯定一部分选言肢,不能否定另一部分选言肢 否定一个选言肢以外的其他选言肢,可以肯定剩余的这个选言肢	肯定一个选言肢,就能否定其他的选言肢 否定一个选言肢以外的其他选言肢,可以肯定剩余的这个选言肢

(续表)

推理有效式	A 或者 B 非 A(非 B) ——————— 所以,B(A) 否定肯定式	要么 A,要么 B 非 A ———— 所以,B 否定肯定式	要么 A,要么 B A ———— 所以,非 B 肯定否定式
示例	"去德国馆或者去意大利馆" 不去德国馆⇒去意大利馆 去德国馆⇏不去意大利馆	"要么顽强抵抗,要么屈膝投降" 顽强抵抗⇒不屈膝投降 不顽强抵抗⇒屈膝投降	

3. 假言推理

假言推理即依据假言命题的逻辑性质进行的推理。充分条件与必要条件假言命题的推理见表 2-3-4。

表 2-3-4　充分条件与必要条件假言命题的推理

命题	充分条件假言命题(如果 A,那么 B 或 A→B)		必要条件假言命题(只有 A,才 B 或 A←B)	
推理规则	肯定前件就能肯定后件,否定后件就能否定前件 否定前件或肯定后件均不能进行有效推理		否定前件就能否定后件,肯定后件就能肯定前件 肯定前件或否定后件均不能进行有效推理	
推理有效式	如果 A,那么 B A ———— 所以,B 肯定前件式	如果 A,那么 B 非 B ———— 所以,非 A 否定后件式	只有 A,才 B 非 A ———— 所以,非 B 否定前件式	只有 A,才 B B ———— 所以,A 肯定后件式
示例	"如果下雨,那么地就湿" 下雨⇒地湿;地没湿⇒没下雨 没下雨⇏地没湿;地湿⇏下雨		"不到长城非好汉"="只有到长城才是好汉" 不到长城⇒不是好汉;好汉⇒到长城 到长城⇏好汉;不是好汉⇏不到长城	

在考试中,大部分考查复言命题的题目都需要用到其基本推理规则,即使是在使用矛盾关系解题的过程中,也可能使用到推理规则。因此,考生务必牢记这些推理规则。

>> 经典例题 经过调查核实,公租房受理中心确定了如下事实:

(1)如果张三和李四都申请了公租房,则陈六没有申请。

(2)陈六申请了公租房,而且王五的陈述合乎事实。

(3)只有王五的陈述不合乎事实,张三才没有申请公租房。

由上述事实可以推出(　　)。

A. 李四和陈六都申请了公租房

B. 李四没有申请公租房,张三申请了

C. 陈六和王五都申请了公租房

D. 李四申请了公租房,张三没有申请

【答案】B。解析:题干中(1)和(3)为复言命题,其推理关系为:(1)张三且李四申请公租房→陈六没有申请;(3)张三没有申请公租房→王五的陈述不符合事实。根据(2)陈六申请了公租房,否定了(1)的后件,可推出否定的前件,即(4)张三没有申请公租房,或者李四没有申请公租房。根据(2)王五的陈述合乎事实,否定了(3)的后件,可推出否定的前件,即张三申请了公租房。其否定了(4)的一个选言肢,可以肯定剩下的一个选言肢,即李四没有申请公租房。

（三）假言连锁推理

老歌《酒干倘卖无》中的"没有天哪有地；没有地哪有家；没有家哪有你；没有你哪有我。"就是一个假言连锁推理，其推理的结果：没有天就没有我。像这种从前提中几个相同性质的假言命题推出一个新的相同性质的假言命题的假言推理，就是假言连锁推理。

其中充分条件假言连锁推理可表示如下：

如果 A,那么 B；如果 B,那么 C；所以,如果 A,那么 C。

即 A→B,B→C,所以 A→C。

例如，"若努力学习，则能考上大学"和"若考上大学，则会有好工作"这两个命题如果为真，则可以推出"若努力学习，则会有好工作"。

要点提示

假言连锁推理要求前提中的前一个假言命题的后件必须与后一个假言命题的前件相同。

考点二 可能性推理

根据提问方式的不同，一般将可能性推理的题目分为五种，分别为削弱型、加强型、结论型、解释型和评价型题目。由于可能性推理题目的题干基本上都是一个论证，因此考生有必要先学习论证的相关知识，学会准确鉴别题干的论点和论据，这是解题的基础。

一、论证的基础知识

（一）论证的结构

一个论证在结构上通常由论点、论据和论证关系构成，可以用图 2-3-6 表示。

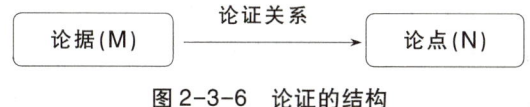

图 2-3-6　论证的结构

例如，研究人员对四川地区出土的一批恐龙骨骼化石进行分析后发现，骨骼化石内的砷、钡、铬、铀、稀土元素等含量超高，与现代陆生动物相比，其体内的有毒元素要高出几百甚至上千倍[论据]。于是一些古生物学家推测这些恐龙死于慢性中毒[论点]。

（二）准确区分论点和论据的技巧

要想正确分析题干论证，就要学会区分论点和论据，应遵循以下几点：

（1）找"结论"。当题干出现"结论"时，之后的语句即为论点，前面的则为论据或背景信息。

（2）找联结词。通常，"所以""因此""那么""显然""由此可见""简而言之"等联结词之后的语句是论点，而在"因为""假如""由于""既然"等联结词之后的语句是论据。

（3）找特征词。如"宣称""认为""说明""建议""推测"等表示断定的词之后的语句可能是论点，如"理由是""根据是""例如"等之后的语句一般是论据。

（4）分析因果联系。当题干中没有出现提示性词语或者出现多个提示性词语时，考生可以通过分析题干中的因果联系来区分论点和论据。

为了使大家更好地掌握各类题型的解题方法，下面我们分别详细介绍可能性推理的五种题型。

二、削弱型题目

（一）削弱型题目题型特点

削弱型题目的特点是题干中给出一个完整的论证或表达某种观点，要求从备选项中寻找最能（或最不能）反驳或削弱题干论证或观点的选项。如果将这个选项放入论据和论点之间，会使得题干推理成立或论点正确的可能性降低，则为削弱选项。其提问方式一般如下：

"以下哪项如果为真，最能（或最不能）削弱上述结论（论证）？"

"以下哪项如果为真，最能（或最不能）质疑上述论述（观点）？"

"以下哪项如果为真，能够最有力地反驳上述推论？"

一般来说，提问中包含"削弱""质疑""反驳"等字样的都为削弱型题目。

（二）削弱型题目解题方法

要反驳或削弱某个论证，可以通过削弱论点、削弱论据或削弱论证关系来达到目的，而不同的题目又有不同的方法，具体来说有以下几种可能的方式，见表2-3-5。

表2-3-5　削弱论证的角度

论证形式		论据 A→论点 B
削弱论点	非 B	通过举出与论点 B 相反的例子或者直接否定论点 B 来说明论点是错误的
	C→非 B	引入新的条件 C 使得论点 B 不成立（C 可能是与原论据 A 相关的，也可能无关）
削弱论据	驳斥样本的科学性	当题干论据是问卷、调查、实验或研究时，常见的削弱形式有以下两种： （1）指出样本的数量不足 （2）指出样本不正确、不具有代表性或代表性不够 也即指出论据 A 是片面的，犯了"以偏概全"的错误
	直接否定论据	直接指出题干的论据 A 是错误的
削弱论证关系	A 和 B 之间无联系	指出 A 和 B 之间隐含的联系是不存在的，即打破 A 和 B 之间的联系
	A 和 B 之间有差异	指出 A 和 B 之间所涉及的概念是存在差异的，并不是"同一个概念"

当题干论证存在明显的因果联系时，也可直接从因果联系出发进行削弱，主要的方式见表2-3-6。

表2-3-6　削弱因果联系的角度

论证形式		A 是 B 的原因（A 导致 B）
削弱因果联系	因果倒置	指出实际上 B 才是 A 的原因
	另有他因	指出实际上 C 才是 B 的原因
	存在共同原因	指出实际上 C 既是 A 的原因，也是 B 的原因，即 C 是 A 和 B 的共同原因

削弱因果联系本质上也是削弱了论点、论据或论证关系，只是较为快捷。其中，因果倒置是最强的削弱形式，也是比较简单的；另有他因是最常见的削弱形式；而存在共同原因这种削弱形式较少出现，它是前两种削弱形式的变形。究其本质这几种削弱形式都在试图说明"A 不是 B 的原因"。

（三）削弱程度的比较

许多削弱型题目中往往会存在两个或两个以上可以削弱题干结论的选项，这就考查了选项之间削弱程度的比较，这也是考试中的一大趋势和特点。

削弱程度的比较原则：

(1)削弱论点>削弱论据。对于一个论证来说,论点比论据更重要,不论是采用何种途径削弱,最终目的都是削弱题干中的论点。

(2)直接削弱>间接削弱。由于逻辑判断必须紧扣题干,从题干本身的含义出发,因此对题干论证或因果链条的直接削弱要比外加其他条件对题干进行的间接削弱作用强。

(3)必然性削弱>或然性削弱。

(4)整体性削弱>部分性削弱。如果选项中含有"一些""有些"等模糊概念,那么一般不是最能削弱题干的选项。

如果有选项是对题干论证中隐含假设的削弱,则其削弱程度较高。

▷经典例题 一项医学研究表明,通过检测人体血液中六万种代谢物中的十几个冠心病标志物,若这些标志物异常,即可得出被测者患有冠心病的结论,从而及早进行治疗。有媒体报道称,该医学研究实现了只需抽血即可检测和预防冠心病。

以下哪项如果为真,最能削弱该媒体的结论?（　　）

A. 每个人血液中的代谢物种类基本相同

B. 这项医学研究仍在进行大量的临床实验

C. 只有冠心病患者的冠心病标志物才会异常

D. 人的汗液和唾液中也含有多个冠心病标志物

【答案】C。解析：题干根据"检测人体血液中的冠心病标志物,如果标志物异常,即可得知被测者患有冠心病",得出"只需抽血即可检测和预防冠心病"的结论。要削弱该结论,可以说明抽血并不能检测或预防冠心病。

C项指出只有冠心病患者的冠心病标志物才会异常,说明还未患上冠心病的人的冠心病标志物是正常的,则抽血检测冠心病标志物不能用来预防冠心病,削弱了该媒体的结论。A项指出人血液中的代谢物种类基本相同,为题干所述方法的实施提供了前提,说明该方法具有可行性,支持了该媒体的结论。B项指出这项研究仍在进行临床实验,但不代表这项研究的结果是错误的,不能削弱该媒体的结论。D项指出人的汗液和唾液中也含有冠心病标志物,但并未说明题干方法能否用来检测和预防冠心病,不能削弱该媒体的结论。

三、加强型题目

(一)加强型题目题型特点

加强型题目一般在题干给出一个推理或论证,但由于前提条件不够充分或者论证的论据不够全面而不足以得出该结论。因此,考生需找到能使题干中的论证正确或者完整的选项,从而加强或支持题干。加强型题目分为一般加强型和补充前提型两类。

1. 一般加强型

一般加强型题目的提问中通常包含"加强""支持"等字样,这类题目常见的提问方式如下：

"以下哪项如果为真,最能(或最不能)加强题干的论证?"

"以下哪项如果为真,最能(或最不能)支持题干的论证?"

"以下哪项最能加强上述反驳?"

"以下哪项如果为真,最能支持上述观点?"

"以下哪项如果为真,能给上述断言以最大的支持?"

2. 补充前提型

补充前提型题目,即要求选择能够成为题干前提或假设的选项的一类题目,这类题目有以下几种提问方式:

"上述推论最可能基于下列哪项假设?"

"下列哪项是以上论述所需要的前提?"

"以下哪项如果为真,上述推断才是必然可靠的?"

"为使上述论证成立,以下假设必须为真的一项是"

"上述论断是建立在以下哪项的假设上的?"

▍▍▍ 要点提示 ▍▍▍

一般加强型题目的正确选项既可以是结论的必要条件,也可以是充分条件,或者仅仅是对结论有加强作用。而补充前提型题目要求选项所补充的前提必须是该论证成立的必要条件,否则将无法推出结论。补充前提型题目和一般加强型题目有很多相似的地方,实际上,它是一种比较苛刻的一般加强型题目。

(二)加强型题目解题方法

与削弱型题目类似,要支持或加强某个论证也可以从加强论点、论据和论证关系三个方面来考虑,具体内容见表2-3-7。

表2-3-7 加强论证的角度

论证形式		论据A→论点B
加强论点	B	直接说明论点B是正确的
	C→B	给出新的条件C来证明论点B的正确性,直接加强论点
加强论据	样本选择具有科学性	如果论据的形式是问卷、调查、实验或研究,一般有两种方式进行加强: (1)指出样本数量充足 (2)指出样本选择正确,具有代表性
	直接加强论据	直接说明论据是正确的
加强论证关系	建立联系	通过"搭桥"的方式在论据A和论点B之间建立联系,使原本看似没有关系的两句话之间产生逻辑关系
	排除他因	如果题干是由调查、研究、数据或实验等得出的一个解释性的结论,指出"没有别的因素影响推论"也是加强论证或结论的一种方式
	非A→非B	从反面加强论证,主要有以下两种情况: (1)前提不存在时,结论也不存在 (2)前提出现相反情况时,结论也相反

▍▍▍ 考点拓展 ▍▍▍

在解答补充前提型题目时,可以将搭桥法和反向代入法结合使用。反向代入法是指将选项的反面代入题干,即假设该选项不成立时,看题干论证是否成立,如果题干论证不成立了,则该选项就是题干的隐含假设。

(三)加强程度的比较

加强程度的比较原则与削弱程度的比较原则类似,具体包括以下几点:

（1）加强论点＞加强论据。

（2）直接加强＞间接加强。

（3）必然性加强＞或然性加强。

（4）整体性加强＞部分性加强。

以上原则通常用于解答一般加强型题目，而补充前提型题目一般不需要在选项之间进行程度上的比较，只需掌握搭桥法和反向代入法即可。

>>**经典例题** 一些在国外非常受市场欢迎的自然科学普及读物，经过翻译在国内出版后，销售情况并不理想。有市场人指出，国内在基础教育阶段长期实行的文理分科教育制度应该对此承担主要责任。在他们看来，文理分科阻碍了学生的全面发展和综合素质的提升，也限制了科普类图书读者群的规模。

下列哪项如果为真，最能加强上述观点？（　　）

A. 有些接受理科教育的读者对科普类图书并不感兴趣

B. 科普类图书的市场需求很大，但目前出版的此类读物质量良莠不齐

C. 由于没有足够的自然科学知识，文科背景的读者往往对科普类图书缺乏兴趣

D. 科普类的微博、微信公众号通常拥有大量的读者，科普类图书也会大受欢迎

【答案】C。解析：题干观点：文理分科阻碍了学生的全面发展和综合素质的提升，也限制了科普类图书读者群的规模。要支持这一观点，可以说明科普类图书在国内销售情况不理想确实是文理分科导致的。

C项指出文科学生由于受到文理分科的阻碍，缺乏足够的自然科学知识，影响了对科普类图书的兴趣，可以加强题干观点。A项说明部分理科学生不喜欢科普读物，不能加强题干观点。B项指出读者群规模小的原因是出版物质量差，在一定程度上削弱了题干观点。D项指出科普类图书的受欢迎程度和科普类的微博、微信公众号的读者量有关，但并不能说明文理分科是否限制了科普类图书读者群的规模，不能加强题干观点。

四、结论型题目

（一）结论型题目题型特点

结论型题目比较类似于言语理解题目，其题干中给出一段论述或推理，要求选出能够根据题干所给信息进行归纳或推理的选项。

结论型题目的提问方式一般如下：

"从上文能（或不能）推出以下哪个结论？"

"如果上述断定是真的，以下哪项也一定是真的？"

"如果上述断定是真的，那么除了以下哪项，其余的断定也必定是真的？"

"以下哪项作为结论从上述题干中推出最为恰当？"

"下列哪项最能概括上文的主要观点？"

结论型题目主要考查考生对题干信息的理解能力和归纳能力。有的题目四个选项都是对题干信息的考查，有的题目个别选项是对题干的归纳，而其他选项是对题干信息的考查，很少出现四个选项都是归纳论点的题目。

（二）结论型题目解题方法

1. 准确理解题干信息

在解答结论型题目的过程中，考生首先要准确理解题干信息，其次对比选项与题干信息的差异，选出正确答案。

选项与题干的差异主要表现在以下几个方面：

(1)是否与题干信息矛盾。

(2)是或然性还是必然性。

(3)是否偷换概念。

(4)条件的适用范围是否改变。

(5)是否超出题干信息的范围。

2. 概括归纳题干论点

需要归纳论点的题目，要求体现对题干整体主要内容的理解概括与抽取能力，具体而言就是在阅读理解的基础上准确、精炼地把握住和表述出给定材料所含的主要信息。解题时要首先弄清题干的论证结构，找出中心句、关键词和论据。

经典例题 人工智能(AI)系统"Pluribus"在六人制德州扑克比赛中击败了五名职业选手。这是当前唯一一个在多人比赛中表现胜过人类扑克选手的AI系统。在此之前，在战略思维方面超越人类的AI所取得的重大成就仅限于二人对决，在扑克比赛中击败人类是少数AI未能完成的挑战之一。因此在如此复杂的游戏中击败五名玩家的能力为利用AI解决现实世界中各种各样的问题提供了新机会。

由此，可以推出(　　)。

A. AI在多人制策略游戏中会被人类击败

B. AI可以解决现实世界中各种各样的问题

C. 只要是在战略思维方面的二人对决，AI的表现就能够超越人类

D. 当前没有第二个AI系统可以在多人比赛中表现胜过人类扑克选手

【答案】D。解析：A项，题干中说"Pluribus"在六人制德州扑克比赛中击败了五名职业选手，所以AI在多人制策略游戏中未必会被人类击败，无法推出。

B项，题干最后一句是说，为利用AI解决现实世界中各种各样的问题提供了新机会，而不是说AI一定能够解决现实中的各种问题，属于过度推断，无法推出。

C项，题干只是说在二人对决的战略思维游戏方面AI取得过重大成就，该项说法过于绝对，无法推出。

D项，根据题干前两句可知，该项正确，可以推出。

五、解释型题目

(一)解释型题目题型特点

解释，就是用一些道理来合理地说明事物变化的原因或者事物发展的规律等，实质上是为了更进一步地论证推理的正确性。

解释型题目的特点：题干给出某一个事实或论证的描述，要求从选项中找出最能够合理地说明题干所述的一项，题干中的描述大多是一个结论、现象、矛盾或差异。

解释型题目主要有以下几种提问方式：

"以下最能解释这一现象的是"

"以下各项如果为真，则哪项最可能造成上述结果？"

"以下哪项如果为真，最能解释上述行为？"

(二)解释型题目解题方法

解释型题目实际上是通过一种现象，来解释另一种的合理性，即题干的结果为什么发生，产生矛盾的原因

是什么等。它所考查的不仅仅是逻辑性思维,还有常识性思维。

在解题时,我们要运用理性思维,找出一个常识性的选项来达到解释题干合理性的效果。因此,常常需要引入一个新概念来达到解释说明的作用。

▶经典例题 十年前本地未成年人中,每十万人只有三十人被诊断有心理疾病。现在被诊断有心理疾病的未成年人比例比十年前增加了十倍。虽然心理疾病会增加患者自杀风险,但是该地近十年来未成年人自杀率和十年前持平。

以下选项中,最能合理解释上述现象的是( )。

A. 近十年来,该地因心理疾病向医生求助的孩子逐渐减少
B. 心理疾病是影响青少年健康成长的严重疾病之一
C. 随着医疗的发展,很多以前不能被确诊的病例被确诊为心理疾病
D. 虽然医疗水平提高,但很多心理疾病依然无法治愈

【答案】C。解析:题干现象:十年来被诊断患心理疾病的未成年人比例增加了十倍,但未成年人自杀率却和十年前基本持平。

C项指出很多以前不能被确诊的病例被确诊为心理疾病,即虽然被诊断患心理疾病的未成年人比例增加了十倍,但可能实际患心理疾病的未成年人的比例和十年前是基本持平的,因此自杀率和十年前基本持平,可以解释题干现象。A项,被诊断患心理疾病的孩子增加,求助于医生的孩子却逐渐减少,自杀率应该上升,无法解释题干现象。B项指出心理疾病严重影响青少年健康成长,但与题干的现象无关,无法解释题干现象。D项指出很多心理疾病无法治愈,与题干现象无关,无法解释题干现象。

六、评价型题目

(一)评价型题目题型特点

评价型题目通常要求考生对论证的结构、观点、有效性、错误等做出评价。在考试中,评价型题目的提问方式一般如下:

"下面哪项在论证方式上与题干相同?"

"以下哪项恰当地概括了题干的论证方式?"

"以下哪项最为恰当地指出了上述论证的漏洞?"

"对以下哪项问题的回答,最有助于评价上述论证?"

"以下哪项是二人争论的焦点?"

(二)评价型题目解题方法

评价型题目题型可以分为寻找相似的逻辑结构、直接评价论证方法、常规评价、找争论的焦点四种。

1. 寻找相似的逻辑结构

寻找相似的逻辑结构,即考查考生对论证结构的分析能力。这类题目的特点:题干和四个选项都是一个推理或论证。要求考生在分析题干论证结构的基础上,在选项中挑选出一个与题干最为类似的。由于题干往往是三段论、假言推理等,所以解答这类题目往往需要用到必然性推理的知识。

2. 直接评价论证方法

直接评价论证方法,即要求考生直接对题干论证所用的方法进行评价。当题干只给出一个论证时,考生只需要在分析题干论证的基础上选出正确选项即可;当题干给出两个论证(对话)时,一般需要考生分析第二个论证反驳(或支持)第一个论证的方式。

有些题目的论证中存在明显的逻辑漏洞,对这类题目,评价论证方法要求考生分析论证中存在的逻辑错误,并从选项中选择出概括最为恰当的一项。要解好这类题目,首先要了解论证规则和常见的逻辑错误。

3. 常规评价

常规评价的提问中通常会包含"评价"二字,这类题目往往需要考生寻找一个问题,对这个问题的回答可以验证论点或整个论证的正确性。

这类题目的选项一般为疑问句,无论是一般疑问句还是特殊疑问句,对这个问句都有正反两方面的回答。当一方面的回答对题干论证起支持作用,而另一方面的回答起削弱作用时,这个问句就对题干论证有评价作用,而这个问句所对应的选项即为能对论证起到正反两方面作用的评价型选项。

4. 找争论的焦点

这类题目往往采取对话的形式,要求考生选出对话中两人所争论的焦点。不管两人在对话中表达了几个观点,他们多数都只是在一个方面针锋相对,考生只需要把这个焦点找出来,而不需要去关注没有直接冲突的观点。

经典例题 厂长:"采用新的工艺流程可以大大减少炼铜车间所产生的二氧化硫。这一新流程的要点是用封闭式熔炉替代原来的开放式熔炉。但是,不仅购置和安装新的设备是笔很大的开支,而且运作新流程的成本也高于目前的流程。因此,从总体上说,采用新的工艺流程将大大增加生产成本而使本厂无利可图。"

总工程师:"我有不同意见。事实上,最新的封闭式熔炉的熔炼能力是现有的开放式熔炉无法相比的。"

在以下哪个问题上,总工程师和厂长最可能有不同意见?(　　)

A. 采用新的工艺流程是否一定使本厂无利可图

B. 运作新流程的成本是否一定高于目前的流程

C. 采用新的工艺流程是否确实可以大大减少炼铜车间所产生的二氧化硫

D. 最新的封闭式熔炉的熔炼能力是否确实明显优于现有的开放式熔炉

【答案】A。解析:两人都是对新的工艺流程进行评论。厂长的论点是最后一句,而总工程师不同意这一观点,理由是"最新的封闭式熔炉的熔炼能力是现有的开放式熔炉无法相比的"。也就是说在采用新的工艺流程是否会使本厂无利可图的问题上两人存在对立的观点,这个问题就是争论的焦点,A项正确。B、C两项的内容总工程师都没有提到,D项的内容厂长没有提到,所以都不是争论的焦点。

第四讲　定义判断

考点一　定义判断解题基础

一、定义的构成要素

定义就是用精练的语句将一个概念的内涵揭示出来,也就是揭示这个概念所反映的对象的本质属性。

定义由被定义项、定义项和定义联项三个部分组成。

例如,<u>敌意性归因偏差</u>[被定义项]<u>是指</u>[定义联项]<u>在情景不明的情况下,会将对方的动机或意图视为有敌意的倾向</u>[定义项]。

定义的方法主要是"属"加"种差",即通过揭示概念最邻近的"属"概念和"种差"来明确概念内涵。可用公式表示为:

被定义项=种差+邻近属概念

要准确理解定义的方法,需明确以下几点:

(1)被定义项的邻近属概念,即比被定义概念范围更大、外延更广的概念,以确定被定义概念所反映的对象属于哪一类事物。

(2)被定义项的种差,即指被定义项的这个种概念与同一属概念下的其他同级种概念在内涵上的差别,这种差别也就是被定义概念所反映的对象同其他对象的本质区别。

(3)把被定义项同属加种差构成的定义项用定义联项联结起来,构成完整的定义。

示例 人是能制造和使用工具进行劳动的动物。

解读:这是给"人"下的定义。其中,"人"的属概念是"动物",确定人是动物这类事物中的一种;"能制造和使用工具进行劳动"是种差,是将人与其他动物相比较而得出的本质差别;"是"是定义联项,它把被定义项与定义项(属+种差)联结起来构成了一个完整的定义。

/// **要点提示** ///

考试中所给出的定义是不容置疑的,这就要求考生在解题时要准确理解被定义项的内涵,不要放大或缩小其范围,否则就会对定义产生误解,犯类似"定义过宽"或"定义过窄"的错误。

二、定义判断解题原则

解答定义判断题应遵循以下四个原则:①严格按照所给定义进行判断,不要根据自己记忆中的定义去衡量;②准确把握定义特征,逐一对照选项;③细致分析、比较多个定义间的区别和联系;④若题干定义与所学知识一致,可利用已知知识帮助理解;若与所学有差异时,以题干中定义为准。

三、定义判断题型分类

根据每道题中所给出的定义数量的不同,可以将定义判断分为单定义判断和多定义判断两种。

(一)单定义判断

单定义判断的题干中只涉及一个定义,即给出一个假设完全正确的定义,然后给出几个事实选项,要求选出符合或者不符合定义的一项。单定义判断是考试的重点。

经典例题 品牌忠诚度是指消费者在购买决策中,多次表现出对某个品牌具有偏向性,而非随意的消费反应。具有品牌忠诚的消费者,对某一品牌具有特殊的嗜好,因而不断购买此类产品时,通常认准某品牌,而放弃对其他品牌的尝试。

下列涉及品牌忠诚的是(　　)。

A. 某品牌在中央一套黄金时段做了广告后,大众对其知晓程度上升

B. 小李在购买新手机时,只考虑某个品牌

C. 长期喝咖啡的人,容易对咖啡上瘾

D. 某餐厅全方位的优质服务使顾客满意

【答案】B。解析:品牌忠诚度的定义特征:消费者在购买决策中表现出对某个品牌具有偏向性。A项并未提及消费者购买该品牌的产品,也未体现消费者对该品牌具有偏向性,不符合定义。B项内容表现出对某个品牌具有偏向性,符合定义。C项,消费者对咖啡上瘾属于生理上的依赖,并未涉及购买决策和品牌偏向,不符合定义。D项并未涉及购买决策和品牌偏向,不符合定义。

（二）多定义判断

多定义判断的题干涉及多个定义的内容,这些定义之间的关系可能是包含,也可能是并列。这类题目的解题方法和单定义判断一样。

经典例题 人身关系是与人身不可分离,以人身利益为内容、不直接体现财产利益的社会关系;人身关系包括人格关系和身份关系两类。身份关系是以特定的身份利益为内容的社会关系。

根据上述定义,下列属于身份关系的是(　　)。

A. 穆某收养庞某而形成的父子关系　　B. 汤某将房产赠与孙某而形成的赠与关系
C. 唐某与李某签订合同而形成的买卖关系　　D. 房某借给康某一万元而形成的借贷关系

【答案】A。解析:题干涉及人身关系及其所包含的身份关系两个定义,分析定义内容,可得身份关系的定义特征:不直接体现财产利益,以特定的身份利益为内容的社会关系。A项,通过收养而形成的父子关系,不直接体现财产利益,且是以特定的身份利益即父子为内容的社会关系,符合定义。B项涉及赠与房产、C项涉及买卖关系、D项涉及借贷关系,均直接体现了财产利益,不符合定义。

考点二　定义判断解题技巧

对于单定义题目,当定义特征较为明显时,可通过所处位置或提示词来分析、定位定义的特征;当定义特征不明显时,可通过筛选、整合、归纳关键信息,得出定义的特征。多定义题目只是在考查形式上与单定义题目略有不同,其解题技巧与单定义题目是相通的。

一、定义特征分析　★★

大多数定义的特征比较明显,能够通过位置或一些提示词直接定位,这些特征就是构成定义的要点,主要包括主体、客体、目的、原因、条件、方式、结果、本质八种。以下是对这些不同的要点类型及其对应的位置或提示词的总结,考生在解题过程中可以通过位置或提示词快速找到相应的要点。

（一）主体

主体就是定义的主语,也就是行为或事件的发动者。实际上,每个定义都会有主体。有的定义会特别指出主体类型,一般位于定义内容的开头。当然还有一些定义的主体是大家都熟知的,往往不是解题的关键,甚至有的定义中会省略主体。因此,在寻找定义要点时,首先要确定该定义是否有明确的主体。

一般来说,在法律类或行政类定义中,会出现明显的主体。除了要重点关注主体本身,还要特别注意主体的修饰词,如主体的数量、主体的性质等。

示例 企业战略联盟是两个或两个以上的经济实体(一般指企业,如果企业间的某些部门达成联盟关系,也适用此定义)为了实现特定的战略目标而采取的共担风险、共享利益的长期联合与合作协议。

解读:在这个定义中就规定了主体是"经济实体",还给出了主体的数量限定条件"两个或两个以上"。

（二）客体

客体与主体相对应,是指行为或事件的承受者、被指向者。

常见的提示词:针对……、对……。有时定义中不会给出明显的提示词,需要大家分析语句含义,找到定义的要点;有些定义则会直接省略客体,这时则需要结合其他要点进行解题。

示例 双重标准是指根据自己的好恶、利益等,对于同一性质或同一类型的事件,在相同条件下做出截然相反的判断。

解读：在这个定义中，"同一性质或同一类型的事件"就是客体。

（三）目的

有些定义中会明确指出其目的，即行为者主观上具有什么样的动机、意图，追求一种什么样的目的。

常见的提示词：为了……、确保……、以期……、出于……目的、以……为目的。

示例 投机是指为了以后再销售（或暂时售出）商品而购买，以期从其价格变化中获利。

解读：在这个定义中，"以后再销售（或暂时售出）商品"和"从其价格变化中获利"就表示目的。

（四）原因

有些定义中规定了某些行为的原因，这类信息一般也是定义的要点。

常见的提示词：由于……、因为……、基于……。

示例 时间综合征指由于对时间的紧迫感而造成心理上的烦恼、紧张，以及生理上的活动改变等导致的病症。

解读：在这个定义中，"对时间的紧迫感"就是时间综合征的原因。

（五）条件

有些定义中会包含一些成立的前提条件，对此应该引起注意。

常见的提示词：以……为前提/基础/依托、在……条件下、……时。

示例 血缘关系是以血统或生理的联系为基础形成的人际关系，或者是指在婚姻和血缘的基础上形成的人际关系。

解读：在这个定义中，"以血统或生理的联系为基础""在婚姻和血缘的基础上"都是血缘关系的条件，两个条件之间的关系是"或"，因此只要满足其中一项即可。

（六）方式

有些定义中有表示方式、方法或手段的关键内容，需要大家多多关注。

常见的提示词：通过/采用……方式/手段、通过……。

示例 预感是指一个人通过梦境、幻觉、直觉等方式对未来事件的信息预先感知。

解读：在这个定义中，"梦境、幻觉、直觉等"就是预感的方式。

（七）结果

有些定义中会明确指出要达到什么样的结果等，这通常也是解题的关键点。

常见的提示词：造成……、导致……、致使……、从而……。

示例 生物集群灭绝是指在一个相对短暂的地质时段中，在一个以上地理区域范围内，数量众多的生物突然死亡，从而造成生物物种数量短时间突然大幅下降。

解读：在这个定义中，"生物物种数量短时间突然大幅下降"就是生物集群灭绝的结果。

（八）本质

本质也就是定义所属的类别，一般位于定义最末，较少作为解题的关键。

示例 蒸发散热，指体液的水分在皮肤和黏膜（主要是呼吸道黏膜）表面由液态转化为气态，同时带走大量热量的一种散热方式。

解读：在这个定义中，"一种散热方式"就是蒸发散热的本质。

> **经典例题** 国家行政机关公文是行政机关在行政管理过程中所形成的具有法定效力和规范体式的公务文书,是依法行政和进行公务活动的重要工具。

根据上述定义,下面哪种是国家行政机关公文?（　　）

A. 甲、乙双方在达成一致意见后双方私下签订的合同协议

B. 微软公司制定的职工保密文件

C. 交通局最近又新颁布了一条交通法规

D. 学校的学生守则

【答案】C。解析:首先分析国家行政机关公文的定义:

国家行政机关公文[定义]是行政机关[主体]在行政管理过程中所形成的具有法定效力和规范体式的公务文书,是依法行政和进行公务活动的重要工具。

A项中的甲、乙双方、B项中的微软公司、D项中的学校都不属于行政机关,因此不符合定义。只有C项中的交通局属于行政机关。

二、定义特征归纳

有些定义的特征并非直接给出,而是通过描述具体的实例或过程等给出,这就需要我们对其特征进行总结归纳,提取出对解题有帮助的关键信息。这类定义多出现在心理学、社会学概念中。

要准确归纳定义的关键信息,考生需要具备筛选和整合信息的能力。所谓"筛选",是指从纷繁的材料中提取主要信息,筛掉次要信息。所谓"整合",是指对筛选出来的信息进行重新组合、简要概括。归纳关键信息既要提取有用信息,也要舍弃无用信息、干扰信息。

> **经典例题** 统计性歧视是指将一个群体的典型特征推断为群体中的个体具有的特征,并将此特征作为对个体的评价标准。

根据上述定义,下列属于统计性歧视的是(　　)。

A. 小莉觉得周围许多金牛座的人都不太诚实,她就认为金牛座的人都不诚实可靠

B. 公司认为某高校毕业生工作稳定性不够,该校的优秀毕业生小刘因此未被公司录取

C. 某专家根据北京市过去十年的降雨量推断今年的降雨量将与往年的平均值基本持平

D. 一名外国游客在旅游区随手乱扔垃圾,周围人认为来自这个国家的人素质普遍较低

【答案】B。解析:分析统计性歧视的定义,可归纳其关键信息:将群体的特征作为对个体的评价标准。A项是以几个个体的特征来推断群体的特征,不符合定义。B项是由某高校毕业生的特征来推断小刘也具有这样的特征,符合定义。C项只是由过去十年的情况推断今年的情况,不存在群体特征,不符合定义。D项是根据某一个体的行为特征来推断群体的行为特征,不符合定义。

第五讲　类比推理

一、类比推理考查方式

根据题干出现的词项个数或题目的典型特征,可以将类比推理分为两词型、三词型、对当型三种。

(1)两词型是指题干和四个备选答案中均涉及两个词项的题目,其基本形式为 A:B。

(2)三词型是指题干和四个备选答案中均涉及三个词项的题目,其基本形式为 A:B:C。

(3)对当型的题干涉及的词项分成两组,每组均缺少一个词项,而四个备选答案中均涉及两个词项,其基

本形式为 A 对于 （　　） 相当于 （　　） 对于 B。

> **要点提示**
>
> 对当型与两词型和三词型的不同之处在于:题干不存在完整的一组词,即词项间关系具有一定的不确定性,有可能代入不同的选项时词项之间的关系也是不同的,这在一定程度上增大了解题的难度,需要考生在代入选项时仔细对比前后两组词的关系。

二、类比推理考点精讲

考试中常见的词项间关系主要可以分为以下五类:概念间关系、近反义关系、描述关系、条件关系和语法关系。

（一）概念间关系

1. 全同关系

全同关系是指一组词所指代的是同一个概念,即同一事物的不同称谓。比如同一事物的全称、简称、别称、美称、谦称、敬称等,或者对应的音译名和中文名、现代语和文言文、口语和书面语等。

2. 包含关系

包含关系包括种属关系(一种事物是另一种事物的其中一种)和组成关系(一种事物是另一种事物的其中一部分)。

3. 交叉关系

交叉关系是指两个词语所代表的集合有相同部分,也有不同部分。

4. 并列关系

并列关系是指词语所表示的概念都是属于同一个大类的事物,或者具有某种共同属性。并列关系是特殊的全异关系,全异关系是指两个词语所代表的集合完全不同。全异关系在考试中通常以并列关系的形式进行考查。

> **考点拓展**
>
> 并列关系又可分为反对关系和矛盾关系。反对关系可表示为"A 和 B 同属于 C,但除了 A、B,C 还包括 D、E 等",例如"苹果:香蕉";矛盾关系可表示为"A 和 B 同属于 C,且 C 只包含 A、B 两类",例如"男人:女人"。

》经典例题 火炮:战舰

A. 苹果:水果　　　　　　　　　　B. 车轮:汽车
C. 坦克:空客　　　　　　　　　　D. 铁锅:燃气炉

【答案】B。解析:火炮是战舰的组成部分,二者是组成关系。A 项,苹果是水果的一种,二者是种属关系。B 项,车轮是汽车的组成部分,二者是组成关系,与题干关系一致。C 项,坦克和空客是两种交通工具,二者是并列关系。D 项,铁锅和燃气炉可以搭配使用,二者是并列关系。

（二）近反义关系

1. 近义关系

近义关系是指含义相近的两个词语之间的关系,不仅限于同义词、近义词,也可以是词性不同的两个词语。

2. 反义关系

反义关系是指含义相反的两个词语之间的关系,不仅限于反义词,也可以是词性不同的两个词语。

考点拓展

反义关系又可分为相对反义和绝对反义。相对反义是指除了A、B两种情况还存在其他情况,例如"冷:热";绝对反义是指"只有A、B两种情况,不是A就是B",例如"真:假"。

> **经典例题** 籍籍无名:平凡

A. 处心积虑:复杂　　　　　　　　B. 深不可测:广泛

C. 虚怀若谷:谦逊　　　　　　　　D. 脱颖而出:幸运

【答案】C。解析:籍籍无名与平凡是近义关系。A项,处心积虑形容用尽心思地谋划,与复杂不是近义关系。B项,深不可测比喻对事物的情况捉摸不透,与广泛不是近义关系。C项,虚怀若谷是指胸怀像山谷那样深而且宽广,善于接受别人意见和观点,与谦逊是近义关系,与题干关系一致。D项,脱颖而出比喻本领全部显露出来,与幸运不是近义关系。

(三)描述关系

根据所描述对象的不同,考试中常见的描述关系可分为与事物相关、与人相关、与作品相关三种。

1. 与事物相关

与事物相关的描述既包括对事物的特征、性质、功能、用途、象征意义等属性的描述,也包括对事物的活动空间、分布场所、所在地、原材料、作用对象等其他相关内容的描述。

2. 与人相关

与人相关的描述既包括对特定群体所从事的职业及其职业特征、工作地点、工作对象、工作内容、所用工具等相关内容的描述,也包括对历史典故中涉及人物等的描述。

3. 与作品相关

与作品相关既包括对作品的作者、人物、体裁、年代、背景等的描述,也包括对作品中的诗句的出处、修辞手法、相关对象等的描述。

> **经典例题** ( ) 对于 吉祥 相当于 狼烟 对于 ( )

A. 和平 战争　　　　　　　　　　B. 麒麟 信号

C. 盛世 烽火　　　　　　　　　　D. 凤凰 入侵

【答案】D。解析:A项,和平和吉祥没有必然联系,狼烟可以代表战争,前后关系不一致。B项,麒麟象征着吉祥,狼烟属于信号,前后关系不一致。C项,盛世和吉祥没有必然联系,狼烟也叫烽火,前后关系不一致。D项,凤凰象征着吉祥,狼烟象征着入侵,前后关系一致。

(四)条件关系

1. 因果关系

因果关系是指一个动作或事件的发生导致或引起另一个动作或事件的发生。

2. 顺承关系

顺承关系是指几个动作或事件相继发生,具有一定的先后顺序。

3. 目的(引导)关系

目的(引导)关系是指某个事件的发生是以另一个事件为目的,或者某个事件是另一个事件的手段;也指某个事件(事物)为其他事件的发生提供了方向或起到了引导的作用。

4. 充分/必要条件关系

如果事件A发生时,事件B就发生,则A是B的充分条件;只有事件A发生时,事件B才发生,则A是B

的必要条件。注意区分两个事件之间哪个是充分条件,哪个是必要条件。

经典例题 落后:升级

A. 规矩:创新　　　　　　　　　　　　B. 失衡:调整
C. 筛选:淘汰　　　　　　　　　　　　D. 探索:迷茫

【答案】B。解析:因为落后,所以需要升级。A项,规矩和创新不具备因果关系。B项,因为失衡,所以需要调整,与题干关系一致。C项,筛选后淘汰,两者不具有因果关系,且筛选是动词,而题干的落后是形容词。D项,因为迷茫,所以进行探索,两者构成因果关系,但是词项顺序颠倒。

(五)语法关系

1. 主谓结构

两个词语可以构成主谓结构的短语或者词语本身的构成是主谓结构。

2. 动宾结构

两个词语可以构成动宾结构的短语或者词语本身的构成是动宾结构。

3. 并列结构

两个词语可以构成并列结构的短语或者词语本身的构成是并列结构。

4. 修饰关系

修饰关系是指一个词语对另一个词语起到修饰作用。

经典例题 消费者 对于 ( ) 相当于 ( ) 对于 调查

A. 促销　问题　　　　　　　　　　　　B. 纠纷　干扰
C. 维权　记者　　　　　　　　　　　　D. 反映　结果

【答案】C。解析:A项,促销的目的是吸引消费者,调查问题是动宾结构短语,前后关系不一致。B项,消费者可能引发纠纷,干扰调查是动宾结构短语,前后关系不一致。C项,消费者维权,记者调查,均为主谓结构短语,前后关系一致。D项,消费者反映问题,结果是调查的产物,前后关系不一致。

第四章　思维策略

考情简报

题型题量概述

对于本章内容，工行、农行、中行、邮储等多数银行招聘考试笔试考查题量为 10~15 道，也有部分银行（如建行）不考查此部分内容。考生可根据备考需要进行复习。

分析各大银行招聘考试真题可知，思维策略部分主要考查算式求值、解不定方程、智力推理和极限思想等内容。

考查内容概述

在考试中，算式求值和极限思想是考查重点，部分题目需要结合数学运算的核心知识进行作答。

考点一　算式求值

算式求值是思维策略中的常见题型，解题关键是利用合适的计算技巧简化计算，达到快速求值的目的。常用的计算技巧主要有以下几种。

一、凑整与拆分 ★★

凑整，即把一些数凑成整一、整十或者整百再计算。拆分，即把一个数写成两个数或多个数的和差积的形式。

经典例题1 $9\frac{4}{5}+99\frac{4}{5}+999\frac{4}{5}+9\,999\frac{4}{5}+99\,999\frac{4}{5}=(\quad)$。

A. 111 111　　　B. 111 110　　　C. 111 109　　　D. 111 108

【答案】C。解析：原式 $=\left(10-\frac{1}{5}\right)+\left(100-\frac{1}{5}\right)+\left(1\,000-\frac{1}{5}\right)+\left(10\,000-\frac{1}{5}\right)+\left(100\,000-\frac{1}{5}\right)=111\,110-\frac{1}{5}\times 5=111\,109$。

经典例题2 $97\frac{1}{50}\times\frac{1}{49}+77\frac{1}{40}\times\frac{1}{39}+57\frac{1}{30}\times\frac{1}{29}+37\frac{1}{20}\times\frac{1}{19}=(\quad)$。

A. $7\frac{523}{600}$　　　B. $7\frac{437}{600}$　　　C. $8\frac{237}{600}$　　　D. $8\frac{323}{600}$

【答案】A。解析：$97\frac{1}{50}\times\frac{1}{49}=\left(98-\frac{49}{50}\right)\times\frac{1}{49}=2-\frac{1}{50}$；

$77\frac{1}{40}\times\frac{1}{39}=\left(78-\frac{39}{40}\right)\times\frac{1}{39}=2-\frac{1}{40}$；

$57\frac{1}{30}\times\frac{1}{29}=\left(58-\frac{29}{30}\right)\times\frac{1}{29}=2-\frac{1}{30}$；

$37\frac{1}{20}\times\frac{1}{19}=\left(38-\frac{19}{20}\right)\times\frac{1}{19}=2-\frac{1}{20}$；

原式 $= 8-\dfrac{1}{50}-\dfrac{1}{40}-\dfrac{1}{30}-\dfrac{1}{20} = 8-\dfrac{77}{600} = 7\dfrac{523}{600}$。

二、提取公因数

将算式中各项的公因数提取出来,剩下的部分进行加减运算后得到较易计算的数字,以此达到简化计算的目的。

> **经典例题1** $7.816×1.45+3.14×2.184+0.169×78.16=（　　）$。

A. 30.8　　　　　B. 31.4　　　　　C. 31.8　　　　　D. 32.4

【答案】B。解析：原式 $= 7.816×(1.45+1.69)+3.14×2.184$
$= 7.816×3.14+3.14×2.184$
$= 3.14×(7.816+2.184)$
$= 3.14×10 = 31.4$

> **经典例题2** $567×568×569-566×568×570=（　　）$。

A. 1 604　　　　B. 1 684　　　　C. 1 704　　　　D. 1 784

【答案】C。解析：原式 $= 568×(567×569-566×570)$
$= 568×[(568^2-1^2)-(568^2-2^2)]$
$= 568×3 = 1\ 704$

注：本题逆用了平方差公式 $a^2-b^2=(a+b)(a-b)$。

三、分数裂项 ★★

当分数的分母可以写为两个不为1的整数的乘积时,这个分数可以写成以这两个整数为分母的两个分数的差。如：$\dfrac{1}{2×3}=\dfrac{1}{2}-\dfrac{1}{3}$，$\dfrac{1}{3×5}=\dfrac{1}{2}×\left(\dfrac{1}{3}-\dfrac{1}{5}\right)$，$\dfrac{1}{2×3×4}=\dfrac{1}{2}×\left(\dfrac{1}{2×3}-\dfrac{1}{3×4}\right)$。

> **经典例题1** $\dfrac{1}{1×2}+\dfrac{1}{2×3}+\dfrac{2}{3×5}+\dfrac{2}{5×7}+\dfrac{3}{7×10}+\dfrac{3}{10×13}=（　　）$。

A. $\dfrac{121}{130}$　　　B. 1　　　C. $\dfrac{11}{12}$　　　D. $\dfrac{12}{13}$

【答案】D。解析：原式 $=\left(1-\dfrac{1}{2}\right)+\left(\dfrac{1}{2}-\dfrac{1}{3}\right)+\left(\dfrac{1}{3}-\dfrac{1}{5}\right)+\left(\dfrac{1}{5}-\dfrac{1}{7}\right)+\left(\dfrac{1}{7}-\dfrac{1}{10}\right)+\left(\dfrac{1}{10}-\dfrac{1}{13}\right) = 1-\dfrac{1}{13}=\dfrac{12}{13}$。

> **经典例题2** $2\ 008\dfrac{1}{18}+2\ 009\dfrac{1}{54}+2\ 010\dfrac{1}{108}+2\ 011\dfrac{1}{180}+2\ 012\dfrac{1}{270}=（　　）$。

A. $10\ 050\dfrac{5}{54}$　　B. $10\ 050\dfrac{7}{54}$　　C. $10\ 050\dfrac{11}{54}$　　D. $10\ 050\dfrac{13}{54}$

【答案】A。解析：原式 $= 2\ 008+2\ 009+2\ 010+2\ 011+2\ 012+\dfrac{1}{3×6}+\dfrac{1}{6×9}+\dfrac{1}{9×12}+\dfrac{1}{12×15}+\dfrac{1}{15×18} = 2\ 010×5+\dfrac{1}{3}×\left(\dfrac{1}{3}-\dfrac{1}{6}+\dfrac{1}{6}-\dfrac{1}{9}+\cdots+\dfrac{1}{15}-\dfrac{1}{18}\right) = 10\ 050+\dfrac{1}{3}×\left(\dfrac{1}{3}-\dfrac{1}{18}\right) = 10\ 050+\dfrac{5}{54} = 10\ 050\dfrac{5}{54}$。

注：题中运用了等差数列的中项求和公式,连续奇数个整数的和等于中间数字乘以整数个数。

四、整体代换

当各项中有相同部分时,将相同部分用字母表示,简化计算。

> 经典例题 $\left(\dfrac{1}{5}+\dfrac{1}{7}+\dfrac{1}{9}+\dfrac{1}{11}\right)\times\left(\dfrac{1}{7}+\dfrac{1}{9}+\dfrac{1}{11}+\dfrac{1}{13}\right)-\left(\dfrac{1}{5}+\dfrac{1}{7}+\dfrac{1}{9}+\dfrac{1}{11}+\dfrac{1}{13}\right)\times\left(\dfrac{1}{7}+\dfrac{1}{9}+\dfrac{1}{11}\right)=(\quad)$。

A. $\dfrac{1}{143}$ B. $\dfrac{1}{35}$ C. $\dfrac{1}{55}$ D. $\dfrac{1}{65}$

【答案】D。解析:设 $\dfrac{1}{5}+\dfrac{1}{7}+\dfrac{1}{9}+\dfrac{1}{11}=x$,$\dfrac{1}{7}+\dfrac{1}{9}+\dfrac{1}{11}=y$。原式 $=x\left(y+\dfrac{1}{13}\right)-\left(x+\dfrac{1}{13}\right)y=\dfrac{1}{13}(x-y)=\dfrac{1}{13}\times\dfrac{1}{5}=\dfrac{1}{65}$。

五、整除性

许多题目我们可以利用整除的传递性、可加减性,来确定正确答案。

> 经典例题 11 338×25 593 的值为多少?( )

A. 290 133 434   B. 290 173 434
C. 290 163 434   D. 290 153 434

【答案】B。解析:25 593 能被 3 整除,因此乘积也能被 3 整除。将每个选项各位数字相加,只有 B 项能被 3 整除。

六、尾数法

当选项中尾数各不相同且计算量较大时,可以只计算结果的尾数,以确定答案。

> 经典例题 $110.1^2+1\ 210.3^2+1\ 220.4^2+1\ 260.8^2=(\quad)$。

A. 4 555 940.8   B. 4 555 940.9
C. 4 555 941.18 D. 4 555 940.29

【答案】B。解析:结果的后两位数为 0.01+0.09+0.16+0.64=0.90。

考点二 解不定方程

通俗来说,"一个方程,两个未知数"就是不定方程,形如 $ax+by=c$(约去 a、b、c 的最大公因数,至最简形式)。其中,未知数 x、y,以及 a、b、c 均为整数,通过数字之间的某些特性可以确定未知数的取值,实现"在一个方程中解出两个未知数。"

一、利用互质性质求解

对两个整数进行质因数分解后,若它们没有相同的质因数,则称这两个数互质。互质的两个数相除必然不能得到整数,譬如 $ax=by$,若 a 与 b 互质,则根据 $x=\dfrac{by}{a}$ 可知,若令 x 为整数则 y 必然是 a 的倍数。

> 经典例题 某单位实行无纸化办公,本月比上个月少买了 5 包 A4 纸和 6 包 B5 纸,共节省了 197 元。已知每包 A4 纸的价格比 B5 纸贵 2 元,并且本月用于购买 A4 纸和 B5 纸的费用相同(均大于 0 元),那么该单位本月用于购买纸张的费用至少为多少元?( )

A. 646   B. 520
C. 323   D. 197

【答案】A。解析:设每包 A4 纸的价格为 x 元,则 B5 纸的价格为 $(x-2)$ 元,依题意 $5x+6(x-2)=197$,解得

$x=19$，即两种纸的价格分别是 19、17。现已知购买两种纸的费用相同，设购买数量分别为 m、n，有 $19m=17n$，19 与 17 互质，则至少购买 A4 纸 17 包，购买 B5 纸 19 包，总费用是 $17×19×2=646$（元）。

二、利用同余特性求解

所谓同余，是指两个整数 A、B，若它们除以整数 m 所得的余数相同，则称 A、B 关于 m 同余。

若 A、B 两数除以 m 所得的余数分别为 a、b，则有如下规律：

$$A+B 与 a+b 关于 m 同余$$

$$A-B 与 a-b 关于 m 同余$$

$$A×B 与 a×b 关于 m 同余$$

同余特性可以简记为"**和与余数的和同余**""**差与余数的差同余**""**积与余数的积同余**"。

在考试中，同余特性常被用来解形如 $ax+by=c$ 的二元一次不定方程，其中 a、b、c 均为整数。下面以求解 $12x+10y=76$（x、y 为正整数）为例，讲述利用同余特性求解不定方程的具体操作步骤。

第一步：约去 a、b、c 的最大公因数。

12、10、76 的最大公因数为 2，方程化简为 $6x+5y=38$。

第二步：方程两边同时除以 a、b 中任意一个，得到各项所余。

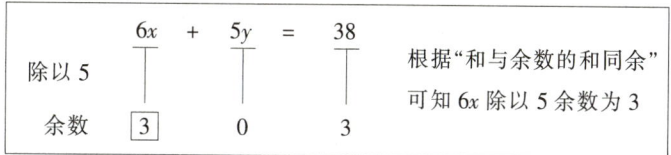

第三步：分析方程左边余数不为 0 的项，得出其中未知数的余数特征。

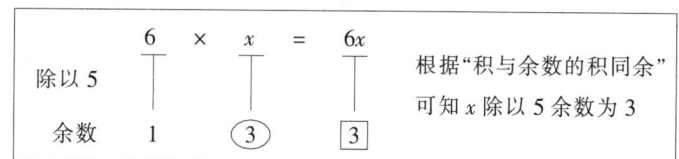

第四步：对已经确定余数特征的未知数进行取值，并结合未知数的取值范围，验证方程的解。

x 除以 5 余数为 3，x 可取 3、8、13、18……。y 为正整数，由原方程可知 $6x≤38$，x 为不超过 6 的正整数，故确定 $x=3$，代入原方程得 $y=4$，方程得解。即原方程的正整数解为 $x=3$、$y=4$。

> **经典例题** 学校组织五子棋比赛，赢一局小组计分为 3 分，平一局小组计分为 1 分，输一局小组计分为 0 分。如果一个小组下了 14 局五子棋，积分是 19 分，那么这个小组可能平了多少局？（　　）
>
> A. 2 　　B. 6
> C. 8 　　D. 10

【答案】D。解析：设这个小组赢了 x 局，平了 y 局，输了 z 局，根据题意有 $3x+y=19$，$x+y+z=14$。两个方程含三个未知数，因为 x、y、z 都是整数，可以利用同余特性求解不定方程 $3x+y=19$。$3x$ 除以 3 余 0，19 除以 3 余 1，根据"和与余数的和同余"，则 y 除以 3 的余数也为 1。结合选项，只有 D 项符合。验证：当 $y=10$ 时，$x=3$，$z=1$，符合要求。

考点三　智力推理

智力推理问题在近几年的考试中出现的频率越来越高，这类题目题型灵活、思路多变，主要考查考生的数理逻辑思维能力。要解决这类问题，关键是紧扣题中条件，运用逻辑思维，挖掘其中隐含的数学内容。

一、条件推理

大部分推理问题可以根据题干条件直接推理,略有难度的问题则需要在题目背景中寻找一些常识性的隐含条件,进行合理的推导,最终得出正确的答案。

> **经典例题** 小明、小红、小花三人用擂台赛的形式进行围棋训练,每局两人进行比赛,另外一人当裁判。每一局输的人去当下一局的裁判。训练结束时,发现小明共进行了 19 局比赛,小红进行了 29 局,而小花共当裁判 7 局,那么期间共进行了(　　)局比赛。

A. 38　　　　　　　　　　　　B. 29
C. 41　　　　　　　　　　　　D. 55

【答案】C。解析:小花当了 7 局裁判,说明小明和小红比赛 7 局,那么小明和小花比赛 19-7=12(局),小红和小花比赛 29-7=22(局),所以共进行了 7+12+22=41(局)比赛。

二、操作推理

这类问题通常给出了一个目标,实现这个目标的过程是一个操作的过程,需要分析其中的关键,找到最佳的操作方法。

> **经典例题** 一架天平,只有 5 克和 30 克的砝码各一个,要将 300 克的食盐平均分成三份,最少需要用天平称几次?(　　)

A. 6　　　　　　　　　　　　B. 5
C. 4　　　　　　　　　　　　D. 3

【答案】D。解析:第一次先用 30 克的砝码将 300 克的盐分成 165 克和 135 克,第二次用 5 克和 30 克砝码在 135 克的食盐中称出 35 克,剩下 100 克,将称出的 35 克放入 165 克的食盐中。第三次将 200 克的食盐平分,即分成三等份。

三、综合推理

与逻辑推理中的智力推理不同,这里的推理问题在解答过程中要使用代数工具进行计算,有时比较抽象的推理过程还需要借助生动直观的图形,帮助解答。

> **经典例题** 甲、乙两人玩一个沙盘游戏,比赛的规则是:在一个分为 50 个单位的区域上,每人轮流去划定这些区域作为自己的领地,每次可以划定 1 到 5 个单位,谁作为最后划定区域的人则为胜利者,如果由甲划定,那么甲一开始要划定(　　)个单位,才能保证自己获胜。

A. 1　　　　　　　　　　　　B. 2
C. 3　　　　　　　　　　　　D. 4

【答案】B。解析:甲第一次划后,由乙先划,每次乙划 x 个单位的时候,甲就划 $(6-x)$ 个,保证每轮"乙、甲"下来都是减少 $x+(6-x)=6$(个),那么 $50÷6=8……2$,故经过 8 轮之后就划完了,且最后一个单位必然是甲划的。因此甲第一次划 2 个单位后,必然获胜。

考点四　极限思想

极限思想是考虑极端情况下事物的结论。接下来依次讲述与极限思想相关的均值不等式、抽屉原理、最不利原则等内容。

一、均值不等式

数学中,均值不等式是指若干个正数的算术平均数不小于它们的几何平均数。公式如下:

$$\frac{a_1+a_2+\cdots+a_n}{n} \geqslant \sqrt[n]{a_1 a_2 \cdots a_n} \quad 当且仅当 a_1=a_2=\cdots=a_n 时等号成立$$

考试中,多考查两个数或三个数的均值不等式。

(1) $\dfrac{a+b}{2} \geqslant \sqrt{ab}$ 　　　　当且仅当 $a=b$ 时等号成立

(2) $\dfrac{a+b+c}{3} \geqslant \sqrt[3]{abc}$ 　　　当且仅当 $a=b=c$ 时等号成立

均值不等式的应用:当两个正数的和一定时,它们越接近时乘积越大,当二者相等时乘积最大;同理,当两个正数的积一定时,它们越接近时和越小,当二者相等时和最小。

经典例题 同样价格的某商品在四个商场销售时都进行了两次价格调整。甲商场第一次提价的百分率为 a,第二次提价的百分率为 $b(a>0,b>0,且\ a \neq b)$;乙商场两次提价的百分率均为 $\dfrac{1}{2}(a+b)$;丙商场第一次提价的百分率为 $\dfrac{1}{3}(a+b)$,第二次提价的百分率为 $\dfrac{2}{3}(a+b)$;丁商场第一次提价的百分率为 b,第二次提价的百分率为 a。那么,两次提价后该商品售价最高的商场是(　　)。

A. 甲商场　　　　　　　　　　　B. 乙商场

C. 丙商场　　　　　　　　　　　D. 丁商场

【答案】B。解析:设原价为1,第一次提价率为 x,第二次提价率为 y,则提价后为 $(1+x)(1+y)=1+x+y+xy$。甲、乙、丙、丁提价后售价分别为 $1+a+b+ab$、$1+a+b+\dfrac{(a+b)^2}{4}$、$1+a+b+\dfrac{2(a+b)^2}{9}$、$1+a+b+ab$,列式前三项均相同,只需比较后一项即可。由于 $a \neq b$,根据均值不等式,将公式"$\dfrac{a+b}{2} \geqslant \sqrt{ab}$"两边平方后,得到 $\dfrac{(a+b)^2}{4} > ab$,又 $\dfrac{1}{4} > \dfrac{2}{9}$,显然乙的最高。(注意:在单选题中,还可以排除干扰选项寻求答案,四个商场中甲、丁列式一致,可首先排除,只需要比较乙、丙即可。乙、丙的列式中最后一个不同,只需要比较 $\dfrac{1}{4}$ 和 $\dfrac{2}{9}$ 的大小即可判断。)

二、抽屉原理

抽屉原理主要有两种表述形式,较简单的一种表述为:若有 n 个笼子和 $(n+1)$ 只鸽子,所有的鸽子都被关在笼子里,那么至少有一个笼子有至少2只鸽子。

如下所示,抽屉原理的本质就是研究在两个集合进行配对后,子集呈现的一种极端情况。

$$\{a_1, a_2, a_3, \cdots, a_n, a_{n+1}\} \quad 鸽子$$
$$\downarrow \ \downarrow \ \downarrow \quad\quad\quad \downarrow$$
$$\{b_1, b_2, b_3, \cdots, b_n\} \quad 笼子$$

n 个笼子对应为集合 $\{b\}$,$(n+1)$ 只鸽子对应为集合 $\{a\}$。当两个集合中的元素一一配对时,多出来的标 a_{n+1} 的鸽子必然导致有一个鸽笼有2只鸽子。这就是"至少有一个笼子有至少2只鸽子"的表述。

在第一种表述形式的基础上,将其扩展为另一种表述:若有 n 个笼子和 $(m \times n+1)$ 只鸽子,所有的鸽子都被关在笼子里,那么至少有一个笼子有至少 $(m+1)$ 只鸽子。

以上两个抽屉原理在单独表述时,还比较容易理解。但考生在解题过程中,若遇到叙述比较繁杂的题干,使用时可能会有些麻烦,此时可以使用一种更加简洁、便于记忆的表述,即:

如果要把 n 个物件分配到 m 个容器中,必有至少一个容器容纳至少 $\lceil \frac{n}{m} \rceil$ 个物件。($\lceil x \rceil$ 表示大于等于 x 的最小整数,即对 x 向上取整)

> **经典例题** 有20位运动员参加长跑,他们的参赛号码分别是1、2、3、……、20,至少要从中选出多少个参赛号码,才能保证至少有两个号码的差是13的倍数?( )
> A. 12 B. 15
> C. 14 D. 13

【答案】C。解析:号码 1~20 中差是 13 倍数的有 {1,14}、{2,15}、{3,16}、{4,17}、{5,18}、{6,19}、{7,20} 7组,还余下 8、9、10、11、12、13 这 6 个数。因此构造 7+6=13(个)抽屉,根据抽屉原理最简单的表述,取 13+1=14(个)号码就能保证肯定有一个抽屉至少有两个号码的差是 13 的倍数。

三、最不利原则

从最不利的情况出发分析问题,考虑完成时最差的情况,这就是最不利原则。其题干中通常会出现"至少……才能保证(一定)""保证一定",考虑的就是最不利的情况。

解题方法:"保证数"="最不利数"+1。

> **经典例题1** 有软件设计专业学生 90 人、市场营销专业学生 80 人、财务管理专业学生 20 人及人力资源管理专业学生 16 人参加求职招聘会,问:至少有多少人找到工作就一定保证有 30 名找到工作的人专业相同?( )
> A. 59 B. 75
> C. 79 D. 95

【答案】D。解析:考虑最不利的情况,即财务管理专业的 20 名学生和人力资源管理专业的 16 名学生全部找到工作,然后软件设计专业和市场营销专业的学生各 29 名找到工作,此时再有 1 名学生找到工作,就能保证有 30 名找到工作的人专业相同,则至少需 20+16+29+29+1=95(人)。

> **经典例题2** 有一些学生找工作,共有三个系的学生,每个系要找工作的人数分别是 10、9、13。每次选一个,问:至少选多少次能够保证选出的人中有 5 人是同一系的?( )
> A. 10 B. 13
> C. 22 D. 23

【答案】B。解析:考虑最不利情况,当每个系都选出 4 人后,只要再选 1 人,即可保证选出的人中有 5 人是同一系,即至少选 4×3+1=13(次)。

第五章　资料分析

> **考情简报**

✍ 题型题量概述

对于本章内容,多数银行招聘考试笔试考查题量为 5~15 道,基本是银行招聘考试的必考内容。

分析各大银行招聘考试真题可知,资料分析涉及的考点相对固定,主要考查增长、比重、平均数、倍数等。

📖 考查内容概述

考试中主要考查各考点的基本概念、核心公式及结论,解题时需要运用首数法、尾数法、有效数字法等快解技巧。

第一讲　资料分析核心考点

考点一　百分数与百分点

百分数:表示一个数是另一个数的百分之几,增长率、比重等比例关系多用百分数表示,表现形式为 $x\%$。

百分点:不含百分号的百分数,一般用于增长率、比重等大小的比较,表现形式为 x 个百分点。

--- **考点拓展** ---

百分数的常见表述形式

增加了 $a\%$——过去为 100,现在为 $100+100\times a\% = 100+a$。

增加为 $a\%$——过去为 100,现在为 $100\times a\% = a$。

X 占 A 的 $a\%$——若 A 为 100,X 为 $100\times a\% = a$。

X 超 A 的 $a\%$——若 A 为 100,X 为 $100+100\times a\% = 100+a$。

X 比 A 增加了 $a\%$——若 A 为 100,X 为 $100+100\times a\% = 100+a$。

增长(比重)中百分数、百分点之间的关系如下:

(1) A 增速(占比)为 $m\%$,比 B 高 p 个百分点,则 B 增速(占比)如下:

$$\text{B 增速(占比)} = (m-p)\% \qquad ①$$

💰 示例　2019 年全年,我国社会消费品零售总额 41.2 万亿元,居民人均服务性消费支出占比 45.9%,比上年提高 1.7 个百分点。求 2018 年居民人均服务性消费支出占比。

解读:2019 年居民人均服务性消费支出占比 $m\% = 45.9\%$,$p=1.7$,则所求占比为 $45.9\% - 1.7\% = 44.2\%$。

(2) A 增速(占比)为 $x\%$,B 增速(占比)为 $y\%$,则 A 与 B 之间关系如下:

$$\text{A 与 B 增速(占比)之差} = (x-y) \text{ 个百分点} \qquad ②$$

💰 示例　2019 年我国货物进口 14.3 万亿元,其中医药品、化妆品进口额分别增长 25.8%、38.8%。问:2019 年我国化妆品进口额增速比医药品快多少个百分点?

解读:2019 年化妆品进口额增速 $x\% = 38.8\%$,医药品进口额增速 $y\% = 25.8\%$。则所求为 $38.8 - 25.8 =$

13个百分点。

> **经典例题** 2018年1~2月,社会消费品零售总额61 082亿元,同比增长9.7%,增速比上年同期加快0.2个百分点,全国网上零售额12 271亿元,同比增长37.3%,比上年同期提高5.4个百分点。其中,限额以上单位化妆品、家用电器等商品同比分别增长12.5%和9.2%,分别比上年同期加快1.9个和3.6个百分点。限额以上单位服装、鞋帽、针纺织品类,日用品类商品同比分别增长7.7%和10.1%,分别比上年同期加快1.6个和0.9个百分点。

2017年1~2月社会消费品零售总额同比增速是(　　)。

A. 9%　　　　　　　　　　　　　　B. 9.5%
C. 9.7%　　　　　　　　　　　　　 D. 10%

【答案】B。解析:由材料第一句可知,2018年1~2月,社会消费品零售总额同比增长9.7%,增速比上年同期加快0.2个百分点。根据公式①可知,2017年1~2月社会消费品零售总额同比增速为9.7%-0.2%=9.5%。

考点二　增长量

增长量即现期量较基期量变化的数值,强调增加的多少。常见表述为"增长量""增加量""同比增加""环比增加"等。增长量的基本公式如下:

$$增长量=现期量-基期量$$

基期:统计中计算指数或变化情况等动态指标时,作为参照标准的时期。描述基期的具体数值叫作基期量。

现期:相对于基期而言的,是与基期相比较的后一时期。描述现期的具体数值叫作现期量。

> **示例** ①某人2019年行测成绩为78分,比2018年提高了3分;②与2018年的行测成绩相比,2019年(78分)的要高3分。

解读:①②表达的意思相同,其中2018年是被比较的时期,所以2018年是基期,相应地,2019年是现期。78分是现期量,3分是增长量,基期量为78-3=75(分)。

一、同比/环比增长量　★★★

同比是以最大的时间概念为标准向过去循环一个周期进行比较。环比是以最小的时间概念为标准向过去循环一个周期进行比较。

> **示例**

现期	基期	
	同比	环比
2019年6月	2018年6月	2019年5月
2019年1~6月	2018年1~6月	2018年7~12月

同比/环比增长量=现期量-基期量　①　──→　常考变形公式:基期量=现期量-增长量

　　　　　　　　=基期量×增长率　②　──→　考查较少,了解即可

　　　　　　　　=$\dfrac{现期量}{1+增长率}$×增长率　③　──→　最常见考查方式,需重点掌握

$$=现期量-\frac{现期量}{1+增长率} ④ \longrightarrow 与③的已知条件相同、是③的变形$$

经典例题1

2012~2016年我国人均GDP

年份	2012年	2013年	2014年	2015年	2016年
人均GDP(元)	40 007	43 852	47 203	50 251	53 935

2013~2016年,人均GDP增长量最高的一年是（　　）。

A. 2013年　　　　B. 2014年　　　　C. 2015年　　　　D. 2016年

【答案】A。解析：增长量大小比较,运用公式①,可知2013~2016年人均GDP的同比增长量分别为43 852-40 007=3 8XX(元),47 203-43 852=3 3XX(元),50 251-47 203=3 0XX(元),53 935-50 251=3 6XX(元),2013年人均GDP的同比增长量最大。

经典例题2　2016年,全国国内旅游人数44.35亿人次,比上年增长11.0%,其中城镇居民31.95亿人次,农村居民12.40亿人次。全国国内旅游收入3.94万亿元,比上年增长15.2%,其中城镇居民旅游消费3.22万亿元,农村居民旅游消费0.71万亿元。

中国公民出境旅游人数达到1.22亿人次,旅游花费1 098亿美元,分别比上年增长4.3%和5.1%。

2016年中国公民出境旅游花费同比增加（　　）亿美元。

A. 50~60　　　　B. 20~40　　　　C. 10~20　　　　D. 不到10

【答案】A。解析：根据"公民出境旅游"定位到第二段,中国公民出境旅游花费1 098亿美元,比上年增长5.1%。根据公式③,所求为$\frac{1\ 098}{1+5.1\%}\times 5.1\%$。1 098≈1 100,5.1%≈5%,原式$\approx\frac{1\ 100\times 5\%}{1.05}=\frac{55}{1.05}=5X.X$(亿美元)。

二、平均增长量

平均增长量是指一段时间内某一数据指标增长量的平均值,考查年平均增长量(即年均增长量)的题目较多。

$$平均增长量=\frac{末期值-初期值}{时间差}$$

$$年均增长量=\frac{末期值-初期值}{年份差}$$

经典例题

2015~2018年A省新登记市场主体情况

(单位：万户)

项目	2018年	2017年	2016年	2015年
新登记市场主体	229.74	195.00	161.58	138.76
一、新登记企业	97.80	90.41	79.05	61.10
二、新登记个体工商户	131.56	104.10	82.04	77.11
三、新登记农民专业合作社	0.38	0.49	0.49	0.55

2015~2018年,A省新登记市场主体数年均增长约（　　）万户。

A. 15.1　　　　B. 23.2　　　　C. 30.3　　　　D. 36.4

【答案】C。解析：根据"新登记市场主体"定位到表格第二行，题目考查年均增长量，列式为$\frac{229.74-138.76}{2018-2015} \approx 91 \div 3 = 30.X$（万户）。

考点三 增长率

增长率即现期量较基期量变化的幅度，强调增长的快慢。常见表述为"增速""增幅"等。

一、同比/环比增长率 ★★★

同比/环比增长率 $= \frac{增长量}{基期量} \times 100\%$ ① → 考查较少，了解即可

$= \frac{增长量}{现期量-增长量} \times 100\%$ ② → 常见考查方式

$= \frac{现期量-基期量}{基期量} \times 100\%$ ③ → 考查频率高，需熟练掌握

$= (\frac{现期量}{基期量} - 1) \times 100\%$ ④ → ③的变形，必考变形公式：基期量 $= \frac{现期量}{1+增长率}$，需重点掌握

示例 2019年二季度我国对美国进出口贸易总值为9 377.36亿元，一季度为8 158.64亿元。问：2019年二季度我国对美国进出口贸易总值环比增长率为多少？

解读：现期量为9 377.36亿元，基期量为8 158.64亿元。根据公式③，所求环比增长率 $= \frac{9377.36-8158.64}{8158.64} \approx 14.9\%$。

经典例题1 2017年1~2月累计，全国一般公共预算收入31 454亿元，比去年同期增加4 069亿元；全国一般公共预算支出24 860亿元，比去年同期增加3 689亿元。

在支出中，中央一般公共预算本级支出3 403亿元，同比增长8.1%；地方一般公共预算支出21 457亿元，同比增长19.1%。

2017年1~2月累计，全国一般公共预算收入同比增长约为（　　）。

A. 15% B. 17%
C. 23% D. 26%

【答案】A。解析：根据第一段可知，2017年1~2月累计全国一般公共预算收入31 454亿元，比去年同期增加4 069亿元。题目考查增长率，根据公式②可知，所求为$\frac{4069}{31454-4069} = \frac{4069}{27385} \approx \frac{407}{2700} = 15.X\%$。

经典例题2 2018年上半年国内生产总值418 961亿元，按可比价格计算，同比增长6.8%。分季度看，一季度同比增长6.8%，二季度增长6.7%，连续12个季度保持在6.7%~6.9%的区间。

2018年1~5月，全国规模以上工业企业实现利润总额27 298亿元，同比增长16.5%；规模以上工业企业主营业务收入利润率为6.36%，比上年同期提高0.35个百分点。

2017年1~5月，全国规模以上工业企业实现利润总额约为（　　）亿元。

A. 23 431.8 B. 23 581.4
C. 24 364.2 D. 23 867.6

【答案】A。解析：根据第二段可知，2018年1~5月全国规模以上工业企业实现利润总额27 298亿元，同比

增长16.5%。题目考查基期量,根据公式④的变形公式"基期量=$\frac{现期量}{1+增长率}$",列式为$\frac{27\ 298}{1+16.5\%}$,16.5%≈16.7%≈$\frac{1}{6}$,则原式≈$\frac{27\ 300}{1+\frac{1}{6}}$=27 300-$\frac{27\ 300}{7}$=23 400(亿元),A项最接近。

二、年均增长率

年均增长率反映某指标在一定时期内逐年递增的平均速度。基本公式如下:

$$年均增长率=\sqrt[年份差]{\frac{末期值}{初期值}}-1$$

///// 考点拓展 /////

年均增长率估算技巧

(1)年均增长率<10%(可根据选项大概判断),且选项差值较大时,可直接利用公式"年均增长率=(末期值÷初期值-1)÷年份差"估算。

(2)用特征数字估算,熟悉常用的特征数:$1.1^2=1.21$、$1.1^3≈1.33$、$1.1^4≈1.46$、$1.1^5≈1.61$、$1.1^6≈1.77$、$1.1^7≈1.95$、$1.1^8≈2.14$、$1.1^9≈2.36$、$1.1^{10}≈2.59$、$1.2^2=1.44$、$1.2^3≈1.73$、$1.2^4≈2.07$、$1.2^5≈2.49$、$1.6^2=2.56$、$1.7^2=2.89$、$1.8^2=3.24$、$1.9^2=3.61$。

💰 示例

2012~2016年我国单银幕产出情况

指标	2016年	2015年	2014年	2013年	2012年
总票房(亿元)	457.1	440.7	296.4	217.7	170.7

2012~2016年,我国单银幕总票房平均每年较上年增长约( )。

A. 13%　　　　　B. 28%　　　　　C. 54%　　　　　D. 67%

解读:末期值为2016年的总票房457.1亿元,初期值为2012年的总票房170.7亿元,则所求为$\sqrt[2016-2012]{\frac{457.1}{170.7}}-1=\sqrt[4]{\frac{457.1}{170.7}}-1≈\sqrt[4]{2.7}-1$,由于$\sqrt[4]{1.6^2}<\sqrt[4]{2.7}<\sqrt[4]{1.7^2}$,可知$1.2^2<1.6<\sqrt{2.7}<1.7<1.4^2$,故可得$1.2<\sqrt[4]{2.7}<1.4$,则$0.2<\sqrt[4]{\frac{457.1}{170.7}}-1<0.4$,只有B项符合。

三、隔年增长率

隔年增长反映不相邻两期指标的增长情况,通常中间相隔1期。假设第N年某指标为A,同比增长$m\%$,增速同比增加n个百分点,则:

第($N-1$)年该指标为$\frac{A}{1+m\%}$,同比增长$(m-n)\%$。推出:

第($N-2$)年该指标,即隔年基期量为:

$$\frac{\frac{A}{1+m\%}}{1+(m-n)\%}=\frac{A}{(1+m\%)(1+m\%-n\%)} \qquad ①$$

则第N年较第($N-2$)年该指标的增长率,即隔年增长率为:

$$A \div \frac{A}{(1+m\%)(1+m\%-n\%)} - 1 = (1+m\%) \times (1+m\%-n\%) - 1 \qquad ②$$

示例 2019年,我国文化核心领域营业收入50 471亿元,比上年增长9.8%,增速比上年提高2.1个百分点。问:2017年我国文化核心领域营业收入为多少亿元?

解读:已知$A = 50\ 471$亿元,$m\% = 9.8\%$,$n\% = 2.1\%$,根据公式①可知,所求隔年基期量为$\frac{50\ 471}{(1+9.8\%) \times (1+9.8\%-2.1\%)} \approx 42\ 680$(亿元)。

经典例题 2015年全国共建立社会捐助工作站、点和慈善超市3.0万个,比上一年减少0.2万个……全年有1 838.4万人次困难群众受益,同比增长8.5%,增长率较上一年下降27.5个百分点;全年有934.6万人次在社会服务领域提供了2 700.7万小时的志愿服务,同比减少10.4万小时。

2015年受益的困难群众较2013年增长约( )。
A. 47.6%　　　　B. 40.4%　　　　C. 34.5%　　　　D. 27.6%

【答案】A。解析:2015年受益的困难群众同比增长8.5%,增长率较上一年下降27.5个百分点,即已知现期同比增速及增速同比变化量求隔年增长率。根据公式②可知,2015年较2013年增长$(1+8.5\%) \times (1+8.5\%+27.5\%) - 1 \approx 8.5\%+36\%+10\% \times 35\% = 48\%$,A项与之最接近。

四、混合增长率

混合增长率主要考查总量增长率与多个分量增长率的关系,通过加权平均的思想解决分量增长率与总量增长率之间的比例关系。

设现期某一总量的两个分量分别为A_1、A_2,比基期分别增长$x\%$、$y\%$,则现期总量较基期的变化幅度如下:

$$z\% = \frac{A_1+A_2}{\frac{A_1}{1+x\%}+\frac{A_2}{1+y\%}} - 1$$

其中,$z\%$介于$x\%$和$y\%$之间。

---- 考点拓展 ----

混合增长率重要结论

当$x=y$时,$x=y=z$。

当$x>y$时,若$\frac{A_1}{1+x\%} > \frac{A_2}{1+y\%}$,则$z$偏向$x$,为$\frac{x+y}{2} \sim x$;若$\frac{A_1}{1+x\%} < \frac{A_2}{1+y\%}$,则$z$偏向$y$,为$y \sim \frac{x+y}{2}$。

当$x<y$时,若$\frac{A_1}{1+x\%} > \frac{A_2}{1+y\%}$,则$z$偏向$x$,为$x \sim \frac{x+y}{2}$;若$\frac{A_1}{1+x\%} < \frac{A_2}{1+y\%}$,则$z$偏向$y$,为$\frac{x+y}{2} \sim y$。

若现期某一总量的多个分量分别为A_1、A_2……A_n,比基期分别增长$x_1\%$、$x_2\%$……$x_n\%$,则现期总量较基期的增长率$z\%$介于这些增长率的最大值与最小值之间。

经典例题 2019年某省养殖水产品产量为120万吨,同比增长15%;捕捞水产品产量为99万吨,同比增长21%。2019年该省水产品产量的同比增长率为多少?( )
A. 19.2%　　　　B. 14.3%　　　　C. 17.7%　　　　D. 23.2%

【答案】C。解析:水产品产量=养殖水产品产量+捕捞水产品产量。已知两个分量的现期量和同比增长率,所求为总量同比增长率,可以利用混合增长率重要结论判断,因为15%<21%,120÷(1+15%)>99÷(1+

21%),所以总量的同比增长率应偏向于15%,为15%~$\frac{15\%+21\%}{2}$,即15%~18%。

考点四 比重

一、比重及递推基本公式

比重是指某部分在总体中所占的百分比,一般用百分数的形式表示。核心公式如下:

$$比重=\frac{分量}{总量}\times100\%$$

考点拓展

比重的递推

总量为 A,B 占 A 的比重为 $b\%$,C 占 B 的比重为 $c\%$,则:C 占 A 的比重 $=b\%\times c\%$;$C=A\times b\%\times c\%$。

示例 2019年全国规模以上文化及相关产业企业实现营业收入 86 624 亿元,其中,文化新业态特征较为明显的 16 个行业小类实现营业收入 19 868 亿元。问:2019 年这 16 个行业小类营收占全国的比重是多少?

解读:总量为 86 624 亿元,分量为 19 868 亿元,则所求比重为 $\frac{19\ 868}{86\ 624}\times100\%\approx22.9\%$。

经典例题

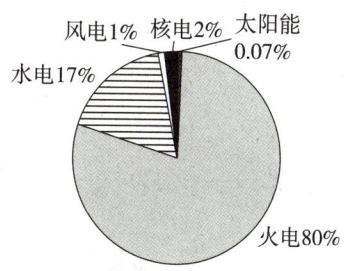

中国2010年发电量

备注:统计图中各部分占比之和超过100%是统计数据四舍五入所致。

已知中国 2010 年水电发电量为 6 867 亿兆瓦时,那同年核电发电量约为( )亿兆瓦时。

A. 583　　　　　B. 763　　　　　C. 808　　　　　D. 926

【答案】C。解析:由图可知,水电发电量占总发电量比重的 17%,根据题干条件,可求出 2010 年总发电量为 $\frac{6\ 867}{17\%}$ 亿兆瓦时,则题目所求为 $\frac{6\ 867}{17\%}\times2\%=\frac{6\ 867}{8.5}=8XX$(亿兆瓦时)。

二、基期比重 ★★★

已知现期总量为 A、增长率为 $a\%$,分量为 B、增长率 $b\%$,则:

$$基期比重=\frac{基期分量}{基期总量}=\frac{B\div(1+b\%)}{A\div(1+a\%)}$$
$$=\frac{B}{A}\times\frac{1+a\%}{1+b\%}$$

①

现期比重较基期变化=现期比重-基期比重

$$=\frac{B}{A}-\frac{B}{A}\times\frac{1+a\%}{1+b\%}=\frac{B}{A}\times\frac{b\%-a\%}{1+b\%}$$ ②

即现期比重比基期增加了$(\frac{B}{A}\times\frac{b\%-a\%}{1+b\%}\times100)$个百分点。

核心结论：当b%>a%时，现期比重>基期比重，现期比重较基期上升；

当b%<a%时，现期比重<基期比重，现期比重较基期下降。

> **经典例题** 2017年1~2月累计，全国一般公共预算收入31 454亿元，比去年同期增加4 069亿元；全国一般公共预算支出24 860亿元，比去年同期增加3 689亿元。

在支出中，中央一般公共预算本级支出3 403亿元，同比增长8.1%；地方一般公共预算支出21 457亿元，同比增长19.1%。

与上年同期相比，2017年1~2月累计，中央一般公共预算本级支出占全国一般公共预算支出的比重约(　　)。

A. 提高12个百分点　　　　　　　　B. 降低12个百分点

C. 降低1.2个百分点　　　　　　　　D. 提高1.2个百分点

【答案】C。解析：2017年1~2月累计，全国一般公共预算支出的同比增长率为$\frac{3\,689}{24\,860-3\,689}\approx\frac{3\,700}{21\,000}\approx$17.6%。因17.6%>8.1%，即分量增长率小于总量增长率，根据两期比重变化的核心结论判断，现期比重<基期比重，排除A、D。根据公式②，降低了$\frac{3\,403}{24\,860}\times\frac{17.6\%-8.1\%}{1+8.1\%}\times100=\frac{3\,403}{24\,860}\times\frac{9.5\%}{1+8.1\%}\times100<9.5$个百分点。

考点五　平均数

一、平均数基本公式

平均数是指总量与总数的比值，常表述为"……平均为……"。人均XXX、单位面积产量等也是常见考查概念。核心公式如下：

$$平均数=\frac{总量}{总数}$$

如果有n个数x_1、x_2、x_3……x_n，平均数$\overline{x}=\frac{1}{n}\times(x_1+x_2+x_3+\cdots+x_n)$。

> **经典例题**

某国2018年关于运输行业的数据统计

行业	企业法人单位（个）	从业人员（万人）	资产总计（亿元）	营业收入（亿元）	营业利润（亿元）
铁路运输业	252	179.3	74 807.4	31 168.0	3 276.2
道路运输业	66 527	333.2	24 829.4	9 128.5	1 909.6
城市公共交通业	7 503	159.0	3 517.6	1 392.9	-18.3
装卸搬运和其他运输服务业	43 955	106.0	5 585.6	5 106.0	441.7

下列运输行业中平均每个法人单位的人数最多的是(　　)。

A. 铁路运输业

B. 道路运输业

C. 城市公共交通业

D. 装卸搬运和其他运输服务业

【答案】A。解析：平均每个法人单位的人数=$\frac{从业人员}{企业法人单位}$，由表格第二列、第三列可知，四个选项指标平均每个法人单位的人数依次为$\frac{179.3}{252}$万人、$\frac{333.2}{66\,527}=\frac{166.6}{33\,263.5}$万人、$\frac{159}{7\,503}$万人、$\frac{106}{43\,955}$万人。$\frac{179.3}{252}$的分子最大、分母最小，则数值应该最大，所以平均每个法人单位的人数最多的是铁路运输业。

二、基期平均数 ★★★

已知现期总量为 A、增长率为 $a\%$，总数为 B、增长率 $b\%$，则：

$$基期平均数=\frac{基期总量}{基期总数}=\frac{A\div(1+a\%)}{B\div(1+b\%)}$$

$$=\frac{A}{B}\times\frac{1+b\%}{1+a\%}$$

平均数增长量=现期平均数-基期平均数

$$=\frac{A}{B}-\frac{A}{B}\times\frac{1+b\%}{1+a\%}=\frac{A}{B}\times\frac{a\%-b\%}{1+a\%}$$

平均数增长率=$\frac{现期平均数}{基期平均数}-1$

$$=\frac{A}{B}\div(\frac{A}{B}\times\frac{1+b\%}{1+a\%})-1=\frac{a\%-b\%}{1+b\%}$$

核心结论：当 $a\%>b\%$ 时，现期平均数>基期平均数，现期平均数较基期上升；

当 $a\%<b\%$ 时，现期平均数<基期平均数，现期平均数较基期下降。

示例 2019 年上半年，我国货物运输总量 245.8 亿吨，比上年增长 5.9%。货物运输周转量 98 481.83 亿吨公里，比上年增长 5.0%。求 2018 年上半年货物运输的平均距离。

解读：货物运输的平均距离=货物运输周转量÷货物运输总量，题目求基期平均数，总量为货物运输周转量，总数为货物运输总量，所求为 $\frac{98\,481.83}{245.8}\times\frac{1+5.9\%}{1+5.0\%}\approx 404.1$（公里）。

经典例题 据调查，某省 2017 年小麦种植面积为 2 739 万亩，比上年增加 169 万亩，预计总产量 940 万吨，比上年增加 90 万吨，平均单产 343 公斤/亩，其中预计白麦总产量 558 万吨，红麦总产量 361 万吨，还有少量花麦。

根据预计，该省 2017 年小麦平均单产与 2016 年相比(   )。

A. 低约 2 个百分点

B. 高约 4 个百分点

C. 低约 3 个百分点

D. 高约 2 个百分点

【答案】B。解析：该省 2016 年小麦平均单产为 (940-90)÷(2 739-169)×1 000≈331（公斤/亩），则 2017 年小麦平均单产比 2016 年高约 (343-331)÷331×100%=12÷331×100%≈3.6%，B 项符合。

考点六 倍数与翻番

一、倍数与翻番基本公式

倍数：表示两个量之间的比例关系，常用于比数>基数的场合。

$$比数A是基数B的\frac{A}{B}倍$$

翻番：其大小是以 2^n 变化的。A 翻 n 番 $= A \times 2^n$。如原基数为 5，翻三番即 $5 \times 2^3 = 40$，翻三番后达到的水平为 40，相当于原基数 5 的 2^3 倍，即 8 倍。

示例 2019 年 1~5 月，规模以上工业企业中，国有控股企业实现利润总额 7 342.3 亿元，股份制企业实现利润总额 16 993.1 亿元，增长 0.4%。问：2019 年 1~5 月股份制企业实现利润总额是国有控股企业的多少倍？

解读：比数为 2019 年 1~5 月股份制企业的利润总额 16 993.1 亿元，基数为 2019 年 1~5 月国有控股企业的利润总额 7 342.3 亿元，则所求为 $\frac{16\ 993.1}{7\ 342.3} \approx 2.3$ 倍。

---考点拓展---

"是……倍"与"多……倍"

多几倍=是几倍-1。如：$\frac{A}{B}=k$，表示 A 是 B 的 k 倍；$\frac{A}{B}-1=m$，表示 A 比 B 多 m 倍。

经典例题

表 1　改革开放之初五年和 2012~2016 年人均 GDP 比较

（单位：元）

年份	人均 GDP	年份	人均 GDP
1978 年	385	2012 年	40 007
1979 年	423	2013 年	43 852
1980 年	468	2014 年	47 203
1981 年	497	2015 年	50 251
1982 年	533	2016 年	53 935

表 2　改革开放之初五年和 2012~2016 年城市化情况比较

（单位：万人）

年份	总人口（年末）	城镇人口数	年份	总人口（年末）	城镇人口数
1978 年	96 259	17 245	2012 年	135 404	71 182
1979 年	97 542	18 495	2013 年	136 072	73 111
1980 年	98 705	19 140	2014 年	136 782	74 916
1981 年	100 072	20 171	2015 年	137 462	77 116
1982 年	101 654	21 480	2016 年	138 271	79 298

2016年GDP约是1978年GDP的多少倍?(　　)

A. 140　　　　　　　　　　　　　　　　B. 186

C. 200　　　　　　　　　　　　　　　　D. 201

【答案】D。解析：GDP=人均GDP×总人口。由表1和表2的第二行和最后一行可知,2016年GDP约是1978年GDP的 $\dfrac{138\ 271\times53\ 935}{96\ 259\times385}\approx\dfrac{138\times540}{963\times385}\times1\ 000=\dfrac{138\times12}{107\times77}\times1\ 000\approx201$ 倍。

二、基期倍数与增长量倍数 ★★

已知某指标现期量比基期量增加 x,增长了 y 倍,则：

由已知条件可知,现期量-基期量=x ①,$\dfrac{\text{现期量}-\text{基期量}}{\text{基期量}}=y$ ②。

将①代入②可得：$\dfrac{x}{\text{基期量}}=y$,推出：基期量$=\dfrac{x}{y}$。

已知两指标现期量 a、b 分别比基期增长 $x\%$、$y\%$,则：

$$\text{基期倍数}=\dfrac{\text{基期比数}}{\text{基期基数}}=\dfrac{a\div(1+x\%)}{b\div(1+y\%)}=\dfrac{a}{b}\times\dfrac{1+y\%}{1+x\%}$$

$$\text{增长量倍数}=\dfrac{\text{比数增长量}}{\text{基数增长量}}=\dfrac{a\times x\%}{1+x\%}\div\dfrac{b\times y\%}{1+y\%}=\dfrac{a\times x\%}{b\times y\%}\times\dfrac{1+y\%}{1+x\%}$$

示例1 2019年12月××省汽车产量同比增加16.4万辆,同比增长105.61%。则2018年12月该省汽车产量为 $\dfrac{16.4}{105.61\%}\approx15.5$(万辆)。

示例2 2019年1~5月,甲省钢材产量为11 482.9万吨,同比增长16.1%;乙省钢材产量为1 224.77万吨,同比下降3.3%。问:2018年1~5月甲省钢材产量是乙省的多少倍?

解读：现期比数为2019年1~5月甲省钢材产量,现期基数为2019年1~5月乙省钢材产量。题目考查基期倍数关系,所求为 $\dfrac{11\ 482.9}{1\ 224.77}\times\dfrac{1-3.3\%}{1+16.1\%}\approx7.8$ 倍。

经典例题

2018年甲市规模以上工业企业部分产品产量及其增长速度

产品名称	单位	绝对数	比上年增长
食用植物油	万吨	200.2	3.3%
白酒	万千升	358.3	14.0%
啤酒	万千升	221.4	10.2%
卷烟	亿支	755.2	2.9%
纱	亿吨	73.0	7.3%

2018年,甲市白酒产量的同比增长量约为啤酒的(　　)倍。

A. 1.6　　　　　　　　　　　　　　　　B. 1.8

C. 2.0　　　　　　　　　　　　　　　　D. 2.2

【答案】D。解析：同比增长量 $=\dfrac{\text{现期量}}{1+\text{同比增长率}}\times$ 同比增长率。根据第三、第四行数据可知,白酒同比增长

量为 $\frac{358.3}{1+14.0\%} \times 14.0\% \approx \frac{358}{1+\frac{1}{7}} \times \frac{1}{7} = 44.75$（万千升），啤酒同比增长量为 $\frac{221.4}{1+10.2\%} \times 10.2\% \approx \frac{220}{1+\frac{1}{10}} \times \frac{1}{10} = 20$（万千升）。所求为 $44.75 \div 20 \approx 2.2$ 倍。

考点七 指数

按照现期指标实际值与基期指标实际值的比例关系，以基期值为 100，求解的现期值叫作指数。核心公式如下：

$$\frac{\text{现期实际值}}{\text{基期实际值}} = \frac{\text{指数}}{100}$$

示例 2019 年棉花产量指数为 150。2018 年棉花产量为 80 万吨，则 $\frac{2019\text{年棉花产量}}{80} = \frac{150}{100}$。推出，2019 年棉花产量为 $\frac{150}{100} \times 80 = 120$（万吨）。

指数与增长涉及的指标均是现期量和基期量，因此，可通过指数求解增长率，具体公式如下：

$$\text{增长率} = \left(\frac{\text{指数}}{100} - 1\right) \times 100\% = (\text{指数} - 100)\%$$

指数>100，现期量>基期量，指标具体数值较上年有所增长。

指数<100，现期量<基期量，指标具体数值较上年有所下降。

指数=100，现期量=基期量，指标具体数值与上年具体数值保持一致。

示例 2019 年我国固定资产投资价格指数为 102，建筑安装工程固定资产投资价格指数为 102.3，设备工器具购置固定资产投资价格指数为 99.5。求 2019 年三个指标的增长率。

解读：102>100，102.3>100，推出 2019 年我国固定资产投资价格、建筑安装工程固定资产投资价格均较上年上涨，增长率依次为 $\left(\frac{102}{100} - 1\right) \times 100\% = 2\%$，$\left(\frac{102.3}{100} - 1\right) \times 100\% = 2.3\%$。

99.5<100，推出 2019 年我国设备工器具购置固定资产投资价格较上年下降，下降了 $\left(1 - \frac{99.5}{100}\right) \times 100\% = 0.5\%$，增长率为 -0.5%。

考点拓展

指数与增长率、倍数的关系

(1) 指数作差与增长率作差×100 的数值相等，可通过指数变化求增长率变化。

(2) 通过指数可判断现期量与基期量的倍数关系，倍数 = $\frac{\text{指数}}{100}$。

经典例题 2017 年一季度工业企业景气指数为 128.0，比上年四季度高 3.7 点。其中，反映工业企业当前景气状态的即期工业企业景气指数为 122.5，比上年四季度低 6.1 点。

分企业规模看，大、中、小型工业企业景气指数分别为 132.5、129.4 和 121.0，分别比上年四季度下降 0.6 点、上升 3.5 点和上升 5.3 点。

分地区看，东、中、西部地区的工业企业景气指数分别为 129.9、129.3 和 118.3，分别比上年四季度上升 4.4 点、2.3 点和 2.6 点。

根据上述材料分析,以下说法正确的是(　　)。
A. 2016 年四季度中型工业企业景气指数为 132.9
B. 2016 年四季度小型工业企业景气指数为 115.7
C. 2016 年四季度中部地区工业企业景气指数为 131.6
D. 2016 年四季度西部地区工业企业景气指数为 120.9

【答案】B。解析:A、B 两项,由第二段可知,2016 年四季度中型工业企业景气指数为 129.4－3.5＝125.9,小型工业企业的为 121.0－5.3＝115.7,A 项说法错误,B 项说法正确。故本题选 B。

验证 C、D 两项,由最后一段可知,2016 年四季度中部地区工业企业景气指数为 129.3－2.3＝127,西部地区工业企业景气指数为 118.3－2.6＝115.7,C、D 两项说法均错误。

考点八　拉动……增长、贡献率、利润率

拉动……增长:整体中某部分的增长量与整体基期量的比值。表述为部分拉动整体增长了 x 个百分点。其公式如下:

$$拉动……增长\ x\ 个百分点 = \frac{分量的增长量}{总量的基期量} \times 100$$

示例　2017 年,我国电信业务收入 12 620 亿元,比上年增长 6.4%。在移动通信业务中移动数据及互联网业务收入 5 489 亿元,比上年增长 26.7%。问:2017 年移动数据及互联网业务收入拉动电信业务收入增长了多少个百分点?

解读:总量的基期量为 2016 年电信业务收入 $\frac{12\ 620}{1+6.4\%} \approx 11\ 861$(亿元),分量的增长量为 2017 年移动数据及互联网业务收入增长量 $\frac{5\ 489}{1+26.7\%} \times 26.7\% \approx 1\ 157$(亿元)。则所求为 $\frac{1\ 157}{11\ 861} \times 100 \approx 9.8$ 个百分点。

贡献率:分量的增长量占总量增长量的比重,用于分析经济增长中各因素作用大小的程度。

$$贡献率 = \frac{分量的增长量}{总量的增长量} \times 100\%$$

示例　2019 年××技术公司营收 8 500 亿元,同比增长 18%,其中智能手机出货营收从 2 亿增加到了 2.4 亿元。求 2019 年智能手机出货营收对该公司营收的贡献率。

解读:总量增长量为 $\frac{8\ 500}{1+18\%} \times 18\% \approx 1\ 296.6$(亿元),分量增长量为 2.4－2＝0.4(亿元)。则所求贡献率为 $\frac{0.4}{1\ 296.6} \times 100\% \approx 0.03\%$。

利润率:剩余价值与全部预付资本的比率,是反映企业一定时期利润水平的相对指标。考试中考查较多的有主营业务利润率、销售利润率、产值利润率、成本利润率等。

$$主营业务利润率 = 利润总额 \div 主营业务收入 \times 100\%$$
$$销售利润率 = 销售利润总额 \div 销售总收入 \times 100\%$$
$$产值利润率 = 销售利润总额 \div 总产值 \times 100\%$$
$$成本利润率 = 销售利润总额 \div 成本 \times 100\%$$

> 经典例题

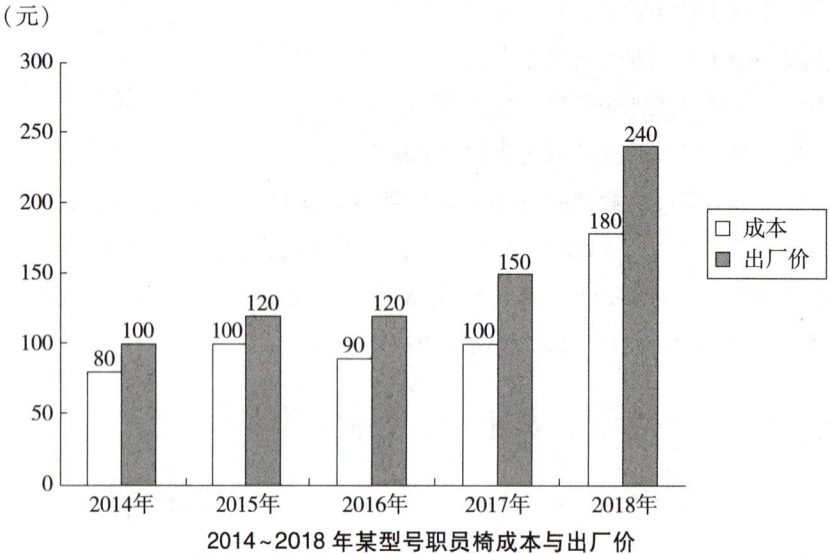

2014~2018 年某型号职员椅成本与出厂价

每生产一把该型号职员椅获得的利润率最高的年份是（　　）。

A. 2015 年　　　　B. 2016 年　　　　C. 2017 年　　　　D. 2018 年

【答案】C。解析：利润率＝销售利润÷成本＝（出厂价－成本）÷成本。由条形图中数据可知，2015～2018 年的利润率依次为 $\frac{120-100}{100}=\frac{1}{5}$，$\frac{120-90}{90}=\frac{1}{3}$，$\frac{150-100}{100}=\frac{1}{2}$，$\frac{240-180}{180}=\frac{1}{3}$，显然 2017 年利润率最高。

考点九 进出口额、贸易顺差、贸易逆差

进出口总额是指实际进出我国国境的货物总金额，包括进口额和出口额两部分。

进出口总额＝进口额＋出口额

贸易顺差即当进口额小于出口额时，进出口贸易表现为顺差。

顺差额＝出口额－进口额

贸易逆差即当进口额大于出口额时，进出口贸易表现为逆差。

逆差额＝进口额－出口额

> 示例

2019 年某省对中国香港、中国台湾以及日本进出口情况

国家或地区	出口额（亿美元）	比上年增长	进口额（亿美元）	比上年增长
中国香港	35.95	17.4%	1.38	-7.3%
中国台湾	10.79	13.6%	58.22	25.0%
日本	62.20	3.0%	28.72	14.6%

2019 年，该省对哪个（哪些）国家或地区的进出口情况为顺差？其进出口额及顺差额分别为多少？

解读：根据顺差概念可知，当进口额小于出口额时，进出口贸易表现为顺差，所以为顺差的是对中国香港和日本。对中国香港进出口额为 35.95＋1.38＝37.33（亿美元），顺差额为 35.95－1.38＝34.57（亿美元）；对日本进出口额为 62.20＋28.72＝90.92（亿美元），顺差额为 62.20－28.72＝33.48（亿美元）。

考点十　出生率、死亡率、人口自然增长率

出生率是指在一定时期内(通常为一年)一定地区的出生人数与同期平均人数(或期中人数)之比,一般用千分率表示。

$$出生率 = \frac{年出生人数}{年平均人数} \times 1\,000‰$$

死亡率是指在一定时期内(通常为一年)一定地区的死亡人数与同期平均人数(或期中人数)之比,一般用千分率表示。

$$死亡率 = \frac{年死亡人数}{年平均人数} \times 1\,000‰$$

人口自然增长率是指在一定时期内(通常为一年)一定地区的人口自然增加数(出生人数减去死亡人数)与该时期内平均人数(或期中人数)之比,一般用千分率表示。

$$人口自然增长率 = 出生率 - 死亡率 \qquad ①$$

$$= \frac{年出生人数 - 年死亡人数}{年平均人数} \times 1\,000‰ \qquad ②$$

示例　据某市疾病预防控制中心在其官方网站上公布,去年全市户籍居民人口约1 189万人。全年分娩新生儿63 498人,死亡62 767人。求人口自然增长率。

解读:由人口自然增长率公式②可知,人口自然增长率为 $\frac{63\,498 - 62\,767}{1\,189 \times 10\,000} \times 1\,000‰ \approx 0.06‰$。

第二讲　资料分析快解技巧

考点一　首数法

首数法,即通过计算列式的首位数字来确定选项。在具体运用时,不要局限于首位数字,可以拓展为前两位数字。

适用环境:(1)列式形式:$\frac{a}{b}$型、$a+b$型、$a-b$型。

(2)选项特点:首位或前两位数字各不相同。

注:除非特殊情况,一般算到前两位即可,超过两位建议放弃该方法。

应用规则:(1)除法运算:一般情况下,分子不变,分母取三位有效数字计算。

(2)加/减法运算:做加法时,位数相同,首位数相加,注意是否有进位;位数不同,首位与较大加数相同或加1。做减法时,位数相同,首位数相减,注意是否有借位;位数不同,首位与被减数相同或减1。

示例1　75 131.6+14 722.1=(　　)。

A. 89 853.7　　　　　　　　　B. 88 753.7
C. 87 633.7　　　　　　　　　D. 90 443.7

解读:选项前两位数字各不相同,列式前两位数字加和为75+14=89,第三位有效数字加和1+7<10,不涉及进位,则列式前两位数字加和为89。

示例2 $\dfrac{5\,336.1}{1+4.37\%}=(\qquad)$。

A. 5 313.6　　　B. 5 021.7　　　C. 5 112.7　　　D. 5 644.3

解读：选项前两位数字各不相同，分母取前三位有效数字，原式 $\approx \dfrac{5\,336.1}{1.04}=5\,1XX.X$。

经典例题 孩子出生后，抚养其 0~16 周岁的费用为 118 934.45 元。食品费用支出最多，为 52 314.68 元；教育费用次之，为 23 615.31 元；然后依次是家庭生活服务费（12 651.68 元）、衣着费用（11 683.94 元）、零花和压岁钱的支出（9 876.85 元）、文化娱乐活动的支出（8 431.25 元）、健康保险费（5 216.34 元）、日用品支出（4 562.31 元）和医疗保健费（3 984.62 元）。

从孩子出生后的抚养费用构成来看，食品费用支出占抚养费的比例约是文化娱乐活动支出所占比例的（　　）。

A. 5.3 倍　　　B. 4.7 倍　　　C. 7.3 倍　　　D. 6.2 倍

【答案】D。解析：食品费用支出为 52 314.68 元，文化娱乐活动支出为 8 431.25 元，孩子出生后的抚养费用相同，故所求为 $\dfrac{52\,314.68}{8\,431.25} \approx \dfrac{52\,314.68}{8\,430}=6.X$ 倍。

考点二　尾数法

尾数法，即只取每个数据的末位数字进行计算，通过确定尾数判断正确答案。在实际应用时，不局限于末位数字，有时需要取末两位数字计算才能确定答案。

适用环境：(1) 列式形式：$a+b$ 型、$a-b$ 型。

(2) 选项特点：选项尾数或者是末两位数字各不相同。

应用规则：(1) 计算出的尾数是精确值的尾数。

(2) 加法运算：和的尾数等于两个尾数的和。

(3) 减法运算：差的尾数等于被减数的尾数减去减数的尾数；不够减时，先借位再相减。

(4) 加减混合运算：建议先加后减。

示例 356.73+137.81-224.1+34.52=(　　)。

A. 287.67　　　　　　　　　B. 304.96

C. 311.64　　　　　　　　　D. 297.95

解读：选项末位数字各不相同，计算式先加后减，同时注意 224.1 小数点后面只有一位有效数字，其他均为两位。尾数加和为 3+1+2=6，符合的只有 B。

经典例题

2019 年 1~4 月河北省规模以上工业部分产品产量

指标	4月		1~4月	
	产量	同比增长	产量	同比增长
汽车（万辆）	8.3	-7.5%	37.4	2.7%
锂离子电池（万只）	406.9	52.8%	1 052.5	2.7%
集成电路（万块）	21.0	-41.6%	49.7	-14.3%
铁矿石原矿（万吨）	2 338.9	2.8%	10 055.7	20.0%

2019年1~3月,铁矿石原矿产量约为多少万吨?( )

A. 6 104.6 　　　　　　　　　　B. 7 716.8

C. 8 915.4 　　　　　　　　　　D. 10 055.7

【答案】B。解析:2019年4月铁矿石原矿产量为2 338.9万吨,1~4月为10 055.7万吨,则2019年1~3月铁矿石原矿产量为(10 055.7-2 338.9)万吨。选项尾数各不相同,可使用尾数法进行求解,所得结果尾数应为1.7-0.9=0.8。

考点三 有效数字法

对于一个数,从左边第一个不是0的数字起,到精确到的位数止,所有的数字都叫作这个数的有效数字。例如,0.007 05有三位有效数字,0.007 050有四位有效数字,70 500有五位有效数字。此处需注意,当仅需要考虑一位有效数字时,70 500写为70 000;当需要考虑两位有效数字时,70 500应写作71 000。

有效数字法是指在精度允许范围内,将算式中的有效数字近似为与之相近的简单数字,进而简化计算的方法。它可以让复杂数字变得简单,但同时也会产生一定的误差,这种误差有可能会导致题目答案选错,因此,将误差控制在题目允许的范围内是解题关键。

具体保留几位有效数字与选项差距相关:

一般情况,若选项间最小差距>10%,取前两位有效数字计算,即可保证精度。

若选项间最小差距<10%,取前三位有效数字计算,以保证计算精度。

若选项间最小差距>50%,可结合列式数据灵活处理。

应用规则:(1)四舍五入。在取舍过程中,由于可能有多个数据进行放缩,所以要注意判断整个列式结果的放缩。为了减小误差,可以通过同向/反向取舍的方式使得误差相互抵消,最终结果尽量接近精确值。

减法/除法同向取舍:列式中的数据要增大都增大,要减小都减小。

例如,536÷62 485≈530÷62 000≈0.008 5 或 536÷62 485≈540÷63 000≈0.008 6。

加法/乘法反向取舍:列式中的一个数据增大,另外一个数据相应减小。

例如,4 566+4 554+2 813≈4 600+4 500+2 800=11 900。

(2)范围限定。对算式中的数据取有效数字进行放大或者缩小,将数值限定在一定范围内,结合选项或者其他限定条件得到答案。这种方法适用于精度要求不太高的求值类题目,或题干所求为"……最大/最小"的大小比较类题目。

加法/乘法运算中,放大其中一项,结果放大;缩小其中一项,结果缩小。

例如,若$A>a>0, B>b>0$,则$A+B>a+B>a+b, A×B>a×B>a×b$。

减法/除法运算,被减数/被除数变化与结果一致,减数/除数变化与结果相反。

例如,若$A>a>0, B>b>0$,则$A-b>a-b>a-B, \dfrac{A}{b}>\dfrac{a}{b}>\dfrac{a}{B}$。

>> **经典例题1** 截至2018年6月,我国网民规模为8.02亿人,上半年新增网民2 968万人,互联网普及率达57.7%。其中,30~49岁中年网民群体占比由2017年年末的36.7%扩大至39.9%。

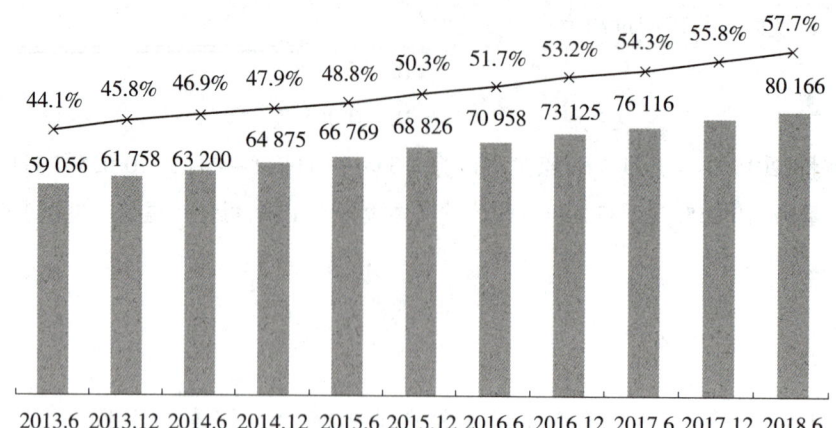

2013 年 6 月至 2018 年 6 月我国网民规模及互联网普及率

2018 年上半年,30~49 岁网民约增加多少万人?( )

A. 3 500　　　　B. 3 650　　　　C. 3 800　　　　D. 3 950

【答案】B。解析:由文字材料可知,2018 年上半年 30~49 岁中年网民群体占比由 2017 年年末的 36.7% 扩大至 39.9%。由条形图及文字材料可知,2018 年 6 月,我国网民规模为 80 166 万人,上半年新增网民 2 968 万人。则 2017 年 12 月我国网民规模为(80 166-2 968)万人。所求为 80 166×39.9%-(80 166-2 968)× 36.7% = 80 166×(39.9%-36.7%) + 2 968×36.7% = 80 166×3.2% + 2 968×36.7% ≈ 8 000×$\frac{1}{3}$ + 3 000×$\frac{1}{3}$ = $\frac{11\ 000}{3}$ ≈ 3 667(万人),B 项最接近。

>> 经典例题2

2008~2014 年全国税收情况

(单位:亿元)

税目	2008 年	2009 年	2010 年	2011 年	2012 年	2013 年	2014 年
营业税	7 626	9 014	11 158	13 679	15 748	17 233	17 782
国内消费税	2 568	4 761	6 072	6 936	7 876	8 231	8 907
关税	1 770	1 484	2 028	2 559	2 784	2 631	2 843
个人所得税	3 722	3 949	4 837	6 054	5 850	6 532	7 377

2010 年各项税收中,同比增速最快的项目是( )。

A. 营业税　　　　B. 国内消费税　　　　C. 关税　　　　D. 个人所得税

【答案】C。解析:同比增速 = $\frac{现期量-基期量}{基期量}$,通过表格可以直接读取基期量(2009 年数据)、现期量 (2010 年数据)。由表格可知,四个选项指标的同比增速依次为 $\frac{11\ 158-9\ 014}{9\ 014}$ = $\frac{2\ 144}{9\ 014}$ <30%,$\frac{6\ 072-4\ 761}{4\ 761}$ = $\frac{1\ 311}{4\ 761}$ <30%,$\frac{2\ 028-1\ 484}{1\ 484}$ = $\frac{544}{1\ 484}$ >30%,$\frac{4\ 837-3\ 949}{3\ 949}$ = $\frac{888}{3\ 949}$ <30%。所以同比增速最快的是关税。

考点四　特征数字法

特征数字法,即利用百分数和分数之间的关系,将百分数近似转化为一些特征分数,进而达到简化计算的目的。

应用环境：百分数近似常见的特征分数的题目。

列式形式：① $\dfrac{a}{1+x\%}$；② $\dfrac{a}{1+x\%}\times x\%$；③ $\dfrac{a}{1+x\%}\times y\%\,(x\%\neq y\%)$。

常考百分数、分数转化数据如下：

$11.1\%\approx\dfrac{1}{9}$，$12.5\%=\dfrac{1}{8}$，$14.3\%\approx\dfrac{1}{7}$，$16.7\%\approx\dfrac{1}{6}$，$20\%=\dfrac{1}{5}$，$25\%=\dfrac{1}{4}$，$33.3\%\approx\dfrac{1}{3}$，$50\%=\dfrac{1}{2}$

$8\times11.1\%=88.8\%\approx\dfrac{8}{9}$，$7\times12.5\%=87.5\%=\dfrac{7}{8}$，$6\times14.3\%=85.8\%\approx\dfrac{6}{7}$，……，$2\times33.3\%=66.6\%\approx\dfrac{2}{3}$

上述数据中第一行的 8 个数据需记忆，其他的可通过简单心算推出。

示例 $\dfrac{537}{1+34.2\%}\times34.2\%=(\quad)$。

A. 175.4　　　　　　　　　　　　B. 213.2

C. 112.7　　　　　　　　　　　　D. 136.9

解读：$34.2\%\approx33.3\%\approx\dfrac{1}{3}$，则原式 $\approx\dfrac{537}{1+\dfrac{1}{3}}\times\dfrac{1}{3}=\dfrac{537}{4}=13X.X$，最接近的是 D。

经典例题 2016 年，全国国内旅游人数 44.35 亿人次，比上年增长 11.0%，其中城镇居民 31.95 亿人次，农村居民 12.40 亿人次。全国国内旅游收入 3.94 万亿元，比上年增长 15.2%，其中城镇居民旅游消费 3.22 万亿元，农村居民旅游消费 0.71 万亿元。

假设 2015 年城镇、农村旅游人数占全国国内旅游总人数的比重与 2016 年一致，则 2015 年城镇、农村旅游人数分别约为多少亿人次？（　　）

A. 24.96,14.99　　　　　　　　　　B. 26.68,13.27

C. 28.78,11.17　　　　　　　　　　D. 30.23,9.72

【答案】C。解析：根据两期比重变化的核心结论可知，若分量增长率与总量增长率相同，则分量所占比重与上年保持一致。由题干 2015 年比重与 2016 年比重一致，可推出 2016 年城镇和农村旅游人数的同比增速与全国国内旅游总人数的同比增速相同。

2016 年，全国国内旅游人数 44.35 亿人次，比上年增长 11.0%，其中城镇居民 31.95 亿人次，农村居民 12.40 亿人次。则 2015 年城镇居民旅游人数为 $\dfrac{31.95}{1+11.0\%}\approx\dfrac{31.95}{1+\dfrac{1}{9}}\approx3.2\times9=32-3.2=28.8$（亿人次），农村居民旅游人数为 $\dfrac{12.40}{1+11.0\%}\approx\dfrac{12.40}{1+\dfrac{1}{9}}\approx1.24\times9=12.4-1.24=11.16$（亿人次），最接近的是 C。

考点五　乘除转化法

在形如 $\dfrac{b}{1+x\%}$ 列式中，若 $|x\%|<5\%$，可将 $\dfrac{b}{1+x\%}$ 转化为 $b\times(1-x\%)$，减少计算量。这种方法就是乘除转化法。

化简原理：平方差公式 $(1-x\%)(1+x\%)=1-x\%^2$，若 $x\%$ 接近 0 时，$x\%^2$ 的值更接近于 0，公式可转化为

$(1-x\%)(1+x\%) \approx 1$,即 $1-x\% \approx \dfrac{1}{1+x\%}$。推出:

$$\dfrac{b}{1+x\%} \approx b \times (1-x\%)$$

误差分析:$\dfrac{b}{1+x\%} = \dfrac{b \times (1-x\%)}{1-x\%^2} > b \times (1-x\%)$,即实际值大于估计值。

实际值与估计值间的相对误差为 $\dfrac{b \times (1-x\%) - \dfrac{b}{1+x\%}}{\dfrac{b}{1+x\%}} = \dfrac{(1-x\%)\left(1-\dfrac{1}{1-x\%^2}\right)}{\dfrac{1}{1+x\%}}$

$$= (1+x\%)(1-x\%)\dfrac{-x\%^2}{1-x\%^2} = -x\%^2$$

则当 $|x\%| < 5\%$ 时,$x\%^2 < 0.0025$,对实际结果的影响非常小,可忽略不计。

示例 $3\ 321 \div (1+3.4\%) = (\quad)$。

A. 3 212　　　　　　　　　　　B. 3 268

C. 3 414　　　　　　　　　　　D. 3 450

解读:$3.4\% < 5\%$,运用乘除转化法,$3\ 321 \div (1+3.4\%) \approx 3\ 321 \times (1-3.4\%) = 3\ 321 - 3\ 321 \times 3\% - 3\ 321 \times 0.4\% \approx 3\ 321 - 100 - 13 = 3\ 208$,A 项最接近。验证:$3\ 321 \div (1+3.4\%) \approx 3\ 212$。

经典例题

表 1　2018 年 12 月乘用车与轿车生产情况

(单位:万辆)

项目	12月	环比增长	同比增长	1~12月累计	同比累计增长
乘用车	205.5	-3.2%	-21.3%	2 352.9	-5.2%
轿车	101.0	-4.1%	-17.9%	1 146.6	-4.0%

表 2　2018 年 12 月乘用车与轿车销售情况

(单位:万辆)

项目	12月	环比增长	同比增长	1~12月累计	同比累计增长
乘用车	223.3	2.7%	-15.8%	2 371.0	-4.1%
轿车	102.8	-4.4%	-14.3%	1 152.8	-2.7%

2018 年 1~10 月,轿车生产量比销售量($\quad$)。

A. 多 3.61 万辆　　　　　　　　B. 少 3.61 万辆

C. 多 2.19 万辆　　　　　　　　D. 少 2.19 万辆

【答案】D。解析:由表 1 可知,2018 年 11 月轿车生产量为 $\dfrac{101.0}{1-4.1\%} \approx 101 \times (1+4.1\%) \approx 101 + 101 \times 4\% \approx 105$(万辆),推出 2018 年 1~10 月生产量约为 $1\ 146.6 - 101.0 - 105 = 940.6$(万辆)。

由表 2 可知,2018 年 11 月轿车销量为 $\dfrac{102.8}{1-4.4\%} \approx 102.8 \times (1+4.4\%) \approx 103 + 103 \times 4\% \approx 107$(万辆),推出 2018 年 1~10 月销量约为 $1\ 152.8 - 102.8 - 107 = 943$(万辆)。

则轿车生产量少于销售量,少约 $943 - 940.6 = 2.4$(万辆),D 项最接近。

考点六 同位比较法

同位是指相同位置。同位比较法,即在相同位置上比较数字大小。当一个分数的分子、分母分别小于另外一个分数的分子、分母,并且两个分数的分子或分母存在明显的倍数或者近似倍数关系时,考虑应用同位比较法求解。

方法原理:两个分数大小比较时,分子大、分母小的分数>分子小、分母大的分数。

应用环境:(1)$A \div B$型:两个分数的分子存在倍数关系,将分子化同或近似化同;两个分数的分母存在倍数关系,将分母化同或近似化同。

▷ **示例** 比较 $\dfrac{4.38}{12.16}$ 与 $\dfrac{17.48}{50.99}$ 的大小。

解读:观察发现后者的分子约是前者的4倍,因此可以将前者的分子、分母同时乘4得到 $\dfrac{17.52}{48.64}$,比较可知,前者的分子大、分母小,则分数值大,即 $\dfrac{4.38}{12.16} > \dfrac{17.48}{50.99}$。

(2)$A \times B$型:两个乘积 $a \times b$ 与 $c \times d$ 比较大小,若 $a>c, d>b$,记 $\dfrac{a}{c}=X, \dfrac{d}{b}=Y$。若 $X=Y$,则 $a \times b = c \times d$;若 $X>Y$,则 $a \times b > c \times d$;若 $X<Y$,则 $a \times b < c \times d$。

▷ **示例** 比较 0.71×5.04 与 1.26×2.9 的大小。

解读:可比较 $\dfrac{0.71}{1.26}$ 与 $\dfrac{2.9}{5.04}$ 的大小,观察发现后者的分母是前者的4倍,因此可以将前者的分子、分母同时乘以4得到 $\dfrac{2.84}{5.04}$,后者分子大,则 $\dfrac{0.71}{1.26} < \dfrac{2.9}{5.04}$,因此 $0.71 \times 5.04 < 1.26 \times 2.9$。

▷ **经典例题**

2015年某省中药行业经营状况

行业	单位数（个）	雇员人数（人）	销售及其他利益（亿元）	雇员薪酬（亿元）	经营盈余总额（亿元）
中药制造业	210	2 240	39.23	5.88	13.10
中药进出口贸易业	540	1 840	106.37	3.30	6.35
中药批发业	330	1 270	56.21	2.47	3.85
中药零售业	1 370	4 790	71.06	6.78	6.26

2015年该省中药行业雇员人均薪酬最高的是( )。

A. 中药制造业 B. 中药进出口贸易业
C. 中药批发业 D. 中药零售业

【答案】A。解析:雇员人均薪酬 = $\dfrac{\text{雇员薪酬总额}}{\text{雇员人数}}$,题干涉及的四个指标2015年的雇员人均薪酬依次为 $\dfrac{5.88}{2\,240}$,$\dfrac{3.30}{1\,840} = \dfrac{3.30 \times (1+0.5)}{1\,840 \times (1+0.5)} = \dfrac{4.95}{2\,760} < \dfrac{5.88}{2\,240}$,$\dfrac{2.47}{1\,270} = \dfrac{2.47 \times 2}{1\,270 \times 2} = \dfrac{4.94}{2\,540} < \dfrac{5.88}{2\,240}$,$\dfrac{6.78}{4\,790} = \dfrac{3.39}{2\,395} < \dfrac{5.88}{2\,240}$,最高的是A。

考点七 差分法

两个分数 $\dfrac{a}{b}$ 与 $\dfrac{c}{d}$($a>c$、$b>d$)比较大小,通过比较 $\dfrac{a-c}{b-d}$ 与 $\dfrac{c}{d}$ 的大小关系来确定 $\dfrac{a}{b}$ 与 $\dfrac{c}{d}$ 的大小关系,这种方

法即差分法。

应用原则：两个分数 $\dfrac{a}{b}$ 和 $\dfrac{c}{d}$，如果 $a>c, b>d$，$\dfrac{a}{b}$ 记为"大分数"，$\dfrac{c}{d}$ 记为"小分数"，$\dfrac{a-c}{b-d}$ 记为"差分数"。

比较原则：

若 $\dfrac{a-c}{b-d}=\dfrac{c}{d}$，则 $\dfrac{a}{b}=\dfrac{c}{d}$；

$\dfrac{a-c}{b-d}>\dfrac{c}{d}$，则 $\dfrac{a}{b}>\dfrac{c}{d}$；

$\dfrac{a-c}{b-d}<\dfrac{c}{d}$，则 $\dfrac{a}{b}<\dfrac{c}{d}$。

示例 比较 $\dfrac{5.32}{4.25}$ 与 $\dfrac{4.27}{3.01}$ 的大小。

解读：差分数为 $\dfrac{5.32-4.27}{4.25-3.01}=\dfrac{1.05}{1.24}$，$\dfrac{1.05}{1.24}<1<\dfrac{4.27}{3.01}$，因此，$\dfrac{5.32}{4.25}<\dfrac{4.27}{3.01}$。

第三篇
专业知识

第一章　经济学

考情简报

题型题量概述

对于本章内容，多数银行招聘考试笔试考查题量为5~10道，各大行每年基本都会考查。

题型包括单项选择题、多项选择题和案例分析题，以单项选择题为主。多数银行侧重考查基础知识的理解与运用，总体难度不大，但个别银行如工行、中行，会以案例分析形式进行综合考查，总体难度较大。

考查内容概述

本章内容中，需求与供给、需求弹性、生产理论、成本理论、完全竞争市场、市场失灵、凯恩斯的消费理论、失业、通货膨胀、财政政策等是高频考点，备考时需重点理解和掌握。近年来，各大银行招聘考试都有结合经济时政热点进行考查的命题趋势，考生在备考时也应多关注时下的经济热点，理解其中的经济学原理。

第一讲　经济学基础知识

考点一　经济规律与经济体制

一、经济规律

（一）经济规律的概念

经济规律是经济现象和经济过程内在的、本质的、必然的联系，体现着社会经济活动的必然趋势。

（二）经济规律的分类

按照经济规律赖以产生的经济条件的不同，可将其分为以下三种类型：

(1)在人类各个社会阶段都起作用的经济规律。例如，生产关系一定要适应生产力性质的规律。

(2)在几个社会阶段中起作用的经济规律。例如，商品经济社会形态中发生作用的价值规律。

(3)只在一个社会阶段中起作用的经济规律。例如，资本主义社会的剩余价值规律、社会主义社会的按劳分配规律等。

二、经济体制

（一）经济体制概述

经济体制是一定社会经济组织内部资源配置的机制、方式和结构的总和，是对一定社会经济运行模式的概括。经济体制受经济制度的制约，也受生产力发展水平、历史文化传统和现实国情等其他因素的影响。

（二）经济体制的类型　★★

迄今为止，人类的经济体制大致有自然经济、计划经济、市场经济和混合经济四种类型。

自然经济的特点是自给自足，计划经济的特点是生产资料公有，它们的经济效率都很低下。市场经济体制通过市场机制发挥作用来实现资源配置。市场机制区别于其他资源配置方式的标志是市场对资源配置起决定性作用。市场经济的经济效率较高。然而,通过市场机制发挥作用来实现资源配置也存在自发性、盲目性、滞后性等缺陷。因此,在现实经济运行中,资源配置需要政府干预,对经济进行宏观调控,这就有了混合经济。混合经济的基本特征是经济的私人所有和国家所有相结合,自由竞争和国家干预相结合。目前世界上大多数国家都采用混合经济体制。

要点提示

亚当·斯密在《国富论》中提出的"看不见的手"说明了市场经济的作用,即人们在追逐个人利益的时候,被市场这只"看不见的手"引导着,结果经常促进了社会利益。

考点二 商品和价值

一、商品及其使用价值和价值

(一)商品概述

商品是用来交换的劳动产品。商品是商品经济、市场经济的细胞,包含着商品经济、市场经济一切矛盾的胚芽,可以反映出商品经济、市场经济中社会经济关系的基本内容。所以,马克思主义政治经济学的分析从商品开始,并由此建立了科学的理论体系。

(二)商品的使用价值和价值 ★★

商品包含使用价值和价值两个要素,它是使用价值和价值的统一。使用价值是商品具有的效用,即能满足人类某种需要的属性。使用价值是商品的自然属性,反映人与自然的关系。商品的价值是凝结在商品中的一般人类劳动。作为一个历史范畴,价值是商品所特有的本质属性和社会属性,体现着商品生产者之间相互比较劳动耗费量和交换劳动的社会经济关系。

商品的使用价值和价值是矛盾统一体。首先,使用价值和价值统一于商品之中,缺一就不能成为商品。其次,使用价值和价值又相互排斥,只有通过交换才能解决商品的这种内在矛盾。

二、劳动的二重性 ★★

商品之所以具有使用价值和价值两个属性,是由劳动的二重性决定的。生产商品的劳动具有二重属性,即具体劳动和抽象劳动。

具体劳动是指在一定具体形式下进行的劳动。具体劳动创造商品的使用价值,体现人与自然之间的关系。抽象劳动是从劳动的抽象形态考察的一般人类劳动。抽象劳动形成商品价值,凝结在商品中的抽象劳动是价值实体,体现的是商品生产者之间的社会经济关系。

具体劳动和抽象劳动之间存在着矛盾统一的关系。一方面,具体劳动和抽象劳动在时间上和空间上是统一的。商品生产者在从事具体劳动的同时也就付出了抽象劳动。另一方面,具体劳动和抽象劳动又存在差别和矛盾:①具体劳动是从劳动的有用效果来看的劳动,抽象劳动是抽取了劳动的有用性的一般人类劳动。②具体劳动在质上不同,在量上不能比较;抽象劳动在质上相同,只有量的差别。③具体劳动是劳动的自然属性;抽象劳动是劳动的社会属性,是商品经济特有的历史范畴。④具体劳动是生产使用价值的劳动,但不是使用价值的唯一源泉,因为商品的使用价值是人类劳动和自然物质的结合;抽象劳动是创造价值的劳动,是形成价值的唯一源泉。

▰▰▰ 考点拓展 ▰▰▰

为什么说马克思的劳动二重性学说是理解政治经济学的枢纽

（1）劳动二重性使劳动价值论建立在科学的基础之上。

（2）劳动二重性奠定了剩余价值理论的理论基础。

（3）劳动二重性为资本有机构成理论、资本积累理论、资本主义再生产理论等奠定了理论基础。

三、商品的价值量

商品的价值是质和量的统一。商品的价值量就是凝结在商品中的一般人类劳动的量，由生产商品的社会必要劳动时间决定。社会必要劳动时间是指在现有的社会正常的生产条件下，在社会平均的劳动熟练程度和劳动强度下制造某种使用价值所需要的劳动时间。由社会必要劳动时间决定的价值量，是商品的社会价值。单位商品的价值量与包含在商品中的社会必要劳动量成正比，与生产该商品的劳动生产率成反比。

四、价值形式的发展

在商品经济中，商品的价值是通过货币来表现的，商品价值的表现形式就是价值形式。从商品交换的发展历史来看，价值形式的发展经历了以下四个阶段：

（1）简单或偶然的价值形式，即一种商品的价值偶然、个别地表现在另一种商品上。在这两种商品中，主动地要表现价值的商品处于相对价值形式的位置，被动地作为价值的表现材料的商品处于等价形式的位置。

（2）扩大的价值形式，即一种商品的价值表现在与它相交换的一系列商品上。

（3）一般价值形式，即一切商品的价值都统一表现在从商品世界中分离出来充当一般等价物的某一种商品上。它的出现，标志着商品的交换方式已由物物直接交换变为以一般等价物为媒介的间接交换。

（4）货币价值形式。当一般等价物最终固定在一种商品上时，这种商品就称为货币，这种价值形式就是货币价值形式。

五、价值规律及其作用

价值规律是商品经济的基本规律。只要存在商品生产和商品交换，价值规律就必然存在并支配着商品生产和流通的全过程。价值规律的基本内容：商品的价值量由生产商品的社会必要劳动时间决定；商品交换以价值量为基础，实行等价交换。

在商品经济中，价值规律的作用主要体现在三个方面：①分配社会劳动，调节资源配置和经济活动；②刺激商品生产者改进技术、提高劳动生产率，有利于社会生产力的发展；③优胜劣汰，导致生产者两极分化。

考点三 西方经济学的研究对象、基本假定和分类

一、西方经济学的研究对象和基本假定 ★★

资源的稀缺性是关于经济学研究对象的基础性概念。这种稀缺性不是指物品或资源绝对数量的多少，而是相对于人类的欲望和需求的无限性来说，资源总是不足的。人类的一切经济活动都是为了满足欲望以及由这些欲望引起的对各种产品和劳务的需求。人的欲望和需求是无穷无尽的，而满足这些需要的经济资源（包括它们生产的产品）在一定时期内总是有限的，这就是稀缺性。因此，按照传统说法，经济资源的配置与利用是西方经济理论的研究对象。

西方经济学的基本假定是"合乎理性的人"，即假定从事经济活动的人，不管是居民、厂商还是政府，都是理性人。"理性人"的基本特征是每一个从事经济活动的人都是利己的。

二、微观经济学与宏观经济学

以资源配置和利用为对象划分,现代西方经济理论总体上分为微观经济学和宏观经济学两大部分。微观经济学以单个经济单位为考察对象,运用个量分析方法,研究单个经济单位的经济行为以及相应的经济变量如何决定,分析的是资源配置问题。由于资源配置在市场经济中是通过价格机制决定的,故微观经济理论又被称为价格理论。宏观经济学以整个国民经济活动为考察对象,运用总量分析方法,研究社会总体经济问题以及相应的经济变量如何决定,研究这些经济变量的相互关系。这些变量中的关键变量是国民收入,因此,宏观经济理论又被称为国民收入决定理论。

本章第二讲至第六讲属于微观经济学范畴,第七讲至第十二讲属于宏观经济学范畴。

命题角度

(1)给定实例或直接考查资源稀缺性的含义。

(2)直接考查西方经济学的基本假定。

第二讲　供求理论

考点一　需求与供给

一、商品的需求和供给与商品自身的价格

在现实经济生活中,一种商品的需求和供给受到多种因素的影响,但由于商品的价格是决定其需求数量和供给数量的最基本因素,所以为了简化分析,假定其他因素保持不变,仅仅分析一种商品的价格与该商品的需求量和供给量的关系,可以得到需求定理和供给定理。具体内容见表3-1-1。

表3-1-1　商品的需求和供给与商品价格的关系

内容	需求	供给
含义	需求是指消费者在一定时期内在各种可能的价格水平下愿意而且能够购买的某种商品的数量	供给是指生产者在一定时期内在各种可能的价格水平下愿意而且能够提供出售的某种商品的数量
线性函数与对应曲线	线性需求函数通常的形式为 $Q_d = \alpha - \beta P$ 其中,P 为商品的价格,Q_d 为商品的需求量,α、β 为常数,且 α、$\beta > 0$。该函数所对应的需求曲线如下图所示,为一条向右下方倾斜的直线	线性供给函数通常的形式为 $Q_s = -\delta + \gamma P$ 其中,P 为商品的价格,Q_s 为商品的供给量,δ、γ 为常数,且 δ、$\gamma > 0$。该函数所对应的供给曲线如下图所示,为一条向右上方倾斜的直线

(续表)

内容	需求	供给
需求定理与供给定理	需求定理是指在其他因素保持不变的条件下,一种商品的价格上升,则对该商品的需求量减少;一种商品的价格下降,则对该商品的需求量增加。简言之,商品的需求量和价格成反方向变动 需求定理并不是对所有商品都是有效的,吉芬商品、炫耀性商品以及投机性商品等不符合需求定理	供给定理是指在其他因素保持不变的条件下,一种商品的价格上升,则该商品的供给量增加;一种商品的价格下降,则该商品的供给量减少。简言之,商品的供给量和价格成同方向变动 生活中也存在不符合供给定理的情况,例如劳动力的供给、囤积居奇等

//// 要点提示 ////

商品的需求曲线和供给曲线可以是直线型,也可以是曲线型,在微观经济分析中,使用较多的是线性需求曲线和线性供给曲线。

示例 易腐商品(如当天必须售卖完的鲜鱼、蔬菜等)必须在一定的时间内被销售出去,否则,销售者会蒙受经济损失。那么,对于这类商品的销售者来说,既保证全部数量的商品能在规定的时间内卖完,又能使自己获得尽可能多的收入的定价方式:如果易腐商品的销售者能够准确地知道市场上的消费者在一天内在各个价格水平对其易腐商品的需求数量,或者说,如果他能准确地了解市场一天内对其易腐商品的需求曲线,那么,他就可以根据这一需求曲线以及准备出售的全部的易腐商品的数量,来决定能使其获得最大收入的最优价格。

二、影响需求和供给的其他因素 ★★★

(一)影响需求数量的因素

除了商品自身的价格,其他因素对需求数量的影响见表3-1-2。

表3-1-2 影响需求数量的其他因素

影响因素	内容
相关商品的价格	(1)替代品的价格越高,该商品的需求数量越大;替代品的价格越低,该商品的需求数量越小。例如:牛肉和羊肉 (2)互补品的价格越高,该商品的需求数量越小;互补品的价格越低,该商品的需求数量就越大。例如:汽车和汽油
消费者的收入水平	消费者的收入水平提高,该商品的需求数量增加;消费者的收入水平下降,该商品的需求数量减少
消费者的偏好	消费者对某商品偏好程度增强,该商品的需求数量增加;消费者对某商品偏好程度减弱,该商品的需求数量减少
消费者对商品价格的预期	消费者预期未来某商品价格会上升,就会增加对该商品现期的需求数量;消费者预期未来某商品价格会下降,就会减少对该商品现期的需求数量
消费人数的变化	一个商品市场上消费者人数的增减会直接影响该市场上需求数量的多少

(二)影响供给数量的因素

除了商品自身的价格,其他因素对供给数量的影响见表3-1-3。

表 3-1-3 影响供给数量的其他因素

影响因素	内容
生产的成本	某种商品的生产成本下降,该商品的供给数量增加;某种商品的生产成本升高,该商品的供给数量降低
生产的技术水平	一般情况下,生产某种商品的技术水平的提高可以降低生产成本,从而会增加该商品的供给数量;反之则供给数量减少
相关商品的价格	(1)某商品价格不变,其替代品的价格上升,该商品的供给数量减少;反之则供给数量增加 (2)某商品价格不变,其互补品的价格上升,该商品的供给数量增加;反之则供给数量减少
生产者对未来的预期	生产者对未来的预期看好,则增加商品供给;生产者对未来的预期悲观,则减少商品供给
生产者数量	一个商品市场上生产者数量增加,会使该产品的供给数量增加;反之则供给数量减少

//// 考点拓展 ////

(1)替代品。如果两种商品之间可以相互替代以满足消费者的某种需求,就称这两种商品互为替代品。

(2)互补品。如果两种商品必须同时使用才能满足消费者的某种需求,就称这两种商品互为互补品。

>> 经典例题 下列各组物品中互为替代品的是( )。
A. 公交车和高铁
B. 乒乓球和乒乓球拍
C. 洗衣粉和肥皂
D. 灯罩和灯泡
【答案】C。

三、需求(供给)的变动和需求量(供给量)的变动的区别 ★★

需求(供给)的变动是整个需求(供给)状态的变化,而需求量(供给量)的变动并不表现为整个需求(供给)状态的变化,具体内容见表 3-1-4。

表 3-1-4 需求(供给)的变动和需求量(供给量)的变动的区别

比较内容	需求(供给)的变动	需求量(供给量)的变动
概念	除商品自身价格外的其他因素变化所导致的商品需求(供给)数量的变化	在其他因素保持不变的条件下,仅由商品自身价格变化所导致的商品需求(供给)数量的变化
图形表示	需求(供给)曲线位置的移动: (1)在某商品价格不变的情况下,当发生对需求有利的变化,如消费者收入增加、替代品价格上升、互补品价格下降或者消费者对商品偏好增强时,需求曲线将向右上方移动;反之则向左下方移动 (2)在某商品价格不变的情况下,当发生对供给有利的变化,如生产成本降低、生产技术提高、互补品价格上升或者生产者对未来预期乐观时,供给曲线将向右下方移动;反之则向左上方移动	商品的价格-需求(供给)数量组合点沿着同一条既定的需求(供给)曲线的移动: (1)在其他条件不变的情况下,商品价格上升,商品的价格-需求数量组合点沿着既定的需求曲线向上移动;反之则向下移动 (2)在其他条件不变的情况下,商品价格上升,商品的价格-供给数量组合点沿着既定的供给曲线向上移动;反之则向下移动

> **命题角度**
> （1）结合生活实例考查影响需求数量的因素。
> （2）给定商品价格不变或者其他因素不变的条件，考查需求的变动和需求量的变动。
> （3）给定某商品组合，判断其属于互补品还是替代品。

考点二 市场均衡与价格政策

一、市场均衡的含义及均衡价格的决定

市场均衡是指生产者愿意而且能够提供的商品量恰好等于消费者愿意而且能够购买的商品量的状态。供给曲线和需求曲线的交叉点就是市场的均衡点。

一种商品的均衡价格是指该种商品的市场需求量和市场供给量相等时的价格。在均衡价格水平下的相等的供求数量被称为均衡数量。

假设需求曲线和供给曲线均为线性，即：

$$需求函数\ Q_d = \alpha - \beta P$$
$$供给函数\ Q_s = -\delta + \gamma P$$
$$均衡条件\ Q_d = Q_s$$

此时可以求出均衡价格和均衡数量。

二、市场均衡的变动

市场均衡主要受两方面因素的影响：一是需求的变动；二是供给的变动。二者对市场均衡的影响见表3-1-5。

表3-1-5 需求的变动和供给的变动对均衡价格和均衡数量的影响

影响情形	市场均衡的变动
供给不变，需求变动	需求增加，均衡价格和均衡数量增加；需求减少，均衡价格和均衡数量减少
需求不变，供给变动	供给增加，均衡价格下降，均衡数量增加；供给减少，均衡价格上升，均衡数量减少
需求和供给同时发生变动	这两种因素共同作用下的均衡价格及均衡数量，取决于需求和供给变动的幅度

供求定理：在其他条件不变的情况下，需求变动分别引起均衡价格和均衡数量的同方向变动；供给变动引起均衡价格的反方向变动，引起均衡数量的同方向变动。

//// **考点拓展** ////

在微观经济分析中，市场均衡可以分为局部均衡和一般均衡。局部均衡是就单个市场或部分市场的供求与价格之间的关系和均衡状态进行分析。一般均衡是就一个经济社会中的所有市场的供求与价格之间的关系和均衡状态进行分析。

在一般均衡分析中，每一商品的需求和供给不仅取决于该商品本身的价格，而且也取决于所有其他商品的价格。

>> **经典例题** 在一般均衡分析中，每一种商品的需求和供给不仅取决于该商品本身的（　　），同时也取决于所有其他商品的（　　）。

A. 产量；产量

B. 产量；价格
C. 价格；价格
D. 价格；产量

【答案】C。

三、价格政策 ★★

目前政府常用的价格政策主要有两种：一是支持价格；二是限制价格。这两种价格政策的具体分析见表3-1-6。

表3-1-6 支持价格和限制价格

分析内容	分析对象	
	支持价格	限制价格
定义	政府为了扶持某一行业的生产而规定的该行业产品的最低价格	政府为了防止某些商品的价格上涨而规定的这些产品的最高价格
原理	政府施行支持价格政策，规定该产品的市场价格最低为P_0，且P_0高于市场均衡价格，则此时市场需求量小于市场供给量，出现超额供给	政府施行限制价格政策，规定该产品的市场价格最高为P_0，且P_0低于市场均衡价格，则此时市场需求量大于市场供给量，出现超额需求
目的	扶持某些行业的发展	抑制某些产品的价格上涨，应对通货膨胀
弊端	出现产品过剩现象	出现排队抢购、黑市交易、粗制滥造现象
解决方式	政府收购	政府定量配给

> **经典例题** 为了抑制某些产品价格上涨而实施的可能导致供不应求、配给制、黑市交易等结果的政策是（　　）。

A. 限制价格
B. 支持价格
C. 均衡价格
D. 歧视价格

【答案】A。

> **命题角度**
>
> （1）结合生活实例考查均衡价格和均衡数量的变动。如人们购买新能源汽车时，政府会采取补贴政策，因此需求增加，均衡价格和均衡数量增加。
> （2）直接考查支持（限制）价格的定义、弊端以及相应弊端的解决方式等。

考点三 需求弹性

一、需求弹性的含义、计算及分类 ★★★

需求方面的弹性主要包括需求的收入弹性、需求的价格弹性和需求的交叉价格弹性。其中，需求的价格弹性又被简称为需求弹性。具体内容见表3-1-7。

表 3-1-7 需求弹性的含义、计算及分类

需求的弹性	含义	计算	分类
需求的收入弹性	需求的收入弹性表示在一定时期内消费者对某种商品的需求量的变动对于消费者收入量变动的反应程度。或者说,表示在一定时期内当消费者的收入变化百分之一时所引起的商品需求量变化的百分比	需求的收入弧弹性公式如下: $$e_M = \frac{\frac{\Delta Q}{Q}}{\frac{\Delta M}{M}} = \frac{\Delta Q}{\Delta M} \cdot \frac{M}{Q}$$ 需求的收入点弹性公式如下: $$e_M = \lim_{\Delta M \to 0} \frac{\frac{\Delta Q}{Q}}{\frac{\Delta M}{M}} = \frac{dQ}{dM} \cdot \frac{M}{Q}$$	(1) $e_M > 0$ 的商品为正常品,因为,$e_M > 0$ 意味着该商品的需求量与消费者收入水平呈同方向变化。在正常品中,$e_M < 1$ 的商品为必需品,$e_M > 1$ 的商品为奢侈品 (2) $e_M < 0$ 的商品为劣等品,因为,$e_M < 0$ 意味着该商品需求量与收入水平呈反方向变化
需求的价格弹性	需求的价格弹性表示在一定时期内一种商品的需求量变动对于该商品的价格变动的反应程度。或者说,表示在一定时期内当一种商品的价格变化百分之一时所引起的该商品的需求量变化的百分比	需求的价格弹性系数 = $-\frac{需求量变动率}{价格变动率}$ 需求的价格弧弹性公式如下: $$e_d = -\frac{\frac{\Delta Q}{Q}}{\frac{\Delta P}{P}} = -\frac{\Delta Q}{\Delta P} \cdot \frac{P}{Q}$$ 需求的价格点弹性公式如下: $$e_d = \lim_{\Delta P \to 0} -\frac{\frac{\Delta Q}{Q}}{\frac{\Delta P}{P}} = -\frac{dQ}{dP} \cdot \frac{P}{Q}$$ 需求的价格弧弹性的中点公式如下: $$e_d = -\frac{\Delta Q}{\Delta P} \cdot \frac{\frac{P_1 + P_2}{2}}{\frac{Q_1 + Q_2}{2}}$$	需求的价格弹性有以下五种类型: (1) 当 $e_d < 1$ 时,需求量对价格变动的反应不敏感,被称为缺乏弹性 (2) 当 $e_d > 1$ 时,需求量对价格变动的反应敏感,被称为富有弹性 (3) 当 $e_d = 1$ 时,被称为单位弹性或者单一弹性 (4) 当 $e_d = \infty$ 时,需求曲线呈水平状态,相对于无穷小的价格变化率,需求量的变化率是无穷大,被称为完全弹性 (5) 当 $e_d = 0$ 时,需求曲线呈垂直状态,即不管价格如何变动,需求量始终不变,被称为完全无弹性
需求的交叉价格弹性	需求的交叉价格弹性表示在一定时期内一种商品的需求量的变动对于它的相关商品的价格变动的反应程度。或者说,表示在一定时期内当一种商品的价格变化百分之一时所引起的另一种商品的需求量变化的百分比	需求的交叉价格弧弹性的公式如下: $$e_{XY} = \frac{\frac{\Delta Q_X}{Q_X}}{\frac{\Delta P_Y}{P_Y}} = \frac{\Delta Q_X}{\Delta P_Y} \cdot \frac{P_Y}{Q_X}$$ 其中,ΔQ_X 为商品 X 的需求量的变化量;ΔP_Y 为相关商品 Y 的价格的变化量 需求的交叉价格点弹性的公式如下: $$e_{XY} = \lim_{\Delta P_Y \to 0} \frac{\frac{\Delta Q_X}{Q_X}}{\frac{\Delta P_Y}{P_Y}} = \frac{dQ_X}{dP_Y} \cdot \frac{P_Y}{Q_X}$$	需求的交叉价格弹性系数的符号取决于所考察的 X、Y 两种商品的相关关系。商品之间的相关关系可以分为三种:替代关系、互补关系、无相关关系 (1) 若 e_{XY} 为正值,则这两种商品之间为替代关系 (2) 若 e_{XY} 为负值,则这两种商品之间为互补关系 (3) 若 e_{XY} 为零,则这两种商品之间无相关关系

▶ 要点提示

线性需求曲线上的点弹性有一个明显的特征：在线性需求曲线上的点的位置越高，相应的点弹性系数值越大；相反，位置越低，相应的点弹性系数值就越小。

二、影响需求的价格弹性的因素

（1）商品的可替代性。一般来说，某商品的可替代品越多，相近程度越高，则该商品的需求的价格弹性往往就越大；相反，该商品的需求的价格弹性往往就越小。

（2）商品本身用途的广泛性。一般来说，一种商品的用途越是广泛，它的需求的价格弹性就可能越大；相反，用途越是狭窄，它的需求的价格弹性就可能越小。

（3）商品对消费者生活的重要程度。一般来说，生活必需品的需求的价格弹性较小，非必需品的需求的价格弹性较大。

（4）商品的消费支出在消费者预算总支出中所占的比重。消费者在某商品上的消费支出在预算总支出中所占的比重越大，该商品的需求的价格弹性可能越大；反之，则越小。

（5）所考察的消费者调节需求量的时间。一般来说，所考察的调节时间越长，则需求的价格弹性就可能越大。

三、需求的价格弹性与总收益的关系 ★★★

假设在市场均衡的情况下，消费者对某商品的需求量等于厂商对该商品的供应量，则厂商的销售收入等于商品的价格（P）乘以商品的销售量（Q）。根据上述对需求的价格弹性的讲解，一种商品价格的变化会导致该商品需求量的变动，可知商品的需求的价格弹性与厂商的销售收入之间存在密切关系，具体内容见表3-1-8。

表3-1-8 需求的价格弹性与总收益的关系

需求的价格弹性	总收益
$e_d > 1$	价格上升，总收益减少；价格下降，总收益增加
$e_d = 1$	价格上升或下降，总收益都不变
$e_d < 1$	价格上升，总收益增加；价格下降，总收益减少
$e_d = 0$	价格上升，总收益同比例于价格的上升而增加；价格下降，总收益同比例于价格的下降而减少
$e_d = \infty$	价格上升，总收益会减少为0。在既定价格下，总收益可以无限增加，因此厂商不会降价

⑤ 示例 "谷贱伤农"是农业生产活动中存在的一种现象，即在丰收年份，农民的收入反而减少了，导致农民种地的积极性降低。这是由于农产品的需求往往缺乏弹性，丰收年份农产品均衡价格下降，下降幅度大于农产品均衡数量的增加幅度，使得农民的收入总量减少。

命题角度

（1）给定一组商品，判断其需求弹性的大小。

（2）判断某一商品价格上升或下降对总收益的影响，即判断某一商品需求的价格弹性与总收益的关系。如化妆品可以通过降价来增加总收益。

（3）直接考查影响需求价格弹性的因素以及这些因素与商品需求价格弹性的关系。

第三讲　效用理论

考点一　效用论与消费者均衡

一、效用与消费者均衡的概念

效用是指商品满足人的欲望的能力评价,或者说,效用是指消费者在消费商品时所感受到的满足程度。效用论的目标是在一定的约束条件下追求自身的最大效用。

消费者均衡是指消费者实现最大效用时既不想再增加、也不想再减少任何商品购买数量的一种相对静止状态。消费者均衡是研究单个消费者在既定收入下实现效用最大化的均衡条件。

二、基数效用论与消费者均衡

（一）基数效用论的基本观点

基数效用论的基本观点:效用是可以计量并加总求和的,因此,效用的大小可以用基数(1,2,3,……)来表示。基数效用论分析消费者行为采用的是边际效用分析法。

（二）边际效用递减规律 ★★

在其他商品消费数量保持不变的情况下,随着消费者在一定时间内对某种商品消费量的增加,他从每增加一单位商品的消费中所获得的效用增量呈逐渐递减的趋势,即消费者消费后一单位商品所获得的效用增量小于他消费前一单位商品所获得的效用增量。总效用有可能达到一个极大值,此时边际效用为零;若继续增加该商品的消费量,则会使边际效用为负值,从而减少总效用。这种在人们日常生活中普遍存在的现象,被称为边际效用递减规律。

（三）基数效用论下的消费者均衡

基数效用论下,消费者实现效用最大化的均衡条件:如果消费者的货币收入水平是固定的,市场上各种商品的价格是已知的,那么消费者应该使自己所购买的各种商品的边际效用和价格之比相等。或者说,消费者应使自己花费在各种商品购买上的最后一元钱所带来的边际效用相等。

三、序数效用论与消费者均衡

（一）序数效用论的基本观点

序数效用论的基本观点:效用作为一种心理现象无法计量,也不能加总求和,只能表示出满足程度的高低与顺序,因此,效用只能用序数(第一、第二、第三,……)来表示。序数效用论采用的是无差异曲线分析法。

（二）无差异曲线 ★★

1. 消费者偏好的基本假定

偏好是消费者对任意两个商品组合所做的一个排序。序数效用论者对消费者偏好的三个基本假定为完全性、可传递性、非饱和性。

2. 无差异曲线的含义、图形及特征

无差异曲线是用来表示消费者偏好相同的两种商品的所有组合。或者说,它是表示能够给消费者带来相同的效用水平或满足程度的两种商品的所有组合。图3-1-1为某一消费者的无差异曲线图。

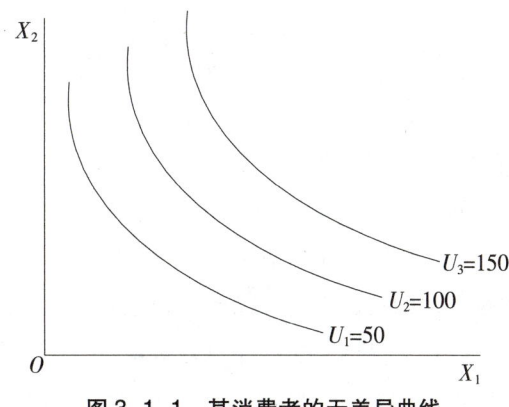

图 3-1-1　某消费者的无差异曲线

在任何一条无差异曲线上,消费者的任何一点的效用都相同,且偏离原点越远的曲线,其效用水平或满足程度越高。

无差异曲线的特征:①同一坐标平面上的任何两条无差异曲线之间,可以有无数条无差异曲线;②同一坐标平面上的任何两条无差异曲线均不会相交;③无差异曲线是凸向原点的。

///　要点提示　///

无差异曲线的形状一般是凸向原点的曲线,但存在两种极端情况:①完全替代品的无差异曲线是一条斜率不变的直线;②完全互补品的无差异曲线为直角形状。

3. 商品的边际替代率

在维持效用水平不变的前提下,消费者增加一单位某种商品的消费数量时所需要放弃的另一种商品的消费数量,被称为商品的边际替代率。如果用商品 1 代替商品 2,ΔX_1 表示商品 1 的增加量,ΔX_2 表示商品 2 的减少量,则商品 1 对商品 2 的边际替代率可用下式表示:

$$MRS_{12} = -\frac{\Delta X_2}{\Delta X_1}$$

由于 ΔX_1 是增加量,ΔX_2 是减少量,两者的符号相反,所以,为了使 MRS_{12} 的计算结果是正值,以便于比较,就在公式中加了一个负号。

在两种商品的替代过程中,普遍存在商品的边际替代率递减规律,即在维持效用水平不变的前提下,随着一种商品的消费数量的连续增加,消费者为得到每一单位的这种商品所需要放弃的另一种商品的消费数量是递减的。

(三)预算线

预算线是指在消费者的收入和商品价格既定的条件下,消费者的全部收入所能购买到的两种商品不同组合点的轨迹。假定以 I 表示消费者的既定收入,以 P_1 和 P_2 分别表示商品 1 和商品 2 的既定价格,以 X_1 和 X_2 分别表示商品 1 和商品 2 的数量,那么,相应的预算等式如下:

$$P_1 X_1 + P_2 X_2 = I$$

该式表示:消费者的全部收入等于他购买商品 1 和商品 2 的总支出。而且,可以用 $\frac{I}{P_1}$ 和 $\frac{I}{P_2}$ 来分别表示全部收入仅购买商品 1 或商品 2 的数量,它们分别表示预算线的横截距和纵截距。上式改写为:

$$X_2 = -\frac{P_1}{P_2} X_1 + \frac{I}{P_2}$$

预算线方程告诉我们,预算线的斜率为$-\frac{P_1}{P_2}$,纵截距为$\frac{I}{P_2}$,预算线的图形见右图。

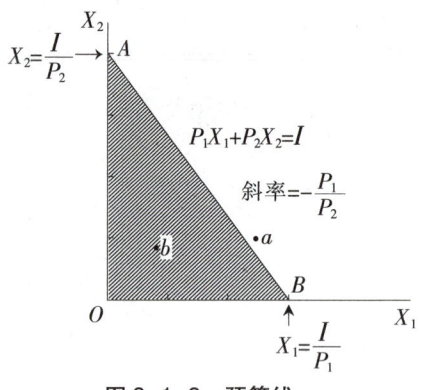

图 3-1-2 预算线

从图 3-1-2 中可以看到,预算线 AB 把平面坐标图划分为三个区域:预算线 AB 以外区域中的任何一点,如 a 点,是消费者利用全部收入都不可能实现的商品购买的组合点。预算线 AB 以内区域中的任何一点,如 b 点,表示消费者的全部收入在购买该点的商品组合以后还有剩余。只有预算线 AB 上的任何一点,才是消费者的全部收入刚好花完所能购买到的商品组合点。图中阴影部分的区域(包括直角三角形的三条边),被称为消费者的预算可行集或预算空间。

(四)序数效用论下的消费者均衡

将消费者的无差异曲线和预算线结合在一起,就可以分析消费者追求效用最大化的购买选择行为。消费者的最优购买选择行为必须满足两个条件:①最优的商品购买组合必须是消费者最偏好的商品组合。也就是说,最优的商品购买组合必须是能够给消费者带来最大效用的商品组合。②最优的商品购买组合必须位于给定的预算线上。

如图 3-1-3 所示,只有预算线 AB 和无差异曲线 U_2 的相切点 E,才是消费者在给定的预算约束下能够获得最大效用的均衡点。在均衡点 E 处,相应的最优购买组合为(X_1^*, X_2^*)。

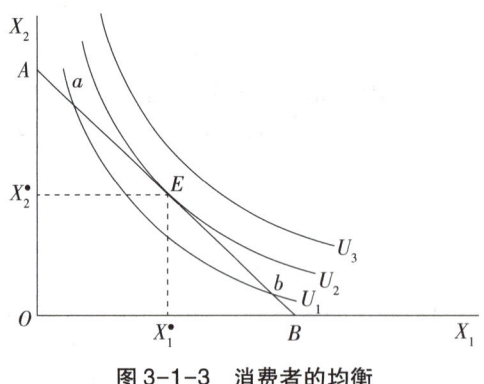

图 3-1-3 消费者的均衡

在切点 E,无差异曲线和预算线两者的斜率是相等的。无差异曲线的斜率的绝对值就是两商品的边际替代率 MRS_{12},预算线的斜率的绝对值可以用两商品的价格之比,即$\frac{P_1}{P_2}$来表示。由此,在均衡点 E:

$$MRS_{12} = \frac{P_1}{P_2}$$

这就是消费者效用最大化的均衡条件。它表示在一定的预算约束下,为了实现最大的效用,消费者应该选择最优的商品组合,使得两商品的边际替代率等于两商品的价格之比。

> **命题角度**
>
> (1)直接考查无差异曲线的定义和特征。
>
> (2)给定某种生活现象,判断其是否符合边际效用递减规律。如"什么东西都是第一口好吃,再吃就索然无味,吃多更是会腻",这句话体现的就是边际效用递减规律。

考点二 价格变化和收入变化对消费者均衡的影响

一、价格-消费曲线与需求曲线

由消费者效用最大化均衡点出发,可以得到与某一种商品的不同价格水平相联系的消费者效用最大化的均衡点的轨迹,这就是价格-消费曲线。由价格-消费曲线出发,可进一步推导第二讲中提到的消费者的需求曲线。

二、收入-消费曲线与恩格尔曲线

由消费者效用最大化均衡点出发,可以得到与消费者的不同收入水平相联系的消费者效用最大化的均衡点的轨迹,这就是收入-消费曲线。收入-消费曲线有两种:①随着收入的增加,两种商品都是正常品的收入-消费曲线是向右上方倾斜的;②随着收入的增加,横轴上的商品由正常品变为劣等品,会使收入-消费曲线向后弯曲。

由收入-消费曲线出发,可进一步推导出消费者的恩格尔曲线。恩格尔曲线表示消费者在每一收入水平对某商品的需求量。正常品的恩格尔曲线的斜率为正,劣等品的恩格尔曲线的斜率为负。

/// **考点拓展** ///

恩格尔系数

恩格尔系数是指居民家庭中食物支出占消费总支出的比重,它随家庭收入的增加而下降,恩格尔系数越大,意味着生活水平越低,越贫困。根据联合国粮农组织提出的标准,恩格尔系数大于59%为贫困,50%~59%为温饱,40%~50%为小康,30%~40%为富裕,低于30%为最富裕。

考点三 收入效应和替代效应

一种商品价格的变化会引起该商品的需求量的变化,这种变化可以被分解为收入效应和替代效应两个部分。

收入效应:由商品的价格变动所引起的**实际收入水平的变动**,进而由实际收入水平变动所引起的商品需求量的变动。替代效应:由商品的价格变动所引起的**商品相对价格的变动**,进而由商品的相对价格变动所引起的商品需求量的变动。

总效应等于收入效应与替代效应之和,不同物品的收入效应和替代效应相互作用的结果不同。

一、正常品的收入效应和替代效应

对于正常品来说,**收入效应与价格成反方向变动,替代效应也与价格成反方向变动**,在它们的共同作用下,总效应必定与价格成反方向变动。正因为如此,正常品的需求曲线是向右下方倾斜的。

二、劣等品的收入效应和替代效应

对于劣等品来说,**收入效应与价格成同方向变动,替代效应与价格成反方向变动**,而且,在大多数场合,收入效应的作用小于替代效应的作用,所以,总效应与价格成反方向变动,相应的需求曲线是向右下方倾斜的。

三、吉芬品的收入效应和替代效应 ★★

在少数场合下,某些劣等品的收入效应的作用会大于替代效应的作用,所以,当价格上升时,其需求量也增加,于是,就会出现违反需求曲线向右下方倾斜的现象。这类物品就是吉芬品。

吉芬品是一种特殊的劣等品。作为劣等品,吉芬品的收入效应与价格成同方向的变动,替代效应与价格成反方向的变动。吉芬品的特殊性在于其收入效应的作用很大,以至于超过了替代效应的作用,从而使总效应与价格成同方向的变动。这也是吉芬品的需求曲线呈现出向右上方倾斜的原因。

第四讲　厂商理论

考点一　生产理论

厂商进行生产的过程是指从投入生产要素到生产出产品的过程。在经济分析中,生产要素一般被划分为劳动、土地、资本和企业家才能四种类型。

微观经济学的生产理论可以分为短期生产理论和长期生产理论。短期是指生产者来不及调整全部生产要素的数量,至少有一种生产要素的数量是固定不变的生产周期。长期是指生产者可以调整全部生产要素的生产周期。

一、短期生产理论

(一)短期生产函数

短期内,假设资本投入量不变,用 $\bar{K}$ 表示,只有劳动投入量可变,用 L 表示,则短期生产函数如下:

$$Q = f(L, \bar{K})$$

(二)总产量、平均产量和边际产量

总产量(TP)是指投入一定量的可变生产要素以后所得到的产出量总和。

平均产量(AP)是指平均每单位可变生产要素投入的产出量,如果用 X 表示某生产要素投入量,那么 $AP = TP/X$。

边际产量(MP)是指增加或减少一单位可变生产要素投入量所带来的产出量的变化,如果用 ΔTP 表示总产量的增量,ΔX 表示可变生产要素的增量,那么 $MP = \Delta TP/\Delta X$。对短期生产函数来说,边际产量表现出的先上升而最终下降的特征,被称为边际报酬递减规律,有时也被称为边际产量递减规律或边际收益递减规律。

(三)边际报酬递减规律 ★★

边际报酬递减规律成立的两个基本前提条件:一是生产技术是给定的;二是其他要素投入量是固定不变的。

在技术水平不变的条件下,在连续等量地把某一种可变生产要素增加到其他一种或几种数量不变的生产要素上去的过程中,当这种可变生产要素的投入量小于某一特定值时,增加该要素投入所带来的边际产量是递增的;当这种可变要素的投入量连续增加并超过这个特定值时,增加该要素投入所带来的边际产量是递减的。这就是边际报酬递减规律。边际报酬递减规律是短期生产的一条基本规律。

(四)短期生产的三个阶段 ★★★

根据产量变化的特征,可以将短期生产划分为三个阶段,如图3-1-4所示。

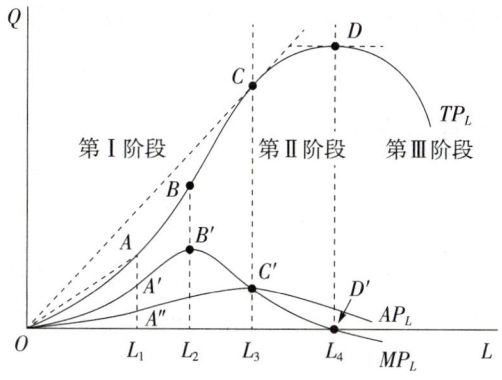

图 3-1-4　短期生产的三个阶段

第Ⅰ阶段：劳动投入量从零增加到 L_3 的区间。在这一阶段平均产量递增，边际产量大于平均产量。这一特征表明，和可变投入劳动相比，不变投入资本太多，因而增加劳动量是有利的，劳动量的增加可以使资本的作用得到充分发挥。任何有理性的厂商通常不会把可变投入的使用量限制在这一阶段内。

第Ⅱ阶段：L_3 到 L_4 的区间，这一阶段总产量继续以递减的幅度增加，一直达到最大值。相应地，边际产量继续递减，直至等于零。平均产量在最大值处与边际产量相等并转而递减，是这一阶段的起点。此阶段的显著特点是平均产量递减，边际产量小于平均产量。

第Ⅲ阶段：劳动投入量从 L_4 开始继续增加的区间。这一阶段总产量递减，边际产量为负值。这一特征表明，和不变投入资本相比，可变投入劳动太多，这时即使劳动要素是免费的，厂商也不愿意增加劳动投入量在第三阶段经营，而是通过减少劳动投入量来增加总产量。

由此可见，在短期生产中，厂商既不会将生产停留在第Ⅰ阶段，也不会将生产扩展至第Ⅲ阶段。实际上，厂商都是在第Ⅱ阶段进行生产。第Ⅱ阶段是理性厂商短期生产的决策区间，或称生产要素的合理投入区间。

> **命题角度**
>
> （1）直接考查生产要素的类型。
> （2）直接考查边际报酬递减规律的内涵。
> （3）直接考查短期生产三个阶段的特征以及厂商的最佳决策区间。

二、长期生产理论

（一）长期生产函数

在长期内，所有的生产要素的投入量都是可变的。在生产理论中，为了简化分析，通常以两种可变生产要素的生产函数来考察长期生产问题。假定生产者使用劳动和资本两种可变生产要素来生产一种产品，则两种可变生产要素的长期生产函数可以写成如下形式：

$$Q=f(L,K)$$

式中，L 为可变要素劳动的投入量；K 为可变要素资本的投入量；Q 为产量。

（二）等产量曲线

等产量曲线是在技术水平不变的条件下，生产同一产量水平的两种生产要素投入量的所有不同组合的轨迹。等产量曲线具有以下四个特征：①在一个坐标平面上可以有无数条等产量曲线。每一条等产量曲线都代表一个产量水平，同一曲线表示相同产量。②离原点越近（或越远）的等产量曲线代表的产量水平越低(或越高)。③同一坐标平面上的任意两条等产量曲线都不会相交。④凸向原点(由边际技术替代率递减规律决定)。

(三)边际技术替代率及其递减规律

边际技术替代率是指在维持产量水平不变的条件下,增加一单位某种生产要素的投入量时所减少的另一种要素的投入量。边际技术替代率还可以表示为两要素的边际产量之比。

在两种生产要素相互替代的过程中,普遍存在一种现象:在维持产量不变的前提下,当一种生产要素的投入量不断增加时,每一单位的这种生产要素所能替代的另一种生产要素的数量是递减的。这一现象被称为边际技术替代率递减规律。

(四)规模报酬 ★★★

企业的规模报酬分析属于长期生产理论问题。企业的规模报酬变化可以分为三种情况。这三种情况的具体内容见表3-1-9。

表3-1-9 规模报酬变化的三种情况

内容	规模报酬递增	规模报酬递减	规模报酬不变
概念	产量增加的比例大于各种生产要素增加的比例	产量增加的比例小于各种生产要素增加的比例	产量增加的比例等于各种生产要素增加的比例
公式定义	令生产函数 $Q=f(L,K)$,如果 $f(\lambda L,\lambda K)>\lambda f(L,K)$ 且常数 $\lambda>1$,则生产函数 $Q=f(L,K)$ 具有规模报酬递增的性质	令生产函数 $Q=f(L,K)$,如果 $f(\lambda L,\lambda K)<\lambda f(L,K)$ 且常数 $\lambda>1$,则生产函数 $Q=f(L,K)$ 具有规模报酬递减的性质	令生产函数 $Q=f(L,K)$,如果 $f(\lambda L,\lambda K)=\lambda f(L,K)$ 且常数 $\lambda>1$,则生产函数 $Q=f(L,K)$ 具有规模报酬不变的性质

一般说来,在长期生产过程中,企业规模报酬的变化呈现如下规律:当企业从最初很小的生产规模开始逐步扩大时,企业处于规模报酬递增的阶段。在企业得到了由生产规模扩大所带来的产量递增的全部好处以后,一般会继续扩大生产规模,将生产保持在规模报酬不变的阶段。这个阶段有可能比较长。在这以后,企业若继续扩大生产规模,就会进入规模报酬递减的阶段。

考点拓展

柯布-道格拉斯生产函数

柯布-道格拉斯生产函数的一般形式:$Q=AL^{\alpha}K^{\beta}$,其中 Q 为产量;L 和 K 分别为劳动和资本投入量;A、α、β 为三个参数,$A>0,0<\alpha,\beta<1$。根据 α 与 β 之和,可以判断规模报酬的情况。若 $\alpha+\beta>1$,则为规模报酬递增;若 $\alpha+\beta=1$,则为规模报酬不变;若 $\alpha+\beta<1$,则为规模报酬递减。

柯布-道格拉斯生产函数具有以下特点:①柯布-道格拉斯生产函数中,A、α、β 是固定参数;②可线性化;③参数估计和其他代数方程相比,计算比较方便;④运用柯布-道格拉斯生产函数进行技术经济分析,由于数据特性,计算分析结论更准确。

考点二 成本理论

一、成本的基本概念

(一)机会成本

机会成本是指生产者所放弃的使用相同的生产要素在其他生产用途中所能获得的最高收入。

（二）显性成本和隐性成本

企业的生产成本可以分为显性成本和隐性成本两个部分。

显性成本即会计成本，是指厂商在要素市场上购买或租用他人所拥有的生产要素的实际支出。

隐性成本，是指厂商自己拥有的且被用于自己企业生产过程的那些生产要素的总价格。

（三）经济利润 ★★

企业的所有显性成本和隐性成本之和构成总成本，即经济成本。企业的经济利润是指企业的总收益和总成本之间的差额，简称企业的利润。企业所追求的最大利润，指的就是最大的经济利润。经济利润也被称为超额利润。

在西方经济学中还需区别经济利润和正常利润。正常利润通常是指厂商对自己所提供的企业家才能的报酬支付。正常利润是厂商生产成本的一部分，以隐性成本计入成本。

二、等成本线与成本最小化

（一）等成本线 ★★★

等成本线是在既定的成本和既定的生产要素价格条件下，生产者可以购买到的两种生产要素的各种不同数量组合的轨迹。假定要素市场上既定的工资率（劳动的价格）为 w，既定的利息率（资本的价格）为 r，厂商既定的成本支出为 C，则成本方程如下：

$$C = wL + rK$$

根据上式可以得到等成本线，具体内容见图 3-1-5。等成本线以内区域中的任何一点，如 A 点，表示既定的全部成本都用来购买该点的劳动和资本的组合后还有剩余。等成本线以外区域中的任何一点，如 B 点，表示用既定的全部成本购买该点的劳动和资本的组合是不够的。只有在等成本线上的任何一点，才表示用既定的全部成本能刚好购买到的劳动和资本的组合。

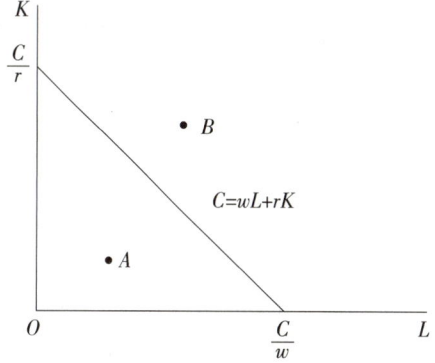

图 3-1-5　等成本线

当成本或要素价格变化时，会引起等成本线的移动：①当要素价格不变，成本增加时，等成本线会向右平移；成本减少时，等成本线会向左平移。②当只有一种要素价格变化时，等成本线会发生旋转。如果成本和资本价格既定，那么当劳动的价格上升时，等成本线会围绕它与纵轴的交点顺时针旋转；如果劳动的价格下降，等成本线会围绕它与纵轴的交点逆时针旋转。③当成本既定，而两种要素价格同比例增加或减少时，等成本线也会平移。

（二）成本最小化

假定在一定的技术条件下厂商使用两种可变生产要素劳动和资本生产一种产品，且劳动的价格 w 和资本的价格 r 是给定的。如果企业要以最小的成本来生产既定的产量，就要选择最优的劳动投入量和资本投入量的组合。把厂商的等产量曲线和等成本线置于同一坐标系中，等产量线与等成本线相切的点就是厂商在既定产量条件下实现最小成本的最优要素组合，即生产的均衡点。

由于等产量曲线上某一点的斜率的绝对值等于该点上的两要素的边际技术替代率（MRTS），等成本线的斜率的绝对值等于两要素的价格之比，因此，在生产均衡点有：

$$MRTS_{LK} = \frac{w}{r}$$

上式表示：厂商应该选择最优的生产要素组合，使得两要素的边际技术替代率等于两要素的价格之比，从而实现既定产量条件下的最小成本。

由于边际技术替代率可以表示为两要素的边际产量之比,所以,上式可以写成如下形式:

$$MRTS_{LK} = \frac{MP_L}{MP_K} = \frac{w}{r}$$

进一步可表示为:

$$\frac{MP_L}{w} = \frac{MP_K}{r}$$

上式表示:为了实现既定产量条件下的最小成本,厂商应该通过对两要素投入量的不断调整,使得花费在每一种要素上的最后一单位的成本支出所带来的边际产量相等。

三、短期成本

(一)短期成本的基本概念

在短期,厂商的成本具体可分为以下七种。这七种短期成本的具体内容见表3-1-10。

表3-1-10　各类短期成本的基本内容

类型	概念	公式
总成本(TC)	厂商在短期内为生产一定数量的产品对全部生产要素所支付的总成本	$TC = TFC + TVC$
总不变成本(TFC)	厂商在短期内为生产一定数量的产品对不变生产要素所支付的总成本,如机器、厂房等	—
总可变成本(TVC)	厂商在短期内为生产一定数量的产品对可变生产要素所支付的总成本,如原材料、燃料、辅助材料等	—
平均总成本(AC)	厂商在短期内平均每生产一单位产品所支付的全部成本	$AC = \frac{TC}{Q} = AFC + AVC$
平均不变成本(AFC)	厂商在短期内平均每生产一单位产品所支付的不变成本	$AFC = \frac{TFC}{Q}$
平均可变成本(AVC)	厂商在短期内平均每生产一单位产品所支付的可变成本	$AVC = \frac{TVC}{Q}$
边际成本(MC)	厂商在短期内增加一单位产量时所增加的总成本	$MC = \frac{\Delta TC}{\Delta Q} = \frac{dTC}{dQ}$

(二)短期成本变动的决定因素:边际报酬递减规律

边际报酬递减规律是短期生产的一条基本规律,它也决定了短期成本曲线的特征。

在边际报酬递减规律作用下的短期边际产量和短期边际成本之间存在着一定的对应关系。这种对应关系可以表述如下:在短期生产中,边际产量的递增阶段对应的是边际成本的递减阶段,边际产量的递减阶段对应的是边际成本的递增阶段,与边际产量的最大值相对应的是边际成本的最小值。正因为如此,在边际报酬递减规律作用下的 MC 曲线表现出先降后升的 U 形特征。

(三)短期成本曲线间的关系 ★★★

为了分析短期成本曲线间的关系,将这些短期成本曲线置于图3-1-6中进行分析。

1. TC 曲线和 TVC 曲线的关系

TC 曲线和 TVC 曲线的斜率相同,且两曲线之间的垂直距离等于 TFC。

2. TC 曲线、TVC 曲线和 MC 曲线之间的关系

在每一产量点上的 MC 值就是相应的 TC 曲线和 TVC 曲线的斜率。在边际报酬递减规律的作用下,当 MC 曲线逐渐由下降变为上升时,TC 曲线和 TVC 曲线的斜率也由递减转为递增。当 MC 曲线达到最低点 A 时,TC 曲线和 TVC 曲线各自存在一个拐点,即 B 点和 C 点。

3. AC 曲线、AVC 曲线和 MC 曲线之间的关系

第一,AVC 曲线、AC 曲线与 MC 曲线都是先下降而后上升的 U 形曲线,表明了这三种成本随产量的增加而变动的趋势。第二,MC 曲线与 AC 曲线一定相交,且相交于 AC 曲线的最低点。在相交以前,AC 一直在减少,MC 小于 AC;在相交以后,AC 一直在增加,MC 大于 AC;在相交时,AC 达到最低点,MC 等于 AC。第三,MC 曲线与 AVC 曲线也一定相交于 AVC 曲线的最低点。在相交以前,AVC 一直在下降,MC 小于 AVC;在相交之后,AVC 一直在增加,MC 大于 AVC;在相交时,AVC 达到最低,MC 等于 AVC。

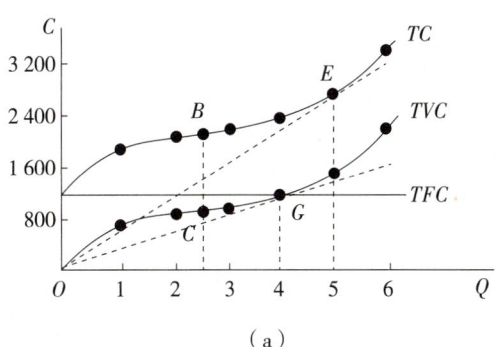

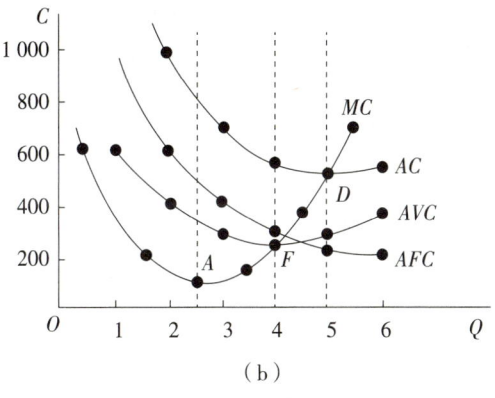

图 3-1-6 短期成本曲线

>> 经典例题 边际成本曲线自下而上穿过平均成本曲线后,平均成本的变化趋势是( )。

A. 上升 B. 下降
C. 先上升后下降 D. 不变

【答案】A。

四、长期成本 ★★

三类长期成本的基本内容见表 3-1-11。

表 3-1-11 三类长期成本的基本内容

类型	概念和公式	图像
长期总成本（LTC）	厂商长期中在每一个产量水平上通过选择最优的生产规模所能达到的最低总成本。公式如下: $LTC = LTC(Q)$	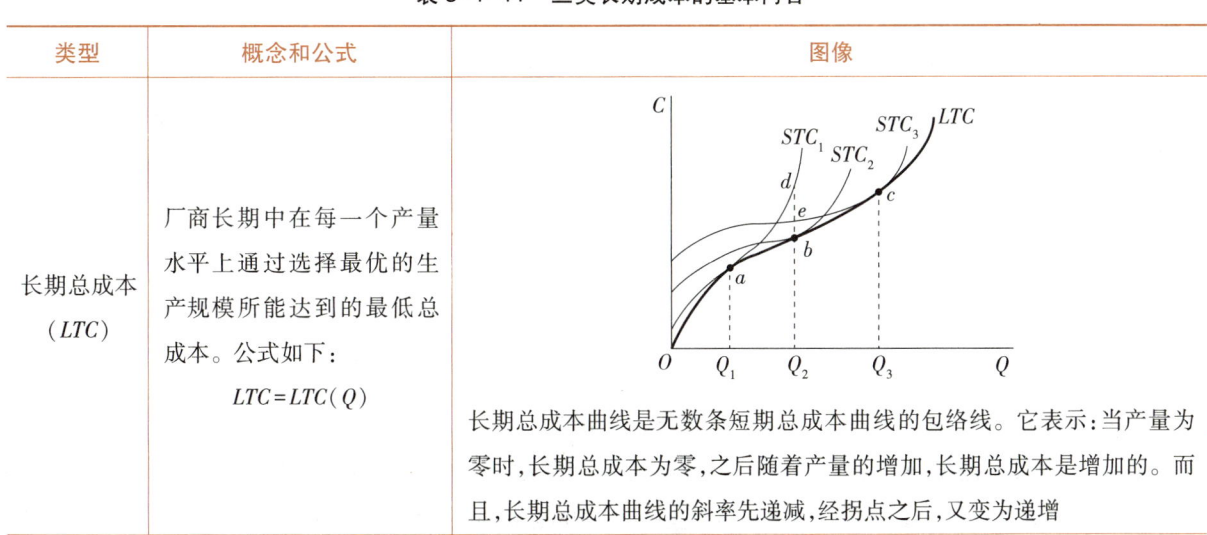 长期总成本曲线是无数条短期总成本曲线的包络线。它表示:当产量为零时,长期总成本为零,之后随着产量的增加,长期总成本是增加的。而且,长期总成本曲线的斜率先递减,经拐点之后,又变为递增

(续表)

类型	概念和公式	图像
长期平均成本（LAC）	厂商在长期内按产量平均计算的最低总成本。公式如下： $LAC = \dfrac{LTC(Q)}{Q}$	在长期中，厂商可以根据它所要达到的产量来调整生产规模，从而始终处于最低平均成本状态 一般来说，在企业的生产规模由小到大的扩张过程中，会先后出现规模经济和规模不经济，所以企业长期生产的规模经济和规模不经济（即内在经济和内在不经济）决定了长期平均成本曲线的 U 形特征；而企业长期生产的外部经济和外部不经济决定了长期平均成本曲线位置的高低
长期边际成本（LMC）	厂商在长期内增加一单位产量所增加的最低总成本。公式如下： $LMC = \dfrac{\Delta LTC(Q)}{\Delta Q}$	长期边际成本曲线呈 U 形，它与长期平均成本曲线相交于长期平均成本曲线的最低点

长期成本下降的原因一般有以下几个：

（1）在长期选择最优的生产规模。

（2）利用规模经济。厂商产量增加的倍数大于成本增加的倍数，为规模经济。

（3）得到外在经济的好处。企业的外在经济是由于厂商的生产活动所依赖的外界环境得到改善而产生的。

（4）学习效应。工人、工程技术人员和生产管理者等从经验中获得生产技能和知识被称为干中学。干中学可以用学习曲线来表示。而干中学能降低长期的生产成本，这一效应被称为学习效应。

命题角度

（1）考查等成本线的定义和移动。

（2）考查短期成本的计算。如某厂商生产某种产品，产量为 100 时，平均成本是 20 元，产量为 120 时，平均成本是 22 元，则生产该产品的边际成本=(22×120−20×100)/(120−100)=32(元)。

（3）直接考查各类短期成本曲线之间的关系。平均成本曲线、平均可变成本曲线与边际成本曲线的关系为考查重点。

第五讲　市场结构

考点一　市场类型的划分和特征

市场是物品买卖双方相互作用并得以决定其交易价格和交易数量的一种组织形式或制度安排。

决定市场类型划分的主要因素有以下四个：第一，市场上厂商的数目；第二，厂商所生产的产品的差别程度；第三，单个厂商对市场价格的控制程度；第四，厂商进入或退出一个行业的难易程度。市场类型的划分和特征见表 3-1-12。

表 3-1-12　市场类型的划分和特征

市场类型	厂商数目	产品差异程度	对价格的控制程度	进出一个行业的难易程度	接近哪种商品市场
完全竞争	很多	完全无差别	没有	很容易	一些农产品
垄断竞争	很多	有差别	有一些	比较容易	一些轻工业产品、零售业
寡头垄断	几个	有差别或者无差别	相当程度	比较困难	钢铁、汽车、石油
垄断	唯一	唯一的产品，且无相近的替代品	很大程度，但经常受到管制	很困难，几乎不可能	公用事业，如水、电

---- 要点提示 ----

本行业内各企业生产的产品的差异程度是区分垄断竞争市场和完全竞争市场的主要依据。

考点二　完全竞争市场

一、完全竞争市场的含义及条件 ★★

完全竞争又称"纯粹竞争"，是指不存在任何阻碍和垄断因素，且完全非个性化的市场结构。

完全竞争市场必须具备以下四个条件：①市场上有大量的买者和卖者；②市场上每一个厂商提供的商品都是完全同质的；③所有的资源具有完全的流动性；④信息是完全的。

二、完全竞争厂商的需求曲线和收益曲线 ★★

（一）完全竞争厂商的需求曲线

在完全竞争市场上，每一个厂商和每一个消费者都是既定市场价格的接受者，而不是控制者，所以完全竞争市场上的价格是在市场供给和市场需求两种力量的共同作用下形成的。

在完全竞争市场上，由于厂商是既定市场价格的接受者，所以，完全竞争厂商的需求曲线是一条由既定市场价格水平出发的水平线[图 3-1-7(a)]。

水平的需求曲线意味着厂商只能被动地接受既定的市场价格，且厂商既不能也没有必要去改变这一价格水平。

（二）完全竞争厂商的收益曲线

厂商的收益就是厂商的销售收入，可以分为总收益(TR)、平均收益(AR)和边际收益(MR)。具体内容见表 3-1-13。

表 3-1-13 不同类型的收益

类型	概念	函数形式
总收益	厂商按一定价格出售一定数量产品时所获得的全部收入	$TR(Q)=P\cdot Q$
平均收益	厂商平均每销售一单位产品所获得的收入	$AR(Q)=\dfrac{TR(Q)}{Q}$
边际收益	厂商增加一单位产品销售所获得的总收入的增量	$MR(Q)=\lim\limits_{\Delta Q\to 0}\dfrac{\Delta TR(Q)}{\Delta Q}=\dfrac{\mathrm{d}TR(Q)}{\mathrm{d}Q}$

厂商的收益取决于市场上对其产品的需求状况,或者说,厂商的收益取决于厂商的需求曲线的特征。在以后的分析中,我们均假定厂商的销售量等于厂商所面临的需求量。这样,完全竞争厂商的需求曲线又可以表示为在每一个销售量上,厂商的销售价格是固定不变的,因此必有 $AR=MR=P$。此外,完全竞争厂商的 TR 曲线是一条由原点出发的斜率不变的上升直线。这是因为:在每一个销售量水平,MR 值是 TR 曲线的斜率,且 MR 值等于固定不变的价格水平。完全竞争厂商的收益曲线见图 3-1-7。

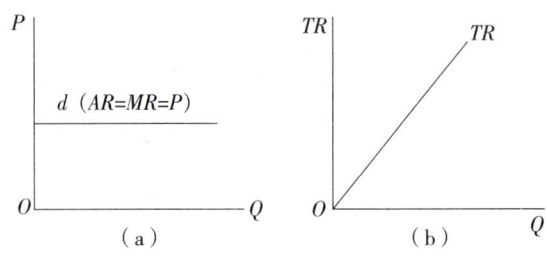

图 3-1-7 某完全竞争厂商的收益曲线

(三)厂商实现利润最大化的均衡条件

完全竞争厂商在短期生产中,可能出现以下几种情况,具体内容见表 3-1-14。

表 3-1-14 完全竞争厂商在短期生产中的情况

类型	内容
$MR>SMC$	厂商增加一单位产量所带来的总收益的增加量大于所付出的总成本的增加量,厂商增加产量是有利的,可以增加利润,因此厂商会增加产量直至 $MR=SMC$
$MR<SMC$	厂商增加一单位产量所带来的总收益的增加量小于所付出的总成本的增加量,厂商增加产量是不利的,会减少利润,因此厂商会减少产量直至 $MR=SMC$
$MR=SMC$	厂商增加一单位产量所带来的总收益的增加量等于所付出的总成本的增加量,此时厂商的利润达到最高水平

///// 要点提示 /////

不同市场结构下的厂商的短期生产和长期生产实现利润最大化或亏损最小化的原则均为边际收益等于边际成本,即 $MR=MC$。

三、完全竞争厂商的短期均衡 ★★★

在完全竞争厂商的短期生产中,市场的价格和生产规模都是给定的。因此,在短期内,厂商是在给定的生产规模下,通过对产量的调整来实现 $MR=SMC$ 的利润最大化的均衡条件。

当厂商实现 $MR=SMC$ 时,有可能获得利润,也有可能亏损,把各种可能的情况都考虑在内,完全竞争厂商的短期均衡可以表现为五种情况,具体内容见表 3-1-15。

表 3-1-15 完全竞争厂商的短期均衡

情形	图像分析
获得超额利润的情形	获得超额利润情形的图像如右图所示 根据 $MR=SMC$ 的利润最大化的均衡条件,厂商利润最大化的均衡点为 MR 曲线和 SMC 曲线的交点 E,相应的均衡产量为 Q^*。在 Q^* 的产量上,平均收益为 EQ^*,平均成本为 FQ^*。由于平均收益大于平均成本,厂商获得利润。在右图中,厂商的单位产品的利润为 EF,产量为 OQ^*,两者的乘积等于总利润量,它相当于图中阴影部分的面积
获得正常利润的情形	获得正常利润情形的图像如右图所示 在右图中,厂商的需求曲线 d 相切于 SAC 曲线的最低点,这一点是 SAC 曲线和 SMC 曲线的交点。这一点恰好也是 $MR=SMC$ 的利润最大化的均衡点 E。在均衡产量 Q^* 上,平均收益等于平均成本,都为 EQ^*,厂商的超额利润为零,但厂商的正常利润实现了。由于在这一均衡点 E 上,厂商既无利润,也无亏损,所以,该均衡点也被称为厂商的收支相抵点
虽然亏损,但继续生产的情形	虽然亏损,但继续生产情形的图像如右图所示 在右图中,由均衡点 E 和均衡产量 Q^* 可知,厂商的平均收益小于平均成本,厂商是亏损的,其亏损量相当于图中阴影部分的面积。但由于在 Q^* 的产量上,厂商的平均收益大于平均可变成本,所以,厂商虽然亏损,但仍继续生产。这是因为,只有这样,厂商才能在用全部收益弥补全部可变成本以后还有剩余,以弥补在短期内总是存在的不变成本的一部分。所以,在这种亏损情况下,生产要比不生产强
关闭企业的临界情形	关闭企业的临界情形的图像如右图所示 在右图中,厂商的需求曲线 d 相切于 AVC 曲线的最低点,这一点是 AVC 曲线和 SMC 曲线的交点。这一点恰好也是 $MR=SMC$ 的利润最大化的均衡点。在均衡产量 Q^* 上,厂商是亏损的,其亏损相当于图中阴影部分的面积。此时,厂商的平均收益等于平均可变成本,厂商可以继续生产,也可以不生产,也就是说,厂商生产或不生产的结果都是一样的。这是因为,如果厂商生产,则全部收益只能弥补全部的可变成本,不变成本得不到任何弥补。如果厂商不生产,厂商虽然不必支付可变成本,但是全部不变成本仍然存在。由于在这一均衡点上,厂商处于关闭企业的临界点,所以,该均衡点也被称作停止营业点或关闭点

情形	图像分析
停止生产的情形	停止生产情形的图像如右图所示 在右图中,在均衡产量 Q^* 上,厂商的亏损量相当于图中阴影部分的面积。此时,厂商的平均收益小于平均可变成本,厂商将停止生产。因为,在这种亏损情况下,如果厂商还继续生产,则全部收益连可变成本都无法全部弥补,就更谈不上对不变成本的弥补了。而事实上只要厂商停止生产,可变成本就可以降为零。显然,此时不生产要比生产强

通过上述分析,完全竞争厂商短期均衡的条件如下:

$$MR = SMC$$

式中,$MR = AR = P$。在短期均衡时,厂商的利润可以大于零,也可以等于零,或者小于零。

▶ 经典例题 某完全竞争厂商所面临的产品的市场价格为每件 10 元,该厂商的平均成本为每件 12 元,其中平均不变成本为 2 元。已知平均可变成本下降 10%,则就短期生产而言,该厂商当前的正确决策是( )。

A. 按 10 元价格继续出售　　　　　　B. 按 7 元价格出售

C. 立即停产　　　　　　　　　　　　D. 按 9 元价格出售

【答案】A。解析:在完全竞争市场上,该厂商面临的需求曲线为 $AR = MR = P = 10$(元)。目前,该厂商平均可变成本为 $AVC = (12-2) \times (1-10\%) = 9$(元),$AVC < AR < SAC$,因此,厂商虽然亏损,但仍应继续生产并按 10 元价格继续出售,因为只有这样,厂商才能在用全部收益弥补全部可变成本以后还有剩余,以弥补短期内总是存在的不变成本的一部分。

四、完全竞争厂商的长期均衡

在完全竞争厂商的长期生产中,所有的生产要素都是可变的,厂商通过对全部生产要素的调整,实现 $MR = LMC$ 的利润最大化的均衡原则。在完全竞争市场价格给定的条件下,厂商在长期生产中对全部生产要素的调整,一方面表现为对最优的生产规模的选择,另一方面表现为进入或退出一个行业的决策。

完全竞争厂商的长期均衡条件如下:

$$MR = LMC = SMC = LAC = SAC$$

式中,$MR = AR = P$。此时,单个厂商的利润为零。

五、完全竞争市场的福利

完全竞争市场实现了福利最大化,即总剩余(消费者剩余+生产者剩余)最大化,这说明完全竞争市场机制的运行是有效的。政府的限制价格和销售税等政策会使市场交易规模偏离有效的市场交易规模,从而导致市场福利的无谓损失。

命题角度

(1)直接考查完全竞争市场的特征,完全竞争厂商的需求曲线、利润最大化的条件。(完全竞争市场是常考考点,考生复习时应重点掌握。)

(2)题干给定条件,要求判断完全竞争厂商在不同短期均衡情形下应采取何种生产策略。

考点三 不完全竞争市场

一、垄断市场

(一)垄断市场的含义
垄断市场是指整个行业中只有唯一的一个厂商的市场组织。

(二)垄断市场的条件
垄断市场的条件主要有以下三点:①市场上只有唯一的一个厂商生产和销售商品;②该厂商生产和销售的商品没有任何相近的替代品;③其他任何厂商进入该行业都极为困难或不可能。在这样的市场中,排除了任何的竞争因素,独家垄断厂商控制了整个行业的生产和市场的销售,所以,垄断厂商可以控制和操纵市场价格。但是,这并不意味着完全垄断厂商可以随意提价。因为即使在完全垄断市场上,产品价格的高低也要受到市场需求的影响。

(三)垄断形成的原因
形成垄断的原因主要有以下几个:①独家厂商控制了生产某种商品的全部资源或基本资源的供给。②自然垄断。某些产品的生产必须在一个很大规模上才能有效益,以至于只需一家这样的厂商生产就可以满足整个市场的需求。③政府特许。④发明和创新。厂商独家拥有生产某种商品的专利权或专有技术。

(四)垄断厂商的需求曲线 ★★

由于垄断市场中只有一个厂商,所以,市场的需求曲线就是垄断厂商所面临的需求曲线,它是一条向右下方倾斜的曲线,如图3-1-8(a)所示。假定厂商的销售量等于市场的需求量,则这条向右下方倾斜的需求曲线表示垄断厂商可以通过改变销售量来控制市场价格,销售量与市场价格成反方向变动。

(五)垄断厂商的收益曲线

厂商所面临的需求状况直接影响厂商的收益,这便意味着厂商的需求曲线的特征将决定厂商的收益曲线的特征。垄断厂商的需求曲线是向右下方倾斜的,其相应的 AR 曲线、MR 曲线和 TR 曲线的一般特征见图3-1-8。

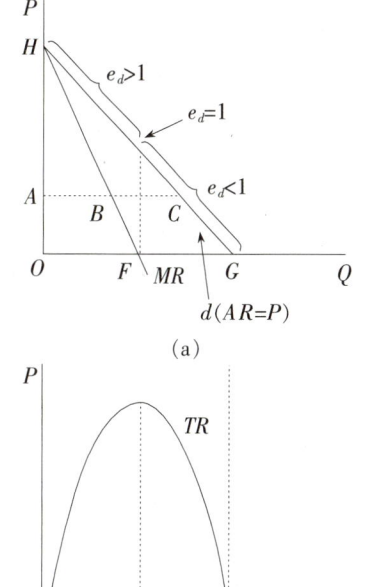

图3-1-8 垄断厂商的需求曲线和收益曲线

第一,由于厂商的平均收益总是等于商品的价格,所以,在图3-1-8(a)中,垄断厂商的 AR 曲线和需求曲线 d 重叠,都是同一条向右下方倾斜的曲线。

第二,由于 AR 曲线是向右下方倾斜的,则根据平均量和边际量之间的相互关系可以推知,垄断厂商的边际收益总是小于平均收益。因此,图3-1-8(a)中 MR 曲线位于 AR 曲线的左下方,且 MR 曲线也向右下方倾斜。

第三,每一销售量上的边际收益值就是相应的总收益曲线的斜率。

第四,垄断厂商的需求曲线 d 可以是直线型的,也可以是曲线型的。当垄断厂商的需求曲线 d 为直线型时,d 曲线和 MR 曲线的纵截距相等,且 MR 曲线的斜率是 d 曲线斜率的两倍,在图中表现为 MR 曲线的横截距是 d 曲线横截距的一半,或 MR 曲线平分由纵轴到需求曲线 d 的任何一条水平线[如图3-1-8(a)中有 $AB=$

BC,$OF=FG$,等等]。

(六)垄断厂商的价格歧视 ★★★

在有些情况下,垄断厂商会对同一种产品收取不同的价格,这种做法往往会增加垄断厂商的利润。以不同价格销售同一种产品,被称为价格歧视。垄断厂商实行价格歧视,必须具备以下两个基本条件:①市场的消费者具有不同的偏好,且这些不同的偏好可以被区分开。②不同的消费者群体或不同的销售市场是相互隔离的。这样就排除了中间商由低价处买进商品,转手又在高价处出售商品,从而从中获利的情况。

价格歧视可以分为一级、二级和三级价格歧视。

1. 一级价格歧视(完全价格歧视)

一级价格歧视是指垄断厂商根据每一个消费者购进一单位产品愿意并能够支付的最高价格逐个确定产品卖价的情况,即消费者实际支出的总额等于其愿意支出的总额。此时,消费者剩余完全被剥夺。

2. 二级价格歧视

二级价格歧视是指垄断厂商按不同价格出售不同单位的产品,但是每个购买相同数量商品的消费者支付相同的价格。在二级价格歧视下,厂商剥夺了部分消费者剩余。二级价格歧视要求对不同的消费数量段规定不同的价格。

3. 三级价格歧视

三级价格歧视是指垄断厂商根据消费者群体的外部特征,进行市场划分,在不同的市场上,对同一商品收取不同的价格。也就是说,厂商有不同的消费市场,但是同一个市场内的需求曲线是相同的。三级价格歧视要求厂商在需求的价格弹性较小的市场上制定较高的价格,在需求的价格弹性较大的市场上制定较低的价格。

示例 (1)某些个体服装经营者总喜欢同每位购买者讨价还价,而不明码标价,结果就是将同一件衣服出售给不同的顾客,价格往往有很大差别,这就是一级价格歧视。

(2)电力公司、燃气公司和城市自来水公司根据不同数量或不同区段的使用量制定不同的价格标准,这标准就是二级价格歧视。

(3)在我国,大学生寒暑假回家和返校享受火车优惠票价,这就是三级价格歧视。

二、垄断竞争市场

(一)垄断竞争市场的含义及条件

垄断竞争市场是一个市场中有许多厂商生产和销售有差别的同种产品的市场组织。

在垄断竞争市场理论中,把市场上大量的生产非常接近的同种产品的厂商的总和称作生产集团,如快餐食品集团、美容美发集团等。

垄断竞争市场的条件主要有以下三个:①产品差异性。产品差异性包括产品在原料、包装、服务、厂商的信誉等因素上的不同,或者消费者偏爱心理的不同。②一个生产集团中的企业数量非常多,以至于每个厂商都认为自己的行为影响很小,不会引起竞争对手的注意和反应,因而自己也不会受到竞争对手的任何报复措施的影响。③厂商的生产规模比较小,因此,进入和退出一个生产集团比较容易。

(二)垄断竞争厂商的需求曲线

垄断竞争厂商向右下方倾斜的需求曲线是比较平坦的,相对地比较接近完全竞争厂商的水平形状的需求曲线。垄断竞争厂商所面临的需求曲线有两种:D需求曲线和d需求曲线。具体如图3-1-9所示。

d 需求曲线表示在垄断竞争生产集团内的某个厂商改变产品价格，而其他厂商的产品价格都保持不变时，该厂商的产品价格和销售量之间的关系。

D 需求曲线表示在垄断竞争生产集团内的某个厂商改变产品价格，而且集团内的其他所有厂商也使产品价格发生相同变化时，该厂商的产品价格和销售量之间的关系。

d 需求曲线和 D 需求曲线相交意味着垄断竞争市场的供求相等状态。

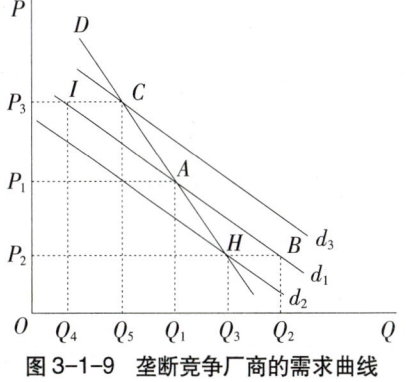

图 3-1-9　垄断竞争厂商的需求曲线

三、寡头垄断市场

（一）寡头垄断市场的含义及条件

寡头垄断市场又称寡头市场，是指少数几家厂商控制整个市场的产品生产和销售的一种市场组织。

寡头垄断市场的条件主要有以下四点：①在行业中，只有很少几个企业进行生产；②它们所生产的产品有一定的差别或者完全无差别；③寡头垄断厂商对价格有很大程度的控制；④厂商进出市场困难。

（二）形成寡头垄断市场的主要原因

形成寡头垄断市场的主要原因有以下几点：①某些产品的生产必须在相当大的生产规模上运行才能达到最好的经济效益；②行业中少数几家企业对生产所需的基本生产资源供给的控制；③政府的扶植和支持等。

（三）寡头垄断市场模型

寡头垄断市场理论中具有代表性的几个模型：

(1) 古诺模型。古诺模型分析了寡头厂商之间反应函数的相互作用及其结果。

(2) 斯塔克伯格模型。斯塔克伯格模型分析了处于"领导者-追随者"关系中的两个寡头厂商各自追求利润最大化产量的决定问题。

(3) 价格领导模型。价格领导模型阐述了寡头市场上领导型厂商决定市场价格的过程和结果。

(4) 斯威齐模型。斯威齐模型利用弯折的需求曲线和间断的边际收益曲线解释了寡头市场的价格刚性。

//// **考点拓展** ////

对于有 m 个寡头厂商的市场，利用古诺模型可以得到以下一般结论：

$$每个寡头厂商的均衡产量 = 市场总容量 \times \frac{1}{m+1}$$

$$行业的均衡总产量 = 市场总容量 \times \frac{m}{m+1}$$

命题角度

(1) 给定生活实例，判断该实例体现了垄断厂商的哪种价格歧视。

(2) 直接考查垄断竞争市场、寡头垄断市场的条件。

第六讲　帕累托最优和市场失灵

考点一　帕累托最优

一、帕累托标准

如果至少有一人认为 A 优于 B，而没有人认为 A 劣于 B，则认为从社会的观点看亦有 A 优于 B。这就是所谓的帕累托最优状态标准，简称为帕累托标准。

利用帕累托最优状态标准，可以对资源配置状态的任意变化作出"好"与"坏"的判断：如果既定的资源配置状态的改变使得至少有一个人的状况变好，而没有使任何人的状况变坏，则认为这种资源配置状态的变化是"好"的；否则认为是"坏"的。

二、帕累托改进和帕累托最优　★★

帕累托改进是指以帕累托标准来衡量为"好"的状态改变。

帕累托最优状态是指如果对于某种既定的资源配置状态，所有的帕累托改进均不存在，即在该状态上，任意改变都不可能使至少有一个人的状况变好而又不使任何人的状况变坏。换言之，如果对于某种既定的资源配置状态，还存在帕累托改进，即在该状态上，还存在某种（或某些）改变可以使至少一个人的状况变好而不使任何人的状况变坏，则这种状态就不是帕累托最优状态。

三、帕累托最优的前提条件

当下列三个边际条件均得到满足时，整个经济就达到了帕累托最优状态：

（1）交换的最优条件。任何两种产品的边际替代率对所有的消费者都相等。

（2）生产的最优条件。任何两种要素的边际技术替代率对所有生产者都相等。

（3）交换和生产的最优条件。任何两种产品的边际替代率等于它们的边际转换率。（边际转换率是指资源和技术水平既定的情况下，增加一单位某产品的产出量所减少的另一种产品的产出量。）

---- 考点拓展 ----

公平与效率

帕累托最优主要论述效率问题，洛伦兹曲线和基尼系数常用来论述公平问题。

洛伦兹曲线是由美国统计学家洛伦兹提出的用来表明社会收入分配状况并反映社会收入分配平均程度的一种曲线。洛伦兹曲线的弯曲程度越大，收入分配程度越不平等；弯曲程度越小，收入分配程度越平等。

基尼系数是意大利经济学家基尼根据洛伦兹曲线所作出的判断收入分配平均程度的指标，是衡量一个国家贫富差距的标准。基尼系数不会大于1，也不会小于0，即有 $0 \leq G \leq 1$。

考点二　市场失灵

市场机制一般只能保证资源配置的边际私人收益和边际私人成本相等，而无法保证边际社会收益和边际社会成本相等。对整个社会而言，边际社会收益和边际社会成本不相等意味着资源的配置没有达到最有效率的状态，这就是市场失灵。市场失灵主要包括不完全竞争、外部影响、公共物品、信息的不完全和不对称等情况。

一、不完全竞争 ★★

使资源配置达到帕累托最优状态的必要条件之一是完全竞争,因此,在垄断、寡头和垄断竞争等不完全竞争的情况下,市场就会出现失灵。

在实际中,只要市场不是完全竞争的,或厂商面临的需求曲线不是一条水平线,而是向右下方倾斜的,厂商的利润最大化原则就是边际收益等于边际成本,而不是价格等于边际成本。当价格高于边际成本时,就出现了低效率的资源配置状态。而由于协议的各种困难,潜在的帕累托改进难以得到实现,于是整个经济便偏离了帕累托最优状态,均衡处于低效率之中。

二、外部影响

(一)外部影响的概念

外部影响是指某一个经济主体的经济行为对社会上其他人的福利造成了影响,但却并没有为此而承担后果。

(二)外部影响的分类 ★★

外部影响分为"外部经济"和"外部不经济"。

(1)"外部经济(正外部性)"是指某个人的一项经济活动会给社会上的其他成员带来好处,但他自己却不能由此而得到补偿,即这个人从其经济活动中得到的利益(即"私人利益")小于该活动所带来的全部利益(即"社会利益",包括这个人和其他所有人得到的利益)。

(2)"外部不经济(负外部性)"是指某个人的一项经济活动会给社会上的其他成员带来危害,但他自己却并不为此支付足够抵偿这种危害的成本。

(三)外部影响的对策

为了纠正外部影响造成的资源配置不当,西方微观经济学理论提出了如下政策建议:①使用税收和津贴,对造成外部影响的企业进行征税和补贴;②使用企业合并的方法,使外部影响"内部化";③规定财产权,使私人成本与社会成本相当。

三、公共物品

根据排他性和竞争性的有无,可以将物品分为四类:①私人物品,既有排他性又有竞争性的物品;②公共物品,既不具有排他性也不具有竞争性的物品;③公共资源,不具有排他性却有竞争性的物品;④俱乐部物品,具有排他性却不具有竞争性的物品。

由于在公共物品场合存在"搭便车"之类的现象,市场机制提供公共物品缺乏效率,从而使得公共物品场合存在市场失灵。因此,政府有必要承担起提供公共物品的责任。

⑤示例 ①私人物品:个人的家具、自行车等;②公共物品:国防、外交、治安、天气预报等;③公共资源:公海中的鱼类资源、不收费的拥挤的公园、拥挤的免费的道路等;④俱乐部物品:计费的道路和桥梁、有线电视、社区绿化等。

四、信息的不完全和不对称

信息的不完全是指相对意义的不完全,即市场经济本身不能够生产出足够的信息并有效配置它们。信息不对称是指市场上买卖双方掌握的信息量不同。信息不对称的存在会导致逆向选择和道德风险等问题的产生。

(1)逆向选择,产生于事前信息不对称。由于买方和卖方之间信息不对称,市场机制会导致某些商品或服务的需求曲线向左下方弯曲,最终结果是劣质商品或服务驱逐优质商品或服务,以致市场萎缩甚至消失。

(2)道德风险,产生于事后信息不对称。由于信息不对称,市场一方不能观察另一方的行动,另一方就可能采取不利于对方的行动。

> **示例** 逆向选择示例:在保险市场上,保险公司无法区分劣等客户与优等客户时,只能按平均水平收取保险费用,这会导致一些优等客户退出市场;保险公司整体风险提高,必然被迫提高保费,这样次优等客户也退出市场……如此循环的结果是,劣等客户会成为市场主体,保险市场规模也会随之萎缩。
>
> 道德风险示例:当一个人购买了健康保险后,他很可能就不再像之前那样注意自己的生活方式、维护自己的身体健康,于是他发生健康问题的概率就会上升;借款方签订贷款合同,获得贷款后可能会将资金投入一些风险项目。

> **命题角度**
>
> (1)直接考查对市场失灵的几种情况的理解。
> (2)给定生活实例,判断其体现的是外部经济还是外部不经济。
> (3)选项给定某些物品,判断属于公共物品还是私人物品。

第七讲 国民收入核算理论

考点一 国内生产总值及核算方法

国民收入核算研究的是计量整个社会经济活动的一套方法。核算国民经济活动的核心指标是国内生产总值。

一、国内生产总值的概念 ★★★

国内生产总值(Gross Domestic Product,GDP),是指经济社会(即一国或一地区)在一定时期内运用生产要素所生产的全部最终产品(物品和劳务)的市场价值。

GDP 概念可以从以下几个方面理解:①GDP 是一国范围内生产的最终产品的市场价值,这里它是一个地域概念;②GDP 是一个市场价值(用货币加以衡量)的概念;③GDP 测度的是最终产品的价值,中间产品价值不计入 GDP;④GDP 是一定时期内所生产而不是所售卖掉的最终产品的价值;⑤GDP 是计算期内生产的最终产品价值,因而是流量,不是存量;⑥GDP 一般仅指市场活动导致的价值,只有进入市场流通活动的产品与劳务才能计入 GDP。

>> **经典例题** 下列能够计入当年 GDP 的是( )。

A. 中央政府对地方政府的转移支付　　B. 某人花 100 万美元在美国买的一栋新房
C. 企业从国外购买的一台服务器　　　　D. 某企业当年生产的没有卖掉的 20 万元产品

【答案】D。解析:GDP 是一国范围内生产的最终产品的市场价值,是一个地域概念。B、C 两项均不是本国生产的,故不计入 GDP。A 项,转移支付只是简单地把收入从一些人或一些组织转移给另一些人或一些组织,没有相应的产品或劳务的交换发生,故不计入 GDP。D 项,GDP 核算的是当期生产的,与是否销售出去无关,因此 D 项计入当年 GDP。

二、核算 GDP 的两种常用方法

GDP 的核算方法主要有支出法和收入法两种。

(一)支出法核算 GDP ★★

用支出法核算 GDP,就是通过核算在一定时期内整个社会购买最终产品的总支出,即最终产品的总卖价来计量 GDP,包括消费(C)、投资(I)、政府购买(G)以及净出口($NX=X-M$,X 表示出口,M 表示进口)这几方面支出。

支出法核算 GDP 的公式如下:

$$国内生产总值=消费支出+投资支出+政府购买支出+净出口$$

考点拓展

投资的分类

(1)固定资产投资与存货投资。固定资产投资主要包括两个方面:企业固定资产投资,如新厂房、新设备;住宅投资,如居民购买新建住房。本期存货投资=本期期末存货-上期期末存货,所以,存货投资可为正也可为负。

(2)净投资与重置投资。净投资即新增加的投资。重置投资是指由于厂房、机器的磨损,需用折旧费重新购置被磨损掉的机器设备等而进行的投资,即用折旧费进行的投资。其基本功能是维持社会简单再生产。

根据以上表述,可以得到:总投资=净投资+重置投资=固定资产投资+存货投资。

(二)收入法核算 GDP

总产出是由生产过程中投入的生产要素创造的,需要向这些生产要素支付报酬,这些报酬就成为生产要素所有者的收入。由于把利润看成是产品卖价扣除工资、利息、地租等成本支出后的余额,即利润是收入的一部分,因此,产出=收入。此外,产出等于支出,则总产出=总收入=总支出。收入法是把生产要素在生产中所得到的各种收入加总来计量 GDP。由于要素的收入从企业角度看即是产品的成本(包括企业利润),所以这种方法又称成本法。

收入法核算 GDP 的公式如下:

$$GDP=工资+利息+利润+租金+间接税和企业转移支付+折旧$$

命题角度

(1)直接考查 GDP 的概念以及对 GDP 概念的理解。
(2)给定某些经济活动,判断这些经济活动是否计入 GDP。

考点二 国民收入的其他衡量指标

国民生产总值、国民生产净值、国内生产净值、国民收入、个人收入和个人可支配收入等都是国民收入的衡量指标,其概念和相互关系见表 3-1-16。

表 3-1-16　国民收入各衡量指标的概念及相互关系

国民收入的衡量指标	概念及相互关系
国民生产总值（GNP）	国民生产总值是指在一定时期内，一国公民所生产的全部最终产品与服务的价值总和。GNP计算采用的是"国民原则"，GNP＝GDP+本国公民在国外生产的最终产品的价值总和-外国公民在本国生产的最终产品的价值总和
国民生产净值（NNP）	国民生产净值一般以市场价格计算，它等于国民生产总值减去固定资产折旧后的余额。用公式可以表示如下： NNP＝GNP-资本折旧
国内生产净值（NDP）	从 GDP 中扣除资本折旧，就得到 NDP。用公式表示如下： NDP＝GDP-资本折旧
国民收入（NI）	国民收入是指按生产要素报酬计算的国民收入。用公式可以表示如下： NI＝NDP-间接税-企业转移支付+政府补助金
个人收入（PI）	生产要素报酬意义上的国民收入并不会全部成为个人的收入。个人收入用公式可以表示如下： PI＝NI-公司未分配利润-公司所得税及社会保险税（费）+政府给个人的转移支付
个人可支配收入（DPI）	税后的个人收入才是个人可支配收入，用公式可以表示如下： DPI＝PI-个人所得税

考点三　国民收入的基本公式

由上述国民收入构成的基本公式，可以得到对分析宏观经济行为十分重要的一个命题，即储蓄-投资恒等式，具体内容见表 3-1-17。

表 3-1-17　国民收入核算恒等式

部门经济	核算恒等式
两部门经济	两部门经济是指一个假设的经济社会，其中只有消费者（家庭）和企业（即厂商）的经济活动 $I=S$ 这就是储蓄-投资恒等式，即两部门经济的国民收入核算恒等式 这种恒等关系就是两部门经济中的总供给（C+S）和总需求（C+I）的恒等关系
三部门经济	在居民和企业之外，再加上政府部门的经济活动就构成了三部门经济 $I+G=S+T$，或 $I=S+(T-G)$ 上式就是储蓄-投资恒等式，即三部门经济的国民收入核算恒等式。其中，T 是政府净收入，G 是政府购买支出，二者差额（$T-G$）即政府储蓄。政府储蓄可能是正值，也可能是负值
四部门经济	上述三部门经济加上一个国外部门就构成了四部门经济 $I+G+(X-M)=S+T+K_r$，或 $I=S+(T-G)+(M-X+K_r)$ 上式就是储蓄-投资恒等式，即四部门经济的国民收入核算恒等式。其中，S 代表居民私人储蓄，K_r 代表本国居民对外国人的转移支付，（$T-G$）代表政府储蓄，（$M-X+K_r$）代表外国对本国的储蓄。当（$M+K_r$）>X 时，外国对本国的收入大于支出，于是就有了储蓄，反之，则有负储蓄

第八讲 简单国民收入决定理论

考点一 均衡产出

仅包括产品市场的国民收入决定理论被称为简单的国民收入决定理论,即国民收入决定的收入-支出模型。

一、相关假设

说明一个国家的生产或收入如何决定,要从分析最简单的经济关系开始。先作以下假设:

(1)所分析的经济关系为两部门经济。经济中只有居民和厂商,居民只进行消费行为和储蓄行为,厂商只进行生产和投资行为,且企业投资是自发的或外生的,即不随利率和产量而变动。

(2)不论需求量为多少,经济社会总能以不变的价格提供相应的供给量。

此外,还假定折旧和公司未分配利润为零。

二、均衡产出的概念

与总需求相等的产出被称为均衡产出或收入。在两部门经济中,总需求由居民消费和企业投资构成,则均衡产出公式如下:

$$y = c + i$$

此处的 y、c、i 分别代表剔除了价格变动的实际产出或收入、实际消费和实际投资。

均衡产出是和总需求相一致的产出,也就是经济社会的收入正好等于全体居民和企业想要有的支出。社会经济如要处于均衡收入水平上,就必须使实际收入水平引起一个相等的计划支出量。

以 E 代表支出,y 代表收入,则经济均衡的条件是 $E=y$。

三、投资等于储蓄 ★★

均衡产出或收入的条件 $E=y$,也可用 $i=s$ 表示。因为这里的计划支出等于计划消费加投资,即 $E=c+i$,而生产创造的收入等于计划消费加计划储蓄,即 $y=c+s$,因此 $E=y$ 也就是 $c+i=c+s$,等式两边消去 c,则得:

$$i = s$$

这里的投资等于储蓄,是指经济要达到均衡,计划投资必须等于计划储蓄。而国民收入核算中的 $i=s$,是指实际发生的投资始终等于储蓄。前者为均衡的条件,即计划投资不一定等于计划储蓄,只有二者相等时,收入才处于均衡状态;而后者所指的实际投资和实际储蓄是根据定义而得到的实际数字,因此必然相等。

考点二 凯恩斯的消费理论

一、消费函数与储蓄函数概述

关于收入和消费的关系,凯恩斯认为,存在一条基本心理规律:随着收入的增加,消费也会增加,但是消费的增加不如收入的增加多,消费和收入的这种关系被称作消费函数或消费倾向,用公式表示为 $c=c(y)$。而储蓄是收入中未被消费的部分,储蓄与收入的关系被称为储蓄函数,用公式表示为 $s=s(y)$。消费函数与储蓄函数互为补数。

二、消费倾向与储蓄倾向 ★★★

消费倾向和储蓄倾向的具体内容见表 3-1-18。

表 3-1-18　消费倾向和储蓄倾向

分类	定义	公式	几何意义
边际消费倾向（MPC）	增加 1 单位收入中用于增加消费部分的比率	$MPC=\dfrac{\Delta c}{\Delta y}$ 或 $\beta=\dfrac{\Delta c}{\Delta y}$	消费曲线上任一点的斜率
平均消费倾向（APC）	任一收入水平上消费支出在收入中的比率	$APC=\dfrac{c}{y}$	消费曲线上任一点与原点相连而成的射线的斜率
边际储蓄倾向（MPS）	增加 1 单位收入中用于增加储蓄部分的比率	$MPS=\dfrac{\Delta s}{\Delta y}$	储蓄曲线上任一点的斜率
平均储蓄倾向（APS）	任一收入水平上储蓄在收入中的比率	$APS=\dfrac{s}{y}$	储蓄曲线上任一点与原点相连而成的射线的斜率

他们之间存在如下关系：①若 APC 和 MPC 都随收入的增加而递减，但 APC>MPC，则 APS 和 MPS 都随收入的增加而递增，但 APS<MPS；②APS 和 APC 之和恒等于 1，MPS 和 MPC 之和也恒等于 1。

边际消费倾向总是大于 0 而小于 1。边际消费倾向递减规律是指人们的消费虽然随收入的增加而增加，但在所增加的收入中用于增加消费的部分越来越少。

三、线性消费函数和线性储蓄函数

如果消费和收入之间存在线性关系，则边际消费倾向为一常数，用公式表示为 $c=\alpha+\beta y$。其中，α 为必不可少的自发消费部分，β 为边际消费倾向，βy 为收入引致的消费。因此，线性储蓄函数用公式表示为 $s=y-c=y-(\alpha+\beta y)=-\alpha+(1-\beta)y$。

///　**考点拓展**　///

其他消费理论

（1）莫迪利安尼的生命周期消费理论。该理论认为，人们会在相当长时期的跨度内计划自己的消费开支，以便于在整个生命周期内实现消费的最佳配置，决定当前消费的是人一生中的全部预期收入。

（2）杜森贝利的相对收入理论。该理论认为：①人们的消费会相互影响，相互攀比，形成"示范效应"，人们的消费倾向不是取决于其绝对收入水平，而取决于和别人相比的相对收入水平；②消费有习惯性，当期消费不仅受当期收入的影响而且受过去所达到的最高收入和最高消费的影响，消费具有不可逆性，即"棘轮效应"。

（3）弗里德曼的持久收入的消费理论。该理论认为，消费者的消费支出主要不是由他的现期收入决定，而是由他的持久收入决定的。

命题角度

（1）直接考查边际消费倾向递减规律的内涵。
（2）给定数值，通过消费函数与储蓄函数的关系，计算储蓄或消费。
（3）直接考查消费理论。

考点三 均衡收入与乘数理论

一、不同部门经济中均衡收入的决定

不同部门的经济中,均衡收入的决定有所不同,具体内容见表 3-1-19。

表 3-1-19 国民收入的决定

部门经济	推导过程		均衡收入
两部门经济	使用总支出等于总收入(总供给)的方法决定均衡收入: $\begin{cases} y=c+i \\ c=\alpha+\beta y \end{cases}$	使用计划投资等于计划储蓄的方法求得均衡收入: $\begin{cases} i=s=y-c \\ s=-\alpha+(1-\beta)y \end{cases}$	$y=\dfrac{\alpha+i}{1-\beta}$
三部门经济	$y=c+i+g=\alpha+\beta(y-t)+i+g$ 式中,g 表示政府购买支出,t 表示税收		$y=\dfrac{\alpha+i+g-\beta t}{1-\beta}$
四部门经济	$y=c+i+g+x-m$ $c=\alpha+\beta y_d$ $y_d=y-t+t_r$ $t=\bar{t} \quad i=\bar{i} \quad g=\bar{g} \quad t_r=\bar{t_r} \quad x=\bar{x}$ $m=m_0+\gamma y$ 式中,x 表示出口,m 表示进口,y_d 表示可支配收入,t_r 表示政府转移支付,m_0 表示自发性进口,γ 表示边际进口倾向,$0<\gamma<1$		$y=\dfrac{\alpha+\bar{i}+\bar{g}-\beta\bar{t}+\beta\bar{t_r}+\bar{x}-m_0}{1-\beta+\gamma}$

二、乘数理论 ★★★

乘数又称倍数,是指支出的自发变化(自变量)所引起的国民收入变化的倍数,用 k 表示。

$$支出乘数(k) = \frac{国民收入的变化}{支出的变化} = \frac{\Delta y}{\Delta x}$$

不同部门的经济中,乘数也有所不同,各乘数的概念及公式见表 3-1-20。

表 3-1-20 各乘数的概念及公式

部门经济	乘数	概念	公式
两部门经济	投资乘数	投资乘数是指收入的变化与带来这种变化的投资支出的变化的比率	Δi 表示投资变动,Δy 表示收入变动,k_i 表示投资乘数,则: $k_i = \dfrac{\Delta y}{\Delta i} = \dfrac{1}{1-\beta}$ 或 $k_i = \dfrac{1}{1-MPC} = \dfrac{1}{MPS}$

(续表)

部门经济	乘数	概念	公式
三部门经济	政府购买支出乘数	政府购买支出乘数是指收入变动与引起这种变动的政府购买支出变动的比率	Δg 表示政府购买支出变动，k_g 表示政府购买支出乘数，则：$$k_g = \frac{\Delta y}{\Delta g} = \frac{1}{1-\beta}$$
	税收乘数	税收乘数是指收入变动与引起这种变动的税收变动的比率。这里仅说明税收绝对量变动对总收入的影响，即定量税对总收入的影响	Δt 表示税收变动，k_t 表示税收乘数，则：$$k_t = \frac{\Delta y}{\Delta t} = \frac{-\beta}{1-\beta}$$
	政府转移支付乘数	政府转移支付乘数是指收入变动与引起这种变动的政府转移支付变动的比率	Δt_r 表示政府转移支付变动，k_{t_r} 表示政府转移支付乘数，则：$$k_{t_r} = \frac{\Delta y}{\Delta t_r} = \frac{\beta}{1-\beta}$$
	平衡预算乘数	平衡预算乘数是指政府收入和支出同时以相等数量增加或减少时国民收入变动与政府收支变动的比率	k_b 表示平衡预算乘数，则：$$k_b = \frac{\Delta y}{\Delta g} = \frac{\Delta y}{\Delta t} = \frac{1-\beta}{1-\beta} = 1$$
四部门经济	对外贸易乘数	对外贸易乘数表示出口增加 1 单位引起国民收入变动多少	$\Delta \bar{x}$ 表示出口变动，对外贸易乘数如下：$$\frac{dy}{dx} = \frac{1}{1-\beta+\gamma}$$

经典例题 如果边际消费倾向是 0.8，政府增加公共支出 1 000 亿元，考虑到货币市场的话，均衡产出的增加最多是（　　）亿元。

A. 5 000　　　　B. 4 000　　　　C. 1 250　　　　D. 800

【答案】A。解析：政府公共支出增加会引起产出的数倍增加，此倍数即乘数，为边际储蓄倾向的倒数，1÷(1-0.8)＝5。所以均衡产出的增加最多是 1 000×5＝5 000（亿元）。

第九讲　产品市场与货币市场的一般均衡

考点一　产品市场的一般均衡

一、投资理论

（一）投资概述

投资，是建设新企业、购买设备、厂房等各种生产要素的支出以及存货的增加，其中主要指厂房和设备的增加，投资就是资本的形成。决定投资的主要因素有**实际利率水平、预期收益率和投资风险**等。

注意：在西方国家，人们购买证券、土地和其他财产，都被说成投资，但在经济学中，这些都不能算是投资，只是资产权的转移。

（二）投资函数和投资需求曲线

凯恩斯认为，决定投资的首要因素是实际利率。实际利率等于名义利率减通货膨胀率。投资是利率的减函数,投资与利率之间的反方向变动关系称为投资函数。记作:$i=i(r)$。

投资函数一般可写成:

$$i=i(r)=e-dr$$

其中,e 为自发投资;d 为利率对投资需求的影响系数,或投资需求对利率变动的反应程度;r 为实际利率;$-dr$ 是投资需求中与利率有关的部分,又称为引致投资。

投资函数用图可表示为投资需求曲线,又称投资的边际效率曲线,投资的边际效率是从资本的边际效率这一概念引申而来的。资本边际效率(MEC)是一种贴现率,这种贴现率正好使一项资本物品的使用期内各预期收益的现值之和等于这项资本品的供给价格或者重置成本。

资本边际效率递减规律是指随着经济增长和资本增加,企业家对新增资本的预期利润率将不断下降。投资吸引力不足引起投资需求不足。

二、IS 曲线 ★★

IS 曲线是产品市场均衡状态的一幅简单图像,它表示与任一给定的利率相对应的国民收入水平,在这样的水平上,投资恰好等于储蓄。

(一) IS 曲线的斜率

1. 两部门经济中 IS 曲线的斜率

在两部门经济中,IS 曲线方程如下:

$$r=\frac{\alpha+e}{d}-\frac{1-\beta}{d}y$$

因为 IS 曲线图形上的纵轴代表利率,而横轴代表收入,上式中 y 前面的 $\frac{1-\beta}{d}$ 就是 IS 曲线斜率的绝对值,显然,它既取决于 β,也取决于 d。

d 是投资需求对于利率变动的反应程度,它表示利率变动一定幅度时投资变动的程度,如果 d 的值较大,即投资对于利率变化比较敏感,IS 曲线斜率的绝对值就较小,即 IS 曲线较平缓。这是因为,投资对利率较敏感时,利率的较小变动就会引起投资较大的变化,进而引起收入较大的变化,反映在 IS 曲线上:利率的较小变动就要求有收入较大的变动与之相配合,才能使产品市场均衡。

β 是边际消费倾向,如果 β 较大,IS 曲线斜率的绝对值也会较小,这是因为 β 较大,意味着支出乘数较大,从而当利率变动引起投资变动时,收入会以较大幅度变动,因而 IS 曲线就较平缓。从上式中也可看出,当边际消费倾向 β 较大时,IS 曲线斜率的绝对值较小,因而 IS 曲线也较平缓。

2. 三部门经济中 IS 曲线的斜率

在三部门经济中,由于存在税收和政府支出,消费成为可支配收入的函数,但在定量税情况下,IS 曲线斜率的绝对值仍是 $\frac{1-\beta}{d}$,与两部门经济中的 IS 曲线的斜率分析一致。

(二) IS 曲线的移动

1. 两部门经济中 IS 曲线的移动

(1)投资需求变动使 IS 曲线移动。在同样的利率水平下,投资需求增加,即投资需求曲线向右上方移动,IS 曲线就会向右上方移动,其向右的移动量等于投资需求曲线的移动量乘以乘数。反之,投资需求下降,IS 曲线向左下方移动。

(2)储蓄函数变动使 IS 曲线移动。假定人们的储蓄意愿增加,储蓄曲线向左移动,如果投资需求不变,则同样的投资水平现在要求的均衡收入水平就要下降,因此 IS 曲线就会向左移动,其移动量等于储蓄增量乘以乘数。

2. 三部门经济中 IS 曲线的移动

在三部门经济中,IS 曲线是根据国民收入均衡的条件从 $i+g=s+t$ 的等式推导出来的,i、g、s、t 中任何一条曲线的移动或几条曲线的同时移动,都会引起 IS 曲线移动,如果考虑开放经济情况,则引起 IS 曲线移动的因素还包括进出口的变动。总之,一切自发支出量变动,都会使 IS 曲线移动。下面分析税收和政府支出变动是如何使 IS 曲线移动的。

（1）税收变动使 IS 曲线移动。政府增加一笔税收,如果增加了企业的负担,则会使投资相应减少,从而会使 IS 曲线向左移动;同样,一笔税收的增加,如果增加了居民个人的负担,则会使他们的可支配收入减少,从而使他们的消费支出相应减少,从而也会使 IS 曲线向左移动。相反,如果政府减税,则会使 IS 曲线右移,移动幅度为 $\Delta y = -k_t \Delta t$。

（2）政府支出变动使 IS 曲线移动。增加政府购买性支出,在自发支出量变动的作用中等于增加投资支出,因此,会使 IS 曲线向右平行移动。IS 曲线移动的幅度取决于政府支出增量和支出乘数的大小,即均衡收入增加量 $\Delta y = k_g \Delta g$。

///// 要点提示 /////

增加政府支出和减税,都属于增加总需求的扩张性财政政策,而减少政府支出和增税,都属于降低总需求的紧缩性财政政策。因此,政府实行扩张性财政政策,就表现为 IS 曲线向右上方移动;实行紧缩性财政政策,就表现为 IS 曲线向左下方移动。

考点二 货币市场的一般均衡

一、利率的决定 ★★

凯恩斯认为,利率取决于流动偏好与货币数量。

流动偏好是货币需求,由 L_1 和 L_2 组成。其中 L_1 表示交易动机和谨慎动机所产生的全部实际货币需求量,主要取决于收入,与收入成正比。这一货币需求量和收入的关系可表示成 $L_1 = L_1(y) = ky$,其中,k 为出于上述两种动机所需货币量同实际收入的比例关系;y 为具有不变购买力的实际收入。L_2 表示投机动机所产生的货币需求,主要取决于利率,与利率为负向关系。这一货币需求量和利率的关系可表示成 $L_2 = L_2(r) = -hr$,式中,h 是货币的投机需求的利率系数。因此,在以货币需求量为横轴、利率为纵轴的坐标系中,L_1 垂直于横轴;L_2 起初向右下方倾斜,表示货币的投机需求量随利率的下降而增加,最后为水平状,表示"流动性偏好陷阱"。

"流动性偏好陷阱"是指利率极低时,人们认为利率不大可能再下降,或者说证券价格不大可能再上升而只会跌落,因而会将所持有的有价证券全部换成货币。不管有多少货币,人们都愿意持在手中,以免证券价格下跌遭受损失。

货币数量是货币供给,凯恩斯认为,货币的实际供给量一般由国家加以控制,因而是一个外生变量,其大小与利率高低无关。因此,货币供给曲线在以货币供给量为横轴、利率为纵轴的坐标系中是一条垂直于横轴的直线。

二、LM 曲线

假定 m 代表实际货币供给量,则货币市场的均衡就是 $m = L = L_1 + L_2 = ky - hr$。

当 m 给定时，$m=ky-hr$ 的公式可表示为满足货币市场的均衡条件下的收入 y 与利率 r 的关系，表示这一关系的图形就被称为 LM 曲线。LM 曲线上任一点都代表一定利率和收入的组合，在这样的组合下，货币需求与供给都是相等的，即货币市场是均衡的。

（一）LM 曲线的斜率

LM 曲线的代数表达式如下：

$$y=\frac{hr}{k}+\frac{m}{k} \text{ 或 } r=\frac{ky}{h}-\frac{m}{h}$$

LM 曲线的斜率取决于货币的投机需求曲线和交易需求曲线的斜率，即取决于 k 和 h 的值。上式中，$\frac{k}{h}$ 是 LM 曲线的斜率，当 k 为定值时，h 越大，即货币需求对利率的敏感度越高，$\frac{k}{h}$ 就越小，LM 曲线就越平缓；当 h 为定值时，k 越大，即货币需求对收入变动的敏感度越高，$\frac{k}{h}$ 就越大，LM 曲线就越陡峭。

（二）LM 曲线的三个区域 ★★

我们利用图 3-1-10 来分析 LM 曲线的三个区域。

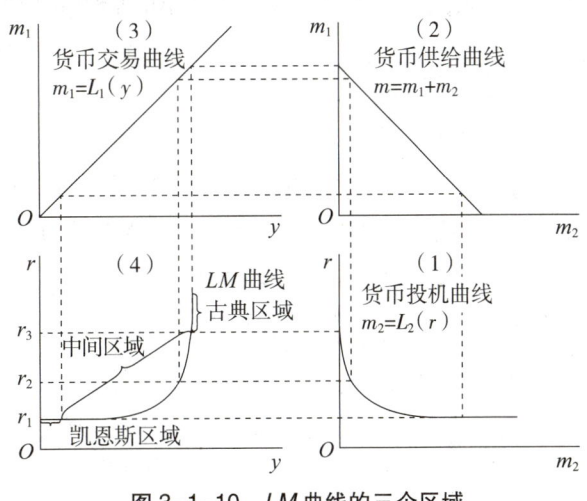

图 3-1-10　LM 曲线的三个区域

1. 凯恩斯区域

如图 3-1-10 所示，当利率降到 r_1 时，象限（1）中货币投机需求曲线成为一条水平线，因而 LM 曲线上也相应有一段水平状态的区域，这一区域称为"凯恩斯区域"，也称"萧条区域"。

根据 $r=\left(\frac{k}{h}\right)y-\frac{m}{h}$，当 h 为无穷大时，$\frac{k}{h}$ 为零，因此，LM 曲线在凯恩斯区域是一条水平线。

2. 古典区域

如果利率上升到很高水平，货币的投机需求量将等于零，这时候人们除为完成交易必须持有一部分货币（即交易需求）外，不会为投机而持有货币。由于货币的投机需求等于零，因此，图 3-1-10 的象限（1）中的货币投机需求曲线表现为从利率为 r_3 以上是一条与纵轴相平行的垂直线，不管利率再上升到 r_3 以上多高，货币投机需求量都是零，人们手中持有的货币量都是交易需求量。这样，象限（4）中 LM 曲线从利率为 r_3 开始，就成为一段垂直线。因此，LM 曲线呈垂直状态的这一区域被称为"古典区域"。

根据 $r=\left(\frac{k}{h}\right)y-\frac{m}{h}$，当 $h=0$ 时，$\frac{k}{h}$ 为无穷大。因此，LM 曲线在古典区域是一条垂直线。

3. 中间区域

古典区域和凯恩斯区域之间这段 LM 曲线是中间区域，LM 曲线的斜率在古典区域为无穷大，在凯恩斯区域为零，在中间区域则为正值。

若根据 $r = \left(\dfrac{k}{h}\right) y - \dfrac{m}{h}$，当 h 介于零和无穷大之间的任何值时，由于 k 一般都为正值，因此 $\dfrac{k}{h}$ 为正。

///// 要点提示 /////

在凯恩斯区域，扩张性财政政策有效，扩张性货币政策无效。

在古典区域，扩张性财政政策无效，扩张性货币政策有效。

在中间区域，扩张性财政政策和扩张性货币政策均有效。

（三）LM 曲线的移动

在 LM 曲线的代数表达式 $r = \left(\dfrac{k}{h}\right) y - \dfrac{m}{h}$ 中，$\dfrac{k}{h}$ 是 LM 曲线的斜率，而 $\dfrac{m}{h}$ 是 LM 曲线的截距的绝对值，因此，只有 $\dfrac{m}{h}$ 的数值发生变动，LM 曲线才会移动。而由于我们这里讨论的是 LM 曲线的移动，而不是 LM 曲线的转动，因此假定 LM 曲线的斜率不变，即假定 k 和 h 都不变。这样，LM 曲线移动就只能是由实际货币供给量 m 变动引起的。实际货币供给是由名义货币供给 M 和价格水平 P 决定的，即 $m = \dfrac{M}{P}$。因此，造成 LM 曲线移动的因素只能是名义货币供给量 M 和价格水平 P。

（1）名义货币供给量 M 的变动。在价格水平不变时，M 增加，LM 曲线向右下方移动；反之，LM 曲线向左上方移动。实际上，央行实行变动货币供给量的货币政策，在 IS-LM 模型中就表现为 LM 曲线的移动。这种情况可用图 3-1-11 来表示。在图中，当货币供给量从 m 增加到 m' 时，LM 曲线从 LM 右移到 LM'。

（2）价格水平的变动。价格水平 P 上升，实际货币供给量 m 就变小，LM 曲线就向左上方移动；反之，LM 曲线就向右下方移动，利率就下降，收入就增加。

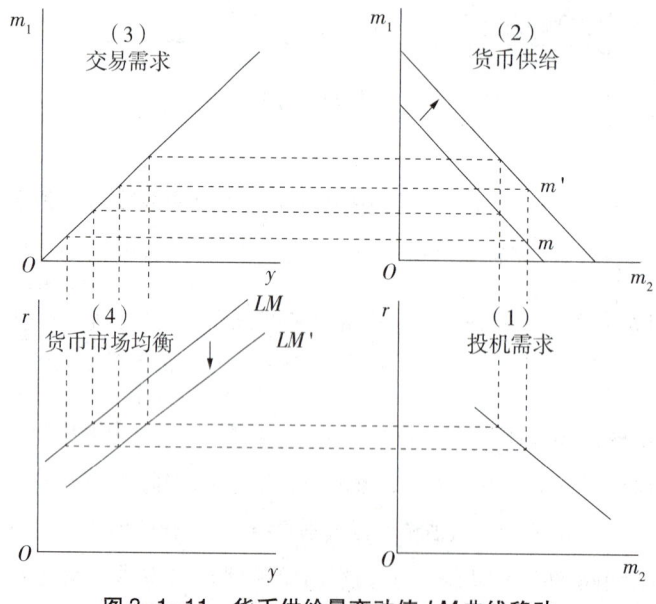

图 3-1-11　货币供给量变动使 LM 曲线移动

考点三 IS-LM 模型

一、IS-LM 模型的假设前提

IS-LM 模型的假设前提：①价格水平是外生的；②消费仅仅受收入水平的影响；③投资仅仅是市场利率的函数；④经济资源存在着大量的闲置和失业；⑤暂时不考虑外贸部门。

二、两个市场同时均衡的利率和收入 ★★

一般来说，

$$i(r) = s(y) \quad IS \text{ 曲线}$$

$$M = L_1(y) + L_2(r) \quad LM \text{ 曲线}$$

由于货币供给量 M 被假定为既定，因此，在这个二元方程组中，变量只有利率 r 和收入 y，解出这个方程组，就可得到 r 和 y 的一般解。

上述的一般解可以在图 3-1-12 中 IS 曲线和 LM 曲线的交点 E 上获得。在右图中，由 E 点代表的收入和利率是能使产品市场和货币市场同时实现均衡的收入和利率。只要投资、储蓄、货币需求和供给的关系不变，任何失衡情况的出现也都是不稳定的，最终会趋向均衡。

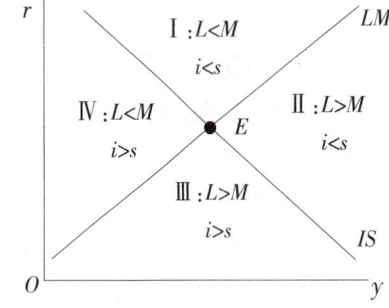

图 3-1-12　产品市场和货币市场的一般均衡

在图 3-1-12 中，坐标平面分为四个区域，Ⅰ、Ⅱ、Ⅲ、Ⅳ，在这四个区域中都存在产品市场和货币市场的非均衡状态。

区域Ⅰ：在产品市场上，$i<s$ 有超额产品供给；在货币市场上，$L<M$ 有超额货币供给。

区域Ⅱ：在产品市场上，$i<s$ 有超额产品供给；在货币市场上，$L>M$ 有超额货币需求。

区域Ⅲ：在产品市场上，$i>s$ 有超额产品需求；在货币市场上，$L>M$ 有超额货币需求。

区域Ⅳ：在产品市场上，$i>s$ 有超额产品需求；在货币市场上，$L<M$ 有超额货币供给。

各个区域中存在的各种不同的组合的 IS 和 LM 非均衡状态，会得到调整，IS 不均衡会导致收入变动：投资大于储蓄会导致收入上升，投资小于储蓄会导致收入下降。LM 不均衡会导致利率变动：货币需求大于货币供给会导致利率上升，货币需求小于货币供给会导致利率下降。这种调整最终都会趋向均衡利率和均衡收入。

在 IS 曲线和 LM 曲线的交点上同时实现了产品市场和货币市场的均衡。然而，这一均衡不一定是充分就业的均衡。

//// 要点提示 ////

IS-LM 模型分析是对凯恩斯经济理论整个体系的最流行的阐释。凯恩斯认为，形成资本主义经济萧条的根源是由于消费需求和投资需求所构成的总需求不足以实现充分就业，即有效需求不足。有效需求不足的原因主要是本章第八讲和第九讲提到的三大心理规律：边际消费倾向递减规律、资本边际效率递减规律、流动性偏好陷阱。

第十讲　总需求和总供给

考点一　总需求

一、社会总需求的构成

总需求是经济社会对产品和劳务的需求总量,通常以产出水平来表示。总需求由消费需求、投资需求、政府需求和国外需求构成。在不考虑国外需求的情况下,经济社会的总需求是指价格、收入和其他经济变量在既定条件下,家庭部门、企业部门和政府部门将要支出的数额。

影响总需求的因素有以下几个:

(1)利率。在其他条件不变的情况下,利率上升(下降)会引起企业投资和居民购买住宅及耐用消费品的数量减少(增加),从而使总需求减少(增加)。

(2)货币供给量。在其他条件不变的情况下,货币供给量增加(减少),会导致总需求增加(减少)。

(3)政府购买。在其他条件不变的情况下,政府购买增加(减少),会促使总需求增加(减少)。

(4)税收。在其他条件不变的情况下,税收减少会增加企业和居民的收入,从而导致总需求增加;反之,则会使总需求减少。

(5)预期。预期包括企业对利润的预期和居民对收入的预期。如果企业对未来利润的预期是增长的,则会扩大投资。如果居民对未来收入的预期是增长的,也会增加消费。这都会导致总需求增加。反之,如果企业对未来利润和居民对未来收入的预期是悲观的,则会使总需求减少。

(6)价格总水平。在其他条件不变的情况下,价格总水平下降(上升),会导致总需求上升(下降)。

二、总需求曲线

总需求函数是以产量(国民收入)所表示的需求总量和价格水平之间的关系。

在价格水平为纵坐标、产出水平为横坐标的坐标系中,总需求函数的几何表示被称为总需求曲线,用 AD 表示。总需求曲线见图3-1-13。

总需求曲线通常向右下方倾斜,它表示,价格水平越高,需求总量越小;价格水平越低,需求总量越大。

财政政策(货币政策)与总需求曲线的关系:扩张性的财政政策(货币政策)会使总需求曲线向右移动,紧缩性的财政政策(货币政策)会使总需求曲线向左移动。

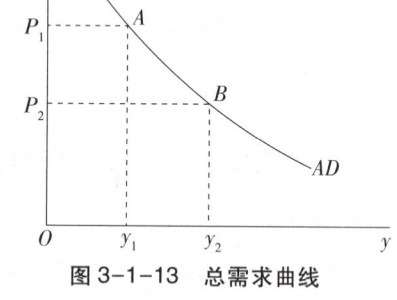

图3-1-13　总需求曲线

在短期内,总需求曲线的移动比较频繁。比如,在既定价格水平下,减税、股市高涨、企业乐观情绪增加、城市公共项目支出增加、国外经济繁荣、货币供给增加等均会使总需求曲线向右移动。

> **命题角度**
>
> (1)直接考查社会总需求的构成。
>
> (2)直接考查影响总需求的因素。如在其他条件不变的情况下,货币供给过多,会直接导致总需求过剩。

考点二 总供给曲线

总供给函数是指总产量与一般价格水平之间的关系。在以价格水平为纵坐标,总产量为横坐标的坐标系中,总供给函数的几何表示即为总供给曲线。

按照货币工资(W)和价格水平(P)进行调整所要求的时间的长短,宏观经济学将总产出与价格水平之间的关系分为三种,即古典总供给曲线、凯恩斯总供给曲线与常规总供给曲线。

一、古典总供给曲线

西方古典学派认为,在长期中,价格和货币工资具有伸缩性,因此,经济的就业水平或产量并不随着价格水平的变动而变动,而始终处在充分就业的状态上。因此,古典学派认为,总供给曲线是一条位于经济的潜在产量或充分就业产量水平上的垂直线。图 3-1-14 即为古典总供给曲线。

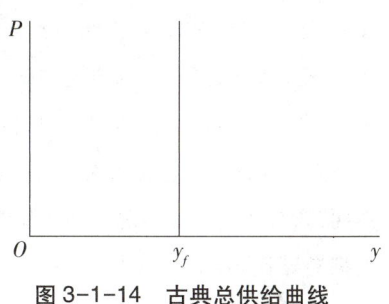

图 3-1-14 古典总供给曲线

古典总供给曲线的政策含义:增加需求的政策不能改变产量,而只能造成物价上涨,甚至是通货膨胀。

二、凯恩斯总供给曲线

凯恩斯认为,货币工资具有"刚性",即假设由于种种原因,货币工资不会轻易变动。在这种假设条件下,产量增加时,价格和货币工资均不会发生变化。因此,凯恩斯的总供给曲线是一条水平线,如图 3-1-15 所示。

图中的 y_f 代表充分就业的产量或国民收入,水平线 P_0E_0 表示在产量小于 y_f 的条件下,由于货币工资(W)和价格水平(P)都不会变动,所以在既有的价格(P_0)下,经济社会能提供任何数量的 y,即在达到充分就业之前,经济社会能按照既定的价格提供任何数量的产量或国民收入(如 y_0)。此外,该图也表明,在达到充分就业(y_f)之后,社会已经没有多余的生产能力,因此不可能生产更多的产品,增加的需求不但不会增加产量(y),反而会引起价格的上升,如图中 E_0 点以上的垂直线所示。

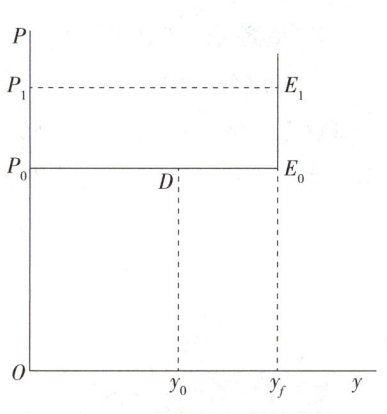

图 3-1-15 凯恩斯总供给曲线

凯恩斯总供给曲线的政策含义:只要国民收入或产量处在小于充分就业的水平,那么,国家就可以使用增加需求的政策来使经济达到充分就业状态。

三、常规总供给曲线

古典总供给曲线与凯恩斯总供给曲线分别代表总供给曲线的两种极端状态。西方学者认为,在通常的或常规的情况下,经济的短期总供给曲线位于两个极端之间,如图 3-1-16 所示。

向右上方延伸的 CC 线表示,价格水平越高,经济中的企业提供的总产出就越多。从微观经济学的角度看,在短期,当经济中的工资和其他资源的价格相对固定或不太容易变化时,随着企业产品价格的提高,企业增加产量通常能够盈利。因此,更高的价格水平将导致更高的总产量。这意味着,在短期内,总供给曲线是向右上方延伸的。

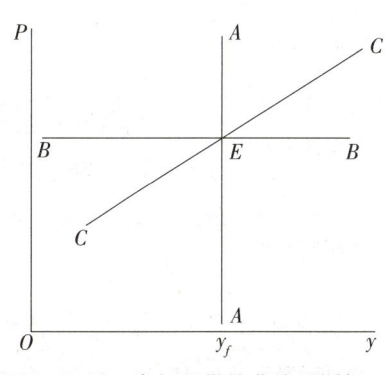

图 3-1-16 常规总供给曲线(线性)

导致短期总供给曲线向右移动的因素有:可得到的劳动供给量增加

（劳动市场相对宽松）、资本增加、自然资源可获得性增加、技术进步、预期价格水平下降、投入品价格下降、名义工资下降等。

考点三 总需求-总供给模型

在得到总需求和总供给曲线之后，将两者结合在一个坐标系中，即构成总需求-总供给模型。

在短期中，宏观经济试图达到的目标是充分就业和物价稳定，即不存在非自愿失业，同时，物价既不上升也不下降。具体内容见图3-1-17。

该图表明，当总需求曲线（AD）和总供给曲线（AS）相交于 E_0 点时，产量（y）处于充分就业的水平（y_f），价格为 P_0，此时的物价既不会上升也不会下降。总之，E_0 点表示宏观经济的短期目标，即充分就业和物价稳定。然而，只有在偶然的情况下，AD 和 AS 才能相交于 E_0 点，经济中的许多因素都会导致 AD 和 AS 的位置移动，从而使二者的交点脱离 E_0 点。

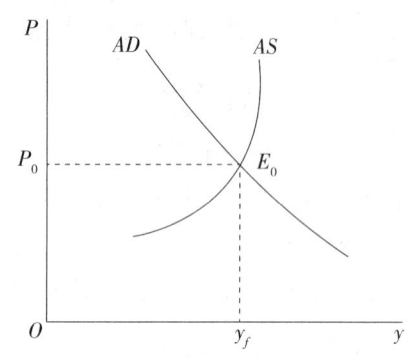

图3-1-17 宏观经济的短期目标

经典例题 假设经济已经实现充分就业且总供给曲线呈垂直状，此时扩张性财政政策的效应是（　　）。

A. 提高价格水平但不影响实际产出　　B. 提高实际产出但不影响价格水平

C. 提高实际产出和价格水平　　D. 对实际产出和价格水平均无影响

【答案】A。解析：在古典总需求-总供给模型中，当政府支出增加时，总需求曲线向右上方平移与总供给曲线交于价格水平更高的点，所以价格水平提高。由于在此模型下，社会已处于充分就业状态且总供给曲线处于垂直状态，在此种情况下，任何政策都不能改变实际产出量。故本题选A。

第十一讲　失业与通货膨胀

考点一 失业

一、失业的概念和分类 ★★

失业是有劳动能力的人想工作而找不到工作的社会现象。失业的主要类型见表3-1-21。

表3-1-21　失业的分类

类别	概念
摩擦性失业	摩擦性失业是指劳动力在正常流动过程中产生的失业，如劳动力流动性不足、工种转换困难等所引致的失业
结构性失业	结构性失业是指劳动力的供给和需求不匹配造成的失业，其特点是既有失业，又有职位空缺，失业者或没有适当技术，或居住地点不当，因此无法填补现有的职位空缺。它也可看作是摩擦性失业较极端的形式
周期性失业	周期性失业，又称总需求不足的失业，是由于整体经济的支出和产出水平下降，即经济需求下降而造成的失业
自愿失业	自愿失业是指工人不愿意接受现行工资水平而形成的失业
非自愿失业	非自愿失业是指愿意接受现行工资但仍找不到工作的失业

注：以上各类失业并不总是能截然分开，通常是从不同角度加以分类，可能有重叠和交叉。

/// 要点提示 ///

周期性失业与经济周期相联系。在一个国家或地区,经济运行处于繁荣与高涨阶段(衰退或萧条阶段),对产品和服务的总需求上升(下降),对劳动力派生需求量也上升(下降),因而失业率比较低(高)。

二、失业的衡量 ★★★

(一)失业率

失业率是衡量宏观经济运行状况的一个重要指标,用公式表示如下:

$$劳动力 = 就业人数 + 失业人数$$

$$失业率 = \frac{失业人数}{劳动力数量} \times 100\%$$

/// 要点提示 ///

失业率计算的并不是失业人数和总人口的比率,而是劳动人口中失业人数和劳动力总数的比率。所以在计算失业率的过程中要特别注意劳动力人口的确定,比如未成年人、现役军人、失去劳动能力的人、监狱服刑人员、退休者等均不属于劳动力人口。

(二)自然失业率

自然失业率为经济社会正常情况下的失业率,它是劳动市场处于供求稳定状态时的失业率。这里的稳定状态被认为是既不会造成通货膨胀也不会导致通货紧缩的状态。自然失业率是指充分就业的失业率,但并非零失业率。自然失业通常包括摩擦性失业和结构性失业等。

三、奥肯定律

奥肯定律用来描述 GDP 变化和失业率变化之间存在的一种相当稳定的关系。奥肯定律是指失业率每高于自然失业率 1 个百分点,实际 GDP 将低于潜在 GDP 2 个百分点。

奥肯定律的一个重要结论是,实际 GDP 必须保持与潜在 GDP 同样快地增长,以防止失业率的上升。如果政府想让失业率下降,那么,该经济社会实际 GDP 的增长必须快于潜在 GDP 的增长。

命题角度

(1)直接考查各类失业的定义。如因社会总需求不足而造成的失业是周期性失业。
(2)给定相关数据,计算失业率。

考点二 通货膨胀

一、通货膨胀的概念和通货膨胀率

当一个经济中的大多数产品和劳务的价格连续在一段时间内普遍上涨时,宏观经济学就称这个经济经历着通货膨胀。通货膨胀的程度通常用通货膨胀率来衡量。通货膨胀率被定义为从一个时期到另一个时期价格水平变动的百分比,用公式表示如下:

$$\pi_t = \frac{P_t - P_{t-1}}{P_{t-1}}$$

式中，π_t 为 t 时期的通货膨胀率；P_t 和 P_{t-1} 分别为 t 时期和 $(t-1)$ 时期的价格水平。

一般认为，温和式通货膨胀的通货膨胀率在10%以内；奔腾式通货膨胀的通货膨胀率在10%至100%之间；超级通货膨胀的通货膨胀率在100%以上。

///考点拓展///

通货紧缩

通货紧缩是指经济中货币供应量少于客观需求量，社会总需求小于总供给，导致单位货币升值、价格水平普遍和持续下降的经济现象。通货紧缩会降低企业利润，加重债务负担（通货紧缩增加债务人实质的利息负担），导致失业率上升。

可采取扩张性的财政政策和货币政策、工资和物价的管制政策以及加快产业结构的调整等措施来治理通货紧缩。

二、通货膨胀的原因 ★★★

关于通货膨胀的原因大致有三种解释：①货币数量论的解释；②从总需求和总供给角度的解释；③从经济结构因素变动角度的解释。

（一）作为货币现象的通货膨胀

通货膨胀的表现就是价格上涨，而价格上涨的原因也就是通货膨胀的成因。因此，货币数量论对于通货膨胀的解释就是每一次通货膨胀背后都有货币供给的迅速增长。

（二）需求拉动的通货膨胀

总需求超过总供给所引起的一般价格水平的持续显著上涨，又称超额需求通货膨胀，解释为"过多的货币追逐过少的商品"。消费需求、投资需求或来自政府的需求、国外需求，都会导致需求拉动的通货膨胀。

（三）成本推动的通货膨胀

在没有超额需求的情况下，由于供给方面成本的提高所引起的一般价格水平持续和显著地上涨，又称成本通货膨胀或供给通货膨胀。根据推动成本不同又可以分为工资推动的通货膨胀及利润推动的通货膨胀（这里的利润通常为垄断利润）。

（四）结构性通货膨胀

在没有需求拉动和成本推动的情况下，只是由于经济结构因素（部门间生产率提高速度的差异）的变动，也会出现一般价格水平的持续上涨，称为结构性通货膨胀。

三、通货膨胀的衡量指标

衡量通货膨胀的价格指标一般有以下三种：

（1）消费者价格指数（CPI），又称居民消费价格指数、生活费用价格指数，是指通过计算城市居民日常消费的生活用品和劳务的价格水平变动而得到的指数，其计算公式如下：

$$CPI = \frac{现期价格指数}{基期价格指数} \times 100\%$$

消费者价格指数是一个不完美的度量指标，其缺陷体现在以下几个方面：①在计算消费者价格指数时，假设消费者对代表性消费品的购买量一直保持不变，这个假设与现实不相吻合。消费者价格指数衡量固定的一篮子物品的价格，它没有反映消费者用相对价格下降的物品进行替代的能力，这会导致高估总体物价水平和生活成本。②无法衡量质量变化。在消费者价格指数的计算中，不考虑产品品质的变化会导致高估总体物价水平和生活成本。③消费者价格指数的计算没有考虑新产品的引入。在计算消费者价格指数时,把代表性商品的种类数视为固定不变。随着新产品不断进入消费领域,广大消费者面临的选择范围更加广泛。这意味着要维持相同的生活水准需要支付的钱会减少。因此,让代表性商品的种类数固定不变同样也会导致高估总体物价水平和生活成本。

(2)生产者价格指数(PPI),是指通过计算生产者在生产过程中所有阶段上所获得的产品的价格水平变动而得到的指数。

(3)国内生产总值折算指数。GDP 折算指数=名义 GDP÷实际 GDP。其中,名义 GDP 是用生产产品和劳务的当年价格计算的全部最终产品的市场价值。实际 GDP 是用从前某一年的价格作为基期价格计算出来的全部最终产品的市场价值。该指数用来修正名义 GDP 数值,从中去掉通货膨胀,其统计计算对象包括所有计入 GDP 的最终产品和劳务,因此能够全面反映一般物价水平变动。

四、通货膨胀的治理措施 ★★★

综合国内外的一般经验,常见的通货膨胀治理措施见表 3-1-22。

表 3-1-22　通货膨胀的治理措施

措施		内容
紧缩性需求政策	紧缩性财政政策	(1)减少政府支出:①削减购买性支出;②削减转移性支出 (2)增加税收
	紧缩性货币政策	(1)提高法定存款准备金率 (2)提高再贴现率 (3)公开市场卖出业务 (4)直接提高利率
紧缩性收入政策	工资-物价指导线	政府根据长期劳动生产率的平均增长率来确定工资和物价的增长标准,并要求各部门将工资-物价的增长控制在这一标准之内
	以税收为基础的收入政策	政府规定一个恰当的物价和工资增长率,然后运用税收的方式来处罚物价和工资超过恰当增长率的企业和个人
	工资-价格管制及冻结	政府强行规定工资、物价的上涨幅度,甚至有时候暂时将物价和工资进行冻结
其他治理措施	收入指数化	将工资、利息等各种名义收入部分地或全部地与物价指数联系,使其自动随物价指数升降
	币制改革	政府下令废除旧币,发行新币,变更钞票面值,对货币流通秩序采取一系列强硬的保障性措施等。它一般是针对恶性通货膨胀而采取的措施

五、菲利普斯曲线 ★★

失业与通货膨胀的关系主要是用菲利普斯曲线来说明的。菲利普斯曲线最初反映的是失业率与工资上涨率之间的替换关系。现代的菲利普斯曲线主要反映失业率与通货膨胀率之间的替换关系,即失业率高,则通货膨胀率低;失业率低,则通货膨胀率高。

根据向右下方倾斜的短期菲利普斯曲线,控制总需求的宏观经济政策在短期是有效的。但从垂直于自然失业率水平的长期菲利普斯曲线来看,在长期中,政府运用扩张性政策不但不能降低失业率,还会使通货膨胀率不断上升。

> **命题角度**
> （1）给出相关解释或生活实例，判断其属于通货膨胀的哪种成因。
> （2）直接考查通货膨胀的治理措施。
> （3）直接考查通货膨胀的衡量指标或单独考查每一个指标的概念、特点等。

第十二讲　宏观经济政策

在宏观经济学中，宏观经济政策的目标有四个，即充分就业、价格稳定、经济持续均衡增长和国际收支平衡。宏观经济政策就是为了达到这些目标而制定的手段和措施。

宏观经济政策可分为需求管理政策和供给管理政策，前者包括财政政策和货币政策，后者包括人力政策和收入政策等，但主要是需求管理政策，即财政政策和货币政策。

考点一　财政政策

一、财政政策的一般定义和主要工具

财政政策是政府变动税收和支出以便影响总需求进而影响就业和国民收入的政策。

国家财政由政府收入和支出两个方面构成，其中政府支出包括政府购买和转移支付，而政府收入则包含税收和公债两个部分。其相关概念见表3-1-23。

表3-1-23　财政政策的主要工具

政策工具	内容
政府购买	政府购买是指政府对产品和劳务的购买，如购买军需品、购买机关办公用品、发放政府雇员报酬、实施公共项目工程所需的支出。当购买性支出增加时，政府对商品和劳务的需求增长，这会导致市场价格水平上升，生产企业利润率提高，从而企业会扩大生产，所需的生产资料增多，这又可能推动生产资料企业扩大生产，所需劳动力的增多，又引起就业人数的增多，从而引起消费品的社会需求膨胀，生产消费品的企业的生产规模同样可能因之而扩大。政府购买性支出的增加，往往会通过直接或间接刺激社会总需求的增加，导致社会生产的膨胀，形成经济繁荣的局面
政府转移支付	政府转移支付是指政府在社会福利保险、贫困救济、农产品价格补贴和补助等方面的支出。转移支付是一种货币性支出，政府在付出这些货币时没有相应的产品和劳务的交换发生，但仍能够通过个人可支配收入影响消费，进而影响总需求，决定总产量。转移支付增加了社会在当年的消费总量
税收	税收是政府收入中最主要的部分，它是国家为了实现其职能按照法律预先规定的标准，强制地、无偿地取得财政收入的一种手段。税收具有强制性、无偿性、固定性三个基本特征
公债	公债是政府运用信用形式筹集财政资金的特殊形式，包括中央政府的债务和地方政府的债务。公债属于"临时挪用、影响供求"，主要分为长期债、中期债和短期债三种

二、自动稳定器和斟酌使用的财政政策 ★★★

（一）自动稳定器

自动稳定器又称内在稳定器，是指经济系统本身存在的一种会减少各种干扰对国民收入的冲击的机制，能够在经济繁荣时期自动抑制通货膨胀，在经济衰退时期自动减轻萧条，无须政府采取任何行动。这是调节经济波动的第一道防线，适用于轻微经济波动。

财政政策自动稳定器的功能主要体现在以下几个方面：①政府税收的自动变化；②政府支出（主要指政府的转移支付）的自动变化；③农产品价格维持制度。

（二）斟酌使用的财政政策

虽然各种自动稳定器一直在起作用，但作用毕竟有限，特别是对于剧烈的经济波动，自动稳定器更难以扭转。因此，为确保经济稳定，政府要审时度势，主动采取一些财政措施，变动支出水平或税收以稳定总需求水平，使之接近物价稳定的充分就业水平。这就是斟酌使用的或权衡性的财政政策，也称相机抉择的财政政策。

斟酌使用的具体表现：按照"逆经济风向行事"的原则，交替使用扩张性和紧缩性财政措施。在经济衰退时期，政府可以实施扩张性财政政策，通过增加政府投资性支出、购买支出和转移支付，降低所得税的办法，增加政府支出，减少政府税收，刺激总需求；当价格持续上升，通货膨胀严重时，则实行紧缩性财政政策，减少政府支出，增加政府税收，抑制总需求的过度扩张。

三、功能财政

功能财政是指政府实施财政方面的积极政策主要是为了实现无通货膨胀的充分就业水平，当实现这一目标时，预算可以为盈余，也可以为赤字，而不能以预算平衡为目的。

预算赤字是政府财政支出大于收入的差额。实行扩张性财政政策会造成预算赤字。

预算盈余是政府收入超过支出的余额。实行紧缩性财政政策会产生预算盈余。

四、财政政策的效果 ★★

财政政策效果的大小是指政府收支变化（包括变动税收、政府购买和转移支付等）使 IS 曲线变动对国民收入变动产生的影响。对财政政策效果产生影响的因素主要有投资需求的利率系数、货币需求的利率系数以及支出乘数等。

在 LM 曲线不变时，IS 曲线斜率的绝对值越大，即 IS 曲线越陡峭，则移动 IS 曲线时收入变化就越大，即财政政策效果就越大；反之，IS 曲线越平坦，则 IS 曲线移动时收入变化就越小，即财政政策效果就越小。

IS 曲线的斜率大小主要由投资的利率系数决定，IS 曲线越平坦，表示投资的利率系数越大，即利率变动一定幅度所引起的投资变动的幅度越大。若投资对利率变动的反应较敏感，则一项扩张性财政政策使利率上升时，就会使私人投资下降很多，即"挤出效应"较大。"挤出效应"是指政府支出增加所引起的私人消费或投资降低的效果。因此，IS 曲线越平坦，实行扩张性财政政策时被挤出的私人投资就越多，从而使国民收入增加得就越少，政策效果越小。

在 IS 曲线的斜率不变时，财政政策效果又随 LM 曲线的斜率不同而不同。LM 曲线的斜率越大，即 LM 曲线越陡峭，则移动 IS 曲线时收入变动就越小，即财政政策效果就越小；反之，LM 曲线越平坦，则财政政策效果就越大。

支出乘数也会影响政策效果。这是因为，较大的支出乘数意味着一笔政府支出会带来较多的收入增加，从而有较大的政策效果。然而，如果经济处于投资对利率高度敏感而货币需求对利率不敏感的状态，则即使支出乘数很大也无法使财政政策产生强有力的效果。

有关货币政策的内容在本篇第二章第七讲"中央银行与货币政策"作具体阐述。

考点拓展

货币政策效果

在 LM 曲线形状基本不变时,IS 曲线越平坦,LM 曲线的移动对国民收入变动的影响就越大;反之,IS 曲线越陡峭,LM 曲线的移动对国民收入变动的影响就越小。当 IS 曲线的斜率不变时,LM 曲线越平坦,货币政策效果越小;反之,则货币政策效果越大。

考点二 财政政策和货币政策的混合使用

财政政策和货币政策可有多种结合,这种结合的政策效应是不确定的。例如,图 3-1-18 中 IS 曲线和 LM 曲线的移动幅度相同,因而产出增加时利率也不变,若财政政策的影响大于货币政策,IS 曲线右移的距离超过 LM 曲线右移的距离,则利率就会上升;反之,则会下降。

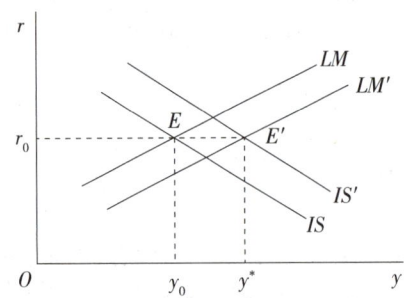

图 3-1-18　财政政策和货币政策的混合使用

表 3-1-24 给出了财政政策和货币政策混合使用的效果。

表 3-1-24　财政政策和货币政策混合使用的效果

政策混合情形	产出	利率
扩张性财政政策和紧缩性货币政策	不确定	上升
紧缩性财政政策和紧缩性货币政策	减少	不确定
紧缩性财政政策和扩张性货币政策	不确定	下降
扩张性财政政策和扩张性货币政策	增加	不确定

当经济萧条但又不太严重时,可采用第一种组合,用扩张性财政政策刺激总需求,用紧缩性货币政策控制通货膨胀;当经济发生严重通货膨胀时,可采用第二种组合,紧缩货币来提高利率,降低总需求,紧缩财政,以防止利率过分提高;当经济中出现通货膨胀又不太严重时,可采用第三种组合,用紧缩性财政政策压缩总需求,用扩张性货币政策降低利率,以免财政过度紧缩而引起衰退;当经济严重萧条时,可用第四种组合,用扩张性财政政策增加总需求,用扩张性货币政策降低利率以克服"挤出效应"。

命题角度

(1) 结合当下热点,判断其体现了哪一项财政政策工具的使用。
(2) 直接考查自动稳定器和斟酌使用的财政政策。
(3) 给定某一情境,判断应当采取哪一种财政政策和货币政策的组合。

>**经典例题** 宏观调控需要财政政策和货币政策相互协调配合以达到预期效果。下列情况中适合采用"双紧"政策的是(　　)。

A. 经济中出现了严重的通货紧缩

B. 经济中出现了严重的通货膨胀

C. 控制通货紧缩的同时,保持经济的适度增长

D. 保持经济适度增长的同时,尽量避免通货紧缩

【答案】B。

第二章 金融学

考情简报

题型题量概述

金融学为多数银行招聘考试中的必考内容,题量一般为10~15道。需要注意的是,也有个别银行招聘考试未考查金融学的内容,如招行。

题型涉及单项选择题、多项选择题和案例分析题,以单项选择题为主。

考查内容概述

本章内容中,债券市场、货币供给、货币政策体系、外汇与汇率等是高频考点。考查形式多种多样,大致可分为以下几类:①直接考查基础理论知识,如中央银行的职能;②考查综合分析能力,如对金融市场涉及的考点进行综合考查;③考查分析计算,如债券的到期收益率;④对金融时政热点进行考查,如数字人民币、LPR;⑤结合当下金融时政热点考查金融学知识,如结合人民币汇率行情考查汇率变动对我国经济的影响。考生在复习本章内容时,要打好基础理论知识的"地基",在理解的基础上加以运用,能够举一反三;同时应关注金融时政热点,扩展知识储备。

第一讲 货币与货币制度

考点一 货币

货币的本质是一般等价物,它是固定充当一般等价物的特殊商品,体现商品生产者之间的社会关系。货币的本质是通过货币的职能表现出来的。货币职能的具体内容见表3-2-1。

表3-2-1 货币的职能

职能	表现
价值尺度	价值尺度是货币衡量和表现商品价值大小的职能。价值尺度是货币最重要、最基本的职能 货币执行价值尺度职能时具有观念性的特点
流通手段	流通手段是货币在商品流通中充当交换媒介的职能 执行流通手段职能的货币必须是现实的货币,作为流通手段的货币可以是不足值的,也可以是无内在价值的价值符号
贮藏手段	贮藏手段是指当货币暂时退出流通而处于静止状态被当作独立的价值形态和社会财富而保存起来的职能。发挥贮藏作用的货币必须具有价值、足值,必须是现实的货币,主要是金属货币,必须是退出流通领域处于静止状态的
支付手段	当货币作为价值运动的独立形式进行单方面转移时,就执行支付手段的职能,如发放工资、偿还欠款等 "流通中的货币"就是发挥支付手段职能的货币和发挥流通手段职能的货币的总和
世界货币	货币作为世界货币,执行以下职能:①作为国际支付手段,用于平衡国际贸易差额;②作为国际购买手段,用于购买外国商品;③作为国际资本和一般财富转移的手段,用于投资、对外援助和战争赔款等

考点拓展

数字货币

国际上通常把中央银行数字货币称为 CBDC。目前全球对央行数字货币还没有统一明确的定义。中央银行发行的数字货币是法定数字货币,有国家主权信用背书,具有无限法偿能力,其功能属性与纸币相同,可以被视为纸币的数字化形态。数字货币对基础货币、货币乘数、货币流通速度、货币政策等会产生影响。

人民币包括实物形式和数字形式。数字人民币是人民银行发行的数字形式的法定货币,由指定运营机构参与运营,以广义账户体系为基础,支持银行账户松耦合功能,与实物人民币等价,具有价值特征和法偿性。可以说,数字人民币就是人民币电子版,是数字形式的法定货币,与纸钞和硬币等价,是人民币总量中的一个组成部分,目前数字人民币定位于 M_0。

数字人民币与微信支付、支付宝不处在一个维度上,微信支付和支付宝是一种支付方式或支付通道,是一种线上支付的商务服务,而数字人民币是支付工具,数字人民币的数字钱包不需要绑定个人相关账户即可使用,减轻了交易环节对金融中介的依赖,极大地保护了用户隐私,使数字人民币具有可控匿名性;数字人民币设计兼顾了实物人民币和电子支付工具的优势,既具有实物人民币的"支付即结算"、匿名性等特点,又具有电子支付工具成本低、便携性强、效率高、不易伪造等特点;与比特币等去中心化的加密数字货币不同,数字人民币是中心化的货币,保障了央行作为货币发行机构的唯一性和权威性。

从购物消费、餐饮文旅,到交通出行、生活缴费,数字人民币应用覆盖生活的方方面面。此外,数字人民币应用在住房公积金发放、税费缴纳、补贴发放、社保缴纳等政务领域也频频突破。

考点二 货币制度

一、货币制度概述

(一)货币制度的概念

货币制度又称"币制""货币本位制",是一个国家在历史上形成的并由国家以法律形式规定的货币流通的组织和管理形式,是一国经济制度和市场经济体制的重要构成部分。

(二)货币制度的构成要素

货币制度的构成要素及内容见表3-2-2。

表3-2-2 货币制度的构成要素及内容

构成要素	内容
货币材料的确定	货币材料的确定即规定以何种金属作为货币材料。不同的货币金属构成不同的货币本位制度,这是确定整个货币制度的基础
货币名称、货币单位和价格标准	(1)货币制度要规定本位币的名称。例如人民币、英镑、美元 (2)货币制度要明确货币的单位及其划分 (3)在当代纸币本位制下,货币的价格标准是货币的单位及其划分的等份,如元、角、分

(续表)

构成要素	内容
确定本位货币及其铸造与流通	本位货币是按照国家法律规定的货币单位所铸造的铸币,亦称主币,它是一个国家的基本通货。本位货币是足值的铸币,即铸币的名义价值(面值)与实际价值相一致。法律规定,本位币是无限法偿的
确定辅币材料及其铸造和流通	辅币通常用贱金属铸造。辅币的名义价值高于实际价值,故铸造辅币可以得到一部分收入并归国家垄断。辅币不能自由铸造,统一由国家用国库的金属铸造,以防止辅币排挤主币。法律规定,辅币是有限法偿的
信用货币和纸币的发行与流通	无论是信用货币还是纸币,都是真实货币的符号,执行货币的职能。为适应货币流通的需要出现了各种信用货币,包括商品票据、银行券和支票。在非常时期,特别是战争年代,纸币是为了弥补政府开支而发行的
确立国家的金准备制度	当今世界各国都有自己的准备金,准备金一般都集中在中央银行或国库。准备金有三方面的用途:①作为国际收支的准备金;②调节国内金属货币流通;③作为支付存款和兑换银行券。从20世纪70年代起,所有国家都实行不兑现信用货币制度,各国信用货币可按其价值比例兑换

二、货币制度的演变

(一)银本位制

银本位制是以白银作为本位币币材的货币制度。在银本位制下,银铸币为本位货币,具有无限法偿能力。银本位币可以自由铸造、自由熔毁、自由输出入国境。银本位制是与封建社会经济发展相适应的货币制度。

(二)金银复本位制

1. 内容

金银复本位制的内容:以金、银两种金属为币材,同时铸造金、银两种本位币,并在同一市场共同流通。在金银复本位制下,金、银两种本位币可以自由铸造、自由熔毁、自由兑换和输出入国境,均为无限法偿。

2. 类型

按照金币与银币之间比价的确定方式不同,金银复本位制主要有以下类型:

(1)平行本位制:金铸币和银铸币各按其所含金、银重量的市场比价进行流通,国家不规定两种铸币的兑换比率。

(2)双本位制:典型的金银复本位制。国家和法律规定金、银两种铸币的固定比价,两种铸币按国家比价流通,不随金、银市场比价的变动而变动。

(3)跛行本位制:金币与银币在法律上拥有同样的地位,但是银币事实上被禁止自由铸造。跛行本位制是金银复本位制向金本位制过渡的一种货币制度。

———————— /// 考点拓展 /// ————————

格雷欣法则

在金银复本位制中,采用双本位制时,当两种面值相同而实际价值不同的货币同时流通时,实际价值较高的"良币"必然被收藏、熔化或输出而退出流通,实际价值较低的"劣币"则会充斥市场,出现"劣币驱逐良币"的现象。

(三)金本位制

金本位制是一种金属货币制度,是以黄金为本位币的货币制度。广义的金本位制是指以一定重量和成色的黄金来表示一国本位货币的制度,包括金币本位制、金块本位制、金汇兑本位制。狭义的金本位制即金币本位制。

在金本位制下,每单位的货币价值等同于若干重量的黄金(即货币含金量)。当不同国家使用金本位制时,国家间的汇率由它们各自货币的含金量之比——铸币平价来决定。

根据货币与黄金的联系标准,金本位制可分为金币本位制、金块本位制和金汇兑本位制。

1. 金币本位制

金币本位制是金本位制的最早形式,亦称古典的或纯粹的金本位制,是金本位制中最典型的代表。其具有以下特征:①以一定量的黄金为货币单位铸造金币,作为本位币;②金币可以自由铸造、自由熔化,具有无限法偿能力,同时限制其他铸币的铸造和偿付能力;③辅币和价值符号(如银行券)可以自由兑换金币或等量黄金;④黄金可以自由输出输入,在实行金本位制的国家之间,根据两国货币的黄金含量计算汇率,称为金平价;⑤以黄金为唯一准备金。

2. 金块本位制

金块本位制又称生金本位制,是指没有金币的铸造和流通,而由中央银行发行,以金块为准备的纸币流通的货币制度。在金块本位制下,没有金币流通,国内只流通银行券、纸币、辅币等价值符号,只能按一定条件兑换成金块;有限制的金块兑换代替了自由的金币兑换;买入金块制代替了自由铸造制。国家按照一定的价格购买黄金,由中央银行或政府集中储存。

3. 金汇兑本位制

金汇兑本位制是指以银行券为流通货币,通过外汇间接兑换黄金的货币制度。金汇兑本位制与金块本位制的相同之处在于规定货币单位的含金量,国内流通银行券,没有铸币流通。银行券不能直接兑换黄金,只能兑换实行金块或金币本位制国家的货币。本国中央银行将黄金与外汇存于另一个实行金本位制的国家,允许以外汇间接兑换黄金,并规定本国货币与该国货币的法定比率,从而稳定本币币值。

布雷顿森林体系是以美元和黄金为基础的金汇兑本位制。其实质是建立一种以美元为中心的国际货币体系,基本内容包括美元与黄金挂钩、其他国家的货币与美元挂钩以及实行固定汇率制度。布雷顿森林体系的运转与美元的信誉和地位密切相关。

布雷顿森林体系之下会出现"特里芬难题"。"特里芬难题"是指美元与黄金挂钩,而其他国家的货币与美元挂钩,虽然美元因此取得了国际核心货币的地位,但各国为了发展国际贸易,必须用美元作为结算与储备货币,这样就会导致流出美国的货币在海外不断沉淀,对美国来说就会发生长期贸易逆差;而美元作为国际货币核心的前提是必须保持美元币值的稳定与坚挺,这又要求美国必须是一个长期贸易顺差国,这两个要求互相矛盾,故又称"特里芬悖论"。

(四)纸币本位制

纸币本位制又称信用本位制,是指由中央银行代表国家发行以纸币为代表的国家信用货币,由政府赋予无限法偿能力并强制流通的货币制度。它的主要特点如下:①纸币的发行不受黄金储备的限制,其发行量完全取决于实现货币政策的需要;②纸币的价值取决于它的购买力,纸币的购买力与发行量成反比,与商品供应量成正比;③纸币的流通完全取决于纸币发行者的信用;④政府通过法律手段保证纸币具有一定的强制接受性;⑤从世界范围看,纸币本位制下的存款货币和电子货币的流通广泛发展,而现金货币流通呈现出日渐萎缩的趋势。

纸币流通条件下,保证币值的稳定是货币制度的核心。我国人民币制度就是一种纸币本位制。它的发行不与任何贵金属挂钩,也不依附于任何一国的货币,是一种独立的货币。

> **命题角度**
> (1)题干给出生活实例,判断该实例中的货币发挥的是哪项职能;直接考查货币有哪些职能。
> (2)综合考查货币制度。
> (3)考查数字货币的相关知识,如数字人民币的特点及应用场景。

第二讲 信用、利息与利率

 信用

一、信用的产生

信用,就是以偿还本金和付息为特征的借贷行为。一般认为,当商品交换出现延期支付、货币执行支付手段职能时,信用就产生了。

理解信用概念需要注意以下几个方面:①信用是以偿还本金和付息为条件的借贷行为;②信用关系是债权债务关系;③信用是价值运动的特殊形式;④信用关系反映一定的生产关系。

信用的产生必须具备两方面条件:①信用是在商品货币经济有了一定发展的基础上产生的;②信用只有在货币的支付手段职能存在的条件下才能发生。

二、信用的基本形式

信用的基本形式见表3-2-3。

表3-2-3 信用的基本形式

基本形式	含义	内容
高利贷信用	高利贷信用是高利贷资本的运动形式,以贷款利率畸高为特征	高利贷的年利息率一般在30%以上,100%~200%的年利息率也是常见的
商业信用	商业信用是指企业在正常的经营活动和商品交易中由于延期付款或预收账款所形成的企业常见的信贷关系,它是现代信用制度的基础	商业信用的基本形式主要有赊销商品、预收货款和商业汇票
银行信用	银行信用是银行及其他金融机构以货币形式提供的信用。它包括两个方面:一是通过吸收存款,集中社会各方面的闲置资金;二是通过发放贷款及证券投资,对集中起来的闲置资金加以运用	与商业信用相比,银行信用具有以下优势: (1)克服了商业信用的局限性 (2)规模大、成本低、风险小 (3)能够创造信用
国家信用	国家信用是国家及其附属机构作为债务人或债权人,依据信用原则向社会公众或外国政府举债或放债所形成的信用关系	国家信用包括国内信用和国外信用两种
消费信用	消费信用是由工商企业、商业银行以及其他信用机构以商品形态或货币形式向消费者个人提供的信用	消费信用主要有分期付款、赊销和消费贷款三种形式

(续表)

基本形式	含义	内容
国际信用	国际信用是一个国家官方（主要指政府）和非官方（如商业银行、进出口银行、其他经济主体）向另外一个国家的政府、银行、企业或其他经济主体提供的信用，属于国家间的借贷行为	(1) 国际商业信用是由出口商以商品形式提供的信用，有来料加工和补偿贸易等形式 (2) 国际银行信用是进出口双方银行所提供的信用，可分为出口信贷和进口信贷 (3) 政府间信用通常是指由财政部出面向外国政府借款的行为

考点二 利息与利率概述

一、利息的概念

利息是指在借贷活动中，债务人支付给债权人的超过借贷本金的那部分货币资金，是债务人为取得货币使用权所付出的代价。或者说，它是债权人让渡货币的使用权所获得的报酬。

二、利率的概念及分类

利息率简称利率，是利息额同借贷资本总额的比率，是借贷资本的价格。依据不同的分类标准，利率有多种划分方法，具体内容见表3-2-4。

表3-2-4 利率的分类

划分标准	种类
计算利率的期限单位	年利率、月利率与日利率。通常，年利率用"%"表示，月利率用"‰"表示，日利率用"‱"表示
利率的决定方式	市场利率、官定利率和公定利率。市场利率是指由资金供求关系和风险收益等因素决定的利率。官定利率是指由政府金融管理部门或中央银行根据国家经济发展和金融市场需要所确定和调整的利率。公定利率是指由一个国家或地区银行公会（同业协会）等金融机构行业组织所确定的利率
借贷期内利率是否调整	固定利率与浮动利率。固定利率是指在整个借贷期限内，利率水平保持不变的利率。浮动利率是指在借贷关系存续期内，利率水平可随市场变化而定期变动的利率
利率的地位	基准利率与一般利率。基准利率是在整个利率体系中起主导作用的基础利率，它的水平和变化决定其他各种利率的水平和变化。在我国，一般以中国人民银行对金融机构规定的存贷款利率为基准利率
借贷期限长短	长期利率和短期利率。通常以1年为标准。凡是借贷期限在1年以上的利率为长期利率，1年以内则为短期利率

(续表)

划分标准	种类
是否剔除通货膨胀因素	名义利率与实际利率。名义利率是指没有剔除通货膨胀因素的利率,即包括补偿通货膨胀风险的利率。实际利率是指剔除通货膨胀因素的利率,即物价不变,从而货币购买力不变条件下的利率 根据费雪效应,如果以 r 表示实际利率,i 表示名义利率,p 表示通货膨胀率,则实际利率的计算公式如下: $$r=\frac{1+i}{1+p}-1 \text{ 或 } r=i-p$$ 前一种计算方式比较精确,多用于核算实际成本和实际收益;后一种多用于估算成本、收益及理论阐述
借贷主体的不同	①中央银行利率(包括再贴现、再贷款利率等);②商业银行利率(包括存款利率、贷款利率、贴现率等);③非银行利率(包括债券利率、企业利率、金融利率等)
金融机构对同类存贷款利率制定不同的标准	一般利率和优惠利率。后者的贷款利率往往低于前者,后者的存款利率往往高于前者。贷款优惠利率的授予对象大多为国家政策扶持的项目,存款优惠利率大多用于争取目标资金来源

//// **考点拓展** ////

贷款市场报价利率

贷款市场报价利率(Loan Prime Rate,LPR)是由各报价行按照公开市场操作利率(主要指中期借贷便利利率)加点形成的方式报价,由中国人民银行授权全国银行间同业拆借中心计算得出并发布的利率。各银行实际发放的贷款利率可根据借款人的信用情况,考虑抵押、期限、利率浮动方式和类型等要素,在贷款市场报价利率基础上加减点确定。目前,LPR 包括 1 年期和 5 年期以上两个品种。从根本上说,LPR 是由市场资金的供求关系决定的。

作用:①LPR 能够为金融部门实施宏观调控提供重要参考,有利于让稳健的货币政策更加灵活适度,更好满足实体经济发展需求;②LPR 对于提升货币政策传导效率、降低企业融资成本、加大对实体经济支持力度具有重要意义;③LPR 市场化程度更高,灵活性更强,能够更加灵敏地反映市场上资金供求变化,已经成为银行对贷款定价的主要参考;④5 年期以上 LPR 主要为银行发放住房抵押贷款等长期贷款的利率定价提供参考。

2022 年 LPR 下调三次,LPR 下降可以进一步降低实体经济的融资成本,有助于稳定市场预期,促进需求回升。此外,LPR 下调带动房贷利率调降,有助于降低购房成本,促进楼市回暖。

三、利率的计算

货币的时间价值是指目前持有的货币比将来持有的等量货币具有更高的价值。货币之所以具有时间价值,主要原因在于现有货币用于投资会产生投资收益、货币的购买力会受物价水平变化的影响以及现有货币的预期收益具有不确定性。货币的时间价值通常用利率来表示。

一般情况下,利率的最高界限为平均利润率,最低界限为零。利率的计算公式如下:

$$利率=\frac{利息额}{借贷资本总额}\times 100\%$$

一般来说,年利率与月利率及日利率之间的换算公式如下:

年利率＝月利率×12＝日利率×360

利率分为单利和复利。单利就是不论借贷期限的长短,仅按本金计算利息,上期本金所产生的利息不计入下期本金重复计算利息。复利也称"利滚利",就是将每一期所产生的利息加入本金一并计算下一期的利息。

经典例题 在确定的借贷期内,按复利计息,(　　)越多,投资人的利息收入占最终本息和的比值越高。

A. 本息和　　　　　B. 本金　　　　　C. 计息次数　　　　　D. 成本

【答案】C。解析:在确定的借贷期内,按复利计息的次数越多,投资人的利息收入就越高,筹资人的利息成本就越大。

命题角度

(1)直接考查利率的分类以及各类利率的概念。

(2)考查实际利率的计算。如1年期利率为3.25%,通胀率为2%,则实际利率为1.25%(3.25%-2%)。

考点三 利率理论

一、资产需求的决定因素

当个人面临是否购买并持有某一资产的决策,或要在不同资产之间进行选择的时候,必须考虑下列因素:①财富,指个人拥有的全部资源,包括所有资产;②一种资产相对于其他替代性资产的预期回报率;③一种资产相对于其他替代性资产的风险;④一种资产相对于其他替代性资产的流动性。

资产需求理论认为,在其他因素不变的情况下,资产需求数量与财富规模正相关,与其相对于其他替代性资产的预期回报率正相关,与其相对于其他替代性资产的风险负相关,与其相对于其他替代性资产的流动性正相关。

二、利率的风险结构 ★★

债权工具的到期期限相同但利率却不相同的现象被称为利率的风险结构。它由三个原因引起,即违约风险、流动性和所得税。其具体内容见表3-2-5。

表3-2-5 利率的风险结构

要点	内容
违约风险	违约风险即债务人无法依约付息或偿还本金的风险,它影响着债券的利率水平。一般来说,债券违约风险越大,其利率越高 (1)同等条件下,政府债券的违约风险低于公司债券的违约风险 (2)同等条件下,信用等级较高的公司债券的违约风险低于普通公司债券的违约风险
流动性	流动性反映的是投资的时间尺度和价格尺度之间的关系。流动性差的债券风险大,利率定得高一些;流动性越强的债券,利率越低 (1)国债的流动性强于公司债券 (2)期限较长的债券流动性差
所得税	同等条件下,具有免税特征的债券利率低

综上所述,违约风险越大,流动性越差,无免税债券的利率越高。

三、利率的期限结构

具有相同风险、流动性和税收特征的债券,由于距离到期日的时间不同,其利率水平也会有所差异,具有不同到期期限的债券之间的利率关系被称为利率的期限结构。目前,主要有三种理论解释利率的期限结构,即预期假说、分割市场理论和流动性溢价理论。

(1)预期假说。预期假说认为,长期债券的利率等于长期债券到期之前人们所预期的短期利率的平均值。由于未来不同的时间段内的短期利率的预期值不同,所以到期期限不同的债券具有不同的利率。预期假说的一个关键性假设是不同到期期限的债券是完全替代品。

(2)分割市场理论。分割市场理论认为,不同期限的债券市场可以看作完全独立和分割开来的市场,到期期限不同的债券利率仅取决于各债券的供给与需求,而与其他不同期限的债券的预期回报率无关。分割市场理论的假设条件与预期假说的完全相反,为不同到期期限的债券根本无法相互替代。在关于利率的期限结构方面,有三个重要的经验事实:①不同期限的债券利率往往是同向波动的;②如果短期利率低,则收益曲线向右上方倾斜,相反,如果短期利率高,则收益曲线向右下方倾斜;③长期债券的利率往往高于短期债券。

市场分割理论对上述第③个经验事实的解释是,通常情况下,人们更偏好于期限较短、风险较小的债券,因而人们对短期债券的需求较大,而对长期债券的需求较小。由此,短期债券的利率较低,长期债券的利率较高,这样,收益曲线向右上方倾斜。但是,市场分割理论无法解释第①和第②个经验事实。既然市场分割理论把不同期限的债券市场完全分割开来,那么一种期限的债券的利率发生变化,就不会影响其他期限债券的利率,因而无法解释不同期限债券的利率一起波动(第①个经验事实)的原因。另外,市场分割理论对长期债券的供求与短期债券的供求之间的关系没有阐述,对长期债券的供求如何随短期债券利率的变化而变化的问题没有说明,因而也无法解释第②个经验事实。

(3)流动性溢价理论。流动性溢价理论认为长期债券的利率应当等于在该债券期限内预期发生的短期债券利率的平均值加上该债券受供求影响的流动性溢价。

---- **考点拓展** ----

利率期限倒挂

利率期限倒挂是指利率期限结构中出现长期债券利率水平低于短期债券利率水平的现象,即债券利率与债券到期期限成反比。在2008年金融危机中,出现了长期利率水平低于中短期利率的情况,并且这种现象持续存在,这种现象也被称为"格林斯潘长期利率之谜"。

四、利率决定理论

(一)马克思的利率决定理论

马克思的利率决定理论是以剩余价值在不同资本家之间的分割作为起点的。马克思指出,利息是贷出资本的资本家从借入资本的资本家那里分割来的一部分剩余价值。剩余价值表现为利润,因此,利息量的多少取决于利润总额。利息率取决于平均利润率。

(二)古典利率理论

古典利率理论认为,利率取决于储蓄(S)与投资(I)的均衡点。投资是利率的递减函数,储蓄是利率的递增函数。当$S>I$时,利率会下降;当$S<I$时,利率会上升;当$S=I$时,利率便达到均衡水平。该理论的隐含假定

是：当实体经济部门的储蓄等于投资时，整个国民经济达到均衡状态。因此，该理论属于"纯实物分析"的框架。

（三）凯恩斯利率理论

凯恩斯利率理论包含以下三个内容：

(1) 凯恩斯利率理论又称流动性偏好理论，该理论认为，利率水平主要取决于货币数量（货币供给）和公众的流动性偏好（货币需求）两个因素。

(2) 均衡利率取决于货币需求曲线与货币供给曲线的交点。

(3) 流动性陷阱。

（四）可贷资金利率理论

可贷资金利率理论是新古典学派的利率理论，是为修正凯恩斯的流动性偏好理论而提出的，实际上可看成古典利率理论和凯恩斯利率理论的一种综合。

可贷资金利率理论认为，利率由可贷资金市场的供求决定，利率的决定取决于商品市场和货币市场的共同均衡，任何使可贷资金的供给曲线和需求曲线移动的因素都将改变均衡利率水平。

命题角度

(1) 直接考查利率的风险结构，违约风险、流动性与所得税对于债券利率的影响。

(2) 单独考查预期假说、分割市场理论和流动性溢价理论的内容；将这三种理论结合考查。

第三讲　金融机构

一、金融机构的概念

一般将狭义的金融机构定义为金融活动的中介机构，即在间接融资领域中作为资金余缺双方交易的媒介，专门从事货币、信贷活动的机构，主要指银行和其他从事存、贷款业务的金融机构。

广义的金融机构是指所有从事金融活动的机构，包括直接融资领域中的金融机构、间接融资领域中的金融机构和各种提供金融服务的机构。直接融资领域中金融机构的主要职能是充当投资者和筹资者之间的经纪人，即代理买卖证券；间接融资领域中金融机构的主要职能是作为资金余缺双方进行货币借贷交易的媒介。

二、金融机构的职能

金融机构的职能由其性质决定。金融机构主要具有以下几种职能：

(1) 促进资金融通；

(2) 便利支付结算；

(3) 降低交易成本和风险；

(4) 减少信息成本；

(5) 反映和调节经济活动。

三、金融机构的种类

按照不同的标准，可以将金融机构划分为不同的类型，具体内容见表3-2-6。

表 3-2-6　金融机构的种类

划分标准	种类
融资方式	直接金融机构和间接金融机构
职能作用	一般金融机构和金融调控、监管机构
金融机构的业务特征	银行和非银行金融机构
是否承担政策性业务	政策性金融机构和商业性金融机构
经营领域	投资类金融机构、保险类金融机构和信息咨询服务类金融机构
资金来源方式	存款性金融机构、契约性储蓄机构和投资性中介机构
是否吸收存款	存款性金融机构（商业银行等）和非存款性金融机构（保险公司、投资银行等）

///　考点拓展　///

影子银行

影子银行是指游离于银行监管体系之外、可能引发系统性风险和监管套利等问题的信用中介体系（包括各类相关机构和业务活动）。影子银行主要包括五种类型：①具有"挤兑"风险的集合投资工具；②依赖短期融资提供贷款服务的机构或业务（如贷款公司、租赁公司、汽车金融公司、专业金融公司、典当行等）；③依赖短期融资或客户抵押融资提供交易中介服务的机构或业务（如证券经纪商、证券金融公司等）；④提供增信服务的机构或业务（如融资担保公司、信用保险公司、信用增级公司等）；⑤提供证券化融资服务的机构或业务（如住房抵押贷款证券化和资产支持证券化等）。

四、我国的金融机构体系

目前，我国的金融机构体系主要包括以下几类机构：

（1）商业银行。在我国的金融机构体系中，商业银行是主体，并且以银行信贷为主的间接融资在社会总融资中占主导地位。目前，我国的商业银行体系分为国有大型商业银行、股份制商业银行、城市商业银行、农村银行机构、外资商业银行、民营银行。

（2）政策性银行。政策性银行是由政府出资创立、参股或保证的，以配合、贯彻政府社会经济政策或意图为目的的，在特定的业务领域内，规定有特殊的融资原则，不以营利为目的的金融机构。政策性银行包括中国进出口银行和中国农业发展银行。2015年3月，国务院明确将国家开发银行定位为开发性金融机构。

（3）证券机构。我国证券机构主要包括证券公司、证券交易所、证券登记结算公司、证券投资咨询公司、证券投资基金管理公司等。

（4）保险公司。保险公司是指以经营保险业务为主的非银行金融机构，是金融机构体系的重要组成部分。

（5）其他金融机构。其他金融机构包括金融资产管理公司、农村信用合作社、信托公司、财务公司、金融租赁公司、汽车金融公司、小额贷款公司、消费金融公司等。

五、我国的金融调控、监管机构

我国的金融调控、监管机构主要有中国人民银行、国家金融监督管理总局、中国证券监督管理委员会（简称证监会）、国家外汇管理局、金融行业自律组织等。

2023年3月，中共中央、国务院印发了《党和国家机构改革方案》，决定在中国银行保险监督管理委员会基础上组建国家金融监督管理总局。经过改革调整后,中国金融监管部门开启了"一行一总局一会一局"的新时代,即中国人民银行、国家金融监督管理总局、证监会、外汇管理局。

第四讲　金融市场

考点一　金融市场与金融工具概述

一、金融市场的概念与功能

（一）金融市场的概念

金融市场是创造和交易金融资产的市场,是以金融资产为交易对象而形成的供求关系和交易机制的总和。金融市场是要素市场的一种。现代金融市场往往是无形的市场。

（二）金融市场的功能及重要性

金融市场最基本的功能是满足社会再生产过程中的投、融资需求,促进资本的集中与转换。具体来看,金融市场的功能主要有资金融通、价格发现、提供流动性、风险管理、降低搜寻成本和信息成本。

金融市场是经济运行的"晴雨表",其重要性体现在以下四个方面:①促进储蓄—投资转化;②优化资源配置;③反映经济状态;④宏观调控。

二、直接融资与间接融资

根据资金从资金盈余方流动到资金短缺方的不同方式加以区分,融资活动可以分为直接融资和间接融资两种基本方式。

（1）直接融资是指资金盈余单位通过直接与资金需求单位协议,或在金融市场上购买资金需求单位所发行的股票、债券等有价证券,将货币资金提供给需求单位使用。常见的直接融资方式有股票市场融资、债券市场融资、风险投资融资、商业信用融资、民间借贷等。证券市场融资属于典型的直接融资。

直接融资的优点:①资金供求双方联系紧密,有利于资金的快速合理配置和提高使用效益;②由于没有中间环节,筹资成本较低,投资收益较高;③资金供求双方形成投资关系,加强了投资者对资金使用的关注和筹资者的压力,有利于筹集具有稳定性的、可以长期使用的投资资金。

直接融资的局限性:①资金供求双方在数量、期限、收益率等方面受的限制比间接融资多;②直接融资的便利程度及其融资工具的流动性均受金融市场的发达程度的制约;③对资金供给者来说,直接融资的风险比间接融资大得多,需要直接承担投资风险。

（2）间接融资是指资金盈余者通过存款或者购买银行、信托和保险等金融机构发行的有价证券,将其暂时闲置资金先行提供给金融机构,再由这些金融机构以贷款、贴现或购买有价证券的方式把资金提供给短缺者,从而实现资金融通的过程。常见的间接融资方式包括银行信用融资、消费信用融资、租赁融资等。

间接融资的优点:灵活便利、安全性高、规模经济。

间接融资的局限性:①割断了资金供求双方的直接联系,减少了投资者对资金使用的关注和筹资者的压力;②金融机构要从经营服务中获取收益,从而增加了筹资者的成本,减少了投资者的收益。

三、金融市场的构成要素

金融市场有三个基本构成要素:金融市场主体、金融市场客体和金融市场价格。

（一）金融市场主体

金融市场主体是指在金融市场上交易的参与者，包括家庭、企业、政府、金融机构、金融调控、监管机构。其具体内容见表 3-2-7。

表 3-2-7　金融市场主体

主体	内容
家庭	家庭是金融市场上主要的资金供应者
企业	企业是金融市场运行的基础，是重要的资金需求者和供给者
政府	在金融市场上，各国的中央政府和地方政府通常是资金的需求者
金融机构	金融机构是金融市场上最活跃的交易者，扮演着多重角色： (1) 金融市场上最重要的中介机构，是储蓄转化为投资的重要渠道 (2) 在金融市场上充当资金供给者、需求者和中介等多重角色，既发行、创造金融工具，也在市场上购买各类金融工具；既是金融市场的中介人，也是金融市场的投资者、货币政策的传递者和承受者
金融调控、监管机构	中央银行在金融市场上处于一种特殊的地位，它既是金融市场中重要的交易主体，又是金融调控、监管机构之一

（二）金融市场客体

金融市场客体即金融工具，是指金融市场上的交易对象或交易标的物。

1. 金融工具的分类

金融工具的分类主要有三种方法，具体内容见表 3-2-8。

表 3-2-8　金融工具的分类

划分标准	类型	内容
期限	货币市场工具	又称短期金融工具，是指期限在 1 年以内的金融工具，包括商业票据、国库券、银行承兑汇票、大额可转让定期存单、同业拆借、回购协议等
	资本市场工具	又称长期金融工具，是指期限在 1 年以上、代表债权或股权关系的金融工具，包括股票、企业债券、中长期国债等
性质	债权凭证	债权凭证是发行人依法定程序发行并约定在一定期限内还本付息的有价证券
	所有权凭证	所有权凭证主要是指股票
与实际金融活动的关系	原生金融工具	商业票据、股票、债券、基金等基础金融工具
	金融衍生工具	期货合约、期权合约、互换合约等金融衍生工具

2. 金融工具的性质

金融工具具有期限性、流动性、收益性和风险性。这四个性质之间存在以下联系：①期限性与收益性、风险性成正比，与流动性成反比；②流动性与收益性、风险性成反比；③收益性与风险性成正比。

（三）金融市场价格

金融市场价格表现为各种金融工具的价格。价格机制在金融市场中发挥着极为关键的作用，是金融市场高速运行的基础。在一个有效的金融市场中，金融工具的价格能及时、准确、全面地体现该工具所反映的资产的价值，反映各种公开信息，引导市场资金的流向。

四、金融市场的类型

金融市场由很多子市场构成,具体类型见表3-2-9。

表3-2-9 金融市场的类型

划分标准	类型	内容
交易标的物	货币市场	货币市场是短期资金融通市场,是指融资期限在1年以下的金融市场,是金融市场的重要组成部分
	债券市场	债券市场是指债券发行和交易的场所
	股票市场	股票市场是专门对股票进行公开交易的市场,包括股票的发行和流通转让
	外汇市场	外汇市场是指经营外币和以外币计价的票据等有价证券买卖的市场
	衍生品市场	衍生品市场是由一组规则、一批组织和一系列产权所有者构成的一套市场机制
	保险市场	保险市场是指保险商品交换关系的总和或是保险商品供给与需求关系的总和
	黄金市场	黄金市场是指集中进行黄金买卖和金币兑换的市场
交易中介作用	直接金融市场	直接金融市场是指资金需求者直接向资金供给者融通资金的市场
	间接金融市场	间接金融市场是指以银行等信用中介机构作为媒介来进行资金融通的市场
交易性质	发行市场	发行市场又称一级市场或初级市场,是新发行的金融工具最初从发行者手中出售到投资者手中的市场
	流通市场	流通市场又称二级市场或次级市场,是已发行的金融工具进行转让交易的市场
金融交易有无固定场所	场内市场	场内市场又称证券交易所市场,是证券买卖双方公开交易的场所,是一个高度组织化、集中进行证券交易的市场,是整个证券市场的核心
	场外市场	场外市场又称柜台市场或店头市场,是在交易所市场外由证券买卖双方当面议价成交的市场,是最原始的金融市场。随着金融交易朝着电子化、网络化、无纸化的方向发展,场内市场和场外市场界限逐渐模糊
交易期限	货币市场	货币市场是指期限在1年以内,以短期金融工具为媒介进行资金融通和借贷的金融市场
	资本市场	资本市场是指期限在1年以上,以金融资产为交易标的物的金融市场
交割时间	即期市场	即期市场是指交易双方成交后即时清算交割的市场
	远期市场	远期市场是指交易双方达成成交协议后,不立即交割,而是约定在一定时期后进行清算和交割的市场

五、有效市场假说 ★★

1970年,尤金·法玛系统地提出了有效市场假说(Efficient Markets Hypothesis,EMH)。

(一)有效市场假说的定义

根据法玛的定义,有效市场假说是指证券价格充分反映了全部可以提供的信息,也就是说,有效市场是一个价格可以迅速对影响价格的因素作出反应的市场。有效市场假说理论认为,证券在任一时点的价格均对所有相关信息作出了反应。股票价格的任何变化只会由新信息引起。由于新信息是不可预测的,因此股票价格的变化也是随机变动的。在一个有效的市场上,不会存在证券价格被高估或被低估的情况,投资者不可能根据已知信息获利。

(二)有效市场假说的假设

有效市场假说建立在五个主要假设之上:①投资者都是理性的,能理性地为证券估值;②如果市场上存在非理性人,他们会进行随机交易,行为会相互抵消,不会造成价格大规模波动;③即使市场上的大量理性人进行的交易具有一定的模式,市场上大量的套利投资者会抵消其对价格的影响;④信息是随机的,没有相关性,投资者可以无成本、迅速地获得所有可利用的信息;⑤没有交易成本。

(三)有效市场的分类

法玛根据信息的公开程度,将信息分为历史信息、公开信息和内幕信息三类,并以此界定了三种不同程度的有效市场,具体内容见表3-2-10。

表3-2-10 有效市场的分类

类别	内容
弱有效市场	市场价格已充分反映出所有过去历史的证券价格信息,包括股票的成交价、成交量、卖空金额、融资金额等,技术分析是徒劳的
半强有效市场	市场价格已充分反映出所有已公开的有关公司营运前景的信息。这些信息有成交价、成交量、盈利资料、盈利预测值、公司管理状况及其他公开披露的财务信息等。假如投资者能迅速获得这些信息,股价应迅速作出反应,基本面分析方法无效
强有效市场	股价已经包括全部与公司有关的信息,甚至内幕信息。从理论上说,一个机制完善、监管严格的市场是不存在利用内幕信息进行交易的

> **命题角度**
>
> (1)直接考查金融市场有哪些功能;判断题干表述属于金融市场的哪一功能。
>
> (2)给出生活实例,判断其属于直接融资还是间接融资;直接考查直接融资、间接融资的特征、优点与局限性。
>
> (3)给出生活实例,判断题干中属于金融市场主体的有哪些;选项是对各金融市场主体的表述,判断哪一项表述正确或者错误。
>
> (4)给出若干种金融工具,判断哪些属于货币市场工具或资本市场工具。

考点二 货币市场、资本市场与外汇市场

一、货币市场 ★★

货币市场主要包括同业拆借市场、回购协议市场、商业票据市场、短期政府债券市场和大额可转让定期存单市场等。货币市场融通的资金主要用于周转和短期投资。

货币市场中交易的金融工具一般都具有期限短、流动性强、对利率敏感等特点,具有"准货币"特性。货币市场的具体内容见表3-2-11。

表 3-2-11 货币市场

市场类型	内容
同业拆借市场	同业拆借市场是指具有法人资格的金融机构或经过法人授权的金融分支机构之间进行短期资金头寸调节、融通的市场。同业拆借的资金主要用于弥补银行短期资金的不足、票据清算的差额以及解决临时性资金短缺需要
回购协议市场	回购协议市场是指通过证券回购协议进行短期资金融通所形成的市场。证券回购协议是指证券资产的持有者在卖出一定数量的证券资产的同时与买方签订的在未来某一特定日期按照约定的价格购回所卖证券资产的协议。其本质上是一种有抵押的贷款 回购协议中的交易计算公式为： $$I = PP \times RR \times \frac{T}{360}$$ $$RP = PP + I$$ 式中，PP 表示本金；RR 表示证券商和投资者所达成的回购时应付的利率；T 表示回购协议的期限；I 表示应付利息；RP 表示回购价格
票据市场	传统的票据市场是指在商品交易和资金往来过程中产生的以汇票、本票和支票的发行、担保、承兑、贴现来实现短期资金融通的市场，主要包括票据承兑市场和票据贴现市场
短期政府债券市场	短期政府债券是一国政府部门为满足短期资金需求而发行的一种期限在 1 年以内的债务凭证。广义的短期政府债券包括国家财政部门发行的债券、地方政府及政府代理机构所发行的债券；而狭义的短期政府债券仅指国库券
大额可转让定期存单（CDs）市场	大额可转让定期存单是银行发行的有固定面额、可转让流通的存款凭证。它由花旗银行首先推出，是银行业为逃避金融法规约束而创造的金融创新工具

二、资本市场

（一）资本市场的概念和特点

资本市场是政府、企业、个人筹措长期资金的市场，包括长期借贷市场和长期证券市场。

在长期借贷市场中，一般是银行对个人提供的消费信贷；长期证券市场主要包括股票市场、长期债券市场、证券投资基金市场。本章仅讨论长期证券市场。

资本市场的主要特点是风险大、收益较高、期限长、流动性差。

（二）资本市场的分类

在我国，资本市场主要包括债券市场、股票市场和证券投资基金市场。其具体内容见表 3-2-12。

表 3-2-12 资本市场的分类

市场类型	内容
债券市场	债券市场是发行和买卖债券的场所，是金融市场的一个重要组成部分
股票市场	股票市场是股票发行和流通的市场，可分为一级市场和二级市场。一级市场就是股票的发行市场，是股份公司发行新股票筹集资本的市场；二级市场即股票的流通市场，是指对已发行的股票进行买卖和转让的市场
证券投资基金市场	证券投资基金市场是指各类基金发行、赎回及转让所形成的市场

三、外汇市场

外汇市场是进行外汇买卖的场所或营运网络,由外汇需求者、外汇供给者及买卖中介机构组成。

在外汇市场上,外汇交易的基本类型有即期外汇交易、远期外汇交易和掉期交易,具体内容见表3-2-13。

表3-2-13 外汇交易的类型

交易类型	内容
即期外汇交易	即期外汇交易又称现汇交易,是指在成交当日或之后的2个营业日内办理实际货币交割的外汇交易,是外汇市场上最常见、最普遍的外汇交易形式
远期外汇交易	远期外汇交易又称期汇交易,是指交易双方在成交后并不立即办理交割,而是按照事先约定的币种、金额、汇率、交割时间、地点等交易条件,到约定时期才进行实际交割的外汇交易
掉期交易	掉期交易是指将币种相同、金额相同但方向相反、交割期限不同的两笔或两笔以上的交易结合在一起进行的外汇交易

考点三 股票市场

一、股票概述

股票是一种有价证券,它是股份有限公司签发的证明股东所持股份和享有权益的凭证。

股票的性质如下:①股票是有价证券。有价证券是财产价值和财产权利的统一表现形式。②股票是要式证券。③股票是证权证券。④股票是资本证券。股票是投入股份公司资本份额的证券化,属于资本证券。⑤股票是综合权利证券。股票不属于物权证券,也不属于债权证券,而是一种综合权利证券。

二、股票的分类

根据不同的分类标准,股票可分为不同的类型,具体内容见表3-2-14。

表3-2-14 股票的分类

分类标准	类型	内容
股东享有权利	普通股票	普通股票是最基本、最常见的一种股票,其持有者享有股东的基本权利和义务
	特别股票	特别股票是指设有特别权利或特别限制的股票。优先股是一种最常见的特别股票,持有者优先于普通股股东分配公司利润和剩余财产,但参与公司决策管理等权利受到限制
是否记载股东姓名	记名股票	记名股票是指在股票票面和股份公司的股东名册上记载股东姓名的股票。《中华人民共和国公司法》规定,公司发行的股票可以为记名股票,也可以为无记名股票
	无记名股票	无记名股票是指在股票票面和股份公司股东名册上均不记载股东姓名的股票。无记名股票也称不记名股票,与记名股票的差别不是在股东权利等方面,而是在股票的记载方式上

(续表)

分类标准	类型	内容
是否在股票票面上标明金额	有面额股票	有面额股票是指在股票票面上记载一定金额的股票。这一记载金额也称为票面金额、票面价值或股票面值
	无面额股票	无面额股票又称比例股票或份额股票,是指在股票票面上不记载股票面额,只注明它在公司总股本中所占比例的股票

//// **考点拓展** ////

我国常见的几种股票类型

A股:境内上市人民币普通股票,是由中国境内公司发行,供境内机构、组织或个人以人民币认购和交易的普通股股票。

B股:境内上市外资股,是以人民币标明面值,以外币认购和买卖,在中国境内证券交易所上市交易的外资股。

H股:注册地在中国内地、上市地在中国香港的外资股。

N股:注册地在中国大陆、上市地在美国纽约的外资股。

红筹股:在中国境外注册、在中国香港上市,但主要业务在中国内地或大部分股东权益来自中国内地公司的股票。

三、股利政策 ★★

股利政策是关于股份公司是否发放股利、发放多少股利以及何时发放股利等方面的制度与政策,涉及的主要是股份公司对其收益进行分配还是留存以用于再投资的策略问题。实务中通常有固定股利政策、固定股利支付率政策、零股利政策和剩余股利政策四种股利政策。具体内容见表3-2-15。

表3-2-15 股利政策的类型

类型	内容
固定股利政策	公司每年支付固定的或者稳定增长的股利
固定股利支付率政策	公司每年发放的每股现金股利与每股收益保持固定的比率关系
零股利政策	将公司所有收益全部投资于本公司用于内部积累
剩余股利政策	现金优先用于公司投资需要,剩余的部分用于发放股利

四、股利分配

(一)股利分配的形式

股利分配的形式主要有现金股利和股票股利两种。

(1)现金股利,也被称为派现,是指股份公司以现金分红方式将盈余公积和当期应付利润的部分或全部发放给股东。

稳定的现金股利政策对公司现金流管理有较高的要求,通常把那些经营业绩较好、具有稳定且较高的现金股利支付的公司股票称为蓝筹股。

(2)股票股利,也被称为送股,是指股份公司对原有股东无偿派发股票的行为。

送股时,股份公司将留存收益转入股本账户。送股实质上是留存收益的凝固化和资本化,表面上看,送股后,股东持有的股份数量因此而增长,但实际上股东在公司中占有的权益比例和账面价值均无变化。

(二)股利分配的4个相关日期

(1)股利宣告日,即公司董事会将分红派息的消息公布于众的时间。

(2)股权登记日,即统计和确认参加本期股利分配的股东的日期,在此日期持有公司股票的股东方能享受股利发放。

(3)除息除权日,通常为股权登记日之后的1个工作日,本日之后(含本日)买入的股票不再享有本期股利。

(4)股利派发日,即股利正式发放给股东的日期。

/// 考点拓展 ///

买空和卖空

买空和卖空是信用交易的两种形式。买空是指投资者用借入的资金买入证券。在买空交易中,如果投资者认定某一证券价格将上升,想多买一些该证券但手头资金不足时,可以通过交纳保证金向证券商借入资金买进证券,等待价格涨到一定程度时再卖出以获取价差。卖空,是指投资者自己没有证券而向他人借入证券(融券)后卖出。在卖空交易中,当投资人认定某种证券价格将下跌时,可以通过交纳一部分保证金向证券商借入证券卖出,等价格跌到一定程度后再买回同样证券交还借出者,以获取价差。

五、股份变动

股份变动主要指股票分割与合并、增发与定向增发、配股、资本公积金转增股本、股份回购、可转债转换为股票等,具体内容见表3-2-16。

表3-2-16 股份变动

变动类型	内容
股票分割与合并	股票分割又称拆股、拆细,是将1股股票均等地拆成若干股。股票合并又称并股,是将若干股股票合并为1股
增发与定向增发	增发是股份公司向不特定对象公开募集股份的行为。定向增发是股份公司采用非公开方式向特定对象发行股票的行为
配股	配股是上市公司向原股东配售股份的行为。原股东可以参与配股,也可以放弃配股权
资本公积金转增股本	资本公积金转增股本是在股东权益内部,把资本公积金转入股本账户,并按照投资者所持有公司股份份额比例的大小分到各个投资者的账户中,以此增加每个投资者的投入资本
股份回购	股份回购是股份公司利用自有资金买回发行在外股份的行为
可转换债券转换为股票	可转换债券转换为股票是公司收回并注销发行的可转换债券,同时发行新股

六、股票价格指数

股票价格指数是用以反映整个市场上各种股票市场价格的总体水平及其变动情况的指标。

我国主要的股票价格指数有沪深300指数、上证180指数、深证成分指数、恒生指数等,具体内容见表3-2-17。

表 3-2-17 股票价格指数

名称	内容
沪深 300 指数	由沪深 A 股中规模大、流动性好、最具有代表性的 300 只股票组成
上证 180 指数	选择总市值和成交金额排名靠前的股票,按照中证一级行业的自由流通市值比例,分配和选取 180 只固定样本,以自由流通股本为权重加权计算
深证成分指数	选取深圳证券市场中市值规模与流动性综合排名前 500 位的 A 股组成样本股
恒生指数	以香港股票市场中的 50 家上市股票为成分股样本,以其发行量为权重

七、股票的价值

股票的价值包括股票的票面价值、股票的账面价值、股票的清算价值和股票的内在价值。具体内容见表 3-2-18。

表 3-2-18 股票的价值

价值类型	内容
股票的票面价值	股票的票面价值又称面值,即在股票票面上标明的金额。该种股票被称为有面额股票。票面价值代表了每一份股份占总股份的比例,在确定股东权益时具有一定的意义 发行方式有以下三种: (1)平价发行。以面值作为发行价格 (2)溢价发行。发行价格高于面值,溢价发行募集的资金中等于面值总和的部分计入资本账户,溢价款列入资本公积金 (3)折价发行。发行价格低于面值。注意:在我国,公司法规定股票不能折价发行,在国外一些国家可以
股票的账面价值	股票的账面价值又称股票净值或每股净资产,在没有优先股的条件下,每股账面价值等于公司净资产(公司资产总额减去负债总额后的净值,从会计角度说等于股东权益价值)除以发行在外的普通股票的股数。通常情况下,股票账面价值并不等于股票的市场价格
股票的清算价值	股票的清算价值是公司清算时每一股份所代表的实际价值
股票的内在价值	股票的内在价值即理论价值,是指股票未来收益的现值。股票的内在价值决定股票的市场价格,股票的市场价格总是围绕其内在价值波动

八、股票的价格

(一)股票的理论价格

股票及其他有价证券的理论价格是根据现值理论得来的。现值理论认为,人们之所以愿意购买股票和其他证券,是因为它能够为它的持有人带来预期收益,因此,它的价值取决于未来收益的大小。

(二)股票的市场价格

股票的市场价格一般是指股票在二级市场上交易的价格。股票的市场价格由股票的内在价值决定,但同时受许多其他因素的影响。其中,供求关系是最直接的影响因素,其他因素都是通过作用于供求关系来影响股票价格的。

九、股票价值评估 ★★

对于普通股,计算价值的关键之一是估计未来的现金股票分红——这是投资人预期可以得到的未来收益。普通股股票价值的一般计算公式如下：

$$P = \frac{D_1}{1+r} + \frac{D_2}{(1+r)^2} + \cdots = \sum_{t=1}^{\infty} \frac{D_t}{(1+r)^t}$$

式中，P 为股票内在价值，D_t 为第 t 期的分红，r 为贴现率。

如果红利的分派呈现等比递增的态势，以 g 代表增速，则依次的 D_t 是等比递增级数：$D_1 = D_0(1+g)$，$D_2 = D_1(1+g)$，……，则计算公式应如下：

$$P = \sum_{t=1}^{\infty} \frac{D_0(1+g)^t}{(1+r)^t}$$

可简化为：

$$P = \frac{D_0(1+g)}{r-g}$$

上述模型为戈登股利增长模型，是一个被广泛应用的股价估值模型。

考点四 债券市场

一、债券概述

（一）债券的定义

债券是一种有价证券，是社会各类经济主体为筹集资金而向债券投资者出具的、承诺按一定利率定期支付利息并到期偿还本金的债权债务凭证。

（二）债券的票面要素 ★★

（1）债券的票面价值。债券的票面价值是债券票面标明的货币价值，是债券发行人承诺在债券到期日偿还给债券持有人的金额。

（2）债券的到期期限。债券的到期期限，是指债券从发行之日起至偿清本息之日止的时间。

（3）债券的票面利率。债券的票面利率是债券年利息与债券票面价值的比率。

（4）债券发行者名称。债券的发行者即该债券的债务主体。

考点拓展

债券与股票的相同点：都属于有价证券；都是直接融资工具。

债券与股票的区别：

（1）权利不同。债券是债权凭证，债券持有人与债券发行人之间的经济关系是债权债务关系，债券持有者只可按期获取利息及到期收回本金，无权参与公司的经营决策。股票是所有权凭证，股票所有者是发行股票公司的股东，一般拥有表决权。

（2）目的不同。发行债券获取的资金属于公司负债，有偿还的义务。发行股票筹措的资金列入公司资本，是股份公司创立和增加资本的需要。

（3）主体不同。发行债券的经济主体很多，政府、金融机构、公司企业一般都可以发行债券，但能发行股票的经济主体只有股份有限公司。

（4）期限不同。债券一般有规定的偿还期，是一种有期证券。股票通常是无需偿还的，是一种无期证券，但股票持有者可以通过市场转让收回投资资金。

（5）收益不同。债券通常有规定的票面利率，可获得固定利息。股票的股息红利不固定，一般视公司经营情况而定。

(6)风险不同。股票风险较大,债券风险相对较小。这是因为:第一,债券利息是公司的固定支出,属于费用范围;股票的股息红利是公司利润的一部分,公司有盈利才能支付,而且支付顺序列在债券利息支付和纳税之后。第二,倘若公司破产,清理资产有余额偿还时,债券偿付在前,股票偿付在后。第三,在二级市场上,债券市场价格较稳定;股票市场价格波动频繁,涨跌幅度较大。

(三)债券的分类

债券种类很多,具体见表3-2-19。

表3-2-19 债券的分类

分类标准	类型	内容
发行主体	政府债券	(1)政府债券的发行主体是政府,中央政府发行的债券称为国债 (2)用途:解决由政府投资的公共设施或重点建设项目的资金需要和弥补国家财政赤字 (3)除了政府部门直接发行的债券,有些国家把政府担保的债券也划归为政府债券体系,称为政府保证债券。这种债券由一些与政府有直接关系的公司或金融机构发行
	金融债券	(1)金融债券的发行主体是银行或非银行金融机构。金融机构一般有雄厚的资金实力,信用度较高,因此,金融债券往往有良好的信誉 (2)用途:筹资用于某种特殊的用途;改变本身的资产负债结构 (3)对金融机构来说,吸收存款和发行债券都是它的资金来源。存款是被动负债,而发行债券是主动负债,金融机构有更大的主动权和灵活性。金融债券的期限以中期较为多见
	公司债券	(1)公司债券是公司依照法定程序发行、约定在一定期限还本付息的有价证券 (2)公司债券的风险性相对于政府债券和金融债券要大一些 (3)在发达资本国家,公司债券和企业债券是同一种债券;在我国,公司债券和企业债券是两类不同的债券,具有不同的发行条件和管理体系
付息方式	零息债券	债券合约未规定利息支付的债券。通常,这类债券以低于面值的价格发行和交易,债券持有人实际上是以买卖(到期赎回)价差的方式获得债券利息的
	附息债券	附息债券的合约中明确规定,在债券存续期内,对持有人定期支付利息(通常每半年或每年支付一次)。按照计息方式的不同,这类债券还可细分为固定利率债券和浮动利率债券两大类
	息票累积债券	与附息债券相似,息票累积债券也规定了票面利率,但是,债券持有人必须在债券到期时一次性获得本息,存续期间没有利息支付
债券形态	实物债券	实物债券是一种具有标准格式实物券面的债券。在标准格式的债券券面上,一般印有债券面额、债券利率、债券期限、债券发行人全称、还本付息方式等各种债券票面要素。无记名国债就属于这种实物债券,它以实物券的形式记录债权、面值等,不记名,不挂失,可上市流通
	凭证式债券	凭证式债券的形式是债权人认购债券的一种收款凭证,而不是债券发行人制定的标准格式的债券,其通过银行柜台发行,不能上市流通
	记账式债券	记账式债券是没有实物形态的票券,它利用证券账户通过证券交易所电脑系统完成债券发行、交易及兑付的全过程

(续表)

分类标准	类型	内容
期限长短	长期债券	偿还期在10年以上的是长期债券
	中期债券	偿还期在1年或1年以上、10年以下(含10年)的为中期债券
	短期债券	偿还期在1年以下的为短期债券
发行方式	公募债券	按法定手续,经证券主管机构批准在市场上公开发行的债券
	私募债券	向与发行者有特定关系的少数投资者募集的债券,其发行和转让具有一定的局限性
是否可转换	可转换债券	在一定期限内依据约定的条件可以转换成股份的公司债券。可转换债券兼有债权性证券和股权性证券的特性,具有转换性、期权性、可赎回性等特点
	不可转换债券	—

///// **考点拓展** /////

国际债券包括外国债券和欧洲债券。

外国债券:某一国家借款人在本国以外的某一国家发行以该国货币为面值的债券(债券发行人属于一个国家,债券的面值货币和发行市场属于另一个国家,如在美国发行的以美元为面值的扬基债券、在日本发行的武士债券、在中国发行的熊猫债券、在英国发行的猛犬债券)。

欧洲债券:借款人在本国境外市场发行的、不以发行市场所在国货币为面值的国际债券(债券发行者、债券发行地点和债券面值所使用的货币可以分别属于不同的国家)。

二、债券发行定价(筹资者角度) ★★★

债券发行时必须对债券进行定价。债券的发行价格是指债券原始投资者购入债券时应支付的市场价格,它与债券的面值可能一致,也可能不一致。影响债券发行价格的最主要因素有债券面额、票面利率、市场利率和债券期限。

(1)债券面额。债券面额即债券票面价值,企业可根据不同认购者的需要,使债券面值多样化,既有大额面值,也有小额面值。

(2)票面利率。票面利率有固定利率和浮动利率,企业根据自身资信情况、公司承受能力、利率变化趋势、债券期限的长短等决定选择何种利率形式与利率的高低。

(3)市场利率。市场利率是衡量债券票面利率高低的参照系,也是债券发行方式的决定因素。

平价发行,也称面值发行,即发行价格等于面值。当债券票面利率等于市场利率时,债券发行价格只需要与票面金额一致即可。

折价发行,即发行价格低于面值。当债券票面利率低于市场利率时,企业仍以面值发行就不能吸引投资者,一般要折价发行。

溢价发行,即发行价格高于面值。当债券票面利率高于市场利率时,企业仍以面值发行就会增加发行成本,一般要溢价发行。

(4)债券期限。期限越长,债权人的风险越大,其所要求的利息报酬就越高,其发行价格就可能越低。当债券的收益率不变,债券的到期时间与债券价格的波动幅度之间成正比。

> **经典例题** 假设目前市场利率为7.20%,当债券发行价格低于面值时,票面利率可能是(　　)。
A. 7.40%　　　　B. 7.60%　　　　C. 7.10%　　　　D. 7.70%

【答案】C。解析:本题中债券的发行价格低于面值,为折价发行,那么债券的票面利率要小于市场利率,即票面利率应低于目前市场利率7.20%。

三、债券估值（投资者角度） ★★

（一）债券估值原理

债券估值的基本原理:**现金流贴现。债券投资者持有债券,会获得利息与本金偿付。把现金流用适当的贴现率进行贴现并求和,便可得到债券的理论价格。**

1. 债券现金流的确定

债券的现金流需通过以下几个方面来确定:①债券的面值和票面利率。②计付息间隔。③债券的嵌入式期权条款。债券条款中可能包含发行人提前赎回权、债券持有人提前返售权、转股权、转股修正权、偿债基金条款等嵌入式期权。④债券的税收待遇。⑤其他因素,如债券的利率类型、债券的币种等因素都会影响债券的现金流。

2. 债券贴现率的确定

债券的贴现率是投资者对该债券要求的最低回报率,也称必要回报率。计算公式如下:

$$债券必要回报率=真实无风险收益率+预期通货膨胀率+风险溢价$$

（二）债券估值模型

不含嵌入式期权的债券理论价格计算公式如下:

$$P=\sum_{t=1}^{T}\frac{C_t}{(1+y_t)^t}$$

其中,P表示债券理论价格;T表示债券距到期日时间长短(通常按年计算);t表示现金流到达的时间;C表示现金流金额;y表示贴现率(通常为年利率)。

1. 零息债券定价

零息债券不计利息,折价发行,到期还本,通常1年期以内的债券为零息债券。

其定价公式如下:

$$P=\frac{FV}{(1+y_T)^T}$$

其中,FV表示零息债券的面值。

2. 附息债券定价

附息债券可以看作一组零息债券的组合。可用零息债券定价公式分别为其中每只债券定价,加总后即为附息债券的理论价格,也可直接套用现金流贴现公式进行定价。

3. 累息债券定价

累息债券有票面利率,到期一次性还本付息。可将其视为面值等于到期还本付息额的零息债券,按零息债券定价公式定价。

/// **考点拓展** ///

一只债券包含利率风险的大小取决于其价格对利率变动的敏感程度。这种敏感程度取决于两个因素:距到期日的时间以及票面利率。利率或利率风险对债券的影响如下:①债券的价格与市场利率成反比,市场利率上升,债券价格下降,反之,债券价格上升;②在其他条件都相同的情况下,距到期日的时间越长,利率风险越大;③在其他条件都相同的情况下,票面利率越低,利率风险越大。

四、债券收益率 ★★

(一)当期收益率

当期收益率是债券的年利息收入与买入债券的实际价格的比率。计算公式如下:

$$Y = \frac{C}{P} \times 100\%$$

其中,Y 表示当期收益率;C 表示每年利息收益;P 表示债券价格。

(二)到期收益率

债券的到期收益率是使债券未来现金流现值等于当前价格的贴现率。计算公式如下:

$$P = \sum_{t=1}^{T} \frac{C_t}{(1+y)^t}$$

其中,P 表示债券价格;C 表示现金流金额;y 表示到期收益率;T 表示债券期限(期数);t 表示现金流到达时间(期)。

如果债券每年付息1次,每次付息金额为C,债券面值为F,则到期收益率(y)公式如下:

$$P = \sum_{t=1}^{T} \frac{C_t}{(1+y)^t} + \frac{F}{(1+y)^T}$$

在某些国家(如美国),债券通常半年付息一次,每次支付票面年息的一半,则到期收益率(y)公式如下:

$$P = \sum_{t=1}^{2T} \frac{\frac{C}{2}}{\left(1+\frac{y}{2}\right)^t} + \frac{F}{\left(1+\frac{y}{2}\right)^{2T}}$$

从以上介绍可知,债券的市场价格与到期收益率反向变化。

(三)即期利率

即期利率是零息债券到期收益率的简称,也称零利率。

(四)持有期收益率

持有期收益率是指买入债券到卖出债券期间所获得的年平均收益。计算公式如下:

$$P = \sum_{t=1}^{T} \frac{C_t}{(1+y_h)^t} + \frac{P_T}{(1+y_h)^T}$$

其中,P 表示债券买入时价格;P_T 表示债券卖出时价格;y_h 表示持有期收益率;C 表示债券每期付息金额;T 表示债券期限(期数);t 表示现金流到达时间。

(五)赎回收益率

可赎回债券是指允许发行人在债券到期以前按某一约定的价格赎回已发行的债券。赎回收益率是计算使预期现金流量的现值等于债券价格的利率,可通过以下公式用试错法计算出:

$$P = \sum_{t=1}^{n} \frac{C}{(1+y)^t} + \frac{M}{(1+y)^n}$$

其中,P 表示发行价格;n 表示直到第一个赎回日的年数;M 表示赎回价格;C 表示每年利息收益。

> **经典例题** 面值为1 000美元的贴现发行债券,1年后到期,售价为960美元,它的到期收益率约为( )。
> A. 4.17%　　　　B. 4.24%　　　　C. 4.89%　　　　D. 6.83%
>
> 【答案】A。解析:到期收益率=(到期价值÷买入时债券全价-1)×100%=(1 000÷960-1)×100%≈4.17%。

> **命题角度**
> (1)直接考查债券的分类。其中,可转换债券考查频率较高。
> (2)考查债券相关的计算题。如计算债券的到期收益率。
> (3)考查债券的发行定价。如根据发行方式来判断债券票面利率与市场利率的大小关系。

考点五　证券投资基金市场

一、证券投资基金的概念

证券投资基金是指通过公开发售基金份额募集资金,由基金托管人托管,由基金管理人管理和运用资金,为基金份额持有人的利益,以资产组合方式进行证券投资的一种利益共享、风险共担的集合投资方式。

二、基金当事人

基金当事人包括基金份额持有人、基金管理人和基金托管人。
(1)基金份额持有人,是基金的出资人、基金资产的所有者和基金投资收益的受益人。
(2)基金管理人,是基金的募集者和管理者,负责基金的投资管理,承担产品设计、基金营销、基金注册登记、基金估值、会计核算等多方面职责。
(3)基金托管人。基金资产由独立于基金管理人的基金托管人保管。基金托管人职责表现在基金资产保管、基金资金清算、会计复核以及对基金投资运作的监督等方面。

三、证券投资基金的分类

按照不同标准,证券投资基金可以分为不同类型,具体内容见表3-2-20。

表 3-2-20　证券投资基金的分类

划分标准	类型
基金的组织形式	(1)契约型基金。又称单位信托基金,是指将投资者、管理人、托管人三者作为信托关系的当事人,通过签订基金契约的形式发行受益凭证而设立的一种基金 (2)公司型基金。依据基金公司章程设立,在法律上具有独立法人地位的股份投资公司
基金运作方式	封闭式基金和开放式基金。交易所交易基金(ETF)是一种跟踪"标的指数"变化且在交易所上市的开放式基金,可以理解为"股票化的指数投资产品"。从本质上看,ETF属于开放式基金的一种特殊类型,它综合了封闭式基金和开放式基金的优点,投资者既可以向基金管理公司申购或赎回基金份额,同时,又可以像封闭式基金一样在证券市场上按市场价格买卖ETF份额。不过,ETF的申购赎回必须以一篮子股票换取基金份额或者以基金份额换回一篮子股票

(续表)

划分标准	类型
基金的投资标的	股票基金、债券基金、混合型基金、货币市场基金等。在我国，根据中国证监会对基金类别的分类标准，80%以上的基金资产投资于股票的是股票基金，80%以上的基金资产投资于债券的是债券基金。货币市场基金是以货币市场工具为投资对象的一种基金，其投资对象期限在1年以内，包括银行短期存款、国库券、公司短期债券、债券回购、银行承兑票据及商业票据等货币市场工具
基金的募集方式	公募基金和私募基金
基金的投资目的	成长型基金、收入型基金和平衡型基金

/// 考点拓展 ///

封闭式基金与开放式基金的区别

(1)期限不同。封闭式基金一般有一个固定的存续期；而开放式基金一般无特定存续期限。

(2)规模限制不同。封闭式基金的基金份额是固定的，在封闭期限内未经法定程序认可不能增减。开放式基金规模不固定，投资者可随时提出申购或赎回申请，基金份额会随之增加或减少。

(3)交易方式不同。封闭式基金份额固定，在完成募集后，基金份额在证券交易所上市交易。投资者买卖封闭式基金份额，只能委托证券公司在证券交易所按市价买卖，交易在投资者之间完成。开放式基金份额不固定，投资者可以按照基金管理人确定的时间和地点向基金管理人或其销售代理人提出申购、赎回申请，交易在投资者与基金管理人之间完成。

(4)价格形成方式不同。封闭式基金的交易价格主要受二级市场供求关系的影响。开放式基金的买卖价格以基金份额净值为基础，不受市场供求关系的影响。

(5)投资策略不同。由于封闭式基金不能随时被赎回，其募集得到的资金可全部用于投资，这样基金管理公司便可据以制定长期的投资策略，取得长期经营绩效。开放式基金则必须保留一部分现金，以便投资者随时赎回，而不能尽数地用于长期投资，一般投资于变现能力强的资产。

考点六 金融衍生工具

一、金融衍生工具的概念

金融衍生工具又被称为金融衍生产品，是与基础金融产品相对应的一个概念，是指建立在基础产品或基础变量之上，其价格取决于基础金融产品价格(或数值)变动的派生金融产品。这里所说的基础产品是一个相对的概念，不仅包括现货金融产品(如债券、股票、银行定期存款单等)，也包括金融衍生工具。

二、金融衍生工具的分类

根据不同的标准，金融衍生工具可以分为不同类型，具体见表3-2-21。

表3-2-21 金融衍生工具的分类

分类标准	类型
产品形态	独立衍生工具和嵌入式衍生工具
交易场所	交易所交易的衍生工具和场外交易市场(简称OTC)交易的衍生工具

(续表)

分类标准	类型
金融衍生工具自身交易的方式及特点	金融远期合约、金融期货、金融期权、金融互换和结构化金融衍生工具
基础工具种类	股权类产品的衍生工具、货币衍生工具、利率衍生工具、信用衍生工具和其他衍生工具

三、金融衍生工具的特点、风险与功能

金融衍生工具具有跨期性、杠杆性、联动性、不确定性或高风险性四个显著特点。

金融衍生工具的风险包括市场风险、信用风险、流动性风险、结算风险、操作风险和法律风险。

金融衍生工具市场具有四方面功能：①价格发现；②转移风险；③提高交易效率；④优化资源配置。

四、主要的金融衍生工具

（一）金融远期合约

金融远期合约是指交易双方在场外市场上通过协商，按约定价格在约定的未来日期买卖某种标的金融资产的合约。目前比较常见的金融远期合约主要包括远期利率协议、远期外汇合约和远期股票合约。

金融远期合约的特征：①金融远期合约是最基础的金融衍生产品；②一对一交易，交易事项可协商确定，较为灵活；③金融机构或大型工商企业通常利用远期交易作为风险管理手段；④搜索困难，交易成本较高、存在对手违约风险。

（二）金融期货

金融期货是指交易双方在集中的交易场所以公开竞价的方式进行的标准化金融期货合约的交易。期货合约是由交易双方订立的、约定在未来某一日期按成交时约定的价格交割一定数量的某种商品的标准化协议。从理论上说，金融期货交易中双方潜在的盈利和亏损都是无限的。

金融期货交易可用来进行投机或对冲价格波动风险。主要的金融期货合约有货币期货、利率期货、股指期货等。货币期货是依赖于外汇或本币的金融期货合约，标的资产为外汇或本币，外汇期货属于货币期货；利率期货是指依赖于债务证券的金融期货合约，标的资产为国库券、中期国债、长期国债等；股指期货依赖于股票价格指数，标的资产为股票价格指数，这种合约允许交易双方在约定日期以约定价格买入或卖出股票价格指数，其交割时，需以现金方式完成交割。

（三）金融期权 ★★

金融期权合约是指合约买方向卖方支付一定费用，在约定日期内享有按事前确定的价格向合约卖方买卖某种金融工具的权利的契约。

期权交易实际上是一种权利的单方面有偿让渡。期权的买方以支付一定数量的期权费为代价而拥有了这种权利，但不承担必须买进或卖出的义务；期权的卖方在收取了一定数量的期权费后，在一定期限内必须无条件服从买方的选择并履行成交时的允诺。从理论上说，期权购买者在交易中的潜在亏损是有限的，仅限于所支付的期权费，而可能取得的盈利却是无限的；相反，期权出售者在交易中所取得的盈利是有限的，仅限于所收取的期权费，而可能遭受的损失却是无限的。

1. 期权的分类

按照金融期权合约标的物的不同，金融期权合约分为货币期权、利率期权和股指期权等。

按照买方权利的不同，金融期权合约可分为看涨期权和看跌期权。

(1)看涨期权,也叫认购期权,是指期权的买方具有在约定期限内按执行价格买入一定数量基础金融工具的权利。交易者之所以买入看涨期权,是因为他预期金融工具的价格在合约期限内会上涨。如果判断正确,按执行价格买入该项金融工具并以市价卖出,可赚取市价与执行价格之间的差额;如果判断失误,则放弃行权,仅损失期权费。

(2)看跌期权,也叫认沽期权,是指期权的买方具有在约定期限内按执行价格卖出一定数量基础金融工具的权利。交易者之所以买入看跌期权,是因为他预期金融工具的价格在合约期限内会下跌。如果判断正确,可从市场上以较低的价格买入该项金融工具,按执行价格卖给期权的卖方,可赚取执行价格与市价之间的差额;如果判断失误,则放弃行权,仅损失期权费。

按照合约所规定的履约时间的不同划分,金融期权分为欧式期权、美式期权和修正的美式期权。欧式期权只能在期权到期日执行;美式期权可在期权到期日之前的任何时间执行;修正的美式期权也被称为百慕大期权或大西洋期权,可以在期权到期日之前的一系列规定日期执行。

2. 期权价格的影响因素

期权价格=内在价值+时间价值。凡是影响内在价值和时间价值的因素,就是影响期权价格的因素。总的来看,期权价格的影响因素主要有六个:标的资产的市场价格、期权的执行价格、期权的到期期限、标的资产价格波动率、无风险利率、标的资产收益。具体内容见表3-2-22。

表3-2-22 期权价格的影响因素

影响因素	欧式看涨期权	欧式看跌期权	美式看涨期权	美式看跌期权
标的资产的市场价格	+	-	+	-
期权的执行价格	-	+	-	+
期权的到期期限	?	+	+	+
标的资产价格波动率	+	+	+	+
无风险利率	?	?	+	-
标的资产收益	-	+	-	+

注:"+"表示期权价格与影响因素的变动方向相同,"-"表示期权价格与影响因素的变动方向相反,"?"表示不能确定。

3. 期权损益分析

期权的损益公式见表3-2-23。

表3-2-23 期权的损益公式

项目	到期日价值	到期净损益
看涨期权多头	Max(标的资产价格-执行价格,0)	到期日价值-权利金
看涨期权空头	-Max(标的资产价格-执行价格,0)	到期日价值+权利金
看跌期权多头	Max(执行价格-标的资产价格,0)	到期日价值-权利金
看跌期权空头	-Max(执行价格-标的资产价格,0)	到期日价值+权利金

(四)金融互换

金融互换是指两个或两个以上的当事人按共同商定的条件,在约定的时间内定期交换现金流的金融交易,可分为货币互换、利率互换、股权类互换、信用违约互换等。

互换交易的主要用途是改变交易者资产或负债的风险结构(比如利率或汇率结构),从而规避相应的风险。

> **命题角度**
> (1)直接考查金融衍生工具的分类及主要的金融衍生工具。
> (2)直接考查期权的分类以及影响期权价格的因素;考查期权收益的计算。

考点七 互联网金融

一、互联网金融的概念及特点

互联网金融是传统金融机构与互联网企业利用互联网技术和信息通信技术实现资金融通、支付、投资和信息中介服务的新型金融业务模式。

与传统金融相比,互联网金融具有以下特点:①是传统金融的数字化、网络化和信息化;②是一种更普惠的大众化金融模式;③能够**提高金融服务效率**,**降低金融服务成本**。

二、互联网金融的模式

通过对业内相应商业模式、商业现象进行深度剖析,互联网金融模式分为六大类,具体见表3-2-24。

表3-2-24 互联网金融的模式

模式	内容
互联网支付	互联网支付是指通过计算机、手机等设备,依托互联网发起支付指令、转移货币资金的服务
网络借贷	网络借贷包括个体网络借贷(即P2P)和网络小额贷款 (1)P2P是指个体和个体之间通过互联网平台实现的直接借贷,其参与门槛低、渠道成本低。个体网络借贷机构要明确信息中介性质,主要为借贷双方的直接借贷提供信息服务,不得提供增信服务,不得非法集资 (2)网络小额贷款是指互联网企业通过其控制的小额贷款公司,利用互联网向客户提供的小额贷款
股权众筹融资	股权众筹融资主要是指通过互联网形式进行公开小额股权融资的活动。股权众筹融资必须通过股权众筹融资中介机构平台(互联网网站或其他类似的电子媒介)进行
互联网基金销售	基金销售机构与其他机构通过互联网合作销售基金等理财产品的,要切实履行风险披露义务,不得通过违规承诺收益方式吸引客户
互联网保险	保险公司开展互联网保险业务,应遵循安全性、保密性和稳定性原则,加强风险管理,完善内控系统,确保交易安全、信息安全和资金安全
互联网信托和互联网消费金融	信托公司、消费金融公司通过互联网开展业务的,要严格遵守监管规定,加强风险管理,确保交易合法合规,保守客户信息

三、互联网金融的核心部分

互联网金融有三个核心部分:支付方式、信息处理和资源配置。具体内容见表3-2-25。

表 3-2-25 互联网金融的核心部分

核心部分	概念
支付方式	支付是互联网金融的基石,个人和机构都可在中央银行的支付中心开账户,即不再完全是二级商业银行账户体系;证券、现金等金融资产的支付和转移通过互联网进行;支付清算电子化替代现钞部分渠道的流通
信息处理	在云计算的保障下,资金供需双方的信息通过社交网络揭示和传播,被搜索引擎组织和标准化,最终形成时间连续、动态变化的信息序列
资源配置	资金供需信息直接在网上发布并匹配,供需双方可以直接联系和交易,不需要通过传统的金融机构

四、信息技术在互联网金融中的应用 ★★

（一）大数据金融

1. 大数据金融的概念

大数据金融是指依托于海量、非结构化的数据,通过互联网、云计算等信息化方式对其数据进行专业化的挖掘和分析,并与传统金融服务相结合,创新性开展相关资金融通工作的统称。

2. 大数据金融的模式

根据企业处于大数据金融服务中的环节及价值的差异,可以将大数据金融分为平台金融和供应链金融两大模式。

（1）平台金融模式,主要是平台企业对长期以来积累的大数据,通过互联网、云计算等信息化方式对其进行专业化的挖掘和分析,并与传统金融机构相结合,创新性地为平台服务企业开展相关资金融通工作的一种模式。

（2）供应链金融模式,是指核心龙头企业依托自身的产业优势地位,通过其对上下游企业现金流、进销存、合同订单等信息的掌控,依托自己的资金平台或者合作金融机构对上下游企业提供金融服务的模式。

3. 大数据金融的发展趋势

未来大数据金融的发展将呈现以下趋势:①电商金融化,实现信息流和金融流的融合;②金融机构积极搭建数据平台,强化用户体验;③形成针对各环节的专业化分工。

（二）区块链在金融领域的应用

区块链是一个分布式账簿,是通过去中心化和去信任的方式集体维护一个可靠数据库的技术方案。

由于区块链具有去中心化、方便快捷、高安全性、记账速度快、成本低、互相监察验证和信息公开透明等优点,因此可以运用于供应链金融、互联网征信、数字货币、支付清算、权益证明、数字票据等多个领域。

区块链在金融领域技术发展的三个阶段：

（1）区块链 1.0:可编程货币。可编程货币是一种具有灵活性的,并且几乎独立存在的数字货币,典型代表是比特币。

（2）区块链 2.0:可编程金融。区块链 2.0 的核心理念是把区块链作为一个可编程的分布式信用基础设施,用以支撑智能合约的应用。可编程金融可实现整个金融市场的去中心化,是区块链技术发展的下一个重要纽带,典型代表是以太坊。

（3）区块链 3.0:可编程社会。随着区块链技术的进一步发展,由于其具有去中心化及去信任的功能,区块链的应用将超越金融领域,区块链 3.0 不仅将应用扩展到身份认证、审计、仲裁、投标等社会治理领域,还将囊括工业、文化、科学和艺术等领域。

考点拓展

DeFi

DeFi 的全称是 Decentralized Finance，在中文定义中通常被称为"去中心化金融"或者"分布式金融"。DeFi 可看作是区块链 2.0 时代的产物。去中心化是区块链的特征之一，它的含义是区块链可以实现某个体系在没有中心机构管理的情况下自动运行，任意节点的权利和义务都是均等的，系统中的数据块由整个系统中具有维护功能的节点来共同维护。DeFi 的根本在于通过区块链技术和智能合约构建代码信任，帮助人们实现去中心化交易，点对点转账，简化交易程序并降低交易成本。

（三）人工智能在互联网金融领域的应用

人工智能（AI）是研究使用计算机模拟、延伸和扩展人的智能的理论、方法和技术的新兴科学。

目前，人工智能技术在互联网金融领域的应用主要集中在以下几个方面：

（1）客户身份识别。客户身份识别主要是通过人脸识别、虹膜识别、指纹识别等生物识别技术快速提取客户特征进行高效身份验证的人工智能应用。

（2）智能量化交易。人工智能量化交易能够使机器学习技术进行回测，自动优化模型，自动调整投资策略。在规避市场波动下的非理性选择、防范非系统性风险和获取确定性收益方面比传统的量化交易方法更具优势。

（3）智能投顾。智能投顾又称机器人投顾，主要是根据投资者的风险偏好、财务状况和理财目标，运用智能算法及投资组合理论，为用户提供智能化的投资管理服务。智能投顾主要服务于长尾客户。

（4）智能客服。智能客服主要是以语音识别、自然语言理解、知识图谱为技术基础，通过电话、App、短信、微信等渠道与客户进行语言或文本上的互动交流，理解客户需求，回复客户提出的业务咨询，并能根据客户语音导航至指定业务模块。

（5）征信反欺诈。知识图谱、深度学习等技术应用于征信反欺诈领域。

（6）信贷决策。在信用风险管理方面，利用"大数据+人工智能技术"建立的信用评估模型，关联知识图谱可以建立精准的用户画像，支持信贷审批人员在履约能力和履约意愿等方面对用户进行综合评定，提高风险管控能力。

（7）金融监管。人工智能技术能够用于识别异常交易和风险主体，检测和预测市场波动、流动性风险、金融压力、房价、工业生产、GDP 以及失业率，抓住可能对金融稳定造成的威胁。

（四）金融云计算

当前，云计算已引发金融领域重大变革，是金融科技的重要组成部分。

1. 金融云的概念

金融云（属行业云）主要指仅限于为金融行业服务的云计算平台，包括金融机构自建的专有金融云、云服务商为金融机构提供的公共金融云，以及上述两种模式组合的混合金融云。

2. 金融云计算服务模式

金融云计算服务模式是由云服务商提供的资源类型决定的，主要分为软件即服务（SaaS）、平台即服务（PaaS）和基础设施即服务（IaaS）三种模式。

3. 金融云计算服务的场景

保险业已有全面应用，银行业、证券业多在外围应用。

金融云计算服务的场景具体包括保险业核心业务系统、非核心系统、互联网业务接入的前置系统、企业互联网网站系统、证券业务行情系统、互联网金融服务系统、网络学习等辅助系统、企业开发测试环境。

---- /// 考点拓展 /// ----

传统金融的二八定律即20%的人占有80%的社会财富,20%的产品占据80%的市场份额,20%的VIP客户能为银行更有效率地创造利润。随着金融科技的发展,普惠性成为金融的核心内在原则。金融科技一反传统二八原则,抓住了80%的长尾用户,以长尾市场为主的零售金融服务成为金融机构新的业务增长点。

第五讲 资产组合与资产定价

一、投资组合理论

(一) 基本假设

马科维茨投资组合理论的基本假设包括以下几点:①所有投资者都是风险规避者;②所有投资者处于同一单期投资期;③投资者根据收益率的均值和方差选择投资组合;④投资者总是希望持有有效资产组合(给定风险水平期望收益率最高或给定期望收益率风险水平最小)。

(二) 风险的度量

度量风险,首先需要知道投资收益率。投资收益率的计算公式如下:

$$r = \frac{C + P_1 - P_0}{P_0}$$

式中,C为持有资产期间的收益,如利息、股息等;P_1为期末价格,P_0为期初价格;$P_1 - P_0$为资本收入。

投资风险是各种未来投资收益率与期望收益率的偏离程度。期望收益率就是未来收益率的各种可能结果乘以它们相对出现的概率,然后相加。设$\bar{r}$为期望收益率,则计算公式如下:

$$\bar{r} = \sum_{i=1}^{n} p_i r_i$$

式中,r_i为投资的未来第i种可能的收益率;p_i为第i种收益率出现的概率。

知道了期望收益率,就可以用收益率与期望收益率的偏离程度表示风险,即用标准差σ这个统计值表示,即

$$\sigma = \left[\sum_{i=1}^{n} (r_i - \bar{r})^2 \times p_i \right]^{\frac{1}{2}}$$

(三) 资产组合风险 ★★

根据投资组合理论,构建资产组合即多元化投资能够降低投资风险。资产组合的收益率相当于组合中各类资产期望收益率的加权平均值,权数是各资产价值在资产组合总价值中所占的比重,其计算公式如下:

$$r_p = \sum_{i=1}^{n} \omega_i \bar{r}_i$$

式中,r_p为资产组合的期望收益率;ω_i为第i种资产所占的比重;$\bar{r}_i$为第i种资产的期望收益率。

当持有资产的种类超过一种时,对投资风险的衡量就不能停留在把各种单一资产的风险简单相加,因为多种资产的收益率之间可能存在不同的相关关系:可能是正相关,可能是负相关,可能是不相关。以两种资产为例,如果这两种资产的标准差分别为σ_1和σ_2,两种资产收益率之间的相关系数为$\rho_{1,2}$(刻画了两种资产收益率变化的相关性),则该资产组合的标准差如下:

$$\sigma_p = (\omega_1^2\sigma_1^2 + \omega_2^2\sigma_2^2 + 2\omega_1\omega_2\sigma_1\sigma_2\rho_{1,2})^{\frac{1}{2}}$$

当两种资产收益率之间完全正相关,即相关系数为1时,资产组合的风险如下:

$$\sigma_p = \omega_1\sigma_1 + \omega_2\sigma_2$$

当两种资产收益率之间完全负相关,即相关系数为-1时,资产组合的风险如下:

$$\sigma_p = \omega_1\sigma_1 - \omega_2\sigma_2$$

当两种资产收益率之间完全不相关,即相关系数为0时,资产组合的风险如下:

$$\sigma_p = (\omega_1^2\sigma_1^2 + \omega_2^2\sigma_2^2)^{\frac{1}{2}}$$

当两种资产之间的收益率变化不完全正相关(即 ρ 小于1)时,该资产组合的整体风险小于各项资产风险的加权之和。

随着资产种类在组合中数量的增加,风险减小,但不能为0。这是因为一项资产的风险由两个部分组成,即系统性风险和非系统性风险。系统性风险是因外部条件的变化,如宏观经济形势及市场的波动等因素给资产价格带来的变化。而非系统性风险是一项资产特有的风险,不随资产组合中其他资产价格的变动而同方向同幅度变动。资产组合能够消除组合中不同资产的非系统性风险,但不能消除系统性风险。

要点提示

马科维茨投资组合理论的主要结论:

(1)风险资产的组合(只要相关系数不为1),投资效果一定好于单一证券投资,并且随着组合资产的相关系数越小,这种效果就越好。

(2)任何一个投资组合均存在有效与无效之分,在相同的风险水平下,收益率高的资产组合有效。有效资产组合是风险相同但预期收益率最高的资产组合,在资产组合曲线上叫作有效边界。

(3)投资者根据投资偏好,选择最佳资产组合(有效边界上组合点)。

二、资本资产定价模型(CAPM) ★★

(一)资本市场线(CML)

资本资产定价模型在投资组合理论假设基础上提出另外三个基本假设:①所有投资者对同一证券的所有统计特征(均值、协方差等)有相同的认识;②市场是完全的,没有税负和交易费用等;③存在可供投资的无风险证券,投资者可以以无风险利率无限制地进行借贷或卖空一种证券。

在投资组合理论中,构造的组合中的所有资产都是风险资产。在资本资产定价模型中,将无风险资产引入资产组合,并且假定投资者对于风险资产的投资是按照一个特定的市场组合进行的,则新构成的组合包含一种无风险资产和一组市场组合。市场组合,是指由所有证券构成的组合,在这个组合中,每一种证券的构成比例等于该证券的相对市值。一种证券的相对市值等于该证券总市值除以所有证券的市值的总和。

用 F 和 M 分别代表一种无风险资产和市场组合,则新的资产组合等于 $F+M$。这个新的资产组合的收益和风险如下:

$$\bar{r}_p = \omega_f r_f + \omega_m \bar{r}_m$$

$$\sigma_p = (\omega_f^2\sigma_f^2 + \omega_m^2\sigma_m^2 + 2\omega_f\omega_m\sigma_f\sigma_m\rho_{f,m})^{\frac{1}{2}}$$

式中,r_f 与 $\bar{r}_m$ 分别代表无风险资产与市场组合的期望收益率;ω_f 与 ω_m 分别代表两类资产的比重;σ_f 与 σ_m 分别代表无风险资产和市场组合的标准差。由于无风险资产的风险为零,即 $\sigma_f=0$,那么相关系数 $\rho_{f,m}=0$,则

$$\sigma_p = \omega_m\sigma_m$$

根据新资产组合的期望收益率和风险,可以画出一条直线,为资本市场线(图3-2-1)。

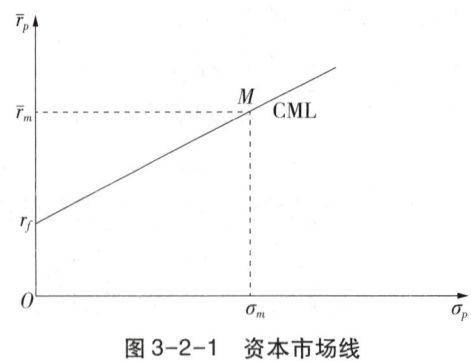

图3-2-1 资本市场线

资本市场线上的每一点都对应着某种由无风险资产和市场组合 M 构成的新组合,其与纵轴的交点表示资产组合中所有资金均投资于无风险资产,即 $\omega_f=1,\omega_m=0$ 时,该资产组合所对应的风险与收益率。资本市场线上的 M 点表示所有资金均投资于风险组合时所对应的风险与收益率。资本市场线的公式如下:

$$\bar{r}_p = r_f + \frac{\bar{r}_m - r_f}{\sigma_m} \times \sigma_p$$

式中,$(\bar{r}_m - r_f)$ 为市场组合的风险报酬。

示例 假定市场组合的预期收益率为10%,市场组合的标准差是20%,投资组合的标准差是21%,无风险收益率为4%,则市场组合的风险报酬为6%(10%-4%),投资组合的预期收益率为10.3%(4%+6%÷20%×21%)。投资组合的风险溢价$(\bar{r}_p - r_f)$为6.3%。

(二)证券市场线(SML)

资本市场线反映了有效投资组合预期收益率和标准差之间的均衡关系。任何单个风险证券都不是有效投资组合,因此一定位于资本市场线下方。但资本市场线并不能告诉我们单个风险证券的预期收益率和风险之间的关系。证券市场线在资本市场线基础上,进一步说明了单个风险资产的预期收益率与风险之间的关系。首先假定,投资人持有的是一组资产而不是单一资产。因此,对于每一项资产,投资人关心的是持有该资产后对整个资产组合风险的影响程度,在这个基础上,确定该资产的风险补偿以及期望收益率。

单个资产对整个市场组合风险的影响可以用 β 系数表示。这一系数相当于资产 i 与市场组合(包括资产 i 在内的市场组合)的协方差与市场组合方差之比:

$$\beta_i = \frac{\sigma_{i,m}}{\sigma_m^2}$$

式中,β_i 为第 i 种资产的市场风险溢价系数。无风险资产的 β 系数为0,市场组合的 β 系数为1。

单个资产的期望收益率的公式如下:

$$\bar{r}_i = r_f + \beta_i \times (\bar{r}_m - r_f)$$

上式即资本资产定价模型。

特定资产风险与期望收益率的关系可以用证券市场线(图3-2-2)来表示。

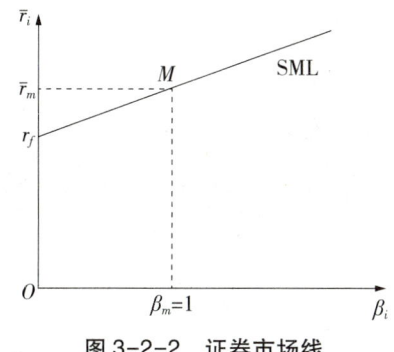

图 3-2-2 证券市场线

示例 若某公司股票的 β 系数为1.4,市场组合的收益率为6%,当前无风险利率为5%,则该股票的预期收益率为 $5\%+1.4\times(6\%-5\%)=6.4\%$。

三、期权定价理论

布莱克和斯科尔斯根据股价波动符合几何布朗运动的假定,成功解决了期权定价的一般公式,推导出了无现金股利的欧式看涨期权定价公式。布莱克-斯科尔斯模型在推导前作了如下假定:

(1)无风险利率 r 为常数。

(2)没有交易成本、税收和卖空限制,不存在无风险套利机会。

(3)标的资产在期权到期之前不支付股息和红利。

(4)市场交易是连续的,不存在跳跃式或间断式变化。

(5)标的资产价格波动率为常数。

(6)标的资产价格变化遵从几何布朗运动。

根据布莱克-斯科尔斯模型,欧式期权的价值由标的资产的初始价格、期权执行价格、期权期限、无风险利率以及标的资产的波动率五个因素决定,而与投资者的预期收益率无关。

> **命题角度**
>
> (1)直接考查资产组合与资产定价的概念性内容。如CML是无风险资产与风险资产所构成的投资组合的有效边界。
>
> (2)考查投资组合的期望收益率、风险溢价、单个资产的期望收益率的计算。(考生在复习时应掌握相关计算公式,明确公式中的每个符号所代表的含义)

第六讲 货币理论

考点一 货币需求

一、货币需求的概念

货币需求是指一定时间内,社会各经济主体为满足各种经济活动需要而应该保留或占有一定货币的动机或行为。

二、货币需求理论

(一)马克思的货币需求理论

马克思关于流通中货币量的分析,后人多用"货币必要量"的概念来表述。基本公式如下:

执行流通手段职能的货币必要量=商品价格总额÷货币的流通速度

这一规律可用符号表示如下:

$$M = \frac{PQ}{V}$$

式中,P 为商品价格;Q 为进入流通的商品数量;V 为货币流通的平均速度;M 为货币必要量。

该公式表明,货币必要量取决于价格水平、进入流通的商品数量和货币的流通速度这三个因素,它与商品价格和进入流通的商品数量成正比,与货币流通速度成反比。

(二)货币数量论的货币需求理论 ★★

1. 费雪方程式

美国经济学家欧文·费雪于1911年出版的《货币的购买力》一书,是货币数量论的代表作。在该书中,费雪提出了著名的"交易方程式",也被称为费雪方程式,即:

$$MV = PT$$

式中,M 为一定时期内流通货币的平均数量;P 为平均价格水平;T 为各类商品和服务的交易总量;V 为货币流通速度,它代表了单位时间内货币的平均周转次数。

该方程式表明,在交易中发生的货币支付总额(等于货币存量乘以它的流通速度,即 MV)等于被交易的商品和服务总价值(即 PT)。上式还可以表示如下:

$$P = \frac{MV}{T}$$

这一方程式表明,物价水平的变动与流通中货币数量的变动和货币的流通速度的变动成正比,而与商品和服务的交易总量的变动成反比。

2. 剑桥方程式

剑桥学派认为,处于经济体系中的个人对货币的需求,实质是选择以怎样的方式保持自己资产的问题。决定每个人持有多少货币,有多种原因,但在名义货币需求与名义收入水平之间总是保持一个较为稳定的比例关系。剑桥方程式如下:

$$M_d = kPY$$

式中,M_d 为名义货币需求;Y 为总收入;P 为价格水平;k 为以货币形式保存的财富占名义总收入的比例。

(三)凯恩斯的货币需求函数

凯恩斯认为,人们的货币需求行为往往是由交易动机、预防动机和投机动机三种动机决定的。由于交易动机和预防动机引起的货币需求是收入的函数,可记为 $L_1(Y)$;由于投机性货币需求是利率的函数,可记为 $L_2(r)$,则凯恩斯的货币需求函数可表示如下:

$$M = L_1(Y) + L_2(r)$$

(四)弗里德曼的货币需求函数

弗里德曼将货币需求函数表述如下:

$$\frac{M}{P} = f\left(y, w, r_m, r_e, r_b, \frac{1}{P} \cdot \frac{dp}{dt}, u\right)$$

式中，$\dfrac{M}{P}$ 代表货币的实际需要量，r_m、r_b、r_e 分别表示存款、债券和股票的名义收益率，$\dfrac{1}{P}\cdot\dfrac{dp}{dt}$ 代表价格的预期变动率，w 为非人力财富占总财富的比例，y 为恒久收入，u 代表影响货币需求的其他因素。

考点二 货币供给

一、多倍存款创造（存款货币银行系统角度）★★

中央银行利用自身掌握的货币发行权和信贷管理权，来创造信贷资金的来源。当中央银行向银行体系供给 1 元准备金时，存款的增加是准备金的数倍，这是银行通过运用中央银行发放的货币和准备金使得货币供给量增加的行为，这个过程被称为多倍存款创造。多倍存款创造需要具备两个基本条件：部分准备金制度和非现金结算制度。多倍存款创造具体表现为商业银行以原始存款为基础，在银行体系中繁衍出数倍于原始存款的派生存款。

（1）原始存款。原始存款是商业银行吸收的、能增加其准备金的存款。它包括商业银行吸收的现金存款或中央银行投放基础货币所形成的存款。

（2）派生存款。派生存款是相对于原始存款而言的，是指由商业银行以原始存款为基础，运用信用流通工具和转账结算的方式发放贷款或进行其他资产业务时，所衍生出来的存款。

（3）存款创造。为描述存款创造过程首先需做如下假设：①商业银行只保留法定存款准备金，超额存款准备金全部用于放款或投资；②商业银行的客户将其一切收入均存入银行，并使用支票结算方式，不提取现金；③法定存款准备金率为 10%，原始存款为 100 万元。

假设 A 银行吸收到 100 万元的原始存款，然后贷放给客户甲，客户甲将此 100 万元以支票形式存入 B 银行；B 银行先缴存 100 万元的 10%，即 10 万元的法定存款准备金，然后将其余的 90 万元贷放给客户乙，乙以支票形式存入 C 银行；C 银行先缴存 90 万元的 10%，即 9 万元的法定存款准备金，然后将其余的 81 万元贷放出去……以此类推，过程见表 3-2-26。

表 3-2-26 存款创造过程

（单位：万元）

银行	存款	准备金	贷款
A 银行	0	0	100
B 银行	100	10	90
C 银行	90	9	81
……	……	……	……
总计	1 000	100	1 000

在部分准备金制度和非现金结算制度下，一笔原始存款在整个银行体系存款扩张原理的作用下，可以产生出大于原始存款若干倍的派生存款来。派生存款的大小取决于原始存款数量与法定存款准备金率。若用 ΔD 代表存款货币的最大扩张额，ΔB 表示原始存款额，r 表示法定存款准备金率，则：

$$\Delta D = \Delta B \times \dfrac{1}{r}$$

如果设 K 为银行体系创造存款的存款乘数，则 $K=\dfrac{1}{r}$。由此可见，整个商业银行创造存款货币的数量与法定存款准备金率成反比。

上述存款乘数是一个简单的、需要修正的存款乘数,故修正后的存款乘数公式如下:

$$\Delta D = \Delta B \times \frac{1}{r+e+c}$$

其中,e 代表超额存款准备金率,c 代表现金漏损率。

二、货币供给的概念(中央银行角度)

货币供给是指一定时期内一国或货币区的银行体系向经济体中投入、创造、扩张(或收缩)货币的金融过程。货币供给包括货币供给行为和货币供应量两个方面。现代信用制度下的货币供应量的决定因素主要有两个:基础货币和货币乘数。货币供应量等于基础货币与货币乘数的乘积。

(一)基础货币

基础货币,又称储备货币、高能货币或强力货币,通常是指流通中的现金和商业银行在央行的准备金存款之和。之所以称其为高能货币,是因为一定量的这类货币被银行作为准备金持有后可引致数倍的存款货币。

基础货币(B)包括现金(C)和准备金(R)。准备金又包括活期存款准备金(R_r)、定期存款准备金(R_t)和超额存款准备金(R_e)。所以,全部基础货币方程式可表示为以下形式:

$$B = C + R_r + R_t + R_e$$

中央银行投放基础货币有以下三条渠道:

(1)对商业银行等金融机构的再贷款和再贴现;
(2)收购黄金、外汇等储备资产投放的货币;
(3)通过公开市场业务等投放货币。

(二)货币乘数 ★★★

货币乘数是指货币供给过程中,中央银行的基础货币供应量与社会货币最终形成量之间的扩张倍数。货币乘数(m)可表示如下:

$$m = \frac{1+c}{c+r+e}$$

上式中,c 为现金漏损率(现金比率),e 为超额存款准备金率,r 为法定存款准备金率。其中,中央银行决定法定存款准备金率和影响超额存款准备金率,商业银行决定超额存款准备金率,储户决定现金漏损率。

三、货币层次划分

(一)国际货币基金组织的货币层次划分

按国际货币基金组织的规定,货币层次一般可作如下划分:

M_0(现钞)= 流通于银行体系之外的现金(包括居民手中的现金和单位的备用金,M_0 具有最强的购买力)

M_1(狭义货币)= M_0+可转让本币存款和在国内可直接支付的外币存款

M_2(广义货币)= M_1+单位定期存款和储蓄存款+外汇存款+大额可转让定期存单(CDs)

M_3 = M_2+外汇定期存款+商业票据+互助金存款+旅行支票

(二)我国的货币层次划分 ★★★

划分各层次货币供应量的标准:货币流动性。

我国货币供应量划分为 M_0、M_1、M_2、M_3。各层次的货币内容见表 3-2-27。

表 3-2-27　我国货币供应量层次划分

货币供应量层次	内容
M_0	流通中现金
M_1	M_0+企业活期存款+机关团体部队存款+农村存款+个人持有的信用卡类存款
M_2	M_1+城乡居民储蓄存款+企业存款中具有定期性质的存款+外币存款+信托类存款
M_3	M_2+金融债券+商业票据+大额可转让定期存单等

从我国金融市场实际出发,中国人民银行对货币供应量统计进行了多次修订。2018年1月,中国人民银行完善了货币供应量中货币市场基金部分的统计方法,用非存款机构部门持有的货币市场基金取代货币市场基金存款(含存单)。

M_1被称为狭义货币,是现实购买力;M_2被称为广义货币;M_2与M_1之差被称为准货币,是潜在购买力。由于M_2通常反映社会总需求变化和未来通货膨胀的压力状况,因此,一般所说的货币供应量是指M_2。

▷ 经典例题 各个国家依据货币资产的(　　)划分不同的货币层次。

A. 安全性　　　　　　　　　　　　B. 风险性
C. 流动性　　　　　　　　　　　　D. 收益性

【答案】C。

考点拓展

社会融资规模

社会融资规模是指一定时期内(每月、每季或每年)实体经济(即非金融企业和住户)从金融体系获得的资金总额。社会融资规模由四个部分共十个子项构成:一是金融机构表内业务,包括人民币和外币各项贷款;二是金融机构表外业务,包括委托贷款、信托贷款和未贴现的银行承兑汇票;三是直接融资,包括非金融企业境内股票筹资和企业债券融资;四是其他项目,包括保险公司赔偿、投资性房地产、小额贷款公司和贷款公司贷款。

社会融资规模指标兼具总量和结构两方面信息,不仅能全面反映实体经济从金融体系获得的资金总额,而且能反映资金的流向和结构。第一,反映直接融资与间接融资的比例关系。社会融资规模既反映实体经济通过金融机构获得的间接融资,也反映实体经济在金融市场上通过发行企业债券和股票获得的直接融资。第二,反映实体经济利用各类金融产品的融资情况。社会融资规模全面反映了中国实体经济融资渠道和融资产品的多样化发展。第三,反映不同地区、不同产业的融资总量和融资结构。社会融资规模能从融资角度反映中国区域经济差别及产业发展情况。

命题角度

(1)给定某一指标,判断其属于哪一货币层次。如在我国,信托类存款属于哪个货币层次。

(2)计算货币乘数、货币供给量。如假设A国基础货币为500亿美元,现金漏损率为9%,法定存款准备金率为10%,超额存款准备金率为5%,则A国的货币供给量约为多少亿美元?($500\times\dfrac{1+9\%}{10\%+5\%+9\%}\approx 2\ 270.8$亿美元)

(3)考查存款创造。如给定不同银行的现金漏损率,比较银行的存款创造能力;考查商业银行存款创造的数量与法定存款准备金率等指标的关系。

考点三 货币均衡

一、货币均衡的含义

（一）IS 曲线与产品市场均衡

IS 曲线上的点表示产品市场上总产出等于总需求量，故 IS 曲线上的点表示产品市场达到均衡的状态。

产品市场的均衡即产品市场上总供给与总需求相等，在二部门经济中总需求与总供给相等表示为 $C+I=C+S$，要求资本的供求相等，即 $I=S$。储蓄构成资本的供给，投资构成资本的需求。由于储蓄是收入（Y）的增函数，投资是利率（i）的减函数。所以，IS 曲线表示在不同的利率与收入水平组合下，经济均衡（$I=S$）点的轨迹。

（二）LM 曲线与货币市场均衡

货币均衡（货币市场的均衡）要求货币的供求相等，即 $L=M$。根据凯恩斯的流动性偏好理论，货币需求（L）取决于总产出（Y）和利率（i），并且，货币需求与总产出正相关，与利率负相关。所以，LM 曲线表示在不同的利率与收入水平组合下，货币均衡（$L=M$）点的轨迹。

（三）IS-LM 模型与两大市场的同时均衡

IS 曲线表示产品市场均衡，LM 曲线表示货币市场均衡。由于两大市场是同时存在的，并且都受利率水平和收入水平的影响，因此，可以把 IS 曲线和 LM 曲线放在同一直角坐标系内，两条曲线的交点必然同时满足两个条件：$I=S,L=M$。也就是产品市场和货币市场同时达到均衡。

（四）BP 曲线与国际收支平衡

IS-LM 模型基本上是对封闭式经济体系的阐述，没有涉及对外贸易和资本流动。在开放经济条件下，如果加入国际收支（BP 曲线），就发展成了 IS-LM-BP 模型，即蒙代尔-弗莱明模型。该模型是分析开放经济条件下国内外经济均衡的一个重要的经济模型。

BP 曲线是指国际收支平衡时产出（收入）和利率组合的轨迹，即 BP 曲线上任何一点所代表的利率和产出（收入）的组合都可以使当期国际收支均衡，这里的 BP 是指国际收支差额，即净出口与资本净流出的差额。BP 曲线的斜率应介于零与无穷大之间。蒙代尔-弗莱明模型见图 3-2-3。

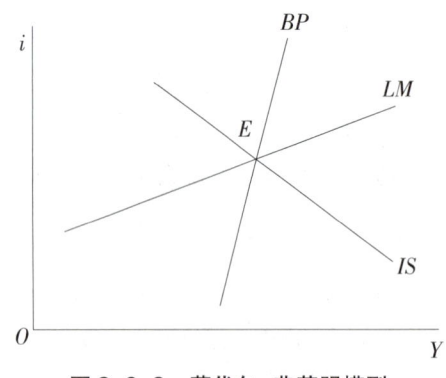

图 3-2-3　蒙代尔-弗莱明模型

如上图所示，E 点表明，国内产品市场、货币市场和外汇市场同时处于均衡。

二、货币均衡的实现机制

市场经济条件下货币均衡的实现主要取决于三个条件，即健全的利率机制、发达的金融市场以及有效的中央银行调控机制。

（1）就货币供给而言,当市场利率升高时,一方面社会公众因持有货币机会成本加大而减少现金提取,这样现金比率缩小,货币乘数加大,货币供给增加;另一方面,银行因贷款收益增加而减少超额准备金来扩大贷款规模,这样超额准备金率下降,货币乘数变大,货币供给增加。所以,利率与货币供给量之间存在同向变动关系。

（2）就货币需求而言,当市场利率升高时,人们的持币机会成本加大,这必然导致人们对金融生息资产需求的增加和对货币需求的减少,所以,利率与货币需求量之间存在反向变动关系。当货币市场上出现均衡利率水平时,货币供求相同,货币均衡状态便得以实现。

第七讲　中央银行与货币政策

考点一　中央银行

一、中央银行的性质与职能

（一）中央银行的性质

中央银行代表国家管理金融、制定和执行金融政策,主要采用经济手段对金融经济领域进行调节和控制。中央银行是一国最高的货币金融管理机构,在各国金融体系中居于主导地位。

（二）中央银行的职能 ★★

我们通常将中央银行的职能概括为"发行的银行""银行的银行""政府的银行"。其具体内容见表3-2-28。

表3-2-28　中央银行的职能

职能	定义	表现
发行的银行	中央银行垄断货币发行权,是全国唯一有权发行货币的机构	(1)根据国民经济发展的客观情况,适时适度发行货币 (2)从宏观经济角度控制信用规模,调节货币供给量 (3)根据货币流通需要,印刷、铸造或销毁票币,调拨库款,调剂地区间货币分布、货币面额比例
银行的银行	中央银行通过办理存、放、汇等业务充当商业银行和其他金融机构的最后贷款人	中央银行面向银行等金融机构提供以下服务: (1)集中保管商业银行的存款准备金 (2)充当银行业的最后贷款人 (3)组织全国商业银行间的清算业务 (4)组织外汇头寸抛补业务
政府的银行	中央银行为政府提供服务,是政府管理一国金融的专门机构	(1)代理国库收支 (2)代理政府金融事务,如代理国家债券的发行 (3)为政府提供资金融通 (4)充当政府金融政策顾问 (5)保管国家外汇储备和黄金储备 (6)代表政府参与国际金融活动,进行国际金融合作 (7)执行金融行政管理职能

>> 经典例题　下列选项中体现了中央银行的"银行的银行"职能的是(　　)。

A. 垄断发行货币,调节货币供应量

B. 代理国库,对政府融通资金

C. 集中保管存款准备金,充当最后贷款人

D. 实施货币政策,制定金融法规

【答案】C。解析:A项体现了"发行的银行"职能;B、D两项体现了"政府的银行"职能;C项体现了"银行的银行"职能。

二、中央银行的业务

(一)中央银行的资产与负债业务

我国中央银行的资产与负债业务的主要内容见表3-2-29。

表3-2-29 中央银行的资产与负债业务

业务	内容
资产业务	中央银行的资产是指中央银行在一定时点所拥有的各种债权,包括国外资产(外汇、黄金)、对金融机构债权、政府债券和其他资产等。中央银行的资产业务对其制定实施货币政策、调控金融运行具有重要作用。其主要有贷款、再贴现、证券买卖、管理国际储备及其他资产业务
负债业务	中央银行的负债是指金融机构、政府、个人和其他部门持有的对中央银行的债权,主要包括通货发行、商业银行等金融机构存款、国库及公共机构存款、其他负债等。中央银行的负债业务是其资产业务的基础,主要有货币发行、经理或代理国库和集中存款准备金

(二)中央银行的中间业务

资产清算业务是中央银行的主要中间业务,这类业务可进一步划分为以下三类:①集中办理票据交换;②结清交换差额;③办理异地资金转移。

三、中央银行组织形式

中央银行的组织形式即中央银行的存在形式或组成形式。中央银行的组织形式见表3-2-30。

表3-2-30 中央银行的组织形式

组织形式	内容
一元式中央银行制度	一元式中央银行制度是指一个国家只设立一家统一的中央银行执行中央银行职能的制度形式 目前世界上绝大部分国家的中央银行都实行一元式中央银行制度,如中国、日本、印度
二元式中央银行制度	二元式中央银行制度又称二元复合式中央银行制度,是指一国建立中央与地方两级相对独立的中央银行机构,分别行使金融调控和管理职能,不同等级的中央银行共同组成一个复合式统一的中央银行体系 二元式中央银行制度具有权力与职能相对分散、分支机构较少等特点,一般被实行联邦制的国家所采用,如美国、德国等
跨国的中央银行制度	跨国的中央银行制度是指由若干国家联合组建一家中央银行,由这家中央银行在其成员国范围内行使全部或部分中央银行职能的中央银行制度 第二次世界大战后相继成立的西非货币联盟、中非货币联盟、东加勒比海货币区都属于跨国中央银行的组织形式。1998年6月成立的欧洲中央银行亦是一个典型的跨国的中央银行

(续表)

组织形式	内容
准中央银行制度	准中央银行制度是指在一个国家或地区不设置真正专业化、具备完全职能的中央银行,而是设立若干类似中央银行的金融管理机构执行部分中央银行的职能,并授权若干商业银行也执行部分中央银行职能的中央银行制度形式
	实行准中央银行制度的国家和地区主要有新加坡、中国香港以及利比里亚、莱索托、斯威士兰等

命题角度

(1)考查中央银行的职能。如中央银行向濒临破产银行提供贷款体现了中央银行"银行的银行"的职能。

(2)选项给定某些业务,判断属于中央银行资产业务(负债业务)的是哪一项。

考点二 货币政策体系

一、货币政策的概念及目标

货币政策是中央银行利用其掌握的利率、汇率、借贷、货币发行、外汇管理及金融法规等工具,采用的控制和调节货币供给量或信贷规模的方针、政策和措施的总称。

货币政策的目标可以划分为三个层次:最终目标、中介目标和操作目标。其具体内容见表3-2-31。

表3-2-31 货币政策的目标

目标	定义	内容
最终目标	货币政策在一段较长的时期内要达到的目标。基本与一个国家的宏观经济目标相一致	当代各国的货币政策目标可概括为四项:稳定物价、充分就业、促进经济增长、国际收支平衡 稳定物价是中央银行货币政策的首要目标
中介目标	货币政策的中介目标是中央银行为了实现货币政策的终极目标而设置的可供观察和调整的指标	中介目标主要包括货币供应量和利率,现阶段我国货币政策的中介目标主要是货币供应量,其具有以下作用:①表明货币政策实施的进度;②为中央银行提供一个追踪观测的指标;③便于中央银行调整政策工具的使用
操作目标	货币政策操作目标是中央银行运用货币政策工具能够直接影响或控制的目标变量	通常被采用的操作目标主要有基础货币、存款准备金,它介于政策工具和中介目标之间,是货币政策工具影响中介目标的传导桥梁

要点提示

货币政策是调节社会总需求的宏观经济政策,故其一般涉及的是国民经济运行中的货币供应量、信用总量、利率、汇率等宏观经济总量问题,而不是银行或厂商等经济单位的微观经济个量问题。

货币政策主要是间接调控政策,其主要是运用经济手段来调节经济。

二、货币政策工具

(一)货币政策工具的概念

货币政策工具又称货币政策手段,是指中央银行在实施某种货币政策时所采取的具体措施或操作方式。

(二)货币政策工具的类型 ★★★

货币政策工具主要有一般性货币政策工具、选择性货币政策工具、直接性货币政策工具和间接性货币政策工具。

1. 一般性货币政策工具

一般性货币政策工具(中央银行的传统货币工具)是指中央银行普遍或常规运用的货币政策工具,其实施对象是整体经济和金融活动。一般性货币政策工具主要有**法定存款准备金率政策、再贴现政策和公开市场业务**,这三大传统的政策工具也被称为货币政策的"三大法宝"。具体内容见表3-2-32。

表3-2-32 一般性货币政策工具

工具	内容	特点
法定存款准备金率政策	法定存款准备金率政策是指中央银行在法律赋予的权力范围内,规定或调整商业银行缴存中央银行的存款准备金率,以控制商业银行的信用创造能力,改变货币乘数,间接控制货币供应量的政策,被认为是货币政策最猛烈的工具之一 当中央银行提高法定存款准备金率时,商业银行一定比率的超额准备金就会转化为法定准备金,这导致商业银行的放款能力降低、货币乘数变小,货币供应就会相应收缩;降低法定存款准备金率则会扩大货币供应量	优点:作用力大、主动性强、见效快 局限性:中央银行难以确定调整法定存款准备金率的时机和调整幅度。中央银行频繁地调整法定存款准备金率也会使商业银行难以进行适当的流动性管理
再贴现政策	再贴现政策是指中央银行通过变动自己对商业银行所持票据再贴现的再贴现率来影响贷款的数量和基础货币量的政策 再贴现率提高,商业银行从中央银行借款的成本提高,减少借款数量,中央银行基础货币投放减少,若货币乘数不变,货币供应量减少;反之则货币供应量增加	优点:①有利于中央银行发挥最后贷款人的作用;②比法定存款准备金率的调整更灵活、便捷,可调节总量,也可调节结构;③以票据融资,风险较小 缺点:再贴现的主动权在商业银行,不在中央银行
公开市场业务	公开市场业务是指中央银行在金融市场上公开买卖有价证券,以此影响货币供应量和市场利率的行为 当金融市场资金缺乏时,中央银行买进有价证券,从而投放基础货币,引起货币供应量的增加和利率的下降;当金融市场资金过多时,中央银行卖出有价证券,从而收回基础货币,引起货币供应量的减少和利率的提高	优点:①主动权在中央银行;②富有弹性,可对货币进行微调,也可大调,但不会像法定存款准备金率政策那样作用猛烈;③中央银行买卖证券可同时交叉进行,故很容易逆向修正货币政策;④可以稳定证券市场 缺点:①时滞较长;②干扰因素较多,会带来政策效果的不确定性

》经典例题 在一般性货币政策工具中,能够使货币供应量及经济产生巨大的震动性,且被西方经济学家喻为"更像巨斧而不像小刀"的是( )。

A. 法定存款准备金率政策 B. 公开市场业务
C. 再贴现政策 D. 再贷款政策

【答案】A。解析:法定存款准备金率政策通过决定或改变货币乘数影响货币供给,即使法定存款准备金率调整的幅度很小,也会引起货币供应量的巨大波动。

2. 选择性货币政策工具

选择性货币政策工具是指中央银行针对资金运用的方向和信贷利率结构所采取的措施。常见的选择性货币政策工具见表3-2-33。

表 3-2-33 常见的选择性货币政策工具

工具	内容
消费者信用控制	中央银行对不动产以外的各种耐用消费品的销售融资予以控制,主要内容包括规定分期付款购买耐用消费品的首付最低金额、还款最长期限、适用的耐用消费品的种类等 在消费信用膨胀和通货膨胀时期,中央银行采取消费信用控制,能起到抑制消费需求和物价上涨的作用
证券市场信用控制	中央银行对有关证券交易的各种贷款和信用交易的保证金比率进行限制,并随时根据证券市场的状况加以调整,目的在于控制金融市场的交易总量,抑制过度投机
不动产信用控制	中央银行对金融机构在房地产方面贷款的限制性措施(包括对房地产制定最高限额、最长期限及首次付款和分期还款的最低金额等),以抑制房地产投机和房地产泡沫
优惠利率	中央银行对国家重点发展的经济部门或产业所采取的优惠措施
预缴进口保证金	中央银行要求进口商向指定银行预缴相当于进口商品总值一定比例的存款,目的在于抑制进口的过快增长。这种做法在国际收支长期为赤字的国家较为常见

3. 直接性货币政策工具

直接性货币政策工具:利率限制、贷款限额、直接干预、流动性比率等。

4. 间接性货币政策工具

间接性货币政策工具:窗口指导、道义劝告、金融检查、公开宣传等。

(三)我国的创新型货币政策工具

我国的创新型货币政策工具主要包括短期流动性调节工具(SLO)、常备借贷便利(SLF)、抵押补充贷款(PSL)、中期借贷便利(MLF)和定向中期借贷便利(TMLF)等,具体内容见表3-2-34。

表 3-2-34 我国的创新型货币政策工具

工具	内容
SLO	SLO是公开市场常规操作的必要补充,是在银行体系流动性出现临时性波动时相机使用的政策工具 SLO以7天期内短期回购为主,遇节假日可适当延长操作期限,采用市场化利率的招标方式
SLF	SLF是用来满足金融机构期限较长的大额流动性需求的借贷便利类工具。SLF以隔夜和7天为主,最长期限为3个月,利率水平根据货币调控需要、发放方式等确定
PSL	PSL的主要功能是支持经济重点领域、薄弱环节和社会事业发展而对金融机构提供期限较长的大额融资。PSL采取质押方式发放,合格抵押品包括高等级债券资产和优质信贷资产。PSL期限相对较长,操作对象主要是政策性银行
MLF	MLF是央行提供中期基础货币的货币政策工具,调节对象是符合宏观审慎管理要求的商业银行、政策性银行。MLF采取质押式发放,需提供国债、央行票据、政策性金融债、高等级信用债等优质债券作为合格质押品

(续表)

工具	内容
TMLF	TMLF能够为银行提供较为稳定的长期资金来源,增强对小微企业、民营企业的信贷供给能力,降低融资成本,还有利于改善商业银行和金融市场的流动性结构,保持市场流动性合理充裕
CBS	2019年1月24日,为提高银行永续债(含无固定期限资本债券)的流动性,支持银行发行永续债补充资本,中国人民银行决定创设央行票据互换工具(CBS),公开市场业务一级交易商可以使用持有的合格银行发行的永续债从中国人民银行换入央行票据

三、货币政策的传导机制

(一)货币政策传导机制的一般过程

货币政策传导机制的一般过程:中央银行运用货币政策工具→操作目标→中介目标→最终目标。即:中央银行通过货币政策工具的运作,影响商业银行等金融机构的活动,进而影响货币供应量,最终影响国民经济宏观经济指标。

(二)货币政策传导机制的种类

货币政策传导机制主要有四种,具体内容见表3-2-35。

表3-2-35 货币政策传导机制的种类

类别	内容
利率传导机制	货币政策传导机制以利率为核心变量。基本思路:中央银行采取扩张性货币政策时,货币供应量增加,实际利率下降,投资增加,最终总产出增加
信用传导机制	(1)银行信贷渠道的运行机制:中央银行采取扩张性货币政策时,货币供应量增加,银行存款和贷款增加,投资增加,最终总产出增加 (2)企业资产负债渠道的传导机制:中央银行采取扩张性货币政策时,货币供应量增加,股价上涨,净值上涨,逆向选择和道德风险下降,贷款增加,投资增加,最终总产出增加
资产价格传导机制	(1)托宾q理论中,q值被定义为企业的市场价值与资本重置之比。若其他条件不变,股票需求增加将导致股票价格上升,托宾q值上升。q值大于1时,企业的市场价值大于重置成本,导致投资增加。传导机制:货币供应量增加,股价上涨,托宾q值上升,投资增加,最终总产出增加 (2)财富效应的传导机制:货币供应量增加,股价上涨,金融资产价值增加,财务困难出现的可能性减少,耐用消费品和住宅支出增加,最终总产出增加
汇率传导机制	汇率传导机制:中央银行采取扩张性货币政策时,货币供应量增加,实际利率下降,汇率下降,净出口增加,最终总产出增加

命题角度

(1)直接考查一般性货币政策工具、选择性货币政策工具、间接性货币政策工具和直接性货币政策工具的内容。

(2)考查某种货币政策工具的定义、特点等;将多种货币政策工具的特点综合考查,判断选项表述正确与否。

(3)结合实际金融指标的数值,判断应采用紧缩性货币政策还是扩张性货币政策。

第八讲　国际金融及其管理

考点一　外汇与汇率

一、外汇的含义与范围

外汇(Foreign Exchange)是国际汇兑的简称。动态含义的外汇是指国际间为清偿债权债务,将一国货币兑换成另一国货币的过程;静态含义的外汇是指国际间为清偿债权债务进行的汇兑活动所凭借的手段或工具,也可以说是用于国际汇兑活动的支付手段和支付工具。

《中华人民共和国外汇管理条例》中规定了外汇的具体范围。外汇,是指下列以外币表示的可以用作国际清偿的支付手段和资产:①外币现钞,包括纸币、铸币;②外币支付凭证或者支付工具,包括票据、银行存款凭证、银行卡等;③外币有价证券,包括债券、股票等;④特别提款权;⑤其他外汇资产。

二、汇率的概念及标价方法

汇率又称汇价,是指一种货币与另一种货币之间兑换或折算的比率,也称一种货币用另一种货币所表示的价格。汇率的标价方法有直接标价法和间接标价法两种。

(1)直接标价法又称应付标价法,是以一定整数单位(1,100,10 000等)的外国货币为标准,折算为若干单位的本国货币。这种标价法以本国货币表示外国货币的价格,因此可以称为外汇汇率。目前,我国和世界其他绝大多数国家和地区都采用直接标价法。

(2)间接标价法又称应收标价法,是以一定整数单位(1,100,10 000等)的本国货币为标准,折算为若干单位的外国货币。这种标价法以外国货币表示本国货币的价格,因此可以称为本币汇率。目前,世界上只有英国、美国等少数几个国家采用间接标价法。

//// 要点提示 ////

如果一国货币升值(相对于其他货币价值上升),该国商品在国外就变得更加昂贵,而外国商品在该国就会变得更加便宜(假定两国国内价格保持不变);相反,如果一国货币贬值,其商品在国外就会变得便宜,而外国商品在该国就会变得昂贵。

三、影响汇率变动的因素 ★★★

在纸币制度下,决定两国汇率的基础是货币购买力的对比。影响汇率变动的因素主要有以下几项:

(1)国际收支。当一国存在较大国际收支逆差时,说明本国外汇收入比外汇支出少,对外汇的需求大于外汇供给,会造成外汇汇率上涨,本币对外贬值;当一国处于国际收支顺差时,外汇支付减少,外汇收入增加,外汇供给大于支出,造成本币对外升值,外汇汇率下跌。

(2)利率水平。当一国提高利率水平或本国利率高于外国利率时,会引起资本流入,由此对本国货币需求增加,本币升值,外汇贬值;当一国降低利率或本国利率低于外国利率时,会引起资本流出,对外汇需求增加,外汇升值,本币贬值。

(3)通货膨胀。当一国发生通货膨胀时,该国货币所代表的价值量就会减少,其实际购买力下降,其对外币比价下跌。

(4)政府干预。政府直接在外汇市场上买进或卖出外汇,以改变外汇供求,促使汇率发生变化。

(5)一国经济实力。如果一国经济增长率稳定、通货膨胀水平低、国际收支平衡状况良好、外汇储备充足、经济结构和贸易结构合理,则标志着一国有较强的经济实力,这既形成本币币值稳定和坚挺的物质基础,也增强外汇市场对该国货币的信心,从而导致本币对外不断升值;反之则贬值。

(6)其他因素。一些非经济、非市场的因素也会导致汇率变动,例如政局不稳、有关国家领导人更替、战争爆发等。

四、汇率变动对经济的影响 ★★★

汇率变动对经济的影响见表3-2-36。

表3-2-36 汇率变动对经济的影响

对经济的影响	具体内容
贸易和国际收支	在其他条件不变的情况下,当外币汇率↑、本币汇率↓时,出口↑、进口↓,导致国际收支出现顺差;反之,导致国际收支出现逆差
资本流动	当外币汇率↑、本币汇率↓时,为避免损失,资本(特别是短期资本)流出本国;反之,资本流入本国
国际储备	(1)从对国际储备存量的影响来看,一国外汇储备中,如果储备货币的汇率↑,外汇储备的实际价值↑;反之,外汇储备的实际价值↓ (2)从对国际储备的增量的影响来看,在不考虑其他因素的情况下,如果本币贬值,将刺激出口,使外汇收入和外汇储备↑;反之,外汇收入和外汇储备↓
通货膨胀	汇率变动可以通过影响货币币值和物价进而影响通货膨胀。本币贬值可能使出口↑,如果国内商品因出口增加而供不应求,物价↑;而且出口增加可能引起外汇收入增加,使国内货币供应扩张,加大通货膨胀压力。当本币汇率上升时,情况则相反
国际债务	对一国来说,如果债务货币汇率上升,将使国际债务的实际价值增加,从而加重该国的债务负担;反之,将可能减轻该国的债务负担
国际经济、金融关系	(1)个别货币汇率的大幅度涨跌,会使国际资产中以该货币计值的资产的实际价值发生变动,造成世界财富的再分配 (2)个别货币汇率的变动有可能引发竞争性的货币贬值,使国际金融秩序产生混乱 (3)各金融市场汇率间的差异使金融投机日益猖獗,使国际金融市场产生剧烈动荡,不利于世界经济的稳定与发展
其他方面	对旅游、侨汇、国内经济增长与就业及国内利率水平会产生一定的影响

五、汇率理论 ★★

汇率理论是说明汇率决定及变动的理论,主要包括国际借贷说、购买力平价说、汇兑心理说、利率平价说和资产市场说,具体内容见表3-2-37。

表3-2-37 汇率理论

理论	概念	基本思想
国际借贷说	国际借贷说是以国际借贷来说明汇率的决定及变动的汇率学说	汇率取决于外汇的供求,外汇供求又取决于国际借贷,因此,国际借贷是决定汇率的最主要因素

(续表)

理论	概念	基本思想
购买力平价说	购买力平价说是以各国货币的购买力来说明汇率的决定及变动的汇率学说	(1)汇率由各国货币的购买力之比决定,即绝对购买力平价;汇率的变动由各国货币购买力之比的变动决定,即相对购买力平价;只有使两国货币各在其本国的购买力相等的汇率,才是两国货币之间的真正汇率平价,即购买力平价 (2)某一时点的汇率等于两国货币的购买力之比;由于购买力以物价水平测度,物价水平是购买力的倒数,所以,汇率等于两国物价水平的反向之比 (3)绝对购买力平价和相对购买力平价之间的关系:如果绝对购买力平价成立,则相对购买力平价一定成立,因为物价指数就是两个时点物价绝对水平之比;反之,如果相对购买力平价成立,则绝对购买力平价不一定成立
汇兑心理说	汇兑心理说是以人们对外汇所做的主观评价,即以人们的主观心理因素来说明汇率的决定及变动的汇率学说	汇率取决于外汇的供求,外汇的供求又取决于人们对外汇的主观评价,因此,归根结底,汇率取决于人们对外汇的主观评价
利率平价说	利率平价说是以本国货币与外国货币的短期利率差异来说明远期汇率的决定及变动的汇率学说	利率平价说从国际短期资本流动的角度,揭示了套利机制,即如果本币和外币的短期收益率存在差异,则存在获得无风险收益的套利机会,短期投资就会从低收益率货币流向高收益率货币,直至本币与外币的短期收益率相等时为止,这时国际短期资本不再跨货币流动,达到市场均衡,这时的汇率水平就是均衡汇率
资产市场说	资产市场说是侧重于从金融市场均衡这一角度来考察汇率的决定的汇率学说	资产市场在短期汇率决定中的作用:汇率既是商品和劳务的相对价格,又是货币的相对价格。在考虑汇率的决定时,有益的做法是将汇率与利率归为一类,视为货币的价格来加以对待

六、汇率制度 ★★

汇率制度是指一国货币当局对本国货币汇率确定与变动的基本模式所做的一系列安排。这些制度性安排包括中心汇率水平、汇率的波动幅度、影响和干预汇率变动的机制和方式等。汇率制度的分类见表3-2-38。

表3-2-38 汇率制度的分类

划分标准	制度	内容
汇率的波动幅度	固定汇率制	固定汇率制是指汇率平价保持基本不变,市场汇率波动被约束在一个狭小的界限内的汇率制度。历史上,固定汇率制曾分别出现在国际金本位制和布雷顿森林货币体系两种国家货币制度下
	浮动汇率制	浮动汇率制是指没有汇率平价和波动幅度约束,市场汇率可以随外汇市场供求关系的变化而自由波动的汇率制度

(续表)

划分标准	制度	内容
汇率弹性由小到大（国际货币基金的划分方法）	货币局制	官方通过立法明确规定本币与某一关键货币保持固定汇率，同时对本币发行做特殊限制，以确保履行法定义务。中国香港的联系汇率制就是货币局制
	传统的盯住汇率制	官方将本币实际或公开地按照固定汇率盯住一种主要国际货币或一篮子货币，汇率波动幅度不超过±1%
	水平区间内盯住汇率制	它类似于传统的盯住汇率制，不同的是汇率波动幅度大于±1%
	爬行盯住汇率制	官方按照预先宣布的固定汇率，根据若干量化指标的变动，定期小幅度调整汇率
	爬行区间盯住汇率制	水平区间内的盯住汇率制与爬行盯住汇率制的结合，与爬行盯住汇率制不同的是汇率波动的幅度要大
	事先不公布汇率目标的管理浮动	官方在不特别指明或事先承诺汇率目标的情况下，通过积极干预外汇市场来影响汇率变动
	单独浮动	汇率由市场决定，官方即使干预外汇市场，目的也只是缩小汇率的波动幅度，防止汇率过度波动，而不是确立一个汇率水平

> **命题角度**
>
> （1）考查本币汇率的升值或贬值对贸易和国际收支、资本流动、通货膨胀等经济指标的影响。
> （2）题干给出某一经济指标的变化，判断汇率的变动。
> （3）直接考查汇率理论与汇率制度。
> （4）综合考查固定汇率制度和浮动汇率制度的概念、优缺点。

考点二 国际收支及其调节

一、国际收支的概念及构成

在狭义上，国际收支是指在一定时期内（通常为1年），一国居民与非居民所发生的全部货币或外汇的收入和支出。该定义是以支付为基础的，即判断是不是国际收支，核心是看是否发生了货币或外汇的支付。

在广义上，国际收支是指在一定时期内，一国居民与非居民所进行的全部经济交易的货币记录。该定义是以交易为基础的，即判断是不是国际收支，核心是看是否发生了经济交易。

国际收支由经常项目收支和资本项目收支构成。经常项目收支又包括贸易收支、服务收支、要素报酬收支和单方转移收支。资本项目收支又包括直接投资、证券投资和其他投资。

二、国际收支不均衡的类型

从不同的角度，可以将国际收支不均衡划分为不同的类型，具体内容见表3-2-39。

表 3-2-39 国际收支不均衡的类型

划分标准	内容
差额性质	顺差与逆差
不同账户的状况	(1)经常账户不均衡:经常账户出现顺差或逆差 (2)资本与金融账户(剔除储备资产科目)不均衡:资本与金融账户出现顺差或逆差 (3)综合性不均衡:经常账户差额同资本与金融账户差额相抵后出现顺差或逆差
产生原因	(1)收入性不均衡:由一国的国民收入增长超过他国的国民收入增长引起本国进口需求增长超过出口增长而导致的国际收支不均衡 (2)货币性不均衡:由一国的货币供求失衡引起本国通货膨胀率高于他国通货膨胀率,进而刺激进口、限制出口而导致的国际收支不均衡 (3)周期性不均衡:由一国的经济周期性波动而导致的国际收支不均衡 (4)结构性不均衡:由一国的经济结构及其决定性的进出口结构不能适应国际分工结构的变化所导致的国际收支不均衡

三、调节国际收支不均衡的政策措施

国际收支不均衡可从宏观和微观两个层面来调节,具体内容见表 3-2-40。

表 3-2-40 调节国际收支不均衡的政策措施

政策措施		内容
宏观经济政策	财政政策	财政政策主要调节经常账户收支 (1)国际收支逆差可以采用紧的财政政策。①需求效应。紧的财政政策→进口需求↓→进口↓。②价格效应。紧的财政政策→价格↓→出口↑、进口↓ (2)国际收支顺差可以采用松的财政政策。松的财政政策→进口需求↑→进口↑,松的财政政策→价格↑→出口↓、进口↑
	货币政策	货币政策既调节经常账户收支,又调节资本账户收支 (1)国际收支逆差可采用紧的货币政策。①需求效应。紧的货币政策→进口需求↓→进口↓。②价格效应。紧的货币政策→价格↓→出口↑、进口↓。③利率效应。紧的货币政策→利率↑→资本流入↑、资本流出↓ (2)国际收支顺差可以采用松的货币政策。①需求效应。松的货币政策→进口需求↑→进口↑。②价格效应。松的货币政策→价格↑→出口↓、进口↑。③利率效应。松的货币政策→利率↓→资本流入↓、资本流出↑
	汇率政策	汇率政策主要调节经常账户收支 (1)国际收支逆差可以采用本币法定贬值或贬值的政策。以外币标价的本国出口价格↓→出口↑,以本币标价的本国进口价格↑→进口↓ (2)国际收支顺差可以采用本币法定升值或升值的政策。以外币标价的本国出口价格↑→出口↓,以本币标价的本国进口价格↓→进口↑

(续表)

政策措施	内容
微观经济政策	当国际收支出现严重不均衡时,为了迅速扭转局面,收到立竿见影的调节效果,政府和货币当局还可以采取外贸管制和外汇管制的措施:①在国际收支逆差时,加强外贸管制和外汇管制;②在国际收支顺差时,放宽乃至取消外贸管制和外汇管制;③在国际收支逆差时,还可以采取向国际货币基金组织或其他国家争取短期信用融资的措施或直接动用本国的国际储备

经典例题 为了调节国际收支顺差,一国可以采取的政策有(　　)。

A. 实施扩张性财政政策　　　　　　　B. 在外汇市场上抛售外汇
C. 在外汇市场上购进外汇　　　　　　D. 本币法定升值

【答案】ACD。解析:国际收支顺差是指某一国在国际收支上收入大于支出。实施扩张性财政政策,国内购买能力增强,对进口商品的需求增加,可以调节国际收支顺差,A项正确。当一国国际收支顺差时,外汇市场上的外汇增多,此时货币当局应该在外汇市场上购进外汇,平衡外汇供求,C项正确,B项错误。国际收支顺差时,可以采用本币法定升值政策,刺激进口,D项正确。

考点拓展

马歇尔-勒纳条件

马歇尔-勒纳条件是由英国经济学家马歇尔和美国经济学家勒纳揭示的关于一国货币的贬值与该国贸易收支改善程度的关系。根据马歇尔-勒纳条件,出口需求弹性绝对值与进口需求弹性绝对值的总和大于1时,贬值可以改善贸易收支。

考点三　国际储备

一、国际储备的概念及范围

(一)国际储备的概念

国际储备是指一国货币当局所持有的、备用于弥补国际收支赤字、维持本币汇率等的世界各国所普遍接受的货币资产。

国际储备具有以下四个本质特征:

(1)国际储备是官方储备,为货币当局所持有,不包括民间持有的黄金外汇等资产。

(2)国际储备是货币资产,不包括实物资产,即使某些实物资产(如文物等)价值昂贵。

(3)国际储备是为世界各国普遍接受的货币资产,因此不能将他国不可兑换货币等用作国际储备。

(4)国际储备是一个存量的概念,一般以截至某一时点的余额来表示或计量国际储备总量。

(二)国际储备的范围

国际储备包括黄金储备、外汇储备以及在国际货币基金组织的储备头寸和特别提款权(SDR)。后两项国际储备,只有国际货币基金组织(IMF)的成员才拥有。

(1)黄金储备是指一国货币当局所集中掌握的货币性黄金。以黄金作为储备的优点:①黄金是可靠的保值手段;②黄金储备完全是一国主权范围内的事情,可自动控制,不受任何超国家权力的干预;③其他货币储备具有"内在不稳定性",须受承诺国家或金融机构的信用和偿付能力的影响,债权国往往处于被动地位,远不如黄金储备可靠;④一国黄金储备的多少,代表了一国的金融和经济实力。以黄金作为储备的缺点:①黄金的流动性较低;②黄金的收益率偏低;③持有黄金的机会成本较高;④增加黄金储备有实际困难。

(2)外汇储备是指一国政府所持有的可兑换外国货币现钞、现汇以及外币金融资产或权益凭证。

作为储备资产的外国货币必须具有以下条件:①这种货币在国际货币体系中占有重要地位;②这种货币必须能自由兑换成其他储备资产,被世界各国普遍接受;③这种货币的内在价值相对稳定。

(3)成员国在国际货币基金组织的储备头寸又称为普通提款权,是成员国在国际货币基金组织的普通账户中可以随时自由提取和使用的资产。

(4)特别提款权是国际货币基金组织创设的一种储备资产和记账单位,亦称"纸黄金(paper gold)"。它是国际货币基金组织分配给成员国的一种使用资金的权利,是国际货币基金组织原有的普通提款权以外的一种补充。成员国在发生国际收支逆差时,可用它向国际货币基金组织指定的其他成员国换取外汇,以偿付国际收支逆差或偿还基金组织的贷款,还可与黄金、自由兑换货币一样充当国际储备。但由于其只是一种记账单位,不是真正货币,使用时必须先兑换成其他货币,不能直接用于贸易或非贸易的支付。

2015年11月30日,国际货币基金组织执行董事会批准人民币加入特别提款权(SDR)货币篮,权重为10.92%,自2016年10月1日起生效。人民币由此成为与美元(41.73%)、欧元(30.93%)、日元(8.33%)、英镑(8.09%)并列的第五种可自由使用货币。

二、国际储备的功能

国际储备有三个主要功能,具体内容见表3-2-41。

表3-2-41 国际储备的主要功能

功能	内容
弥补国际收支逆差	这是国际储备的基本功能。当出现暂时性国际收支逆差时,通过动用国际储备来弥补逆差,可以不必采取其他可能影响内部均衡的调节政策和措施
稳定本币汇率	当出现国际收支逆差或投机性冲击,外汇供不应求,外汇汇率急剧上升,本币剧烈贬值时,为了稳定汇率或履行在固定汇率制下承担的义务,可以动用外汇储备,向外汇市场投放外汇,缓解和平衡外汇供求
维持国际资信和投资环境	为维持一个良好的国际资信和良好的投资环境,需要保有足够的国际储备 (1)当向国外举债,国外债权人在进行信用评估时,要把债务国的国际储备数量和增减趋势作为重要的因素 (2)在吸引国际直接投资的场合,国外投资者在评价投资环境时,也要把投资对象国的国际储备数量和增减趋势作为重要的考量

第三章 商业银行经营与管理

考情简报

题型题量概述

在各大银行招聘考试中,本章内容的题量一般为3~5道。中行和邮储银行对本章内容考查较多,中行题量为6~8道,邮储银行题量在20道左右。题型以单项选择题和多项选择题为主。

考查内容概述

本章内容中,商业银行的业务、商业银行管理的基本指标等是高频考点,考生在备考时需重点理解和掌握。同时还应注意:①考试多采取直接考查的形式,应准确识记基础知识;②加深对商业银行业务实际操作层面的了解;③提高对商业银行相关法律法规的关注度,以应对多种多样的出题方式。

第一讲 商业银行导论

考点一 商业银行概述

一、商业银行的性质

(1)商业银行具有一般的企业特征,即追求利润最大化。
(2)商业银行是特殊的企业。商业银行是经营货币资金的金融企业,其活动范围是货币信用领域。
(3)商业银行不同于其他金融机构。商业银行能提供更多、更全面的金融服务,能够吸收活期存款,而其他金融机构不能吸收活期存款。

二、商业银行的功能

商业银行在现代经济活动中发挥的功能主要有信用中介、支付中介、信用创造和金融服务,具体内容见表3-3-1。

表3-3-1 商业银行的主要功能及其内容

功能	内容
信用中介	信用中介是指商业银行通过负债业务,把社会上的各种闲散资金集中到银行,再通过资产业务,把资金投向社会经济的各个领域 信用中介是商业银行最基本,也是最能反映其经营活动特征的功能。商业银行通过信用中介功能实现资本盈余与短缺之间的调剂,并不改变货币资金的所有权,改变的只是其使用权
支付中介	支付中介是指商业银行利用活期存款账户,为客户办理各种货币结算、货币收付、货币兑换和转移存款等业务活动

(续表)

功能	内容
信用创造	信用创造是商业银行的特殊功能,是指商业银行利用其可以吸收活期存款的有利条件,通过发放贷款或从事投资业务而衍生出更多存款,从而扩大社会货币供给量 信用创造建立在信用中介功能和支付中介功能基础上
金融服务	金融服务是商业银行利用其在国民经济活动中的特殊地位、在提供信用中介和支付中介业务过程中所获得的大量信息,运用计算机网络系统和商业银行所掌握的金融风险管理的先进工具和方法,为客户提供的信息咨询、融资代理、信托租赁、代收代付等多种服务

三、商业银行的经营原则 ★★

(1)安全性。安全性原则是指商业银行具有管理和有效控制风险、弥补损失、保证银行稳健经营的能力。银行应首先考虑安全性,在保证安全的前提下,争取最大利润。

(2)流动性。流动性原则是指商业银行具有随时以适当的价格取得可用资金,随时满足存款人提取存款和满足客户合理的贷款及其他融资需求的能力。

(3)盈利性。盈利性原则是指商业银行在稳健经营的前提下,尽可能提高银行的盈利能力,力求获取最大利润,以实现银行的价值最大化目标。

商业银行经营的安全性、流动性和盈利性之间往往是相互矛盾的。因此,需要在这三个基本经营原则之间进行协调。在经济扩张时,由于中央银行放松银根,资金来源充足,资金需求旺盛,商业银行此时应侧重盈利性,积极扩大盈利。在经济过度膨胀时,由于中央银行已开始收紧银根,社会资金来源减少,资金需求也开始衰弱,此时,商业银行应侧重安全性,谨慎安排资产规模与结构,减少损失。

四、商业银行的展业三原则

展业,即开展业务。商业银行的展业三原则,即"了解你的客户""了解你的业务""尽职审查"。展业三原则早期主要应用于反洗钱领域,之后延伸至银行风险管理、授信管理、金融消费者权益保护等多个领域。

考点二 商业银行的组织形式与组织架构

一、商业银行的组织形式

商业银行的组织形式有单一银行制、分支行制、持股公司制和连锁银行制。

(一)单一银行制

单一银行制也称单元制,又称独家银行制,特点是银行业务完全由各自独立的商业银行经营,不设或限设分支机构。这种组织形式在美国较为普遍。

单一银行制的优点是有利于竞争、为地区经济发展服务、经营灵活和便于管理;缺点是风险大、不易取得规模效益。

(二)分支行制

分支行制的特点是法律允许除总行外,可在国内外各地设立分支机构。

分支行制的优点是有利于分散风险、易于取得规模效益和便于监管当局管理;缺点是易形成垄断和内控困难。

(三)持股公司制

持股公司制又叫集团制,即由一个集团成立股权公司,再由该公司收购或控制若干独立的银行。它是近年来发展最迅速的银行组织形式。银行控股公司是为了持有至少一家银行的股票而成立的公司。

持股公司制的优点是能够有效扩大资本总量、增强银行实力,提高抵御风险和参与市场竞争的能力;缺点是容易形成集中和垄断,在一定程度上限制银行经营的自主性,不利于银行的创新活动。

(四)连锁银行制

连锁银行制是指某一个人或某一集团购买若干独立银行的多数股票,从而控制这些银行的体制。这些银行在法律上是独立的,也没有股权公司的存在,但其所有权掌握在某一个人或某一集团手中,其业务和经营政策均由一个人或一个集团控制。

二、商业银行组织架构的内容和形式

商业银行组织架构是商业银行业务运行和管理实施的组织方式,其主要内容包括总部部门的设置及其功能和权限、部门之间的相互关系,分支机构的功能、权限和部门设置,全行业务运作的组织架构模式,总行对分支机构实施管理的模式等。

按照内部管理模式划分,商业银行组织架构形式可分为以区域管理为主的总分行型组织架构(部门银行)、以业务线管理为主的事业部制组织架构和矩阵型组织架构。

考点拓展

流程银行

流程银行是指通过重新构造银行的业务流程、组织流程、管理流程以及文化理念,颠覆性地改造部门银行模式并使其彻底地脱胎换骨,由此形成的以流程为核心的全新的银行经营管理模式。流程银行具有以下6个基本特点:①以客户为中心;②以业务线垂直运作和管理为主;③前中后台相互分离、相互制约,以流程落实内控;④实施以业务单元纵向为主的矩阵考核方式;⑤中后台集中式运作和管理;⑥业务流程实现信息化、自动化、标准化和智能化。

第二讲 商业银行资本

考点一 商业银行资本概述

一、商业银行资本的含义和构成

商业银行资本是指银行从事经营活动所必须注入的资金,可以用来吸收银行的经营亏损,缓冲意外损失,保护银行的正常经营,为银行的注册、组织营业以及存款进入前的经营提供启动资金等。从所有权角度看,商业银行资本由两部分构成:一部分是银行资本家投资办银行的自有资本,即资产总值减去负债总额后的净值,被称为所有者权益;另一部分是吸收存款的借入资本。

二、资本的分类

从财务会计、银行监管和内部管理等角度来看,资本的含义是不同的,银行常用的资本概念主要有账面资本、监管资本和经济资本,具体内容见表3-3-2。

表 3-3-2　账面资本、监管资本和经济资本的具体内容

类别	具体内容
账面资本	(1) 概念:账面资本(会计资本)是商业银行持股人的永久性资本投入,即出资人在商业银行资产中享有的经济利益。其反映了银行实际拥有的资本水平,是银行资本金的静态反映 (2) 计算公式:账面资本＝资产－负债 (3) 内容:实收资本或普通股、资本公积、盈余公积、未分配利润等
监管资本	监管资本涉及两个层次的概念:①银行实际持有的符合监管规定的合格资本(根据监管规定,银行根据自身情况计算得出的资本数量);②银行按监管要求应当持有的最低资本量或最低资本要求(按照监管规定,用于覆盖银行面临主要风险损失所必须持有的资本数量) 银行持有的合格资本应大于最低资本要求
经济资本	(1) 概念:经济资本是描述在一定的置信度水平下,为了应对未来一定期限内资产的非预期损失而应该持有或需要的资本金。经济资本是根据银行资产的风险程度计算出来的虚拟资本,即银行"需要"或"应该持有"的资本,并不是银行实际拥有的资本 (2) 本质:经济资本的本质是风险资本

三、商业银行资本的筹集方式

商业银行通常通过两个渠道来充实资本金,即内源融资和外源融资。

从成本和实效两方面看,商业银行以内源融资方式来充实资本金的第一选择应该是留存盈余,其大小由经营收益、收益分配政策和税收大小等因素共同决定。内源融资充实资本的能力取决于银行税后利润的大小和分派股利的多少(股利政策)。

商业银行外源融资的资本来源可以按基本属性划分为普通股票与优先证券两大类。优先证券包括优先股、可转换债券、次级长期债务等。银行进行外源融资时,应把握两个重要环节:①不同资本形式的选择,根据不同资本的收益程度、成本大小和资本的灵活性三个因素确定;②资本证券发行的条件和价格。

考点二 巴塞尔资本协议与我国银行业资本监管

一、巴塞尔资本协议

(一) 第一版巴塞尔资本协议

1988 年 7 月,巴塞尔委员会通过了第一版巴塞尔资本协议,第一次在国际上明确了资本充足率监管的三个要素,即监管资本定义、风险加权资产计算和资本充足率监管要求。

1. 统一监管资本定义

第一版巴塞尔资本协议提出了两个层次的资本:①核心资本。核心资本主要包括实收资本(或普通股)、公开储备(资本公积、盈余公积、留存利润、股票发行溢价)。②附属资本。附属资本主要包括非公开储备、重估储备、普通准备金、混合资本工具和长期次级债务等。

2. 建立资产风险的衡量体系

第一版巴塞尔资本协议主要关注信用风险,根据银行资产风险水平的大小分别赋予不同的风险权重,共分为 0、10%、20%、50%、100% 五个档次。资产的账面价值与相应的风险权重相乘,计算出风险加权资产,综合反映资产的风险水平。

3. 确定资本充足率的监管标准

资本充足率是资本与风险加权资产的比值。

第一版巴塞尔资本协议规定,商业银行资本充足率不得低于8%,核心资本充足率不得低于4%。

(二)第二版巴塞尔资本协议

2004年6月,巴塞尔委员会发布了第二版巴塞尔资本协议,也称巴塞尔新资本协议。巴塞尔新资本协议在第一版巴塞尔资本协议的基础上构建了"三大支柱"的监管框架,扩大了资本覆盖风险的种类,改革了风险加权资产的计算方法。

1. 第一支柱:最低资本要求

明确商业银行总资本充足率不得低于8%,核心资本充足率不得低于4%,资本要全面覆盖信用风险、市场风险和操作风险。允许商业银行采用比较粗略的方法计量资本要求,同时鼓励银行采用更加精细、更加敏感的计量方法,并要求将计量结果充分应用于业务管理之中。

2. 第二支柱:监督检查

监管当局应建立相应的监督检查程序,采取现场和非现场检查等方式,检查和评价银行内部资本充足率的评估情况和战略,以及它们监管资本达标的能力;对资本不足的银行,监管当局应采取适当的监管措施。

3. 第三支柱:市场纪律

第三支柱又称市场约束、信息披露,是对第一支柱和第二支柱的补充。第三支柱要求银行建立一套披露机制,以便股东、存款人、债权人等市场参与者了解和评价银行有关资本、风险、风险评估程序以及资本充足率等重要信息,通过市场力量来约束银行行为,驱动银行不断强化自身管理。

(三)第三版巴塞尔资本协议

2010年12月,巴塞尔委员会发布了第三版巴塞尔资本协议(也称"巴塞尔协议Ⅲ")。

1. 强化资本充足率监管标准

第三版巴塞尔资本协议全面强化了资本充足率监管的三个要素:①提升资本工具损失吸收能力。②增强风险加权资产计量的审慎性。③提高资本充足率监管标准。第三版巴塞尔资本协议明确了三个层次的最低资本要求:核心一级资本充足率为4.5%,一级资本充足率为6%,总资本充足率为8%,并规定商业银行资本充足率不得低于最低资本要求。

2. 引入杠杆率监管标准

杠杆率监管指标基于规模计算(该指标采用普通股或核心资本作为分子,所有表内外风险暴露作为分母),与具体资产风险无关,以此控制商业银行资产规模的过度扩张,并作为资本充足率的补充指标。杠杆率不能低于3%,要求银行自2015年开始披露杠杆率信息,2018年杠杆率被正式纳入第一支柱框架。

3. 建立流动性风险量化监管标准

第三版巴塞尔资本协议提出了两个流动性量化监管指标:①流动性覆盖率(LCR),用于衡量在短期压力情景下(30日内)单个银行的流动性状况;②净稳定融资比率(NSFR),用于度量中长期内银行可供使用的稳定资金来源能否支持其资产业务的发展。在正常情况下,商业银行的流动性覆盖率和净稳定融资比率都不得低于100%。

(四)巴塞尔协议Ⅲ最终方案

2017年12月8日,巴塞尔委员会发布《巴塞尔Ⅲ:后危机改革的最终方案》,于2022年1月1日起逐步实施。该方案是对第三版巴塞尔资本协议的补充修订,其核心是重新构造风险加权资产计量监管框架,具体包括信用风险标准法、信用风险内部评级法、操作风险资本计量方法、资本底线、杠杆率监管框架的修订内容。

二、我国银行业资本监管

（一）资本构成

1. 核心一级资本

核心一级资本是银行资本中最核心的部分，承担风险和吸收损失的能力也最强。

核心一级资本主要包括以下六部分：实收资本或普通股、资本公积、盈余公积、一般风险准备、未分配利润、少数股东资本可计入部分。

2. 其他一级资本

其他一级资本与核心一级资本相比，承担风险和吸收损失的能力相对差一些。

其他一级资本主要包括以下两部分：其他一级资本工具及其溢价、少数股东资本可计入部分。

3. 二级资本

一级资本工具的目标是在持续经营的前提下吸收损失，而二级资本工具的目标是在破产清算的情况下吸收损失，承担风险与吸收损失的能力相对更差。

二级资本主要包括以下三项：二级资本工具及其溢价、超额贷款损失准备、少数股东资本可计入部分。在银行实践中，二级资本工具主要包括符合条件的次级债、可转债及符合条件的超额贷款损失准备金等。

4. 资本扣除项

计算资本充足率时，商业银行应当从核心一级资本中全额扣除一些不具备损失吸收能力的项目。

资本扣除项主要包括以下几项：①商誉；②其他无形资产（土地使用权除外）；③由经营亏损引起的净递延税资产；④贷款损失准备缺口；⑤资产证券化销售利得；⑥确定受益类的养老金资产净额；⑦直接或间接持有本银行的股票；⑧对资产负债表中未按公允价值计量的项目进行套期形成的现金流储备（若为正值，应予以扣除；若为负值，应予以加回）；⑨商业银行自身信用风险变化导致其负债公允价值变化带来的未实现损益。

（二）资本充足率计算公式

资本充足率是指商业银行持有的符合监管规定的资本与风险加权资产之间的比率。

资本充足率计算公式如下：

$$资本充足率 = \frac{总资本 - 对应资本扣减项}{风险加权资产} \times 100\%$$

$$一级资本充足率 = \frac{一级资本 - 对应资本扣减项}{风险加权资产} \times 100\%$$

$$核心一级资本充足率 = \frac{核心一级资本 - 对应资本扣减项}{风险加权资产} \times 100\%$$

其中，商业银行总资本包括核心一级资本、其他一级资本和二级资本；风险加权资产包括信用风险加权资产、市场风险加权资产和操作风险加权资产。

（三）资本充足率监管要求

我国银行业将资本充足率监管要求分为最低资本要求、储备资本和逆周期资本要求、系统重要性银行附加资本要求、第二支柱资本要求。各层次资本充足率监管要求见表3-3-3。

表 3-3-3　各层次资本充足率监管要求

最低资本要求	核心一级资本充足率不得低于5%；一级资本充足率不得低于6%；资本充足率不得低于8%
储备资本和逆周期资本要求	储备资本要求为风险加权资产的2.5%，逆周期资本要求为风险加权资产的0—2.5%，二者均由核心一级资本来满足
系统重要性银行附加资本要求	系统重要性银行还应满足一定的附加资本要求，由核心一级资本满足。系统重要性银行分为五组，第一组到第五组的银行分别适用0.25%、0.5%、0.75%、1%和1.5%的附加资本要求。若银行同时被认定为我国系统重要性银行和全球系统重要性银行，附加资本要求不叠加，采用二者孰高原则确定
第二支柱资本要求	银保监会（已改为国家金融监督管理总局）有权在第二支柱框架下提出更审慎的资本要求，确保资本充分覆盖所有实质性风险

三、资本充足率管理策略

根据资本充足率的计算公式：资本充足率 = $\frac{总资本-对应资本扣减项}{风险加权资产} \times 100\%$，可知商业银行要想提高资本充足率，有两种做法：①增加资本（分子对策）；②减少风险加权资产（分母对策）。资本充足率管理策略的具体内容见表3-3-4。

表 3-3-4　资本充足率管理策略

策略		具体内容
分子对策	增加一级资本	增加一级资本最常用的方式有以下两种： (1) 发行普通股。发行普通股的缺点是成本通常较高，银行不能经常采用 (2) 提高留存利润。这是银行增加一级资本最快捷的方式，其优点是相对于发行股票来说，成本要低得多；缺点是在短期内，该方法多数情况下不可能立刻产生效果 商业银行应当优先考虑补充核心一级资本，增强内部资本积累能力，完善资本结构，提高资本质量
	增加二级资本	二级资本主要来源于超额贷款损失准备、次级债务、可转换债券等。增加二级资本主要有以下几种方法： (1) 多计提拨备。计提拨备过多会影响留存利润 (2) 发行债券。发行债券补充二级资本必须满足监管规定的合格二级资本工具标准
分母对策	降低规模	该种方法能够立刻对提高资本充足率产生效果。正常经营的商业银行需要保持适度的规模增长，因此很少会采取此方法来提高资本充足率；资本补充能力不足、资本充足压力较大、陷入危机的银行为了持续经营、维护市场信心就会采取此方法
	调整结构	降低总的风险加权资产的主要方法是调整资产结构，即减少风险权重较高的资产，增加风险权重较低的资产。住房按揭、个人贷款、信用卡等业务的风险权重较低，资本节约幅度大，因此银行可以多发放零售贷款；对公司类贷款，应主动减少评级低、风险高等资本消耗型资产的投放，在发放贷款时，要求客户尽量提供合格的抵（质）押品，且要保证抵（质）押品足值等 有条件的商业银行可积极建立资本计量高级方法体系，切实提高风险管理水平。在获得监管当局核准的情况下，采用资本计量的高级方法计量资本要求

> **命题角度**
> (1)直接考查巴塞尔资本协议的内容。
> (2)考查我国商业银行资本的构成以及资本充足率的计算公式。

第三讲 商业银行的负债业务

考点一 存款业务

一、存款概述

存款是存款人基于对银行的信任而将资金存入银行,并可以随时或按约定时间支取款项的一种信用行为。存款是银行对存款人的负债,是商业银行最主要的资金来源,也是其业务经营的重要基础。

二、个人存款业务 ★★

个人存款又称储蓄存款,是指居民个人将闲置不用的货币资金存入银行,并可以随时或按约定时间支取款项的一种信用行为。商业银行办理储蓄业务的原则为"存款自愿、取款自由、存款有息、为存款人保密"。

个人存款业务的种类及内容见表3-3-5。

表3-3-5 个人存款业务的种类及内容

种类	内容
活期存款	(1)1元起存,以元作为计息起点 (2)按季度结息,按结息日挂牌活期利率计息,每季度末月的20日为结息日,次日付息 (3)计息方法有积数计息法和逐笔计息法 活期储蓄存款在存入期间遇有利率调整,按结息日挂牌公告的活期储蓄存款利率计付利息。全部支取活期储蓄存款,按清户日挂牌公告的活期储蓄存款利率计付利息
定期存款	根据不同的存款方式,定期存款分为整存整取、零存整取、整存零取、存本取息四种 (1)未到期的定期储蓄存款,全部提前支取的,按支取日挂牌公告的活期储蓄存款利率计付利息;部分提前支取的,提前支取的部分按支取日挂牌公告的活期储蓄存款利率计付利息,其余部分到期时按存单开户日挂牌公告的定期储蓄存款利率计付利息 (2)逾期支取的定期储蓄存款,其超过原定存期的部分,除约定自动转存的外,按支取日挂牌公告的活期储蓄存款利率计付利息 (3)定期储蓄存款在存期内遇利率调整,按存单开户日挂牌公告的相应定期储蓄存款利率计付利息
定活两便存款	(1)开户时不约定存期,一次存入本金,随时可以支取,银行根据客户存款的实际存期按规定计息 (2)利率优惠:利息高于活期储蓄
个人通知存款	个人通知存款是指开户时不约定存期,预先确定品种,支取时只要提前一定时间通知银行,约定支取日期及金额方能支取的一种存款方式 目前,银行提供1天、7天通知存款两个品种。一般5万元起存

(续表)

种类	内容
保证金存款	保证金存款主要指个人购汇保证金存款,即商业银行向居民个人收存一定比例人民币作为居民取得外汇的保证金,以解决境内居民个人自费出国(境)留学需预交一定比例外汇保证金才能取得前往国家入境签证的特殊需要

要点提示

活期存款需注意以下两点:①除活期存款在每季度结息日将利息计入本金作为下季度的本金计算复利外,其他存款一律不计复利;②目前,银行多使用积数计息法计算活期存款利息,使用逐笔计息法计算整存整取定期存款利息。

三、单位存款业务和人民币同业存款

(一) 单位存款

单位存款,又称对公存款、机构存款,是机关、团体、部队、企业、事业单位和其他组织以及个体工商户将货币资金存入商业银行,并可以随时或按约定时间支取款项的一种信用行为。

按存款的支取方式不同,单位存款可分为单位活期存款、单位定期存款、单位通知存款、单位协定存款、协议存款和大额存单等。

单位活期存款是指单位类客户(含个体工商户)将人民币存入银行,不规定存期,可随时转账、存取,银行按结息日中国人民银行规定的活期存款利率计付利息的一种存款。

单位活期存款账户又称单位结算账户,包括基本存款账户、一般存款账户、专用存款账户和临时存款账户四种,具体内容见表3-3-6。

表 3-3-6 单位活期存款账户

类型	内容
基本存款账户	基本存款账户是存款人的主办账户。存款人日常经营活动的资金收付以及工资、奖金和现金的支取,应通过该账户办理。存款人只能在银行开立一个基本存款账户。异地常设机构可以申请开立基本存款账户
一般存款账户	可以办理现金缴存,但不得办理现金支取
专用存款账户	特定用途,专款专用
临时存款账户	有效期最长不得超过2年

(二) 人民币同业存款

人民币同业存款是由其他金融机构存放在商业银行的款项,也称同业存放,属于商业银行的负债业务。与同业存放相对应的概念是存放同业,即商业银行存放在其他商业银行的款项,属于商业银行的资产业务。

四、外币存款业务

(一) 外币存款业务的币种

目前,我国银行开办的外币存款业务币种主要有九种,即美元、欧元、日元、港元、英镑、澳大利亚元、加拿大元、瑞士法郎和新加坡元。其他可自由兑换的外币,不能直接存入账户,需由存款人自由选择上述货币的一种,按存入日的外汇牌价折算存入。

（二）现汇和现钞

现汇是指可自由兑换的汇票、支票等外币票据。现钞是具体的、实在的外国纸币、硬币。

汇买价、钞买价、汇卖价、钞卖价四者的区别：现汇买入价（汇买价），是指银行买入外汇的价格；现钞买入价（钞买价），是指银行买入外币现钞的价格；现汇卖出价（汇卖价），是指银行卖出外汇的价格；现钞卖出价（钞卖价），是指银行卖出外币现钞的价格。

中间价（基准价）：中国人民银行授权中国外汇交易中心对外公布的当日外汇牌价。

由于银行在买入现钞后需要对其按面额和版式进行分类、保管和运输到发钞国，或在不同网点之间调剂、运送，成本比买入现汇后只需进行会计处理要高得多，而且还有收进假钞的风险，故**钞买价比汇买价要低**。有些银行的卖出价只有一个，即不分钞卖价和汇卖价。银行卖出时都是现汇，客户可以通过支付一定的汇兑手续费之后以现钞的形式取出。

个人外汇买卖业务多本着钞变钞、汇变汇的原则，现钞不能随意兑换成现汇，需要支付一定的钞变汇手续费。

考点拓展

大额存单

大额存单是指由银行业存款类金融机构面向非金融机构投资人发行的、以人民币计价的记账式大额存款凭证，是银行存款类金融产品，属于一般性存款。投资人购买大额存单应遵循实名制规定。

（1）按是否可转让，大额存单可分为可转让存单和不可转让存单。不可转让存单发行量小，不可以在二级市场买卖；可转让存单是金融市场上主要的存单种类，存单上不记有存款人名称，可以提前在二级市场上买卖。

（2）按利率的不同，大额存单可分为固定利率存单和浮动利率存单。固定利率存单采用票面年化收益率的形式计息，浮动利率存单以上海银行间同业拆放利率（SHIBOR）为浮动利率基准计息。市场上比较普遍的是固定利率存单。

（3）按是否可以提前支取，大额存单可分为可以提前支取的存单和不可以提前支取的存单。目前我国大多数大额存单是可以提前支取的。

大额存单有较高的利率，兼有活期存款流动性和定期存款盈利性的优点。

命题角度

（1）直接考查活期存款、定期存款的相关内容。如活期存款、定期存款存取时的利息、利率规定等。
（2）直接考查单位活期存款账户的类型。

考点二 借款业务

商业银行的借款包括短期借款和长期借款两大类。

一、短期借款

短期借款是指期限在1年或1年以下的借款，主要包括同业拆借、证券回购协议和向中央银行借款等。

（一）短期借款的主要特征

（1）对时间和金额上的流动性需要十分明确。

(2) 对流动性的需要相对集中。短期借款的流动性风险高于存款。

(3) 面临较高的利率风险。短期借款的利率一般要高于同期存款。

(4) 主要用于短期头寸不足的需要。与长期借款相比,短期借款的主要特征是期限短。

(二) 短期借款的主要渠道 ★★

1. 同业借款

同业借款也称同业拆借,是指金融机构之间的短期资金融通。由于银行信誉一般较好,所以采用信用拆借。同业拆借的特点是期限短、金额大、风险低、手续简便。同业拆借利率是货币市场最重要的基准利率之一。

2. 向中央银行借款

商业银行向中央银行借款主要有再贷款和再贴现两种形式。再贷款是中央银行向商业银行的信用放款,是直接借款;再贴现是指经营票据贴现业务的商业银行将其买入的未到期的贴现汇票向中央银行再次申请贴现,是间接借款。

3. 转贴现

转贴现是指办理贴现的银行将其贴进的未到期票据,再向中央银行以外的其他银行或贴现机构进行贴现的票据转让行为。

二、长期借款

长期借款是指期限在 1 年以上的借款,一般采用发行金融债券的形式,包括发行普通金融债券、次级金融债券、混合资本债券、可转换债券等。商业银行的长期借入资金,主要是指通过发行金融债券筹集的资金,可以满足银行中长期资金来源和特定资金用途的需要。

金融债券是商业银行在金融市场上发行的、按约定还本付息的有价证券。我国商业银行所发行的金融债券,均在全国银行间债券市场上发行和交易。金融债券是金融机构主动负债的方式,具有以下特点:①发行者有较大的主动权,筹资对象范围广泛,筹资效率较高;②债券的盈利性、流动性较好,有较强的吸引力;③债券到期还本付息,因而筹集的资金稳定,并且不必向中央银行账户缴纳法定存款准备金。

发行金融债券筹集资金也有一定的局限性,如筹资成本较高、债券的流通性受市场发达程度的制约、监管当局的限制较严等。

金融债券和存款的区别:

(1) 筹资目的不同。吸收存款是为了全面扩大银行的信贷资金来源总量,而发行债券则着眼于增长资金来源和满足特定用途的资金需要。

(2) 筹资机制不同。吸收存款是经常性的、无限额的,而且取决于客户的意愿,是银行的被动型负债;发行金融债券是集中性的、有限额的,且主动权掌握在银行手中,是银行的主动型负债。

(3) 筹资效率不同。由于金融债券的盈利性高,对客户的吸引力强,所以其筹资效率高于存款。

(4) 所吸收资金的稳定性不同。金融债券具有明确的偿还期,一般不能提前还本付息,资金的稳定性较存款高。

(5) 资金的流动性不同。除特定的可转让存单外,一般存款的信用关系固定在银行和客户之间,不能转让;金融债券一般不记名,可以在二级市场上流通转让,因而具有比存款更强的流动性。

第四讲 商业银行的资产业务

考点一 贷款业务

一、贷款业务概述

贷款业务也称信贷业务或授信业务,是商业银行将其所吸收的资金,按一定的利率贷给客户并约期归还的业务。贷款业务有以下几种分类方式:

(1)按照借款人性质不同,贷款可以分为公司贷款(借款人为公司企业)和个人贷款(借款人为自然人)。

(2)按照贷款期限不同,贷款可以分为短期贷款、中期贷款和长期贷款。

(3)按照贷款方式不同,贷款可以分为信用贷款和担保贷款。其中,信用贷款是指以借款人的信誉作为保证而发放的贷款。这种贷款最大的特点就是不需要担保,仅凭借款人的信用就可以取得贷款。因而,该种贷款风险较大,但是手续简单,利率较高。

(4)按照是否在商业银行资产负债表上反映,信贷业务可以分为表内贷款和表外贷款业务。

(5)按照贷款资金来源和经营模式不同,贷款可以分为自营贷款、委托贷款和特定贷款。

(6)按照贷款利率是否变化,贷款可以分为固定利率贷款和浮动利率贷款。

(7)按照贷款币种不同,贷款可以分为人民币贷款和外汇贷款。

(8)按照偿还方式不同,贷款可以分为一次还清贷款和分期偿还贷款。

二、个人贷款 ★★

个人贷款是指商业银行向符合条件的自然人发放的用于个人消费、生产经营等用途的本外币贷款。

(一)个人贷款的种类

1. 按贷款用途分类

根据产品用途的不同,个人贷款产品可以分为个人消费类贷款和个人经营类贷款等。

(1)个人消费类贷款。个人消费类贷款是指银行向申请购买"合理用途的消费品或服务"的借款人发放的个人贷款,包括个人住房贷款、个人汽车贷款、个人教育贷款、其他个人消费贷款等。

个人住房贷款中,银行面临的风险主要包括合作机构风险、信用风险与操作风险。合作机构风险的表现形式:①房地产开发商和中介机构的欺诈风险。房地产开发商和中介机构的欺诈风险主要表现为"假个贷",即借款人不具有真实的购房目的,采取各种手段套取银行个人住房贷款资金的行为。②担保公司的担保风险。担保公司的担保能力不足会给银行带来风险,主要表现是"担保放大倍数"过大,即担保公司对外提供担保的余额与自身实收资本的倍数过大,造成过度担保而导致最终无力代偿。③其他合作机构的风险。在二手房贷款业务中,往往涉及多个社会中介机构,如房屋中介机构、评估机构及律师事务所等。二手房交易中由于房产的买卖双方均通过代理机构进行交易,可能会在社会中介机构环节出现风险。

(2)个人经营类贷款。个人经营类贷款是指银行向从事合法生产经营的自然人发放的,用于满足个人控制的企业(包括个体工商户)生产经营流动资金需求和其他合理资金需求以及用于购买商用房的贷款。个人经营类贷款包括个人经营贷款、个人商用房贷款、农户贷款和创业担保贷款等。

2. 按有无担保分类

根据是否有担保的不同,个人贷款可以分为有担保贷款和无担保贷款。其中,前者包括个人抵押贷款、个人质押贷款和个人保证贷款,后者即个人信用贷款。

基于最高额抵押,银行经常发放个人抵押授信贷款,其具有以下特点:①先授信,后用信;②一次授信,循环使用;③贷款用途比较综合。

个人质押贷款的特点:①贷款风险较低,担保方式相对安全;②时间短、周转快;③操作流程短;④质物范围广泛。

个人保证贷款手续简便,只要保证人愿意提供保证,银行经过核保认定保证人具有保证能力,签订保证合同即可,整个过程涉及银行、借款人和担保人三方,贷款办理时间短,环节少。

个人信用贷款的特征是债务人无须提供抵质押品或第三方担保仅凭自己的信誉就能取得贷款,并以借款人信用程度作为还款保证。个人信用贷款主要依据借款申请人的个人信用状况确定贷款额度,信用等级越高,信用额度越大,反之越小。个人信用贷款的特点:①准入条件严格;②贷款额度小;③贷款期限短。

(二)个人贷款管理的原则

(1)全流程管理原则。全流程贷款管理强调将有效的信贷风险管理行为贯穿到贷款生命周期中的每一个环节。强化贷款的全流程管理,可以推动银行个人贷款管理模式由粗放化向精细化的转变,有助于改善个人贷款的质量,提高贷款管理的有效性。信贷管理不能仅大致地分为贷前管理、贷中管理和贷后管理三个环节,这种划分难以对信贷管理中的具体问题采取有针对性和操作性的措施,也难以对贷款使用实施有效的管控。贷款人要从加强贷款全流程管理的思路出发,将贷款过程管理中的各个环节进行分解,按照有效制衡的原则将各环节职责落实到具体的部门和岗位,并建立明确的问责机制。

(2)诚信申贷原则。一是借款人恪守诚实守信原则,按照贷款人要求的具体方式和内容提供贷款申请材料,并且承诺所提供材料是真实、完整、有效的;二是借款人应证明其信用记录良好、贷款用途和还款来源明确合法等。

(3)协议承诺原则。协议承诺原则通过强调合同的完备性、承诺的法律化,一方面要求贷款人在合同等协议文件中清晰规定自身的权利义务,另一方面要求客户签订并承诺一系列事项,依靠法律来约束客户的行为。一旦违约事项发生,则能够切实保护贷款人的权益。

(4)审贷分离原则。审贷分离是指银行业金融机构将贷款审批与贷款发放作为两个独立的业务环节,分别管理和控制,以达到降低信贷业务操作风险的目的。

(5)实贷实付原则。实贷实付是指银行业金融机构根据借款人的有效贷款需求,主要通过贷款人受托支付的方式,将贷款资金支付给符合合同约定的借款人交易对象的过程。实贷实付原则的关键是让借款人按照贷款合同的约定用途使用贷款资金,减少贷款挪用的风险。

(6)重视贷后管理原则。贷后管理原则的主要内容:①监督贷款资金按用途使用;②对借款人账户进行监控;③强调借款合同的相关约定对贷后管理工作的指导性和约束性;④明确贷款人按照监管要求进行贷后管理的法律责任。

(三)个人贷款定价模型

商业银行在充分评估定价影响因素的基础上,形成了三种常见的个人贷款定价模型:

(1)成本加成定价模型。贷款价格=资金成本+贷款费用+风险补偿费+目标利润。

(2)基准利率加点定价模型。贷款利率=优惠利率×(1+系数)=优惠利率+风险加点=优惠利率+(违约风险贴水+期限风险贴水)。其中违约风险贴水是指向优质客户以外的借款人收取的风险补偿费用,期限风险贴水是指向长期借款人收取的风险补偿费用。

(3) 客户盈利分析模型。来源于某客户的总收入＝为该客户提供服务的成本＋银行的目标利润。

(四) 个人贷款的还款方式

常见的个人贷款还款方式有以下几种：①到期一次还本付息法；②等额本息还款法；③等额本金还款法；④等比累进还款法；⑤等额累进还款法；⑥组合还款法；⑦按月还息、到期一次性还本还款法。

三、公司贷款 ★★

公司贷款是指以银行为提供主体，以法人和其他经济组织等非自然人为接受主体的资金借贷或信用支持活动。

(一) 公司贷款流程

一般来说，一笔贷款的流程分为以下九个环节：

(1) 贷款申请。

(2) 受理与调查。

(3) 审查及风险评价。风险评价隶属于贷款决策过程，是贷款全流程管理中的关键环节之一。

(4) 贷款审批。银行业金融机构要按照"审贷分离、分级审批"的原则由有权审批人员对信贷资金的投向、金融、期限、利率等贷款内容和条件进行最终决策，签署审批意见。

(5) 合同签订。

(6) 贷款发放。贷款人应设立单独的责任部门或岗位，负责贷款发放审核。

(7) 贷款支付。

(8) 贷后管理。贷后管理是指银行业金融机构在贷款发放后对合同执行情况及借款人经营管理情况进行检查或监控的信贷管理行为。其主要内容包括监督借款人的贷款使用情况、跟踪掌握企业经营与财务状况及其清偿能力、检查贷款抵(质)押品和担保权益的完整性等几个方面。对借款人的贷后监控包括经营状况监控、管理状况监控、财务状况监控、与银行往来情况监控和其他外部评价监控。贷后担保管理包括保证人管理、抵(质)押品管理以及担保的补充机制。其中，担保的补充机制包括以下两项：①追加担保品，确保抵押权益。银行如果在贷后检查中发现借款人提供的抵押品或质押物的抵(质)押权益尚未落实，或担保品的价值由于市场价格的波动或市场滞销而降低，由此造成超额押值不充分，或保证人保证资格或能力发生不利变化，可以要求借款人落实抵(质)押权益或追加担保品。②追加保证人。

(9) 贷款回收与处置。

/// **考点拓展** ///

授信额度

授信额度是指银行在客户授信限额以内，根据客户的还款能力和银行的客户政策最终决定给予客户的授信总额。集团授信额度是指授信银行授予集团客户包括分配各个集团成员的授信额度的总和。确定集团总体授信额度不宜采用分别核定成员单位的授信额度再简单加总的方法。科学的方法是先核定整个集团的授信额度再据以核定各成员单位的额度，即采用自上而下的方法。

综合授信贷款，即银行对一些经营状况好、信用可靠的企业，授予一定时期内一定金额的信贷额度，企业在有效期与额度范围内可以循环使用。综合授信额度由企业一次性申报有关材料，银行一次性审批。企业可以根据自己的营运情况分期用款，随借随还，企业借款十分方便，同时也节约了融资成本。银行一般是对有工商登记、年检合格、管理有方、信誉可靠、同银行有较长期合作关系的企业采用这种方式提供贷款。一般情况下,发展较为成熟的企业最容易获得此类贷款。

(二)公司贷款主要产品

1. 流动资金贷款

流动资金贷款,是指贷款人向企(事)业法人或国家规定可以作为借款人的其他组织发放的,用于借款人日常生产经营周转的本外币贷款。流动资金贷款用途是满足借款人日常生产经营周转资金需要,贷款人应根据借款人生产经营的规模和周期特点,合理设定流动资金贷款的额度及业务期限,以满足借款人生产经营的合理资金需求,实现对贷款资金回笼的有效控制。

流动资金贷款按具体用途及还款来源差异大致可分为一般周转类流动资金贷款及满足某笔特定经营业务资金需求的专项流动资金贷款。一般周转类流动资金贷款的还款来源通常为借款人的综合经营现金流,贷款期限通常与借款人生产经营周期相匹配;专项流动资金贷款还款来源主要为所支持特定业务的销售回笼资金,期限通常与该业务的资金回笼时间相匹配,具有自偿性业务特征。

2. 固定资产贷款

固定资产贷款,是指贷款人向企(事)业法人或国家规定可以作为借款人的其他组织发放的,用于借款人固定资产投资的本外币贷款。固定资产贷款用途是满足借款人固定资产投资的资金需要,用途具体明确。固定资产投资是建造或购置固定资产的活动,固定资产贷款按照所支持固定资产投资性质差异主要分为基本建设贷款和技术改造贷款两类,基本建设贷款用于支持以外延扩大再生产为主的新建或扩建固定资产项目建设,技术改造贷款用于支持借款人以内涵扩大再生产或扩大产品品种、提高产品品质及生产效率为目的对原有固定资产设施进行更新和技术改造。固定资产贷款还款来源通常为所支持固定资产投资项目未来实现收益(包括固定资产折旧对应的现金流入)。

在对固定资产贷款项目进行不确定分析时,通常会采用两种分析方法:①盈亏平衡分析。盈亏平衡分析是通过盈亏平衡点(BEP)分析项目成本与收益平衡关系的一种方法,在盈亏平衡点上,企业的销售收入总额与产品销售总成本(含销售税金)相等,企业处于不盈不亏状态。一般情况下,无论以何种形式表示,盈亏平衡点越低越好,因为盈亏平衡点越低表明项目抗风险能力越强。②敏感性分析。敏感性分析是指通过分析项目主要因素发生变化时对项目经济评价指标的影响程度,从中找出对项目效益影响最大的、最敏感的因素,并进一步分析其可能产生的影响。

3. 银团贷款

银团贷款又称辛迪加贷款,是一种特殊的贷款组织形式。银团贷款是指由两家或两家以上银行基于相同贷款条件,依据同一贷款合同,按约定时间和比例,通过代理行向借款人提供的本外币贷款或授信业务。

参与银团贷款的银行均为银团成员,银团成员通常分为牵头行、代理行和参加行等角色,也可根据实际规模与需要在银团内部增设副牵头行、联合牵头行等。银团贷款牵头行是指经借款人同意,负责发起组织银团、分销银团贷款份额的银行。单家银行担任牵头行时,其承贷份额原则上不少于银团融资总金额的20%;分销给其他银团成员的份额原则上不得低于50%。

四、贷款分类

我国自2002年开始全面实施贷款五级分类法,将贷款分为正常、关注、次级、可疑、损失五类,其中后三类被称为不良贷款。贷款五级分类法的内容见表3-3-7。

表 3-3-7　贷款五级分类法

类别	内容
正常类贷款	借款人能够履行合同,没有足够理由怀疑贷款本息不能按时足额偿还
关注类贷款	尽管借款人目前有能力偿还贷款本息,但存在一些可能对偿还产生不利影响的因素
次级类贷款	借款人的还款能力出现明显问题,完全依靠其正常营业收入无法足额偿还贷款本息,即使执行担保,也可能会造成一定损失
可疑类贷款	借款人无法足额偿还贷款本息,即使执行担保,也肯定要造成较大损失
损失类贷款	在采取所有可能的措施或一切必要的法律程序之后,本息仍然无法收回,或只能收回极少部分

命题角度

(1)直接考查个人贷款的种类、定价模型以及还款方式。
(2)直接考查公司贷款的某些产品以及公司贷款的某一流程。
(3)直接考查"贷款五级分类法"各类别的内容;给定实例,判断属于"贷款五级分类法"中的哪一类别。

考点二　现金资产业务

一、现金资产概述

现金资产是银行持有的库存现金以及与现金等同的可随时用于流动性支付的银行资产。
现金资产的构成见表 3-3-8。

表 3-3-8　现金资产的构成

构成	内容
库存现金	库存现金是指商业银行保存在金库中的现钞和硬币
在中央银行的存款	在中央银行的存款是指商业银行存放在中央银行的资金,即存款准备金,包括法定存款准备金和超额存款准备金
存放同业存款	存放同业存款是指商业银行存放在代理行和相关银行的存款
托收中的现金	托收中的现金是指银行通过其他银行向外地付款单位或个人收取的票据款项

商业银行现金资产的管理,应坚持"总量适度、适时调节、安全保障"的原则。

二、商业银行头寸

头寸即款项,是指投资者拥有或借用的资金数量。银行业关于头寸的术语很多,当收入款项大于付出款项时,称"多头寸",反之则称"缺头寸",对头寸多缺的预计称"轧头寸",当轧缺时,四处张罗款项,称"调头寸"。

要点提示

商业银行的资产业务不仅包括贷款业务、现金资产业务,还包括证券投资业务、票据贴现业务等。

第五讲　商业银行的中间业务与表外业务

考点一　中间业务

一、中间业务概述

（一）中间业务的含义

商业银行中间业务有狭义和广义之分。狭义上的中间业务为中介的或代理的业务。广义上的中间业务是指不构成商业银行资产负债表表内资产、表内负债，而形成银行非利息收入的业务。中间业务与资产业务、负债业务一起构成商业银行的三大业务支柱。

（二）中间业务的特点

相对于传统业务而言，中间业务具有以下特点：①不运用或不直接运用银行的自有资金；②不承担或不直接承担市场风险；③以接受客户委托为前提，为客户办理业务；④以收取服务费（手续费、管理费等）、赚取价差的方式获得收益；⑤种类多、范围广，产生的收入在商业银行营业收入中所占的比重日益上升。

二、常见的中间业务

（一）支付结算业务 ★★

1. 支付结算业务的含义

支付结算，是指结算客户之间由于商品交易、劳务供应等经济活动而产生的债权债务关系，通过银行实现资金转移而完成的结算过程。支付结算业务是银行的中间业务，主要收入来源是手续费。

2. 国内结算

我国现有的票据和结算方式有汇票、本票、支票、银行卡及汇兑、托收承付、委托收款和国内信用证等。

（1）汇票。汇票是出票人签发的，委托付款人在见票时或者在指定日期无条件支付确定的金额给收款人或者持票人的票据。

（2）银行本票。银行本票是银行签发的，承诺自己在见票时无条件支付确定的金额给收款人或者持票人的票据。银行本票可以用于转账，填明"现金"字样的银行本票也可用于支取现金，申请人或收款人为单位的，银行不予签发现金银行本票。银行本票一律记名，允许背书转让。银行本票信誉较高，见票即付，出票时以申请人将款项交存银行为前提，以银行信用作为付款保证。

（3）支票。支票是出票人签发的、委托办理支票存款业务的银行或者其他金融机构在见票时无条件支付确定的金额给收款人或者持票人的票据，分为现金支票、转账支票和普通支票。

（4）汇兑。汇兑是汇款人委托银行将其款项支付给收款人的结算方式，适用于单位和个人的各种款项结算，是异地结算中使用最为广泛的一种方式。

（5）托收承付。托收承付（异地托收承付），是收款人根据购销合同发货后，委托银行向异地付款人收取款项，付款人向银行承认付款的结算方式。托收承付是一种先发货后收款的结算方式。根据收款人选择的款项划转方式，托收承付分为两种：①邮划（通过邮寄方式划转）；②电划（通过电信方式划转）。

（6）委托收款。委托银行收款是指收款人向银行提供收款依据，委托银行向付款人收取款项的结算方式。单位和个人都可凭已承兑的商业汇票、债券、存单等付款人债务证明，使用委托收款结算方式。委托收款业务在同城和异地均可办理,分为以下三类:①异地委托收款;②同城委托收款;③同城特约委托收款。

3. 国际结算

国际结算方式是指资金在国际间从付款方转移到收款方的方式。目前在进出口业务中所采用的结算方式主要有汇款、托收和信用证。

(1)汇款。汇款是银行(汇出行)应汇款人(债务人)的要求,以一定的方式将一定的金额,以其国外联行或代理行作为付款银行(汇入行),付给收款人(债权人)的一种结算方式。

按汇款支付授权的投递方式划分,汇款业务可分为电汇、信汇和票汇。

(2)托收。托收是指银行依据从出口商那里所收到的指示处理金融单据和/或商业单据所限定的单据,以便于取得付款和/或承兑、凭付款或承兑交单或者按照其他条款和条件交单。

托收结算方式分为光票托收、跟单托收和直接托收。依据向进口商交单条件的不同,跟单托收可分为付款交单(D/P)和承兑交单(D/A)。付款交单是指出口商发货后,取得货运单据,委托银行办理托收,并指示银行在进口商付清货款后,才把商业单据交付给进口商的方式。承兑交单是指出口商装运货物后,开具远期汇票,连同商业单据,通过银行向进口商提示,进口商承兑汇票后,代收行将商业单据交给进口商,在汇票到期时,进口商再履行付款义务。

(3)信用证。信用证是银行应进口商请求,开出一项凭证给出口商的,在一定条件下保证付款,或者承兑并付款,或者议付的一种结算方式。

按进出口划分,信用证分为进口信用证和出口信用证;按付款期限划分,信用证可分为即期信用证和远期信用证。

(二)代理业务

代理业务是指商业银行接受客户委托,代为办理客户指定的经济事务、提供金融服务并收取一定费用的业务。代理业务具有风险低、收益稳定等特点,发展潜力巨大。代理业务主要有以下几种:

(1)代收代付业务。代收代付业务主要有委托收款和托收承付两类。委托收款包括代理公用事业收费、代理行政事业性和财政性收费、代扣住房按揭消费贷款等;托收承付包括代发工资等。

(2)代理银行业务。代理银行业务根据银行的种类进行分类,可分为代理政策性银行业务、代理中央银行业务和代理商业银行业务。

(3)代理证券业务。

(4)代理保险业务。

(5)其他代理业务。其他代理业务包括委托贷款业务、代销开放式基金、代理国债买卖等。

(三)银行卡业务

1. 银行卡的定义与功能

银行卡是由商业银行或发卡机构发行的具有消费信用、转账结算、存取现金等全部或部分功能的信用支付工具。

银行卡主要有以下六个功能:①支付结算;②汇兑转账;③储蓄;④循环信贷;⑤个人信用;⑥综合服务。

2. 借记卡与信用卡

按清偿方式划分,银行卡可以分为借记卡与信用卡两类。

(1)借记卡。借记卡是发卡银行向持卡人签发的,没有信用额度,持卡人先存款后使用的银行卡。借记卡与持卡人开立的活期储蓄存款账户关联,消费、转账、取款等业务均从存款账户中划转。

（2）信用卡。信用卡是指记录持卡人账户相关信息,具备银行授信额度和透支功能,并为持卡人提供相关银行服务的各类介质。其本质上是商业银行提供的一种信用贷款。信用卡的主要特点：①信用属性强；②功能丰富多样；③具有支付和信贷双重属性。

信用额度是指发卡银行根据持卡人的资信情况等为其核定、在卡片有效期内可循环使用的最高授信限额。持卡人在该信用额度内可先消费、后还款。

分期付款是指持卡人使用信用卡消费时,银行向商户一次性支付其所购商品或服务（以下统称商品）的消费资金,并根据持卡人申请,将消费资金在约定期限内分期通过持卡人信用卡账户扣收,持卡人分期偿还的业务。分期付款业务向持卡人收取的手续费包括分期付款手续费、提前还款手续费和分期付款展期手续费,分别按照对应的费率标准收取。分期付款业务可针对不同客户进行差异化定价。

分期付款手续费收取方式分为首期收取和分期收取。首期收取,即于分期付款首期一次性收取全额分期付款手续费；分期收取,即按照分期期数逐期收取手续费。

假设分期付款本金为 A 元,分 n 期,手续费率（n 期）为 $x\%$,假设手续费收取方式为分期收取。则每月（期）还款本金 A/n 元,每月偿还分期手续费 $A\times x\%/n$ 元。但是实际上持卡人并非一直欠银行 A 元,欠款本金随着持卡人的还款而逐渐减小,到最后一个月持卡人只欠银行本金 A/n 元,但银行分期付款的计息规则却始终以初始本金 A 元为基准,因此折算的同期实际利率远高于 $x\%$。

考点二 表外业务

一、表外业务的含义

表外业务是指商业银行从事的,按现行的会计准则不列入资产负债表内,不形成现实资产负债,但能够引起当期损益变动的业务。

（一）广义的表外业务

广义的表外业务是指商业银行从事的所有不在资产负债表内反映的业务。按照巴塞尔委员会提出的要求,广义的表外业务可分为两大类：①或有债权/债务,即狭义的表外业务；②金融服务类业务。

（二）狭义的表外业务

狭义的表外业务是指那些未列入资产负债表,但同表内资产业务和负债业务关系密切,并在一定条件下会转为表内资产业务和负债业务的经营活动,通常把这些经营活动称为或有资产和或有负债。

通常所说的表外业务是狭义的表外业务。

二、表外业务的类型

（一）担保承诺类表外业务

担保承诺类表外业务包括担保类、承诺类等按照约定承担偿还责任的业务。担保类业务是指商业银行对第三方承担偿还责任的业务,包括但不限于银行承兑汇票、保函、信用证、信用风险仍在银行的销售与购买协议等。承诺类业务是指商业银行在未来某一日期按照事先约定的条件向客户提供约定的信用业务,包括但不限于贷款承诺等。

考点拓展

贷款承诺业务

贷款承诺业务可以分为项目贷款承诺、客户授信额度、票据发行便利及信贷证明。在票据发行便利中,借款人根据事先与银行签订的一系列协议,可以在一段时期内以自己的名义周转性发行短期票据,从而以短期融资的方式取得中长期的融资效果。包销银行承诺购买借款人没能出售的票据或承担提供备用贷款的责任。

（二）代理投融资服务类表外业务

代理投融资服务类表外业务是指商业银行根据客户委托,为客户提供投融资服务但不承担代偿责任、不承诺投资回报的表外业务,包括但不限于委托贷款、委托投资、代客非保本理财、代客交易、代理发行和承销债券等。

（三）中介服务类表外业务

中介服务类表外业务是指商业银行根据客户委托,提供中介服务、收取手续费的业务,包括但不限于代理收付、财务顾问、资产托管、各类保管业务等。

三、理财业务

（一）理财业务的概念

理财业务是指商业银行接受投资者委托,按照与投资者事先约定的投资策略、风险承担和收益分配方式,对受托的投资者财产进行投资和管理的金融服务,是商业银行的表外业务。

商业银行的理财业务可以分为个人理财业务和商业理财业务。个人理财业务不是客户自己理财,而是专业人员提供资产管理服务;不是产品推销,而是提供个性化综合金融服务和非金融服务;不是仅仅针对客户某个生命阶段,而是针对客户一生的理财过程。

（二）理财产品的分类

（1）商业银行应当根据募集方式的不同,将理财产品分为公募理财产品和私募理财产品。

（2）商业银行应当根据投资性质的不同,将理财产品分为固定收益类理财产品、权益类理财产品、商品及金融衍生品类理财产品和混合类理财产品。固定收益类理财产品投资于存款、债券等债权类资产的比例不低于80%;权益类理财产品投资于权益类资产的比例不低于80%;商品及金融衍生品类理财产品投资于商品及金融衍生品的比例不低于80%;混合类理财产品投资于债权类资产、权益类资产、商品及金融衍生品类资产且任一资产的投资比例未达到前三类理财产品标准。

（3）商业银行应当根据运作方式的不同,将理财产品分为封闭式理财产品和开放式理财产品。

（三）理财产品风险分类

从实际应用来看,根据产品风险等级的不同,商业银行理财产品一般可分为以下五类:

（1）极低风险产品:经各行风险评级确定为极低风险等级产品,该类产品一般主要投资于货币市场工具、国债、银行存款等低风险资产,产品形式上以现金管理类产品为主,具有较强的流动性和安全性,收益相对较低。

（2）低风险产品:经各行风险评级确定为低风险等级产品,一般主要投资于高等级信用债等固定收益类资产。相比而言,这类产品投资较为稳健,收益存在一定的波动性,但整体风险系数较小。

（3）中等风险产品:经各行风险评级确定为中等风险等级产品,相比于前两类产品,该类产品投资范围更广,影响产品本金安全和投资收益的风险因素较多,市场风险、信用风险等风险相对突出。

（4）较高风险产品：经各行风险评级确定为较高风险等级产品，主要投资于风险相对较高的各类资产，基础资产收益波动较大，一定程度上将影响客户投资本金的安全。

（5）高风险产品：经各行风险评级确定为高风险产品，以高风险类资产投资为主，本金安全和投资收益具有高度的不确定性，且波动性较大。

按照适合性原则，这些不同风险等级产品的投资对象应具有不同等级的风险偏好和承受能力。具体内容见表3-3-9。

表3-3-9 投资者风险承受能力分类

对应风险承受能力	投资者类型	适合的理财产品
风险承受能力极低	保守型	极低风险
风险承受能力较低	谨慎性	极低风险、低风险
风险承受能力一般	稳健性	极低风险、低风险、中等风险
风险承受能力较高	积极型	极低风险、低风险、中等风险、较高风险
风险承受能力很高	激进型	极低风险、低风险、中等风险、较高风险、高风险

四、银行保函及备用信用证

（一）银行保函

银行保函是指银行应申请人的要求，向受益人作出的书面付款保证承诺，银行将凭受益人提交的与保函条款相符的书面索赔履行担保支付或赔偿责任。其分类见表3-3-10。

表3-3-10 银行保函的分类

分类		内容
融资类保函	借款保函	担保借款人（申请人）向贷款人（受益人）按贷款合同的规定偿还贷款本金
	授信额度保函	担保申请授信额度和在授信额度项下的偿还义务的履行。一般是母公司为海外的子公司申请
	有价证券保付保函	为企业债券本息的偿还或可转债提供的担保
	融资租赁保函	为融资租赁合同项下的租金支付提供的担保
	延期付款保函	为延期支付的货款及其利息提供的担保
非融资类保函	投标保函	多用于公开招标的工程承包和物资采购合同项下，根据标书要求的担保
	预付款保函	申请人一旦在基础交易项下违约，银行承担向受益人返还预付款的保证责任
	履约保函	对保函申请人诚信、善意、及时履行基础交易中约定义务的保证
	关税保函	为进出口物品缴纳关税提供的担保
	即期付款保函	保证申请人因购买商品、技术、专利或劳动合同项下的付款责任而出具的类同信用证性质的保函
	经营租赁保函	对经营性租赁合同项下的租金支付提供的担保

（二）备用信用证

1. 概念

备用信用证是开证行应借款人的要求，以放款人作为信用证的受益人而开具的一种特殊信用证，以保证在借款人不能及时履行义务或破产的情况下，由开证行向受益人及时支付本利。其实质是银行对借款人的一种担保行为。

2. 备用信用证的分类

备用信用证分为可撤销的备用信用证和不可撤销的备用信用证。可撤销的备用信用证是指附有申请人财务状况出现某种变化时可撤销或修改条款的信用证。一般来说，没有申请人的指示，开证行不会随意撤销信用证。不可撤销的备用信用证是指开证行不可以单方面撤销或修改信用证，这为受益人提供了可靠的收款保证。

3. 备用信用证与一般信用证的区别

备用信用证的开证行通常是借款人违约时的第二付款人，备用信用证常常备而不用；一般信用证的开证行承担第一付款责任，只要受益人所提供的单据与信用证条款一致，就要履约。

五、中间业务和表外业务的联系和区别

中间业务和表外业务的联系：

(1) 表外业务与中间业务都是收取手续费的业务。

(2) 传统的中间业务都是表外业务，但表外业务不一定是中间业务。

(3) 表外业务与中间业务都以接受委托的方式展开业务活动。

中间业务和表外业务的区别：

(1) 中间人的身份不同。在中间业务中，银行都是以交易双方当事人之外的第三者身份接受委托，扮演中间人的角色；而表外业务在业务开展中可能发生银行中间人角色的移位，成为交易双方的一方。

(2) 业务风险不同。商业银行的中间业务更多地表现为传统的业务，风险较小；表外业务更多地表现为创新的业务，风险较大。

(3) 发展的时间长短不同。中间业务是商业银行传统的金融服务业务，而表外业务是新兴的商业银行业务，发展时间短。

> **命题角度**
>
> (1) 直接考查中间业务和表外业务的类型。
>
> (2) 考查分期付款中每一期应还金额以及手续费的计算。
>
> (3) 直接考查理财业务的概念以及不同投资者所适合的理财产品。

第六讲　资产负债管理的理论与工具

考点一　商业银行资产负债管理理论

商业银行资产负债管理理论大致经历了三个发展阶段：资产管理阶段、负债管理阶段和资产负债综合管理阶段。

一、资产管理理论

资产管理理论以商业银行资产的安全性和流动性为重点，其核心是认为商业银行的利润主要来源于资产业务，而商业银行只能被动地接受负债，商业银行经营管理的重点是资产业务。

资产管理理论的基础是商业性贷款理论、资产转换理论和预期收入理论。

（一）商业性贷款理论

商业性贷款理论是一种确定资金运用方向的理论，产生于商业银行的发展初期，由亚当·斯密提出。该理

论认为,商业银行的资金来源主要是流动性很强的活期存款,从保持资产的流动性方面考虑,避免随时偿付提存的风险,商业银行的资产业务应集中于短期自偿性的贷款,即贷款能够随着商品的周转、产销过程的完成,从销售收入中得到偿还。该理论忽略了贷款需求的多样化,并过分强调银行存款的流动性。另外,从宏观调控的角度来看,因为短期商业性贷款与经济周期是顺循环的,因此商业性贷款理论可能会加剧经济波动的幅度。

(二)资产转换理论

资产转换理论认为,银行保持流动性的关键是银行资产的变现能力,只要银行掌握的证券易于在市场上出售,或易于转让给中央银行,就没有必要非限于短期自偿性贷款。该理论开拓了满足流动性需求的新渠道,并且银行可以因此减少非盈利资产的持有量,减少银行为保持流动性而损失的机会成本。但是该理论忽略了对负债的管理,只重视资产的运用方面,仍然只是被动地接受负债。另外,证券投资容易受到金融市场波动的影响。

(三)预期收入理论

预期收入理论是二战后产生的一种资产管理理论。该理论认为,无论短期的商业贷款还是可转换资产,其贷款偿还或证券变现能力都是以预期收入为基础的。只要贷款还款来源有保证,银行不仅可以发放短期性贷款,也可以发放中长期贷款和非生产性消费贷款。该理论使银行的贷款多样化,使银行的资产组合变得更加灵活,从而使银行发现了更多的市场机会。但是,企业未来的预期收入具有不确定性,易受外部宏、微观环境的影响,而且预期收入理论的应用可能会在无形中增加银行的信贷风险。

二、负债管理理论

负债管理理论是以负债为经营重点来保证流动性的经营管理理论。负债管理理论认为,银行可以通过主动出售自身的债权来筹集资金,保证其流动性。负债管理理论重视负债管理,认为只要资产收益大于负债成本,就应该进行主动性的负债,以获取利差收入。

从历史上看,负债管理理论经历了四个阶段。

(一)银行券理论

银行券理论认为,商业银行发行银行券要以贵金属做准备,银行券的发行数额与货币发行准备的数额之间的比例视经济形势而变动。该理论的核心是强调负债的适度性。

(二)存款理论

存款理论认为,存款是银行最主要的资金来源,是存款者放弃货币流动性的一种选择,银行应当为此支付利息并保证存款的稳定和安全。银行资金的运用必须限制在存款的稳定性沉淀额度之内。

(三)购买理论

购买理论是20世纪60年代以后在西方商业银行占统治地位的一种理论。该理论认为,银行的资金来源不仅仅是传统的被动性存款,还有银行可以主动争取到的其他存款、借款。

(四)销售理论

随着金融业竞争的加剧,银行业大规模并购的不断进行及混业经营时代的到来,银行应改变经营策略,努力通过多元化服务和各种金融产品包括可转让存款单、回购协议、金融债券等来吸收资金。

三、资产负债综合管理理论

资产负债综合管理理论在20世纪70年代后半期产生,是现代商业银行最为流行的经营管理理论。资产负债综合管理理论具有以下几项基本原理。

(一)规模对称原理

规模对称原理是指商业银行资产运用的规模必须与负债来源的规模相对称、相平衡。这种对称不是简单的对等,而是一种建立在合理经济增长基础上的动态平衡。

(二)结构对称原理

结构对称原理包括资产和负债的偿还期结构对称、利率结构(浮动和固定)的对称等。与规模对称原理一样,结构对称原理是一种动态资产结构与负债结构的相互对称和统一平衡。

(三)速度对称原理(偿还期对称原理)

速度对称原理即偿还期对称原理,是指银行资产分配应根据资金来源的流转速度来决定,银行资产与负债偿还期应保持一定程度的对称关系。该原理通过平均流动率的大小来判断资产运用情况。平均流动率=资产平均到期日÷负债平均到期日。平均流动率>1,表示资产运用过度;平均流动率<1,表示资产运用不足。

考点二 商业银行资产负债管理工具

商业银行资产负债管理工具主要有缺口管理、久期管理、内部资金转移定价(FTP)、经济资本、收益率曲线和资产证券化。各类工具的具体内容见表3-3-11。

表3-3-11 商业银行资产负债管理工具及具体内容

工具	具体内容
缺口管理	缺口管理又称利率敏感性缺口管理法,是利率风险管理的重要工具 缺口管理是指根据对未来利率变动趋势和收益率曲线形状的预期,改变资产和负债的缺口。利率敏感性缺口分析通过资产与负债的利率、数量和组合变化来反映利息收支的变化,从而分析它们对银行利息差和收益率的影响,并在此基础上采取相应的缺口管理。利率敏感性缺口=利率敏感性资产-利率敏感性负债 根据资产和负债之间的不同组合,有零缺口战略、正缺口战略和负缺口战略
久期管理	久期是指某项金融资产(或负债)在未来时间内产生的收益现金流的加权平均时间,权数为各期收益现金流的现值在资产市场价值中所占的权重 久期是用于衡量资产负债价值对于利率水平变化的敏感度的一项指标,可表示为利率变动1%时,导致资产负债净值变动的百分比 久期管理是指以银行资产久期和负债久期分析为基础,通过对利率敏感性资产和负债的结构进行积极调整,从而实现在利率变动时,银行收益的稳定或增长
内部资金转移定价(FTP)	内部资金转移定价(FTP)是指商业银行内部资金中心与业务经营单位按照一定规则全额有偿转移资金,达到核算业务资金成本或收益等目的的一种内部经营管理模式 FTP的作用主要:①公平绩效考核;②剥离利率风险
经济资本	经济资本主要用于绩效考核和风险定价两个方面 经济资本应用的总体目标是通过建立有效的经济资本应用体系,将以经济资本为基础的风险收益匹配的理念贯彻落实到各项经营管理活动中,通过对风险总量和结构进行调控,促进银行资源的优化配置,提高经济资本回报

(续表)

工具	具体内容
收益率曲线	债券的期限结构和收益率在某一既定时间存在的变化关系称为利率的期限结构,表示这种关系的曲线通常称为收益率曲线。收益率曲线一般有四种典型的形状,即水平收益率曲线、正向收益率曲线、反转收益率曲线以及驼峰收益率曲线 收益率曲线主要有以下五个方面的用途:①用于设定所有债务市场工具的收益率;②用于反映远期收益率水平的指标;③用于计算和比较各种期限安排的收益;④用于计算相似期限不同债券的相对价值;⑤用于利率衍生工具的定价
资产证券化	证券化是指银行发现资产负债表中资产的额外价值并将其从资产负债表中全部移除,以便为信贷业务腾挪空间的过程 证券化是商业银行主动进行资产负债管理的重要工具,其主要优点是可以通过出售资产节约或减低资本费用,还可以给发行银行带来额外的收入

第七讲　商业银行的管理与监督

考点一　商业银行管理的基本指标

一、规模指标

银行业是一个具有较强规模效益的行业,这种规模效益体现在资产规模、市场份额、存贷款规模、客户规模以及收入等方面。银行规模指标主要包括资产规模和市值。

(一)资产规模

银行的规模决定了银行收入的多少,但这并不表明银行规模越大越好。

(二)市值

总市值是衡量银行规模的重要综合性指标,反映了一家银行在资本市场上的影响力水平,同时也决定着该银行在资本市场上的权重,从而成为投资者资金配置的重要参考。其计算公式如下:

$$总市值 = 发行总股份数 \times 股票市价$$

二、结构指标

结构通常是指构成总量的各种成分的比例关系。银行结构指标主要包括资产结构、贷款结构、负债结构、收入结构和客户结构。

(一)资产结构

资产结构主要是指银行各类生息资产(包括贷款及投资资产、存放央行款项、存放拆放同业款项等)占总资产的比重,即生息资产的占比。其计算公式如下:

$$生息资产占比 = \frac{生息资产平均余额}{资产总额} \times 100\%$$

生息资产的金额是测算净利息收益率(NIM)的基础,也是考察银行盈利性的一个指标。在大致相同的利率环境下,不同的生息资产结构会对资产平均收益水平产生影响,可以在一定程度上反映银行资金的运用效率。

(二) 贷款结构

贷款结构是分析银行资产结构最重要的一个指标。贷款结构是银行贷款的种类及各类贷款在贷款总额中的比重。

(三) 负债结构

负债结构可以反映银行的资金来源情况,并在一定程度上反映银行的业务发展水平和市场地位。存款是银行最基本的负债业务之一,是商业银行最主要的资金来源,是银行持续经营的基础。定活比是进行存款资金成本分析时最受关注的指标。其计算公式如下:

$$定活比 = \frac{定期存款}{活期存款} \times 100\%$$

活期存款的付息率低于定期存款,故定活比高的银行,其相应的资金成本就更高。

(四) 收入结构

收入结构主要表现为净利息收入与非利息收入。非利息收入主要包括收费收入、投资业务收入和其他中间业务收入等,它对资本的消耗低,风险也易于控制。非利息收入占营业收入比是进行收入结构分析的一个指标,其计算公式如下:

$$非利息收入占营业收入比 = \frac{非利息收入}{营业收入} \times 100\%$$

(五) 客户结构

客户结构是指不同类型的客户在银行总客户中的分布构成。公司客户分为大客户与中小客户,零售客户分为高净值客户与普通客户。根据"二八定律",占比仅为20%左右的高端客户,其对银行盈利的贡献度达到80%左右。

三、效率指标

银行效率是指银行在业务活动中投入与产出或成本与收益之间的对比关系。银行效率的本质是银行对其资源的有效配置,是银行市场竞争能力、投入产出能力和可持续发展能力的总称。

(一) 成本收入比

在资金投入环节,银行可以通过增加负债结构中的零售存款和活期存款的比重来降低资金成本,从而提高银行效率。

银行业务活动的第二个环节是营业支出及费用与营业收入的投入产出关系。成本收入比是反映本环节投入产出关系(经营效率问题)的最主要的指标,表示的是每获取一个单位的营业净收入所消耗的成本和费用,改善的途径是合理配置资源、加强成本控制。其计算公式如下:

$$成本收入比 = \frac{营业费用(含营业税)}{营业净收入} \times 100\%$$

其中,营业净收入=营业收入-营业支出-费用。

(二) 人均净利润

人均净利润指标从员工创造性和人力资源管理的角度去度量商业银行的效率水平。人均净利润是银行创造的净利润总额和在职员工人数的比值,其计算公式如下:

$$人均净利润 = \frac{净利润总额}{在职员工人数} \times 100\%$$

人均净利润数值越大,则人均创造的净利润额就越多,那么银行的效率值也就越高。

四、市场指标

已上市的银行需要重视两个市场指标:①市盈率(PE);②市净率(PB)。

(一)市盈率

市盈率(PE 或 P/E Ratio),也被称为股价收益比率,是股票市场价格与其每股收益的比值。其计算公式如下:

$$市盈率 = \frac{股票价格}{每股收益}$$

市盈率是股票市场中常用的衡量股票投资价值的重要指标。在计算市盈率时,股价通常取最新的收盘价。若每股收益取的是已公布的上年度数据,则计算结果为静态市盈率;若是按照对今年及未来每股收益的预测值,则得到动态市盈率。

市盈率的意义:

(1)反映了股票的风险高低程度。在股价一定时,每股收益水平越高,市盈率水平越低,则股票风险就越低,反之则风险越高;在每股收益水平一定时,股价越高,市盈率水平越高,则股票风险就越高,反之则风险越低。

(2)市盈率水平体现了市场对该公司的重视程度。市盈率水平越高,说明市场越看好该公司前景,其股票受到市场的追捧。

(二)市净率

市净率(PB),是每股股价与每股净资产的比率。其计算公式如下:

$$市净率 = \frac{每股市价}{每股净资产}$$

银行净资产的多少是由上市银行经营状况决定的,上市银行的经营业绩越好,其资产增值越快,股票净值就越高,股东所拥有的权益也越多。一般来说,市净率较低的股票,投资价值较高,反之,则投资价值较低。但在判断投资价值时还要考虑当时的市场环境以及公司经营情况、盈利能力等因素。

五、安全性指标 ★★

银行面临的风险主要表现为信用风险、市场风险、操作风险以及声誉风险。风险控制是银行经营过程中需要特别关注的一个问题,要增加利润、提高银行的价值,就要控制风险,减少相应的拨备。

(一)不良贷款率

不良贷款率(NPL Ratio),是评价银行信贷资产安全状况的重要指标,是银行不良贷款占总贷款余额的比重,即次级、可疑和损失三类贷款占总贷款余额的比重。其计算公式如下:

$$不良贷款率 = \frac{不良贷款余额}{总贷款余额} \times 100\%$$

不良贷款率高,说明收回贷款的风险大,反之则说明收回贷款的风险小。

(二)不良贷款拨备覆盖率

不良贷款拨备覆盖率是衡量银行对不良贷款进行账务处理时,所持审慎性高低的重要指标。该指标有利于观察银行的拨备政策。其计算公式如下：

$$不良贷款拨备覆盖率=\frac{不良贷款损失准备}{不良贷款余额}\times100\%$$

其中，不良贷款损失准备＝一般准备＋专项准备＋特种准备。

银行管理者对风险程度的判断决定了银行准备金政策的实施，从而影响银行的拨备覆盖率。由于拨备是最直接的风险抵补手段，因此当银行的盈利总体较好时，可以增提拨备，以应对未来可能的不良反弹，这一举措直接反映为当期拨备覆盖率的上升。

> **经典例题** 假定某银行2022会计年度结束时共有贷款200亿元，其中正常类和关注类贷款150亿元，该银行共有一般准备8亿元，专项准备1亿元，特种准备1亿元，则其不良贷款拨备覆盖率约为（　　）。

　A. 15%　　　　　　B. 20%　　　　　　C. 35%　　　　　　D. 50%

【答案】B。解析：不良贷款拨备覆盖率是指不良贷款损失准备与不良贷款余额之比。不良贷款拨备覆盖率＝[（一般准备＋专项准备＋特种准备）÷（次级类贷款＋可疑类贷款＋损失类贷款）]×100%＝[（8＋1＋1）÷（200－150）]×100%＝20%。

（三）拨贷比

拨贷比，是商业银行不良贷款损失准备与总贷款余额的比值。其计算公式如下：

$$拨贷比=\frac{不良贷款损失准备}{总贷款余额}\times100\%=不良贷款拨备覆盖率\times不良贷款率$$

在不良贷款拨备覆盖率不变的情况下，拨贷比与不良贷款率存在正相关关系。

（四）资本充足率

资本充足率（CAR），是商业银行资本总额与风险加权资产的比值，该指标反映一家银行的整体资本稳健水平。其计算公式如下：

$$资本充足率=\frac{资本总额}{风险加权资产}\times100\%$$

六、流动性指标 ★★

保持适度的流动性是商业银行流动性管理所追求的目标。目前，我国提出了5个流动性风险监管指标，具体内容见表3-3-12。

表3-3-12　流动性风险监管指标

监管指标	目的	公式	最低监管标准
流动性覆盖率	旨在确保商业银行具有充足的合格优质流动性资产，能够在规定的流动性压力情景下，通过变现这些资产满足未来至少30天的流动性需求	流动性覆盖率＝$\frac{合格优质流动性资产}{未来30天现金净流出量}$	不低于100%
净稳定资金比例	旨在确保商业银行具有充足的稳定资金来源，以满足各类资产和表外风险敞口对稳定资金的需求、应对中长期资产负债结构性问题	净稳定资金比例＝$\frac{可用的稳定资金}{所需的稳定资金}$	不低于100%

(续表)

监管指标	目的	公式	最低监管标准
流动性比例	旨在确保商业银行有充足的流动性资产,能满足流动性负债对资金的需求	流动性比例=$\dfrac{\text{流动性资产余额}}{\text{流动性负债余额}}$	不低于25%
流动性匹配率	衡量商业银行主要资产与负债的期限配置结构,旨在引导商业银行合理配置长期稳定负债、高流动性或短期资产,避免过度依赖短期资金支持长期业务发展,提高流动性风险抵御能力	流动性匹配率=$\dfrac{\text{加权资金来源}}{\text{加权资金运用}}$	不低于100%
优质流动性资产充足率	旨在确保商业银行保持充足的、无变现障碍的优质流动性资产,在压力情况下,银行可通过变现这些资产来满足未来30天内的流动性需求	优质流动性资产充足率=$\dfrac{\text{优质流动性资产}}{\text{短期现金净流出}}$	不低于100%

七、集中度指标

(一)单一最大客户贷款比率

单一最大客户贷款比率是衡量银行经营安全性的重要指标之一。为了保障稳健经营,银行通常把该比率控制在一定限度以内,防范因"垒大户"而引发经营风险。其计算公式如下:

$$\text{单一最大客户贷款比率}=\dfrac{\text{对同一借款客户贷款总额}}{\text{资本净额}}\times100\%$$

(二)最大十家客户贷款比率

最大十家客户贷款比率是衡量银行资产负债比例管理的指标之一,也是衡量银行安全运营的重要指标之一。银行对该比率有一定限制,防止发生大户风险。其计算公式如下:

$$\text{最大十家客户贷款比率}=\dfrac{\text{对最大十家借款客户贷款总额}}{\text{资本净额}}\times100\%$$

(三)单一集团客户授信集中度

单一集团客户授信集中度又称单一客户授信集中度,是最大一家集团客户授信总额与资本净额之比,该指标不应高于15%。

(四)大额风险暴露集中度

风险暴露是指商业银行对单一客户或一组关联客户的信用风险暴露,包括银行账簿和交易账簿内各类信用风险暴露。大额风险暴露是指商业银行对单一客户或一组关联客户超过其一级资本净额2.5%的风险暴露。

八、盈利性指标

(一)拨备前利润

拨备前利润是指尚未扣除当期提取拨备的利润,它等于当期营业利润与当期提取的拨备之和。其计算公式如下:

$$\text{拨备前利润}=\text{当期营业利润}+\text{当期提取拨备}=\text{运营收入}-\text{营业利润}$$

(二)平均总资产回报率

平均总资产回报率是考察银行盈利能力的关键指标之一,它可以扣除各监管政策差异导致净资产差异的影响,增加不同银行盈利性的可比性。其计算公式如下:

$$平均总资产回报率=\frac{净利润}{总资产平均余额}\times100\%$$

平均总资产回报率指标反映了银行总资产获取收益的能力,但是,该指标并不能完全反映银行自有资金获取收益的能力。

(三)平均净资产回报率

平均净资产回报率指标弥补了平均总资产回报率的不足,反映了银行自有资金获取收益的能力,更能体现出银行管理者的经营管理水平,是评价银行盈利性的最重要指标,是计划所有比例分析的出发点。其计算公式如下:

$$平均净资产回报率=\frac{净利润}{净资产平均余额}\times100\%$$

(四)每股收益

每股收益(EPS),又称每股税后利润、每股盈余。其计算公式如下:

$$每股收益=\frac{本期净利润}{期末总股本}$$

该指标用于测定银行股票投资价值,是综合反映银行获利能力的重要指标。该比率反映了银行每一股份创造的税后利润。

(五)净息差

净息差是银行所处利率环境和定价能力的综合反映,等于生息资产平均收益率减去付息负债平均付息率。

(六)净利息收益率

净利息收益率(NIM),指净利息收入占生息资产的比率,反映了银行生息资产创造净利息收入的能力,是对银行盈利影响最大的指标之一。

(七)风险调整后资本回报率

风险调整后资本回报率(RAROC),既考虑预期损失,也考虑非预期损失,更真实地反映了收益水平,在银行的实际收益与所承担的风险之间建立了直接联系,是银行进行价值管理的核心指标。其计算公式如下:

$$风险调整后资本回报率=\frac{总收入-资金成本-经营成本-风险成本-税项}{经济资本}\times100\%$$

命题角度

(1)考查商业银行管理的基本指标有哪些。
(2)考查某些指标的计算,其中不良贷款率、拨贷比等为重点考查指标。

考点二 公司治理、内部控制与合规管理

一、公司治理

1. 商业银行公司治理的概念

商业银行公司治理是指股东大会、董事会、监事会、高级管理层、股东及其他利益相关者之间的相互关系,包括组织架构、职责边界、履职要求等治理制衡机制,以及决策、执行、监督、激励约束等治理运行机制。

良好的银行公司治理包括但不限于以下内容:①清晰的股权结构;②健全的组织架构;③明确的职责边界;④科学的发展战略;⑤高标准的职业道德准则;⑥有效的风险管理与内部控制;⑦健全的信息披露机制;⑧合理的激励约束机制;⑨良好的利益相关者保护机制;⑩较强的社会责任意识。

2. 商业银行公司治理的组织架构

商业银行公司治理组织架构的主体包括股东大会、董事会、监事会和高级管理层(简称"三会一层")。

(1)股东大会。股东大会是股东参与银行重大决策的一种组织形式,是**银行的最高权力机构**,是股东履行自己的责任、行使自己权利的机构与场所。股东大会会议包括年度会议和临时会议。股东大会年会应当由董事会在每一会计年度结束后六个月内召集和召开。股东大会议事规则由商业银行董事会负责拟定,并经股东大会审议通过后执行。

(2)董事会。**董事会对股东大会负责,对商业银行经营和管理承担最终责任**。董事会职权由公司章程根据法律法规、监管规定和公司情况明确规定。

(3)监事会。监事会是商业银行的内部监督机构,对股东大会负责。

(4)高级管理层。高级管理层**对董事会负责,同时接受监事会监督**,应当按照董事会、监事会要求,及时、准确、完整地报告公司经营管理情况,提供有关资料。

二、内部控制

1. 内部控制的概念

内部控制是商业银行董事会、监事会、高级管理层和全体员工参与的,通过制定和实施系统化的制度、流程和方法,实现控制目标的动态过程和机制。

2. 内部控制的基本原则

商业银行内部控制应当遵循以下基本原则:①全覆盖原则。内部控制应当贯穿决策、执行和监督全过程,覆盖各项业务流程和管理活动,覆盖所有的部门、岗位和人员。②制衡性原则。内部控制应当在治理结构、机构设置及权责分配、业务流程等方面形成相互制约、相互监督的机制。③审慎性原则。内部控制应当坚持风险为本、审慎经营的理念,设立机构或开办业务均应坚持内控优先。④相匹配原则。内部控制应当与管理模式、业务规模、产品复杂程度、风险状况等相适应,并根据情况变化及时进行调整。

3. 内部控制保障体系

健全的内部控制保障体系主要包括以下要素:①信息系统控制;②报告机制;③业务连续性管理;④人员管理;⑤考评管理;⑥内控文化。

三、合规管理

1. 合规风险与合规管理的概念

合规风险是指商业银行因没有遵循法律、规则和准则而可能遭受法律制裁、监管处罚、重大财务损失或声誉损失的风险。

合规管理是合规风险管理的简称,是指银行有效识别和监控合规风险,主动预防违规行为发生的动态过程。

2. 合规风险管理体系

商业银行应建立与其经营范围、组织结构和业务规模相适应的合规风险管理体系,包括以下几个基本要素:①合规政策;②合规管理部门的组织结构和资源;③合规风险管理计划;④合规风险识别和管理流程;⑤合规培训与教育制度。

考点三 商业银行的风险管理与计量

一、商业银行的风险概述

(一)商业银行风险的概念

商业银行风险是指银行在经营过程中,由于各种不确定因素的影响,其实际收益和预期收益产生背离,从而导致银行蒙受经济损失或少获取额外收益的可能性。

(二)商业银行风险的分类 ★★

巴塞尔委员会将商业银行面临的风险分为以下几类:

1. 信用风险

信用风险是商业银行面临的主要风险,指借款人或交易对手不能按照事先达成的协议履行义务的可能性。

现代意义上的信用风险不仅包括违约风险,还包括交易对手(债务人)信用状况和履约能力的变化导致债权人资产价值发生变动遭受损失的风险。交易对手信用风险是指交易对手在一笔交易的现金流最后结算之前违约的风险,与违约交易对手的交易或组合具有正的经济价值时,经济损失将会发生。

贷款组合内的各单笔贷款之间通常存在一定程度的相关性。如果两笔贷款的信用风险随着风险因素的变化同时上升或下降,则两笔贷款是正相关的,即同时发生风险损失的可能性比较大;如果一个风险下降而另一个风险上升,则两笔贷款就是负相关的,即同时发生风险损失的可能性比较小。

> **经典例题** ( )是银行最为复杂的风险种类,是银行面临的最主要的风险。

A. 信用风险 B. 声誉风险
C. 市场风险 D. 操作风险

【答案】A。解析:从发展趋势来看,银行正面临着越来越多的除贷款之外的其他银行业务中所包含的信用风险,这些业务包括承兑、同业交易、贸易融资、外汇交易、金融衍生业务、承诺和担保以及交易的结算等,因此,信用风险是银行最为复杂的风险种类,也是银行面临的最主要的风险。

2. 市场风险

市场风险是指因市场价格(包括利率、汇率、股票价格和商品价格)的不利变动而使银行表内和表外业务发生损失的风险。我国商业银行市场风险主要表现为利率风险和汇率风险。

3. 操作风险

操作风险是指由不完善或有问题的内部程序、员工和信息科技系统,以及外部事件所造成损失的风险,包括法律风险,但不包括战略风险和声誉风险。操作风险具有普遍性和非营利性。

4. 流动性风险

流动性风险是指商业银行无法及时获得或以合理成本获得充足资金,用于偿付到期债务、履行其他支付义务或满足正常业务开展需要的风险。流动性风险是一种综合性风险。

5. 国家风险

国家风险是指在与非本国居民进行国际经贸与金融往来中,由于他国(或地区)经济、政治、社会变化及事件而遭受损失的可能性。国家风险通常是由债务人所在国家(或地区)的行为引起的,超出了债权人的控制范围。

6. 声誉风险

声誉风险是指由商业银行经营、管理及其他行为或外部事件导致利益相关者对商业银行负面评价的风险。商业银行所面临的风险,不论是正面的还是负面的,都必须通过系统化的方法来管理,因为几乎所有的风险都可能影响商业银行的声誉,因此声誉风险也被视为一种多维风险。

7. 法律风险

法律风险是指商业银行在日常经营活动中无法满足或违反法律规定,导致不能履行合同、发生争议/诉讼或其他法律纠纷而可能给商业银行造成经济损失的风险。法律风险是一种特殊类型的操作风险。

8. 战略风险

战略风险是指商业银行在追求短期商业目的和长期发展目标的系统化管理过程中,不适当的发展规划和战略决策可能威胁银行未来发展的潜在风险。战略风险主要来源于四个方面:①商业银行战略目标缺乏整体兼容性;②为实现这些目标而制定的经营战略存在缺陷;③为实现目标所需要的资源匮乏;④整个战略实施过程中的质量难以保证。

考点拓展

风险偏好

风险偏好是指商业银行在追求实现战略目标的过程中,愿意承担的风险类型和总量,它是统一全行经营管理和风险管理的认知标准,是风险管理的基本前提。商业银行风险偏好实际上由风险承受能力、偏好、容忍度、限度和风险目标或范围等几个核心组成。其中,风险承受能力是指一家银行在追求履行其使命、达到其愿景、实现其业务目标和价值目标时所能承受的风险类型和最大风险数额,其与银行资本直接相关并受外界利益相关方或监管机构要求的影响。

(三)风险管理的方法

风险管理的方法主要包括风险预防、风险规避、风险分散、风险对冲、风险转移、风险补偿等,具体内容见表3-3-13。

表3-3-13 风险管理的方法

方法	内容
风险预防	风险预防是指在风险事件未发生之前通过运用一定的防范性措施,以防止损失的实际发生或将损失控制在一定的可承受范围之内
风险规避	风险规避是指商业银行拒绝或退出某一业务或市场,以避免承担该业务或市场具有的风险
风险分散	风险分散是指通过多样化的投资来分散和降低非系统性风险的方法
风险对冲	风险对冲是指通过投资或购买与标的资产收益波动负相关的某种资产或衍生产品,来冲销标的资产潜在的风险损失的一种风险管理策略。风险对冲是管理市场风险(利率风险、汇率风险、股票价格风险和商品价格风险)非常有效的办法
风险转移	风险转移是指投资者通过购买某种金融产品或采取某些合法的经济措施将风险转移给愿意和有能力承接的主体的一种风险管理办法
风险补偿	风险补偿是指风险损失发生之前通过金融交易的价格补偿来获得风险回报,以及在损失发生之后通过抵押、质押、保证、保险等获得补偿

> **经典例题** 商业银行持有超额存款准备金的行为属于(   )。

A. 风险分散　　　　B. 风险抑制　　　　C. 风险转移　　　　D. 风险预防

【答案】D。解析:商业银行持有超额存款准备金是为了预防过多的流动性需求而自行准备的现金,属于风险预防。

(四)风险管理的过程

根据金融风险管理过程中各项任务的基本性质,可将整个过程分为四个阶段,具体见表3-3-14。

表3-3-14 风险管理的过程

阶段	内容
风险识别	风险管理的第一步是识别各种明显的和潜在的风险源和风险因素,估计这些风险可能造成的物资与人员损失以及心理与社会效应。风险识别是进行风险管理的基础和前提条件。风险识别包括感知风险和分析风险两个环节
风险度量	风险度量就是计量风险发生的概率及潜在损失的大小,评估风险严重程度,为确定风险管理对策提供依据 风险度量方法有敏感度分析法、波动性计量法、VaR法和情景压力测试法等
风险监测	风险监测是指通过对一些关键的风险指标和环节进行监测,关注银行风险变化的程度,建立风险预警机制;同时,向内外部不同层级的主体报告对风险的定性、定量评估结果,以及所采取的风险管控措施及其质量和效果
风险控制	风险控制是对经过识别和计量的风险采取分散、对冲、转移、规避和补偿等措施,进行有效管理和控制的过程

二、商业银行的风险计量

(一)信用风险的计量

1. 信用风险参数

商业银行通过计量不同的风险参数,可以从不同维度来反映银行承担的信用风险水平。常用的风险参数包括违约概率、违约损失率、违约风险暴露、有效期限、预期损失和非预期损失。

(1)违约概率(PD)。违约概率是债务人在未来一段时间内(一般是1年)发生违约的可能性。

(2)违约损失率(LGD)。违约损失率指某一债项违约导致的损失金额占该违约债项风险暴露的比例,即损失占风险暴露总额的百分比。

(3)违约风险暴露(EAD)。违约风险暴露是指债务人发生违约时预期表内和表外项目风险暴露总额,反映了可能发生损失的总额度。

(4)有效期限(M)。有效期限是指某一债项的剩余有效期限。

(5)预期损失。预期损失是指银行承担的风险在未来一段时间内可能造成损失的均值。信用风险预期损失等于借款人的违约概率、违约损失率与违约风险暴露三者的乘积。

(6)非预期损失。非预期损失是指未来一段时间内,一定置信度下,银行承担的风险可能超过预期损失的损失水平。从风险管理的角度来看,银行承担的非预期损失要靠银行持有的资本进行覆盖。

2. 信用风险加权资产的计量

信用风险加权资产等于信用风险暴露与风险权重的乘积,综合反映了银行信贷资产的风险水平。计算信用风险加权资产的方法有权重法和内部评级法。

> **要点提示**

商业银行申请采用内部评级法计量信用风险加权资产的,提交申请时内部评级法资产覆盖率应不低于50%,并在3年内达到80%。

对实施内部评级法的商业银行,内部评级法覆盖的表内外资产使用内部评级法计算信用风险加权资产,未覆盖的表内外资产使用权重法计算信用风险加权资产。

(二)市场风险的计量

1. 市场风险的计量方法

市场风险的计量方法主要有缺口分析、久期分析、外汇敞口分析、风险价值法、敏感性分析与情景分析、压力测试。

2. 市场风险资本要求的计量

《商业银行资本管理办法(试行)》规定,商业银行可以采用标准法或内部模型法计量市场风险资本要求。市场风险加权资产为市场风险资本要求的12.5倍,即市场风险加权资产=市场风险资本要求×12.5。

(三)操作风险的计量

《商业银行资本管理办法(试行)》规定,商业银行可以使用基本指标法、标准法和高级计量法计量操作风险资本要求。操作风险加权资产为操作风险资本要求的12.5倍,即操作风险加权资产=操作风险资本要求×12.5。

> **命题角度**
>
> (1)直接考查商业银行各类风险的定义和具体内容;题干给出某一情境,判断该情境下商业银行面临哪种风险。
>
> (2)题干给出表述,判断属于哪种风险管理方法。

第四章　财会基础知识

考情简报

题型题量概述

对于本章内容，除建设银行、中国银行考查较多外（7~8道），多数银行考查较少，一般在5道以下。考生根据备考需求复习即可。

题型包括单项选择题、多项选择题，以单项选择题为主。多数银行侧重考查基础知识的理解与运用，总体难度不大。

考查内容概述

本章内容中，固定资产、无形资产、基本的财务报表分析、投资项目财务评价指标等是高频考点，备考时需重点理解和掌握。

第一讲　会计概论

考点一　会计学基础概念

会计是以货币为主要计量单位，采用专门方法和程序，对企业和行政、事业单位的经济活动进行准确完整、连续、系统的核算和监督，以如实反映受托责任履行情况和提供有用经济信息为主要目的的经济管理活动。会计学相关基础概念见表3-4-1。

表3-4-1　会计学相关基础概念

项目	具体内容
会计职能	基本职能：①核算职能（最基本的职能）；②监督职能 拓展职能：①预测经济前景；②参与经济决策；③评价经营业绩
会计基本假设	①会计主体；②持续经营；③会计分期；④货币计量
会计基础	(1)权责发生制：以取得收取款项的权利或支付款项的义务为标志来确定本期收入和费用的会计核算基础 (2)收付实现制：以现金的实际收付为标志来确定本期收入和费用的会计核算基础
会计信息质量要求	①可靠性（最基本要求）；②相关性；③可理解性；④可比性；⑤实质重于形式；⑥重要性；⑦谨慎性；⑧及时性
会计要素与会计等式	(1)静态要素：资产、负债、所有者权益。财务状况等式：资产＝负债＋所有者权益 (2)动态要素：收入、费用、利润。经营成果等式：收入－费用＝利润

(续表)

项目	具体内容
会计科目	(1)按反映的经济内容不同,会计科目分为资产类科目、负债类科目、共同类科目、所有者权益类科目、成本类科目和损益类科目 (2)按提供信息的详细程度及其统驭关系,会计科目分为总分类科目和明细分类科目

经典例题 下列关于权责发生制的表述,不正确的是(　　)。

A. 权责发生制是以收入和费用是否归属本期为标准来确认本期收入和费用的一种方法

B. 权责发生制要求,凡是本期收到的收入和付出的费用,不论是否属于本期,都应作为本期的收入和费用

C. 权责发生制要求,凡是不属于当期的收入和费用,即使款项已在当期收付,也不作为当期的收入和费用

D. 权责发生制要求,凡是当期已经实现的收入和已经发生或应当负担的费用,无论款项是否收付,都应当作为当期的收入和费用

【答案】B。

命题角度

(1)考查会计的基本职能、最基本的职能、拓展职能。

(2)考查会计基本假设的内容。

(3)直接考查对权责发生制或收付实现制内涵的理解,或给出某一段时间的各项费用,要求根据权责发生制或收付实现制判断应计入当期的费用。

(4)给定某一会计要素,判断其属于静态要素(资产负债表要素)还是动态要素(利润表要素)。

考点二 账户与借贷记账法

一、账户

账户是根据会计科目设置的,具有一定的格式和结构,用于分类反映会计要素增减变动情况及其结果的载体。

根据核算的经济内容,账户分为资产类账户、负债类账户、共同类账户、所有者权益类账户、成本类账户和损益类账户;根据提供信息的详细程度及其统驭关系,账户分为总分类账户和明细分类账户。

账户是用来连续、系统、完整地记录企业经济活动的,因此必须具有一定的结构。账户的基本结构分为左右两方,一方登记增加,另一方登记减少。

账户的期初余额、期末余额、本期增加发生额、本期减少发生额统称为账户的四个金额要素。四个金额要素之间的关系如下面的公式所示:

期末余额=期初余额+本期增加发生额-本期减少发生额

二、借贷记账法 ★★

借贷记账法,是以"借"和"贷"作为记账符号的一种复式记账法。复式记账法,是指对于每一笔经济业务,都必须用相等的金额在两个或两个以上相互联系的账户中进行登记,全面、系统地反映会计要素增减变化的一种记账方法。我国会计准则规定,企业、行政单位和事业单位会计核算采用借贷记账法记账。

（一）借贷记账法的账户结构

借贷记账法下，账户的左方称为借方，右方称为贷方。所有账户的借方和贷方按相反方向记录增加数和减少数，即一方登记增加额，另一方就登记减少额。至于"借"表示增加（或减少），还是"贷"表示增加（或减少），则取决于账户的性质与所记录经济内容的性质。

1. 资产类和成本类账户的结构

在借贷记账法下，资产类、成本类账户的借方登记增加额；贷方登记减少额；期末余额一般在借方。其余额计算公式如下：

$$期末借方余额 = 期初借方余额 + 本期借方发生额 - 本期贷方发生额$$

2. 负债类和所有者权益类账户的结构

在借贷记账法下，负债类、所有者权益类账户的借方登记减少额；贷方登记增加额；期末余额一般在贷方。其余额计算公式如下：

$$期末贷方余额 = 期初贷方余额 + 本期贷方发生额 - 本期借方发生额$$

3. 损益类账户的结构

损益类账户主要包括收入类账户和费用类账户。

在借贷记账法下，收入类账户的借方登记减少额；贷方登记增加额。本期收入净额在期末转入"本年利润"账户，用以计算当期损益，结转后无余额。费用类账户的借方登记增加额；贷方登记减少额。本期费用净额在期末转入"本年利润"账户，用以计算当期损益，结转后无余额。

（二）借贷记账法的记账规则

借贷记账法的记账规则是"有借必有贷，借贷必相等"。

命题角度

考查借贷记账法的记账符号、账户结构、记账规则。

考点三 会计凭证与会计账簿

一、会计凭证

会计凭证，是指记录经济业务发生或者完成情况的书面证明，是登记账簿的依据。

会计凭证按照填制程序和用途可分为原始凭证和记账凭证。

（一）原始凭证

原始凭证，又称单据，是指在经济业务发生或完成时取得或填制的，用以记录或证明经济业务的发生或完成情况的原始凭据。原始凭证按照取得来源，可分为自制原始凭证和外来原始凭证。

（二）记账凭证

记账凭证，又称记账凭单，是指会计人员根据审核无误的原始凭证，按照经济业务的内容加以归类，并据以确定会计分录后填制的会计凭证，作为登记账簿的直接依据。记账凭证按照其反映的经济业务的内容来划分，通常可分为收款凭证、付款凭证和转账凭证。

考点拓展

汇总记账凭证是指根据一定时期内同类单一记账凭证定期加以汇总而重新编制的记账凭证。

按照汇总方法的不同有分类汇总和全部汇总两种。分类汇总是根据收款凭证、付款凭证、转账凭证定期分别汇总,编制的种类有汇总收款凭证、汇总付款凭证、汇总转账凭证。全部汇总是将企业一定时期内编制的全部记账凭证汇总到一张记账凭证汇总表上。

二、会计账簿

(一) 会计账簿的概念及分类

会计账簿,简称账簿,是指由一定格式的账页组成的,以经过审核的会计凭证为依据,全面、系统、连续地记录各项经济业务的簿籍。会计账簿的分类见表3-4-2。

表3-4-2 会计账簿的分类

分类标准	种类	内容	举例
用途	序时账簿	按照经济业务发生时间的先后顺序逐日、逐笔登记的账簿	库存现金日记账、银行存款日记账
	分类账簿	按照分类账户设置登记的账簿	总分类账簿、明细分类账簿
	备查账簿	对某些在序时账簿和分类账簿中未能记载或记载不全的经济业务进行补充登记的账簿	租入固定资产登记簿、代管商品物资登记簿
账页格式	三栏式账簿	设有借方、贷方和余额三个金额栏目的账簿	各种日记账、总账以及资本、债权、债务明细账
	多栏式账簿	在账簿的两个金额栏目(借方和贷方)按需要分设若干专栏的账簿	收入、成本、费用明细账
	数量金额式账簿	在账簿的借方、贷方和余额三个栏目内,每个栏目再分设数量、单价、金额三个小栏,借以反映财产物资的实物数量和价值量的账簿	原材料、库存商品等明细账
外形特征	订本式账簿	在启用前将编有顺序页码的一定数量账页装订成册的账簿	总分类账、库存现金日记账、银行存款日记账
	活页式账簿	将一定数量的账页置于活页夹内,可根据记账内容的变化而随时增加或减少部分账页的账簿	明细分类账
	卡片式账簿	将一定数量的卡片式账页存放于专设的卡片箱中,可以根据需要随时增添账页的账簿	企业对固定资产的核算采用卡片账形式

(二) 对账

对账,是对账簿记录所进行的核对,也就是核对账目。对账工作一般在记账之后结账之前,即在月末进行。对账一般分为账证核对、账账核对、账实核对。

(三) 错账更正的方法 ★★

1. 划线更正法

在结账前发现账簿记录有文字或数字错误,而记账凭证没有错误,应当采用划线更正法。

2. 红字更正法

红字更正法,适用于以下两种情形:①记账后发现记账凭证中应借、应贷会计科目有错误所引起的记账错误;②记账后发现记账凭证和账簿记录中应借、应贷会计科目无误,只是所记金额大于应记金额所引起的记账错误。

3. 补充登记法

记账后发现记账凭证和账簿记录中应借、应贷会计科目无误,只是所记金额小于应记金额时,应当采用补充登记法。

> **命题角度**
> (1)给出具体的凭证/账簿名称,判断其所属类别。
> (2)给出一些常见的错账情形,判断应选择哪种错账更正方法。

考点四 财务会计报告

财务会计报告,也称财务报告,是指企业对外提供的反映企业某一特定日期的财务状况和某一会计期间的经营成果、现金流量等会计信息的文件。

财务报告包括财务报表和其他应当在财务报告中披露的相关信息和资料。一套完整的财务报表至少应当包括资产负债表、利润表、现金流量表、所有者权益(或股东权益)变动表以及附注。

一、资产负债表 ★★

资产负债表,是反映企业在某一特定日期的财务状况的会计报表,是对企业特定日期的资产、负债和所有者权益的结构性表述。

资产负债表的表体格式一般有两种:报告式资产负债表和账户式资产负债表。

我国企业的资产负债表采用账户式结构。账户式资产负债表分左右两方,左方为资产项目,大体按资产的流动性强弱排列;右方为负债及所有者权益项目,一般按要求清偿期限长短的先后顺序排列。

二、利润表 ★★

利润表,是反映企业在一定会计期间经营成果的会计报表。

利润表的结构有单步式和多步式两种。我国企业的利润表采用多步式格式。利润表中一般应单独列报的项目主要有营业利润、利润总额、净利润、其他综合收益的税后净额、综合收益总额和每股收益等。

三、现金流量表

现金流量表是反映企业在一定会计期间现金和现金等价物流入和流出的会计报表。

(一)现金流量表的编制方法

现金流量表的编制方法见表3-4-3。

表3-4-3 现金流量表的编制方法

方法	概念及特征	优点
直接法	按现金收入和现金支出的主要类别直接反映企业经营活动产生的现金流量 一般以利润表中的营业收入为起算点,调节与经营活动有关的项目的增减变动,然后计算出经营活动产生的现金流量	便于分析企业经营活动产生的现金流量的来源和用途,预测企业现金流量的未来前景

(续表)

方法	概念及特征	优点
间接法	以净利润为起算点,调整不涉及现金的收入、费用、营业外收支等有关项目,剔除投资活动、筹资活动对现金流量的影响,据此计算出经营活动产生的现金流量	便于将净利润与经营活动产生的现金流量净额进行比较,了解净利润与经营活动产生现金流量差异的原因,从现金流量的角度分析净利润的质量

(二)现金流量表的结构

在现金流量表中,现金及现金等价物被视为一个整体,企业现金形式的转换不会产生现金的流入和流出。例如,企业从银行提取现金,是企业现金存放形式的转换,并未流出企业,不构成现金流量。同样,现金与现金等价物之间的转换也不属于现金流量。例如,企业用现金购买 3 个月到期的国债。

根据企业业务活动的性质和现金流量的来源,现金流量表在结构上将企业一定期间产生的现金流量分为三类:经营活动产生的现金流量、投资活动产生的现金流量和筹资活动产生的现金流量。

企业处在不同的生命周期其现金流量结构也有不同的特征,具体情况见表 3-4-4。

表 3-4-4 企业处在不同的生命周期的现金流量结构

企业的生命周期	经营活动现金净流量	投资活动现金净流量	筹资活动现金净流量
产品初创期	-	-	+
高速发展期	+	-	+
产品成熟期	+	+	-
衰退期	-	+	-

四、所有者权益变动表

所有者权益变动表是指反映构成所有者权益各组成部分当期增减变动情况的会计报表。

在所有者权益变动表上,企业至少应当单独列示反映下列信息的项目:①综合收益总额;②会计政策变更和差错更正的累积影响金额;③所有者投入资本和向所有者分配利润等;④提取的盈余公积;⑤实收资本、其他权益工具、资本公积、其他综合收益、专项储备、盈余公积、未分配利润的期初和期末余额及其调节情况。

所有者权益变动表以矩阵式结构列示:一方面,列示导致所有者权益变动的交易或事项,即所有者权益变动的来源,对一定时期所有者权益的变动情况进行全面反映;另一方面,按照所有者权益各组成部分(实收资本、其他权益工具、资本公积、库存股、其他综合收益、盈余公积、未分配利润等)及其总额列示交易或事项对所有者权益各部分的影响。

///考点拓展///

企业接受的捐赠和债务豁免,按照企业会计准则规定符合确认条件的,通常应当确认为当期收益。如果企业接受控股股东(或控股股东的子公司)或非控股股东(或非控股股东的子公司)直接或间接代为偿债、债务豁免或捐赠,经济实质表明属于控股股东或非控股股东对企业的资本性投入,应当将相关的利得计入所有者权益(资本公积)。

> **命题角度**
> (1)考查一套完整的财务报表包括的内容。
> (2)考查某项交易或事项是否影响营业利润/利润总额/净利润。

第二讲 会计账务处理

考点一 应收款项

一、应收票据

应收票据是指企业因销售商品、提供服务等而收到的商业汇票。

符合条件的商业汇票的持票人,可以持未到期的商业汇票连同贴现凭证向银行申请贴现。票据贴现时,企业通常应按实际收到的金额,借记"银行存款"科目,按应收票据的票面金额,贷记"应收票据"科目,按其差额,借记或贷记"财务费用"科目。

二、应收账款

应收账款是指企业因销售商品、提供服务等经营活动,应向购货单位或接受服务单位收取的款项,主要包括企业销售商品或提供服务等应向有关债务人收取的价款、增值税及代购货单位垫付的包装费、运杂费等。

考点二 存货

存货是指企业在日常活动中持有以备出售的产品或商品、处在生产过程中的在产品、在生产过程或提供劳务过程中耗用的材料或物料等,包括各类材料、在产品、半成品、产成品、商品以及包装物、低值易耗品、委托代销商品等。房地产开发企业取得并用于建造商品房的土地使用权也属于存货。存货是一种流动资产。

一、存货成本的确定 ★★★

存货应当按照成本进行初始计量。存货成本包括采购成本、加工成本和其他成本以及自制存货成本等。存货的来源不同,其构成内容也不同,具体内容见表3-4-5。

表3-4-5 存货成本的内容

存货的来源	成本构成
购入的存货	购买价款、运杂费(包括运输费、装卸费、保险费、包装费、仓储费等)、运输途中的合理损耗、入库前的挑选整理费用以及按规定应计入成本的税费和其他费用
自制的存货	直接材料、直接人工和制造费用等各项实际支出
委托外单位加工完成的存货	实际耗用的原材料或者半成品、加工费、装卸费、保险费、委托加工的往返运输费等费用以及按规定应计入成本的税费

二、发出存货的计价方法 ★★

日常工作中,企业发出的存货,可以按实际成本核算,也可以按计划成本核算。如采用计划成本核算,会计期末应调整为实际成本。

在实际成本核算方式下,企业可以采用的发出存货成本的计价方法包括个别计价法、先进先出法、月末一次加权平均法和移动加权平均法等。

———／／／ **考点拓展** ／／／———

毛利率法是计算发出存货和期末存货成本的一种方法。计算公式如下:

毛利率=销售毛利÷销售净额×100%

销售净额=商品销售收入-销售退回与折让

销售毛利=销售净额×毛利率

销售成本=销售净额-销售毛利

期末存货成本=期初存货成本+本期购货成本-本期销售成本

三、存货的期末计量 ★★★

(一)存货期末计量原则

资产负债表日,存货应当按照成本与可变现净值孰低计量。可变现净值,是指在日常活动中,存货的估计售价减去至完工时估计将要发生的成本、估计的销售费用以及相关税费后的金额。存货成本,是指期末存货的实际成本。资产负债表日,当存货成本低于可变现净值时,存货按成本计量;当存货成本高于其可变现净值时,应当计提存货跌价准备,计入当期损益。

———／／／ **要点提示** ／／／———

计提存货跌价准备的账务处理如下:

借:资产减值损失

　　贷:存货跌价准备

以前减记存货价值的影响因素已经消失的,减记的金额应当予以恢复,并在原已计提的存货跌价准备金额内转回,转回的金额计入当期损益。

(二)可变现净值的确定

企业确定存货的可变现净值,应当以取得的确凿证据为基础,并且考虑持有存货的目的、资产负债表日后事项的影响等因素。

(1)产成品、商品等直接用于出售的商品存货,没有销售合同约定的,其可变现净值应当为在正常生产经营过程中,产成品或商品的一般销售价格(即市场销售价格)减去估计的销售费用和相关税费等后的金额。

(2)用于出售的材料等,应当以市场价格减去估计的销售费用和相关税费等后的金额作为其可变现净值。这里的市场价格是指材料等的市场销售价格。

(3)需要经过加工的材料存货,如原材料、在产品、委托加工材料等,由于持有该材料的目的是用于生产产成品,该材料存货的价值将体现在用其生产的产成品上。因此,在确定需要经过加工的材料存货的可变现净值时,需要以其生产的产成品的可变现净值与该产成品的成本进行比较,如果该产成品的可变现净值高于其成本,则该材料应当按照其成本计量。

(4)为执行销售合同或者劳务合同而持有的存货,其可变现净值应当以合同价格为基础而不是估计售价,减去估计的销售费用和相关税费等后的金额确定。

考点三 固定资产

一、固定资产的特征

固定资产是指同时具有以下特征的有形资产:
(1)为生产商品、提供劳务、出租或经营管理而持有。
(2)使用寿命超过一个会计年度。

二、固定资产的取得 ★★★

(一)外购固定资产

企业外购的固定资产,应按实际支付的购买价款、相关税费、使固定资产达到预定可使用状态前所发生的可归属于该项资产的运输费、装卸费、安装费和专业人员服务费等,作为固定资产的取得成本。其中,相关税费不包括可以从销项税额中抵扣的增值税进项税额。

(二)建造固定资产

企业自行建造固定资产,应按建造该项资产达到预定可使用状态前所发生的必要支出,作为固定资产的成本。

自建固定资产应先通过"在建工程"科目核算,工程达到预定可使用状态时,再从"在建工程"科目转入"固定资产"科目。

企业自建固定资产,主要有自营和出包两种方式。其中,自营工程的账务处理见表3-4-6。

表3-4-6 自营工程的账务处理

情形	账务处理
购入工程物资时	借:工程物资 　　应交税费——应交增值税(进项税额) 贷:银行存款/应付账款等(实际支付或应付的金额)
领用工程物资时	借:在建工程 贷:工程物资
在建工程领用本企业原材料时	借:在建工程 贷:原材料等(成本价)
在建工程领用本企业的商品时	借:在建工程 贷:库存商品(成本价)
自营工程发生的其他费用	借:在建工程 贷:银行存款/应付账款/应付职工薪酬等
自营工程达到预定可使用状态时	借:固定资产 贷:在建工程

三、固定资产的折旧方法 ★★★

固定资产的折旧方法见表3-4-7。

表 3-4-7　固定资产的折旧方法

折旧方法	计算公式
年限平均法	年折旧率＝(1-预计净残值率)÷预计使用寿命(年)×100% 月折旧率＝年折旧率÷12 月折旧额＝固定资产原值×月折旧率
工作量法	单位工作量折旧额＝[固定资产原值×(1-预计净残值率)]÷预计总工作量 某项固定资产月折旧额＝该项固定资产当月工作量×单位工作量折旧额
双倍余额递减法	年折旧率＝2÷预计使用寿命(年)×100% 年折旧额＝每个折旧年度年初固定资产账面净值×年折旧率 月折旧额＝年折旧额÷12 【提示】采用双倍余额递减法计提固定资产折旧,一般应在固定资产使用寿命到期前两年内,将固定资产账面净值扣除预计净残值后的余额平均摊销
年数总和法	年折旧率＝$\dfrac{预计使用寿命-已使用年限}{预计使用寿命×(预计使用寿命+1)÷2}$×100% 或者:年折旧率＝尚可使用年限÷预计使用寿命的年数总和×100% 年折旧额＝(固定资产原值-预计净残值)×年折旧率

▶ 经典例题　2021 年 12 月,某企业购入一台设备,初始入账价值为 400 万元。设备于当月交付使用,预计使用寿命为 5 年,预计净残值为 4 万元,采用年数总和法计提折旧。不考虑其他因素,2023 年该设备应计提的折旧额为(　　)万元。

A. 160　　　　　　　　　　　　　　　B. 96
C. 132　　　　　　　　　　　　　　　D. 105.6

【答案】D。解析:2023 年该设备应计提的折旧额＝(400-4)×4÷(5+4+3+2+1)＝105.6(万元)。

四、固定资产的处置

固定资产处置,即固定资产的终止确认,企业在生产经营过程中,可能将不适用或不需用的固定资产对外出售转让,或因磨损、技术进步等原因对固定资产进行报废,或因遭受自然灾害而对毁损的固定资产进行处理。处置固定资产的账务处理见表 3-4-8。

表 3-4-8　处置固定资产的账务处理

情形	账务处理
固定资产转入清理	借:固定资产清理 　　累计折旧 　　固定资产减值准备 　贷:固定资产
结算清理费用	借:固定资产清理 　　应交税费——应交增值税(进项税额) 　贷:银行存款等

(续表)

情形	账务处理
收回出售固定资产的价款和税款	借:银行存款 　　贷:固定资产清理 　　　　应交税费——应交增值税(销项税额)
残料入库	借:原材料等 　　贷:固定资产清理
确认应收责任单位(或个人)赔偿损失	借:其他应收款等 　　贷:固定资产清理
结转清理净损益	因固定资产已丧失使用功能或因自然灾害发生毁损等原因而报废清理: (1)若为净损失: 借:营业外支出——非流动资产处置损失(正常原因) 　　营业外支出——非常损失(非正常原因) 　　贷:固定资产清理 (2)若为净收益: 借:固定资产清理 　　贷:营业外收入——非流动资产处置利得 因出售、转让等原因: 借:资产处置损益 　　贷:固定资产清理 若为净收益,作相反会计分录

考点四 投资性房地产

一、投资性房地产的概念及范围

投资性房地产,是指为赚取租金或资本增值,或两者兼有而持有的房地产。

投资性房地产主要包括已出租的土地使用权、持有并准备增值后转让的土地使用权和已出租的建筑物。自用房地产、作为存货的房地产不属于投资性房地产。

二、投资性房地产的计量 ★★

(一) 投资性房地产的初始计量

投资性房地产,应当按照成本进行初始计量。

企业外购的投资性房地产,应当按照取得时的实际成本进行初始计量,包括购买价款、相关税费和可直接归属于该资产的其他支出。

自行建造投资性房地产的成本,由建造该项房地产达到预定可使用状态前发生的必要支出构成,包括土地开发费、建筑成本、安装成本、应予以资本化的借款费用、支付的其他费用和分摊的间接费用等。

(二) 投资性房地产的后续计量

投资性房地产的后续计量有成本和公允价值两种模式,通常应当采用成本模式计量,满足特定条件时也可以采用公允价值模式计量。但是,同一企业只能采用一种模式对其所有投资性房地产进行后续计量,不得同时采用两种计量模式。

企业将投资性房地产用于出租,取得租金收入,应借记"银行存款"等科目,贷记"其他业务收入"科目。

采用成本模式对投资性房地产进行后续计量,应按照固定资产或无形资产的有关规定,按期(月)计提折旧或摊销,借记"其他业务成本"科目,贷记"投资性房地产累计折旧(摊销)"科目。投资性房地产存在减值迹象的,适用资产减值的有关规定。

采用公允价值模式对投资性房地产进行后续计量,不对投资性房地产计提折旧或摊销。企业应当以资产负债表日投资性房地产的公允价值为基础调整其账面价值,公允价值与原账面价值之间的差额计入当期损益。资产负债表日,投资性房地产的公允价值高于原账面价值的差额,借记"投资性房地产——公允价值变动"科目,贷记"公允价值变动损益"科目;公允价值低于原账面价值的差额,作相反的会计分录。

考点五 无形资产

一、无形资产的特征及范围

无形资产是指企业拥有或者控制的没有实物形态的可辨认非货币性资产,具有四个主要特征:①不具有实物形态;②具有可辨认性;③属于非货币性长期资产;④由企业拥有或者控制并能为其带来未来经济利益。

无形资产主要包括专利权、非专利技术、商标权、著作权、土地使用权、特许权等。

/// 要点提示 ///

商誉不属于无形资产,因为商誉不具有可辨认性,商誉不能离开企业单独存在。

二、无形资产的账务处理 ★★

(一)初始计量

取得的无形资产应当按照成本进行初始计量。

外购无形资产的成本包括购买价款、相关税费以及直接归属于使该项资产达到预定用途所发生的其他支出。其中,相关税费不包括按照现行增值税制度规定,可以从销项税额中抵扣的增值税进项税额。

企业内部研究和开发无形资产,其在研究阶段的支出全部费用化,计入当期损益(管理费用);开发阶段的支出符合条件的资本化,不符合资本化条件的计入当期损益(管理费用)。如果确实无法区分研究阶段的支出和开发阶段的支出,应将其所发生的研发支出全部费用化,计入当期损益。

(二)后续计量

无形资产初始确认和计量后,在其后使用该项无形资产期间内应以成本减去累计摊销额和累计减值损失后的余额计量。要确定无形资产在使用过程中的累计摊销额,基础是估计其使用寿命,而使用寿命有限的无形资产才需要在估计使用寿命内采用系统合理的方法进行摊销,对于使用寿命不确定的无形资产则不需要摊销。

无形资产的摊销期自其可供使用(即其达到预定用途)时起至终止确认时止,即无形资产摊销的起始和停止日期为当月增加的无形资产,当月开始摊销;当月减少的无形资产,当月不再摊销。

命题角度

(1)考查存货成本的计算、发出存货的计价方法和存货的期末计量原则、可变现净值的确定。

(2)考查固定资产的取得成本、固定资产计提折旧的方法。

(3)考查无形资产的初始计量、无形资产的摊销期。

第三讲 年金终值与年金现值的计算

年金是指间隔期相等的系列等额收付款项。年金终值和年金现值见表3-4-9。

表3-4-9 年金终值和年金现值

年金形式	含义	名称	公式
普通年金	从第1期起,在一定时期内每期期末等额收付的系列款项,是年金的最基本形式	现值	$P=A\times\dfrac{1-(1+i)^{-n}}{i}=A\times(P/A,i,n)$
		终值	$F=A\times\dfrac{(1+i)^n-1}{i}=A\times(F/A,i,n)$
预付年金	从第1期起,在一定时期内每期期初等额收付的系列款项	现值	$P=A\times(P/A,i,n)\times(1+i)$ $P=A\times[(P/A,i,n-1)+1]$
		终值	$F=A\times(F/A,i,n)\times(1+i)$ $F=A\times[(F/A,i,n+1)-1]$
递延年金	若干期后才发生等额收付的系列款项	现值	$P=A\times(P/A,i,n)\times(P/F,i,m)$
		终值	$F=A\times(F/A,i,n)$
永续年金	无限期收付的年金	现值	$P=\dfrac{A}{i}$
		终值	永续年金因为没有到期日,所以没有终值

注:P为现值,F为终值,i为计息期利率,n为等额收付的次数,m为递延期,$(P/A,i,n)$为年金现值系数,$(F/A,i,n)$为年金终值系数。

▶经典例题 某公司拟于5年后一次还清所欠债务100 000元,假定银行利息率为10%,$(F/A,10\%,5)$为6.105 1,$(P/A,10\%,5)$为3.790 8,则应从现在起每年年末等额存入银行的偿债基金约为( )元。

A. 16 379.75   B. 26 379.66   C. 379 080   D. 610 510

【答案】A。解析:已知普通年金终值求年金,则根据公式$F=A\times(F/A,i,n)$可知,$A=F\div(F/A,10\%,5)=100\ 000\div6.105\ 1\approx16\ 379.75$(元),即该公司应从现在起每年年末等额存入银行的偿债基金约为16 379.75元。

第四讲 筹资与投资管理

考点一 杠杆效应

一、经营杠杆

经营杠杆是指由于**固定性经营成本**的存在,而使得企业的资产收益(息税前利润)变动率大于业务量变动率的现象。经营杠杆反映了资产收益的波动性,用以评价企业的经营风险。

测算经营杠杆效应常用经营杠杆系数(DOL)。

$$DOL=\dfrac{息税前利润变动率}{产销业务量变动率}=\dfrac{基期边际贡献}{基期息税前利润}$$

影响经营杠杆的因素包括企业成本结构中的固定成本比重、产品销售数量、销售价格、单位变动成本。固定成本比重越高、成本水平越高、产品销售数量和销售价格水平越低,经营杠杆效应越大,反之则相反。

二、财务杠杆

财务杠杆是指由于<u>固定性资本成本</u>的存在,而使得企业的普通股收益(或每股收益)变动率大于息税前利润变动率的现象。财务杠杆反映了权益资本收益的波动性,用以评价企业的财务风险。

测算财务杠杆效应常用财务杠杆系数(DFL)。

$$DFL=\frac{普通股收益变动率}{息税前利润变动率}=\frac{基期息税前利润}{基期利润总额}$$

影响财务杠杆的因素包括企业资本结构中债务资金比重、普通股收益水平、企业所得税税率水平。其中,普通股收益水平又受息税前利润、固定性资本成本高低的影响。债务成本比重越高、固定的资本成本支付额越高、息税前利润水平越低,财务杠杆效应越大,反之则相反。

三、总杠杆

总杠杆是指由于<u>固定经营成本和固定资本成本</u>的存在,导致普通股每股收益变动率大于产销业务量变动率的现象。

$$总杠杆系数(DTL)=经营杠杆系数×财务杠杆系数$$

考点二 投资项目财务评价指标

一、净现值

净现值(NPV)是指特定项目未来现金净流量现值与原始投资额现值之间的差额。计算公式如下:

$$净现值=未来现金净流量现值-原始投资额现值$$

当净现值大于或等于0时,投资项目可行。

二、现值指数

现值指数(PVI)是指投资项目未来现金净流量现值与原始投资额现值的比值,亦称现值比率或获利指数。计算公式如下:

$$现值指数=未来现金净流量现值÷原始投资额现值$$

当现值指数大于或等于1时,投资项目可行。

三、内含收益率 ★★★

内含收益率(IRR)是指能够使投资项目未来现金净流量现值等于原始投资额现值的折现率,或者说是使投资项目净现值为零的折现率。内含收益率可用插值法计算。独立投资方案之间比较时,一般采用内含收益率法进行决策。

当内含收益率大于或等于投资项目资本成本时,投资项目可行。

▶ 经典例题 某投资方案,当贴现率为16%时,其净现值为338元,当贴现率为18%时,其净现值为-22元。该方案的内含收益率为( )。

A. 15.88% B. 16.12% C. 17.88% D. 18.14%

【答案】C。解析:内含收益率是使净现值为0时的贴现率。利用插值法计算,该方案的内含收益率=16%+(18%-16%)÷(338+22)×338≈17.88%。

四、回收期

(一)静态回收期 ★★

静态回收期是指投资引起的现金净流量累计到与原始投资额相等时所需要的时间。

未来每年现金净流量相等时：

$$静态回收期=原始投资额÷每年现金净流量$$

未来每年现金净流量不相等时，设 M 是收回原始投资额的前一年：

$$静态回收期=M+\frac{第M年的尚未收回额}{第(M+1)年的现金净流量}$$

(二)动态回收期 ★★★

动态回收期是指在考虑资金时间价值的情况下项目现金净流量的现值等于原始投资额现值时所需要的时间。

未来每年现金净流量相等时,用原始投资额现值除以每年现金净流量得到年金现值系数,然后通过查年金现值系数表,利用插值法推算投资回收期。

未来每年现金净流量不相等时,设 M 是收回原始投资额现值的前一年：

$$动态回收期=M+\frac{第M年的尚未收回额的现值}{第(M+1)年的现金净流量的现值}$$

> **经典例题** 某投资项目只有第一年年初产生现金净流出,随后各年均产生现金净流入,且其动态回收期短于项目的寿命期,则该投资项目的净现值( )。

A. 大于 0　　　　　　　　　　B. 无法判断

C. 等于 0　　　　　　　　　　D. 小于 0

【答案】A。解析:动态回收期是指未来现金净流量的现值等于原始投资额现值时所经历的时间,根据题干可知,这个时间小于项目的寿命期,而按照动态回收期计算的净现值等于0,所以项目净现值大于0。故本题选 A。

五、年金净流量

投资项目的未来现金净流量与原始投资额的差额,构成该项目的现金净流量总额。项目期间内全部现金净流量总额的总现值或总终值折算为等额年金的平均现金净流量,称为年金净流量(ANCF)。年金净流量的计算公式如下：

$$年金净流量=现金净流量总现值÷年金现值系数=现金净流量总终值÷年金终值系数$$

年金净流量指标的结果大于0,说明每年平均的现金流入能抵补现金流出,投资项目的净现值(或净终值)大于0,方案的收益率大于所要求的收益率,方案可行。在两个以上寿命期不同的投资方案比较时,年金净流量越大,方案越好。在互斥方案决策的方法选择上,项目寿命期相同时可采用净现值法,项目寿命期不同时主要采用年金净流量法。

> **命题角度**
> (1)考查经营杠杆、财务杠杆和总杠杆的理解和计算。
> (2)考查不同投资项目财务评价指标的理解和计算。
> (3)根据投资项目评价指标的计算结果,判断投资项目是否可行。

第五讲　本量利分析与应用

一、本量利分析概述 ★★

（一）本量利分析的含义及基本假设

本量利分析是指以成本性态分析和变动成本法为基础，运用数学模型和图式，对成本、利润、业务量与单价等因素之间的依存关系进行分析，发现变动的规律性，为企业进行预测、决策、计划和控制等活动提供支持的一种方法。本量利分析主要包括盈亏平衡分析、安全边际分析、多种产品本量利分析、目标利润分析、利润的敏感性分析等内容。

本量利分析的基本假设包括以下几点：①总成本由固定成本和变动成本两部分组成；②销售收入与业务量呈完全线性关系；③产销平衡；④产品产销结构稳定。

（二）本量利分析的基本关系式

本量利分析所考虑的相关因素主要包括销售量、单价、单位变动成本、固定成本、营业利润等。这些因素之间的关系可以用下列基本公式来反映：

$$利润=销售收入-总成本$$
$$=销售收入-(变动成本+固定成本)$$
$$=销售量×单价-销售量×单位变动成本-固定成本$$
$$=销售量×(单价-单位变动成本)-固定成本$$

（三）边际贡献

边际贡献，又称为边际利润、贡献毛益等，是指产品的销售收入减去变动成本后的余额。

边际贡献的相关计算公式如下：

$$边际贡献总额=销售收入-变动成本$$
$$=销售量×单位边际贡献$$
$$=销售收入×边际贡献率$$
$$单位边际贡献=单价-单位变动成本=单价×边际贡献率$$

边际贡献率是边际贡献总额与销售收入的比率，即：

$$边际贡献率=\frac{边际贡献总额}{销售收入}=\frac{单位边际贡献}{单价}$$

或：

$$边际贡献率=1-变动成本率$$
$$变动成本率=变动成本总额÷销售收入=单位变动成本÷单价$$

―――― /// 考点拓展 /// ――――

根据本量利基本关系，利润、边际贡献及固定成本之间的关系可以表示为如下公式：

$$利润=边际贡献-固定成本$$
$$=销售量×单位边际贡献-固定成本$$
$$=销售收入×边际贡献率-固定成本$$

从上述公式可以看出，企业的边际贡献与营业利润有着密切的关系：<u>边际贡献首先用于补偿企</u>

业的固定成本,只有当边际贡献大于固定成本时才能为企业提供利润,否则企业将亏损。

二、目标利润分析 ★★

(一)目标利润分析的相关计算公式

目标利润分析的相关计算公式如下:

目标利润=(单价−单位变动成本)×销售量−固定成本

目标利润销售量=(固定成本+目标利润)÷单位边际贡献

目标利润销售额=(固定成本+目标利润)÷边际贡献率

或:

目标利润销售额=目标利润销售量×单价

/// 要点提示 ///

目标利润销售量公式只能用于单种产品的目标利润控制;目标利润销售额既可用于单种产品的目标利润控制,又可用于多种产品的目标利润控制。

(二)实现目标利润的措施

通常情况下企业要实现目标利润,在其他因素不变时,销售数量或销售价格应当提高,而固定成本或单位变动成本则应下降。

命题角度

考查本量利分析的基本关系式的应用及变形。

第六讲　财务分析与预测

考点一　财务分析方法

一、比较分析法

比较分析法是按照特定的指标系将客观事物加以比较,从而认识事物的本质和规律并作出正确的评价。

(1)重要财务指标的比较,主要有定基动态比率和环比动态比率两种。定基动态比率=分析期数额÷固定基期数额×100%,环比动态比率=分析期数额÷前期数额×100%。

(2)会计报表的比较。会计报表的比较是指将连续数期的会计报表的金额并列起来,比较各指标不同期间的增减变动金额和幅度,据以判断企业财务状况和经营成果发展变化的一种方法。

(3)会计报表项目构成的比较。会计报表项目构成的比较是以会计报表中的某个总体指标作为100%,再计算出各组成项目占该总体指标的百分比,从而比较各个项目百分比的增减变动,以此来判断有关财务活动的变化趋势。

二、比率分析法

比率分析法是通过计算各种比率指标来确定财务活动变动程度的方法,应用时需注意对比口径要一致、衡量标准要科学、对比项目要相关,具体内容见表3-4-10。

表 3-4-10　比率分析法

名称	具体内容
构成比率	又称结构比率,反映部分与总体的关系。计算公式:构成比率=某个组成部分数值÷总体数值×100%
效率比率	反映投入与产出的关系。利用效率比率指标,可以进行得失比较,考察经营成果,评价经济效益。计算公式:效率比率=所得÷所费×100%
相关比率	反映有关经济活动的相互关系。计算公式:相关比率=某一项目÷另一相关项目×100%

考点二　基本的财务报表分析

一、偿债能力分析 ★★★

(一)偿债能力分析指标

衡量偿债能力的主要指标见表 3-4-11。

表 3-4-11　偿债能力分析指标

指标		公式	指标分析
短期偿债能力指标	营运资金	营运资金=流动资产-流动负债	营运资金越多则偿债越有保障
	流动比率	流动比率=流动资产÷流动负债	流动比率越大通常短期偿债能力越强
	速动比率	速动比率=速动资产÷流动负债	速动比率越大通常短期偿债能力越强
	现金比率	现金比率=(货币资金+交易性金融资产)÷流动负债	现金比率最能反映企业直接偿付流动负债的能力
长期偿债能力指标	资产负债率	资产负债率=负债总额÷资产总额×100%	资产负债率越低,企业的长期偿债能力越强
	产权比率	产权比率=负债总额÷股东权益×100%	产权比率高,是高风险、高报酬的财务结构;反之,是低风险、低报酬的财务结构
	权益乘数	权益乘数=总资产÷股东权益	企业负债比例越高,权益乘数越大
	利息保障倍数	利息保障倍数=息税前利润÷应付利息=(净利润+利润表中的利息费用+所得税)÷应付利息	利息保障倍数越高,长期偿债能力越强

考点拓展

速动比率表明每 1 元流动负债有多少速动资产作为偿债保障。一般情况下,速动比率至少是 1。速动比率过低时,可以考虑行业的差异性,如大量使用现金结算的企业其速动比率大大低于 1 是正常现象,否则企业面临偿债风险;速动比率过高时,需要关注应收账款的变现能力。

(二)影响偿债能力的其他因素

影响偿债能力的其他因素包括以下几项:①可动用的银行贷款指标或授信额度(表外因素);②资产质量;③或有事项和承诺事项(表外因素);④经营租赁。

二、营运能力分析 ★★

衡量营运能力的主要指标见表 3-4-12。

表 3-4-12 营运能力分析指标

指标		公式	指标分析
固定资产营运能力指标	固定资产周转率	固定资产周转率=营业收入÷平均固定资产	固定资产周转率高,说明企业固定资产投资得当,结构合理,利用效率高
流动资产营运能力指标	应收账款周转率	应收账款周转率(次数)=营业收入÷应收账款平均余额 应收账款周转天数=计算期天数÷应收账款周转次数	通常,应收账款周转次数越高(或周转天数越短)表明应收账款管理效率越高
	存货周转率	存货周转率(次数)=营业成本÷存货平均余额 存货周转天数=计算期天数÷存货周转次数	一般来讲,存货周转速度越快,存货占用水平越低,流动性越强,存货转化为现金或应收账款的速度就越快,这样会增强企业的短期偿债能力及盈利能力
	流动资产周转率	流动资产周转率(次数)=营业收入÷流动资产平均余额	一定时期内,流动资产周转率越大,表明以相同的流动资产完成的周转额越多,流动资产利用效果越好
总资产营运能力指标	总资产周转率	总资产周转率(次数)=营业收入÷平均资产余额	总资产周转率用来衡量企业资产整体的使用效率

/// 考点拓展 ///

企业的信用条件、销售额和收账方式决定了其应收账款的水平。信用条件是销货企业要求赊购客户支付货款的条件,由信用期限、折扣期限和现金折扣三个要素组成。

在一定时期内周转次数多(或周转天数少)表明:①企业收账迅速,信用销售管理严格;②应收账款流动性强,从而增强企业短期偿债能力;③可以减少收账费用和坏账损失,相对增加企业流动资产的投资收益。通过比较应收账款周转天数及企业信用期限,可评价客户的信用程度,调整企业信用政策。

三、盈利能力分析

衡量盈利能力的主要指标见表 3-4-13。

表 3-4-13 盈利能力分析指标

指标	公式	指标分析
营业毛利率	营业毛利率=营业毛利÷营业收入×100%	营业毛利率越高,表明产品的盈利能力越强
营业净利率	营业净利率=净利润÷营业收入×100%	营业净利率用于反映产品最终的盈利能力
总资产净利率	总资产净利率=净利润÷平均总资产×100%=营业净利率×总资产周转率	总资产净利率越高,表明企业资产的利用效果越好
净资产收益率	净资产收益率=净利润÷平均所有者权益×100%=总资产净利率×权益乘数	一般来说,净资产收益率越高,所有者和债权人的利益保障程度越高

▷ 经典例题 某股份有限公司资产负债率为40%,平均资产总额为2 000万元,利润总额为300万元,所得税为87万元,则该公司的净资产收益率为(　　)。

A. 13.4% B. 14.67%

C. 17.75% D. 22%

【答案】C。解析：净利润=利润总额-所得税=300-87=213(万元)，平均净资产=平均资产总额×(1-资产负债率)=2 000×(1-40%)=1 200(万元)，则该公司的净资产收益率=净利润÷平均净资产×100%=213÷1 200×100%=17.75%。

四、发展能力分析

衡量发展能力的主要指标见表3-4-14。

表3-4-14　发展能力分析指标

指标	公式	指标分析
营业收入增长率	营业收入增长率=本年营业收入增长额÷上年营业收入×100%	营业收入增长率大于0，表明企业本年销售收入有所增长；该指标数值越高，表明企业营业收入的增长速度越快，企业市场前景越好
总资产增长率	总资产增长率=本年资产增长额÷年初资产总额×100%	总资产增长率越高，表明企业一定时期内资产经营规模扩张的速度越快
营业利润增长率	营业利润增长率=本年营业利润增长额÷上年营业利润总额×100%	该指标反映企业营业利润的增减变动情况
资本保值增值率	资本保值增值率=(期初所有者权益+本期利润)÷期初所有者权益×100%	在其他因素不变的情况下，如果企业本期净利润大于0，并且利润留存率大于0，必然会使期末所有者权益大于期初所有者权益，所以该指标也是衡量企业盈利能力的重要指标
所有者权益增长率	所有者权益增长率=本年所有者权益增长额÷年初所有者权益×100%	所有者权益增长率越高，表明企业的资本积累越多，应对风险、持续发展的能力越强

五、现金流量分析　★★

现金流量分析的主要指标见表3-4-15。

表3-4-15　现金流量分析指标

指标		公式	指标分析
获取现金能力的分析	营业现金比率	营业现金比率=经营活动现金流量净额÷营业收入	该比率反映每1元营业收入得到的经营活动现金流量净额，其数值越大越好
	每股营业现金净流量	每股营业现金净流量=经营活动现金流量净额÷普通股股数	该指标反映企业最大的分派股利能力，超过此限度，可能就要借款分红
	全部资产现金回收率	全部资产现金回收率=经营活动现金流量净额÷平均总资产×100%	该比率反映企业全部资产产生现金的能力
收益质量分析	净收益营运指数	净收益营运指数=经营净收益÷净利润	净收益营运指数越小，非经营收益所占比重越大，收益质量越差
	现金营运指数	现金营运指数=经营活动现金流量净额÷经营所得现金	现金营运指数小于1，说明收益质量不够好。首先，一部分收益尚未取得现金，说明未收现的收益质量低于已收现的收益；其次，说明营运资金增加了，取得收益的代价增加了，同样的收益代表着较差的业绩

考点拓展

企业短期经营活动的现金流量与两个重要的周期有关。

经营周期是指企业从取得存货开始到销售存货并收回现金为止的时期。其计算公式如下：

$$经营周期=存货周转期+应收账款周转期$$

现金周转期是指介于企业支付现金与收到现金之间的时间段。其计算公式如下：

$$现金周转期=经营周期-应付账款周转期$$

考点三 上市公司特殊财务分析指标

上市公司特殊财务分析指标主要有每股收益、每股股利、每股净资产、股利支付率、市盈率和市净率。市盈率和市净率在第三篇第三章内容中已经介绍，此处不再讲述。

一、每股收益

每股收益是综合反映企业盈利能力的重要指标，可以用来判断和评价管理层的经营业绩。

基本每股收益的计算公式如下：

$$基本每股收益=\frac{归属于公司普通股股东的净利润}{发行在外的普通股加权平均数}$$

其中：　　发行在外的普通股加权平均数＝期初发行在外普通股股数＋

当期新发行普通股股数×已发行时间÷报告期时间－

当期回购普通股股数×已回购时间÷报告期时间

每股收益的指标分析如下：人们一般将每股收益视为企业能否成功地达到其目标利润的标志，也可以将其看成企业管理效率、盈利能力和股利来源的标志，而且每股收益是衡量股票投资价值的重要指标，每股收益越高，表明投资价值越大，反之则相反。

二、每股股利

每股股利是企业股利总额与普通股股数的比值，其计算公式如下：

$$每股股利=现金股利总额÷期末发行在外的普通股股数$$

每股股利的指标分析如下：每股股利反映的是普通股股东每持有上市公司一股普通股获取的股利大小。上市公司每股股利发放额的影响因素：上市公司盈利能力、企业的股利分配政策和投资机会。

三、每股净资产

每股净资产，又称每股账面价值，其计算公式如下：

$$每股净资产=\frac{期末普通股净资产}{期末发行在外的普通股股数}$$

$$期末普通股净资产=期末股东权益-期末优先股股东权益$$

每股净资产的指标分析如下：每股净资产指标反映了在会计期末每一股份在企业账面上到底值多少钱。利用该指标进行横向和纵向对比，可以衡量上市公司股票的投资价值。

四、股利支付率

股利支付率，也称股息发放率，是指净收益中股利所占的比重。其计算公式如下：

$$股利支付率=每股股利÷每股净收益×100\%=股利总额÷净利润总额×100\%$$

股利支付率反映公司的股利分配政策和股利支付能力。

考点四 可持续增长率的测算

公司要以发展求生存,销售增长是任何公司都要追求的目标,在销售增长时公司往往需要补充资本。从资本来源看,公司实现增长有三种方式:一是完全依靠内部资本增长;二是主要依靠外部资本增长;三是平衡增长,即保持目前的财务结构和与此有关的财务风险,按照股东权益内源融资的增长比例增加借款,以此支持销售增长,这种增长是一种可持续的增长。

可持续增长率是指不增发新股或回购股票,不改变经营效率(不改变营业净利率和资产周转率)和财务政策(不改变权益乘数和利润留存率)时,其下期销售所能达到的增长率。其计算公式如下:

$$可持续增长率 = \frac{营业净利率 \times 总资产周转率 \times 权益乘数 \times 利润留存率}{1 - 营业净利率 \times 总资产周转率 \times 权益乘数 \times 利润留存率}$$

> **命题角度**
>
> (1)根据公式,进行相关指标的计算。
> (2)根据对相关指标内涵的理解,判断其属于哪一类财务指标。

第四篇
综合知识

第一章 常　识

考情简报

题型题量概述

对于本章内容，多数银行招聘考试笔试题量为10~15道。题型包括单项选择题和多项选择题，以单项选择题为主。

考查内容概述

多数银行侧重考查基础知识，总体难度不大，但考查范围较广。本章内容中，时政、二十大、文学常识、历史常识、科技成就常识等是高频考点，备考时需重点理解和掌握。其中时政的时效性较强，本书不放置时政内容，仅分析常考的时政热点类型。

第一讲　政治常识

考点一　时政热点类型归纳 ★★

一、时政会议及文件类

考前近一年国家召开的重要会议及文件是考查重点。此类试题细分为以下几种。

（一）党和政府的重要会议

1. 会议类型

党和政府的重要会议类型见表4-1-1。

表4-1-1　党和政府的重要会议类型

会议	具体内容
中国共产党全国代表大会	中国共产党全国代表大会和它所产生的委员会是中国共产党的最高领导机关。每5年举行一次，由中央委员会召集
中国共产党中央委员会全体会议	简称"中共中央全会"，由中央政治局召集，每年至少举行一次，中央政治局向中央委员会全体会议报告工作，接受监督
中国共产党中央政治局会议	是中国共产党重要的高层会议，由中国共产党中央委员会总书记负责召集，通常每月一次
全国人民代表大会	简称"全国人大"，是我国最高国家权力机关，通常每年第一季度举行，由全国人民代表大会常务委员会召集
中国人民政治协商会议	简称"人民政协"，是中国人民爱国统一战线的组织，通常每年第一季度举行，其与全国人大统称"两会"
国务院全体会议	由总理召集和主持，讨论决定国务院工作中的重大事项，一般每半年召开一次
国务院常务会议	由总理召集和主持，讨论决定国务院工作中的重大问题，一般每周召开一次

2. 试题特点

(1)考查会议所作工作报告或通过的重要文件的具体内容。例如,党的二十大会议上作的报告,全国人大会议批准的政府工作报告、"十四五"规划和2035年远景目标纲要,十九届六中全会审议通过的《中共中央关于党的百年奋斗重大成就和历史经验的决议》等。

(2)考查会议的主题、安排部署或目标要求、下一步具体工作等内容。

> **经典例题** 2022年10月16日,习近平总书记代表第十九届中央委员会向党的二十大作报告。报告指出,从现在起,中国共产党的中心任务就是( )。

①团结带领全国各族人民全面建成社会主义现代化强国
②实现第二个百年奋斗目标
③以中国式现代化全面推进中华民族伟大复兴
④实现共同富裕

A. ①②③ B. ①②④
C. ②③④ D. ①②③④

【答案】A。

/// **要点提示** ///

考生在备考时,需重点关注以下内容:2023年全国"两会"以及政府工作报告中与经济相关的内容,如2023年重点工作(财政政策、货币政策等)、发展的预期目标(GDP、失业率等)、经济增速指标等。

(二)经济金融类文件

1. 经济金融专业领域类

银行招聘考试的时政热点试题中,经济金融专业领域近一年出现的新情况、新事物常会成为出题点,如对个人住房贷款利率的最新调整、国家出台的最新货币政策、数字货币等。尤其要关注中国人民银行召开的工作会议,发布的最新文件及政策。

> **经典例题** 中国人民银行决定,自2022年10月1日起,下调首套个人住房公积金贷款利率( )个百分点,第二套个人住房公积金贷款利率( )。

A. 0.05 保持不变 B. 0.05 下调0.05%
C. 0.15 下调0.05% D. 0.15 保持不变

【答案】D。

2. 经济金融领域的大政方针

时政热点试题涉及的经济金融领域的大政方针包括区域发展战略、对外开放政策、乡村振兴战略、普惠金融政策等。考生在备考过程中,需关注与其相关的最新政策内容。

(三)民生保障类文件

民生保障类文件涵盖住房、教育、医疗、能源、税收、保险等多个方面,但考查难度较低。考生重点关注最新发布的文件的核心政策、重点任务等。

二、习近平总书记系列重要讲话

党的十八大以来,习近平总书记在出席会议、参观考察、出访等不同场合下多次发表重要讲话。

建议考生以月为单位,及时关注并识记习近平总书记每月发表的重要讲话内容。

> **经典例题** 习近平总书记强调,加快构建(　　)的新发展格局,是"十四五"规划《建议》提出的一项关系我国发展全局的重大战略任务,需要从全局高度准确把握和积极推进。

A. 加快对外开放,增强国内国际经济联动

B. 以国内大循环为主体、国内国际双循环相互促进

C. 依托国内市场主体,逐步联通国际市场

D. 国内市场与对外开放同步

【答案】B。解析:本题考查的是 2021 年 1 月 11 日,习近平总书记在省部级主要领导干部学习贯彻党的十九届五中全会精神专题研讨班开班式上的重要讲话内容。

三、奖项荣誉成就类

此类时政热点试题可分为四类,具体内容见表 4-1-2。

表 4-1-2　奖项荣誉成就类时政热点的类型

类型	考查内容及举例
诺贝尔奖项	每年 10 月公布获奖名单。考试中一般考查当年诺贝尔奖的获得者,或者他们在什么领域做出的贡献,尤其要关注经济学奖、物理学奖、化学奖、生理学或医学奖
航空航天成就	一般考查当年我国主要航空航天成就
其他领域的技术突破	主要包括生物医学、高新技术、能源技术等领域。
国家级荣誉奖项	主要包括国家最高科学技术奖、共和国勋章、人民英雄等。考生要了解当年国家颁发的国家级荣誉奖项的获得者

四、重大活动类

银行招聘考试常考查我国或者国际上当年举办的重大活动,常见的有三类:①周年纪念活动。比如 2023 年是抗美援朝战争胜利 70 周年、改革开放 45 周年。②中国举办的国际性展会。③体育赛事等。在复习过程中,考生需关注重要纪念日或重大活动时习近平总书记发表的重要讲话、重大活动的主题以及重大赛事取得的成果等。

考点二　党的二十大报告主要内容 ★★★

中国共产党第二十次全国代表大会,是在全党全国各族人民迈上全面建设社会主义现代化国家新征程、向第二个百年奋斗目标进军的关键时刻召开的一次十分重要的大会。

大会的主题:高举中国特色社会主义伟大旗帜,全面贯彻新时代中国特色社会主义思想,弘扬伟大建党精神,自信自强、守正创新,踔厉奋发、勇毅前行,为全面建设社会主义现代化国家、全面推进中华民族伟大复兴而团结奋斗。

全党同志务必不忘初心、牢记使命,务必谦虚谨慎、艰苦奋斗,务必敢于斗争、善于斗争,坚定历史自信,增强历史主动,谱写新时代中国特色社会主义更加绚丽的华章。("三个务必")

一、新时代十年的伟大变革

十年来,我们经历了对党和人民事业具有重大现实意义和深远历史意义的三件大事:一是迎来中国共产

党成立一百周年,二是中国特色社会主义进入新时代,三是完成脱贫攻坚、全面建成小康社会的历史任务,实现第一个百年奋斗目标。

新时代十年来,党和国家事业取得历史性成就、发生历史性变革,推动我国迈上全面建设社会主义现代化国家新征程。这些伟大变革包括:

(1)创立了新时代中国特色社会主义思想,明确坚持和发展中国特色社会主义的基本方略,提出一系列治国理政新理念新思想新战略,实现了马克思主义中国化时代化新的飞跃。

(2)全面加强党的领导,明确中国特色社会主义最本质的特征是中国共产党领导,中国特色社会主义制度的最大优势是中国共产党领导,中国共产党是最高政治领导力量,坚持党中央集中统一领导是最高政治原则。

(3)对新时代党和国家事业发展做出科学完整的战略部署,提出实现中华民族伟大复兴的中国梦,以中国式现代化推进中华民族伟大复兴,明确我国社会主要矛盾是人民日益增长的美好生活需要和不平衡不充分的发展之间的矛盾。

(4)经过接续奋斗,实现了小康这个中华民族的千年梦想,我国发展站在了更高历史起点上。我们打赢了人类历史上规模最大的脱贫攻坚战,历史性地解决了绝对贫困问题。

(5)提出并贯彻新发展理念,着力推进高质量发展,推动构建新发展格局,实施供给侧结构性改革。

(6)以巨大的政治勇气全面深化改革,打响改革攻坚战,加强改革顶层设计,各领域基础性制度框架基本建立,许多领域实现历史性变革、系统性重塑、整体性重构,新一轮党和国家机构改革全面完成,中国特色社会主义制度更加成熟更加定型,国家治理体系和治理能力现代化水平明显提高。

(7)实行更加积极主动的开放战略,构建面向全球的高标准自由贸易区网络。我国成为140多个国家和地区的主要贸易伙伴,货物贸易总额居世界第一,形成更大范围、更宽领域、更深层次对外开放格局。

(8)坚持走中国特色社会主义政治发展道路,全面发展全过程人民民主,社会主义民主政治制度化、规范化、程序化全面推进。社会主义法治国家建设深入推进,全面依法治国总体格局基本形成,中国特色社会主义法治体系加快建设,司法体制改革取得重大进展,社会公平正义保障更为坚实,法治中国建设开创新局面。

(9)确立和坚持马克思主义在意识形态领域指导地位的根本制度,新时代党的创新理论深入人心,社会主义核心价值观广泛传播,中华优秀传统文化得到创造性转化、创新性发展,文化事业日益繁荣,网络生态持续向好,意识形态领域形势发生全局性、根本性转变。

(10)深入贯彻以人民为中心的发展思想。建成世界上规模最大的教育体系、社会保障体系、医疗卫生体系,教育普及水平实现历史性跨越,基本养老保险覆盖10.4亿人,基本医疗保险参保率稳定在95%。

(11)坚持绿水青山就是金山银山的理念,坚持山水林田湖草沙一体化保护和系统治理,全方位、全地域、全过程加强生态环境保护,生态文明制度体系更加健全,污染防治攻坚向纵深推进,绿色、循环、低碳发展迈出坚实步伐,生态环境保护发生历史性、转折性、全局性变化。

(12)贯彻总体国家安全观,国家安全领导体制和法治体系、战略体系、政策体系不断完善,在原则问题上寸步不让,以坚定的意志品质维护国家主权、安全、发展利益,国家安全得到全面加强。

(13)确立党在新时代的强军目标,贯彻新时代党的强军思想,贯彻新时代军事战略方针,坚持党对人民军队的绝对领导,牢固树立战斗力这个唯一的根本的标准。

(14)全面准确推进"一国两制"实践,推动香港进入由乱到治走向由治及兴的新阶段,香港、澳门保持长期稳定发展良好态势。我们提出新时代解决台湾问题的总体方略,促进两岸交流合作,坚决反对"台独"分裂行径,坚决反对外部势力干涉,牢牢把握两岸关系主导权和主动权。

(15) 全面推进中国特色大国外交,推动构建人类命运共同体,毫不动摇反对任何单边主义、保护主义、霸凌行径。我国国际影响力、感召力、塑造力显著提升。

(16) 深入推进全面从严治党,推动全党坚定理想信念、严密组织体系、严明纪律规矩。我们开展了史无前例的反腐败斗争,不敢腐、不能腐、不想腐一体推进,"打虎""拍蝇""猎狐"多管齐下,反腐败斗争取得压倒性胜利并全面巩固。经过不懈努力,党找到了自我革命这一跳出治乱兴衰历史周期率的第二个答案,自我净化、自我完善、自我革新、自我提高能力显著增强,管党治党宽松软状况得到根本扭转,风清气正的党内政治生态不断形成和发展,确保党永远不变质、不变色、不变味。

二、开辟马克思主义中国化时代化新境界

1. 根本指导思想

马克思主义是我们立党立国、兴党兴国的根本指导思想。实践告诉我们,中国共产党为什么能,中国特色社会主义为什么好,归根到底是马克思主义行,是中国化时代化的马克思主义行。

2. "六个坚持"

不断谱写马克思主义中国化时代化新篇章,是当代中国共产党人的庄严历史责任。推进实践基础上的理论创新,要做到"六个坚持",即:①必须坚持人民至上;②必须坚持自信自立;③必须坚持守正创新;④必须坚持问题导向;⑤必须坚持系统观念;⑥必须坚持胸怀天下。

三、新时代新征程中国共产党的使命任务

1. 中国共产党的中心任务

从现在起,中国共产党的中心任务就是团结带领全国各族人民全面建成社会主义现代化强国、实现第二个百年奋斗目标,以中国式现代化全面推进中华民族伟大复兴。

2. 中国式现代化的内涵、特征

中国式现代化,是中国共产党领导的社会主义现代化,既有各国现代化的共同特征,更有基于自己国情的中国特色。

中国式现代化具有如下特征:①是人口规模巨大的现代化;②是全体人民共同富裕的现代化;③是物质文明和精神文明相协调的现代化;④是人与自然和谐共生的现代化;⑤是走和平发展道路的现代化。

3. 中国式现代化的本质要求

中国式现代化的本质要求:坚持中国共产党领导,坚持中国特色社会主义,实现高质量发展,发展全过程人民民主,丰富人民精神世界,实现全体人民共同富裕,促进人与自然和谐共生,推动构建人类命运共同体,创造人类文明新形态。

4. 全面建成社会主义现代化强国的战略安排

全面建成社会主义现代化强国,总的战略安排是分两步走:从2020年到2035年基本实现社会主义现代化;从2035年到本世纪中叶把我国建成富强民主文明和谐美丽的社会主义现代化强国。未来五年是全面建设社会主义现代化国家开局起步的关键时期。

5. 全面建设社会主义现代化强国需坚持的重大原则

全面建设社会主义现代化国家,必须牢牢把握以下重大原则:①坚持和加强党的全面领导;②坚持中国特色社会主义道路;③坚持以人民为中心的发展思想;④坚持深化改革开放;⑤坚持发扬斗争精神。

四、加快构建新发展格局,着力推动高质量发展

高质量发展是全面建设社会主义现代化国家的首要任务。发展是党执政兴国的第一要务。

我们要坚持以推动高质量发展为主题,把实施扩大内需战略同深化供给侧结构性改革有机结合起来,增强国内大循环内生动力和可靠性,提升国际循环质量和水平,加快建设现代化经济体系,着力提高全要素生产率,着力提升产业链供应链韧性和安全水平,着力推进城乡融合和区域协调发展,推动经济实现质的有效提升和量的合理增长。

五、实施科教兴国战略,强化现代化建设人才支撑

教育、科技、人才是全面建设社会主义现代化国家的基础性、战略性支撑。必须坚持科技是第一生产力、人才是第一资源、创新是第一动力,深入实施科教兴国战略、人才强国战略、创新驱动发展战略,开辟发展新领域新赛道,不断塑造发展新动能新优势。

六、发展全过程人民民主,保障人民当家作主

人民民主是社会主义的生命,是全面建设社会主义现代化国家的应有之义。全过程人民民主是社会主义民主政治的本质属性,是最广泛、最真实、最管用的民主。发展全过程人民民主,保障人民当家作主的具体举措包括:①加强人民当家作主制度保障;②全面发展协商民主(是实践全过程人民民主的重要形式);③积极发展基层民主(是全过程人民民主的重要体现);④巩固和发展最广泛的爱国统一战线(人心是最大的政治,统一战线是凝聚人心、汇聚力量的强大法宝)。

七、坚持全面依法治国,推进法治中国建设

全面依法治国是国家治理的一场深刻革命,关系党执政兴国,关系人民幸福安康,关系党和国家长治久安。必须更好发挥法治固根本、稳预期、利长远的保障作用,在法治轨道上全面建设社会主义现代化国家。坚持全面依法治国,推进法治中国建设的具体举措包括:①完善以宪法为核心的中国特色社会主义法律体系;②扎实推进依法行政;③严格公正司法(公正司法是维护社会公平正义的最后一道防线);④加快建设法治社会(法治社会是构筑法治国家的基础)。

八、推进文化自信自强,铸就社会主义文化新辉煌

全面建设社会主义现代化国家,必须坚持中国特色社会主义文化发展道路,围绕举旗帜、聚民心、育新人、兴文化、展形象建设社会主义文化强国,发展面向现代化、面向世界、面向未来的,民族的科学的大众的社会主义文化,激发全民族文化创新创造活力,增强实现中华民族伟大复兴的精神力量。

九、增进民生福祉,提高人民生活品质

为民造福是立党为公、执政为民的本质要求。增进民生福祉,提高人民生活品质的具体举措包括:

(1)完善分配制度。分配制度是促进共同富裕的基础性制度;坚持按劳分配为主体、多种分配方式并存,构建初次分配、再分配、第三次分配协调配套的制度体系。坚持多劳多得,鼓励勤劳致富,促进机会公平,增加低收入者收入,扩大中等收入群体;规范收入分配秩序,规范财富积累机制,保护合法收入,调节过高收入,取缔非法收入。

(2)实施就业优先战略。就业是最基本的民生;强化就业优先政策,健全就业促进机制,促进高质量充分就业。

(3)健全社会保障体系。社会保障体系是人民生活的安全网和社会运行的稳定器。健全覆盖全民、统筹城乡、公平统一、安全规范、可持续的多层次社会保障体系。

(4)推进健康中国建设。

十、推动绿色发展，促进人与自然和谐共生

尊重自然、顺应自然、保护自然，是全面建设社会主义现代化国家的内在要求。必须牢固树立和践行绿水青山就是金山银山的理念，站在人与自然和谐共生的高度谋划发展。

推动绿色发展，促进人与自然和谐共生的具体举措包括：①加快发展方式绿色转型；②深入推进环境污染防治；③提升生态系统多样性、稳定性、持续性；④积极稳妥推进碳达峰碳中和。

十一、推进国家安全体系和能力现代化，坚决维护国家安全和社会稳定

国家安全是民族复兴的根基，社会稳定是国家强盛的前提。

我们要坚持以人民安全为宗旨、以政治安全为根本、以经济安全为基础、以军事科技文化社会安全为保障、以促进国际安全为依托，统筹外部安全和内部安全、国土安全和国民安全、传统安全和非传统安全、自身安全和共同安全，统筹维护和塑造国家安全，夯实国家安全和社会稳定基层基础，完善参与全球安全治理机制，建设更高水平的平安中国，以新安全格局保障新发展格局。

十二、实现建军一百年奋斗目标，开创国防和军队现代化新局面

如期实现建军一百年奋斗目标，加快把人民军队建成世界一流军队，是全面建设社会主义现代化国家的战略要求。具体举措包括：①全面加强人民军队党的建设，确保枪杆子永远听党指挥；②全面加强练兵备战，提高人民军队打赢能力；③全面加强军事治理，巩固拓展国防和军队改革成果，完善军事力量结构编成，体系优化军事政策制度；④巩固提高一体化国家战略体系和能力。

十三、坚持和完善"一国两制"，推进祖国统一

"一国两制"是中国特色社会主义的伟大创举，是香港、澳门回归后保持长期繁荣稳定的最佳制度安排，必须长期坚持。

全面准确、坚定不移贯彻"一国两制"、"港人治港"、"澳人治澳"、高度自治的方针，坚持依法治港治澳，维护宪法和基本法确定的特别行政区宪制秩序。坚持中央全面管治权和保障特别行政区高度自治权相统一，坚持行政主导，保持香港、澳门资本主义制度和生活方式长期不变，促进香港、澳门长期繁荣稳定。

十四、促进世界和平与发展，推动构建人类命运共同体

中国始终坚持维护世界和平、促进共同发展的外交政策宗旨，致力于推动构建人类命运共同体。

促进世界和平与发展，推动构建人类命运共同体，我国需要：①坚定奉行独立自主的和平外交政策；②坚持在和平共处五项原则基础上同各国发展友好合作；③坚持对外开放的基本国策；④积极参与全球治理体系改革和建设；⑤坚持对话协商，推动建设一个持久和平的世界；⑥坚持共建共享，推动建设一个普遍安全的世界；⑦坚持合作共赢，推动建设一个共同繁荣的世界；⑧坚持交流互鉴，推动建设一个开放包容的世界；⑨坚持绿色低碳，推动建设一个清洁美丽的世界。

十五、坚定不移全面从严治党，深入推进新时代党的建设新的伟大工程

全面建设社会主义现代化国家、全面推进中华民族伟大复兴，关键在党。我们党作为世界上最大的马克思主义执政党，要始终赢得人民拥护、巩固长期执政地位，必须时刻保持解决大党独有难题的清醒和坚定。

坚定不移全面从严治党，深入推进新时代党的建设新的伟大工程，需要：

（1）坚持和加强党中央集中统一领导。

（2）坚持不懈用新时代中国特色社会主义思想凝心铸魂。用党的创新理论武装全党是党的思想建设的根本任务。

（3）完善党的自我革命制度规范体系。

（4）建设堪当民族复兴重任的高素质干部队伍。坚持德才兼备、以德为先、五湖四海、任人唯贤，树立选人用人正确导向。

（5）增强党组织政治功能和组织功能。

（6）坚持以严的基调强化正风肃纪。

（7）坚决打赢反腐败斗争攻坚战持久战。腐败是危害党的生命力和战斗力的最大毒瘤，反腐败是最彻底的自我革命。

全党必须牢记，坚持党的全面领导是坚持和发展中国特色社会主义的必由之路，中国特色社会主义是实现中华民族伟大复兴的必由之路，团结奋斗是中国人民创造历史伟业的必由之路，贯彻新发展理念是新时代我国发展壮大的必由之路，全面从严治党是党永葆生机活力、走好新的赶考之路的必由之路。（五个"必由之路"）

第二讲　人文与历史

考点一　文化常识

一、中国传统文化 ★★★

（一）中国古代传统思想

中国古代不同的历史时期有不同的代表思想，主要内容见表4-1-3。

表4-1-3　中国古代传统思想

时期	学派	代表人物	主要思想及观点
春秋战国	儒家	孔子	以"仁"为核心，提出"己所不欲，勿施于人"，提倡德治和教化，反对苛政和任意刑杀
		孟子	提出民贵君轻，主张性善论、法先王、行仁政
		荀子	提出人定胜天、性恶论，主张选贤能、明赏罚，兼用"礼""法""术"实行统治
	道家	老子	重道法自然，提倡无为而治
		庄子	主张随意自然，无为而无不为
	墨家	墨子	提出"兼爱""非攻""尚贤""尚同"
	法家	韩非子	提倡法治，反对复古，主张变革，提出了重农抑工商的观点
西汉	新儒学	董仲舒	以儒家宗法思想为中心，提出"罢黜百家，独尊儒术""三纲五常"等观点
宋明	理学	朱熹	集理学思想之大成，倡导"去人欲，存天理"
	心学	王守仁	重知行合一、致良知。学者称他为"阳明先生"

（二）艺术文化

1. 绘画

中国各时期绘画艺术的代表人物及作品见表4-1-4。

表 4-1-4　中国各时期绘画艺术的代表人物及作品

时期	代表人物及作品
先秦时期	《人物龙凤图》《人物御龙图》(作者不详)
秦汉时期	《夫妇宴饮图》(作者不详)
魏晋时期	东晋画家顾恺之的代表作有《女史箴图》《洛神赋图》
唐代	(1)宫廷画的画家,以阎立本、吴道子为代表。阎立本的代表作有《步辇图》《历代帝王图》,吴道子的代表作有《送子天王图》 (2)仕女画的画家,主要代表有张萱和周昉。张萱的代表作有《唐后行从图》,周昉的代表作有《簪花仕女图》
宋代	王希孟的《千里江山图》,张择端的《清明上河图》
元代	黄公望,擅画山水,代表作有《富春山居图》,与吴镇、倪瓒和王蒙并称"元四家" 王冕,相传其始创以花乳石作印材,代表作有《墨梅图》
明代	唐寅(字伯虎),擅画山水,与沈周、文徵明、仇英并称"吴门四家"
清代	朱耷,别号八大山人,擅画水墨花卉鱼鸟,与石涛、髡残、弘仁合称"清初四僧" 郑板桥,扬州八怪之一,擅画兰竹石,代表作有《兰竹图》《竹石图》
近现代	齐白石,擅画花鸟虫鱼,代表作有《群虾图》《蛙声十里出山泉》等 徐悲鸿,以画马驰誉中外,代表作有《群马》《愚公移山》等

2. 文字与书法

(1)字体发展过程。

汉字字体,从甲骨文、金文、小篆,发展到楷书、行书、草书,经历了由繁到简的过程。

甲骨文:又称契文,始于商周,是可识的汉字中最古老的汉字体系。

金文:又称钟鼎文,始于商代,刻在青铜器上。

小篆:又称秦篆,是秦代通行的文字,字体匀圆齐整。

隶书:始于秦代,普遍使用于汉魏时期,由篆书简化而成。

草书:始于汉初,为书写便捷而产生。

楷书:又称正楷、正书,始于汉末,从魏晋时期通用至今,由隶书演化而来。

行书:相传始于汉末,流行至今,介于草书、正楷之间,不如草书潦草,没有正楷端正。

(2)著名书法家。

中国各时期著名书法家及作品见表 4-1-5。

表 4-1-5　中国各时期著名书法家及作品

时期	著名书法家及作品
汉至魏晋时期	张芝,东汉书法家,有"草圣"之誉,存世作品有《冠军帖》《消息帖》等 王羲之,东晋书法家,有"书圣"之誉,与钟繇并称"钟王",其《兰亭序》被称为"天下第一行书"
唐代	唐初四大书法家:虞世南、欧阳询、褚遂良、薛稷 颜真卿,代表作有《祭侄文稿》《多宝塔碑》等;柳公权,代表作有《玄秘塔碑》等 张旭,因常酒后写狂草被称为张颠,代表作有《古诗四帖卷》等;怀素,继承发展了张旭的狂草,世称"以狂继颠",代表作有《自叙帖》等

(续表)

时期	著名书法家及作品
宋元时期	宋四家:苏轼、黄庭坚、米芾、蔡襄。苏轼代表作有《黄州寒食诗帖》《前赤壁赋》等;蔡襄代表作有《自书诗卷》等 宋徽宗赵佶首创"瘦金体",代表作有《夏日诗帖》《千字文卷》等 赵孟頫,元书法家,代表作有《洛神赋》《妙严寺记》等,与欧阳询、颜真卿、柳公权并称"楷书四大家"

3. 陶瓷

中国古代陶瓷的主要发展历程见表 4-1-6。

表 4-1-6　中国古代陶瓷的主要发展历程

时期	发展历程
新石器时代	新石器时代早期,黄河流域彩陶开始萌芽。仰韶文化的典型器物就是彩绘陶器
汉代	出现了世界上最早的瓷器——青瓷
魏晋南北朝时期	褐彩装饰流行,出现了越窑(青瓷)、瓯窑(白瓷)、婺窑等著名窑址,北朝出现了白釉
唐代	彩陶艺术有了很大发展,以"南青北白唐三彩"为代表,"南青"是越窑的青瓷,"北白"是邢窑的白瓷,"唐三彩"是盛行于唐代的一种低温铅釉陶器,釉彩有白、黄、绿、褐、蓝、黑等色。唐三彩中具有代表性的造型有三彩骆驼载乐俑、乐伎俑、枕头等
宋代	官窑系统"五大名窑":汝窑、官窑、哥窑、钧窑、定窑。景德镇成为"瓷都",景德镇的四大传统名瓷:青花瓷、粉彩瓷、颜色釉瓷和玲珑瓷
元代	设立枢府专门管理烧造瓷器,枢府烧出的白瓷为甜白釉色,被后世称为"枢府瓷"
明清时期	明代流行白底青花瓷;清代生产彩瓷,以珐琅瓷、粉彩瓷最为杰出

(三)天文历法

1. 二十四节气

古人根据太阳在黄道上的位置,将全年划分为二十四个节气。二十四节气反映了气候、物候的变化,用以指导农事。以下为二十四节气所属的季节、名称及顺序。

春季:立春、雨水、惊蛰、春分、清明、谷雨。
夏季:立夏、小满、芒种、夏至、小暑、大暑。
秋季:立秋、处暑、白露、秋分、寒露、霜降。
冬季:立冬、小雪、大雪、冬至、小寒、大寒。

春分、秋分、夏至、冬至合称"二分二至"。春分和秋分昼夜等长;夏至北半球白昼最长,夜最短,冬至北半球白昼最短,夜最长。

2. 干支纪年

干支纪年是指中国古代用天干地支来记录年代。
天干(十干):甲、乙、丙、丁、戊、己、庚、辛、壬、癸。
地支(十二支):子、丑、寅、卯、辰、巳、午、未、申、酉、戌、亥。
用天干的第一个字"甲"与地支的第一个字"子"相配,依次为甲子、乙丑、丙寅、丁卯……配完六十组,又回到甲子,故一甲子为六十年。因干支名称互相交错,故又称六十花甲子,简称"花甲"。

(四)中国部分世界文化遗产

截至 2021 年 7 月,中国已有世界文化遗产 38 项。中国部分世界文化遗产简介见表 4-1-7。

表 4-1-7　中国部分世界文化遗产简介

名称	简介
长城	位于中国北部，东起山海关，西到嘉峪关。始建于 2 000 多年前的春秋战国时期，是世界上修建时间最长、工程量最大的冷兵器战争时代的国家军事性防御工程，1987 年被列为世界文化遗产
北京故宫	建于明永乐四年至十八年（1406~1420），是中国现存规模最大、最完整的古建筑群。1987 年被列为世界文化遗产
颐和园	位于北京，是中国古典园林之首。其中，全长 728 米的长廊以精美的绘画著称，1992 年以"世界上最长的长廊"列入吉尼斯世界纪录。1998 年被列为世界文化遗产
布达拉宫	位于西藏，始建于公元 7 世纪藏王松赞干布时期，被誉为"世界屋脊的明珠"。1994 年被列为世界文化遗产
周口店北京人遗址	是世界上迄今为止人类化石材料最丰富、最生动、植物化石门类最齐全、被研究最深入的古人类遗址。1987 年被列为世界文化遗产
良渚古城遗址	遗址中心位于浙江余姚良渚镇，良渚文化也是首次发现于该遗址，距今约 5 300~4 200 年，该遗址出土的典型器物是玉器（经典纹饰为"神人兽面纹"）和黑色陶器。良渚遗址代表了中华文明起源阶段稻作农业的最高成就。2019 年被列为世界文化遗产
秦始皇陵及兵马俑	位于陕西西安，是中国最大的皇帝陵，出土的彩绘铜车马——高车和安车，是迄今中国发现的体形最大，结构和系驾最逼真、最完整的古代铜车马，被誉为"青铜之冠"。兵马俑的发现被誉为"世界第八大奇迹"。1987 年被列为世界文化遗产
丝绸之路	分为陆上丝绸之路和海上丝绸之路。陆上丝绸之路起源于西汉，以西安为起点，经甘肃、新疆，到中亚、西亚，并联接地中海各国。海上丝绸之路始于中国沿海地区，经过东南亚、斯里兰卡、印度等地，抵达红海、地中海以及非洲东海岸等地。2014 年，由中国、哈萨克斯坦和吉尔吉斯斯坦联合申报的丝绸之路：长安—天山廊道的路网被列为世界文化遗产
大运河	"大运河"文化遗产项目由以洛阳为中心的隋唐大运河，以北京、杭州为端点的京杭大运河，从宁波入海与海上丝绸之路相连的浙东运河三条河流组成。其中，京杭大运河是世界上开凿最早、最长的人工河。大运河贯通了海河、黄河、淮河、长江、钱塘江五大水系。2014 年被列为世界文化遗产
龙门石窟	位于河南洛阳，是世界上造像最多、规模最大的石刻艺术宝库，被联合国教科文组织评为"中国石刻艺术的最高峰"。石窟始凿于北魏孝文帝年间，盛于唐，终于清末，营造长达 1 400 余年，是世界上营造时间最长的石窟。2000 年被列为世界文化遗产

考点拓展

龙门石窟与莫高窟（甘肃敦煌）、云冈石窟（山西大同）、麦积山石窟（甘肃天水），并称为"中国四大石窟"。其中，莫高窟也称千佛洞，是世界上现存规模最大、内容最丰富的佛教艺术地，1987 年被列为世界文化遗产；云冈石窟，2001 年被列为世界文化遗产；麦积山石窟包含在"长安—天山廊道的路网"里，被誉为"东方雕塑艺术陈列馆"。

经典例题　丝绸之路是指西汉时期，由张骞出使西域开辟的以现在的西安为起点，经（　　），到中亚、西亚，并联接地中海各国的陆上通道。

A. 新疆　　　　　B. 西藏　　　　　C. 甘肃　　　　　D. 内蒙古

【答案】AC。

二、外国艺术文化常识

外国艺术的代表人物及其具体介绍见表 4-1-8。

表 4-1-8　外国艺术的代表人物及其具体介绍

分类		代表人物	具体介绍
美术	意大利	拉斐尔	文艺复兴三巨匠之一，代表作有《西斯廷圣母》《雅典学院》《巴尔纳斯山》
		达·芬奇	文艺复兴三巨匠之一，代表作有《最后的晚餐》《蒙娜丽莎》
		米开朗琪罗	文艺复兴三巨匠之一，代表作有《创世纪》《最后审判》《大卫》
	法国	塞尚	印象派画家，被称为现代艺术鼻祖，代表作有《四季》《一篮苹果》《玩牌者》
		莫奈	印象派代表人物和创始人之一，代表作有《干草堆》《睡莲》《日出·印象》
	荷兰	凡·高	代表作有《夜咖啡馆》《向日葵》《星夜》
	西班牙	毕加索	代表作有《亚维农的少女》《和平鸽》《瓶子、玻璃杯和小提琴》《格尔尼卡》
音乐	德国	巴赫	"音乐之父"，代表作有《哥德堡变奏曲》《无伴奏大提琴协奏曲》
		贝多芬	维也纳乐派的最后代表，有"乐圣"的美誉，古典主义音乐的集大成者和终结者，代表作有交响曲《命运》《英雄》《田园交响曲》《第九交响曲》等，第三、第四、第五钢琴协奏曲，钢琴奏鸣曲《月光》《悲怆》《热情》
	奥地利	海顿	"交响曲之父"，代表作有《惊愕交响曲》《告别交响曲》《时钟交响曲》
		莫扎特	被誉为"历史上最伟大的音乐天才"，代表作有歌剧《费加罗的婚礼》《魔笛》，宗教音乐《安魂曲》
		小约翰·施特劳斯	被誉为"圆舞曲之王"，代表作有《蓝色多瑙河》《维也纳森林的故事》
	波兰	肖邦	被誉为"浪漫主义钢琴诗人"，代表作有波兰舞曲、夜曲、玛祖卡、第一和第二钢琴协奏曲等
	俄罗斯	柴可夫斯基	代表作：歌剧《叶甫盖尼·奥涅金》，舞剧《天鹅湖》《睡美人》《胡桃夹子》，《第四交响曲》《第五交响曲》《第六(悲怆)交响曲》等

> **命题角度**
>
> (1) 二十四节气排列顺序，与所属季节、相应诗词描写的对应。
> (2) 著名的作品与其作者、所属朝代或国家的对应。
> (3) 给出著名绘画作品的图片，让考生选择该绘画作品的名称。

考点二　文学常识

一、中国文学名家名篇

(一)先秦文学 ★★

1. 诗歌

(1)《诗经》。

《诗经》是中国第一部诗歌总集，收录了西周初年至春秋中期的305篇诗歌，又称"诗三百"，与《楚辞》并称风骚，与《尚书》《礼记》《周易》《春秋》合称五经，与《尚书》《礼记》《周易》《春秋》《乐经》合称六经。

《诗经》按所配乐曲的性质分为风、雅、颂三类。其中,风是各地的民歌民谣,内容为十五国风;雅是正统的宫廷乐歌,分为大雅和小雅;颂是宫廷宗庙祭祀乐歌,分为周颂、鲁颂和商颂。《诗经》的主要表现手法是赋、比、兴。其中,直陈其事叫作赋,借物譬喻叫作比,先言他物以引起所咏之辞叫作兴。赋、比、兴与风、雅、颂合称六义。

///// 考点拓展 /////

《诗经》中的经典名句有:

桃之夭夭,灼灼其华。(《周南·桃夭》)　　投我以木桃,报之以琼瑶。(《卫风·木瓜》)

岂曰无衣?与子同袍。(《秦风·无衣》)　　七月流火,九月授衣。(《豳风·七月》)

(2)《楚辞》。

《楚辞》是中国第一部浪漫主义诗歌总集,由西汉刘向辑录,收录了战国楚人屈原、宋玉等人的辞赋作品。代表作有屈原的《离骚》《九歌》《九章》《天问》,宋玉的《九辩》《风赋》《高唐赋》《神女赋》等。

///// 考点拓展 /////

《离骚》是一首长篇政治抒情诗。《离骚》中的经典名句有:

惟草木之零落兮,恐美人之迟暮。　　朝饮木兰之坠露兮,夕餐秋菊之落英。

长太息以掩涕兮,哀民生之多艰。　　路曼曼其修远兮,吾将上下而求索。

2. 诸子散文

先秦时期部分诸子散文的相关介绍见表4-1-9。

表4-1-9　先秦时期部分诸子散文简介

作品	简介	名句或成语
《论语》	记录了孔子及其弟子的言行,内容以伦理、教育为主	温故而知新,可以为师矣;敏而好学,不耻下问;学而不厌,诲人不倦;三军可夺帅也,匹夫不可夺志也
《孟子》	记录了孟子的道德伦理观、政治观点和政治活动	揠苗助长、专心致志、缘木求鱼、一曝十寒、杯水车薪、事半功倍、自怨自艾、五十步笑百步
《荀子》	记录了荀子的学说,大量运用日常生活中常见的事物为譬喻,论说深入浅出	不积跬步,无以至千里;水则载舟,水则覆舟;骐骥一跃,不能十步;驽马十驾,功在不舍
《老子》(《道德经》)	论述了修身、治国、用兵、养生之道	祸兮福之所倚,福兮祸之所伏;千里之行,始于足下
《庄子》	大部分是寓言,以阐明道理为主	邯郸学步、庖丁解牛、相濡以沫、望洋兴叹、贻笑大方
《韩非子》	宣扬了法、术、势相结合的理论。其中的寓言故事数量居先秦散文之首	自相矛盾、郑人买履、守株待兔、滥竽充数、买椟还珠

注:《论语》《孟子》《大学》《中庸》合称四书。

(二)两汉文学

1. 汉代传记文学

(1)《史记》。

《史记》是中国第一部纪传体通史,为西汉司马迁所著,记载了从黄帝至汉武帝时期的历史,被列为二十四史之首,被鲁迅称赞为"史家之绝唱,无韵之《离骚》"。创作的目的是"究天人之际,通古今之变,成一家之言"。全书包括十二本纪、三十世家、七十列传、十表、八书。其中,列传是各种人物传记,最具文学价值。

(2)《汉书》。

《汉书》是中国第一部纪传体断代史,为东汉班固所著,与《史记》《后汉书》《三国志》合称前四史。

2. 汉赋

司马相如、扬雄、班固、张衡并称"汉赋四大家"。司马相如代表作有《子虚赋》《上林赋》《长门赋》等。其中,《子虚赋》《上林赋》虚构了子虚、乌有先生和亡是公三人。扬雄代表作有四大赋,即《河东赋》《羽猎赋》《甘泉赋》《长杨赋》。班固代表作有《两都赋》。张衡代表作有《二京赋》《归田赋》。

3. 汉代诗歌

(1)汉乐府诗。

乐府诗的叙事诗标志着中国古代叙事诗的成熟。代表作《孔雀东南飞》塑造了刘兰芝与焦仲卿的形象,是中国文学史上第一部长篇叙事诗,也是古代汉民族最长的叙事诗,与北朝民歌《木兰诗》合称"乐府双璧"。

(2)《古诗十九首》。

《古诗十九首》代表了汉代文人五言诗的最高成就。刘勰在《文心雕龙》中称其为"五言之冠冕"。

(三)魏晋南北朝文学

1. 魏晋诗歌

(1)建安文学。

建安文学,以三曹(曹操、曹植、曹丕)为领袖,建安七子(孔融、陈琳、王粲、徐幹、阮瑀、应场、刘桢)和蔡琰等为代表。诗文的骏爽刚健风格被称为"建安风骨"。

(2)竹林七贤。

竹林七贤:嵇康、阮籍、向秀、阮咸、王戎、刘伶、山涛。嵇康和阮籍成就最高,是正始体的代表作家。

(3)陶渊明。

陶渊明,又名潜,字元亮,号五柳先生,世称"靖节先生",东晋著名诗人。他开创了田园诗这一新题材。代表作有《桃花源记》《五柳先生传》《归去来分辞》等。名句有"采菊东篱下,悠然见南山"(《饮酒》),"羁鸟恋旧林,池鱼思故渊"(《归园田居》)。

2. 魏晋南北朝小说

魏晋南北朝小说从内容上主要分为志怪小说和志人小说两大类。志怪小说以记述神鬼灵异为主,其中以干宝的《搜神记》艺术成就最高。志人小说以记述人物的传闻逸事、言谈举止为主,代表作有刘义庆的《世说新语》、邯郸淳的《笑林》(中国最早的一部笑话专集)。很多成语都出自《世说新语》,如一往情深、拾人牙慧、登峰造极等。

(四)唐代文学 ★★★

1. 王勃

王勃,唐代文学家,与杨炯、卢照邻、骆宾王并称"初唐四杰"。名句有"海内存知己,天涯若比邻"(《送杜少府之任蜀州》),"落霞与孤鹜齐飞,秋水共长天一色"(《滕王阁序》)。

2. 王维

王维,字摩诘,别称"诗佛",盛唐诗人、画家,山水田园诗代表诗人。北宋苏轼称其"诗中有画,画中有诗",有《辋川集》《王右丞集》。名句有"大漠孤烟直,长河落日圆"(《使至塞上》),"独在异乡为异客,每逢佳节倍思亲"(《九月九日忆山东兄弟》),"劝君更尽一杯酒,西出阳关无故人"(《送元二使安西》),"明月松间照,清泉石上流"(《山居秋暝》)。

3. 王昌龄

王昌龄,盛唐诗人。多写边塞军旅生活,是盛唐边塞诗人的代表。名句有"黄沙百战穿金甲,不破楼兰终不还"(《从军行》),"秦时明月汉时关,万里长征人未还"(《出塞》),"洛阳亲友如相问,一片冰心在玉壶"(《芙蓉楼送辛渐》)。

4. 李白

李白,字太白,号青莲居士,别称"诗仙",盛唐诗人。杜甫称赞李白"昔年有狂客,号尔谪仙人。笔落惊风雨,诗成泣鬼神"。名句有"长风破浪会有时,直挂云帆济沧海"(《行路难》),"天生我材必有用,千金散尽还复来"(《将进酒》),"蜀道之难,难于上青天"(《蜀道难》),"两岸猿声啼不住,轻舟已过万重山"(《早发白帝城》)。

5. 杜甫

杜甫,字子美,别称诗圣、杜工部,唐代诗人。杜甫的诗被称为诗史,具有高度的现实主义倾向,如三吏(《新安吏》《石壕吏》《潼关吏》)、三别(《新婚别》《垂老别》《无家别》)等。名句有"安得广厦千万间,大庇天下寒士俱欢颜"(《茅屋为秋风所破歌》),"国破山河在,城春草木深"(《春望》),"无边落木萧萧下,不尽长江滚滚来"(《登高》),"好雨知时节,当春乃发生"(《春夜喜雨》)。

6. 韩愈

韩愈,字退之,世称韩昌黎,唐代文学家。位列唐宋八大家之首,与柳宗元共同倡导古文运动,力反六朝以来的骈偶之风,提倡散体。与柳宗元并称"韩柳",与孟郊并称"韩孟",苏轼赞其"文起八代之衰"。有《昌黎先生集》。名句有"世有伯乐,然后有千里马"(《马说》),"师者,所以传道受业解惑也"(《师说》),"业精于勤,荒于嬉;行成于思,毁于随"(《进学解》)。

7. 柳宗元

柳宗元,世称"河东先生",与刘禹锡合称"刘柳"。代表作有《永州八记》(其中以《小石潭记》最为著名)、《捕蛇者说》等。名句有"孤舟蓑笠翁,独钓寒江雪"(《江雪》)。

---- 考点拓展 ----

唐宋散文创作以唐宋八大家为代表,包括唐代的韩愈、柳宗元和宋代的欧阳修、苏洵、苏轼、苏辙、王安石、曾巩。

8. 白居易

白居易,字乐天,号香山居士,中唐诗人。与元稹并称"元白",与刘禹锡并称"刘白"。创作重写实、尚通俗,主张"文章合为时而著,歌诗合为事而作"。有《白氏长庆集》。名句有"可怜身上衣正单,心忧炭贱愿天寒"(《卖炭翁》),"在天愿作比翼鸟,在地愿为连理枝"(《长恨歌》),"大弦嘈嘈如急雨,小弦切切如私语""同是天涯沦落人,相逢何必曾相识"(《琵琶行》)。

9. 杜牧

杜牧,字牧之,号樊川居士,晚唐诗人。与李商隐并称"小李杜"。其诗以七言绝句著称,内容以咏史抒怀为主,其作品被称为"二十八字史论"。代表作有《阿房宫赋》《樊川文集》。名句有"清明时节雨纷纷,路上行人欲断魂"(《清明》),"商女不知亡国恨,隔江犹唱后庭花"(《泊秦淮》),"东风不与周郎便,铜雀春深锁二乔"(《赤壁》)。

（五）宋代文学 ★★

宋代文学最突出的是宋词。宋词分为豪放派和婉约派，豪放派代表词人有苏轼、辛弃疾，婉约派代表词人有柳永、李清照。

1. 苏轼

苏轼，字子瞻，号东坡居士，北宋文学家、书画家。与其父苏洵、其弟苏辙合称"三苏"，与黄庭坚并称"苏黄"。名句有"但愿人长久，千里共婵娟"(《水调歌头》)，"大江东去，浪淘尽，千古风流人物"(《念奴娇·赤壁怀古》)，"不识庐山真面目，只缘身在此山中"(《题西林壁》)。

2. 辛弃疾

辛弃疾，字幼安，号稼轩，南宋词人。与苏轼并称"苏辛"。有《稼轩长短句》。名句有"众里寻他千百度，蓦然回首，那人却在，灯火阑珊处"(《青玉案·元夕》)，"醉里挑灯看剑，梦回吹角连营"(《破阵子·为陈同甫赋壮词以寄之》)，"千古江山，英雄无觅，孙仲谋处"(《永遇乐·京口北固亭怀古》)。

3. 李清照

李清照，号易安居士，南宋女词人。有词集《漱玉词》。名句有"此情无计可消除，才下眉头，却上心头"(《一剪梅》)，"寻寻觅觅，冷冷清清，凄凄惨惨戚戚"(《声声慢》)。

4. 柳永

柳永，原名三变，字景庄，后改名柳永，字耆卿，因排行第七，又称柳七，北宋词人。名句有"忍把浮名，换了浅斟低唱"(《鹤冲天·黄金榜上》)，"今宵酒醒何处？杨柳岸，晓风残月"(《雨霖铃·寒蝉凄切》)。

5. 陆游

陆游，字务观，号放翁，南宋诗人，其诗歌以爱国主题和日常生活情景为主要内容。有诗集《剑南诗稿》。名句有"王师北定中原日，家祭无忘告乃翁"(《示儿》)，"山重水复疑无路，柳暗花明又一村"(《游山西村》)，"楼船夜雪瓜洲渡，铁马秋风大散关"(《书愤》)。

考点拓展

唐宋诗词中描写四季的名句

季节	名句
春	千里莺啼绿映红，水村山郭酒旗风。——唐·杜牧《江南春》
	知否？知否？应是绿肥红瘦。——宋·李清照《如梦令·昨夜雨疏风骤》
夏	糁径杨花铺白毡，点溪荷叶叠青钱。——唐·杜甫《绝句漫兴九首·其七》
	小荷才露尖尖角，早有蜻蜓立上头。——宋·杨万里《小池》
秋	满园花菊郁金黄，中有孤丛色似霜。——唐·白居易《重阳席上赋白菊》
	山明水净夜来霜，数树深红出浅黄。——唐·刘禹锡《秋词二首》
冬	千山鸟飞绝，万径人踪灭。——唐·柳宗元《江雪》
	云晴鸥更舞，风逆雁无行。——唐·杜甫《冬晚送长孙渐舍人归州》

（六）元明清文学

1. 元曲

元曲是元杂剧和散曲的合称，尤以杂剧（戏曲形式名）成就更高，是元代文学的代表，同唐诗、宋词并称。

(1) 关汉卿的《窦娥冤》。

关汉卿，元曲作家，与马致远、郑光祖、白朴并称"元曲四大家"，位居元曲四大家之首。代表作有爱情婚姻剧《救风尘》《拜月亭》、历史剧《单刀会》《西蜀梦》等。

(2) 王实甫的《西厢记》。

王实甫，元曲作家，代表作《西厢记》在元代即有"天下夺魁"之称。《西厢记》全名《崔莺莺待月西厢记》，取材于唐代元稹的传奇小说《莺莺传》，塑造了崔莺莺、张生、红娘等经典的文学形象。

(3) 元曲"四大"作品。

元曲四大悲剧：关汉卿的《窦娥冤》、马致远的《汉宫秋》、白朴的《梧桐雨》、纪君祥的《赵氏孤儿》。

元曲四大爱情剧：王实甫的《西厢记》、关汉卿的《拜月亭》、白朴的《墙头马上》、郑光祖的《倩女离魂》。

2. 明清小说

《三国演义》，长篇小说，元末明初罗贯中所作，是中国古代章回体小说的开山之作。

《水浒传》，长篇小说，元末明初施耐庵所作。小说以北宋末年的宋江起义为题材，塑造了宋江、李逵、武松等一系列各具特色的人物形象。

《西游记》，中国第一部神魔小说，明代吴承恩所作。取材于唐代玄奘西游这一真实的历史事件。

《红楼梦》，原名《石头记》，长篇小说，前八十回由曹雪芹所作，后四十回一般认为是高鹗所续。它是清代小说的最高成就，中国古典小说的最高峰。

3. 明清戏剧

《牡丹亭》，由明代汤显祖创作，又名《还魂记》，塑造了杜丽娘、春香、柳梦梅等经典形象，是古代爱情戏中继《西厢记》以来影响最大、艺术成就最高的一部杰作。《牡丹亭》与汤显祖的另外三部戏《紫钗记》《邯郸记》《南柯记》并称"临川四梦"，也称"玉茗堂四梦"。

《长生殿》，由清代洪昇创作，重新演绎了唐明皇与杨贵妃的故事。

《桃花扇》，由清代孔尚任创作，以侯方域和李香君的离合之情为线索，展示了南明弘光朝廷的兴亡始末，是一部接近历史真实的历史剧。《桃花扇》和《牡丹亭》《长生殿》及元代的《西厢记》并称"中国四大古典戏剧"。

（七）现当代文学

1. 鲁迅

鲁迅，原名周树人，字豫才，中国现代文学的奠基人，著有中国现代文学史上第一篇白话小说《狂人日记》。鲁迅主要作品分类及代表篇目见表 4-1-10。

表 4-1-10 鲁迅主要作品分类及代表篇目

类型	代表篇目
小说集	《呐喊》，代表篇目：《狂人日记》《孔乙己》《药》《阿 Q 正传》《社戏》 《彷徨》，代表篇目：《祝福》《伤逝》 《故事新编》，代表篇目：《补天》《奔月》
散文诗集	《野草》，代表篇目：《秋夜》《影的告别》
散文集	《朝花夕拾》，代表篇目：《阿长与〈山海经〉》《从百草园到三味书屋》《藤野先生》
杂文集	《坟》《热风》《华盖集》《而已集》《三闲集》《二心集》《南腔北调集》《且介亭杂文》等

2. 郭沫若

郭沫若,现代诗人、剧作家,中国新诗的奠基人之一。代表作有诗集《女神》,诗文集《星空》,历史剧《屈原》《虎符》《蔡文姬》《棠棣之花》等。

3. 茅盾

茅盾,原名沈德鸿,字雁冰,现代作家,被誉为 20 世纪的巴尔扎克和 20 世纪的别林斯基。代表作有中篇小说《幻灭》《动摇》《追求》(《蚀》三部曲),长篇小说《虹》《子夜》《腐蚀》和短篇小说《春蚕》《秋收》《残冬》(农村三部曲)、《林家铺子》等。

4. 闻一多

闻一多,现代诗人。他追求诗歌的三美:音乐美、绘画美、建筑美。代表作有诗集《红烛》《死水》。

5. 老舍

老舍,原名舒庆春,字舍予,现代作家,中华人民共和国成立后第一位获得人民艺术家称号的作家。代表作有小说《二马》《骆驼祥子》《四世同堂》,话剧《茶馆》《龙须沟》等。

6. 沈从文

沈从文,现代作家。代表作有中篇小说《边城》,长篇小说《长河》,散文集《湘行散记》《湘西》等。

7. 巴金

巴金,原名李尧棠,现代作家。代表作有长篇小说《雾》《雨》《电》(爱情三部曲)、《家》《春》《秋》(激流三部曲)、《寒夜》,散文集《随想录》等。

8. 赵树理

赵树理,原名赵树礼,现代小说家,山药蛋派创始人。代表作有短篇小说《小二黑结婚》、中篇小说《李有才板话》和长篇小说《李家庄的变迁》《三里湾》等。

9. 曹禺

曹禺,中国现代话剧史上杰出的剧作家。代表作有《雷雨》《日出》《原野》《北京人》等。四幕话剧《雷雨》被誉为中国话剧现实主义的基石,被看作中国现代话剧成熟的标志。

10. 莫言

莫言,当代作家。代表作有长篇小说《丰乳肥臀》《生死疲劳》《蛙》,中篇小说《红高粱》《透明的红萝卜》等。其中,《蛙》曾获得茅盾文学奖。2012 年,莫言获得诺贝尔文学奖,获奖理由是"用魔幻现实主义的写作手法,将民间故事、历史事件与当代背景融为一体"。

二、外国文学名家名篇

(一)文艺复兴时期文学

文艺复兴时期重要文学作品简介见表 4-1-11。

表 4-1-11　文艺复兴时期重要文学作品

国家	代表人物	代表作品
英国	莎士比亚	四大悲剧:《哈姆雷特》《奥赛罗》《麦克白》《李尔王》。悲剧:《罗密欧与朱丽叶》
		四大喜剧:《仲夏夜之梦》《威尼斯商人》《第十二夜》《皆大欢喜》
西班牙	塞万提斯	《堂吉诃德》
意大利	但丁	《神曲》(分《地狱》《炼狱》《天堂》三部)
	薄伽丘	《十日谈》(欧洲文学史上第一部现实主义作品)

(二) 17—18 世纪文学

1. 莫里哀

莫里哀,法国剧作家,杰出的喜剧家,代表作有喜剧《伪君子》《吝啬鬼》等。

////// 考点拓展 //////

世界文学中的四大吝啬鬼形象:莫里哀《吝啬鬼》中的阿巴贡、莎士比亚《威尼斯商人》中的夏洛克、巴尔扎克《欧也妮·葛朗台》中的葛朗台、果戈理《死魂灵》中的泼留希金。

2. 笛福

笛福,英国现实主义小说的开创者之一,被誉为"欧洲小说之父"。代表作有《鲁滨孙漂流记》。

3. 孟德斯鸠

孟德斯鸠,法国启蒙思想家、法学家。代表作有《论法的精神》《波斯人信札》。其中,《论法的精神》中提出"三权分立"学说,即要按照立法、行政、司法三权分立的原则组成国家。

(三) 19 世纪浪漫主义文学

1. 雨果

雨果,法国诗人、小说家、戏剧家,浪漫主义运动的领袖。代表作有《巴黎圣母院》《悲惨世界》《海上劳工》《笑面人》《九三年》等。其作品《〈克伦威尔〉序言》是浪漫主义文学的宣言书。

2. 普希金

普希金,俄国浪漫主义文学的杰出代表和现实主义文学的奠基人,被誉为"俄国文学之父""俄国诗歌的太阳"。代表作有诗体长篇小说《叶甫盖尼·奥涅金》,诗歌《自由颂》,长篇小说《上尉的女儿》等。

3. 其他重要作家及作品

英国拜伦的《唐璜》《青铜时代》《东方叙事诗》。

法国大仲马的《三个火枪手》《基督山伯爵》;小仲马的《茶花女》《半上流社会》。

(四) 19 世纪现实主义文学

1. 司汤达

司汤达,法国作家。其代表作《红与黑》被称为 19 世纪现实主义的奠基之作,小说中塑造的野心勃勃的个人奋斗者形象——于连,是世界文学中不朽的艺术典型。

2. 巴尔扎克

巴尔扎克,法国现代小说之父。其代表作《人间喜剧》被恩格斯誉为"提供了一部法国'社会',特别是巴黎'上流社会'的卓越的现实主义历史",其中的名篇有《高老头》和《欧也妮·葛朗台》。

3. 莫泊桑

莫泊桑,法国作家,以短篇小说创作著称,代表作有《羊脂球》《项链》等。莫泊桑和俄国的契诃夫、美国的欧·亨利被誉为世界三大短篇小说巨匠。

(五) 20 世纪文学

20 世纪文学代表作家及作品见表 4-1-12。

表 4-1-12　20 世纪文学代表作家及作品

国家	作家	代表作品
印度	泰戈尔	《飞鸟集》《新月集》

(续表)

国家	作家	代表作品
美国	海明威	《太阳照样升起》《永别了,武器》《丧钟为谁而鸣》《乞力马扎罗的雪》《老人与海》
苏联	高尔基	长篇小说《母亲》;散文诗《海燕》;自传体三部曲《童年》《在人间》《我的大学》
苏联	奥斯特洛夫斯基	《钢铁是怎样炼成的》
苏联	肖洛霍夫	《静静的顿河》

命题角度

(1)著名诗词、作品及对应作者的生平和地位。
(2)诗词描写的景色、节气、季节、名人等方面的对应关系。

考点三 历史常识

一、中国古代史

(一)重大史实

1. 重要战役

中国古代重要战役及其具体介绍见表4-1-13。

表4-1-13 中国古代重要战役

重要战役	具体介绍
牧野之战	商朝末年,周族首领姬发讨伐商纣王的决胜战役。商军失利后,周军攻入商朝都城朝歌,商朝灭亡
城濮之战	公元前632年,晋、楚两军为争夺中原霸权,在城濮(今山东省鄄城县西南)交战,最终晋国取得胜利
长平之战	公元前262年,秦国名将白起率军在赵国的长平(今山西省高平市西北)一带同赵国军队发生的战役。秦军获胜进占长平。长平之战是中国古代军事史上最早、规模最大、最彻底的围歼战
巨鹿之战	秦朝末年,项羽"破釜沉舟",以少胜多,大败秦军主力。该战役是秦末大起义中最激烈、具有决定意义的一场战役,为秦朝的灭亡奠定了基础
官渡之战	200年,曹操以少量兵力同袁绍的十万大军在官渡决战,曹操夜袭乌巢,烧毁袁绍的军粮,并乘胜追击,大败袁绍。官渡之战是中国历史上著名的以弱胜强的战役之一,为曹操统一北方奠定了基础
赤壁之战	208年,曹操率二十多万大军南下,与孙权、刘备五万联军在赤壁决战。孙、刘联军用火攻曹,曹军大败退守北方。赤壁之战是中国历史上著名的以少胜多的战役之一,促成三国鼎立格局的初步形成
夷陵之战	221年,刘备以替关羽报仇为由,挥军东征东吴孙权,东吴陆逊用以逸待劳的方法在222年于夷陵(今湖北省宜昌市东南)一带打败蜀军。这是中国古代战争史上著名的积极防御的成功战例
淝水之战	383年,前秦统一北方。为统一全国,前秦君主苻坚向东晋发起了吞并战争,双方在淝水(今安徽省寿县东南)决战,最终以前秦的失败告终
靖康之变	金灭辽后,乘北宋统治腐朽、防备空虚,于1126年开始大举进攻。宋徽宗将皇位传给儿子宋钦宗,次年,金军掳走徽宗、钦宗二帝,北宋灭亡。因为钦宗的年号为"靖康",故称其为"靖康之变"

2. 盛世与治世

中国古代的盛世与治世及其具体介绍见表4-1-14。

表 4-1-14　中国古代的盛世与治世

盛世与治世	具体介绍
文景之治	汉文帝、汉景帝统治时期,继续采取黄老"无为而治"的政策,与民休息。经过几十年努力,到景帝末年,西汉社会经济发展,农民生活、生产安定,国库财政充裕,国家由弱变强。历史上把这一时期的统治称为"文景之治"
贞观之治	627 年至 649 年,是李世民统治的时期。在此期间,由于君臣励精图治、政治清明、社会安定,唐朝出现了繁荣昌盛的局面。历史上把这一时期的统治称为"贞观之治"
开元盛世	唐玄宗在位前期,政治清明,励精图治,任用贤能,经济迅速发展,天下大治,社会经济空前繁荣,唐朝进入全盛时期。因当时年号为"开元",史称"开元盛世"
康乾盛世	康熙、雍正、乾隆三朝是清朝鼎盛时期。三朝通过整顿吏治、大力发展农业经济、制定并实施正确的民族政策,开创了"康乾盛世"。康熙在位 61 年,是中国历史上在位时间最长的皇帝

（二）选官制度的发展演变 ★★

选官制度是保证封建统治的重要举措。从整体上而言,中国古代历史上的选官制度的选拔标准逐步趋向客观与公平,其具体发展演变见表 4-1-15。

表 4-1-15　中国古代选官制度的发展演变

选官制度	时期	内容
世卿世禄制	先秦时期	世卿就是天子或诸侯国君之下的贵族世代为官;世禄就是官吏们世代享有所封的土地及其赋税收入
军功授爵制	秦朝	根据战功分封不同的爵位,军功的大小决定着将士"尊卑爵秩等级"的高低;赏罚并行,立功有赏,无功者罚,赏罚分明
察举制	汉朝	中央和地方的主要行政长官向朝廷举荐贤良,主要有孝廉、茂才、明经等科目
九品中正制	魏晋南北朝	以家世、道德、才能为基础选拔官吏,后被世家大族所掌控,真正有才学但出身低微的人很难出任高官。出现了"上品无寒门,下品无士族"的现象
科举制	隋朝	隋文帝废除九品中正制,采取分科考试;隋炀帝时设立进士科,科举制正式形成
科举制	唐朝	考试分为常举和制举,常举以明经和进士两科为主;武则天创立武举和殿试;唐玄宗时,诗赋成为进士科的主要考试内容
科举制	宋朝	北宋时殿试成为定制,南宋时"琼林宴"成为定制;实行糊名法和誊录
科举制	明朝	开始实行八股文

二、中国近代史 ★★

中国近代重大历史事件及其具体介绍见表 4-1-16。

表 4-1-16　中国近代重大历史事件

重大历史事件	具体介绍
第一次鸦片战争	1840 年 6 月,英国发动了第一次鸦片战争。1842 年 8 月,中国近代史上第一个不平等条约——中英《南京条约》签订。第一次鸦片战争使中国开始沦为半殖民地半封建社会,是中国近代史的开端

(续表)

重大历史事件	具体介绍
甲午中日战争	1894年7月,日本不宣而战,发动了侵华战争。1895年中日双方签订了《马关条约》。甲午中日战争大大加深了中国的半殖民地化程度,宣告洋务运动的破产
戊戌变法	1895年的公车上书事件后,康有为、梁启超、谭嗣同、严复等人组织强学会等组织,兴办《时务报》《国闻报》等刊物,使维新思想传遍全国。1898年6月,光绪帝颁布诏书,开始变法。戊戌变法要求发展资本主义经济和扩大资产阶级政治权力,是一次进步的政治改良运动,传播了资产阶级文化和思想
五四运动	1919年,在第一次世界大战战胜国召开的巴黎和会上,中国代表的正义要求被拒绝,成为五四运动的导火线。1919年5月4日,五四运动爆发。五四运动是一次彻底的反帝反封建的爱国主义运动,中国无产阶级开始登上政治舞台。五四运动对宣传马克思主义起到了推动作用,是中国新民主主义革命的开端
南昌起义	1927年8月1日,在以周恩来为书记的中共中央前敌委员会领导下,贺龙、叶挺、朱德、刘伯承等率领党所掌握和影响的军队两万余人,在江西南昌打响武装反抗国民党反动派的第一枪。南昌起义标志着中国共产党独立领导革命战争、创建人民军队和武装夺取政权的开端,开启了中国革命新纪元
红军长征	1934年10月,中共中央机关和中央红军被迫实行战略转移,开始长征。1935年10月,中央红军主力到达陕甘苏区吴起镇,与陕北红军胜利会师。1936年10月,红二方面军、红四方面军同红一方面军在甘肃会宁地区会师,长征胜利结束
西安事变	1936年12月12日,因蒋介石拒绝停止进攻红军、联共抗日,张学良、杨虎城发动兵谏。蒋介石最后被迫同意停止内战、联共抗日。西安事变的和平解决,拉开了国共联合抗日的序幕,成为扭转时局的关键;十年内战基本结束,抗日民族统一战线初步形成
抗日战争	1931年9月18日,日军发动"九一八事变",抗日战争爆发。1937年7月7日,日军在北平附近挑起卢沟桥事变,抗日战争全面爆发。1945年8月15日,日本宣布无条件投降。9月2日,日本在投降书上签字,历时14年的抗日战争结束。中国人民抗日战争是100年来中国人民反对帝国主义侵略的第一次取得完全胜利的民族解放战争,成为中华民族由衰到兴的转折点
三大战役	1948年9月至1949年1月,人民解放军连续组织了规模空前的辽沈、淮海、平津三大战役。三大战役基本摧毁了国民党的主要军事力量,为中国革命在全国的胜利奠定了基础

三、世界历史

(一)古代文明

世界其他古代文明相关介绍见表4-1-17。

表4-1-17 世界其他古代文明简介

古代文明	简介
古埃及文明	发源于尼罗河流域,公元前3500年左右,古埃及文明兴起,公元前3100年左右,埃及建立王国。古埃及文明的标志是金字塔(法老胡夫的金字塔最大)
古西亚文明	古西亚的两河文明发源于底格里斯河和幼发拉底河(两河流域),约出现于公元前3500年。公元前18世纪古巴比伦王国国王制定的《汉谟拉比法典》是世界上第一部较为完整的成文法典

(续表)

古代文明	简介
古印度文明	最早发源于印度河流域,约出现于公元前3000年。《罗摩衍那》和《摩诃婆罗多》是古印度两大史诗。种姓制度是印度的社会等级制度,其四个种姓由高到低依次是:婆罗门,掌握神权;刹帝利,掌管军事和政治权力;吠舍,从事农牧业和商业;首陀罗,从事最低贱的工作
古罗马文明	发源于意大利半岛台伯河畔,公元前9世纪左右兴起。《十二铜表法》是流传下来最早的古罗马成文法典,被视为欧洲法学的渊源

(二)世界现代史 ★★

1. 第一次世界大战

第一次世界大战是1914—1918年帝国主义国家两大集团间为重新瓜分世界而进行的战争。1914年6月的萨拉热窝事件是战争爆发的导火索,协约国(英国、法国、俄国)和同盟国(德国、奥匈帝国、意大利)先后进行了马恩河战役、凡尔登战役、索姆河战役等。1918年11月11日,德国宣布投降,第一次世界大战以同盟国的失败而告终。

2. 俄国十月革命

俄国十月革命是指列宁领导俄国无产阶级进行的社会主义革命。1917年11月7日,列宁领导的革命武装占领临时政府所在地冬宫,并于次日召开苏维埃第二次代表大会,宣布成立苏维埃政权。世界上第一个社会主义国家诞生。它改变了20世纪的世界格局,开辟了探索社会主义道路的新纪元。

3. 第一次世界大战后的重要会议

第一次世界大战结束后,战胜国为了分配利益,召开了巴黎和会和华盛顿会议。

(1)巴黎和会:1919年1月至6月,在第一次世界大战中获胜的协约国集团在巴黎召开了缔结和约的会议,会议签订了《凡尔赛和约》,确立了凡尔赛体系。由于大会将战前德国在山东的一切权利转让给日本,严重损害了中国的利益,中国代表团最终拒绝在和约上签字。美国在国会表决时多数反对,也未在和约上签字。

(2)华盛顿会议:又称太平洋会议,1921年11月12日至1922年2月6日在华盛顿举行,是帝国主义国家为了对战后远东和太平洋的殖民地和势力范围进行再分割而召开的会议。会议签订了《太平洋条约》《五国公约》《九国公约》等,这些条约总称为华盛顿体系,实质是凡尔赛体系的补充。

4. 第二次世界大战

第二次世界大战(简称二战)是1931—1945年德、意、日法西斯国家发动的世界战争。二战于1931年九一八事变拉开序幕,1939年德国闪击波兰全面爆发,至1941年日本偷袭珍珠港时规模最大,以1942年的斯大林格勒战役等为转折,以1945年5月和9月德、日两国的投降为结束标志。

二战期间召开的重要国际会议:①开罗会议,发表《开罗宣言》,明确日本要归还侵占的台湾等中国领土;②雅尔塔会议,决定消灭德国法西斯主义、战后成立联合国,苏联承诺参加对日作战;③波茨坦会议,重申雅尔塔会议精神和《开罗宣言》的条件,发表敦促日本投降的《波茨坦公告》。

命题角度

(1)选官制度的发展演变。
(2)近现代重大历史事件的时间和意义。

第三讲　科技常识

考点一　基础科学常识

一、物理学常识 ★★

（一）力学

1. 惯性

一切物体都有保持原来运动状态不变的性质,这种性质叫作惯性。例如:刹车时,乘客身体上部会前倾;子弹离开枪口后还会继续向前运动。

2. 力

重力是指由于地球的吸引而使物体受到的力,方向"竖直向下",应用有铅垂线、夯等。

浮力是浸在流体中的物体,所受各方向流体静压力的合力,应用有轮船、潜水艇、气球、飞艇等。浸在液体中的物体受到的向上浮力,浮力的大小等于它排开的液体所受的重力,即阿基米德原理。

弹力是指物体由于发生弹性形变而产生的力,应用有弓箭、撑竿跳高等。

//// **考点拓展** ////

水密隔舱是船舱的安全结构设计,是船身内部经水密舱壁所区隔划出的多间独立舱室。当船遭遇意外使船舱少部分破损进水时,其他尚未波及的水密隔舱还能提供船舶浮力,减缓立即下沉的风险。

3. 杠杆

杠杆是一种简单机械,是一个在力的作用下能绕着作为轴的固定点转动的杆。

杠杆分为省力杠杆、费力杠杆和等臂杠杆。它们在生活中的应用如下。

省力杠杆:羊角锤、开瓶器、老虎钳、手推车、修枝剪刀、自行车的刹车手柄。

费力杠杆:筷子、镊子、钓鱼竿、扫帚、船桨、裁衣剪刀、理发剪刀、人的手臂。

等臂杠杆:天平、定滑轮。

（二）声学

声学现象的相关内容见表 4-1-18。

表 4-1-18　声学现象的相关内容

类别	知识点	应用及现象
声音传播	(1)声音是由物体振动产生的,靠介质传播。真空中不能传声 (2)声音在不同介质中传播的速度不同,一般情况下,固体>液体>空气。15℃时,空气中的声速约为 340 m/s	音调:曲高和寡、移宫换羽、以宫笑角 音色:闻其声知其人 超声波:声呐、B超、超声波清洗器等 次声波:产生于火山爆发、海啸、地震等,用于研究地震,勘探矿床,预测风暴等
声音特征	音调:声音的高低,与发声体振动的频率有关 响度:声音的强弱,与发声体的振幅、声源及听者的距离有关 音色:与声波的振动波形有关	
声波	可听波:频率介于 20~20 000 Hz 的声波 超声波:频率高于 20 000 Hz 的声波,方向性好、穿透能力强 次声波:频率低于 20 Hz 的声波,可传播很远,易绕过障碍物,且无孔不入	

（三）热学

1. 物态变化

固体、液体、气体是物质存在的三种状态，物态变化的相关内容见表4-1-19。

表4-1-19 物态变化的相关内容

类别	知识点	应用及现象
熔化	固体→液体：吸热	食盐、硫代硫酸钠（大苏打）、沥青和玻璃的熔化
凝固	液体→固体：放热	水结成冰
汽化	液体→气体：吸热，汽化的方式有蒸发和沸腾	晒干衣服
液化	气体→液体：放热，液化的方法有降低温度和压缩体积	雪糕冒"白气"、水管"出汗"、清晨青草上凝结的小水珠、眼镜片上的水雾
升华	固体→气体：吸热	钨丝变细、樟脑丸变小
凝华	气体→固体：放热	霜、雾凇、冰花

//// 考点拓展 ////

晶体是在熔化过程中尽管不断吸热，温度却不变，有熔点的固体，如：石英、云母、水晶、钻石、明矾、食盐、糖、味精、冰、干冰、各种金属等。非晶体是在熔化过程中，只要吸热，温度就不断上升，没有熔点的固体，如：玻璃、蜡、松香、沥青、橡胶、塑料等。

2. 分子的热运动

一切物质的分子、原子都在不停地做热运动。温度越高，分子运动的速度越快。物体的内能包括物体内部所有分子、原子等的热运动动能，分子间、原子间相互作用的势能等。改变物体的内能有两种方法：做功和热传递。

热传递发生的条件为两个物体有温度差，通常分为热传导、热辐射、对流三种基本方式。热传导是固体中传热的主要方式，热辐射是远距离传递能量的主要方式，对流是液体和气体传热的主要方式。

（四）光学

光学现象主要包括光的直射、反射和折射，具体内容见表4-1-20。

表4-1-20 光学现象的具体内容

类别	知识点	应用及现象
光的直射	(1) 光在同种均匀介质中是沿直线传播的 (2) 光在真空中的传播速度最快，约为 3×10^8 m/s (3) 光年：光在一年内传播的距离。光年是距离单位而不是时间单位	射击、射箭、小孔成像、激光准直、日食、月食
光的反射	(1) 光在两种介质分界面上改变传播方向又返回原来介质中的现象 (2) 光路是可逆的 (3) 漫反射和镜面反射都遵循光的反射定律	潜望镜、水中的倒影、车上的后视镜、玻璃幕墙、自行车尾灯的设计
光的折射	(1) 光从一种介质斜射入另一种介质时，传播方向发生变化的现象 (2) 折射光路也是可逆的	海市蜃楼、凹透镜、凸透镜、照相机、投影仪

白光通过棱镜可以分解成红、橙、黄、绿、蓝、靛、紫七种单色光,这种现象称为色散。人的视觉可以感受到的光谱称作可见光谱。可见光谱中,红光之外的是不可见的红外线,如电视机遥控器发出的光;紫光之外是不可见的紫外线,适量的紫外线照射有益于骨骼生长,能杀死微生物,能使荧光物质发光。光的三原色为红、绿、蓝,将其按不同比例混合后,可以产生各种颜色的光。

光既具有波动性(光的干涉和衍射),又具有粒子性(光电效应和康普顿效应)。照射到金属表面的光,能使金属中的电子从表面逸出的现象就是光电效应;利用这一性质可以将光信号转变为电信号,实际应用有太阳能电池、光电管、光控继电器等。

> **经典例题** 当红、橙、黄、绿、蓝、靛、紫七种光会聚为一点时,该点呈(   )。

A. 黄色　　　　　　　　　　　　B. 绿色
C. 红色　　　　　　　　　　　　D. 白色

【答案】D。解析:一束白光穿过三棱镜投射到白屏幕上后,分散为红、橙、黄、绿、蓝、靛、紫七种色带。根据光路可逆原理,当这七种光会聚为一点时,该点呈白色。

(五)电磁学

通电导线周围存在磁场。在用导线绕成的螺线管内插入铁芯,可以制成电磁铁,通电有磁性、断电无磁性。电冰箱、吸尘器、电磁起重机、高速磁悬浮列车中,都有电磁铁。

通电导线会受到磁场的作用力。利用这一原理,可将电能转化为机械能。其应用有电动机、扬声器。

闭合电路的一部分导体在磁场中做切割磁感线运动时,导体中会产生电流的现象,这就是电磁感应现象。实际应用有发电机、手机使用无线充电技术等。

二、化学常识

(一)空气中的主要成分及用途

通过实验测定,空气的成分按体积计算,大约是:氮气78%、氧气21%、稀有气体(氦、氖、氩、氪、氙、氡等)0.94%、二氧化碳0.03%、其他气体和杂质0.03%。稀有气体因化学性质极不活泼,不易与其他物质发生化学反应,故也称惰性气体。

氮气的用途:制造硝酸和氮肥的重要原料;因其化学性质不活泼而被用作保护气,如焊接金属时常用氮气作保护气,灯泡中充氮气可以延长使用寿命,食品包装中充氮气以防腐;医疗上可在液氮冷冻麻醉条件下做手术;超导材料在液氮的低温环境下能显示超导性能。

稀有气体的用途:稀有气体在通电时能发出不同颜色的光,可制成多种用途的电光源,如交通信号灯、航标灯、强照明灯、闪光灯、霓虹灯等;氦可用于制造低温环境。

//// **考点拓展** ////

臭氧,是氧气的一种同素异形体,在常温常压下是有特殊臭味的有毒的淡蓝色气体。大气平流层中形成臭氧层,能吸收太阳光中紫外线辐射,保护地球生物。

考生注意,空气的成分不包含氢气,自然界的氢主要存在于化合物中,如水、碳氢化合物等。氢是最轻的化学元素,密度最小(空气的1/14.5)。氢燃烧后释放出大量能量,且燃烧产物为无害水蒸气,是优质的清洁能源。

(二)碳的单质和氧化物

金刚石、石墨都是由碳元素组成的单质,木炭、活性炭的主要成分也是碳单质。碳的氧化物有二氧化碳和一氧化碳两种。

金刚石,天然存在的最硬的物质,可以用来裁玻璃、切割大理石,以及装在钻探机的钻头上,钻凿坚硬的岩层等。

石墨,很软,具有优良的导电性能,可用于制铅笔芯、干电池的电极。

活性炭,具有吸附作用,防毒面具里的滤毒罐就是利用它来吸附毒气的,城市污水、工业废水和饮用水在深度净化处理时都要用到它。

二氧化碳,化学式CO_2。固态二氧化碳,叫作干冰,干冰升华吸收大量的热,因此可作制冷剂,广泛运用于食品的冷藏保鲜和冷藏运输、医疗上血液制品的储存和运输、人工降雨。

一氧化碳,化学式CO。极易与血液中的血红蛋白结合,从而使血红蛋白不能再与氧气结合,造成生物体内缺氧,严重时会危及生命。冬天用煤火取暖时,注意室内通风,防止一氧化碳中毒。

(三)常见的酸碱盐

盐酸,常用于化工产品,用于金属表面除锈、制造药物等;人体胃液中含有盐酸,可帮助消化。

硫酸,是重要化工原料,用于生产化肥、农药、火药、染料以及冶炼金属、精炼石油和金属除锈等。浓硫酸,有吸水性,在实验中常用作干燥剂,有强烈的腐蚀性。

氢氧化钠,俗称苛性钠、火碱或烧碱,有强烈的腐蚀性,可用作某些气体的干燥剂,广泛用于制取肥皂,以及石油、造纸、纺织和印染等工业。它能与油脂反应,在生活中可用来去除油污。

氢氧化钙,俗称熟石灰或消石灰。氢氧化钙的水溶液俗称石灰水。在树木上涂刷含有硫黄粉等的石灰浆,可保护树木,防止冻伤,并防止害虫生卵。熟石灰还可以用来改良酸性土壤。

碳酸钠,俗称纯碱、苏打,广泛用于玻璃、造纸、纺织和洗涤剂的生产等。

碳酸氢钠,俗称小苏打,焙制糕点所用发酵粉的主要成分之一;也是治疗胃酸过多症的一种药剂。

碳酸钙,石灰石、大理石的主要成分;也是溶洞中形态各异的钟乳石、石笋、石柱的主要成分。碳酸钙还可用作补钙剂。

三、生物学常识

(一)生物的特征

生物的基本特征:①生物的生活需要营养;②能进行呼吸;③能排出身体内产生的废物;④能对外界刺激做出反应;⑤能生长和繁殖;⑥都有遗传和变异的特性;⑦除病毒外,生物都是由细胞构成的。**新陈代谢是生物最基本的特征,是生物与非生物最本质的区别。**

(二)细胞的结构层次

细胞是生物体结构和功能的基本单位。

细胞膜、细胞质和细胞核是动物细胞和植物细胞共有的基本结构,植物细胞还具有细胞壁、叶绿体、液泡等结构。细胞核是细胞的控制中心,细胞核内有染色体,染色体由蛋白质和遗传物质DNA(脱氧核糖核酸)组成,DNA携带着控制细胞生命活动、生物体发育和遗传的信息。

---- 考点拓展 ----

DNA的分子结构是由两条多核苷酸链反向平行环绕一个共同的中心轴而形成双螺旋结构,两条链的碱基顺序两两对立,彼此互补。

人的体细胞染色体数目为23对,共46条。前22对叫作常染色体,第23对叫作性染色体。

(三)生物圈中的人

1. 基本的生命活动

人体所需的营养物质和氧气来自生物圈,靠消化系统(如胃、肝脏、小肠)吸收营养;靠呼吸系统(肺和呼吸道)吸入氧气,排出二氧化碳;靠排泄系统(主要是肾脏)排出代谢废物;靠循环系统(心脏和血管)在体内运送各类物质。

2. 血管和血液

人体的血管分为动脉、静脉和毛细血管三种。动脉把血液从心脏送往全身各处;静脉把血液从全身各处送回心房;毛细血管连接最小动脉与静脉。

人体中的血液由血浆和血细胞组成,血细胞又由红细胞、白细胞和血小板组成。其中,红细胞是血液中数量最多的细胞,具有运输氧气和二氧化碳的功能;白细胞数量最少,具有防御功能;血小板具有止血的作用。

3. 传染病和免疫

由病原体(如细菌、病毒、寄生虫等)引起的、能在人与人之间或人与动物之间传播的疾病叫作传染病。由细菌引起的疾病包括败血症、鼠疫、破伤风等;由寄生虫引起的疾病包括疟疾、血吸虫病等。

传染病流行的三个环节:传染源、传播途径和易感人群。传染病的预防措施:控制传染源(如隔离病人)、切断传播途径(如戴口罩、注意个人和环境卫生)、保护易感人群(如接种疫苗、锻炼身体)。人之所以能在许多病原体存在的环境中健康生活,是因为人体具有保卫自身的三道防线。

第一道防线:皮肤和黏膜的保护,起阻挡和清扫作用。

第二道防线:体液中的杀菌物质和吞噬细胞的作用。

第三道防线:主要由免疫器官和免疫细胞组成,包括体液免疫(B 淋巴细胞发挥主要作用)和细胞免疫(T 淋巴细胞发挥主要作用)。

其中,第一道、第二道防线为非特异性免疫,即人生来就有,人人都有,不针对某一种特定的病原体,而是对多种病原体都有防御作用。第三道防线为特异性免疫,即人体在出生以后逐渐形成的后天防御屏障,只针对某一种特定的病原体或异物起作用。例如,患过天花的人只具有对天花病毒的免疫力,而对麻疹病毒无免疫力。

考点二 科技成就常识

一、中国航空航天成就 ★★★

(一)载人航天工程

1999 年,"神舟一号"发射升空,是中国第一艘无人试验飞船。

2003 年,"神舟五号"载人飞船将航天员杨利伟成功送上太空。中国首次载人航天飞行获得成功。

2008 年,"神舟七号"首次完成航天员出舱。中国成为世界上第三个掌握太空出舱技术的国家。

2021 年 6 月,"神舟十二号"载人飞船运送航天员聂海胜、刘伯明、汤洪波与"天和"核心舱成功交会,完成中国空间站阶段首次载人飞行任务。

2021 年 10 月,"神舟十三号"载人飞船运送航天员翟志刚、王亚平、叶光富进驻"天和"核心舱,并与"天舟二号""天舟三号"货运飞船一起构成四舱(船)组合体,进行为期 6 个月的在轨驻留。

2022 年 6 月 5 日,"神舟十四号"载人飞船运送航天员陈冬、刘洋、蔡旭哲进入"天和"核心舱,同年 12 月 4 日,"神舟十四号"载人飞船返回舱在东风着陆场成功着陆。

2022 年 11 月 29 日,"神舟十五号"载人飞船运送航天员费俊龙、邓清明、张陆进驻中国空间站,与神舟十四号航天员乘组首次实现"太空会师"。这是中国载人航天工程空间站建造阶段最后一次飞行任务。

(二) 探月与深空探测系列

2007 年,"嫦娥一号"成功发射,是中国首颗绕月人造卫星。

2020 年,"嫦娥五号"首次完成月球无人采样并返回,是中国首次完成此项任务的探测器。

2020 年,"天问一号"成功发射,是中国第一颗人造火星卫星。

2021 年,"天问一号"搭载的"祝融号"火星车成功着陆火星,是中国首次着陆在地外行星的探测器。随着巡航照片的传回,标志着中国成为全球首个一次性完成"探火"绕飞、落地、巡视任务的国家。

2021 年,"羲和号"成功发射,是中国第一颗太阳探测科学技术试验卫星,标志着中国正式步入"探日时代"。

2022 年 10 月,先进天基太阳天文台"夸父一号"发射升空。"夸父一号"计划以太阳活动第 25 周峰为契机,实现中国综合性太阳卫星探测零的突破。"夸父一号"是由中国太阳物理学家自主提出的综合性太阳探测专用卫星,其科学目标简称"一磁两暴","一磁"指太阳磁场,"两暴"指太阳上两类最剧烈的爆发现象——耀斑爆发和日冕物质抛射。

(三) 北斗卫星导航系统

北斗卫星导航系统(简称 BDS)是我国自行研制的全球卫星定位与通信系统。与美国全球定位系统(GPS)、俄罗斯格罗纳斯(GLONASS)卫星导航系统、欧盟伽利略(GALILEO)卫星导航系统并称"全球四大卫星导航系统"。

2020 年,北斗系统第五十五颗导航卫星暨"北斗三号"最后一颗全球组网卫星成功发射,意味着"北斗三号"全球卫星导航系统星座部署全面完成。"北斗三号"攻克关键核心技术,实现卫星核心器部件国产化率 100%,实现了自主可控。

///// 考点拓展 /////

截至 2022 年 11 月,北斗卫星在民用导航的日均使用量已超 2 100 亿次。数据显示,导航平均每次定位调用的卫星数量中,北斗卫星最多,较排名第二的 GPS 多出 30%,已超越 GPS 全面主导国内导航应用定位。

二、其他领域重大成就

(一) 交通

2017 年,中国标准动车组被命名为"复兴号",这是中国具有完全自主知识产权、达到世界先进水平的动车组列车。

2018 年,港珠澳大桥正式开通。这是世界最长的跨海大桥,拥有世界上最长的海底沉管隧道,是世界上最长的钢结构桥梁。

2019 年,福平铁路平潭海峡公铁大桥贯通。它是中国第一座公铁两用跨海大桥。

(二) 深海探测

2012 年,"蛟龙"号在马里亚纳海沟创造了下潜 7 062 米的世界同类作业型潜水器最大下潜深度纪录。这是中国首台自主设计、自主集成研制的作业型深海载人潜水器。

2020 年,"奋斗者"号在马里亚纳海沟下潜深度达 10 909 米,刷新了中国载人深潜的新纪录。

2022 年 12 月 18 日,我国自主设计建造的首艘面向深海万米钻探的超深水科考船——大洋钻探船,在广州市南沙区实现主船体贯通,这标志着我国深海探测领域重大装备建设迈出关键一步。

///// 要点提示 /////

我国航空航天及其他领域取得的最新成就是常考考点,考生复习时,要及时关注相关新闻,尤其要关注带有"首次""首颗""世界最大"等描述词语的新闻。

第四讲　地理常识

考点一　自然地理概况

一、太阳系与地月系的组成

(一)太阳系的组成

太阳系是太阳和以太阳为中心、受其引力支配而环绕它运动的行星及其卫星、小行星、彗星、流星体和行星际物质等所构成的天体系统。行星是在椭圆轨道上围绕太阳运行的、近似球状的天体,本身不发光,因表面反射太阳光而发亮。卫星是围绕着行星运行的天体,有自己的运行轨道。

1. 太阳

在太阳系中,太阳是中心天体,其他天体都在太阳引力的作用下绕太阳运转。太阳属于恒星,主要成分是氢和氦,由氢核聚变成氦核的热核反应产生巨大的能量。

我们能直接观测到的太阳,是太阳的大气层,它从里到外依次分为光球、色球和日冕三层。总体上太阳是稳定的,但其大气层却处于局部激烈运动中,最明显的是太阳活动区中黑子群的出没、各类日珥的发生、日冕物质抛射和耀斑的出现等。

///// 考点拓展 /////

太阳黑子是太阳光球层上的暗黑斑点。由于温度比光球低,与光球相比就成为暗淡的黑斑,故名黑子。黑子常成对出没,具有相反的磁极。大黑子群出现后,常发生耀斑和日冕物质抛射等剧烈活动,此时地球上常会发生磁暴和电离层扰动。中国在汉成帝河平元年(公元前28年)就有世界公认最早的太阳黑子记录。

2. 太阳系中的八大行星 ★★

太阳系有八大行星,按照距离太阳由近到远的顺序排列依次是水星、金星、地球、火星、木星、土星、天王星和海王星。其中,水星是太阳系中体积和质量最小的行星;金星是太阳系中温度最高、自转速度最慢的行星;地球是太阳系中密度最大的行星;木星是太阳系中体积和质量最大、自转速度最快的行星;土星是太阳系中密度最小的行星。

除金星逆向自转(自东向西)和天王星侧向自转以外,其他行星均为顺向自转(自西向东)。八大行星在自转的同时,皆沿着各自的轨道围绕太阳公转。

(二)地月系的组成

地球与月球组成的天体系统,称为地月系。月球是地球唯一的天然卫星。

地球与月球同时环绕地月系统的质心以恒星月(27.32天)为周期运动。地球运动的若干动力学特性都与月球有关,其中最明显的是潮汐现象。

二、地球的自转与公转 ★★

（一）地球的自转

地球绕其自转轴的旋转运动叫作地球自转。地球自转产生的影响主要包括：昼夜交替变化、产生时差、使水平运动的物体方向发生偏转等。

1. 时区和区时

时区是指同一时间制度的区域。地球表面按经线等分为 24 个区域，以本初子午线为基准，东西经度各 7.5°的范围称为"零时区"，每隔 15°为一时区，以东（西）经度 7.5°~22.5°的范围为东（西）一时区，东（西）经度 22.5°~37.5°的范围为东（西）二时区，以此类推。

区时是以时区中央子午线为准的民用时。同一时区内各地都统一采用该区的"区时"作为标准时。例如，北京时间是中国采用国际时区东八时区的区时作为标准时间，比格林尼治时间（世界时）早 8 小时。经度每隔 15°，地方时相差 1 小时。

///// 考点拓展 /////

本初子午线是地球上计算经度的起始经线。1884 年国际经度会议决定以通过英国伦敦格林尼治天文台旧址的经线为"本初子午线"。2003 年起国际上决定以地球中间原点作为经度原点，过地球中间原点的子午线为"本初子午线"。本初子午线不是东西半球的划分。

2. 物体水平运动的方向发生偏转

顺着物体的水平运动方向观察，北半球向右偏，南半球向左偏，赤道上无偏转。

具体应用：航天发射基地选址在低纬度地区。这是因为，低纬度地区惯性离心力大且地球偏向力小，航天器自转线速度大，可以节省燃料，有利于发射。

（二）地球的公转

地球公转是指地球按一定轨道围绕太阳转动。地球公转产生的影响主要包括：①昼夜长短的变化，如日出日落时间和方位的变化；②正午太阳高度的变化，如正午日影长度的变化；③四季的变化；④五带的划分；⑤日食和月食等。

日食：当太阳、地球、月球恰好或几乎在同一条直线上且月球在太阳和地球之间，太阳照射到地球的光线会部分或完全地被月球遮挡住，从而产生日食现象。

月食：当太阳、地球、月球恰好或几乎在同一条直线上且地球在太阳和月球之间，太阳照射到月球的光线会部分或完全地被地球遮挡住，从而产生月食现象。

三、陆地与海洋

（一）陆地

地球表面积约有 71%的面积被海洋覆盖，陆地面积约占 29%。陆地主要集中在北半球。

全球陆地共分为七个大洲，按面积从大到小排列依次是：亚洲、非洲、北美洲、南美洲、南极洲、欧洲和大洋洲。七大洲的地理分界线如下：

亚洲与北美洲：白令海峡。　　　　　　欧洲与北美洲：丹麦海峡。
北美洲与南美洲：巴拿马运河。　　　　南美洲与南极洲：德雷克海峡。
非洲与欧洲：直布罗陀海峡、地中海。　亚洲与非洲：曼德海峡、红海、苏伊士运河。
亚洲与欧洲：乌拉尔山脉、乌拉尔河、里海、大高加索山脉、黑海、土耳其海峡。

（二）海洋

1. 四大洋

地球上的海洋被陆地分隔成彼此相连的四个大洋。按面积从大到小排列依次是：太平洋、大西洋、印度洋、北冰洋。（近年有五大洋之说，认为南极洲周围水域为第五大洋——南大洋。）

2. 海水运动

海水一直处于不停的运动状态中。风、潮汐运动及由温度或盐度造成的海水浓度差异，是导致海水循环运动的主要因素。海水的水平运动叫作洋流，垂直运动叫作上升流和下降流。其中，洋流按性质分为暖流和寒流，按成因可分为风海流、密度流和补偿流。

暖流：水温高于所经海区的海流。通常自低纬度流向高纬度，对沿途气候有增温、增湿的作用。

寒流：水温低于所经海区的海流。通常自高纬度流向低纬度，对沿途气候有降温、减湿的作用。

西风漂流是世界最大的海流。北大西洋西部最强盛的暖流是墨西哥湾暖流（湾流）；北太平洋西部流势最强的暖流是日本暖流（黑潮）。

> **命题角度**
> （1）太阳系八大行星的排列顺序和特点。
> （2）地球自转和公转产生的影响。
> （3）七大洲的地理分界线。
> （4）暖流和寒流的流动方向。

考点二 中国地理概况

一、四至和邻国 ★★

中国领土最南端为海南省南沙群岛中的曾母暗沙，最北端在黑龙江省漠河县北端的黑龙江主航道中心线上，最西端在新疆维吾尔自治区的帕米尔高原上，最东端在黑龙江省黑龙江与乌苏里江主航道中心线的汇合处。

中国共有14个陆上邻国，从鸭绿江口开始到北仑河口依次为朝鲜、俄罗斯、蒙古国、哈萨克斯坦、吉尔吉斯斯坦、塔吉克斯坦、阿富汗、巴基斯坦、印度、尼泊尔、不丹、缅甸、老挝、越南。

中国共有6个隔海相望的国家，分别是韩国、日本、菲律宾、马来西亚、文莱、印度尼西亚。

二、临海和海峡

临海，自北向南依次为渤海、黄海、东海、南海。

海峡，自北向南依次为渤海海峡、台湾海峡、琼州海峡。

三、半岛、岛屿和群岛

三大半岛：自北向南依次为辽东半岛、山东半岛、雷州半岛。

三大岛屿：由大到小依次为台湾岛（多地震）、海南岛、崇明岛（泥沙冲积而成）。

主要的群岛：舟山群岛是中国面积最大的群岛（舟山渔场是中国最大的渔场）；南海海域有东沙、西沙、中沙、南沙四大群岛。

四、地势、地形与地貌 ★★

（一）地势

中国地势西高东低，呈三级阶梯状分布，西部以山地、高原和盆地为主，东部以平原和丘陵为主。

第一阶梯与第二阶梯的分界线是昆仑山脉—祁连山脉—横断山脉，第二阶梯与第三阶梯的分界线是大兴安岭—太行山—巫山—雪峰山。

中国陆地海拔最高的地方是珠穆朗玛峰，最低的地方是吐鲁番盆地的艾丁湖洼地。

（二）地形

三大平原：东北平原（黑土）、华北平原（黄土）、长江中下游平原。

四大高原：青藏高原、内蒙古高原、黄土高原、云贵高原。青藏高原是世界上海拔最高的高原，有"世界屋脊"之称。黄土高原是世界上最大的黄土堆积区。

四大盆地：塔里木盆地、准噶尔盆地、柴达木盆地（海拔最高）、四川盆地。塔里木盆地是中国面积最大的盆地，其中的塔克拉玛干沙漠是中国最大的沙漠，也是世界最大的流动沙丘区。柴达木盆地中央的察尔汗盐湖是中国最大的盐湖。四川盆地紫色土壤富含磷、钾，又被称为紫色盆地。

三大丘陵：东南丘陵、山东丘陵、辽东丘陵。

（三）地貌

中国典型的地貌类型及其成因与代表性景观见表 4-1-21。

表 4-1-21　中国典型的地貌类型及其成因与代表性景观

类型	成因	代表性景观
喀斯特地貌	地表可溶性岩石（大多是石灰石）受地表水、地下水的溶蚀（侵蚀）作用而形成的	云南石林、桂林山水等
丹霞地貌	红色砂砾岩在内、外地质引力作用下发育而成的方山、奇峰、赤壁等特殊地貌形态	丹霞山、武夷山等
雅丹地貌	裸露在地表的岩石在干旱地区风力的侵蚀下，形成风蚀蘑菇、风蚀城堡、风蚀柱等各种形态各异的地貌形态	柴达木盆地西部的雅丹地貌群
熔岩地貌	地下岩浆喷出地表并快速冷凝而形成	五大连池、长白山等
冰川地貌	因冰川的侵蚀、搬运、堆积作用而形成	喜马拉雅山、横断山、昆仑山、祁连山等

---- 考点拓展 ----

沙漠是长期干旱气候条件下形成的植被稀疏的地理景观。我国最著名的八大沙漠分别是塔克拉玛干沙漠、古尔班通古特沙漠（准噶尔盆地沙漠）、巴丹吉林沙漠、腾格里沙漠、库木塔格沙漠、柴达木沙漠（也叫柴达木盆地沙漠，是中国地势最高的沙漠）、库布齐沙漠、乌兰布和沙漠。

五、山和山脉

五岳：东岳泰山（山东）、西岳华山（陕西）、中岳嵩山（河南）、北岳恒山（山西）、南岳衡山（湖南）。

中国的山脉众多，其中最主要的山脉走向及其具体分布见表 4-1-22。

表 4-1-22　中国主要的山脉走向及其具体分布

山脉走向	具体分布
东北—西南走向	最西列是大兴安岭—太行山—巫山—雪峰山;中间一列是长白山—武夷山;最东列是台湾山脉,其主峰玉山是我国东南沿海最高的山峰
南北走向	主要有贺兰山、六盘山、横断山脉
西北—东南走向	主要有阿尔泰山、祁连山、巴颜喀拉山等,主要在我国西部
东西走向	最北列是天山—阴山,中间一列是昆仑山—秦岭,最南列是南岭
弧形山系	喜马拉雅山(世界最雄伟高大的山系),其主峰珠穆朗玛峰海拔 8 848.86 米,为世界最高山峰

六、河流与湖泊 ★★

(一)河流

长江发源于青藏高原唐古拉山脉,干流沿途流经 11 个省级行政区(青藏川滇渝,鄂湘赣皖过后入苏沪),最终于上海崇明岛注入东海,全长约 6 300 千米,是中国第一大河,也是世界第三大河(世界第一、第二大河分别是尼罗河与亚马孙河)。

黄河发源于青藏高原巴颜喀拉山,流经 9 个省级行政区(青川甘宁内蒙古,晋陕过后入豫鲁),注入渤海,是中国第二大河。

塔里木河是中国最长的内流河,位于塔里木盆地北部。

(二)湖泊

五大淡水湖:面积从大到小依次是:鄱阳湖(江西)、洞庭湖(湖南)、太湖(江苏和浙江)、洪泽湖(江苏)、巢湖(安徽)。

青海湖是中国面积最大的湖泊(属咸水湖);纳木错是世界上海拔最高的湖泊。

考点三　外国地理概况

一、海和海峡

马里亚纳海沟:位于西太平洋,是世界上最深的海沟。

红海:位于非洲东北部与阿拉伯半岛之间,是世界上最咸的海。

波罗的海:位于斯堪的纳维亚半岛与欧洲大陆之间,是世界含盐度最低的海。

亚洲的马六甲海峡:沟通南海和印度洋的咽喉要道。

霍尔木兹海峡:连接波斯湾和阿拉伯海,是波斯湾石油出口的重要通道。

非洲的莫桑比克海峡:世界上最长的海峡。

二、半岛、岛屿和群岛

亚洲三大半岛:阿拉伯半岛(世界上最大的半岛)、印度半岛、中南半岛。

世界四大岛屿:格陵兰岛、新几内亚岛、加里曼丹岛、马达加斯加岛。其中,格陵兰岛位于北美洲东北部,是世界第一大岛;新几内亚岛位于澳大利亚之北,是太平洋最大岛和世界第二大岛。

世界最大的群岛:马来群岛,共有岛屿 2 万多个,位于亚洲东南部。

三、陆地地形 ★★

亚马孙平原:位于南美洲北部,是世界上最大的平原。

巴西高原:位于南美洲东部,是世界上最大的高原。
刚果盆地(扎伊尔盆地):位于非洲中西部,是世界上最大的盆地。
科迪勒拉山系:纵贯南北美洲大陆西部,是世界上最长的山系。
安第斯山脉:位于南美洲的西部,是世界上最长的山脉,被称为"南美洲的脊梁"。
撒哈拉沙漠:位于非洲北部,是世界上最大的沙漠。

四、河流与湖泊

尼罗河:位于非洲东北部,注入地中海,是世界上最长的河流。
亚马孙河:位于南美洲北部,是世界上水量最大、流域最广的河流。
伏尔加河:世界上最长的内流河,同时也是欧洲最长的河。
多瑙河:发源于德国西南部,是世界上干流流经国家最多的河流,也是欧洲第二长河。
里海是世界上最大的湖泊。死海湖面是世界陆地最低处。
贝加尔湖是世界上最深的淡水湖。苏必利尔湖是世界上最大的淡水湖。

第二章 法　律

考情简报

题型题量概述

对于本章内容，各银行招聘考试的题量相差较大，建行一般为 5~10 道，农行一般为 3 道；工行、中行、邮储银行、农发行则不稳定，有的年份考查多，有的年份不考查；交行近三年未考查。考生可根据备考需要进行复习。题型包括单项选择题和多项选择题，以单项选择题为主。

考查内容概述

多数银行直接考查法条内容，难度不大。个别银行会考查法理学相关概念，如中行、建行，此类题目题量少且较简单。本章内容中，民法的基本知识、物权法律制度、合同法律制度、公司法相关规定、商业银行法、消费者权益保护法等是高频考点，备考时需重点理解和掌握。

第一讲　民　法

考点一　民法的基本知识

一、民法的调整对象及基本原则 ★★

民法调整平等主体的自然人、法人和非法人组织之间的人身关系和财产关系。

民法的基本原则见表 4-2-1。

表 4-2-1　民法的基本原则

平等原则	民事主体在民事活动中的法律地位一律平等
自愿原则	民事主体按照自己的意思设立、变更、终止民事法律关系
公平原则	民事主体从事民事活动，应当遵循公平原则，合理确定各方的权利和义务
诚信原则	民事主体从事民事活动，应当遵循诚信原则，秉持诚实，恪守承诺
守法和公序良俗原则	民事主体从事民事活动，不得违反法律，不得违背公序良俗
绿色原则	民事主体从事民事活动，应当有利于节约资源、保护生态环境

二、民事主体

（一）自然人 ★★

1. 自然人的民事权利能力

自然人的民事权利能力是自然人成为民事主体，享有民事权利和承担民事义务的资格。自然人的民事权利能力始于出生、终于死亡。自然人的民事权利能力一律平等。

胎儿的民事权利能力：涉及遗产继承、接受赠与等胎儿利益保护的，胎儿视为具有民事权利能力。但是，胎儿娩出时为死体的，其民事权利能力自始不存在。

2. 自然人的民事行为能力

自然人的民事行为能力是自然人以自己的行为设定民事权利义务的资格,即自然人依法独立进行民事活动的资格。自然人的民事行为能力可分为三类,具体内容见表4-2-2。

表4-2-2 自然人的民事行为能力的分类

完全民事行为能力	18周岁以上的自然人。16周岁以上的未成年人,以自己的劳动收入为主要生活来源的,视为完全民事行为能力人。可以独立实施民事法律行为
限制民事行为能力	8周岁以上的未成年人和不能完全辨认自己行为的成年人,可以独立实施纯获利益的民事法律行为或者与其年龄、智力、精神健康状况相适应的民事法律行为
无民事行为能力	不满8周岁的未成年人、已满8周岁不能辨认自己行为的未成年人和不能辨认自己行为的成年人,由其法定代理人代理实施民事法律行为

3. 监护

父母对未成年子女负有抚养、教育和保护的义务。成年子女对父母负有赡养、扶助和保护的义务。

监护人应当按照最有利于被监护人的原则履行监护职责。监护人除为维护被监护人利益外,不得处分被监护人的财产。

4. 宣告失踪和宣告死亡

宣告失踪和宣告死亡的具体内容见表4-2-3。

表4-2-3 宣告失踪和宣告死亡

要素	宣告失踪	宣告死亡
条件	下落不明满2年	(1)下落不明满4年 (2)因意外事件,下落不明满2年(经有关机关证明该自然人不可能生存的,申请宣告死亡不受2年时间的限制)
方式	利害关系人向人民法院申请	利害关系人向人民法院申请(对同一自然人,有的利害关系人申请宣告死亡,有的利害关系人申请宣告失踪,符合法律规定的宣告死亡条件的,人民法院应当宣告死亡)
起算时间	(1)下落不明的时间自其失去音讯之日起计算 (2)战争期间下落不明的,下落不明的时间自战争结束之日或者有关机关确定的下落不明之日起计算	(1)被宣告死亡的人,人民法院宣告死亡的判决作出之日视为其死亡的日期 (2)因意外事件下落不明宣告死亡的,意外事件发生之日视为其死亡的日期
撤销及其效果	(1)失踪人重新出现,经本人或者利害关系人申请,人民法院应当撤销失踪宣告 (2)代管权归于消灭。失踪人重新出现,有权请求财产代管人及时移交有关财产并报告财产代管情况	(1)婚姻关系自撤销死亡宣告之日起自行恢复,但是,其配偶再婚或者向婚姻登记机关书面声明不愿意恢复的除外 (2)子女被他人依法收养的,在死亡宣告被撤销后,不得以未经本人同意为由主张收养行为无效 (3)被撤销死亡宣告的人有权请求依照《中华人民共和国民法典》继承编取得其财产的民事主体返还财产。无法返还的,应当给予适当补偿。利害关系人隐瞒真实情况,致使他人被宣告死亡而取得其财产的,除应当返还财产外,还应当对由此造成的损失承担赔偿责任

（二）法人

1. 法人的设立

法人是具有民事权利能力和民事行为能力,依法独立享有民事权利和承担民事义务的组织。

法人应当依法成立,有自己的名称、组织机构、住所、财产或者经费。设立法人,法律、行政法规规定须经有关机关批准的,依照其规定。法人以其全部财产独立承担民事责任。

2. 法人的民事权利能力、民事行为能力

法人的民事权利能力是法人享有民事权利和承担民事义务,成为民事主体的资格。

法人的民事行为能力是法人以自己的行为取得民事权利和承担民事义务的资格。

法人的民事权利能力和民事行为能力,从法人成立时产生,到法人终止时消灭。法人的民事行为能力与其民事权利能力的范围总是一致的。

3. 法人的分类

根据创设目的和活动内容的不同,法人分为营利法人、非营利法人和特别法人。

4. 非法人组织

非法人组织是不具有法人资格,但是能够依法以自己的名义从事民事活动的组织;包括个人独资企业、合伙企业、不具有法人资格的专业服务机构等。

非法人组织的财产不足以清偿债务的,其出资人或者设立人承担无限责任。法律另有规定的,依照其规定。

三、民事权利

（一）人身权

人身权是指与人身不可分离而又没有直接经济内容的权利,包括人格权和身份权。人格权是指民事主体依法为维护法律上的独立人格所享有的民事权利。身份权是指民事主体基于某种特定的身份依法享有的维护一定社会关系的权利,包括亲权、配偶权、亲属权等。

（二）物权

物权是权利人依法对特定的物享有直接支配和排他的权利,包括所有权、用益物权和担保物权。物包括不动产和动产。法律规定权利作为物权客体的,依照其规定。

物权具有以下法律特征:①物权的权利主体是特定的,而义务主体则是不特定的;物权是一种对世权、绝对权。②物权的客体是特定的独立之物,不包括行为和精神财富。③物权的内容是对物的直接管理和支配。④物权具有独占性和排他性。⑤物权具有法定性。⑥物权具有追及和优先效力。

（三）债权

债权是因合同、侵权行为、无因管理、不当得利以及法律的其他规定,权利人请求特定义务人为或者不为一定行为的权利。

1. 合同

合同是民事主体之间设立、变更、终止民事法律关系的协议。

2. 侵权行为

侵权行为是民事主体违反民事义务,侵害他人合法权益,依法应当承担民事责任的行为。

3. 无因管理

管理人没有法定的或者约定的义务,为避免他人利益受损失而管理他人事务的,可以请求受益人偿还因管理事务而支出的必要费用;管理人因管理事务受到损失的,可以请求受益人给予适当补偿。

管理事务不符合受益人真实意思的,管理人不享有上述规定的权利;但是,受益人的真实意思违反法律或者违背公序良俗的除外。

4. 不当得利

不当得利是指没有法律根据,取得不当利益,造成他人损失的情形。得利人没有法律根据取得不当利益的,受损失的人有权请求得利人返还取得的利益。构成要件:①一方获得财产性利益;②一方受到损失;③获得利益和受到损失之间有因果关系;④没有法律上的根据。

(四)知识产权

知识产权是权利人依法就以下客体享有的专有的权利:①作品;②发明、实用新型、外观设计;③商标;④地理标志;⑤商业秘密;⑥集成电路布图设计;⑦植物新品种;⑧法律规定的其他客体。

四、民事法律行为 ★★

(一)民事法律行为的概念及分类

民事法律行为是民事主体通过意思表示设立、变更、终止民事法律关系的行为。

根据不同的标准,民事法律行为可分为不同的类型,具体见表4-2-4。

表4-2-4 民事法律行为的类型

标准	类型	含义
法律行为一方还是多方	单方行为	仅有一方意思表示就成立的民事法律行为,可分为以下两类: (1)有相对人的单方行为:形成权的行使行为、委托代理的授权与撤销、处分权的授予 (2)无相对人的单方行为:遗嘱、动产抛弃、捐助财团法人等
	双方行为	当事人双方意思表示一致才能成立的民事法律行为
	共同行为	也称多方行为,多数当事人平行的意思表示一致而成立的民事法律行为
调整对象	财产行为	发生财产变动效果的民事法律行为
	身份行为	发生身份变动效果的民事法律行为
是否须具备特定的原因	有因行为	以原因行为为条件的民事法律行为
	无因行为	不以原因行为为条件的民事法律行为

(二)民事法律行为的效力

民事法律行为有效的条件:①行为人具有相应的民事行为能力;②意思表示真实;③不违反法律、行政法规的强制性规定,不违背公序良俗。民事法律行为自成立时生效,但是法律另有规定或者当事人另有约定的除外。行为人非依法律规定或者未经对方同意,不得擅自变更或者解除民事法律行为。

无效的民事法律行为:①无民事行为能力人实施的民事法律行为;②行为人与相对人以虚假的意思表示实施的民事法律行为;③行为人与相对人恶意串通,损害他人合法权益的民事法律行为;④违背公序良俗的民事法律行为;⑤违反法律、行政法规的强制性规定的民事法律行为(该强制性规定不导致该民事法律行为无效的除外)。

可撤销的民事法律行为:①基于重大误解实施的民事法律行为,行为人有权请求撤销;②一方以欺诈手段,使对方在违背真实意思的情况下实施的民事法律行为,受欺诈方有权请求撤销;③第三人实施欺诈行为,使一方在违背真实意思的情况下实施的民事法律行为,对方知道或者应当知道该欺诈行为的,受欺诈方有权请求撤销;④一方或者第三人以胁迫手段,使对方在违背真实意思的情况下实施的民事法律行为,受胁迫方有权请求撤销;⑤一方利用对方处于危困状态、缺乏判断能力等情形,致使民事法律行为成立时显失公平的,受损害方有权请求撤销。

有撤销权的机构:人民法院和仲裁机构。

> **命题角度**
> (1)自然人的民事行为能力的分类。
> (2)法人的民事权利能力和民事行为能力。
> (3)结合实例考查民事法律行为的效力。

考点二 物权法律制度

一、物权变动的公示方法

物权变动的公示方法见表4-2-5。

表4-2-5 物权变动的公示方法

公示方法	具体内容
不动产登记	(1)不动产物权的设立、变更、转让和消灭,经依法登记,发生效力;未经登记,不发生效力,但是法律另有规定的除外。依法属于国家所有的自然资源,所有权可以不登记 (2)不动产登记,由不动产所在地的登记机构办理。国家对不动产实行统一登记制度 (3)不动产物权的设立、变更、转让和消灭,依照法律规定应当登记的,自记载于不动产登记簿时发生效力。不动产登记簿是物权归属和内容的根据
动产交付	(1)动产物权的设立和转让,自交付时发生效力,但是法律另有规定的除外 (2)船舶、航空器和机动车等的物权的设立、变更、转让和消灭,未经登记,不得对抗善意第三人 (3)动产物权设立和转让前,权利人已经占有该动产的,物权自民事法律行为生效时发生效力 (4)动产物权设立和转让前,第三人占有该动产的,负有交付义务的人可以通过转让请求第三人返还原物的权利代替交付 (5)动产物权转让时,当事人又约定由出让人继续占有该动产的,物权自该约定生效时发生效力

二、所有权 ★★

(一)所有权的概念与特征

所有权是指所有权人对自己的不动产或者动产,依法享有占有、使用、收益和处分的权利。与债权相比,所有权具有以下特征:①所有权是绝对权;②所有权具有排他性;③所有权是一种最完全的权利;④所有权具有弹力性;⑤所有权具有永久性。

(二)所有权的取得与丧失

1. 所有权的取得

所有权的取得亦即所有权的发生,是指民事主体依据一定的法律事实而获得某物的所有权。

(1)所有权的原始取得,是指直接依据法律的规定,不以原所有人的所有权和意志为根据而取得原始的所有权。典型的原始取得:①孳息之取得;②埋藏物、隐藏物之取得;③遗失物之取得;④无主动产之先占取得;⑤添附物之取得;⑥善意取得等。

(2)所有权的继受取得,是指根据原所有人的意思,通过某种法律事实而取得原所有人转移的所有权。

继受取得的主要方式:①买卖;②互易;③赠与;④遗赠;⑤遗嘱继承等。

2. 所有权的丧失

所有权可因一定的法律事实而取得,也可因一定的法律事实而丧失。所有权的丧失是指所有权人因一定的法律事实的出现而丧失其所有权。

(三)业主的建筑物区分所有权

业主的建筑物区分所有权,即业主对建筑物内的住宅、经营性用房等专有部分享有所有权,对专有部分以外的共有部分享有共有和共同管理的权利。业主的建筑物区分所有权是"三位一体"的权利:①业主对专有部分的专有权;②业主对共有部分的共有权;③业主因共有关系而产生的管理权。其具体内容见表4-2-6。

表4-2-6 建筑物区分所有权的内容

建筑物区分所有权	具体内容
专有部分单独所有权	业主对其建筑物专有部分享有占有、使用、收益和处分的权利。业主行使权利不得危及建筑物的安全,不得损害其他业主的合法权益
共有部分的共有和共同管理的权利	业主对建筑物专有部分以外的共有部分,享有权利,承担义务;不得以放弃权利为由不履行义务。业主转让建筑物内的住宅、经营性用房,其对共有部分享有的共有和共同管理的权利一并转让 业主可以共同决定有关共有和共同管理权利的重大事项

建筑区划内的道路,属于业主共有,但是属于城镇公共道路的除外。建筑区划内的绿地,属于业主共有,但是属于城镇公共绿地或者明示属于个人的除外。建筑区划内的其他公共场所、公用设施和物业服务用房,属于业主共有。

三、用益物权

用益物权是用益物权人对他人所有的不动产或者动产,依法享有占有、使用和收益的权利。

用益物权的种类主要包括以下五类。

1. 土地承包经营权

土地承包经营权的内容见表4-2-7。

表4-2-7 土地承包经营权的内容

项目	具体内容
农村土地的经营体制	农村集体经济组织实行家庭承包经营为基础、统分结合的双层经营体制 农民集体所有和国家所有由农民集体使用的耕地、林地、草地以及其他用于农业的土地,依法实行土地承包经营制度
土地承包经营权人的基本权利	土地承包经营权人依法对其承包经营的耕地、林地、草地等享有占有、使用和收益的权利,有权从事种植业、林业、畜牧业等农业生产
土地承包期	耕地的承包期为30年。草地的承包期为30年至50年。林地的承包期为30年至70年。前述规定的承包期限届满,由土地承包经营权人依照农村土地承包的法律规定继续承包
土地承包经营权的流转	土地承包经营权人可以自主决定依法采取出租、入股或者其他方式向他人流转土地经营权。流转期限为5年以上的土地经营权,自流转合同生效时设立。当事人可以向登记机构申请土地经营权登记;未经登记,不得对抗善意第三人 通过招标、拍卖、公开协商等方式承包农村土地,经依法登记取得权属证书的,可以依法采取出租、入股、抵押或者其他方式流转土地经营权

2. 建设用地使用权

建设用地使用权人依法对国家所有的土地享有占有、使用和收益的权利,有权利用该土地建造建筑物、构筑物及其附属设施。建设用地使用权可以在土地的地表、地上或者地下分别设立。设立建设用地使用权,应当符合节约资源、保护生态环境的要求,遵守法律、行政法规关于土地用途的规定,不得损害已经设立的用益物权。

3. 宅基地使用权

宅基地使用权人依法对集体所有的土地享有占有和使用的权利,有权依法利用该土地建造住宅及其附属设施。

4. 居住权

居住权人有权按照合同约定,对他人的住宅享有占有、使用的用益物权,以满足生活居住的需要。设立居住权,当事人应当采用书面形式订立居住权合同。居住权不得转让、继承。设立居住权的住宅不得出租,但是当事人另有约定的除外。

5. 地役权

地役权是一种独立的物权,在性质上属于用益物权的范围,是地役权人按照合同约定,利用他人的不动产,以提高自己不动产效益的权利。需要利用他人土地才能发挥效用的土地,称需役地(即地役权人的土地);提供给他人使用的土地,称供役地。设立地役权,当事人应当采用书面形式订立地役权合同。

///   **考点拓展**   ///

地役权是指通过约定的方式以他人的土地供自己土地便利之用的用益物权。如果不是约定的方式,而是法律规定的利用他人土地的权利,则为相邻权。

四、担保物权 ★★

(一)担保物权概述

1. 担保物权的概念

担保物权是指为了确保特定债权的实现,债务人或第三人以动产、不动产或某些权利为客体而设定的,当债务人不履行到期债务或发生当事人约定的实现担保物权的情形时,权利人有权就该财产变价并优先受偿的一种物权。

2. 担保物权的从属性

设立担保物权,应当依照法律规定订立担保合同。担保合同是主债权债务合同的从合同。主债权债务合同无效的,担保合同无效,但是法律另有规定的除外。担保合同被确认无效后,债务人、担保人、债权人有过错的,应当根据其过错各自承担相应的民事责任。

担保物权的一个重要特点就是其附随于主债权债务关系,没有主债权债务关系的存在,担保关系也就没有了存在以及实现的可能和价值。

3. 担保物权的担保范围

担保物权的担保范围包括主债权及其利息、违约金、损害赔偿金、保管担保财产和实现担保物权的费用。当事人另有约定的,按照其约定。

4. 物的担保与人的担保的关系

被担保的债权既有物的担保又有人的担保的,债务人不履行到期债务或者发生当事人约定的实现担保物权的情形,债权人应当按照约定实现债权;没有约定或者约定不明,债务人自己提供物的担保的,债权人应当先就该物的担保实现债权;第三人提供物的担保的,债权人可以就物的担保实现债权,也可以请求保证人承担保证责任。提供担保的第三人承担担保责任后,有权向债务人追偿。

(二)抵押权

为担保债务的履行,债务人或者第三人不转移财产的占有,将该财产抵押给债权人的,债务人不履行到期债务或者发生当事人约定的实现抵押权的情形,债权人有权就该财产优先受偿。这里的债务人或者第三人为抵押人,债权人为抵押权人,提供担保的财产为抵押财产。

以抵押方式设定的担保方式最突出的特点在于**不转移财产的占有**。

1. 抵押物的范围

债务人或者第三人有权处分的以下财产可以抵押:①建筑物和其他土地附着物;②建设用地使用权;③海域使用权;④生产设备、原材料、半成品、产品;⑤正在建造的建筑物、船舶、航空器;⑥交通运输工具;⑦法律、行政法规未禁止抵押的其他财产。抵押人可以将前述所列财产一并抵押。

不得用于抵押的财产:①土地所有权;②宅基地、自留地、自留山等集体所有土地的使用权,但是法律规定可以抵押的除外;③学校、幼儿园、医疗机构等为公益目的成立的非营利法人的教育设施、医疗卫生设施和其他公益设施;④所有权、使用权不明或者有争议的财产;⑤依法被查封、扣押、监管的财产;⑥法律、行政法规规定不得抵押的其他财产。

2. 抵押权的实现

债务人不履行到期债务或者发生当事人约定的实现抵押权的情形,抵押权人可以与抵押人协议以抵押财产折价或者以拍卖、变卖该抵押财产所得的价款优先受偿。协议损害其他债权人利益的,其他债权人可以请求人民法院撤销该协议。

抵押权人与抵押人未就抵押权实现方式达成协议的,抵押权人可以请求人民法院拍卖、变卖抵押财产。

抵押财产折价或者变卖的,应当参照市场价格。

3. 同一财产抵押权实现顺序

同一财产向两个以上债权人抵押的,拍卖、变卖抵押财产所得的价款依照以下规定清偿:①抵押权已经登记的,按照登记的时间先后确定清偿顺序;②抵押权已经登记的先于未登记的受偿;③抵押权未登记的,按照债权比例清偿。其他可以登记的担保物权,清偿顺序参照适用前述规定。

(三)质权

为担保债务的履行,债务人或者第三人将其动产出质给债权人占有的,债务人不履行到期债务或者发生当事人约定的实现质权的情形,债权人有权就该动产优先受偿。这里的债务人或者第三人为出质人,债权人为质权人,交付的动产为质押财产。质权分为动产质权和权利质权。

债务人或者第三人有权处分的以下权利可以出质:①汇票、本票、支票;②债券、存款单;③仓单、提单;④可以转让的基金份额、股权;⑤可以转让的注册商标专用权、专利权、著作权等知识产权中的财产权;⑥现有的以及将有的应收账款;⑦法律、行政法规规定可以出质的其他财产权利。

质权人在质权存续期间,未经出质人同意,擅自使用、处分质押财产,造成出质人损害的,应当承担赔偿责任。

(四)留置权

债务人不履行到期债务,债权人可以留置已经合法占有的债务人的动产,并有权就该动产优先受偿。同一动产上已经设立抵押权或者质权,该动产又被留置的,留置权人优先受偿。

> **命题角度**
> （1）可抵押、不可抵押的财产的范围；抵押权的实现顺序。
> （2）可以出质的权利。

考点三 合同法律制度

一、合同的订立和效力 ★★

（一）合同的形式

当事人订立合同，可以采用书面形式、口头形式或者其他形式。

书面形式是合同书、信件、电报、电传、传真等可以有形地表现所载内容的形式。以电子数据交换、电子邮件等方式能够有形地表现所载内容，并可以随时调取查用的数据电文，视为书面形式。

（二）合同订立的一般方式

当事人订立合同，可以采取要约、承诺方式或者其他方式。

1. 要约

要约是希望与他人订立合同的意思表示，该意思表示应当符合的条件：①内容具体确定；②表明经受要约人承诺，要约人即受该意思表示约束。

要约可以撤回。撤回意思表示的通知应当在意思表示到达相对人前或者与意思表示同时到达相对人。

要约可以撤销，但是有以下情形之一的除外：①要约人以确定承诺期限或者其他形式明示要约不可撤销；②受要约人有理由认为要约是不可撤销的，并已经为履行合同做了合理准备工作。撤销要约的意思表示以对话方式作出的，该意思表示的内容应当在受要约人作出承诺之前为受要约人所知道；撤销要约的意思表示以非对话方式作出的，应当在受要约人作出承诺之前到达受要约人。

要约失效的情形：①要约被拒绝；②要约被依法撤销；③承诺期限届满，受要约人未作出承诺；④受要约人对要约的内容作出实质性变更。

> **考点拓展**
>
> 要约邀请是希望他人向自己发出要约的表示。拍卖公告、招标公告、招股说明书、债券募集办法、基金招募说明书、商业广告和宣传、寄送的价目表等为要约邀请。商业广告和宣传的内容符合要约条件的，构成要约。

2. 承诺

承诺是受要约人同意要约的意思表示。

承诺应当以通知的方式作出；但是，根据交易习惯或者要约表明可以通过行为作出承诺的除外。

承诺应当在要约确定的期限内到达要约人。要约没有确定承诺期限的，承诺应当依照以下规定到达：①要约以对话方式作出的，应当即时作出承诺；②要约以非对话方式作出的，承诺应当在合理期限内到达。

承诺可以撤回。撤回意思表示的通知应当在意思表示到达相对人前或者与意思表示同时到达相对人。

承诺的内容应当与要约的内容一致。受要约人对要约的内容作出实质性变更的，为新要约。有关合同标的、数量、质量、价款或者报酬、履行期限、履行地点和方式、违约责任和解决争议方法等的变更，是对要约内容的实质性变更。

承诺对要约的内容作出非实质性变更的,除要约人及时表示反对或者要约表明承诺不得对要约的内容作出任何变更外,该承诺有效,合同的内容以承诺的内容为准。

(三) 合同的成立

1. 合同成立的时间

当事人采用合同书形式订立合同的,自当事人均签名、盖章或者按指印时合同成立。在签名、盖章或者按指印之前,当事人一方已经履行主要义务,对方接受时,该合同成立。法律、行政法规规定或者当事人约定合同应当采用书面形式订立,当事人未采用书面形式但是一方已经履行主要义务,对方接受时,该合同成立。

当事人采用信件、数据电文等形式订立合同要求签订确认书的,签订确认书时合同成立。当事人一方通过互联网等信息网络发布的商品或者服务信息符合要约条件的,对方选择该商品或者服务并提交订单成功时合同成立,但是当事人另有约定的除外。

2. 合同成立的地点

承诺生效的地点为合同成立的地点。采用数据电文形式订立合同的,收件人的主营业地为合同成立的地点;没有主营业地的,其住所地为合同成立的地点。当事人另有约定的,按照其约定。当事人采用合同书形式订立合同的,最后签字、盖章或者按指印的地点为合同成立的地点,但是当事人另有约定的除外。

(四) 合同的生效

合同的生效是指已经成立的合同开始发生以国家强制力保障的法律约束力,即合同发生法律效力。

合同生效的条件:①当事人具有相应的民事行为能力;②意思表示真实;③不违反法律和社会公共利益;④合同必须具备法律所要求的形式。

合同生效的特别要件:①依照法律、行政法规的规定,合同应当办理批准等手续的,依照其规定。未办理批准等手续影响合同生效的,不影响合同中履行报批等义务条款以及相关条款的效力。②附生效条件的合同,自条件成就时生效;附生效期限的合同,自期限届至时生效。

(五) 格式条款

格式条款是当事人为了重复使用而预先拟定,并在订立合同时未与对方协商的条款。

采用格式条款订立合同的,提供格式条款的一方应当遵循公平原则确定当事人之间的权利和义务,并采取合理的方式提示对方注意免除或者减轻其责任等与对方有重大利害关系的条款,按照对方的要求,对该条款予以说明。提供格式条款一方不合理地免除或者减轻其责任、加重对方责任、限制对方主要权利的和提供格式条款一方排除对方主要权利的格式条款无效。

》经典例题 根据相关法律的规定,下列表述中错误的是( )。

A. 合同是民事主体之间设立、变更、终止民事法律关系的协议
B. 合同成立是法律评价问题,合同生效是事实问题
C. 合同是一种民事法律行为
D. 合同是双方或者多方之间的民事法律行为

【答案】B。解析:合同是民事主体之间设立、变更、终止民事法律关系的协议,是双方或者多方之间的民事法律行为,A、C、D三项正确;合同成立是事实问题,合同生效是法律评价问题,B项错误。

二、合同的履行

（一）合同履行的相关规则 ★★

1. 合同约定不明的补救

合同生效后，当事人就质量、价款或者报酬、履行地点等内容没有约定或者约定不明确的，可以协议补充；不能达成补充协议的，按照合同相关条款或者交易习惯确定。

2. 合同约定不明时的履行

当事人就有关合同内容约定不明确，依据合同约定不明的补救的相关规定仍不能确定的，适用以下规定：

(1)质量要求不明确的，按照强制性国家标准履行；没有强制性国家标准的，按照推荐性国家标准履行；没有推荐性国家标准的，按照行业标准履行；没有国家标准、行业标准的，按照通常标准或者符合合同目的的特定标准履行。

(2)价款或者报酬不明确的，按照订立合同时履行地的市场价格履行；依法应当执行政府定价或者政府指导价的，依照规定履行。

(3)履行地点不明确，给付货币的，在接受货币一方所在地履行；交付不动产的，在不动产所在地履行；其他标的，在履行义务一方所在地履行。

(4)履行期限不明确的，债务人可以随时履行，债权人也可以随时请求履行，但是应当给对方必要的准备时间。

(5)履行方式不明确的，按照有利于实现合同目的的方式履行。

(6)履行费用的负担不明确的，由履行义务一方负担；因债权人原因增加的履行费用，由债权人负担。

3. 价格调整与价格执行

执行政府定价或者政府指导价的，在合同约定的交付期限内政府价格调整时，按照交付时的价格计价。逾期交付标的物的，遇价格上涨时，按照原价格执行；价格下降时，按照新价格执行。逾期提取标的物或者逾期付款的，遇价格上涨时，按照新价格执行；价格下降时，按照原价格执行。

4. 由第三人履行

当事人约定由第三人向债权人履行债务，第三人不履行债务或者履行债务不符合约定的，债务人应当向债权人承担违约责任。

（二）合同履行的抗辩权

1. 同时履行抗辩权

当事人互负债务，没有先后履行顺序的，应当同时履行。一方在对方履行之前有权拒绝其履行请求。一方在对方履行债务不符合约定时，有权拒绝其相应的履行请求。

2. 先履行抗辩权

当事人互负债务，有先后履行顺序，应当先履行债务一方未履行的，后履行一方有权拒绝其履行请求。先履行一方履行债务不符合约定的，后履行一方有权拒绝其相应的履行请求。

3. 不安抗辩权

应当先履行债务的当事人，有确切证据证明对方有以下情形之一的，可以中止履行：①经营状况严重恶化；②转移财产、抽逃资金，以逃避债务；③丧失商业信誉；④有丧失或者可能丧失履行债务能力的其他情形。当事人没有确切证据中止履行的，应当承担违约责任。

三、合同的转让、变更和终止

（一）合同的转让 ★★

合同的转让，即合同主体的变更，是指当事人将合同的权利和义务全部或者部分转让给第三人。

1. 债权转让

（1）债权转让的条件。

债权人可以将债权的全部或者部分转让给第三人，但是有以下情形之一的除外：①根据债权性质不得转让；②按照当事人约定不得转让；③依照法律规定不得转让。当事人约定非金钱债权不得转让的，不得对抗善意第三人。当事人约定金钱债权不得转让的，不得对抗第三人。

（2）通知债务人。

债权人转让债权，未通知债务人的，该转让对债务人不发生效力。债权转让的通知不得撤销，但是经受让人同意的除外。

（3）债务人的抗辩权和抵销权。

债务人接到债权转让通知后，债务人对让与人的抗辩，可以向受让人主张。

有以下情形之一的，债务人可以向受让人主张抵销：①债务人接到债权转让通知时，债务人对让与人享有债权，且债务人的债权先于转让的债权到期或者同时到期；②债务人的债权与转让的债权是基于同一合同产生。

2. 债务承担

债务人将债务的全部或者部分转移给第三人的，应当经债权人同意。债务人或者第三人可以催告债权人在合理期限内予以同意，债权人未作表示的，视为不同意。

债务人转移债务的，新债务人应当承担与主债务有关的从债务，但是该从债务专属于原债务人自身的除外。

（二）合同的变更

合同的变更是指合同内容的变更，不包括合同主体的变更。当事人协商一致，可以变更合同。当事人对合同变更的内容约定不明确的，推定为未变更。合同的变更，仅对变更后未履行的部分有效，对已履行的部分无溯及力。

（三）合同的终止

有以下情形之一的，债权债务终止：①债务已经履行；②债务相互抵销；③债务人依法将标的物提存；④债权人免除债务；⑤债权债务同归于一人；⑥法律规定或者当事人约定终止的其他情形。

合同解除的，该合同的权利义务关系终止。

四、违约责任

违约责任是指当事人一方不履行合同义务或者履行合同义务不符合约定的，应当承担继续履行、采取补救措施或者赔偿损失等违约责任。

违约责任的承担形式：①支付违约金；②赔偿损失；③继续履行；④定金；⑤采取补救措施。

当事人既约定违约金，又约定定金的，一方违约时，对方可以选择适用违约金或者定金条款。

当事人一方因不可抗力不能履行合同的，根据不可抗力的影响，部分或者全部免除责任，但是法律另有规定的除外。当事人迟延履行后发生不可抗力的，不免除其违约责任。

五、典型合同

(一) 买卖合同

买卖合同是出卖人转移标的物的所有权于买受人,买受人支付价款的合同。

1. 买卖合同中当事人的义务

出卖人的义务:①交付标的物的义务;②转移标的物所有权的义务;③担保标的物权利瑕疵的义务(如果买受人订立合同时知道或者应当知道第三人对标的物享有权利的,出卖人则不负担此项义务)。

买受人的义务:①支付价款的义务;②接受标的物并对其进行检验的义务。

2. 标的物的所有权转移、风险承担和利益承受

(1)标的物所有权的转移:买卖合同的标的物自出卖人转移至买受人所有。标的物的所有权何时发生转移,是买卖合同的一个核心问题。

标的物的所有权自标的物交付时起转移,但法律另有规定或者当事人另有约定的除外。

当事人可以在买卖合同中约定买受人未履行支付价款或者其他义务的,标的物的所有权属于出卖人。这一规定被称为"保留所有权条款"。一般地,合同标的物在交付之前,其所有权属于出卖人,交付后则属于买受人。

(2)标的物的风险承担:标的物毁损、灭失的风险,在标的物交付之前由出卖人承担,交付之后由买受人承担,但是法律另有规定或者当事人另有约定的除外。

(3)标的物的利益承受:标的物在合同成立后所产生的孳息的归属。标的物在交付之前产生的孳息,归出卖人所有;交付之后产生的孳息,归买受人所有。但是,当事人另有约定的除外。

(二) 赠与合同

赠与合同是赠与人将自己的财产无偿给予受赠人,受赠人表示接受赠与的合同。

1. 性质

赠与合同的性质:①无偿合同。无偿性与可以附义务之间并无矛盾。②单务合同。③不要式合同。④诺成合同。

2. 撤销

任意撤销权,转移赠与财产权前(动产交付前,不动产过户登记前),赠与人可行使撤销权,但以下三类赠与合同除外:①救灾、扶贫、助残等社会公益性质的;②道德义务性质的;③公证性质的。

法定撤销权,受赠人有以下情形之一的,赠与人可行使撤销权,除斥期间为1年,自知道或应当知道撤销事由之日起算:①严重侵害赠与人或者赠与人近亲属的合法权益;②对赠与人有扶养义务而不履行;③不履行赠与合同约定的义务。

因受赠人的违法行为致使赠与人死亡或者丧失民事行为能力的,赠与人的继承人或者法定代理人可以撤销赠与。

赠与人的继承人或者法定代理人的撤销权,自知道或者应当知道撤销事由之日起6个月内行使。

3. 解除

赠与人的经济状况显著恶化,严重影响其生产经营或者家庭生活的,可以不再履行赠与义务。

4. 赠与人的责任

过错责任:赠与人仅在故意或重大过失致赠与物毁损时,才承担损害赔偿责任,一般过失免责。

赠与的财产有瑕疵的,赠与人不承担责任。附义务的赠与,赠与的财产有瑕疵的,赠与人在附义务的限度内承担与出卖人相同的责任。

赠与人故意不告知瑕疵或者保证无瑕疵,造成受赠人损失的,应当承担赔偿责任。

(三)租赁合同

租赁合同是出租人将租赁物交付承租人使用、收益,承租人支付租金的合同。

1. 性质

租赁合同的性质:①转让财产使用权的合同;②承租人对租赁物无处分权;③有偿合同;④诺成合同;⑤期限性;⑥长期租赁合同为要式合同,城市房屋租赁合同也为要式合同。

2. 租赁期限

租赁期限不得超过20年。超过20年的,超过部分无效。租赁期限届满,当事人可以续订租赁合同,但是,约定的租赁期限自续订之日起不得超过20年。

租赁期限6个月以上的,应当采用书面形式。当事人未采用书面形式,无法确定租赁期限的,视为不定期租赁。

3. "买卖不破租赁"

租赁物在承租人按照租赁合同占有期限内发生所有权变动的,不影响租赁合同的效力。在租赁合同有效期间,租赁物因买卖、继承等使租赁物的所有权发生变更的,租赁合同对新所有权人仍然有效,新所有权人不履行租赁义务时,承租人得以租赁权对抗新所有权人,这在学理上称为"买卖不破租赁"。

4. 租赁物转租

承租人经出租人同意,可以将租赁物转租给第三人。承租人转租的,承租人与出租人之间的租赁合同继续有效;第三人造成租赁物损失的,承租人应当赔偿损失。承租人未经出租人同意转租的,出租人可以解除合同。

(四)客运合同

客运合同自承运人向旅客出具客票时成立,但是当事人另有约定或者另有交易习惯的除外。

旅客应当按照有效客票记载的时间、班次和座位号乘坐。旅客无票乘坐、超程乘坐、越级乘坐或者持不符合减价条件的优惠客票乘坐的,应当补交票款,承运人可以按照规定加收票款;旅客不支付票款的,承运人可以拒绝运输。

旅客因自己的原因不能按照客票记载的时间乘坐的,应当在约定的期限内办理退票或者变更手续。逾期办理的,承运人可以不退票款,并不再承担运输义务。

旅客不得随身携带或者在行李中夹带易燃、易爆、有毒、有腐蚀性、有放射性以及可能危及运输工具上人身和财产安全的危险物品或者违禁物品。旅客违反前述规定的,承运人可以将危险物品或者违禁物品卸下、销毁或者送交有关部门。旅客坚持携带或者夹带危险物品或者违禁物品的,承运人应当拒绝运输。

(五)技术合同

非法垄断技术或者侵害他人技术成果的技术合同无效。侵害他人技术秘密的技术合同被确认无效后,除法律、行政法规另有规定的以外,善意取得该技术秘密的一方当事人可以在其取得时的范围内继续使用该技术秘密,但应当向权利人支付合理的使用费并承担保密义务。

受让人或者被许可人按照约定实施专利、使用技术秘密侵害他人合法权益的,由让与人或者许可人承担责任,但当事人另有约定的除外。

> **命题角度**
>
> (1)考查合同订立的一般方式、合同成立的时间和地点等。
>
> (2)考查各典型合同的具体规定,如租赁合同的最长期限。

第二讲 公司法

考点一 公司法概述

一、公司的概念及特征

公司是一种企业组织形态,是依照法定的条件与程序设立的、以营利为目的的商事组织。《中华人民共和国公司法》(以下简称《公司法》)所称的"公司",包括有限责任公司和股份有限公司两种类型(一人公司与国有独资公司属于特别规定)。

一般而言,公司具有法人性、社团性、营利性三个基本的法律特征。

二、公司的分类

(1)以公司股东的责任范围为标准,公司可分为无限责任公司、有限责任公司、股份有限公司、两合公司、股份两合公司。

(2)以公司股份转让为标准,公司可分为封闭式公司和开放式公司。

(3)以公司的信用基础为标准,公司可分为人合公司、资合公司、人合兼资合公司。

(4)以公司之间的关系为标准,公司可分为本公司(总公司)和分公司、母公司和子公司。

三、公司法人

公司是企业法人,有独立的法人财产,享有法人财产权。但应注意:公司设立的分公司不具有法人资格,其民事责任由公司承担;公司设立的子公司具有法人资格,依法独立承担民事责任。

公司以其全部财产对公司的债务承担责任。有限责任公司的股东以其认缴的出资额为限对公司承担责任;股份有限公司的股东以其认购的股份为限对公司承担责任。

考点二 公司法相关规定

一、公司的设立

公司设立是指公司设立人依照法定的条件和程序,为组建公司并取得法人资格而必须采取和完成的法律行为。

(一)公司设立的方式和条件

公司设立的方式基本分为两种:发起设立和募集设立。发起设立是指由发起人认购公司应发行的全部股份而设立公司。募集设立是指由发起人认购公司应发行股份的一部分,其余股份向社会公开募集或者向特定对象募集而设立公司。

有限责任公司和股份有限公司的设立方式和设立条件见表4-2-8。

表4-2-8 公司的设立方式和设立条件

项目	有限责任公司	股份有限公司
设立方式	发起设立	发起设立或募集设立

（续表）

项目	有限责任公司	股份有限公司
设立条件	股东人数：50个以下	发起人：2~200人，其中须有半数以上的发起人在中国境内有住所
	有符合公司章程规定的全体股东认缴的出资额	有符合公司章程规定的全体发起人认购的股本总额或者募集的实收股本总额
	—	股份发行、筹办事项符合法律规定
	股东共同制定公司章程	发起人制订公司章程，采用募集方式设立的经创立大会通过
	有公司名称，建立符合规定和要求的组织机构	
	有公司住所	

设立公司，应当依法向公司登记机关申请设立登记。公司营业执照签发日期为公司成立日期。

（二）股份有限公司发起人的责任承担 ★★

股份有限公司的发起人应当承担以下责任：①公司不能成立时，对设立行为所产生的债务和费用负连带责任；②公司不能成立时，对认股人已缴纳的股款，负返还股款并加算银行同期存款利息的连带责任；③在公司设立过程中，由于发起人的过失致使公司利益受到损害的，应当对公司承担赔偿责任。

二、公司的资本

公司资本即股本，是指由公司章程确定并载明的、全体股东的出资总额。股东出资是公司资本形成的最基本的途径。股东可以用货币出资，也可以用实物、知识产权、土地使用权等可以用货币估价并可以依法转让的非货币财产作价出资；但是，法律、行政法规规定不得作为出资的财产除外。对作为出资的非货币财产应当评估作价，核实财产，不得高估或者低估作价。法律、行政法规对评估作价有规定的，从其规定。

注册资本是狭义上的公司资本，是指公司在设立时筹集的、由章程载明的、经公司登记机关注册的资本。公司增加或者减少注册资本，须由股东会（股东大会）作出决议，有限责任公司须经代表2/3以上表决权的股东通过，股份有限公司须经出席会议的股东所持表决权的2/3以上通过。

三、公司股东、董事、高级管理人员 ★★

（一）股东、控股股东与实际控制人

股东是指向公司出资、持有公司股份、享有股东权利和承担股东义务的人。

我国对控股股东采用股份和表决权双重标准：①持股比例在50%以上；②持股比例虽未达到50%，但其享有的在股东（大）会的表决权足以实际影响股东（大）会的决议。

实际控制人是指虽不是公司的股东，但通过投资关系、协议或者其他安排，能够实际支配公司行为的人。

考点拓展

公司股东的权利与义务

股东的基本权利包括资产收益权、身份权、知情权、质询权、参与重大决策权、选择管理者、表决权、自行召开和主持股东大会会议权、优先认股权、提案权、违法决议撤销权、异议股东股权收购请求权、请求解散权、诉讼权。

股东的基本义务有出资（按时足额出资，不得抽逃出资）、遵守法律、行政法规和公司章程，依法行使股东权利，不得滥用股东权利损害公司或者其他股东的利益，不得滥用公司法人独立地位和股东有限责任损害公司债权人的利益等。

（二）高级管理人员

高级管理人员是指公司的经理、副经理、财务负责人，上市公司董事会秘书和公司章程规定的其他人员。

（三）董事、高级管理人员禁止性行为

董事、高级管理人员不得有以下行为：①挪用公司资金；②将公司资金以其个人名义或者以其他个人名义开立账户存储；③违反公司章程的规定，未经股东会、股东大会或者董事会同意，将公司资金借贷给他人或者以公司财产为他人提供担保；④违反公司章程的规定或者未经股东会、股东大会同意，与本公司订立合同或者进行交易；⑤未经股东会或者股东大会同意，利用职务便利为自己或者他人谋取属于公司的商业机会，自营或者为他人经营与所任职公司同类的业务；⑥接受他人与公司交易的佣金归为己有；⑦擅自披露公司秘密；⑧违反对公司忠实义务的其他行为。

董事、高级管理人员违反上述规定所得的收入应当归公司所有。

四、公司债券

公司债券是指公司依照法定程序发行、约定在一定期限还本付息的有价证券。公司债券募集办法中应当载明以下主要事项：①公司名称；②债券募集资金的用途；③债券总额和债券的票面金额；④债券利率的确定方式；⑤还本付息的期限和方式；⑥债券担保情况；⑦债券的发行价格、发行的起止日期；⑧公司净资产额；⑨已发行的尚未到期的公司债券总额；⑩公司债券的承销机构。

公司以实物券方式发行公司债券的，必须在债券上载明公司名称、债券票面金额、利率、偿还期限等事项，并由法定代表人签名，公司盖章。公司债券，可以为记名债券，也可以为无记名债券。

五、公司的合并、分立、增资、减资 ★★

（一）公司的合并、分立

1. 公司合并

公司合并是指两个或两个以上的公司，订立合并协议，依照《公司法》的规定，不经过清算程序直接结合成一个公司的法律行为。

公司合并的种类：①吸收合并，即一个公司吸收其他公司后存续，被吸收的公司解散；②新设合并，即两个或两个以上的公司合并设立一个新的公司，合并各方解散。

公司合并，应当由合并各方签订合并协议，并编制资产负债表及财产清单。公司应当自作出合并决议之日起10日内通知债权人，并于30日内在报纸上公告。债权人自接到通知书之日起30日内，未接到通知书的自公告之日起45日内，可以要求公司清偿债务或者提供相应的担保。公司合并时，合并各方的债权、债务，应当由合并后存续的公司或者新设的公司承继。

2. 公司分立

公司分立是指一个公司通过依法签订分立协议，不经过清算程序，分为两个或两个以上公司的法律行为。

公司分立的种类：①派生分立，即公司以其部分资产另设一个或数个新的公司，原公司存续；②新设分立，即公司全部资产分别划归两个或两个以上的新公司，原公司解散。

公司分立，应当编制资产负债表及财产清单。公司应当自作出分立决议之日起10日内通知债权人，并于30日内在报纸上公告。公司分立前的债务由分立后的公司承担连带责任。但公司在分立前与债权人就债务清偿达成的书面协议另有约定的除外。

（二）公司增资、减资

有限责任公司增加注册资本时，股东认缴新增资本的出资，依照《公司法》设立有限责任公司缴纳出资的

有关规定执行。股份有限公司为增加注册资本发行新股时,股东认购新股,依照《公司法》设立股份有限公司缴纳股款的有关规定执行。

公司需要减少注册资本时,必须编制资产负债表及财产清单。公司应当自作出减少注册资本决议之日起10日内通知债权人,并于30日内在报纸上公告。债权人自接到通知书之日起30日内,未接到通知书的自公告之日起45日内,有权要求公司清偿债务或者提供相应的担保。

第三讲 票据法

考点一 票据法总论

一、票据概述

(一)票据的概念与特征 ★★

票据是指由出票人签发的、约定由自己或委托他人于见票时或在确定的日期向持票人或收款人无条件支付一定金额的有价证券。我国票据法所称票据仅指汇票、本票和支票。

票据具有要式性、文义性、设权性、流通性、无因性等特征。

(二)票据行为

票据行为是指设立、变更或消灭票据法律关系的合法活动,包括出票、背书、承兑、参加承兑、保证、涂改、禁止背书、付款和参加付款等活动。

在我国票据法上,就票据行为来说,汇票包括出票、背书、承兑、保证;本票包括出票、背书、保证;支票包括出票、背书。

出票,指出票人签发票据并将其交付给收款人的票据行为。

背书,指持票人将票据权利转让给他人或者将一定的票据权利授予他人行使的票据行为。

承兑,指汇票付款人承诺在汇票到期日支付汇票金额的票据行为。汇票上的付款人一经承兑,就必须承担无条件的、绝对的付款责任。

保证,指行为人对特定票据债务人的票据债务承担连带责任的票据行为。

票据出票人在票据上的签章不符合票据法及下述规定的,该签章不具有票据法上的效力:

(1)银行汇票上的出票人的签章、银行承兑商业汇票的签章,为该银行的汇票专用章加其法定代表人或者其授权的代理人的签名或者盖章。银行汇票专用章、银行本票专用章须经中国人民银行批准。

(2)银行本票上的出票人的签章,为该银行的本票专用章加其法定代表人或者其授权的代理人的签名或者盖章。

(3)商业汇票上的出票人的签章,为该单位的财务专用章或者公章加其法定代表人或者其授权的代理人的签名或者盖章。

(4)支票上的出票人的签章,出票人为单位的,为与该单位在银行预留签章一致的财务专用章或者公章加其法定代表人或者其授权的代理人的签名或者盖章;出票人为个人的,为与该个人在银行预留签章一致的签名或者盖章。

二、票据权利 ★★

(一)付款请求权与追索权

票据权利是指持票人向票据债务人请求支付票据金额的权利,包括付款请求权和追索权。

付款请求权是指持票人必须首先向付款人(或承兑人)行使第一次请求权,而不能越过它直接行使追索权。付款请求权又称为首次权利。

追索权是指在付款请求权未能实现时,持票人向其前手,也就是背书人、出票人以及汇票的其他债务人请求支付票据金额的权利。由于追索权的行使前提必须是付款请求权被拒绝,故追索权又被称为第二次权利。

(二)票据权利的取得条件

(1)取得票据必须给付对价,即应当给付票据双方当事人认可的相对应的代价。因税收、继承、赠与可以依法无偿取得票据的,不受给付对价的限制。但是,所享有的票据权利不得优于其前手的权利。

(2)取得票据的手段合法且主观上为善意。以欺诈、偷盗或者胁迫等手段取得票据的,不得享有票据权利。持票人因重大过失取得不符合票据法规定的票据的,也不得享有票据权利。

三、票据抗辩 ★★

票据债务人不得以自己与出票人或者与持票人的前手之间的抗辩事由对抗持票人。但是,持票人明知存在抗辩事由而取得票据的除外。票据债务人可以对不履行约定义务的与自己有直接债权债务关系的持票人进行抗辩。此处所称抗辩,是指票据债务人根据票据法规定对票据债权人拒绝履行义务的行为。

四、票据丧失及其救济 ★★

票据丧失,失票人可以及时通知票据的付款人挂失止付,但是,未记载付款人或者无法确定付款人及其代理付款人的票据除外。收到挂失止付通知的付款人,应当暂停支付。失票人应当在通知挂失止付后3日内,也可以在票据丧失后,依法向人民法院申请公示催告,或者向人民法院提起诉讼。

考点二 汇票、本票、支票

一、汇票 ★★

(一)汇票当事人

出票人,指签发汇票的人。

收款人,指汇票上记载享有票据权利的人。任何人都可以是银行汇票的收款人,但不是任何人都可以担当商业汇票的收款人。

付款人,指履行汇票支付责任的人。

(二)银行汇票与商业汇票

根据出票人不同,汇票可分为银行汇票和商业汇票。

银行汇票,指汇款人将款项交存当地银行,由银行签发给汇款人持往异地办理转账结算或支取现金的票据。

商业汇票,是收款人或付款人签发,由承兑人承兑,并于到期日向收款人或被背书人支付款项的票据。商业汇票包括商业承兑汇票和银行承兑汇票。

/// 考点拓展 ///

银行汇票的出票人是经中国人民银行批准有权办理该类业务的银行。

商业承兑汇票的出票人,为在银行开立存款账户的法人以及其他组织,与付款人具有真实的委托付款关系,具有支付汇票金额的可靠资金来源。

银行承兑汇票的出票人必须具备的条件:①在承兑银行开立存款账户的法人及其他组织;②与承兑银行具有真实的委托付款关系;③资信状况良好,具有支付汇票金额的可靠资金来源。

（三）汇票的记载事项

汇票必须记载以下事项：①表明"汇票"的字样；②无条件支付的委托；③确定的金额；④付款人名称；⑤收款人名称；⑥出票日期；⑦出票人签章。汇票上未记载上述规定事项之一的，汇票无效。

（四）汇票的提示承兑

提示承兑是指持票人向付款人出示汇票，并要求付款人承诺付款的行为。

各类汇票的提示承兑期限如下：①定日付款或者出票后定期付款的汇票，汇票到期日前向付款人提示承兑；②见票后定期付款的汇票，自出票日起1个月内向付款人提示承兑；③见票即付的汇票无需提示承兑。汇票未按照规定期限提示承兑的，持票人丧失对其前手的追索权。

付款人对向其提示承兑的汇票，应当自收到提示承兑的汇票之日起3日内承兑或者拒绝承兑。付款人收到持票人提示承兑的汇票时，应当向持票人签发收到汇票的回单。回单上应当记明汇票提示承兑日期并签章。付款人承兑汇票，不得附有条件；承兑附有条件的，视为拒绝承兑。

（五）汇票的转让

1. 汇票权利转让

持票人可以将汇票权利转让给他人或者将一定的汇票权利授予他人行使。出票人在汇票上记载"不得转让"字样的，汇票不得转让。持票人行使前述规定的权利时，应当背书并交付汇票。

我国票据法中，背书是指在票据背面或者粘单上记载有关事项并签章的票据行为。

2. 背书人的禁止背书及其效力

背书人在汇票上记载"不得转让"字样，其后手再背书转让的，原背书人对后手的被背书人不承担保证责任。

3. 不得背书转让的情形

汇票被拒绝承兑、被拒绝付款或者超过付款提示期限的，不得背书转让；背书转让的，背书人应当承担汇票责任。

二、本票

我国票据法所称的本票仅指银行本票，其出票人是经中国人民银行当地分支行批准有权办理银行本票业务的银行机构。

本票的特征：①自付票据；②基本当事人少（出票人、收款人）；③无须承兑。

本票自出票日起，付款期限最长不得超过2个月。本票的持票人未按照规定期限提示见票的，丧失对出票人以外的前手的追索权。

三、支票

（一）支票的特征

支票的特征：①支票是委付证券，是一种结算方式，不具有信用功能；②票据法对支票付款人的资格有严格限制，仅限于银行或其他金融机构；③支票的无因性受到一定限制；④支票是见票即付票据，无承兑行为。

（二）支票相关规则

支票的出票人，为在经中国人民银行当地分支行批准办理支票业务的银行机构开立可以使用支票的存款账户的单位和个人。

支票的出票人所签发的支票金额不得超过其付款时在付款人处实有的存款金额。出票人签发的支票金额超过其付款时在付款人处实有的存款金额的,为空头支票。禁止签发空头支票。

支票的持票人应当自出票日起10日内提示付款。

第四讲　银行业法

考点一　商业银行法

一、商业银行的基本业务

商业银行可以经营以下部分或者全部业务:①吸收公众存款;②发放短期、中期和长期贷款;③办理国内外结算;④办理票据承兑与贴现;⑤发行金融债券;⑥代理发行、代理兑付、承销政府债券;⑦买卖政府债券、金融债券;⑧从事同业拆借;⑨买卖、代理买卖外汇;⑩从事银行卡业务;⑪提供信用证服务及担保;⑫代理收付款项及代理保险业务;⑬提供保管箱服务;⑭经国务院银行业监督管理机构批准的其他业务。商业银行经中国人民银行批准,可以经营结汇、售汇业务。

二、商业银行的业务规则 ★★

（一）存款业务规则

1. 存款业务的基本法律要求

存款业务的基本法律要求见表4-2-9。

表4-2-9　存款业务的基本法律要求

法律要求	内容
经营存款业务特许制	未经国务院银行业监督管理机构批准,任何单位和个人不得从事吸收公众存款等商业银行业务,任何单位不得在名称中使用"银行"字样
以合法正当方式吸收存款	商业银行不得违反规定提高或者降低利率以及采用其他不正当手段,吸收存款,发放贷款
依法保护存款人合法权益	商业银行应当保证存款本金和利息的支付,不得拖延、拒绝支付存款本金和利息

2. 对单位和个人存款的查询、冻结、扣划

对个人储蓄存款,商业银行有权拒绝任何单位或者个人查询、冻结、扣划,但法律另有规定的除外。

对单位存款,商业银行有权拒绝任何单位或者个人查询,但法律、行政法规另有规定的除外;有权拒绝任何单位或者个人冻结、扣划,但法律另有规定的除外。

商业银行非法查询、冻结、扣划个人储蓄存款或者单位存款的,由国务院银行业监督管理机构责令改正,有违法所得的,没收违法所得,违法所得5万元以上的,并处违法所得1倍以上5倍以下罚款;没有违法所得或者违法所得不足5万元的,处5万元以上50万元以下罚款。

3. 存款利率和存款准备金管理原则

商业银行应当按照中国人民银行规定的存款利率的上下限,确定存款利率,并予以公告。商业银行应当按照中国人民银行的规定,向中国人民银行交存存款准备金,留足备付金。

（二）贷款和其他业务规则

贷款和其他业务的相关规则见表4-2-10。

表 4-2-10　贷款和其他业务规则

贷款业务 指标管理	商业银行贷款,应当遵守下列资产负债比例管理的规定: (1)资本充足率不得低于 8% (2)流动性资产余额与流动性负债余额的比例不得低于 25% (3)对同一借款人的贷款余额与商业银行资本余额的比例不得超过 10% (4)国务院银行业监督管理机构对资产负债比例管理的其他规定
贷款业务 风控规则	商业银行贷款,应当对借款人的借款用途、偿还能力、还款方式等情况进行严格审查。商业银行贷款,应当实行审贷分离、分级审批的制度
	商业银行贷款,借款人应当提供担保。商业银行应当对保证人的偿还能力,抵押物、质物的权属和价值以及实现抵押权、质权的可行性进行严格审查。经商业银行审查、评估,确认借款人资信良好,确能偿还贷款的,可以不提供担保
	商业银行贷款,应当与借款人订立书面合同
	商业银行不得向关系人发放信用贷款;向关系人发放担保贷款的条件不得优于其他借款人同类贷款的条件。关系人是指:①商业银行的董事、监事、管理人员、信贷业务人员及其近亲属;②前项所列人员投资或者担任高级管理职务的公司、企业和其他经济组织
其他业务 风控规则	同业拆借,应当遵守中国人民银行的规定。禁止利用拆入资金发放固定资产贷款或者用于投资。拆出资金限于交足存款准备金、留足备付金和归还中国人民银行到期贷款之后的闲置资金。拆入资金用于弥补票据结算、联行汇差头寸的不足和解决临时性周转资金的需要
	商业银行办理票据承兑、汇兑、委托收款等结算业务,应当按照规定的期限兑现,收付入账,不得压单、压票或者违反规定退票。有关兑现、收付入账期限的规定应当公布
	商业银行在中华人民共和国境内不得从事信托投资和证券经营业务,不得向非自用不动产投资或者向非银行金融机构和企业投资,但国家另有规定的除外
贷款业务 保障规则	任何单位和个人不得强令商业银行发放贷款或者提供担保。商业银行有权拒绝任何单位和个人强令要求其发放贷款或者提供担保
	借款人应当按期归还贷款的本金和利息。商业银行因行使抵押权、质权而取得的不动产或者股权,应当自取得之日起 2 年内予以处分

///// 考点拓展 /////

单位或者个人强令商业银行发放贷款或者提供担保的,应当对直接负责的主管人员和其他直接责任人员或个人给予纪律处分;造成损失的,应当承担全部或者部分赔偿责任。商业银行的工作人员对单位或者个人强令其发放贷款或者提供担保未予拒绝的,应当给予纪律处分;造成损失的,应当承担相应的赔偿责任。

违法发放贷款罪是指银行或者其他金融机构的工作人员违反国家规定发放贷款,数额巨大或者造成重大损失的,处 5 年以下有期徒刑或者拘役,并处 1 万元以上 10 万元以下罚金;数额特别巨大或者造成特别重大损失的,处 5 年以上有期徒刑,并处 2 万元以上 20 万元以下罚金。

考点二　银行业监督管理法

一、银行业监督管理法总则

国务院银行业监督管理机构负责对全国银行业金融机构及其业务活动监督管理的工作。

银行业监督管理机构对银行业实施监督管理,应当遵循依法、公开、公正和效率的原则。

国务院审计、监察等机关,应当依照法律规定对国务院银行业监督管理机构的活动进行监督。

二、监督管理职责 ★★

银行业监督管理机构应当对银行业金融机构的业务活动及其风险状况进行非现场监管,建立银行业金融机构监督管理信息系统,分析、评价银行业金融机构的风险状况。

银行业监督管理机构应当对银行业金融机构的业务活动及其风险状况进行现场检查。

国务院银行业监督管理机构应当制定现场检查程序,规范现场检查行为。

国务院银行业监督管理机构应当对银行业金融机构实行并表监督管理。

国务院银行业监督管理机构对中国人民银行提出的检查银行业金融机构的建议,应当自收到建议之日起30日内予以回复。

三、监督管理措施 ★★

银行业金融机构已经或者可能发生信用危机,严重影响存款人和其他客户合法权益的,国务院银行业监督管理机构可以依法对该银行业金融机构实行接管或者促成机构重组,接管和机构重组依照有关法律和国务院的规定执行。银行业金融机构有违法经营、经营管理不善等情形,不予撤销将严重危害金融秩序、损害公众利益的,国务院银行业监督管理机构有权予以撤销。

第五讲　其他法律制度

考点一　反不正当竞争法

不正当竞争行为,是指经营者在生产经营活动中,违反《中华人民共和国反不正当竞争法》规定,扰乱市场竞争秩序,损害其他经营者或者消费者的合法权益的行为。不正当竞争行为的具体表现形式见表4-2-11。

表4-2-11　不正当竞争行为的表现形式

行为	表现形式
混淆行为	①擅自使用与他人有一定影响的商品名称、包装、装潢等相同或者近似的标识;②擅自使用他人有一定影响的企业名称(包括简称、字号等)、社会组织名称(包括简称等)、姓名(包括笔名、艺名、译名等);③擅自使用他人有一定影响的域名主体部分、网站名称、网页等;④其他足以引人误认为是他人商品或者与他人存在特定联系的混淆行为
商业贿赂行为	采用财物或者其他手段贿赂以下单位或者个人,以谋取交易机会或者竞争优势:①交易相对方的工作人员;②受交易相对方委托办理相关事务的单位或者个人;③利用职权或者影响力影响交易的单位或者个人
虚假宣传行为	对商品的性能、功能、质量、销售状况、用户评价、曾获荣誉等作虚假或者引人误解的商业宣传,欺骗、误导消费者

(续表)

行为	表现形式
侵犯商业秘密行为	①以盗窃、贿赂、欺诈、胁迫、电子侵入或者其他不正当手段获取权利人的商业秘密；②披露、使用或者允许他人使用以前项手段获取的权利人的商业秘密；③违反保密义务或者违反权利人有关保守商业秘密的要求，披露、使用或者允许他人使用其所掌握的商业秘密；④教唆、引诱、帮助他人违反保密义务或者违反权利人有关保守商业秘密的要求，获取、披露、使用或者允许他人使用权利人的商业秘密
不正当有奖销售行为	①所设奖的种类、兑奖条件、奖金金额或者奖品等有奖销售信息不明确，影响兑奖；②采用谎称有奖或者故意让内定人员中奖的欺骗方式进行有奖销售；③抽奖式的有奖销售，最高奖的金额超过 5 万元
诋毁商誉行为	编造、传播虚假信息或者误导性信息，损害竞争对手的商业信誉、商品声誉
互联网不正当竞争行为	①未经其他经营者同意，在其合法提供的网络产品或者服务中，插入链接、强制进行目标跳转；②误导、欺骗、强迫用户修改、关闭、卸载其他经营者合法提供的网络产品或者服务；③恶意对其他经营者合法提供的网络产品或者服务实施不兼容；④其他妨碍、破坏其他经营者合法提供的网络产品或者服务正常运行的行为

对涉嫌不正当竞争行为，任何单位和个人有权向监督检查部门举报，监督检查部门接到举报后应当依法及时处理。监督检查部门应当向社会公开受理举报的电话、信箱或者电子邮件地址，并为举报人保密。对实名举报并提供相关事实和证据的，监督检查部门应当将处理结果告知举报人。

考点二 消费者权益保护法

一、消费者的权利 ★★★

消费者享有权利的具体内容见表 4-2-12。

表 4-2-12　消费者的权利

权利	内容
安全保障权	消费者在购买、使用商品和接受服务时享有人身、财产安全不受损害的权利。消费者有权要求经营者提供的商品和服务，符合保障人身、财产安全的要求。安全保障权是消费者最基本的权利，也是消费者行使其他一切权利的前提
知情权	消费者享有知悉其购买、使用的商品或者接受的服务的真实情况的权利
自主选择权	消费者享有自主选择商品或者服务的权利
公平交易权	消费者在购买商品或者接受服务时，有权获得质量保障、价格合理、计量正确等公平交易条件，有权拒绝经营者的强制交易行为
获取赔偿权	消费者因购买、使用商品或者接受服务受到人身、财产损害的，享有依法获得赔偿的权利
社团权	消费者享有依法成立维护自身合法权益的社会组织的权利
获得相关知识的权利	消费者享有获得有关消费和消费者权益保护方面的知识的权利
其他权利	受尊重权、个人信息保护权、监督批评权

二、经营者履行退货、更换、修理的义务

经营者提供的商品或者服务不符合质量要求的,消费者可以依照国家规定、当事人约定退货,或者要求经营者履行更换、修理等义务。没有国家规定和当事人约定的,消费者可以自收到商品之日起7日内退货;7日后符合法定解除合同条件的,消费者可以及时退货,不符合法定解除合同条件的,可以要求经营者履行更换、修理等义务。依照上述规定进行退货、更换、修理的,经营者应当承担运输等必要费用。

///考点拓展///

经营者采用网络、电视、电话、邮购等方式销售商品,消费者有权自收到商品之日起7日内退货,且无需说明理由,但下列商品除外:①消费者定作的;②鲜活易腐的;③在线下载或者消费者拆封的音像制品、计算机软件等数字化商品;④交付的报纸、期刊。

除上述所列商品外,其他根据商品性质并经消费者在购买时确认不宜退货的商品,不适用无理由退货。消费者退货的商品应当完好。经营者应当自收到退回商品之日起7日内返还消费者支付的商品价款。退回商品的运费由消费者承担;经营者和消费者另有约定的,按照约定。

考点三 个人所得税法

一、居民与非居民

在中国境内有住所,或者无住所而一个纳税年度内在中国境内居住累计满183天的个人,为居民个人。居民个人从中国境内和境外取得的所得,依照《中华人民共和国个人所得税法》规定缴纳个人所得税。

在中国境内无住所又不居住,或者无住所而一个纳税年度内在中国境内居住累计不满183天的个人,为非居民个人。非居民个人从中国境内取得的所得,依照《中华人民共和国个人所得税法》规定缴纳个人所得税。

纳税年度,自公历1月1日起至12月31日止。

///考点拓展///

居民个人从中国境外取得所得的,应当在取得所得的次年3月1日至6月30日内申报纳税;非居民个人在中国境内从两处以上取得工资、薪金所得的,应当在取得所得的次月15日内申报纳税。

二、应税、免税范围

下列各项个人所得,应当缴纳个人所得税:①工资、薪金所得;②劳务报酬所得;③稿酬所得;④特许权使用费所得;⑤经营所得;⑥利息、股息、红利所得;⑦财产租赁所得;⑧财产转让所得;⑨偶然所得。

下列各项个人所得,免征个人所得税:①省级人民政府、国务院部委和中国人民解放军军以上单位,以及外国组织、国际组织颁发的科学、教育、技术、文化、卫生、体育、环境保护等方面的奖金;②国债和国家发行的金融债券利息;③按照国家统一规定发给的补贴、津贴;④福利费、抚恤金、救济金;⑤保险赔款;⑥军人的转业费、复员费、退役金;⑦按照国家统一规定发给干部、职工的安家费、退职费、基本养老金或者退休费、离休费、离休生活补助费;⑧依照有关法律规定应予免税的各国驻华使馆、领事馆的外交代表、领事官员和其他人员的所得;⑨中国政府参加的国际公约、签订的协议中规定免税的所得;⑩国务院规定的其他免税所得(由国务院报全国人民代表大会常务委员会备案)。

三、纳税人识别号

纳税人有中国公民身份号码的,以中国公民身份号码为纳税人识别号;纳税人没有中国公民身份号码

的,由税务机关赋予其纳税人识别号。扣缴义务人扣缴税款时,纳税人应当向扣缴义务人提供纳税人识别号。

考点四 保险法

一、保险公司的设立

设立保险公司应当经国务院保险监督管理机构批准。国务院保险监督管理机构审查保险公司的设立申请时,应当考虑保险业的发展和公平竞争的需要。

设立保险公司应当具备下列条件:①主要股东具有持续盈利能力,信誉良好,最近3年内无重大违法违规记录,净资产不低于人民币2亿元;②有符合《中华人民共和国保险法》(以下简称《保险法》)和《公司法》规定的章程;③有符合《保险法》规定的注册资本;④有具备任职专业知识和业务工作经验的董事、监事和高级管理人员;⑤有健全的组织机构和管理制度;⑥有符合要求的营业场所和与经营业务有关的其他设施;⑦法律、行政法规和国务院保险监督管理机构规定的其他条件。

申请设立保险公司,应当向国务院保险监督管理机构提出书面申请,并提交下列材料:①设立申请书,申请书应当载明拟设立的保险公司的名称、注册资本、业务范围等;②可行性研究报告;③筹建方案;④投资人的营业执照或者其他背景资料,经会计师事务所审计的上一年度财务会计报告;⑤投资人认可的筹备组负责人和拟任董事长、经理名单及本人认可证明;⑥国务院保险监督管理机构规定的其他材料。

二、保险代理人和保险经纪人

保险代理人是根据保险人的委托,向保险人收取佣金,并在保险人授权的范围内代为办理保险业务的机构或者个人。保险经纪人是基于投保人的利益,为投保人与保险人订立保险合同提供中介服务,并依法收取佣金的机构。

保险代理人、保险经纪人及其从业人员在办理保险业务活动中不得有下列行为:①欺骗保险人、投保人、被保险人或者受益人;②隐瞒与保险合同有关的重要情况;③阻碍投保人履行《保险法》规定的如实告知义务,或者诱导其不履行《保险法》规定的如实告知义务;④给予或者承诺给予投保人、被保险人或者受益人保险合同约定以外的利益;⑤利用行政权力、职务或者职业便利以及其他不正当手段强迫、引诱或者限制投保人订立保险合同;⑥伪造、擅自变更保险合同,或者为保险合同当事人提供虚假证明材料;⑦挪用、截留、侵占保险费或者保险金;⑧利用业务便利为其他机构或者个人牟取不正当利益;⑨串通投保人、被保险人或者受益人,骗取保险金;⑩泄露在业务活动中知悉的保险人、投保人、被保险人的商业秘密。

考点五 刑事法律制度

一、刑事责任年龄 ★★

已满16周岁的人犯罪,应当负刑事责任。

已满14周岁不满16周岁的人,犯故意杀人、故意伤害致人重伤或者死亡、强奸、抢劫、贩卖毒品、放火、爆炸、投放危险物质罪的,应当负刑事责任。

已满12周岁不满14周岁的人,犯故意杀人、故意伤害罪,致人死亡或者以特别残忍手段致人重伤造成严重残疾,情节恶劣,经最高人民检察院核准追诉的,应当负刑事责任。

对依照上述规定追究刑事责任的不满18周岁的人,应当从轻或者减轻处罚。

因不满16周岁不予刑事处罚的,责令其父母或者其他监护人加以管教;在必要的时候,依法进行专门矫治教育。

二、特殊人员的刑事责任能力

精神病人在不能辨认或者不能控制自己行为的时候造成危害结果,经法定程序鉴定确认的,不负刑事责任,但是应当责令他的家属或者监护人严加看管和医疗;在必要的时候,由政府强制医疗。

间歇性的精神病人在精神正常的时候犯罪,应当负刑事责任。

尚未完全丧失辨认或者控制自己行为能力的精神病人犯罪的,应当负刑事责任,但是可以从轻或者减轻处罚。

醉酒的人犯罪,应当负刑事责任。

三、破坏金融管理秩序罪 ★★

破坏金融管理秩序罪中的洗钱罪、逃汇罪和违法发放贷款罪是银行招聘考试的常考考点。

(一) 洗钱罪

为掩饰、隐瞒毒品犯罪、黑社会性质的组织犯罪、恐怖活动犯罪、走私犯罪、贪污贿赂犯罪、破坏金融管理秩序犯罪、金融诈骗犯罪的所得及其产生的收益的来源和性质,有下列行为之一的,没收实施以上犯罪的所得及其产生的收益,处5年以下有期徒刑或者拘役,并处或者单处罚金;情节严重的,处5年以上10年以下有期徒刑,并处罚金:①提供资金帐户的;②将财产转换为现金、金融票据、有价证券的;③通过转帐或者其他支付结算方式转移资金的;④跨境转移资产的;⑤以其他方法掩饰、隐瞒犯罪所得及其收益的来源和性质的。单位犯洗钱罪的,对单位判处罚金,并对其直接负责的主管人员和其他直接责任人员,依照上述规定处罚。

(二) 逃汇罪

公司、企业或者其他单位,违反国家规定,擅自将外汇存放境外,或者将境内的外汇非法转移到境外,数额较大的,对单位判处逃汇数额5%以上30%以下罚金,并对其直接负责的主管人员和其他直接责任人员,处5年以下有期徒刑或者拘役;数额巨大或者有其他严重情节的,对单位判处逃汇数额5%以上30%以下罚金,并对其直接负责的主管人员和其他直接责任人员,处5年以上有期徒刑。

(三) 违法发放贷款罪

银行或者其他金融机构的工作人员违反国家规定发放贷款,数额巨大或者造成重大损失的,处5年以下有期徒刑或者拘役,并处1万元以上10万元以下罚金;数额特别巨大或者造成特别重大损失的,处5年以上有期徒刑,并处2万元以上20万元以下罚金。

银行或者其他金融机构的工作人员违反国家规定,向关系人发放贷款的,依照上述规定从重处罚。

单位犯上述罪的,对单位判处罚金,并对其直接负责的主管人员和其他直接责任人员,依照上述规定处罚。

考点六 招标投标法实施条例

一、招标

国有资金占控股或者主导地位的依法必须进行招标的项目,应当公开招标;但有下列情形之一的,可以邀请招标:①技术复杂、有特殊要求或者受自然环境限制,只有少量潜在投标人可供选择;②采用公开招标方式的费用占项目合同金额的比例过大。

公开招标的项目,应当依照招标投标法和招标投标法实施条例的规定发布招标公告、编制招标文件。招标人采用资格预审办法对潜在投标人进行资格审查的,应当发布资格预审公告、编制资格预审文件。

招标人不得以不合理的条件限制、排斥潜在投标人或者投标人。

二、投标 ★★

与招标人存在利害关系可能影响招标公正性的法人、其他组织或者个人,不得参加投标。

(一)串通投标

1. 投标人相互串通投标

禁止投标人相互串通投标。

有以下情形之一的,属于投标人相互串通投标:①投标人之间协商投标报价等投标文件的实质性内容;②投标人之间约定中标人;③投标人之间约定部分投标人放弃投标或者中标;④属于同一集团、协会、商会等组织成员的投标人按照该组织要求协同投标;⑤投标人之间为谋取中标或者排斥特定投标人而采取的其他联合行动。

有以下情形之一的,视为投标人相互串通投标:①不同投标人的投标文件由同一单位或者个人编制;②不同投标人委托同一单位或者个人办理投标事宜;③不同投标人的投标文件载明的项目管理成员为同一人;④不同投标人的投标文件异常一致或者投标报价呈规律性差异;⑤不同投标人的投标文件相互混装;⑥不同投标人的投标保证金从同一单位或者个人的账户转出。

2. 招标人与投标人串通投标

禁止招标人与投标人串通投标。

有以下情形之一的,属于招标人与投标人串通投标:①招标人在开标前开启投标文件并将有关信息泄露给其他投标人;②招标人直接或者间接向投标人泄露标底、评标委员会成员等信息;③招标人明示或者暗示投标人压低或者抬高投标报价;④招标人授意投标人撤换、修改投标文件;⑤招标人明示或者暗示投标人为特定投标人中标提供方便;⑥招标人与投标人为谋求特定投标人中标而采取的其他串通行为。

(二)以他人名义投标

投标人不得以他人名义投标,如使用通过受让或者租借等方式获取的资格、资质证书投标。

(三)以其他方式弄虚作假

投标人不得以其他方式弄虚作假,骗取中标。投标人有以下情形之一的,属于以其他方式弄虚作假的行为:①使用伪造、变造的许可证件;②提供虚假的财务状况或者业绩;③提供虚假的项目负责人或者主要技术人员简历、劳动关系证明;④提供虚假的信用状况;⑤其他弄虚作假的行为。

三、评标

评标委员会成员应当依照招标投标法和招标投标法实施条例的规定,按照招标文件规定的评标标准和方法,客观、公正地对投标文件提出评审意见。

有以下情形之一的,评标委员会应当否决其投标:①投标文件未经投标单位盖章和单位负责人签字;②投标联合体没有提交共同投标协议;③投标人不符合国家或者招标文件规定的资格条件;④同一投标人提交两个以上不同的投标文件或者投标报价,但招标文件要求提交备选投标的除外;⑤投标报价低于成本或者高于招标文件设定的最高投标限价;⑥投标文件没有对招标文件的实质性要求和条件作出响应;⑦投标人有串通投标、弄虚作假、行贿等违法行为。

四、骗取中标的法律责任

投标人以他人名义投标或者以其他方式弄虚作假骗取中标的,中标无效。构成犯罪的,依法追究刑事责任。尚不构成犯罪的,处中标项目金额5‰以上10‰以下的罚款,对单位直接负责的主管人员和其他直接责任人员处单位罚款数额5%以上10%以下的罚款;有违法所得的,并处没收违法所得;情节严重的,取消其1年至3年内参加依法必须进行招标的项目的投标资格并予以公告。

投标人有以下行为属于情节严重行为:①伪造、变造资格、资质证书或者其他许可证件骗取中标;②3年内2次以上使用他人名义投标;③弄虚作假骗取中标给招标人造成直接经济损失30万元以上;④其他弄虚作假骗取中标情节严重的行为。投标人自处罚(取消投标资格)执行期限届满之日起3年内又有上述所列违法行为之一的,或者弄虚作假骗取中标情节特别严重的,由工商行政管理机关吊销营业执照。

第三章 计算机知识

考情简报

题型题量概述

对于本章内容，中行、建行笔试题量较大，一般为8道左右；农行、邮储银行题量较小，为1~5道；工行已经多年未考查。考生可根据备考需要进行复习。题型包括单项选择题和多项选择题，以单项选择题为主。

考查内容概述

多数银行侧重考查前沿信息技术，总体难度较大，且考查范围较广。本章内容中，office基础操作、计算机信息安全技术、大数据技术、云计算技术、人工智能技术等是高频考点，考生备考时需重点理解和掌握。

第一讲 计算机基础知识

考点一 计算机系统构成

一、计算机硬件系统 ★★

计算机硬件由运算器、控制器、存储器、输入设备和输出设备五个基本部件组成。

（一）运算器

运算器的功能是对数据进行加工处理，完成算术运算和逻辑运算。算术运算包括加、减、乘、除及它们的复合运算，而逻辑运算包括与、或、非、异或、移位等运算。运算器的核心是算术逻辑单元(ALU)。

（二）控制器

控制器是计算机的指挥中心，它控制计算机的各个部件有条不紊地工作，其基本功能是取指令、分析指令和执行指令。控制器按照计算程序所排列的指令序列，首先从存储器中取出一条指令放入控制器中，通过译码器对该指令的操作码进行分析，再根据指令性质执行这条指令，进行相应操作；接着从存储器中取出下一条指令并分析，再执行，以此类推。

通常将运算器和控制器统称为中央处理器，即CPU，它是整个计算机的核心部件，是计算机的"大脑"。CPU控制计算机的运算、处理、输入和输出等工作。

（三）存储器

存储器是计算机的记忆装置，它的主要功能是存放程序和数据。程序是计算机操作的依据，数据是计算机操作的对象。程序和数据在计算机中以二进制数的形式存放于存储器。存储器存储容量的大小以字节为单位来度量。在计算机中，通常使用2个字节表示一个汉字。

根据存储器在计算机系统中的作用分类，可将存储器分为内存储器、外存储器和高速缓冲存储器(Cache)。

1. 内存储器

内存储器（简称内存）在计算机主机内，它与 CPU 直接交换信息，容量虽小，但存取速度快，一般只存放计算机运行期间需要的程序和数据。内存容量的大小是衡量计算机性能的主要指标之一。内存主要包括随机存取存储器和只读存储器。

随机存取存储器（RAM）：一种可读/写存储器，其特点是存储器中任何存储单元的内容都能被随机存取，且存取时间与存储单元的物理位置无关。RAM 是易失性存储器，即断电后所存信息会丢失。RAM 又分为 SRAM（静态随机存取存储器）和 DRAM（动态随机存取存储器）。

只读存储器（ROM）：可以看作 RAM 的一种特殊形式，其特点是存储器中的内容是固定不变的，即只能随机读出而不能写入，且断电后所存信息不会丢失。

2. 外存储器

外存储器（简称外存）用来存放当前暂不参与运行的程序和数据，以及一些需要永久保存的信息。外存不能与 CPU 直接交换信息，程序必须调入内存才可执行。外存设在主机外部，存取速度慢，但存储容量大，断电后所存信息不会丢失，属于非易失性存储器。常用于计算机系统的外存有硬磁盘、软磁盘、磁带、光盘等，且前三种都属于磁表面存储器。

3. 高速缓冲存储器（Cache）

在多体并行存储系统中，由于 I/O 设备向内存请求的级别高于 CPU 访存，因此会出现 CPU 等待 I/O 设备访存的现象，降低了 CPU 的工作效率。为了避免二者争抢访存，可在 CPU 和内存之间加高速缓冲存储器，即 Cache。Cache 的提出缓解了内存和 CPU 之间速度不匹配的问题。

高速缓冲技术利用的是程序访问的局部性原理，将 CPU 近期要用到的程序和数据提前存放在一个高速且容量较小的 Cache 中，使 CPU 的访存操作大多针对 Cache 进行，从而使程序的执行速度大大提高。

（四）输入设备

输入设备是指从计算机外部向计算机内部传送信息的装置。其功能是将数据、程序及其他信息，从人们熟悉的形式转换成计算机能够识别和处理的形式，输入到计算机内部。

常用的输入设备有键盘、鼠标、光笔、扫描仪、触摸屏、条形码阅读器、摄像头、图形数字化仪等。

（五）输出设备

输出设备是指将计算机的处理结果传送到计算机外部供计算机用户使用的装置。其功能是将计算机内部二进制形式的数据信息转换成人们所需要的或其他设备能接受和识别的信息形式，输出到计算机外部。

常用的输出设备有显示器、打印机、绘图仪、投影仪等。

通常将输入设备和输出设备统称为 I/O 设备，它们都属于计算机的外部设备。

二、计算机软件系统 ★★

软件是计算机系统运行的指令、数据和相关文档的集合，即软件等于程序、数据加上文档。

（一）计算机软件的分类

1. 按应用范围分类

（1）系统软件。系统软件主要用来管理整个计算机系统，监视服务，使系统资源得到合理调度，高效运行。系统软件主要包括操作系统、语言处理程序、数据库管理系统和系统辅助处理程序等。

（2）应用软件。除系统软件外的所有软件都是应用软件。应用软件是用户利用计算机及其提供的系统软件为解决各种实际问题而编制的计算机程序，主要包括文字处理软件、表格处理软件、事务管理软件、辅助设计软件、实时控制软件等。

2. 按授权类别分类

(1)专属软件。此类授权通常不允许用户随意地复制、研究、修改或散布该软件。违反此类授权通常会有严重的法律后果。专属软件的源码通常被公司视为私有财产而予以严密的保护。

(2)自由软件。与专属软件相反,赋予用户复制、研究、修改和散布该软件的权利,并提供源码供用户自由使用,仅给予些许的其他限制。Linux、Firefox 和 Open Office 可作为此类软件的代表。

(3)共享软件。通常可免费取得并使用其试用版,但在功能或使用期限上受到限制。

(4)免费软件。可免费取得和传播,但并不提供源码,也无法修改。

(5)公共软件。原作者已放弃权利,著作权过期,或作者已经不可考究的软件。使用上无任何限制。

(二)操作系统

操作系统是系统软件的核心,其直接运行在裸机上,任何其他软件必须在操作系统的支持下才能运行。操作系统的功能是管理计算机系统的全部硬件资源、软件资源和数据资源,使计算机系统所有资源最大限度地发挥作用,为用户提供方便、有效、友善的服务界面。常见的操作系统有 Windows、UNIX、Linux、macOS 和 DOS 等。

根据所提供的功能不同进行分类,操作系统可分为批处理操作系统、分时操作系统、实时操作系统、通用操作系统、网络操作系统和分布式操作系统。

(1)批处理操作系统:采用多道程序设计技术,根据预先设定的调度策略选择若干作业并发地执行。

(2)分时操作系统:在一台主机上连接了多个配有显示器和键盘的终端并由此所组成的系统,该系统允许多个用户同时通过自己的终端,以交互方式使用主机,共享主机中的资源。

(3)实时操作系统:系统能及时响应外部事件的请求,在规定的时间内完成对该事件的处理,并控制所有实时任务协调一致地运行。

(4)通用操作系统:同时兼有多道批处理、分时、实时处理的功能,或者其中两种及以上功能的操作系统。

(5)网络操作系统:在计算机网络环境下,对网络资源进行管理和控制,实现数据通信及对网络资源的共享,为用户提供与网络资源之间接口的一组软件和规程的集合。

(6)分布式操作系统:负责管理分布式处理系统资源和控制分布式程序运行。

三、计算机系统的主要性能指标 ★★★

衡量一个计算机系统性能的主要技术指标有以下几个:

(1)主频。主频即时钟频率,指 CPU 工作的时钟频率,也表示在 CPU 内数字脉冲信号震荡的速度。计算机一般采用主频来描述运算速度,一般来说,主频越高,运算速度就越快。

(2)字长。计算机的运算部件能同时处理的二进制数据的位数。字长决定了计算机的运算精度,字长越长,运算精度越高;字长也影响计算机的运算速度,字长越长,计算机一次能处理的数据就越多。

(3)内存容量。内存储器中能存储信息的总字节数。内存容量越大,可进入内存的程序就越多,CPU 的处理效率也就越高。

(4)存取周期。对内存进行一次完整存/取操作所需的时间,即存储器进行连续存取操作所允许的最小时间间隔,一般以时钟周期的倍数来描述。存取周期越短,计算机存取速度就越快、性能就越好。影响存取周期的因素主要是内存的速度。

命题角度

(1) 计算机硬件不同部件的功能。

(2) 存储器的分类及区分。

(3) 计算机系统的主要性能指标与运算速度的关系。

考点二 软件基础知识

一、算法

(一) 算法的定义及特征

算法是对特定问题求解步骤的一种描述,是一系列解决问题的清晰指令。算法的特征如下:

(1) 有穷性:算法必须在执行有穷步之后终止,即一个算法的操作步骤是有限的。

(2) 确定性:算法中的每一条指令都必须有确切的含义,并且对于特定的输入有特定的输出。

(3) 有输入:算法有零个或多个输入,它们是算法开始运算前赋予参与运算的各个变量的初始值。

(4) 有输出:算法有一个或多个输出,输出的值应是算法计算得出的结果。

(5) 可行性:算法是能够执行的,且算法中每一条运算都必须是足够基本的,也就是说算法中定义的操作都是可以通过可实现的基本运算执行有限次来实现的。

(二) 算法的评定标准

评定一个算法的优劣,主要有以下几个标准。

(1) 正确性:算法在正确的输入条件下能够正确地执行,并且满足具体问题的要求。正确性是评定一个算法优劣最重要的标准。

(2) 健壮性:算法对非法输入的处理能力。当输入的数据非法时,算法也能做出反应或进行适当处理。

(3) 可读性:算法可供人们阅读的容易程度。可读性好,有助于人们理解、测试和修改算法。

(4) 效率与低存储量需求:效率是指算法执行的时间,可用时间复杂度来度量;存储量需求是指算法执行过程中所需要的最大存储空间,可用空间复杂度来度量。

二、数据结构

(一) 数据结构基础知识

1. 数据结构的定义

数据结构是由与特定问题相关的某一数据元素的集合和该集合中数据元素之间的关系组成的。

2. 逻辑结构和存储结构

(1) 逻辑结构。数据的逻辑结构是指数据元素之间的逻辑关系。数据的逻辑结构与数据元素在计算机中存储的位置无关。常见的数据逻辑结构可分为以下四类。①集合:集合中的任意两个数据元素之间都没有逻辑关系,只是属于同一个集合。②线性结构:线性结构中的数据元素之间存在"一对一"的关系。③树形结构:树形结构中的数据元素之间存在"一对多"的关系。④图状结构:图状结构中的数据元素之间存在"多对多"的关系。

(2) 存储结构。数据的存储结构是指数据元素及其逻辑关系在计算机中的表示,或者说是数据的逻辑结构在计算机存储空间中的存放形式。常见的数据存储结构可分为以下四类。①顺序存储:逻辑上相邻的元素存放到物理位置上也相邻的存储单元中。使用顺序存储结构可以随机存取元素,但是在进行插入和删除操作时需要移动元素。②链式存储:不要求逻辑上相邻的元素在物理位置上也相邻,元素之间的逻辑关系由附加的链接指针指示。链式存储结构的存储密度比顺序存储结构小,查找速度也相对较慢,但是插入和删除操作较为灵活。③索引存储:在存储元素信息的同时需要建立附加的索引表。④散列存储:根据元素的关键字通过一个函数直接计算出该元素的存储地址。

(二)线性表

线性表是一种最基本、最简单、最常用的数据结构。线性表是由 $n(n \geq 0)$ 个类型相同的数据元素组成的有限序列。线性表的长度是指线性表中元素的个数。空表是指长度为 0 的线性表。

非空线性表中一定存在唯一的第一个元素和最后一个元素;除第一个元素之外,其他元素有且仅有一个直接前趋(前件);除最后一个元素之外,其他元素有且仅有一个直接后继(后件)。

采用顺序存储方式实现的线性表称为顺序表;采用链接存储方式实现的线性表称为链表。

(三)栈

1. 栈的定义

栈是一种只能在一端进行插入和删除操作的线性表。

允许进行插入和删除操作的一端称为栈顶;不允许进行插入和删除操作且固定不变的一端称为栈底。栈的插入操作称为入栈;栈的删除操作称为出栈。

2. 栈的特点

栈的特点是后进先出(Last In First Out,简称 LIFO),即后入栈的元素先出栈,先入栈的元素后出栈。第一个出栈的元素始终是栈顶元素。因此,栈又称后进先出线性表。

(四)队列

1. 队列的定义

队列是一种运算受限制的线性表,只允许在一端进行插入操作,在另一端进行删除操作。

允许进行删除操作的一端称为队头;允许进行插入操作的一端称为队尾。队列的插入操作称为入队;队列的删除操作称为出队。

2. 队列的特点

队列的特点是先进先出(First In First Out,简称 FIFO),即先入队的元素先出队,后入队的元素后出队。因此,队列又称先进先出线性表。

第二讲 Office 基础操作

考点一 Word 2016 基础知识

一、文档编辑的基础操作

(一)复制粘贴文本

先选定待复制的文本,按 Ctrl+C 组合键进行复制,再将光标放在目标位置,按 Ctrl+V 组合键进行粘贴即可。

(二)剪贴板的应用

如果需要先将所有待复制(或剪切)的内容一次复制(或剪切)完,再在不同位置选择不同项目进行粘贴,或者在同一位置全部粘贴,那么可以使用剪贴板。

在"开始"选项卡的"剪贴板"选项组中,单击右下角的"剪贴板"启动器按钮,展开剪贴板,这样复制(或剪切)的内容就会成为剪贴板上的项目,只要在某一项目上单击,该项目就会粘贴到光标所在位置。在剪贴板上方,有"全部粘贴"和"全部清空"两个按钮可以使用。

在 Word 的智能剪贴状态下,多次执行"复制"操作后,被复制的内容都会存放在剪贴板中,可以通过直接单击剪贴板中的内容完成该内容的粘贴操作。

二、文档排版的基础操作

(一)设置文本的字体格式

设置文本的字体格式方式有如下两种:

(1)在"开始"选项卡的"字体"选项组中,单击不同的按钮进行不同字体格式的设置,如字体、字号、加粗、斜体、下划线、字体颜色、上标、下标等。

(2)在"开始"选项卡的"字体"选项组中,单击右下角的"字体"对话框启动器按钮,弹出"字体"对话框,进行字体格式设置。

(二)设置文本的段落格式

设置文本的段落格式方式有如下两种:

(1)在"开始"选项卡的"段落"选项组中,单击不同的按钮进行不同段落格式的设置,如项目符号、编号、层级列表、对齐方式、缩进、行距、段落间距、边框等。

(2)在"开始"选项卡的"段落"选项组中,单击右下角的"段落"对话框启动器按钮,弹出"段落"对话框,进行段落格式设置。

三、表格的基础操作

(一)文本转换成表格

先选定待转换成表格的文本,再单击"插入"|"表格"|"文本转换成表格"命令,弹出"将文字转换成表格"对话框。在该对话框中,根据选定的文本已经预设了相应的列数和行数,其中列数也可以手动设置,单击"确定"按钮即可在文档中插入表格。

注意,转换成表格的文本中必须有分隔符。Word 2016 能识别的分隔符有段落标记、半角逗号、空格、制表符,以及其他自定义的单个字符。

(二)合并与拆分单元格

合并与拆分单元格是使用频率较高的功能,通过这两个功能,可以快速制作一些复杂的表格。

1. 合并单元格

合并单元格是指将若干个单元格合并为一个单元格。方法有如下两种:

(1)选定待合并的单元格,右击鼠标,在弹出的快捷菜单中选择"合并单元格"命令。

(2)选定待合并的单元格,在"表格工具|布局"选项卡的"合并"选项组中,单击"合并单元格"按钮。

2. 拆分单元格

拆分单元格是指将一个单元格拆分为若干个单元格,或者将若干个单元格重新进行拆分。方法有如下两种:

(1)选定待拆分的单元格,右击鼠标,在弹出的快捷菜单中选择"拆分单元格"命令,弹出"拆分单元格"对话框,设置拆分后的列数和行数,单击"确定"按钮。

(2)选定待拆分的单元格,在"表格工具|布局"选项卡的"合并"选项组中,单击"拆分单元格"按钮,弹出"拆分单元格"对话框,设置拆分后的列数和行数,单击"确定"按钮。

3. 利用"绘制表格"与"橡皮擦"工具实现拆分与合并

在"表格工具|布局"选项卡的"绘图"选项组中,利用"绘制表格"工具可以在现有表格上任意绘制表格线,以增加单元格数或行/列数,实现拆分效果;利用"橡皮擦"工具可以将多余的表格线擦除,实现合并效果。

注意,"绘制表格"工具还可以在单元格内绘制斜线。

考点拓展

将"表格属性"对话框"行"选项卡中"允许跨行断页"复选框取消选中后,可以保证因内容过多被拆分到两页显示的同一单元格内容在同一页显示。

考点二 Excel 2016 基础知识

一、数据的输入

(一)文本型数据

文本型数据包括字符串、数字、特殊符号、汉字等,在单元格中默认是左对齐。

只要不被系统解释成数字、公式、日期、时间、逻辑值,则 Excel 一律将其视为文字。对于一个纯数字数据,例如电话号码、身份证号码,要设置为文本型数据,可采用以下方法:

(1)在每一个数据前加一个英文状态下的单撇号"'"。

(2)单击"格式"→"设置单元格格式"命令,在"数字"选项卡中选择"文本"。

(二)数值型数据

数值型数据是指由数字 0~9、小数点、正负号、E(用于表示指数)等符号组成,有大小、多少等数值含义的数据。在单元格中默认是右对齐。

(三)日期/时间型数据

在 Excel 表格中,输入日期可使用"/"或者"-"将年、月、日分隔开。在使用"/"符号输入时,格式可以为"年/月/日",或者"月/日/年"。可以用多种格式输入一个日期和时间,显示格式取决于所设定的日期格式。

输入当天的日期:Ctrl+分号。

输入当前时间:Ctrl+Shift+分号。

如果在同一个单元格中输入日期和时间,中间需要用空格分开。

二、公式的应用 ★★

(一)公式的创建与编辑

公式是以"="开头,由常量、单元格地址、函数、运算符等组成的表达式。

选中单元格,在编辑栏中可以修改公式,或双击单元格在单元格内修改。

(二)公式中常用运算符

1. 算术运算符

算术运算符包括:加(+)、减(-)、乘(*)、除(/)、乘幂(^)、百分比(%)。其运算结果为数值型。如在 A1 单元格中输入 =48+7*3-36/2+4^2,确认后,A1 单元格只显示 67。

2. 文本运算符 &

它用于将 2 个及 2 个以上的字符串按顺序连接在一起组成一个文本显示。如 A1 单元格输入的是"计算机",A2 单元格是"应用",A3 单元格是"基础",若在 A4 单元格输入"＝A1&A2&A3",那么 A4 单元格中的结果就是"计算机应用基础",其结果仍是文本型数据。

3. 比较运算符

比较运算符包括：小于(＜)、小于或等于(＜＝)、等于(＝)、大于或等于(＞＝)、大于(＞)、不等于(＜＞)。

4. 引用运算符

引用运算符也称区域运算符,用冒号表示。它实际是两个地址之间的分隔符,表示地址的引用范围。如 A1:B3,它表示以 A1 为左上角,B3 为右下角所围成的矩形的单元格区域。"空格"用于表示单元格的交集,即几个区域之间重叠的单元格;"逗号"用于表示单元格的并集。

运算符的优先级：( ) 优先于 % 优先于 ^ 优先于 ＊，／ 优先于 ＋，－ 优先于 & 优先于比较运算符。

三、函数的应用 ★★

函数的输入方法有三种：①手动输入；②使用"常用"工具栏上"粘贴函数"按钮；③使用"插入"→"函数"命令粘贴函数。

在 Excel 中，插入完整的函数计算公式需要"＝"、函数名和参数。常用函数的具体内容见表 4-3-1。

表 4-3-1 数学函数、文本函数、日期和时间函数及其功能

函数	功能	应用举例	结果
数学函数			
INT(number)	返回参数向下取整后的整数值	=INT(5.6)	5
		=INT(-5.6)	-6
MOD(number,divisor)	返回 number/divisor 的余数	=MOD(14,3)	2
PI()	返回 π 值	=PI()	3.141592654
ROUND(number,n)	按指定位数对参数进行四舍五入	=ROUND(65.32,1)	65.3
SQRT(number)	返回参数的平方根	=SQRT(36)	6
SUM(number1,number2…)	返回若干参数的和	=SUM(1,2,3)	6
文本函数			
LEFT(text,n)	取 text 左边 n 个字符	=LEFT("ABCD",3)	"ABC"
LEN(text)	返回 text 的字符个数	=LEN("ABCD")	4
MID(text,n,p)	从 text 中第 n 个字符开始连续取 p 个字符	=MID("ABCD",2,2)	"BC"
RIGHT(text,n)	取 text 右边 n 个字符	=RIGHT("ABCD",3)	"BCD"
FIND(find_text,within_text,n)	从 within_text 中第 n 个字符开始查找 find_text 的位置	=FIND("CD","CDACD",2)	4
TIRM(text)	从 text 中去除头、尾空格	=TIRM(" AB C")	"AB C"
日期和时间函数			
DATE(year,month,day)	生成日期	=DATE(2021,3,29)	2021/3/29
DAY(data)	返回日期的天数	=DAY(DATE(2021,3,29))	29
MONTH(data)	返回日期的月份	=MONTH(DATE(2021,3,29))	3
YEAR(data)	返回日期的年份	=YEAR(DATE(2021,3,29))	2021
NOW()	返回系统的日期和时间	=NOW()	取系统当前日期和时间
TODAY()	返回系统的日期	=TODAY()	取系统当前日期

> **要点提示**

为了便于考生理解,表 4-3-1 中对函数应用的举例均使用具体数值。实际应用中,对某个函数单元格区域运用函数的情况更常见。例如,SUM(B2:C4)的意思是将表格 B2~B4、C2~C4 的所有数值求和。

第三讲 计算机网络与安全

考点一 计算机网络基础知识

一、计算机网络概述

（一）计算机网络的概念和功能

计算机网络主要是由一些通用的、可编程的硬件互连而成的,而这些硬件并非专门来实现某一特定功能(如传送数据等)。这些可编程的硬件能够用来传送多种不同类型的数据,并能够满足日益增长的应用需求。

计算机网络的功能主要是实现计算机之间的资源共享、数据通信,除此之外还有负载均衡、分布式处理和提高性能。

（二）计算机网络的分类

计算机网络的分类具体见表 4-3-2。

表 4-3-2　计算机网络的分类

分类标准	计算机网络	具体含义
按作用范围分类	广域网（WAN）	广域网也称远程网,通常跨越很大的物理范围,所覆盖的范围从几十千米到几千千米不等
	城域网（MAN）	城域网的作用范围一般是一个城市,可以跨越几个街区甚至整个城市,作用距离为 5~50 千米
	局域网（LAN）	局域网是指在某一区域（如一个宿舍、一栋楼、一个企业、一个学校等）内的计算机网络,作用范围为 1 千米左右。局域网一般用微型计算机或工作站通过高速通信线路连接
	个人区域网（PAN）	个人区域网也称无线个人区域网,是指在个人工作的地方把属于个人使用的电子设备用无线技术连接起来的网络,作用范围一般为 10 米左右
按使用范围分类	公用网	公用网一般是指电信公司出资建立的大型网络,"公用"的意思是所有按电信公司的规定交纳费用的人都可以使用该网络
	专用网	专用网是指某个部门为满足本单位的特殊工作的需要而建立的网络,这种网络不向本单位以外的人提供服务

二、计算机网络体系结构

三种计算机网络体系结构见表 4-3-3。

表 4-3-3 三种计算机网络体系结构

OSI 的体系结构	TCP/IP 的体系结构	五层协议的体系结构
应用层	应用层	应用层
表示层		
会话层		
运输层	运输层	运输层
网络层	网际层 IP	网络层
数据链路层	网络接口层	数据链路层
物理层		物理层

OSI 是一个七层协议体系结构。其理论较完整,但复杂又不实用。TCP/IP 是一个四层体系结构,目前被广泛使用。由于 TCP/IP 模型的网络接口层没有什么具体内容,因此在学习计算机网络原理时,常采用一种折中的办法,即五层协议的体系结构,它综合了 OSI 和 TCP/IP 的优点。

//// 考点拓展 ////

OSI 各层功能如下:物理层的主要功能是对数据传输线路和传输信道进行定义;数据链路层的主要功能是流量控制、差错控制、帧同步、透明传输等;网络层的主要功能是对子网间的数据包进行路由选择和 IP 寻址;运输层的主要功能是数据分段、提供可靠或不可靠的传输、差错控制和流量控制;会话层负责建立、管理、终止进程之间的会话;表示层的功能包括数据的加密、解密、压缩、格式转换等;应用层为操作系统或网络应用程序提供访问网络服务的接口。

三、局域网 ★★★

(一)局域网概述

局域网是指一个较小范围(如一个部门)内的多台计算机或者其他通信设备,通过双绞线、同轴电缆、光纤等传输介质互连起来,以达到资源和信息共享目的的互连网络。局域网的主要特点:①为一个单位所有;②地理范围和站点数目有限;③与采用非光纤技术的广域网相比,局域网具有较高的数据率、较低的时延和较小的误码率。

局域网的主要拓扑结构包括星形网、环形网、树形网和总线型网。

(二)无线局域网

无线局域网(WLAN),是不使用任何导线或传输电缆连接,而使用无线电波作为数据传送媒介的局域网,传送距离一般只有几米到几十米。无线局域网的主干网路通常使用有线电缆,其用户通过一个或多个无线接取器接入无线局域网。无线局域网最通用的标准是 IEEE 定义的 802.11 系列标准。

Wi-Fi 是一种可以将个人电脑、手机等终端以无线方式相互连接的技术,它是一个无线网络通信技术的品牌,由 Wi-Fi 联盟所持有,目的是改善基于 IEEE 802.11 标准的无线网络产品之间的互通性。Wi-Fi 可以简单地理解为无线上网,几乎所有智能手机、平板电脑和笔记本电脑都支持 Wi-Fi 上网,它是当今使用最广的一种无线网络传输技术。

Wi-Fi 通过无线电波来联网。常见的就是无线路由器,在一个无线路由器的电波覆盖的有效范围内都可以采用 Wi-Fi 连接方式来联网。如果无线路由器连接了一条 ADSL 线路或者其他上网线路,则又被称为热点。一般架设无线网络的基本配备就是无线网卡及一台 AP,如此便能以无线的模式,配合既有的有线架构来分享网络资源。如果只是几台电脑的对等网,也可不要 AP,只需要给每台电脑配备无线网卡。

Wi-Fi 的基本特征：①更宽的宽带；②更强的射频信号；③功耗更低；④改进的安全性。

四、网络互连设备

（一）物理层设备

1. 中继器

中继器在物理层上实现局域网网段互连，用于扩展局域网网段的长度。中继器的主要功能是消除信号经过电缆所造成的失真和衰减，将其整形并放大后再转发出去，以扩大网络传输的距离。中继器既不能隔离冲突域，也不能隔离广播域。

注意，中继器和放大器都起放大作用，但中继器放大的是数字信号，而放大器放大的是模拟信号。

2. 集线器

集线器（Hub）相当于有多个端口的中继器，并且具有信号放大功能。集线器既不能隔离冲突域，也不能隔离广播域。

（二）数据链路层设备

1. 网桥

网桥工作在数据链路层，用于扩展局域网，并且具有过滤帧的功能。网桥能隔离冲突域，但不能隔离广播域。

2. 以太网交换机

以太网交换机可以看成多端口网桥。以太网交换机能隔离冲突域，但不能隔离广播域。

（三）网络层设备——路由器

路由器是一种具有多个输入、输出端口的专用计算机，用于连接异构网络并完成路由转发。路由器既能隔离冲突域，又能隔离广播域。

（四）适配器

计算机与外界局域网的连接是通过通信适配器进行的。适配器是在主机箱内插入的一块网络接口板，也称网络接口卡或网卡。适配器的一个重要功能是进行数据串行传输与并行传输的转换。

计算机的物理地址固化在适配器的 ROM 中。

（五）网关

网关是网络层以上使用的设备。在一个计算机网络中，当连接不同类型且差别又较大的网络时，要选用网关设备，并且需要在高层进行协议的转换。

考点二 Internet 基础

一、Internet 概述

（一）Internet 的概念

Internet（互联网或因特网）是由数量非常大的各种计算机网络互连起来的。组成 Internet 的计算机网络包括局域网、城域网和广域网等。Internet 使用 TCP/IP 协议。Internet 提供的资源主要分为信息资源和服务资源。Internet 提供的信息涉及天文学、气象等几乎所有的领域。Internet 提供的服务有 WWW 服务、电子邮件服务、远程登录服务、文件传输服务等。

（二）Internet 的接入技术

常用的 Internet 接入技术主要有公用电话交换网（PSTN）、综合业务数字网（ISDN）、数字数据网（DDN）、非对称数字用户线(ADSL)、甚高速数字用户线(VDSL)、电缆调制解调器(Cable-Modem)、光纤接入、本地多点分配业务(LMDS)接入和局域网接入等。

二、网址与域名系统

用户和网络上的某台主机通信时,必须知道对方的 IP 地址,TCP/IP 设计了一种字符型的主机命名机制,即域名系统(Domain Name System,DNS)。DNS 负责将域名转换为 IP 地址。

互联网的 DNS 被设计为一个联机分布式的数据库系统,并采用客户/服务器模型。域名到 IP 地址的解析是由分布在互联网上的若干域名服务器程序共同完成的。域名服务器程序在专设的节点上运行,运行该程序的机器称为域名服务器。

互联网采用了层次树状结构的命名方法,任何一个连接在互联网上的主机或路由器都有一个唯一的层次结构名字,即域名。域名可以看作 IP 地址的别名。

域名由标号序列组成,各标号之间用点"."隔开(注意,域名中的"点"和点分十进制 IP 地址中的"点"没有对应关系)。域名的一般格式如下:

…….三级域名.二级域名.顶级域名

DNS 规定,域名中的标号都由英文字母和数字组成,每一个标号不超过 63 个字符,不区分大小写字母。标号中除连字符"-"外不能使用其他标点符号。目前已经有一些由两个汉字组成的中文顶级域名出现了。

顶级域名主要分为三类:国家顶级域名、通用顶级域名、基础结构域名。

(1)国家顶级域名。例如,cn 表示中国,us 表示美国,jp 表示日本。

(2)通用顶级域名。最先确定的通用顶级域名有 7 个,com 表示公司企业,edu 表示美国专用的教育机构,gov 表示美国的政府部门,int 表示国际组织,mil 表示美国的军事部门,net 表示网络服务机构,org 表示非营利性组织。

(3)基础结构域名。这种顶级域名只有一个,即 arpa,用于反向域名解析,因此又称反向域名。

三、TCP/IP 协议

在互联网使用的各种协议中,最重要的两个协议是 TCP 和 IP。TCP 和 IP 是指两个用在 Internet 上的网络协议(或数据传输的方法),它们分别是传输控制协议和网际协议。现在一般用 TCP/IP 表示互联网所使用的整个 TCP/IP 协议族。

TCP/IP 协议族中的协议保证 Internet 上数据的传输,提供了现在上网所用到的几乎所有服务,如电子邮件传输、文件传输、访问万维网等。

IP 协议用来使互连起来的多个计算机网络能够进行通信。与 IP 协议配套使用的还有三个协议,分别是地址解析协议(ARP)、网际控制报文协议(ICMP)以及网际组管理协议(IGMP)。

TCP 是一种面向连接的、可靠的、基于字节流的运输层通信协议,其数据传输单位是报文段。

四、Internet 的服务方式

(一)WWW

1. 万维网 WWW

万维网(World Wide Web,WWW)简称 Web,是一个大规模的、联机式的信息储藏所,具有强大的信息连接功能,是目前互联网中最受欢迎的、增长速度最快的多媒体信息服务系统。万维网用链接的方法能非常方便地从互联网上的一个站点访问另一个站点,从而主动地按需获取丰富的信息。

2. 统一资源定位符 URL

统一资源定位符(Uniform Resource Locator,URL)是可以从互联网上得到的资源位置和访问方法的一种简洁表示,是互联网上的资源的地址。互联网上的每个资源都有一个唯一确定的 URL。

URL 的一般格式如下:

<协议>://<主机>:<端口>/<路径>

3. 超文本传送协议 HTTP

超文本传送协议(HyperText Transfer Protocol,HTTP)定义了浏览器(即万维网客户进程)怎样向万维网服务器请求万维网文档,以及服务器怎样把文档传送给浏览器。HTTP 是面向事务的应用层协议。

4. 超文本标记语言 HTML

超文本标记语言(HyperText Markup Language,HTML)是一种制作万维网页面的标准语言。HTML 定义了很多"标签"用来进行排版。HTML 把各种标签嵌入到万维网页面中,构成万维网文档。HTML 文档是 ASCII 码文件,可以用任何文本编辑器编辑。

5. Web 站点和主页

Web 站点是指 WWW 上某一特定信息资源的所在地(如清华大学网站等),一般都对应着一个 Web 服务器,Web 服务器上存放着该站点的 Web 页面,用户访问一个站点时,首先找到该站点的 Web 服务器,然后将服务器上的 Web 页传输到用户的计算机上,通过浏览器显示出来。

每个 Web 站点都有一个主页,它是进入某个 Web 站点时,首先显示的那个文档,因此主页是 Web 站点的门面,通常会精心设计和制作。主页一般包括文本、图像、表格、超链接等。

(二)电子邮件

电子邮件英文缩写为 e-mail,是通过因特网发送和接收的信件。电子邮件地址的格式如下:

用户名@邮件服务器的域名

其中,用户名是用户自己定义的字符串标识符,必须是唯一的。

考点三 计算机信息安全技术

一、密码学 ★★★

(一)对称密码学

对称密码学所采用的算法称为对称密钥算法。在对称密钥算法中,用加密数据使用的密钥可以计算出用于解密数据的密钥,反之亦然。绝大多数对称密钥算法的加密密钥和解密密钥都是相同的。对称密钥算法要求通信双方在建立安全信道之前约定好使用的密钥。好的对称密钥算法,其安全性取决于密钥的安全性,而算法本身可以公开。经典的对称密钥算法包括 DES、3DES 和 AES 等。

在 DES 加密算法中,输入的是 64bit(比特)的明文,在 64bit 密钥的控制下产生 64bit 的密文;反之,输入 64bit 的密文,将输出 64bit 的明文。64bit 的密钥中含有 8bit 的奇偶校验位,因此实际有效密钥长度为 56bit。

对称密钥算法最主要的问题:由于加、解密双方都要使用相同的密钥,因此在发送、接收数据之前,必须要完成密钥的分发。因而,密钥的分发便成了该加密体系中最薄弱、风险最大的环节,各种基本的手段都很难保障安全地完成此项工作。

(二)非对称密码学

非对称密码学所采用的算法称为非对称加密算法。非对称加密算法是指用于加密的密钥与用于解密的密钥是不同的,而且从加密的密钥无法推导出解密的密钥。在非对称密码体制中,加密密钥可以公之于众,而解密密钥只有解密人自己知道,它们分别称为公开密钥和秘密密钥。在众多非对称加密算法中,RSA 算法使用最为广泛。

二、数字签名技术 ★★

数字签名技术是将信息发送者的身份与信息传送过程结合起来,保证信息在传送过程中的完整性,并提供信息发送者的身份认证,防止信息发送者发生抵赖行为。数字签名没有提供消息内容的机密性。许多时候证明消息的来源比隐藏消息的内容更重要,用户可能需要消息的认证和完整性,而不需要保密性。

非对称加密算法(如 RSA 算法)是实现数字签名技术最常用的算法。数字签名技术需要实现以下三个主要功能:

(1)接收者可以核对发送者对报文的签名,以确定对方的身份。

(2)发送者在发送报文后,无法对发送的报文和签名抵赖。

(3)接收者无法伪造发送者的签名。

考点拓展

数字签名与数据加密的区别:数字签名使用的是公钥密码体制中的认证模型,发送者使用自己的私钥加密消息,接收者使用发送者的公钥解密消息。数据加密使用的是公钥密码体制中的加密模型,发送者使用接收者的公钥加密消息,接收者使用自己的私钥解密消息。

三、PKI 技术

PKI(Public Key Infrastructure,公钥基础设施)是利用公钥加密和数字签名技术建立的安全服务基础设施,用于保证网络中数据的机密性、完整性和不可抵赖性。

四、身份认证技术

网络用户的身份认证可以通过以下三种途径之一或者组合来实现:

(1)所知。个人所掌握的密码、口令等。

(2)所有。个人的身份证、护照、钥匙等。

(3)个人特征。个人的指纹、声音、脸型、血型及动作特征等。

五、防火墙

(一)防火墙的概念

防火墙是位于两个信任程度不同的网络之间的软件和硬件设备的组合。它对两个或多个网络之间的通信进行控制,通过强制实施统一的安全策略,防止非法存取和访问重要的信息资源,以保护系统安全。防火墙通常是运行在一台单独计算机上的特别的服务软件,用于对网络进行防护和通信控制。它可以识别并屏蔽非法请求,有效防止跨权限的数据访问,因此既可以作为简单的过滤器,也可以作为网关,但其原理都是检测并过滤所有内部网络和外部网络之间交换的信息。

(二)防火墙的功能

(1)对进、出的数据报进行过滤,过滤掉不安全的服务和非法用户。

(2)监视互联网安全,对网络攻击行为进行检测和报警。

(3)记录通过防火墙的信息内容和活动。

(4)控制对特殊站点的访问,阻止某些禁止的访问行为。

(5)进行用户身份验证,即对一个特定用户的身份进行校验,判断其是否合法。

(6)进行网络地址转换,即可以通过防火墙将内部私有地址转换为全球公共地址。

(三)防火墙的优缺点

防火墙的优点:①可以把通信访问限制在可管理的范围内,可以完成整个网络安全策略的实施;②可以限制对某种特殊对象的访问,如限制某些用户对重要服务器的访问;③具有出色的审计功能,对网络连接记录、历史记录、故障记录等都具有很好的审计功能;④能对管理人员给予警告;⑤可以隐藏内部网络结构。

防火墙的缺点:①不能防止不经由防火墙的攻击,不能防止授权访问的攻击;②只对配置过的规则有效;③不能防止网络内部合法用户的攻击。

第四讲　前沿信息技术

一、物联网的概念和特征

物联网(Internet of Things,IOT)是一个基于互联网、传统电信网等信息载体的网络,通过物联网可以让所有能够被独立寻址的普通物理对象实现互连互通。

与传统互联网相比,物联网具有以下特征:①物联网是各种感知技术的广泛应用;②物联网是一种建立在互联网上的泛在网络;③物联网具有智能处理的能力,能够对物体实施智能控制。

二、物联网的技术架构　★★

物联网的技术架构可分为以下三层:

(1)感知层。由各种传感器以及传感器网关构成,包括二氧化碳浓度传感器、速度传感器、温度传感器、湿度传感器、二维码标签、RFID(射频识别)标签与读写器、摄像头、GPS(全球定位系统)等感知终端。感知层是物联网识别物体、采集信息的来源。

(2)网络层。由各种私有网络、互联网、有线与无线通信网、网络管理系统和云计算平台等构成,负责传递并处理感知层获取的信息。

(3)应用层。它是物联网和用户的接口,与行业需求紧密结合,实现物联网的智能应用。

三、物联网的关键技术　★★★

物联网的应用主要包括以下三项关键技术:

(1)传感器技术。它是计算机应用中的关键技术。因为绝大多数计算机只能处理数字信号,而传感器可将模拟信号转换成数字信号,只有这样计算机才能处理。

(2)RFID标签。它也是一种传感器技术。RFID技术将无线射频技术和嵌入式技术融合为一体,广泛应用于自动识别、物品物流管理等领域。

(3)嵌入式系统技术。它是将计算机软硬件、传感器技术、集成电路技术、电子应用技术等综合在一起的复杂技术。

////考点拓展////

NFC(Near Field Communication),即近场通信技术,是一种短距高频的无线电技术,其从RFID及互连互通技术整合演变而来,也是通过频谱中无线频率部分的电磁感应耦合方式传递。

近场通信技术和RFID的区别:近场通信的传输范围比RFID小,RFID的传输范围可以达到0~1米,但近场通信采取了独特的信号衰减技术,相对于RFID来说具有成本低、带宽高、能耗低等特点。

NFC在使用中有三种应用方式:①仿卡模式。在该模式中,近场通信设备(如带有NFC功能的手机)可以作为信用卡、借记卡、标识卡或门票使用。仿卡模式可以实现"移动钱包"功能。②读卡器模式。在该模式中,近场通信设备可以读取带有NFC芯片的标签,类似条形码的扫描。也可以将数据写入这种标签。③P2P模式(点对点模式)。在该模式中,近场通信设备之间可以交换信息。

四、物联网的应用模式 ★★

根据物联网的实质用途,可以总结为以下三种基本应用模式:

(1)对象的智能标签:通过二维码、RFID等技术来标识特定的对象,用于区分对象个体,还可以获得对象所包含的扩展信息。例如,各种智能卡、条形码、二维码可用于获取对象的识别信息。

(2)环境监控和对象跟踪:利用多种类型的传感器和分布广泛的传感器网络,可以获取某个对象的实时状态,监控特定对象的行为。例如,通过噪声探头监测噪声污染,通过二氧化碳浓度传感器监控大气中二氧化碳的浓度,通过GPS标签跟踪车辆位置等。

(3)对象的智能控制:物联网基于云计算平台和智能网络,可以依靠传感器网络来获取数据,利用获取的数据进行决策,以改变对象的行为,并进行控制与反馈。例如,根据光线的强弱来调整路灯的亮度,根据车辆的流量来调整红绿灯的时间间隔等。

考点二 大数据技术

一、大数据的定义和特征 ★★

大数据(Big Data),又称巨量资料,是指所涉及的数据资料量规模巨大到无法通过人脑或现有的软件工具,在合理时间内达到提取、存储、搜索、共享、分析和处理的海量的、复杂的数据集合。

目前大数据主要具有四个特征:①数据规模大(Volume);②数据类型多(Variety);③数据处理速度快(Velocity);④数据价值密度低(Value)。

二、大数据的分析方法

目前大数据分析的通用方法包括可视化分析、数据挖掘算法、预测性分析、语义引擎、数据质量与数据管理。其中,可视化分析可直观地呈现大数据的特点,各级用户易于接受,因此普通用户和部分大数据分析专家常选用此种分析方法。语义引擎可以让用户更快速、更准确及更全面地获得所需信息,提升用户体验。数据质量和有效的数据管理是大数据分析的基本保障,保证分析结果的有效性、真实性和价值性。

三、大数据的处理流程 ★★★

1. 大数据采集

数据采集是数据分析和挖掘的基础。大数据采集一般分为智能感知层和基础支撑层。

智能感知层的主要技术包括对大数据源的智能识别、感知、适配、传输、接入等技术。

基础支撑层的主要技术为分布式虚拟存储技术,大数据获取、存储、组织、分析和决策操作的可视化接口技术,大数据的网络传输与压缩技术,大数据隐私保护技术等。数据脱敏技术是目前广泛应用的隐私保护技术。

2. 大数据预处理

大数据预处理是指对收集的数据进行分类或分组前所做的审核、筛选、排序等必要的处理,主要完成对已接收数据的辨析、抽取、清洗等操作。数据预处理的方法有数据清理、数据集成、数据变换、数据归约等。这些数据处理技术在数据挖掘之前使用,可以大大提高数据挖掘模式的质量,降低实际挖掘所需要的时间。

//// 考点拓展 ////

数据清理,也称数据清洗,是指发现并纠正数据文件中可识别的错误的最后一道程序,主要是删除原始数据集中的无关数据、重复数据,平滑噪声数据,筛选掉与挖掘主题无关的数据,包括检查数据一致性,处理缺失值、异常值等。这些数据一般来自录入错误和偶然性事件。

3. 大数据存储及管理

大数据存储及管理要用存储器把采集到的数据存储起来,建立相应的数据库,并进行管理和调用。

4. 大数据分析及挖掘

大数据分析是用适当的统计分析方法对收集来的大量数据进行分析,提取有用信息和形成结论而对数据加以详细研究和概括总结的过程。数据挖掘是从大量的、不完全的、有噪声的、模糊的、随机的实际应用数据中,提取隐含在其中的、人们事先不知道的、但又是潜在有用的信息和知识的过程。

数据挖掘技术在银行业领域的应用:①风险管理。如信用风险评估,可通过构建信用评级模型,评估贷款人或信用卡申请人的风险。②客户管理。在银行客户管理生命周期的各个阶段,都会用到数据挖掘技术。

5. 大数据展现与应用

大数据展现主要是通过图表、文字等多种形式将大数据的分析结果呈现出来。数据可视化是利用计算机图形学和图像处理技术,将数据转换成图形或图像在屏幕上显示出来,并进行交互处理的理论、方法和技术。数据可视化的实质是借助图形化手段,清晰有效地传达与沟通信息,使通过数据表达的信息更易理解。

数据可视化技术具有可视性、多维性和交互性的数据特点:①可视性。数据可以用图像、曲线、二维图形、三维体和动画来显示,用户可对其模式和相互关系进行可视化分析。②多维性。对象或事件的数据具有多维变量或属性,而数据可以按其每一维的值分类、排序、组合和显示。③交互性。用户可以方便地以交互的方式管理和开发数据。

数据可视化是存在绝对价值的,但是缺乏有用信息的可视化应用价值不高。

在我国,大数据重点应用于商业智能、政府决策和公共服务三大领域。如电网数据信息处理与挖掘技术、气象信息分析技术、环境监测技术、Web 信息挖掘技术、多媒体数据并行化处理技术、警务云应用系统(道路监控、智能交通、反电信诈骗、指挥调度等公安信息系统)等。

命题角度

(1)大数据技术的特征;大数据与其他前沿信息技术的概念区分。
(2)大数据技术在银行领域的应用。
(3)大数据处理过程中的流程区分。

考点三 云计算技术

一、云计算的定义和特点

狭义的云计算是指 IT 基础设施的交付和使用模式,即通过网络以按需、易扩展的方式获得所需资源;广义的云计算是指服务的交付和使用模式,即通过网络以按需、易扩展的方式获得所需服务。

云计算具有以下特点:①安全;②方便;③数据共享;④无限可能;⑤公共云成本较低;⑥IaaS(基础设施即服务)满足企业不同需求;⑦大企业倾向架设私有云。

二、云计算的架构 ★★

从应用结构上来看,按照从底层硬件到上层应用的顺序,云计算主要由以下三个层次组成:

(1)基础设施即服务(IaaS):将 IT 基础设施作为服务通过网络对外提供,核心是将某一个或某几个数据中心的计算/存储资源虚拟化,以灵活划分资源,用户可以通过互联网从计算机基础设施获得服务。

(2)平台即服务(PaaS):将开发环境作为服务通过网络对外提供,应用开发者可以在这一服务上创建自己的应用程序,并在服务提供商的基础架构上运行,然后通过网络从服务提供商的服务器上传递给用户。

(3)软件即服务(SaaS):直接面对软件用户,通过浏览器将应用程序作为服务提供给用户。

/// 考点拓展 ///

一些大型云计算提供商目前正提供一种类似于 SaaS 的区块链即服务(BaaS,Blockchain as a Service),其是为构建区块链应用程序的公司创建和管理基于云的网络的第三方所提供的服务。在 BaaS 模型中,企业和组织可以访问在云上创建和开发的 BaaS。BaaS 应用程序在云上开发、托管和部署。BaaS 模型应用程序的优势在于企业无需担心任何类型的基础架构(如服务器)的管理和安装,而是依赖基于云的服务提供商来完成所有这些与 IT 相关的工作。

考点四 人工智能技术

一、人工智能的定义和特征 ★★

人工智能是利用数字计算机或者数字计算机控制的机器模拟、延伸和扩展人的智能,感知环境、获取知识并使用知识获得最佳结果的理论方法、技术及应用系统。

人工智能具有以下特征:①由人类设计,为人类服务,本质为计算,基础为数据;②能感知环境,能产生反应,能与人交互,能与人互补;③有适应特性,有学习能力,有演化迭代,有连接扩展。

二、人工智能研究的基本内容 ★★★

(一)知识表示

知识表示方法主要分为符号表示法和连接机制表示法。符号表示法是指用各种包含具体含义的符号,以各种不同的方式和顺序组合起来表示知识的方法。符号表示法主要用来表示逻辑性知识。连接机制表示法是指用神经网络表示知识的方法。连接机制表示法主要用来表示形象性知识。

/// 考点拓展 ///

神经网络是由神经元的简单单元按并行结构经过可调的连接权构成的网络。其种类很多,控制中常用的有多层前向 BP 网络、RBF 网络、Hopfield 网络以及自适应共振理论模型(ART)等。

神经网络控制就是利用神经网络这种工具从机理上对人脑进行简单结构模拟的新型控制和辨识方法。其在控制系统中可充当对象的模型,还可充当控制器。常见的神经网络控制结构有:①参数估计自适应控制系统;②内模控制系统;③预测控制系统;④模型参考自适应系统;⑤变结构控制系统。

神经网络控制的主要特点:①可以描述任意非线性系统;②用于非线性系统的辨识和估计;③对复杂不确定性问题具有自适应能力;④快速优化计算能力;⑤具有分布式储存能力,可实现在线、离线学习。

(二)机器感知

机器感知是使机器(计算机)具有类似于人类的感知能力,其中以机器听觉与机器视觉为主。机器听觉是让机器能识别并理解语言、声响等;机器视觉是让机器能识别并理解文字、图像、场景等。

(三)机器思维

机器思维是指对通过感知得来的外部信息及机器内部的各种工作信息进行有目的的处理。**它是人工智能研究中最重要、最关键的部分**,它使机器能模拟人类的思维活动,包括逻辑思维和形象思维。

(四)机器学习

机器学习是研究如何使机器具有类似于人类的学习能力,使它能通过学习自动获取知识。机器学习的分类见表4-3-4。

表4-3-4 机器学习的分类

分类标准	内容
学习模式	(1)监督学习:利用已标记的有限训练数据集,通过某种学习策略/方法建立一个模型,实现对新数据/实例的标记(分类)/映射。最典型的监督学习算法包括回归和分类 (2)无监督学习:利用无标记的有限数据描述隐藏在未标记数据中的结构/规律。最典型的非监督学习算法包括单类密度估计、单类数据降维、聚类等 (3)强化学习:智能系统从环境到行为映射的学习,以使强化信号函数值最大
学习方法	(1)传统机器学习 (2)深度学习:又称深度神经网络(指层数超过3层的神经网络),是建立深层结构模型的学习方法。其实质是给出了一种将特征表示和学习合二为一的方式。深度学习的特点是放弃了可解释性,单纯追求学习的有效性。典型的深度学习算法包括深度置信网络、卷积神经网络、受限玻尔兹曼机和循环神经网络等。其中,卷积神经网络(CNN)是一类包含卷积计算且具有深度结构的前馈神经网络,避免了对图像的复杂前期预处理,可以直接输入原始图像。由于该网络避免了传统识别算法中复杂的特征提取和数据重建过程,因而得到了更广泛的应用。卷积神经网络主要应用于图像识别、物体识别、行为认知、姿态估计、自然语言处理等领域

(五)机器行为

机器行为主要是指机器的表达能力,即听、说、写、画等能力。而在智能机器人的研究领域,还应具有人的四肢功能,即走路、取物、操作等。

////考点拓展////

自然语言处理(Natural Language Processing,NLP)是人工智能的核心技术之一,是以一种智能与高效的方式,对文本数据进行系统化分析、理解与信息提取的过程,主要研究人与计算机之间用自然语言进行有效通信的各种理论和方法。

自然语言处理主要研究以下几个方面：①文本朗读/语音合成；②中文自动分词；③语音识别；④句法分析；⑤词性标注；⑥文本分类；⑦自然语言生成；⑧信息抽取；⑨信息检索；⑩文字校对；⑪问答系统；⑫机器翻译；⑬自动摘要等。

应用举例：Chat GPT 是由人工智能研究实验室 OpenAI 在 2022 年 11 月 30 日发布的一个聊天机器人程序。从本质上说，Chat GPT 是一个由人工智能技术驱动的自然语言处理工具，它能够通过学习和理解人类的语言来进行对话，还能根据聊天的上下文进行互动，真正像人类一样来聊天交流，甚至能完成撰写邮件、视频脚本、文案、翻译、代码等任务。

Chat GPT 背后的算法基于 Transformer 架构，这是一种使用自注意力机制处理输入数据的深度神经网络。Transformer 架构广泛应用于语言翻译、文本摘要、问答等自然语言处理任务。

三、人工智能的应用 ★★★

人工智能的研究与应用包括机器视觉、智能搜索、智能控制、机器人学、遗传编程、专家系统、生物识别、语言和图像理解、自动规划、定理证明、博弈、自动程序设计等。目前，人工智能应用研究最重要、最广泛的领域是专家系统和机器学习。人工智能与产业的融合更加紧密，人工智能的应用也逐步迈向更高水平。但目前为止，人工智能仍未实现完全智能化，无法完全模拟人脑思考、认知。

以下主要介绍生物识别、专家系统以及虚拟现实、增强现实。

（一）生物识别

生物识别技术是指通过个体生理特征或行为特征对个体身份进行识别认证的技术。生物识别技术涉及的内容包括指纹、掌纹、人脸、虹膜、指静脉、声纹、步态等多种生物特征，其识别过程涉及图像处理、计算机视觉、语音识别、机器学习等多项技术。

1. 人脸识别

人脸识别也叫人像识别、面部识别，是基于人的脸部特征信息进行身份识别的一种生物识别技术。人脸识别技术包含人脸检测、人脸跟踪和人脸比对三个部分。

（1）人脸检测。人脸检测是指在动态的场景与复杂的背景中判断是否存在面像，并分离出这种面像。一般有下列几种方法：①参考模板法。首先设计一个或数个标准人脸的模板，然后计算测试采集的样品与标准模板之间的匹配程度，并通过阈值来判断是否存在人脸。②人脸规则法。由于人脸具有一定的结构分布特征，该方法即提取这些特征生成相应的规则，以判断测试样品是否包含人脸。③样品学习法。这种方法即采用模式识别中人工神经网络的方法，即通过对面像样品采集和非面像样品采集的学习产生分类器。④肤色模型法。这种方法是依据面貌肤色在色彩空间中分布相对集中的规律来进行检测。⑤特征子脸法。这种方法是将所有面像集合视为一个面像子空间，并基于检测样品与其在子空间的投影之间的距离判断是否存在面像。

（2）人脸跟踪。人脸跟踪是指对被检测到的面貌进行动态目标跟踪。

（3）人脸比对。人脸比对是对被检测到的面像进行身份确认或在面像库中进行目标搜索，主要采用特征向量与面纹模板两种描述方法：①特征向量法。该方法是先确定眼虹膜、鼻翼、嘴角等面像五官轮廓的大小、位置、距离等属性，再计算出它们的几何特征量，而这些特征量形成描述该面像的特征向量。②面纹模板法。该方法是在库中存储若干标准面像模板或面像器官模板，在进行比对时，将采样面像所有像素与库中所有模板采用归一化相关量度量进行匹配。

2. 指纹识别

指纹识别过程通常包括数据采集、数据处理、分析判别三个过程。数据采集通过光、电、力、热等物理传感器获取指纹图像；数据处理包括预处理、畸变校正、特征提取三个过程；分析判别是对提取的特征进行分析判别的过程。

3. 虹膜识别

由于虹膜包含很多的细节特征，而且虹膜形成后在整个生命历程中将是保持不变的。因此，虹膜唯一性的特征可用于身份识别。虹膜识别通过对比虹膜图像特征之间的相似性来确定人们的身份，其核心是使用模式识别、图像处理等方法对人眼睛的虹膜特征进行描述和匹配，从而实现自动的个人身份认证。

虹膜识别技术的过程一般分为虹膜图像获取、图像预处理、特征提取和特征匹配四个步骤。

（二）专家系统

专家系统是一种具有特定领域内大量知识与经验的程序系统，它应用人工智能技术和计算机技术，根据某领域一个或多个专家提供的知识和经验，进行推理和判断，模拟人类专家的决策过程，以便解决那些需要人类专家处理的复杂问题。

（三）虚拟现实与增强现实

虚拟现实（VR）与增强现实（AR）是以计算机为核心的新型视听技术。

VR（Virtual Reality，虚拟现实）技术是一种可以创建和体验虚拟世界的计算机仿真系统。它利用计算机生成一种模拟环境，使用户沉浸在该环境中。

AR（Augmented Reality，增强现实）技术是一种将虚拟信息与真实世界巧妙融合的技术。

四、人工智能产业链

人工智能产业链包括三层：基础层、技术层和应用层。其中，基础层是人工智能产业的基础，主要是研发硬件及软件，如AI芯片、数据资源、云计算平台等，为人工智能提供数据及算力支撑。技术层是人工智能产业的核心，以模拟人的智能相关特征为出发点，构建技术路径，主要依托基础层的运算平台和数据资源进行海量识别训练和机器学习建模。应用层是人工智能产业的延伸，集成一类或多类人工智能基础应用技术，面向特定应用场景需求而形成软硬件产品或解决方案。

考点五 区块链技术

一、区块链的定义及特点 ★★★

（一）区块链的定义

区块链是一种数据以区块（block）为单位产生和存储，并按照时间顺序首尾相连形成链式（chain）结构，同时通过密码学保证不可篡改、不可伪造及数据传输访问安全的去中心化分布式账本。

（二）区块链的特点

（1）去中心化。区块链的底层网络是一种称为 P2P（Peer to Peer）的点对点技术。在这一网络中，没有中心化服务器，没有中介/第三方机构，所有节点的权利与义务都相等。

（2）数据加密。数据在存储时采用密码学方法对其进行加密并拥有特定的时序，使数据不能轻易被篡改并且可以追溯。区块链网络中的每一个节点都拥有最新的、完整数据库的备份（即数据的集合），修改单个节点的数据库是无效的。

（3）去信任化。系统中所有节点之间无须信任也可以进行交易，因为数据库和整个系统的运作是公开透明的,在系统的规则和时间范围内,节点之间无法欺骗彼此。

(4)难以被篡改。所有参与者共同参与数据的创建与维护工作。在没有其他参与者允许的情况下,任何一方都不可以对数据进行篡改。

(5)智能合约。智能合约是一种旨在以信息化方式传播、验证或执行合同的计算机协议。智能合约允许在没有第三方的情况下进行可信交易,这些交易可追踪且不可逆转。

(6)可升级性。在区块链网络中,系统机制的变化意味着网络节点需要遵守新的共识规则、验证规则,但又可能存在拒绝机制改动、想要延续旧版本机制的用户,而"分叉"手段的存在正是为了满足各种用户的需求,完成对区块链系统的升级。

二、区块链的层次模型

(一)区块链的基本架构

区块链的基本架构可以分为数据层、网络层、共识层、激励层、合约层以及应用层。其中,数据层、网络层、共识层是构建区块链技术的必要元素。

(1)数据层。数据层主要描述区块链的物理结构,封装了区块链的存储数据、链式结构、时间戳、公钥数据、私钥数据、随机数以及非对称加密等区块链核心技术,是区块链中最底层的数据结构。

(2)网络层。网络层主要提供点对点的数据通信和数据验证机制,通过 P2P 技术实现分布式网络,具备自动组网的机制,节点间依靠维护共同的区块链结构来保持彼此的通信。

(3)共识层。共识层主要提供网络节点间达成共识的各种共识算法,含有共识机制,能让高度分散的节点在无中心的区块链中高效地达成共识。

(二)区块链的组成 ★★

在区块链技术中,数据以区块的方式永久储存。区块一般都由区块头(header)和区块体(body)两部分组成。

(1)区块头用于链接到前一个区块,并且通过时间戳特性保证历史数据的完整性。它由父区块哈希值(hashPrevBlock)、时间戳(Time Stamp)、默克尔树根(Merkle Tree Root)等信息构成。

(2)区块体包含了经过验证的、区块创建过程中产生的所有交易信息。

每个区块都有自己的区块标识符——区块头哈希值和区块高度。区块主标识符是区块的哈希值,一个通过 SHA256 算法对区块头进行二次哈希计算而得到的数字指纹(数字指纹是一串信息的哈希值)。区块哈希值可以唯一明确地标识一个区块,任何节点都可以通过对区块头进行哈希计算来得到该区块头的哈希值。

三、区块链技术平台 ★★★

(一)数字货币

1. 数字货币概述

在区块链 1.0 阶段,区块链技术的应用主要聚集在加密数字货币领域。数字货币又称电子现金或电子货币,是以数学理论为基础,运用密码学原理来实现货币的特性。其用到的主要加密算法有对称性密码算法、非对称性密码算法及单向散列函数(哈希函数)等,常用的技术有数字签名、零知识证明和盲签名技术等。

数据加密时的密钥是公开的、所有参与者可见的(公钥),每个参与者都可以用自己的公钥来加密一段信息(真实性),在解密时只有信息的拥有者才能用相应的私钥来解密(保密性),用于接收价值。因此,在数字货币中,拥有这些货币的唯一凭证就是数字货币拥有者所掌握的密钥(私钥)。

与传统货币相比,数字货币具有以下特点:①交易成本更低。与传统的银行转账、汇款等方式相比,数字货币交易不需要向第三方支付费用,其交易成本更低。②交易速度更快。数字货币不需要任何中心化机构来处理数据,交易处理速度更快捷。③交易的高度匿名性。数字货币不需要可信的第三方作为中介,交易双方可以在完全陌生的情况下完成交易而无须彼此信任,具有更高的匿名性。

2. 比特币

比特币(Bitcoin)是一种 P2P 形式的数字货币,采用点对点的传输方式,是一个去中心化的支付系统。比特币使用工作量证明机制(POW)来达成网络间节点的共识。比特币是一个公有链,任何节点都可以加入,没有访问方面的权限;不支持智能合约,但是支持一些有局限性(没有循环语句和条件控制语句)的编程脚本语言来运作简单的脚本程序。

(二)以太坊

以太坊(Ethereum)是一个开源的有智能合约功能的公共区块链平台,通过其专用加密货币——以太币(Ether)——提供去中心化的虚拟机(即以太虚拟机),以处理点对点合约。它是区块链技术与智能合约的结合产物。

以太坊平台应用的核心是智能合约。合约在以太坊系统中扮演自动代理人的角色,它拥有自己的以太币地址,当用户向合约地址里发送一笔交易后,这个合约就会被激活,根据交易中附加的额外信息,运行自身已有的代码,最后返回结果(结果可能是从合约地址发出的另一笔交易)。

第四章 管理及市场营销基础知识

考情简报

题型题量概述

对于本章内容，农行、建行、工行的题量一般为5道；中行不稳定，2021和2022年度未考查，2023年度考查了4道管理学试题；其他银行基本不考查。考生可根据备考需要进行复习。题型包括单项选择题和多项选择题，以单项选择题为主。

考查内容概述

本章内容难度不大，大部分题目会结合实际案例进行考查，小部分题目会直接考查理论知识。计划、领导理论、激励理论、沟通、营销策略等是高频考点，备考时需重点理解和掌握。考生在复习时应在掌握基础理论知识的基础上，学会灵活运用。

第一讲 管理概述

一、管理的概念与特性

管理者做的事情就是管理。一个组织中，管理者为实现特定的组织目标，需要动员和利用各种资源，进行计划、组织、领导、控制等社会活动。管理具有以下三方面特性：

(1)二重性：一是与生产力相联系，通过"组织劳动"表现出来的管理的自然属性；二是与生产关系、社会制度相联系，通过"指挥、监督劳动"表现出来的管理的社会属性。

(2)科学性：管理作为一个活动过程，其间存在着一系列基本客观规律。

(3)艺术性：管理活动除了需要掌握一定的管理理论和方法，还要有灵活运用这些理论和方法的技巧与诀窍。

二、管理者

（一）管理者的角色

根据亨利·明茨伯格的研究，管理者的角色可分为三大类：人际角色(代表人、领导者、联络者)、信息角色(监管者、传播者、发言人)和决策角色(企业家、危机处理者、资源分配者、谈判者)。他认为，管理者扮演十种不同但高度相关的角色，所从事的工作并不都是纯粹的管理工作。这一理论反映了管理者想要固定做一件事是不可能的。

（二）管理者的技能

根据罗伯特·卡茨的研究，管理者在行使管理职能和扮演三种管理角色时，必须具备技术技能、人际技能和概念技能。

(1)技术技能。对基层管理者最重要，对中层管理者较重要，对高层管理者较不重要。

(2)人际技能。对所有层次管理者的重要性大致相等。

(3)概念技能。其是指纵观全局,认清为什么要做某事的能力。概念技能对高层管理者最重要,对中层管理者较重要,对基层管理者较不重要。

(三)管理者的职能

20世纪初,法国工业家亨利·法约尔提出,所有的管理者都要发挥五种职能:计划、组织、指挥、协调和控制。现在,我们普遍使用四种职能来描述管理者的工作:计划、组织、领导和控制。

三、管理环境

环境是组织生存的土壤,它既为组织活动提供条件,同时也必然对组织的活动起制约作用。组织的环境可分为组织的外部环境和内部环境。

(1)外部环境是指能够对组织绩效造成潜在影响的外部力量和机构,可分为一般环境和具体环境。一般环境大体可归纳为政治、经济、技术、社会文化和自然环境五个方面。具体环境是指那些对管理者的决策和行动产生直接影响并与实现组织目标直接相关的要素。如产品的用户、竞争对手和供应商、政府机构与社会团体等,它更直接、更具体地影响着组织活动。

(2)内部环境是指组织所拥有的各种资源以及各项管理手段完善与协调的程度等。组织的资源包括人力、物力、财力和信息资源等。另外,组织结构及各项法规制度的完善程度、组织的技术水平等,也是影响组织发展的重要内部环境因素。

环境的不确定性是指组织环境的变化程度和复杂程度。组织环境的变化程度是指环境的变化速度及其变化的可预测程度;复杂程度是指环境构成要素的类别与数量,以及组织对这些构成要素的了解程度。为了组织的更好发展,管理者应尽力将环境的不确定性降至最低程度。

命题角度

(1)结合具体实例,考查管理者的技能。如某员工被提拔到中层管理岗位,其需要重点培养的技能顺序是什么?(人际技能需要重点培养,其次是概念技能,最后是技术技能。)
(2)结合具体事例,考查体现了管理者的什么角色。
(3)考查管理环境的内容。

第二讲 决策与计划

一、决策概述

决策是指为实现一定的目标,从两个或两个以上的可行方案中,选择一个较佳方案的分析判断过程。该定义包含以下几层含义:①决策应有明确合理的目标;②决策必须有两个或两个以上的备选方案,但只能采用其中一个;③决策必须知道采用每种方案后可能出现的各种结果;④最后所选取的方案,只能是"令人满意的"或"足够好的",而不可能是"最优的";⑤决策的本质是一个过程,包括提出问题、收集资料、确定目标、拟定行动方案、评价选择,采取行动、实施反馈等一系列活动。

决策的特征包括目标性、可行性、选择性、满意性、过程性和动态性等。

二、决策类型及原则 ★★

按照不同的分类方法,决策可分为不同的类型,具体内容见表4-4-1。

表4-4-1 决策类型

分类标准	类型	具体内容
按决策的重要程度	战略决策	事关企业大方向,带有全局性、长远性的决策,主要由高层管理者制订
	战术决策	为实现战略目标而作出带有局部性的具体决策,主要由中层管理者制订
	业务决策	日常活动中为提高效率、合理组织业务活动而作出的决策,只对组织产生局部影响,主要由基层管理者负责进行
按决策问题的重复程度	程序化决策	常规决策,是指经常重复发生,能按原有规定程序和标准进行的决策
	非程序化决策	非常规决策,是指具有极大偶然性、随机性,又无先例可循且有大量不确定因素的决策活动,其方法和步骤难以程序化,也不能重复使用
按决策条件的可控程度	确定型决策	在稳定可控条件下进行的决策,决策者确切知道自然状态的发生,每个方案只有一个确定的结果,最终选择哪个方案取决于对各个方案结果的直接比较
	风险型决策	在这类决策中,自然状态不止一种,决策者不能知道哪种自然状态会发生,但能知道有多少种自然状态以及每种自然状态发生的概率
	不确定型决策	在不稳定条件下进行的决策,决策者可能不知道有多少种自然状态,即便知道,也不能知道每种自然状态发生的概率
按决策主体的不同	个人决策	由个人作出的决策。优点是耗时少,可避免人员复杂、意见不一造成的冲突。缺点是作出的决策可能存在一定的主观性与片面性,不易被组织其他成员所接受
	群体决策	由组织成员参与作出的决策。优点是能掌握更完整的信息、更多的方案,决策结果被大多数成员认可,使决策落实更顺利。缺点是耗时较大、少数人统治、责任不清、屈从压力等

决策需遵循的原则:满意原则、系统原则、信息原则、预测原则、比较优选原则、反馈原则、效益原则。

三、决策分析的方法

(一)头脑风暴法 ★★

头脑风暴法是为了克服阻碍产生创造性方案的一种相对简单的方法。它鼓励提出任何种类的方案设计思想,同时禁止对各种方案的任何批评。在典型的头脑风暴会议中,一些人围桌而坐。群体领导者以一种明确的方式向所有参与者阐明问题。然后成员在一定的时间内"自由"提出尽可能多的方案,不允许任何批评,并且将所有的方案都当场记录下来,留待稍后再讨论和分析。头脑风暴法仅是一个产生新思想的过程,不能提供取得期望决策的途径。

用头脑风暴法进行预测或决策时必须遵循以下原则:

(1)严格限制预测对象范围,明确具体要求。

(2)不能对别人的意见提出怀疑和批评。

(3)鼓励专家对已提出的方案进行补充、修正或综合。

(4)打消与会者顾虑,创造自由发表意见而不受约束的气氛。

(5)提倡简短精炼的发言,尽量减少详述。

(6)与会专家不能宣读事先准备好的发言稿。

(7)与会专家一般在10~25人,会议时间一般为20~60分钟。

(二)德尔菲法 ★★

德尔菲法以匿名方式通过几轮函询征求专家的意见,组织预测小组对每一轮的意见进行汇总整理后作为参考再发给各个专家,供他们分析判断,以提出新的论证。几轮反复后,专家意见渐趋一致,最后供决策者进行决策参考。

使用德尔菲法的决策过程:①确定问题;②选择专家(该环节是德尔菲法的重要环节);③制定调查表;④预测过程;⑤作出预测结论。

德尔菲法隔绝了群体成员间过度的相互影响。它无须参与者到场,从而避免了召集主管人的花费,又获得了主要的市场信息。当然,德尔菲法也有缺点,如太耗费时间,当需要进行快速决策时,这种方法通常行不通。此外,使用德尔菲法不能提出丰富的设想和方案。

德尔菲法具有匿名性、多轮反馈、统计性的特点。

(三)风险型决策法——决策树分析法

风险型决策法的最大特点:每个方案的实施,都存在着非决策者所能控制的两个以上的自然状态,如销售情况的畅销、一般和滞销,可测算出各种自然状态可能发生的概率等。这类决策方法也分许多种,这里仅介绍其中的决策树分析法,它是风险型决策最常用的方法之一。

决策树分析法,是指将构成决策方案的有关因素以树状图形的方式表现出来,并据以分析和选择决策方案的一种系统分析法,特别适用于分析比较复杂的问题。它以损益值为依据,通过比较不同方案的期望损益值(简称期望值),决定方案的取舍。其最大特点是能够形象地显示出整个决策问题在时间上和不同阶段上的决策过程,逻辑思维清晰,层次分明,非常直观。

> **命题角度**
>
> (1)考查决策的类型,或根据具体实例判断属于哪一决策类型。
>
> (2)直接考查决策分析的方法,如头脑风暴法的实施原则;根据题干描述判断属于哪一种决策分析方法。

考点二 计划

一、计划概述

(一)计划的概念和意义

计划就是根据组织内外部的实际情况权衡客观需要的主观可能,通过科学的预测,提出在未来一定时期内组织所要达到的目标以及实现目标的方法。计划是管理的首要职能。

计划的意义:计划是管理活动的依据,是合理配置资源、减少浪费、提高效益的手段,是降低风险、掌握主动的手段,是管理者制订控制标准的依据。

(二)计划的类型

按计划执行时间的长度,计划可分为短期(1年或1年以内)、中期(1~5年)和长期计划(5年以上)。

按职能空间,计划可分为业务计划、财务计划及人事计划。

按计划内容的详尽程度,计划可分为指导性计划和具体性计划。

(三)计划的内容

计划的内容包括"5W1H",即计划必须清楚地确定和描述下列内容:

(1) What——做什么?目标与内容。要明确计划工作的具体任务和要求,明确每一个时期的中心任务和工作重点。

(2) Why——为什么做?原因。要明确计划工作的宗旨、目标和战略,并论证可行性。

(3) Who——谁去做?人员。

(4) Where——何地做?地点。

(5) When——何时做?时间。

(6) How——怎样做?方式、手段。制定实现计划的措施,以及相应的政策和规则,对资源进行合理分配和集中使用,对人力、生产能力进行平衡等。

(四)计划工作的方法

1. 甘特图法

甘特图又称为横道图、条状图,它以图示的方式通过活动列表和时间刻度形象地表示出任何特定项目的活动顺序与持续时间。即在二维坐标中,横轴表示时间,纵轴表示要安排的活动及其进度。

甘特图可直观地表明任务计划定在什么时候进行和完成,并且可以对实际进展与计划要求做对比检查。

2. 滚动计划法

对中长期计划而言,由于环境的不断变化,以及在制订计划时存在着众多的不确定因素,因而在计划实施一段时间之后,就可能出现与实际不符的情况。这时若按原计划实施,就可能导致巨大损失。滚动计划法就是一种根据情况变化定期修订未来计划的方法。这种方法综合考虑了计划的执行情况、外界环境的改变情况以及组织的方针政策的变化,采用近细远粗的方式对实施中的计划进行定期的修订,并逐期向前推移,从而使短期计划、中期计划和长期计划有机地结合起来,不断地随时间的推移而更新。

3. 关键路径法

关键路径法是一种基于数学计算的项目计划管理方法。它通过分析项目过程中哪个活动序列进度安排的总时差最少来预测项目工期的网络分析。其中,时差是指每项作业的最迟结束时间与最早结束时间,或者最迟开始时间与最早开始时间的差额。如果某作业的时差为零,那么该作业就在关键路线上。对于一个项目而言,只有项目网络中最长的或耗时最多的活动完成之后,项目才能结束,这条最长的活动路线就叫关键路径。

二、计划执行的手段——目标管理

(一)目标管理的含义和特点

目标管理是让管理者和员工亲自参加目标的制定,在工作中实行"自我控制",并努力完成工作目标的一种管理制度或方法。目标管理不是用目标控制、约束,而是通过目标来激励员工,调动他们的积极性,从而保证总目标的实现。

目标管理的特点:①明确的目标;②上级与下级共同参与决策目标;③规定目标完成的时限;④评价绩效。

目标制定的 SMART 原则:①S 即 Specific,明确性;②M 即 Measurable,可衡量性;③A 即 Attainable,可实现性;④R 即 Relevant,相关性;⑤T 即 Time-based,时限性。

(二)目标管理的过程

目标管理强调"自我控制"、权力下放,但这并不意味着管理部门撒手不管。各级上司会定期检查下属完成目标任务的情况,并及时反馈给个人,促使他们调整自己的行动。目标管理的一般步骤如下:

确定目标──→明确组织的作用──→执行目标──→成果评价──→制定新目标,开始新的循环

三、战略及战略管理 ★★★

(一)战略及战略管理的含义

战略是关于组织如何经营、如何在竞争中获得成功以及如何吸引和满足顾客以实现组织目标的各种方案。战略管理是管理者为制定本组织的战略而做的工作。

(二)战略的类型

企业主要采用三种战略类型:企业战略、竞争战略和职能战略。一般来说,高层管理者负责企业战略,中层管理者负责竞争战略,基层管理者负责职能战略。

1. 企业战略

企业战略就是决定公司从事或想从事什么业务以及如何从事这些业务的战略。企业战略的三种主要类型:成长战略、稳定战略和更新战略。其具体内容见表4-4-2。

表4-4-2 企业战略的主要类型及其特征

类型	特征
成长战略	组织通过现有业务或新业务来增加市场数量或提供的产品数量。组织通过集中化、纵向一体化、横向一体化或者多元化来实现成长
稳定战略	使组织继续从事当前各种业务的企业战略,包括通过继续提供同样产品或服务以满足同样的顾客,维持市场份额,以及维持组织当前的业务运营
更新战略	用来解决绩效下降问题,主要类型是紧缩战略和转向战略。紧缩战略是一种用以解决轻微绩效问题的短期更新战略。这种战略有助于组织稳定业务经营,使组织资源和能力得以恢复,并为再次竞争做好准备。当组织面临更为严重的问题时,需要采取更为激进的行动措施——转向战略,此时管理者应该做两件事:削减成本和重组组织运营

如何管理企业战略?当一个组织的企业战略涵盖了许多业务时,管理者可以通过波士顿矩阵来管理这些业务集合或组合。波士顿矩阵(BCG matrix)是由波士顿咨询集团开发的被广泛应用的业务组合矩阵。该矩阵通过对组织中的各种业务进行评估,并采用一个2×2的矩阵对业务进行划分,以确定哪一项业务具备高潜能,哪一项业务是对组织资源的耗费。

波士顿矩阵中,纵坐标是市场增长率,是指该战略经营单位所在的市场或行业,在一定时期内整个销售增长的百分比。横坐标是相对市场占有率,是指它的市场占有率和最大竞争对手的比率。该矩阵有四个象限,如图4-4-1所示。

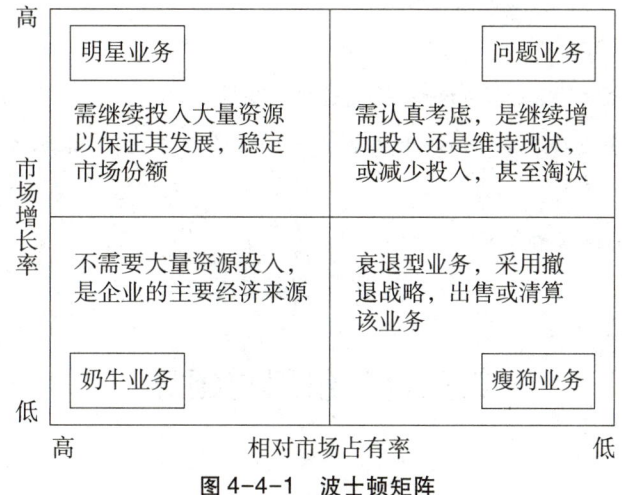

图 4-4-1 波士顿矩阵

2. 竞争战略

竞争战略是决定组织如何在每种业务上展开竞争的战略。当一个组织有几种不同的业务时,那些形成自身竞争战略的单一的、独立的业务就被称为战略业务单元。

对于管理者应该如何创造持续竞争优势,迈克尔·波特提出了五力模型。五力模型是指在任何一个行业里,都存在五种竞争力量影响着竞争规则。管理者可以通过这五种因素进行评估。五力模型的具体内容见表 4-4-3。

表 4-4-3 五力模型

五种因素	含义
新进入者的威胁	新竞争者进入该行业的可能性有多大
替代者的威胁	其他行业的产品替代该行业产品的可能性有多大
购买者的议价能力	购买者拥有多大的议价能力
供应商的议价能力	供应商拥有多大的议价能力
现有竞争者	该行业当前的竞争有多激烈

3. 职能战略

职能战略是指组织的各个职能部门用来支持其竞争战略的战略。

(三)战略管理过程

战略管理过程是一个包含六个步骤的过程,具体内容见图 4-4-2。

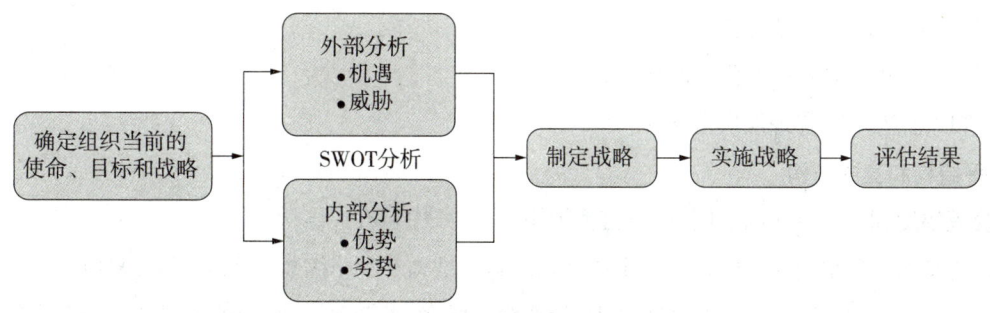

图 4-4-2 战略管理过程

> **命题角度**
> （1）考查计划工作的方法，如滚动计划法、关键路径法等。
> （2）结合实例考查波士顿矩阵。如题干描述某一企业的业务情况，根据波士顿矩阵原理判断属于哪种业务类型。
> （3）考查目标管理的含义和特点。

第三讲 组织与领导

考点一 组织

一、组织的定义

社会系统学派的代表巴纳德对组织的定义是"两人以上有意识地协调和活动的合作系统"。他认为，构成组织的基本要素有以下三点：共同的目标、合作的意愿、信息的交流。

二、正式组织和非正式组织

正式组织的组织结构、成员的权利和义务，均由管理部门规定，组织中的各种活动必须遵循有关规定。非正式组织是一种没有固定形态的、密度经常变化的集合体。

非正式组织与正式组织相辅相成，能使员工之间加强沟通交流，弥补正式组织的不足，协助正式组织进行管理，进而提高效率；但也要注意防范非正式组织可能产生的问题，如抵制变革、阻碍努力工作的员工、滋生谣言、操纵群众等。

三、组织的纵向结构设计 ★★★

组织的纵向结构设计，就是确定管理幅度，划分管理层次。

（一）管理幅度

管理幅度是指一名主管人员有效地管理直接下属的人数。如一个公司经理能领导几个营业部长，一个营业部长能管理多少员工。影响管理幅度的因素主要有以下几个：①职务的性质；②工作能力强弱；③工作本身的性质；④标准化和授权程度；⑤信息反馈情况。

（二）管理层次

1. 管理层次与管理幅度的关系

管理层次的多少与管理幅度的大小密切相关。管理幅度同管理层次成反比关系。管理幅度越大，管理层次就越少；管理幅度越小，管理层次就越多。

2. 扁平结构和直式结构

按照管理幅度和管理层次的不同，形成两种结构：扁平结构和直式结构。

扁平结构是指管理幅度大而管理层次少的结构。扁平结构有利于缩短上下级距离，密切上下级之间的关系，信息纵向流通速度快，这种类型管理人员少、管理费用低；由于管理幅度大，被管理者有较大的自主性和创造性，也有利于选择和培训下属人员。但由于不能严密地监督下级，使上下级的协调较差；管理幅度的加大，也增加了同级间相互沟通联络的困难。在扁平结构中，几乎每个成员都有一定的决定权。

直式结构是指管理层次多而管理幅度小的结构,具有管理严密,分工细致明确,上下级易于协调的特点。但层次越多,需要的管理人员越多,协调工作急剧增加,互相扯皮的事层出不穷;由于管理严密,下级人员的积极性与创造性受到了影响。因此,为了达到有效管理,应尽可能地减少管理层次。

>> **经典例题** 下列关于管理层次和管理幅度的说法,错误的是( )。

A. 管理层次过多会给信息沟通带来困难

B. 管理幅度有一定的限度,过大或过小都会影响管理效能

C. 管理幅度应视管理者和员工的技能、能力以及工作性质等因素的不同而定

D. 管理幅度越宽,组织层次越少,管理人员的费用会大幅度上升

【答案】D。解析:扁平型结构的特点是管理幅度宽、管理层次少,这种类型管理人员少、管理费用低,信息传递速度较快而且不易失真,决策迅速。D项说法错误。其余三项说法均正确。

四、组织结构 ★★

组织结构的发展趋势是扁平化、虚拟化、网络化、柔性化、多元化和分立化。

各类型组织结构的优缺点及适用情况见表4-4-4。

表4-4-4 各类型组织结构的优缺点及适用情况

结构类型	优缺点	适用组织类型
直线型组织结构	优点:命令系统单一直线传递,管理权力高度集中,实行一元化管理,决策迅速 缺点:要求最高管理者通晓多种专业知识	适用于规模较小、任务比较单一、人员较少的组织
职能型组织结构	优点:能够充分发挥职能机构的专业管理作用,使直线经理人摆脱琐碎的经济技术分析工作 缺点:多头领导,不能实行统一指挥	适用于任务较复杂的社会管理组织和生产技术复杂、各项管理需具有专门知识的企业管理组织
直线—职能型组织结构	优点:具有直线型集中统一指挥的优点和职能分工专业化的长处 缺点:职能部门之间横向联系较差、信息传递路线较长、适应环境变化的能力较差	是一种普遍适用的组织形式,我国大多数企业和一些非营利组织均采用这种组织形式
事业部型组织结构	优点:适应性和稳定性强,有利于调动各事业部的积极性和主动性 缺点:资源重复配置,管理费用较高,且事业部之间协作较差	适用于产品多样化和从事多角化经营的组织;也适用于面临市场环境复杂多变或所处地理位置分散的大型企业和巨型企业
矩阵型组织结构	优点:灵活性和适应性强,有利于加强职能部门间的协作与配合,有利于研发与创新 缺点:组织结构稳定性差,双重领导易引起冲突,还可能导致项目经理过多、机构臃肿	适用于科研、设计、规划项目等创新性较强的工作或单位
虚拟网络型组织结构	优点:组织的大部分职能从组织外"购买",给管理当局提供了高度的灵活性,并使组织集中精力做最擅长的事 缺点:组织结构松散,可控性差,不利于商业保密	适用于自身资源较少、业务不稳定、管理信息系统发达的中小型组织

五、团队管理

团队是一个由少数成员组成的小组,小组成员具备相辅相成的技术或技能,有共同的目标,共同的评估和做事方法,共同承担最终的结果和责任。团队可分为以下几种类型:

(1)解决问题团队。这种团队是为了解决组织中某个具体的工作或问题而设立的团队。为解决问题,组织会将有经验的或有专业技能的员工组成团队,通常在问题解决之后团队就解散,成员回到各自的部门中去。危机管理团队是常见的问题解决团队形式。

(2)跨职能团队。它是指将拥有不同专业、技能和背景的人员组织起来的方式。

(3)自我管理团队。它是指团队成员拥有必要的权力和技能,能够进行自我管理,而不是简单地听命于组织的高层。绝大多数自我管理团队是跨职能团队。

(4)虚拟团队。它是指成员在地理上分散、只能通过电子方式进行沟通互动,来实现一定目标的团队。

命题角度

(1)考查管理层次与管理幅度的关系,扁平结构和直式结构的优缺点等。
(2)结合实例考查组织结构类型、团队的类型。

考点二  领导

一、领导概述

(一)领导的含义

领导是指激励、引导和影响个人或组织,在一定的条件下,实现组织目标的行动过程。领导是一个有目的的活动过程,这一活动过程的成效取决于领导者、被领导者和环境三种因素。

(二)领导者的影响力

领导者的影响力包括由上级组织赋予的职务权力(权力性影响力)和领导者个人所具有的影响力(非权力性影响力)。领导者影响力(或权力)的基础可分为五种:法定权、强制权、奖励权、专长权、个人影响权。前三种属于职务权力,后两种是由个人的才干、素养等决定的。

(三)领导风格类型 ★★

1. 独断型

采用这一领导方式的领导者注重正式组织的结构、组织的规章制度以及组织内正式的沟通渠道。这一类型的领导者以大权独揽的方式对下级进行领导,将决策权高度集中在自己手中,下属完全处于被动地位。此外,这一类型的领导者还注意避免同下级发生比较亲密的个人关系,下级通常对他敬而远之。

这一领导行为模式的优点在于领导者行事效率较高,其缺点是由于缺乏上下级之间的情感交流,下级的满意程度较低,下级通常被动地服从命令,不易发挥其主动性和积极性。

2. 放任型

采用这一领导方式的领导者通常不把持决策权,对下属采取自由放任的态度,是一种弹性或自由度较大的领导方式。这一类型的领导者重感情交往,关心下级的需要,并尽可能满足他们的某些要求,同下级维持着良好的人际关系。但是,这一模式不强调领导者自身权力的运用,因而往往导致实际上的无人领导和无人负责,工作常处于混乱和无秩序状态。工作效率低但员工满意度高。

3. 民主型（参与型）

采用这一领导方式的领导者既注重正式组织结构和规章制度的作用，又不完全大权独揽，在某种程序上设法使下属参与一些决策，善于在决策过程中发挥下属的作用，对决策的执行采取分权的方式进行，对下属工作的监督、检查与评估依靠有一定自主权的部门来进行。

领导风格还可以根据其他标准进行划分，如按领导者的指挥方式划分，领导风格可分为命令式、说服式、激励式、模范带头式四种领导行为模式。

二、领导理论

（一）领导权变理论 ★★★

1. 菲德勒权变理论

菲德勒认为对领导效果起重要影响作用的环境因素有三条：

（1）上下级关系，即领导者同组织成员的相互关系。

（2）任务结构，即工作任务的明确程度。任务结构的明确程度愈高，则领导者的影响力就愈大。

（3）职位权力，即领导职位赋予领导者权力的大小，或者说他具有的法定权有多大。

菲德勒的研究表明：任务取向型的领导者在非常有利的环境和非常不利的环境下，效果会更好；而关系取向型的领导在中间状态的环境下，效果会更好。据此，菲德勒认为，领导者的领导风格是稳定不变的，要提高领导效果，只有两种途径：一是替换领导者，选用适应新情境的领导者；二是改变情境以适应领导者。

2. 赫塞和布兰查德的情境领导理论

赫塞和布兰查德的情境领导理论也称领导生命周期理论，该理论认为，领导的成功取决于下属的成熟程度以及由此而确定的领导风格。下属成熟度包括个体与心理成熟度。前者包括个人的知识和技能，即工作成熟度高的个体拥有足够的知识、能力和经验去完成其工作任务。后者指一个人做某事的意愿和动机，心理成熟度高的个体主要靠内部动机的激励。

情境领导模型将领导风格分为以下四类：

（1）命令型（高工作-低关系）：领导者关心下属做什么，怎么做，以及何时做。

（2）说服型（高工作-高关系）：领导者既提供指导性行为又提供支持性行为。

（3）参与型（低工作-高关系）：领导者与下属共同决策，领导者主要提供便利条件。

（4）授权型（低工作-低关系）：领导者提供较少的指导和支持。

该理论将下属成熟度分为以下四个阶段：

（1）下属既不能胜任工作也不能被信任。此阶段下属需要得到明确具体的指导。

（2）下属虽有积极性但缺乏足够的技能。此阶段领导者需采用高工作-高关系的说服型领导风格，高工作能弥补下属能力的欠缺，高关系则试图使下属领会领导者的意图。

（3）下属有能力却不愿干领导希望他干的工作。此阶段可采用支持性、非指导性的参与型领导风格。

（4）下属既有能力又愿意接受工作安排。此阶段领导者可"享清闲"，因为下属既愿意又有能力担负责任。

情境领导理论认为，随着下属成熟度的提高，领导者可不断减少对下属活动的控制，不断减少关系行为。

（二）管理方格理论

管理方格理论是由美国得克萨斯大学的行为科学家罗伯特·布莱克和简·穆顿提出的。管理方格图的提出改变了以往各种理论中"非此即彼"式（要么以工作为中心，要么以人为中心）的绝对化观点，指出在对工作关心和对人关心的两种领导方式之间,可以进行不同程度的互相结合。

他们就企业中的领导方式问题提出了管理方格法,使用自己设计的一张纵轴和横轴各9等分的方格图,纵轴和横轴分别表示企业领导者对人和对工作的关心程度。第1格表示关心程度最小,第9格表示关心程度最大。管理方格图的具体内容见图4-4-3。

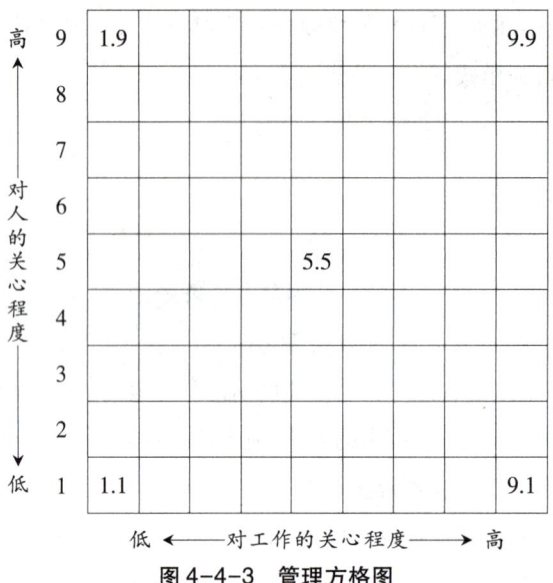

图 4-4-3　管理方格图

在管理方格图中,有五种典型的领导方式:

(1)1.1型,又称贫乏型管理。当群体成员的素质都很高,都很自觉地为组织目标努力工作时,这种管理行为是有效的,否则,很容易导致失败。

(2)9.1型,又称任务型管理。在短时间内,这种管理行为可能取得一定的效果,但时间一长,由于没有员工士气的支持,工作效率会一落千丈。

(3)1.9型,又称乡村俱乐部型管理,与9.1型相反。这类管理者往往深受员工的欢迎,而不受上级的支持,由于绩效上不去而不能持久。在员工素质较高的企业中可以局部运用。

(4)9.9型,又称团队型管理。管理者对员工和对工作都极为关心。这种管理往往有高昂的团队精神,工作任务完成得很好,员工士气也很旺盛,企业有很高的凝聚力。

(5)5.5型,又称中间型管理。在许多企业中,常见这种类型的管理,绩效可能过得去,但缺乏创新精神。该领导方式应该向9.9型转化,这样可以产生更有效的领导。

三、激励理论　★★★

激励,主要是指激发人的动机,使人有一股内在的动力,朝着所期望的目标前进的心理活动过程。简而言之,激励是调动人的积极性的过程。人的行为由动机决定,而动机则是由需要引起的。

(一)马斯洛的需求层次理论

美国心理学家马斯洛在1943年出版的《人的动机理论》一书中提出了需求层次理论。他把人的需求归纳为五个层次,由低到高依次为生理需求、安全需求、社交需求、尊重需求和自我实现需求,具体内容见表4-4-5。

表 4-4-5 需求层次理论

需求层次		
	生理需求	一个人对维持生存所需的衣、食、住等基本生活条件以及性、生育等延续后代的需求
	安全需求	对人身安全、就业保障、工作和生活的环境安全、经济保障等的需求
	社交需求	人希望获得友谊和爱情及归属的需要,希望得到别人的关心和爱护,希望成为社会的一员
	尊重需求	希望自己保持自尊和自重,并获得别人的尊敬,得到别人的高度评价
	自我实现需求	促使自己的潜在能力得以实现的愿望,即希望成为自己所期望的人
需求层次理论基本观点	马斯洛需求层次理论的基本观点: (1)人的需要一般按由低到高的顺序发展。生理需求是最基本、最优先的需求,自我实现是最高层次的需求 (2)人在不同的时期、发展阶段,其需求结构不同,但总有一种需求发挥主导作用 (3)五种需求的等级顺序并不是固定不变的,存在着等级倒置现象。如有些人可能牺牲低层次的需求而谋求实现高层次的需求,那些具有崇高理想的人,即使低层次的需求尚未得到满足,仍会追求高层次需求 (4)各种需求相对满足的程度不同。实际上,绝大多数人的需求只有部分得到满足,同时也有部分得不到满足,而且随着需求层次的升高,满足的难度相对增大,满足的程度逐渐减小	

(二)双因素理论

美国心理学家赫茨伯格等人于 20 世纪 50 年代末期提出了"双因素理论",该理论主要反映在《工作的激励因素》(1959 年)和《工作与人性》(1966 年)两部著作中。其具体内容见表 4-4-6。

表 4-4-6 双因素理论

因素	特征
保健因素(维持因素)	使员工感到不满的往往是公司政策与管理方式、上级监督、工资、人际关系和工作条件等因素,是属于工作环境和工作条件方面的因素
	这类因素不具备或强度太低,容易导致员工不满意,但即使充分具备、强度很高,也很难使员工感到满意。这类因素不能起到激励作用,只能起到保持人的积极性、维持工作现状的作用
激励因素	使员工对工作感到满意的往往是成就、赞赏、工作本身、责任和进步等因素,是属于工作本身和工作内容方面的因素。这类因素的满足,可使员工感到满意,激发其工作热情,从而充分有效、持久地调动员工的积极性,但员工感到不满时却很少是因为缺少这些因素
赫茨伯格认为,满意的对立面不是不满意,而是没有满意;不满意的对立面也不是满意,而是没有不满意	

(三)公平理论

该理论是由美国心理学家斯戴西·亚当斯于 20 世纪 60 年代提出的,又称社会比较理论,侧重研究工资报酬分配的合理性、公平性及其对员工工作积极性的影响。

公平理论认为,当一个人做出了成绩并取得报酬以后,他不仅关心自己所得报酬的绝对值,而且关心自己所得报酬的相对量。也就是说,每个人都会自觉或不自觉地把自己所获得的报酬与投入的比率同他人的收支比率或本人过去的收支比率相比较。如果比率低于他人,即使获得高薪,也会认为不公平。

(四)期望理论

美国心理学家弗鲁姆于 1964 年在他的著作《工作与激励》一书中首先提出了比较完备的期望理论。期望理论认为,某一活动对一个人的激发力量取决于他所能得到结果的全部预期价值乘以他认为达成该结果的期望概率(期望值)。用公式表示为:

$$激发力量(M) = 效价(V) \times 期望概率(E)$$

其中,激发力量是一个人所受激励的强度,效价是一个人对某一结果的价值评价,期望概率是个体判断通过自己努力达成某种目标的可能性大小。

该理论提出了在进行激励时要处理好三方面的关系,这也是调动人们工作积极性的三个条件。①努力与绩效的关系。人们总是希望通过一定的努力实现预期目标。②绩效与奖励的关系。人们总是希望取得成绩后能得到奖励。③奖励与满足个人需要的关系(奖励的效价)。人们总是希望自己所获得的奖励能满足自己某方面的需要。对于不同的人,采用同一种奖励办法能满足需要的程度不同,能激发出的工作动力也不同。

(五)强化理论

强化理论由美国心理学家斯金纳于20世纪50年代提出。斯金纳通过实验研究得出结论,认为人的行为可分为以下三类:

(1)本能行为。这是人生来就有的行为。

(2)反应性行为。这是环境作用于人而引起的反应。

(3)操作性行为。这是人为了达到一定目的而作用于环境的行为。

斯金纳提出了以下四种行为改造方式:

(1)正强化。给予某种愉快的刺激,增加良好行为出现的概率。

(2)负强化。撤销某种厌恶的刺激,增加良好行为出现的概率。

(3)正惩罚。给予某种厌恶的刺激,降低不良行为出现的概率。

(4)负惩罚。撤销某种厌恶的刺激,降低不良行为出现的概率。

(六)赫布曲线

赫布曲线是由心理学家赫布提出的揭示情绪与工作效率之间规律的曲线。无论人们从事手工操作还是智力操作,都必须以一个适当的情绪激活水平为背景,才可能顺利完成操作。当员工情绪激活水平很低时,工作效率极低;当激活程度逐渐提高时,工作效率随之逐渐提高;当情绪激活到最佳水平时,工作效率达到最高;当情绪激活水平继续提高时,情绪开始起干扰作用,工作效率开始下降;当情绪过度紧张时,工作效率降到极低水平。

> **命题角度**
>
> (1)结合实例,考查领导的风格类型、情境领导模型中的领导风格。
>
> (2)直接考查或结合实例考查激励理论的主要内容,如考查双因素理论中保健因素和激励因素的内容。

第四讲 沟通与冲突

一、沟通的含义和目的

沟通,简单地说就是信息交流,就是指一方将信息传递给另一方,期待其做出反应的过程。人与人的沟通过程包括输出者、接受者、信息、渠道等主要因素。

沟通以信息为基础,但和信息不是一回事。沟通是在人与人之间进行的,信息是中性的,而沟通的背后都隐藏着目的。从组织的角度来看,沟通的目的包括以下几项:①控制成员的行为;②激励员工改善绩效;③表达情感;④流通信息。

二、沟通的类型

(一)下行沟通、上行沟通、平行沟通和斜向沟通

根据信息传递方向的不同,沟通可分为下行沟通、上行沟通、平行沟通和斜向沟通。

(1)下行沟通。下行沟通是指自上而下的沟通。如上级把组织战略目标、管理制度、政策、工作命令、有关决定、工作程序及要求等传递给下级。

(2)上行沟通。上行沟通是指自下而上、点面结合的沟通。如下级向上级反映意见、汇报工作情况、提出意见和要求等。

(3)平行沟通。平行沟通是指同一层级的组织或同事之间的相互沟通。

(4)斜向沟通。斜向沟通是指处于不同层次的没有直接隶属关系的成员之间的沟通,这种沟通方式有利于加速信息的流动,促进理解,并为实现组织目标而协调各方面的努力。

(二)正式沟通和非正式沟通

根据沟通组织系统的不同,沟通可分为正式沟通和非正式沟通。

(1)正式沟通指的是通过组织明文规定的渠道进行的信息传递和交流。优点是效果较好,有较强的约束力,易于保密。缺点是沟通速度较慢,显得刻板。

(2)非正式沟通指的是正式沟通渠道之外进行的信息传递和交流。优点是沟通方便、内容广泛、方式灵活、沟通速度快。缺点是比较难以控制,信息易失真、曲解,容易传播流言蜚语。

三、沟通的主要障碍 ★★

沟通的主要障碍包括角色性障碍、文化性障碍、认知性障碍。角色性障碍是由于人们之间的角色差异而形成的障碍。文化性障碍是由于语言差异、习俗差异和教育程度差异等文化因素而形成的障碍。认知一般是指人们对人或事物的认识和看法。在交际沟通中,一些认知偏差会构成沟通障碍,并对人际关系造成消极影响。

(1)首因效应。首因效应也叫第一印象,是指素不相识的人第一次见面的印象所产生的作用。这种最先的印象主要通过对方的相貌、表情、身材、服饰、言谈、举止等外在因素获得,一般在极短的时间之内就会形成。

(2)后因效应。后因效应也叫后摄作用,是指人际沟通中新获得的信息往往起优势作用的现象。

(3)晕轮效应。晕轮效应也称光环效应,是指当对一个人的某个特性形成好或坏的印象之后,就会辐射性、连带性、泛化性地据此推论这个人其他特性好或坏的思维定势。

(4)刻板效应。刻板效应是人们在长期的认知过程中所形成的关于某类人的概括性、笼统性的固定印象。

(5)投射效应。投射效应是指个体认知他人时把自己的特性投射、归属到他人身上的现象。

(6)情绪效应。情绪效应是指交际双方的情绪彼此感染、往复循环并对交际沟通产生影响的现象。

考点二 冲突

一、冲突的含义及原因

冲突是指由于某种差异而引起的抵触、争执或争斗的对立状态。在组织情境中,个体差异性、资源匮乏、

沟通不当、任务的互动程度等因素都可能会引起冲突。

二、冲突的处理策略

冲突的处理策略通常有五种：强制、合作、妥协、回避、迁就。具体内容见表4-4-7。

表4-4-7　冲突的五种处理策略及其适用情境

处理策略	适用情境
强制	①快速、具有决定性的行为、紧急事件；②遇到不同寻常的情况时；③有关大众利益时
合作	①双方所关心的事十分重要，且无法妥协时；②目标明确时；③整合不同的看法；④整合不同的关系
妥协	①当目标明确，但不值得努力或存在潜在化解危机时；②势均力敌的对手相互排斥时；③非常复杂的议题；④时间及成本具有相当压力时；⑤合作与强制都不成功时
回避	①议题微不足道，或者有更重要的议题时；②毫无机会可满足所关心的事时；③潜在的分裂超过解决问题所带来的利益时；④使人冷静下来及有重要认知时；⑤搜集资料比立刻决定更重要时；⑥别人能更有效率地解决问题时
迁就(顺应)	①发现自己错误时，显示自己的理性；②议题对别人比自己重要时，保持合作态度满足别人；③将损失降到最低；④当和谐与安定更重要时；⑤允许下属从错误中学习，发展自我

命题角度

(1)结合案例，考查沟通的类型，如当涉及组织内大量人力和物力资源调配，影响全局利益的沟通时，应该选择哪些沟通方式？（正式沟通和书面沟通）。

(2)结合案例，考查冲突的处理策略。

第五讲　控制

一、控制的含义及基本功能

控制，就是按照计划标准来衡量所取得的成果并纠正所发生的偏差，以确保计划目标的实现。

控制与计划既互相区别，又紧密相联。计划为控制工作提供依据，但如果只编制计划，不对其执行情况进行控制，计划目标就很难圆满实现。

控制的基本功能包括监督功能、纠偏功能、协调功能和激励功能。

二、控制的类型

(一)预先控制、过程控制和事后控制

根据控制活动进程的阶段，控制可划分为预先控制、过程控制和事后控制。

(1)预先控制位于管理活动过程的初始端。预先控制在整个活动开始之前能剔除那些在管理过程中难以挽回的先天缺陷。

(2)过程控制是对正在进行的活动给予指导与监督，以保证活动按规定的政策程序和方法进行。这一控制一般都是在现场进行，而遥控不能取得良好的效果。

(3)事后控制位于管理活动过程的终点。事后控制的致命缺点在于,整个管理过程已经结束或者说整个活动已经告一段落,管理活动中出现的偏差已在系统内部造成损害,并且无法补偿。

(二)反馈控制和前馈控制

根据控制信息的类型,控制可划分为反馈控制和前馈控制。

(1)反馈控制就是用过去的情况指导现在和将来,从而实现对管理过程的控制。反馈控制存在时滞问题,即从发现偏差到采取更正措施之间可能有时间延迟现象。

(2)前馈控制又称指导将来的控制,它提前采取措施,使投入的实施活动与期望的结果相吻合。

命题角度

直接考查或结合案例考查控制的类型,如根据题干描述的控制过程,判断属于哪种类型的控制。

第六讲 市场营销基础知识

考点一 消费者购买决策

消费者购买决策过程分为认识问题、信息收集、产品评价、购买决策和购后行为五个阶段。影响消费者购买决策的因素主要有消费者个体因素、环境因素和市场营销因素,具体见表4-4-8。

表4-4-8 消费者购买决策的影响因素

因素	具体内容
消费者个体因素	(1)生理因素:消费者的性别、年龄、健康状况和生理嗜好(如饮食口味)等 (2)心理因素:消费者的感知、认知过程、个性、态度、学习等 (3)经济因素:消费者的可支配收入、储蓄、资产和借贷能力等 (4)生活方式。一个人在生活中表现出来的活动、兴趣和看法的模式
环境因素	(1)微观环境:商场购物环境、人流量、售货员服务技能与态度、家人和朋友的看法等 (2)宏观环境:人口、经济、政治、法律、社会文化、科学技术、自然等因素
市场营销因素	(1)产品因素:质量、性能、商标、包装等 (2)价格因素:基本价格、折扣、信贷等 (3)渠道因素:批发、零售、位置、交通等 (4)促销因素:广告、推销、公关、销售促进等

考点二 目标市场营销战略

一、市场细分

市场细分就是企业根据自身条件和营销意图,以需求的某些特征或变量为依据,区分具有不同需求的顾客群体的过程。

消费者市场细分的标准:①地理因素,包括国家、地区、城市规模、不同地区的气候及人口密度等;②人口因素,指各种人口统计变量,包括年龄、婚姻、职业、性别、收入、教育程度、家庭生命周期、国籍、民族、宗教、社会阶层等;③消费者的心理因素,包括个性、购买动机、价值观念等;④消费行为因素,包括消费者进入市场的程度、使用频率、偏好程度等。

市场细分的原则:可衡量性、可进入性、可盈利性、可行动性。

二、目标市场战略

(一) 目标市场的概念

目标市场是指企业为了满足现实和潜在的市场消费者需求,在市场细分的基础上,确定本公司产品服务的特定细分市场,也称目标营销或市场目标化。

(二) 选择目标市场

企业在选择目标市场时,一般有以下五种可供考虑的市场覆盖模式。

1. 市场集中化

企业只选取一个细分市场,只生产一类产品,供应某一单一的顾客群,进行集中营销。这是最简单的一种目标市场模式。

2. 产品专业化

企业集中生产一种产品,并向各类顾客销售这种产品。

优点:有利于形成和发展生产和技术上的优势,在该领域树立形象。

缺点:当该领域被一种全新的技术与产品代替时,产品销售量有大幅度下降的风险。

3. 市场专业化

企业专门经营满足某一顾客群体需要的各种产品。

优点:市场专业化经营的产品类型众多,能有效地分散经营风险。

缺点:由于集中于某一类顾客,当这类顾客的需求下降时,企业也会有收益下降的风险。

4. 选择专业化

企业选取若干个具有良好的盈利潜力和结构吸引力,且符合企业的目标和资源的细分市场作为目标市场,其中每个细分市场与其他细分市场之间的联系较少。

特点:可以有效地分散经营风险。采用这种策略的企业应具有较强的资源和营销实力。

5. 市场全面化

企业生产多种产品以满足各种顾客群体的需要。一般来说,只有实力雄厚的大型企业选用这种模式时,才能取得良好效果。

(三) 目标市场营销战略的类型

不同类型的目标市场营销战略的具体内容见表4-4-9。

表4-4-9 目标市场营销战略的类型

类型	含义	优点	缺点	适用范围
无差异营销战略	企业把整个市场当作一个需求类似的目标市场,只推出一种产品,并只使用一套营销组合方案	成本低,可大规模、标准化生产;促销费用和市场调研费用低	不能满足不同消费者的需求,市场应变能力较差	刚起步的企业

(续表)

类型	含义	优点	缺点	适用范围
差异营销战略	企业根据各目标市场的不同需要，分别设计不同的产品、制定不同的营销组合方案	机动灵活、针对性强，更好地满足消费者需求，减少经营风险，提高竞争力	增加产品改良成本、生产成本、管理成本和促销成本，企业的资源配置不能有效集中	资源力量雄厚的大企业
集中营销战略	企业集中力量在某一细分市场上，实行专业化生产经营，以获取较高的市场占有率	集中资源，比较容易在特定的市场上占据优势地位	市场较小，企业发展受限；经营风险较大	资源力量有限的中小企业

三、市场定位

市场定位，也被称为产品定位或竞争性定位，指企业在市场细分的基础上，依据市场上的竞争状况和本企业的条件，建立本企业及产品在目标市场顾客心目中特殊形象的过程。

市场定位方式不同，竞争态势也不同。**市场定位方式主要分为以下三类**：①避强定位，即避开强有力的竞争对手的市场定位，常为多数企业所采用；②迎头定位，即与市场上占据支配地位的竞争对手"对着干"的定位方式；③重新定位，即对销路少、市场反应差的产品进行二次定位，旨在改变消费者原有的认识、争取有利的市场地位。

确定市场定位应与产品差异化结合起来，产品差异化是实现市场定位目标的一种手段。市场定位战略主要包括产品差别化战略、服务差别化战略、人员差别化战略和形象差别化战略。

> **命题角度**
> (1)消费者市场细分的标准及原则。
> (2)题干给出具体实例，选择合适的目标市场营销战略类型。
> (3)题干给出具体实例，选择应采用什么形式的市场定位战略。

考点三 产品策略

一、产品的概念

产品是指人们向市场提供的能满足顾客需求的有形的物品和非物质形态的服务的总和，是指产品的整体概念。产品的整体概念包括以下五个层次：

第一个层次，核心产品，即顾客真正需要的基本服务或利益。

第二个层次，形式产品，实现核心利益所必需的基础产品，即产品的基本形式。

第三个层次，期望产品，即购买者在购买产品时通常期望或默认的一组属性和条件。

第四个层次，附加产品，即提供超过顾客期望的服务和利益，以便把公司的提供物与竞争者的提供物区别开来。

第五个层次，潜在产品，即该产品在将来最终可能会实现的全部附加部分和转换部分（产品将来的发展方向）。

二、产品组合策略

(一)产品组合的概念

产品组合又称产品搭配,是指企业根据市场需求和企业的资源、技术条件,制定产品线和产品项目,确定产品的经营范围。

(1)产品组合的宽度,即该公司具有多少条不同的产品线。

(2)产品组合的长度,即它的产品组合中的产品品目总数。

(3)产品组合的深度,即产品线中的每一产品有多少品种规格。

(4)产品组合的关联度,即各条产品线在最终用途、生产条件、分销渠道或者其他方面关联的程度。

(二)产品组合决策

产品组合决策主要包括以下五种:①扩大产品组合。包括拓展产品组合的宽度和增加产品组合的深度。②缩减产品组合。③产品延伸战略。企业在特定的产品线内部,全部或者部分地改变公司原有产品的市场定位,主要有向上延伸、向下延伸和双向延伸。④产品线现代化决策。企业随着科学技术和市场需求的变化而对产品的创新。⑤产品线特色化和削减决策。

>经典例题 康师傅推出方便面以后,又推出矿泉水、茶饮料等产品,这种做法属于(   )。

A. 品牌延伸策略　　　　　　　　　　B. 产品差异化策略

C. 扩大产品组合策略　　　　　　　　D. 多品牌策略

【答案】A。解析:品牌延伸策略是指将现有成功的品牌,用于新产品。产品差异化策略是指企业以某种方式改变那些基本相同的产品以使消费者相信这些产品存在差异而产生消费偏好。比如打火机定位有高档和一次性之分。扩大产品组合策略是开拓产品组合的宽度和加强产品组合的深度。开拓产品组合宽度是指增添一条或几条产品线,扩展产品经营范围;加强产品组合深度是指在原有的产品线内增加新的产品项目。多品牌策略是指企业发展到一定程度后,开发出多个相互独立又有一定关联的品牌。

三、产品生命周期与营销策略

产品生命周期一般分为四个阶段:引入期、成长期、成熟期、衰退期。各个阶段的营销策略不同。

(一)引入期营销策略 ★★★

1. 快速撇脂策略

快速撇脂策略就是高价高促销策略,即企业以高价和大规模促销将新产品推进市场,加强市场渗透与扩张。采用这一策略的条件:①大部分潜在购买者根本不熟悉该产品,而已经知道这种新产品的购买者求购心切,愿出高价购买;②企业面临潜在竞争的威胁,急需以高价优质树立声誉,取得竞争优势。

2. 缓慢撇脂策略

缓慢撇脂策略就是高价低促销策略,即企业以高价和低促销费用将新产品推进市场,以多获利润。采用这一策略的条件:①市场容量相对有限,消费对象相对稳定;②大部分购买者对产品已有所了解,愿出高价购买;③潜在竞争的威胁较小。

3. 快速渗透策略

快速渗透策略就是低价高促销策略,即企业以低价和大规模的促销活动将新产品推进市场,以最快的速度进行市场渗透和扩大市场占有率。采用这一策略的条件:①市场容量相当大,购买者对商品不了解而且对价格十分敏感;②潜在竞争的威胁大;③商品的单位成本可因大批量生产而降低。

4. 缓慢渗透策略

缓慢渗透策略就是低价低促销策略，即企业以低价和少量的促销费用将新产品推进市场，==着眼于长期的最大限度的市场占有率，从低价中获取最大利润==。采用这一策略的条件：①市场容量大；②购买者对产品较为熟悉，对价格较为敏感；③有相当数量的潜在竞争者。

（二）成长期营销策略

成长期营销策略主要包括以下内容：①改进产品质量，增加产品的特色和式样；②增加关联产品和产品系列；③拓展新的分销渠道；④寻找并进入新的细分市场；⑤营销以品牌传播为主；⑥适时降价，让利于消费者，刺激购买。

（三）成熟期营销策略

1. 市场改良

争取竞争对手的顾客和进入新的细分市场以获得更多的用户；发现产品的新用途，鼓励用户更频繁、更大量地使用该产品，提高用户对该产品的使用量。

2. 产品改良

以产品自身的改进来满足顾客的不同需要，扩大市场销售量。例如，改进产品的质量、特点和式样。

3. 营销组合改良

通过改进营销组合要素来刺激销售，延长产品的市场成长和成熟期。常用的方法是通过降价提高竞争力并吸引顾客。

（四）衰退期营销策略

1. 维持营销策略

保持原有的目标市场，用过去的营销组合策略，继续在原有的市场上销售。

2. 集中营销策略

企业简化产品线，缩小经营范围，把企业的人力、物力、财力集中起来，生产最有利的产品；利用最有利的中间商，在最有利的细分市场销售，以取得尽可能大的经济效益。

3. 榨取营销策略

在一定时期内，不主动放弃疲软产品的生产，而是大幅度地降低促销费用，强制地降低成本。这样虽然短期内销售有所下降，但由于成本下降，企业仍能保持一定的利润。

> **命题角度**
>
> （1）结合实例，判断题干中的做法属于什么营销策略。
> （2）直接考查或结合实例考查产品生命周期的阶段以及各阶段的营销策略，尤其是引入期的几种营销策略。

考点四 品牌策略

一、品牌定位

品牌定位是品牌运营的基本前提，是确立品牌个性的谋略。品牌定位是针对目标市场确定并建立一个独特品牌形象活动的结果，它是对企业品牌的整体形象进行设计，从而在目标客户的心中占据一个独特的有价值地位的过程或行动。

二、品牌策略的分类

（一）品牌归属策略

企业有三种可供选择的策略：一是使用属于自己的品牌，这种品牌叫作企业品牌，也叫生产者品牌或自有品牌。二是使用他人品牌，可细分为：①中间商品牌，即企业将其产品售给中间商；②贴牌生产，即使用其他生产者品牌。三是企业对部分产品使用自己的品牌，对另一部分产品使用中间商品牌或其他生产者品牌。

（二）品牌统分策略

无论品牌属于谁，都必须考虑对所有的产品如何命名。对此问题的决策，通常有以下几种可供选择的策略。

1. 统一品牌

统一品牌就是企业所有的产品（包括不同种类的产品）都统一使用一个品牌。

优点：降低新产品宣传费用；有助于显示企业实力，塑造企业形象。

缺点：若某一种产品因某种原因（如质量）出现问题，就可能导致其他种类产品受牵连进而影响全部产品和整个企业的信誉；易相互混淆，难以区分产品的质量、档次等。

2. 个别品牌与多品牌

个别品牌是指企业对各种不同的产品分别使用不同的品牌。多品牌是指企业同时为一种产品设计两种或两种以上互相竞争的品牌。

优点：使企业整体信誉不至于受其某种商品声誉的影响；方便消费者识别不同质量、档次的商品；也有利于企业的新产品向多个目标市场渗透。

缺点：促销费用较高；存在自身竞争的风险。

3. 分类品牌

分类品牌是指企业在产品分类的基础上，对各类产品使用不同的品牌。如企业将产品分为器具类产品、妇女服装类产品等，并分别赋予它们不同的品牌名称及品牌标志。这是对统一品牌与个别品牌策略的一种折中。

4. 家族品牌

家族品牌是指企业研制的一种产品推出和上市后，受到消费者的认同，在取得成功和获得较好利润后，该企业又继相推出一系列的连带产品，这些产品看上去大同小异，但功能和自身所具有的个性特点却不一样。

考点五 定价策略

一、定价目标

定价目标是企业通过定价措施要达到的营销目的，定价目标是企业定价策略和定价方法的依据。企业的定价目标有如下几种：①生存目标；②利润目标；③市场占有率目标；④质量目标；⑤其他定价目标。

二、定价导向

影响定价的因素有成本因素、需求因素、竞争因素、心理因素、政策法规因素、其他因素等。其中，前三个因素是影响价格制定与变动的最主要因素。因此，企业的定价导向可以划分为三大基本类型，即成本导向定价、需求导向定价和竞争导向定价。

（1）成本导向定价，是指企业以成本费用为基础来制定价格。成本加成定价法是一种常见的成本导向定价方法，是指按照单位成本加上一定百分比的加成制定销售价格。加成就是一定比率的利润。

(2) 需求导向定价，是指根据市场需求状况和消费者对产品的感觉差异来确定价格，又称市场导向定价或顾客导向定价。

(3) 竞争导向定价，是指在激烈的竞争性市场上，企业通过研究竞争对手的生产条件、服务状况、价格水平等因素，依据自身的竞争实力，参考成本和供求状况来确定商品的价格。其特点是价格的制定以竞争者的价格为依据，与企业自身商品的成本及市场需求状况不发生直接关系。

三、定价策略 ★★★

（一）新产品定价策略

1. 撇脂定价策略

撇脂定价又称取脂定价、撇油定价，是一种高价策略，是指在新产品上市初期，将新产品的价格定得较高，以便在较短时间内获取丰厚利润，尽快收回投资，减少投资风险。

适用范围：①流行商品、全新产品或换代新产品上市之初；②受专利保护的产品、难以仿制的产品；③与同类产品、替代产品相比，新产品具有较大的优势和不可替代的功能；④新产品采取高价策略获得的利润足以补偿因高价造成的需求减少所带来的损失。

优点：①有助于开拓市场；②主动性大，产品进入成熟期后，价格可分阶段逐步下降，有利于吸引新的购买者；③限制需求量过于迅速增加，与生产能力相适应。

缺点：①不利于扩大市场和占领、稳定市场；②某种程度上损害了消费者利益，容易招致消费者的抵制，甚至会被当作暴利来加以取缔，损坏企业形象；③容易很快招来竞争者，迫使价格下降，好景不长。

/// 考点拓展 ///

撇脂定价策略的前提条件：①市场有足够的购买者，他们的需求缺乏弹性，即使把价格定得很高，市场需求也不会大量减少；②高价使需求减少，但不致抵消高价所带来的利益；③在高价的情况下，仍然独家经营，别无竞争者；④高价使人们产生"这种产品是高档产品"的印象。

2. 渗透定价策略

与撇脂定价策略相对立，是一种低价策略，即薄利多销，指在新产品投入市场时，有意将价格定得很低，以吸引消费者，迅速扩大销量，提高市场占有率。

适用范围：没有显著特色、产品存在规模经济效益、市场竞争激烈、需求价格弹性较大、市场潜力大的新产品。

特点：可以有效地刺激消费需求，阻止竞争者介入从而保持较高的市场占有率，扩大销售，降低生产成本与销售费用。

3. 满意定价策略

满意定价策略也称适价策略，是指企业将新产品的价格定得比较适中。它是一种介于撇脂定价和渗透定价之间的定价策略。其特点是照顾各方的利益，使各方都满意。

（二）折扣定价策略

折扣定价策略是指销售者为回报或鼓励购买者的某些行为，如批量购买、提前付款、淡季购买等，将其产品的基本价格调低，给购买者一定的价格优惠。其具体办法有现金折扣、数量折扣、功能折扣、季节性折扣、促销折扣等。

（三）心理定价策略

心理定价策略是企业针对消费者的不同消费心理，制定相应的商品价格，以满足不同类型消费者的需求的策略。

消费心理大致有四种,分别是从众、求异、攀比、求实。常用的心理定价策略的具体内容见表4-4-10。

表4-4-10　心理定价策略

类型	定义
尾数定价策略	又称"奇数定价""非整数定价",是指企业利用消费者求廉、求实的心理,故意使商品的价格带有尾数,以促使顾客购买商品,这种定价方法多用于中低档商品
整数定价策略	针对消费者的求名、求方便的心理,有意将商品价格定为以"0"结尾的整数
声望定价策略	根据消费者的求名心理,企业有意将名牌产品的价格制定得比市场中同类商品的价格高
招徕定价策略	一种有意将少数商品降价以吸引顾客的定价方式

(四)差别定价策略

差别定价策略是指企业对同一产品或劳务制定两种或多种价格以适应顾客、地点、时间等方面的差异,但这种差异并不反映成本比例差异。差别定价策略的具体内容见表4-4-11。

表4-4-11　差别定价策略

类型	定义
顾客细分定价策略	企业按照不同的价格把同一种产品或劳务卖给不同的顾客
产品式样定价策略	企业对不同花色、品种、式样的产品定不同的价格,但这个价格对于它们各自的成本是不成比例的
渠道定价策略	企业对经不同渠道出售的同一商品制定不同的价格
地点定价策略	企业对处于不同地点的同一商品制定不同的价格,使不同地点提供的商品成本是相同的
时间定价策略	企业对于不同季节、不同时期甚至不同钟点的产品或劳务分别制定不同的价格

(五)产品组合定价策略

一个企业往往并非只提供一种产品,而是提供许多产品。产品组合定价策略的着眼点在于制定一组使整个产品组合利润最大化的价格。常用的产品组合定价策略有以下几种形式:①产品线定价;②选择特色定价;③附属产品定价;④两段定价;⑤副产品定价;⑥产品捆绑定价。

命题角度

(1)考查企业的定价导向,尤其是成本导向定价。
(2)结合案例考查定价策略,尤其是撇脂定价策略和渗透定价策略。

第五篇 英 语

第一章　选词填空

考情简报

题型题量概述

2023 年度各大银行招聘考试英语选词填空题量总体减少，中行、农行为 20 道，邮储银行为 10 道。往年农行、中行选词填空题量最多，均为 30 道左右；邮储银行和进出口银行每年均为 20 道左右。农发行和招行每年均为 10 道左右。工行、交行、建行近几年均未考查该题型。

考查内容概述

选词填空的考查内容主要包括词汇和语法两个方面。

（1）词汇：考查动词、名词、形容词等的词义辨析，以及动词短语、介词短语等的辨析；考查固定搭配的题目出现的频率也较高。

（2）语法：考查基础语法知识，如句子结构、时态和语态、主谓一致、非谓语动词、从句等。

第一讲　词义辨析及常用词

考点一　词义辨析

在银行招聘考试中，选词填空考查最多的是词义辨析，涉及动词、名词、形容词、介词、副词的辨析。根据词汇特点，词义辨析可以分为近义词辨析、形近词辨析和异形异义词辨析。

一、近义词辨析 ★★

近义词辨析考查考生对于意思相同或者相近的单词的理解，主要考查实词，如名词、动词、形容词和副词。要求考生掌握每个单词的核心意义和其区别于其他单词的用法。

在词性相同的情况下，若各个选项代入原句都符合语法要求，则要考虑单词意思的特殊性，结合句意分析作答。同义词组需要考虑语法点，考虑是否有固定用法。

> **经典例题**　The federal government has issued guidelines to give a 50% _____ in a fixed time frame for storing and transporting fruit and vegetables to prevent post-harvest losses and distress sale by farmers when prices fall.

A. benefit　　　　　　　　　　B. bonus
C. subsidy　　　　　　　　　　D. allowance

【答案】C。解析：句意为"联邦政府已经颁布指导方针，在固定时间内为水果和蔬菜的储存和运输提供 50% 的补贴，以防止作物收获后产生损失和价格下跌时农民廉价抛售"。benefit"利益，好处"，可指短期补助，多提供给失业者；bonus"奖金，红利"，指正常工资/收入之外，因为表现良好而给予的额外奖励，可以是公司给员工、政府给特定人士（如军人）或企业；subsidy"补贴，补助金"，侧重指政府或某个公立机构给某个行业/某个公司的补助,目的是使该行业/公司的产品保持低价,以提高竞争力;allowance"津贴",指为了某件特定的事情而定期发放的钱,如 travel allowance(公司定期给员工的交通补助)。根据题意,此处为储存和运输补贴。

二、形近词辨析 ★★

形近词辨析主要考查考生对于形式上相近的词的理解,对易混淆的词或短语的辨析和使用。银行招聘考试对形近词辨析的考查以实词为主,常考词性为名词、动词和形容词。

银行招聘考试中常见的形近词见表 5-1-1。

表 5-1-1 常见形近词

分组	例词	意思
1	aboard	prep./ad. 在(到)船(车、飞机)上
	abroad	ad. 在(到)海外、户外;广为流传地
	board	n. 董事会;木板;甲板;膳食 vt. 上(飞机、车、船等);(在学校)寄宿;提供膳宿
2	amiable	a. 和蔼可亲的;好脾气的
	amicable	a. 友善的
3	arise	v. 起床;(无形物等)出现,发生;(由……)引起,(因……)产生
	rise	v. 升高,增长;起床,站起;升起
	arouse	v. 唤醒,唤起,引起(多用于抽象意味)
	rouse	v. 惊起,唤醒(多用于具体意味);使活跃起来,使产生兴趣
4	abrupt	a. 突然的;唐突的,生硬的
	bankrupt	a. 破产了的;v. 使破产
	corrupt	a. 腐败的,贪污的;v. 使腐烂;腐败
	erupt	v. 爆发,喷出
5	access	n. 道路,进入;v. 进入,存取(计算机文件)
	assess	v. 估价,评价
	excess	n. 过度,无节制;a. 过度的,额外的
	obsess	v. 迷住,使困扰
	possess	v. 占有,拥有
6	acclaim	v. 称赞,赞扬
	claim	v. 要求;认领;声称,主张
	declaim	v. 慷慨陈词,慷慨激昂地宣讲
	disclaim	v. 放弃,拒绝承认
	exclaim	v. 呼喊,惊叫
7	accord	v. (与……)一致,符合;授予;n. 协议,条约
	concord	n. 和谐,一致
	discord	n. 不一致,不和
	record	v./n. 记录,录音

（续表）

分组	例词	意思
8	alone	a./ad. 独自(但无孤独之意)
	lone	a. 单独的
	lonely	a. 孤寂的
9	conceive	v. 怀孕;设想
	receive	v. 接收,接待
	deceive	v. 欺骗,行骗
	perceive	v. 看作,注意到
10	continuation	n. 连续,持续;延续物,附加物;(停顿后的)继续,再开始
	continual	a. 多次重复的,频繁的;不间断的(强调一个动作在某个时期反复出现)
	continuous	a. 连续的,持续的(强调一个动作没有间断过)
	continuing	a. 继续的,持续的,连续的
11	transport	v. 运输,运送
	transform	v./n. 变形,转换,转化
	transfuse	v. 输血,灌输,注入
	transfer	v. 转移,移交
12	sentiment	n. 伤感,情绪
	sentient	a. 有知觉力的
	sensitivity	n. 敏感;体贴,体恤
	sensation	n. 轰动;知觉
13	prospect	n. 前途,可能性
	promotion	n. 提升,晋升,促销活动
	prosperity	n. 繁荣,成功,兴旺
	property	n. 性能,财产
14	portable	n. 手提电脑;a. 手提的,便携的
	portray	v. 描绘
	portrayal	n. 描绘,扮演
	port	n. 港口
15	reverse	v. 颠倒,反转
	reveal	v. 揭露,显示
	revel	n. 狂欢作乐;v. 陶醉于
	revert	v. 恢复;归属
16	undermine	v. 逐渐削弱(损害);故意破坏(某人)的形象(或威信)
	understand	v. 理解,懂得,了解,明白(某事物);谅解,体谅;得知
	undertake	v. 承担,从事;承诺,答应
17	valuable	adj. 有价值的;宝贵的
	vulnerable	adj. 脆弱的;(身体上或感情上)易受……伤害

(续表)

分组	例词	意思
18	distinct	adj. 不同的；明显的
	extinct	adj. 灭绝的
	instinct	n. 本能；天性；直觉

在银行招聘考试中,形近词辨析一般以相同词根或词缀为主要考查点,常考的词根包括-tion,-ance,-nce,-able等。相似词形的单词意思易混淆,因此考生利用词根、词缀记忆单词时一定要注意词义记忆的准确性。除此之外,在做题时还需要结合语法知识。

三、异形异义词辨析 ★★★

异形异义词辨析考查考生的词汇量,以及对句意的理解,是银行招聘考试中选词填空考查的重点,以考查实词为主,常考词性包括名词、动词、形容词和副词。

经典例题 While traveling in the frontier region, he _____ many popular songs that are still sung today.

A. designed　　　　B. produced　　　　C. composed　　　　D. invented

【答案】C。解析：句意为"在边疆地区旅行时,他创作了许多至今仍在传唱的流行歌曲"。design"设计,(为特定目的)计划"；produce"生产,制造"；compose"作曲,创作(音乐)"；invent"发明"。综上分析,表示"作曲"用compose更合适。

//// 要点提示 ////

在银行招聘考试中,这三类题型考查的词汇难度均属中等。考生在记忆单词意思的同时,还要注意单词的使用情境,可以分析例句,在具体语境中体会单词用法的不同。银行考试和托业词汇考查的词语重合度较高,因此考生可以将托业词汇作为复习备考资料。同时,建议考生进行专项练习,在具体练习中感受差异,掌握知识。

考点二　词性辨析

词性辨析主要考查考生对名词、形容词、副词和动词基本用法的掌握情况,如形容词修饰名词、副词修饰动词和整个句子、动词作谓语等。解题时可以先看空格前后所要修饰的成分,再根据语法规则来判断正确选项。

词性辨析通常以一个单词的不同形式进行考查,因此考生备考此类题型时要多进行联想记忆,扩大词汇量,尽可能地去区分一个单词不同词性的用法。词性辨析题目难度较小,考生可花费一定的时间进行专项记忆和练习,以提高准确率。

经典例题 Almost 70% of the information we gather is also available online around the world, with the _____ 30% coming from our contacts, from direct growers and wholesalers.

A. remains　　　　　　　　　　　　B. remained

C. remain　　　　　　　　　　　　　D. remaining

【答案】D。解析：句意为"我们所收集的70%的信息在网上都能找到,_____30%来自我们的熟人、直接种植商与批发商"。分析句子结构可知,此处要填形容词,排除A、C。remained是动词remain的过去式和过去分词,排除B,因此remaining"剩下的,剩余的"为正确答案。

考点三 介词

介词是一种用来表示词与词、词与句之间关系的虚词,在句中不能单独作成分。介词后面一般用名词、代词或相当于名词的其他词类、短语或从句作它的宾语。介词和它的宾语构成介词词组,在句中作状语、表语、补语等。在使用介词时,往往会出现遗漏介词或误用介词的情况,考生要注意准确使用介词及其相关搭配。

一、介词的种类

介词一般可以分为以下几类:

(1)简单介词:at,in,off,on,about,against,under,of,over,past,after,before 等。

(2)合成介词:into,inside,onto,without,outside 等。

(3)短语介词:according to,because of,in front of,out of,instead of 等。

(4)分词介词:including,considering,regarding,respecting 等。

(5)双重介词:from under,from among,until after,after about,at about 等。

二、介词的用法

(一)常见用法

1. 表示时间

(1)at 强调"点钟";on 强调"日"和"某日的早、中、晚";in 强调"段",与表示月份、季节、年等的词连用。如:

She got up at six o'clock this morning. 她今天早上六点起床。

He left home on a cold winter evening. 他在一个寒冷的冬夜离开了家。

We came to Guangzhou in July, 2008. 我们在 2008 年 7 月来到广州。

注意:morning,afternoon 和 evening 不强调某天的早、中、晚时用 in,如 in the evening。

(2)"during +时间段"表示"在……期间";"by +时间点"表示"到……为止""在……之前"。如:

My daughter wants him to give her some work to do during the holiday. 我女儿想让他给她找一些在假期里干的工作。

By the time the doctor arrived the patient had died. 医生赶到时病人已死亡。

(3)表示在一段时间之后时,"in +时间段"用于将来时,"after +时间段"用于过去时。如:

He will be back in two weeks. 他将在两周内回来。

After an hour I went home. 一小时之后我回家了。

(4)表示持续的一段时间,用"for +时间段";表示动作起始时间,用"since +过去的时间点"。如:

He has lived here for five years. 他在这里已经住了五年。

He has been in Guangzhou since 2008. 他自从 2008 年就在广州了。

(5)"till(until)+时间点"用于肯定句时,表示动作的终点,意为"直到……为止",句子的谓语动词必须是延续性动词,如 work,stay,last,wait,live 等;用于否定句时,表示动作的起点,意为"直到……才……"。如:

He'll be working until 8 o'clock. 他将一直工作到八点。

He didn't sleep until ten. 他十点才睡着。

2. 表示地点

(1)at 表示"范围较小的地方",强调"点";in 表示"范围较大的地方",强调"空间或范围"。如:

When did your father arrive at the airport? 你爸爸是什么时候抵达飞机场的？

When did your father arrive in China? 你爸爸是什么时候抵达中国的？

(2)在与方位名词 east,west,south,north 等连用时,on 强调"接邻",in 表示"在内部",to 表示"在外部"。如：

Mongolia lies on the north of China. 蒙古国与中国北部接壤。(毗邻)

Taiwan lies in the southeast of China. 台湾位于中国东南部。(范围之内)

Japan lies to the east of China. 日本在中国的东面。(范围之外)

(3)"across +表面"表示"横过"；"through +空间"表示"穿过"；over 表示"从上面越过"。如：

Ferryboats ply across the English Channel. 渡船定时穿越英吉利海峡。

The bird is flying through the window. 这只鸟儿正从窗户里飞过去。

They ran over the grass. 他们跑过草地。

3. 表示方式、手段、工具

(1)with 表示"用……工具",其后要用冠词或物主代词。如：

He broke the window with a stone. 他用石头打破了窗户。

(2)by 表示"以……方法、手段",其后常跟某种交通工具或跟动名词。如：

She went there by bus. 她坐巴士去那里。

I learn Japanese by watching cartoons. 我通过看动画片学习日语。

(3)in 表示"用……语言、材料、颜色等"。如：

This novel was written in Russian. 这部小说是用俄语写的。

(4)on 表示"通过……媒介、方式",多用于固定词组。如：

They talked on the telephone. 他们通过电话交谈。

4. 其他

(1)表示"在……之间"时,between 通常指两者之间,而 among 用于三者或三者以上。

(2)表示"除……之外"时,besides 是包括后面所提及的人或物在内的"除……外,还……"；except 是指不包括后面所提及的人或物在内的"除去……"；except for 是排除非同类,常在说明基本情况后,从细节上加以修正或说明。

(3)to,of,for,with 接人称代词,表示不同意义：to 强调"方位",of 说明"行为主体",for 表示"对象",with 表示"伴随"。

(二)介词词组在句子中的成分

1. 作主语

From the library to the teaching building is a 5 minutes' walk. 从图书馆到教学楼要走五分钟。

2. 作表语

I was at my grandma's home yesterday. 我昨天在我(外)祖母家。

3. 作定语

The expert will give us a lecture on how to improve soil. 这个专家将给我们做一个关于土壤改良的讲座。

4. 作补语

He woke up and found himself in hospital. 他醒来发现自己在住院。(in hospital 作宾补)

5. 作状语

I will be free on Tuesday morning. 星期二上午我有空。(时间状语)

We'll meet at the station. 我们将在火车站碰面。（地点状语）

She covered her face with her hands and cried. 她用双手捂着脸哭。（方式状语）

He left home and worked in a big city for the sake of money. 为了赚钱，他离开家到一个大城市工作。（目的状语）

>> 经典例题 The little baby is waving his hand to ask _____ another bottle of milk.

A. for   B. out   C. in   D. on

【答案】A。解析：句意为"小婴儿正在挥手请求再要一瓶牛奶"。for"为了……，因为"；out"在……外面"；in"在……里面"；on"在……的表面上"。ask for …为固定搭配，表示"请求……"。

命题角度

(1)单独考查介词。

(2)重点考查介词短语辨析、介词的固定搭配。

考点四 连词

连词是一种虚词，用于连接单词、短语、从句或句子，在句中不单独作成分。连词按其性质可分为并列连词和从属连词。

一、并列连词

（一）概述

并列连词用于连接并列的单词、短语、从句或句子，如 and,but,or,for 等。

（二）用法

1. **表示转折关系**

表示转折关系的并列连词主要有 but,yet 等。如：

Someone borrowed my pen, but I don't remember who it is. 有人借走了我的钢笔，但我不记得是谁了。

2. **表示因果关系**

表示因果关系的并列连词主要有 for,so 等。如：

You are supposed to get rid of carelessness, for it often leads to serious errors.

注意：for 表示原因时通常不能放在句首，也不能单独使用。

3. **表示并列关系**

表示并列关系的并列连词主要有 and,neither … nor …,not only … but (also) …,both … and …,as well as 等。如：

Both New York and London have traffic problems.

4. **表示选择关系**

表示选择关系的并列连词主要有 or,or else,either … or …等。如：

People who are either under age or over age cannot join the army.

二、从属连词

（一）概述

从属连词主要引导名词性从句(主语从句、宾语从句、表语从句等)和状语从句(时间状语从句、条件状语从句、目的状语从句等)。引导名词性从句的连词有 that,whether 等,引导状语从句的连词有 when,because, since,if 等。

(二)用法

1. 引导时间状语从句

引导时间状语从句的从属连词主要有以下几类:

(1)表示"当……时候"或"每当"的时间连词,主要有 when,while,as,whenever。如:

Don't talk while you're eating. 吃东西时不要说话。

(2)表示"在……之前(或之后)"的时间连词,主要有 before,after。如:

Try to finish your work before you leave. 离开前设法把工作做完。

(3)表示"自从"或"直到"的时间连词,主要有 since,until,till。如:

She's been playing tennis since she was eight. 她从八岁起就打网球了。

(4)表示"一……就"的时间连词,主要有 as soon as,the moment,the minute,the second,the instant,immediately,directly,once,no sooner … than,hardly … when 等。如:

I'll let you know as soon as I hear from her. 我一收到她的信就通知你。

(5)表示"上次""下次""每次"等的时间连词,主要有 every time,each time,(the) next time,any time,(the) last time,the first time。如:

I'll tell him about it (the) next time I see him. 下次见到他时,我就把这个情况告诉他。

注意:every time,each time,any time 前不用定冠词,(the) next time,(the) last time 中的定冠词 the 可以省略,而 the first time 中的定冠词通常不能省略。

2. 引导条件状语从句

引导条件状语从句的从属连词主要有 if,unless,as/so long as,in case 等。如:

Do you mind if I open the window? 你介意我开窗吗?

注意:在条件状语从句中,谓语动词通常要用一般现在时表示将来意义,而不能直接使用将来时态。不过,有时表示条件的 if 之后可能用 will,但那不是将来时态,而是表示意愿或委婉的请求(will 为情态动词)。如:

If you will sit down for a few moments, I'll tell the manager you're here.

3. 引导目的状语从句

引导目的状语从句的从属连词主要有 in order that,so that,in case (that),for fear (that)等。如:

He raised his voice so that everyone could hear. 他提高了嗓音,以便每个人都能听见。

4. 引导结果状语从句

引导结果状语从句的从属连词主要有 so that,so … that,such … that 等。如:

I went to the lecture early so that I got a good seat. 我很早去听讲座,所以找到了一个好座位。

5. 引导原因状语从句

引导原因状语从句的从属连词主要有 because,as,since,seeing (that),now (that),considering (that),in that 等。如:

He distrusted me because I was new. 他不信任我,因为我是新来的。

6. 引导让步状语从句

引导让步状语从句的从属连词主要有 although,though,even though,even if,while,however,whatever, whoever,whenever,wherever 等。如：

Although they are twins, they look entirely different. 他们虽是双胞胎,但是相貌却完全不同。

7. 引导方式状语从句

引导方式状语从句的从属连词主要有 as,as if,as though,the way 等。如：

Why didn't you catch the last bus as I told you to? 你怎么不按照我说的去赶乘末班公共汽车呢?

8. 引导地点状语从句

引导地点状语从句的从属连词主要有 where,wherever,everywhere,anywhere 等。如：

The church was built where there had once been a Roman temple.

9. 引导比较状语从句

引导比较状语从句的从属连词主要有 than 和 as … as 等。如：

She was now happier than she had ever been. 现在她比过去任何时候都快乐。

10. 引导名词性从句

引导名词性从句的从属连词主要有 that,whether,if 等,它们用于引导主语从句、表语从句、宾语从句和同位语从句。其中,that 不充当句子成分,而且没有词义,在句子中只起连接作用;而 if,whether 虽不充当句子成分,但有词义,表示"是否"。如：

He replied that he was going by train. 他回答说他将坐火车去。

经典例题 Education about consumption taxes is more likely to boost growth, _____ the growth effects of income and capital taxes are ambiguous.

A. for　　　　　　B. when　　　　　　C. if　　　　　　D. while

【答案】D。解析:句意为"_____所得税和资本税的增长效应是不明确的,但是关于消费税的教育很可能会促进经济的发展"。for 作连词时表示原因;when 意为"在……时候";if 意为"如果";while 意为"尽管"。根据句意可知,前后两句之间是让步关系。

/// **要点提示** ///

连词辨析主要考查考生对连词基本含义的掌握及对句意的理解。在做此类题目时,需要注意句子间的逻辑关系,确认句子的含义,从而判断所选连词是表并列、转折、让步,还是因果等关系。

考点五 高频短语、固定搭配集锦

一、常用动词短语 ★★★

有些动词可以和其他词搭配构成短语(以动词为中心),其作用与一个单独的动词差不多,这种搭配叫作动词短语。在实际使用中,要把动词短语当作一个整体。

(一)构成方法

1. 动词+介词

动词与介词构成的词组在词义上相当于一个及物动词,宾语总是位于介词之后。如：

I hear from my mother every month. 我每月都收到母亲的信。

常见的"动词+介词"构成的词组如下。

adapt to 适应　　　　　　　　　　　　　　attach to 附加,附带;赋予

accommodate to 适应

adhere to 坚持;遵循

dot with 散布,分布;用……点缀于

dabble in 涉猎

embark on/upon 开始,着手

go about 开始做;继续做

go against 违背;对……不利

go through 经历;翻找;通读,彻查

hear about 听说,得知

integrate into 使合并,成为一体

look after 照顾

look into 调查,研究

result from 由……造成

take after 与……相像;追赶

take to 喜欢上;养成(做……的)习惯

attribute to 归因于

depend on/upon 取决于,由……决定

deem as 视为,当作

default on 违约;拖欠(债务)

fill in 填写;消磨(时间)

go after 追求,追逐

go into 描述,研究;从事(某工作或职业)

graduate from 毕业于

hear from 收到……的信件/消息

levy on 征税,征收

look for 寻找

make for 向……移动;导致

result in 导致

take in 吸收;欺骗

turn to 变成;求助于,借助于

2. 动词+副词

"动词+副词"构成的词组具有以下用法:

(1)作及物动词。在"动词+副词"的词组中,宾语位置有两种情况:①宾语是名词,可置于副词后,亦可置于动词和副词之间;②宾语是代词,只能置于动词后,即动词和副词之间。如:

She brought up four children. 她养育了四个孩子。

His grandmother and his father brought him up. 是他的祖母和父亲把他养大的。

(2)作不及物动词。如:

Something unexpected has turned up. 出现了意外的情况。(turn up=appear)

(3)既可作及物动词又可作不及物动词。动词短语的及物性与不及物性主要取决于动词短语的意思。如:

The barrel of gunpowder blew up. 火药桶爆炸了。(不及物动词)

The soldiers blew up the bridge. 士兵们把桥炸毁了。(及物动词)

常见的"动词+副词"构成的词组如下。

break down 分解;出故障

break away 挣脱,脱离;放弃

come out 出现

carry out 实施,执行,实行

find out 发现,找出,查明

give off 散发出(气体、热量、气味等)

lay down 放下

live down 使人忘记(错误、失败等)

pick off 摘掉

pick out 挑出

break up 打碎

call off 取消

crack down 镇压,打击

drop out 退学,退出(比赛等)

fix up 修理

give up 放弃

look up 仰望;查阅;好转

put off 推迟

pick on 挑中

pick up 捡起

set up 建立,安排
stand up 站起来;经得起检验
stay away 离开,缺席
stay on 继续停留
slack off 偷懒,松懈,懈怠
test out 彻底检验;考验
wipe out 彻底摧毁

sit down 坐下
stay in 待在家里
stay up 熬夜
slack up 减退,减弱
take off 起飞;脱下
ward off 防止,避开

3. 动词+副词+介词

在"动词+副词+介词"构成的动词短语中,动词、副词、介词紧密结合,是动副词组和动介词组的合成体,词义上相当于一个及物动词。它兼有以上两类词组的特点,但宾语总是位于介词之后。如:

We must work hard to make up for the lost time. 我们必须努力工作来弥补失去的时间。(make up for = compensate for)

常见的"动词+副词+介词"构成的词组如下。

make up for 补偿
catch up with 赶上
come up with 提出,想出
get along with 与……相处
keep up with 和……保持联系
put up with 忍受

(be) made up of 由……所组成
come out of 由……产生
do away with 废除
get off on 因……而兴奋
live up to 不辜负

4. 动词+名词

在"动词+名词"构成的动词短语中,常见的动词有 give, have, make, take 等,后面的名词通常是从动词转化而来的动作名词,表达了该词组的真正意义。如:

Let's have another try. 让我们再试一下。[have a try = (v.) try]

常见的"动词+名词"构成的词组如下。

give a hand 提供帮助
have a try 尝试
make a mistake 犯错误
take the lead 带头、率先

give a talk 做报告
make a bet 打赌
take a bath 洗澡
take the plunge 决心行动,决定冒险尝试

5. 动词+名词+介词

"动词+名词+介词"构成的动词短语只用作及物动词。名词前可加形容词说明程度,宾语总是位于介词之后。如:

Keep an eye on the baby while I am out. 我不在家时请照看一下婴儿。

常见的"动词+名词+介词"构成的词组如下。

attach importance to 重视,认为……重要
give rise to 使发生,引起
make allowance for 考虑到
make fun of 取笑
meet (the) needs of 满足……的需要

catch sight of 看到
keep an eye on 照看;留意
make light on 轻视,对……不在乎
make use of 利用
pay attention to 注意

place a premium on 诱发;鼓励
take care of 照顾

shed light on 阐明,解释清楚

6. be +形容词+介词

"be +形容词(包括过去分词作形容词)+介词"相当于及物动词,宾语位于介词后面,形容词代表该词组的真正意义。如:

I know she is slow at understanding, but you have to be patient with her. 我知道她理解力差,但你得对她耐心些。

常见的"be +形容词+介词"构成的词组如下。

be attached to 附属于
be busy with 忙于(某事)
be certain of 确信
be close to 接近
be conscious of 意识到
be entitled to 有权做(某事)
be familiar to 为……所熟悉
be indifferent to 对……漠不关心
be relevant to 与……有关
be short of 缺乏

be aware of 知道
be capable of 能够
be connected with 与……有关,涉及
be concerned with 涉及
be crazy about 着迷
be equal to 相等;胜任
be familiar with 熟悉
be patient with 对……有耐心
be reluctant to 不愿意做某事
be synonymous with 与……同义,等同于

(二) 以 take 和 turn 开头的动词短语

以 take 和 turn 开头的动词短语是银行考试中的常考内容。常见的以 take 和 turn 开头的动词短语如下。

take a chance 冒险
take away 清除,拿走
take charge of 担任,负责
take down 记下,写下
take for 把……认作,把……看成
take it easy 放松点,别紧张
take over 接管,代理
take the place of 代替
turn down 拒绝,驳回;关小,调低
turn on 接通,打开
turn over 移交;翻转;仔细考虑;换频道

take advantage of 利用,趁……之机
take care 小心,当心
take delight in 以……为乐
take effect 生效,起作用
take … into account 考虑到……
take one's time 不慌不忙,从容进行
take place 发生,进行
take up 占有
turn in 上交;归还;上床睡觉
turn out 制造,生产;结果是
turn up 开大,调高;出现,来到

二、介词短语

介词与后面的名词、代词等搭配,构成介词短语。常见的以 in 和 on 开头的介词短语如下。

in a sense 从某种意义上说
in danger 在危险中,垂危
in case of 万一;假如
in excess of 超过

in contrast with/to 与……形成对照
in conflict with 与……发生争执/冲突
in debt 欠债
in honor of 为纪念,为庆祝

in nature 本质上
in no case 决不
in no time 立即,马上
in order 按顺序
in pace with 跟随潮流;随着
in possession of 拥有,占有
in practice 在实际中,实际上
in private 私下地,私密地
in pursuit of 寻求,追求
in relation to 关系到
in secret 秘密地,私下地
in sight 被看到
in view of 鉴于,考虑到
on account of 因为,由于
on (the/an) average 平均;一般来说
on board 在船(车、飞机)上
on condition that 在……条件下
on one's own 独自地,独立地
on sale 出售
on the contrary 反之,正相反
on the road 在旅途中
on the spot 当场,在现场
on top of 在……之上,除……之外

in need of 需要
in no sense 决不
in no way 决不
in particular 特别地,尤其
in person 亲自
in place of 代替
in principle 原则上,大体上
in progress 在进行中
in question 考虑(讨论)中的
in return 作为报答,作为回报
in shape 处于良好的状态
in terms of 从……角度而言
on any account 无论如何
on behalf of 代表
on business 出差
on occasion 有时,不时
on purpose 故意,有意
on the basis of 根据,在……的基础上
on the point of 即将……的时候
on the second thought 经重新考虑
on the run 在逃;奔波
on the side 作为兼职;暗地里,秘密地
on the whole 总的来说,大体上

三、常用习惯搭配 ★★★

习惯搭配是指人们在长期的语言实践中因普遍使用而约定俗成的表达方式。如：

It rained heavily. 雨下得很大。(用 heavily 来修饰 rain,而不用 largely 或 greatly)

英语中的习惯搭配主要分为以下几种。

(一) 动词+介词

动词和介词的搭配是最常见的一种搭配形式。

相同的动词可以与不同的介词搭配形成不同含义的固定短语,例如,动词 stand 和不同的介词搭配:stand against(反对,抵抗), stand by(支持), stand for(忍受,代表), stand off(疏远,保持一定距离), stand over(监督)等。

同样,相同的介词也可以与不同的动词形成不同意义的搭配,例如,介词 for 的搭配形式:ask for(要求,请求), call for(要求,需要), run for(竞选)等。

(二) 动词+名词

动词和名词的搭配是英语中数量最多、最难掌握的一类。考生容易受中文语言习惯的影响,选择错误的选项。如：

The government is trying to do something to promote a better understanding between the two countries. 政府正努力采取措施以增进两国间的了解。(用 promote 与 understanding 搭配,而不用 raise 或 heighten)

动词 make 和名词的搭配是银行考试中的常考考点,其常见搭配如下。

make a face 做鬼脸	make a contribution to 对……做出贡献
make a mistake 犯错误	make a noise 吵闹
make a promise 答应,许下诺言	make a speech 演说,演讲
make a decision 做决定	make a friend with 与……交朋友
make a living 谋生	make the bed 整理床铺
make progress 取得进步	make room for 给……腾出地方
make fun of sb. 取笑某人,开某人的玩笑	

(三)形容词(包括过去分词作形容词)+介词

1. be + adj. + about

be concerned about 关心	be curious about 对……感到好奇
be particular about 讲究,对……挑剔	be worried about 为……而担心

2. be + adj. + for

be anxious for 渴望;担忧	be desperate for 极度渴望
be eager for 渴望	be essential for 对……必不可少
be famous for 因……而著名	be fit for 适合,胜任
be grateful for 对……心存感激	be greedy for 渴望得到
be hungry for 渴望得到	be qualified for 有……的资格
be remarkable for 以……而著称	be responsible for 对……负责
be suitable for 适合于……	be thankful for 感谢
be thirsty for 渴望	be vital for 对……是至关重要的
be well-known for 因……而著名	

3. be + adj. + at

be amazed at 对……感到惊讶	be annoyed at 对……恼怒
be astonished at 对……感到惊讶	be surprised at 对……感到意外
be shocked at 对……感到震惊	be terrible at 不擅长
be good at 擅长	be bad at 不擅长
be clever at 擅长	be poor at 不擅长
be skillful at 擅长,精通	be slow at 不擅长

4. be + adj. + in

be absorbed in 全神贯注于	be abundant in 富含
be accurate in 准确的	be active in 对……很积极
be confident in 信任……	be dressed in 穿着
be employed in 受雇于	be engaged in 参与,忙于
be occupied in 忙于	be strong in 擅长
be experienced in 在……方面有经验	be fortunate in 在……方面幸运

be honest in 在……方面诚实
be involved in 包括到……中,涉及
be rich in 富有……的

be interested in 对……感兴趣
be lost in 埋头于,迷失在……中
be successful in 在……方面成功

5. be + adj. + of

be afraid of 害怕
be frightened of 害怕
be envious of 羡慕,嫉妒
be doubtful of 怀疑
be full of 充满
be independent of 不依赖……
be ashamed of 为……感到羞耻
be proud of 以……为骄傲
be ignorant of 不知道

be fearful of 害怕
be fond of 喜爱
be jealous of 嫉妒
be sure of 确信,对……有把握
be innocent of 无罪的
be sensible of 知道,意识到
be critical of 对……持批判态度
be hopeful of 对……抱有希望
be expressive of 表现……的

6. be + adj. + to

be acceptable to 使……可接受
be attached to 喜爱,附属于
be committed to 致力于
be equivalent to 相等于
be sensitive to 对……敏感,灵敏
be essential to 对……必不可少
be scheduled to 预计,安排
be senior to 比……年长
be opposite to 与……相反
be contrary to 与……相反
be reluctant to 不情愿
be superior to 优于,胜过

be accustomed/used to 习惯于
be beneficial to 有益于
be devoted to 专心于,献身于
be inclined to 倾向于……
be convenient to 对……方便
be exposed to 暴露,接触
be junior to 比……年幼
be obedient to 服从
be similar to 与……相似
be related to 与……有关
be prior to 在……之前,优先于

7. be + adj. + with

be friendly with 与……友好相处
be pleased with 对……感到满意
be satisfied with 对……感到满意
be bored with 对……感到厌烦
be troubled with 为……烦恼
be consistent with 与……一致
be wrong with 有点毛病,有些不舒服

be impressed with 对……印象深刻
be content with 对……感到满意
be delighted with 对……感到高兴
be fed up with 对……感到厌烦
be angry with 对……发脾气,生气
be associated with 与……有关
be generous with 在……上大方

(四)名词+介词

1. n. + for

blame for 责备
cause for ……的原因

care for 关心,照顾
desire for 渴望

evidence for 证据

explanation for 对……的解释

love for 对……的热爱

match for 匹配

need for 对……的需要

preference for 偏爱

protection for 对……的保护

reputation for 以……闻名

selection for 选择

suggestion for 对……的建议

excuse for 借口

gift for 给……的礼物

passion for 对……的热爱

necessity for 需要

plan for 为……制订计划

preparation for 为……做准备

reason for ……的原因/理由

responsibility for 对……负责

shelter for ……的庇护

sympathy for 对……表示同情

2. n. + in

belief in 相信；对……的信仰

delight in 因……感到快乐

expert in 专长于

improvement in 好转；改进

pleasure in 高兴

role in ……的作用

specialist in ……的专家

confidence in 对……信任

difficulty in ……的困难

faith in 对……的信任

interest in 对……有兴趣

pride in 以……为骄傲

skill in 技能；对……熟练

trust in 信任；依靠

3. n. + on

advice on ……方面的意见

authority on 有关……的权威,……的专家

comment on 对……的评论

dependency on 对……的依赖

expert on ……方面的专家

impression on 对……的印象

information on 有关……的消息

mercy on 对……宽恕,怜悯

opinion on 有关……的意见

report on 就……做报告

research on 研究

question on ……的问题

study on 调查

attack on 攻击

book on 有关……的书

control on 对……的限制

duty on 针对……的税

emphasis on 着重于,对……的强调

influence on 对……的影响

lecture on 有关……的演讲/讲座

operation on 对……做手术

outlook on 对……的看法

reflection on 反思

pressure on 压力

stress on 对……的强调

suggestion on 对……的建议

4. n. + to

admission to 许可,允许进入

answer to ……的答复

assistance to 对……的援助

devotion to 奉献

invitation to 邀请,招致

appeal to 呼吁,恳求

approach to ……的方法

danger to 危害

entrance to ……的入口

introduction to ……的介绍

key to ……的关键	limit to 限制
reference to 提及,涉及	relation to 关于,涉及
response to 对……的回答;对……的反应	access to 接近;有权使用;通向……的入口

5. n. + with

agreement with 同……达成协议	appointment with 与……的约会
combination with 与……结合	communication with 与……交流
company with 与……一起	concern with 关心,挂念
connection with 与……有关系	(in) conversation with 和……谈话
(in) cooperation with 与……合作	disagreement with 与……意见不一
interference with 干涉,妨碍	(fall in) love with 爱上
patience with 忍耐	(in) harmony with 与……和睦相处;与……一致

英语中还有很多其他类型的惯用搭配,考生在平时应注意积累。

> **经典例题** This year's budget fully _____ inflation and the past global recession.

A. take a delight in　　　　　　　　　B. made allowance for

C. place premium on　　　　　　　　D. give rise to

【答案】B。解析:句意:今年的预算完全考虑到了通货膨胀和过去的全球经济衰退。根据语境判断 make allowance for 表示"考虑到……",正确。take a delight in 表示"以……为乐",place premium on 表示"诱发;鼓励",give rise to 表示"使发生,引起",均不符合句意。故本题选 B。

------ 要点提示 ------

在银行招聘考试中,选词填空考查词义辨析及固定搭配的频率很高,考生日常要尽可能多地积累词汇量以及固定搭配的短语用法。

第二讲　动词的时态、语态和情态动词

考点一　动词的时态和语态

一、时态 ★★★

时态是指特定时间内动作的状态,英语中的时态靠动词的变化和时间状语来表达。英语中共有 16 种时态,常用的有 9 种,具体见表 5-1-2。

表 5-1-2　英语的 16 种时态

时间	时态			
	一般时	进行时	完成时	完成进行时
现在	do/does	am/is/are doing	have/has done	have/has been doing
过去	did	was/were doing	had done	had been doing
将来	will do	will be doing	will have done	will have been doing
过去将来	would do	would be doing	would have done	would have been doing

（一）一般现在时

一般现在时主要用来表示人、事物现在的状况和特点；表示经常或习惯性的动作，句子中常用 often, always, from time to time, usually, sometimes, every day 等时间状语；表示客观规律和永恒真理等。如：

He usually goes to work at 7 o'clock every morning.

She has a brother who lives in New York.

The earth moves around the sun.

Guangzhou is situated in the south of China.

(1) 表示永恒的真理，即使出现在过去的语境中，仍用一般现在时。如：

I learned that the earth goes around the sun when I was in primary school.

(2) 在时间或条件状语从句中，常用一般现在时来代替一般将来时。如：

If I see him, I shall tell him the news.

Unless you get rid of smoking, you will not stay healthy.

When you come next time, I'll show you around our campus.

(3) 在"make sure (certain), see to it, mind, care, matter +宾语从句"中，从句用一般现在时来代替一般将来时。如：

Make sure (that) you pick me up at five.

(4) 在 the more ... the more ...（越……越……）句型中，前一个"the more"相当于比较状语从句，后一个"the more"为主句。若主句是一般将来时，从句通常用一般现在时。如：

The harder you study, the better results you will get.

（二）一般过去时

一般过去时表示在过去某个特定时间发生且完成的动作，或过去习惯性的动作，不强调对现在的影响，只说明过去。常与明确的过去时间状语连用，如 yesterday, last week, in 1945, at that time, once, before, a few days ago, when 等。如：

He went to the toy store yesterday.

注意：used to + do 表示过去经常但现在已不再维持的习惯动作；be/become/get used to + doing 表示习惯于做某事。如：

He used to smoke a lot. 他曾经抽烟抽得很凶。

He has got used to getting up early. 他习惯了早起。

（三）一般将来时

一般将来时表示在将来某个时间会发生的动作或情况，常和 tomorrow, next year, in 2030 等表示将来的时间状语连用。

1. be going to +动词原形

这种结构表示说话人根据已有的迹象，判断将要发生某种情况；或表示主语现在的意图或现已做出的决定，即打算在最近或将来进行某事，这种意图或决定往往是经过事先考虑的。be going to 可表示单纯地预测未来的事，此时 be going to 可与 will 互换。如：

There is going to be a football match in our school tomorrow afternoon. 明天下午我们学校将有一场足球赛。（已有告示）

I think it is going to/will rain this evening. 我认为今晚要下雨。

2. will/shall +动词原形

will/shall+动词原形用来表示一般将来时,含有预见、意图之义。will 可用于所有人称,但 shall 仅表示单纯将来,用于第一人称 I 和 we。如:

It will rain tomorrow. 明天将会下雨。

I shall succeed this time. 我这一次会成功。

3. be to +动词原形

这种结构主要表示按计划或安排要做的事情。如:

The concert is to be held this evening. 音乐会将在今晚举行。

4. be about to +动词原形

这种结构表示就要做或正好要做的事情,往往暗含一种时间上的巧合,因此通常不再与表示具体时间的状语连用。如:

The plane is about to take off. 飞机马上就要起飞了。

5. be +现在分词

这种结构表示即将发生的动作或存在的状态。并不是所有动词都具有这样的用法,通常可用于该句型中的动词是 come, go, leave, arrive, begin, start, stop, close, open, die, join, borrow, buy 等瞬间动词。

(四)进行时

1. 现在进行时

现在进行时表示说话的同时或目前一段时间内正在进行的动作;或表示感情色彩,加强语气。现在进行时与频率副词 always, constantly, continually, again 等连用表示说话人的某种感情色彩(赞叹、厌烦、不满等)。如:

We are having English class.

The little boy is always making trouble.

(1)在时间状语或条件状语从句中表示将来正在进行的动作。如:

Look out when you are crossing the street.

Don't wake him up if he is still sleeping at 7:00 tomorrow morning.

(2)表示在最近按计划或安排要进行的动作(这时多有表示将来的时间状语)。如:

Mary is leaving on Friday.

2. 过去进行时

过去进行时表示过去某个时间点或某段时间内正在发生的动作。如:

The boy was doing his homework when his father came back from work.

He was taking a walk leisurely by the lake when he heard someone shouting for help.

3. 将来进行时

将来进行时表示将来某个时间正在发生的动作,或按计划一定会发生的事情。如:

I'll be doing my homework this time tomorrow.

The president will be meeting the foreign delegation at the airport.

（五）完成时

1. 现在完成时

现在完成时表示过去某一时间发生并持续到现在或将持续下去的动作，强调过去发生的事对现在造成的影响或结果；还表示现在已经完成的动作。

现在完成时常用的一些标志性的时间状语如下：

(1) for +时间段；since +时间点。如：

They have lived in Beijing for five years.

They have lived in Beijing since 2000.

(2) 常见的具有不确定性的时间状语：lately, recently, just, already, yet, up to now, till, now, so far, these days。如：

Has it stopped raining yet?

(3) 在表示"最近几世纪/年/月以来……"的时间状语中，如 in the past few years/months/weeks/days, over the past few years, during the last three months, for the last few centuries, throughout history 等，谓语动词用现在完成时。

(4) 表示"第几次做某事"，或在"it is the best (worst, most interesting) +名词+ that"后面用现在完成时。如：

This is the first time that I have visited China.

It is the most interesting film that I have ever seen.

> 经典例题 The chlorofluorocarbons used in air conditioning _____ the growing hole in the Earth's ozone layer for the past few years.

A. have blamed for

B. are being blamed for

C. are blaming for

D. have been blamed for

【答案】D。解析：句意：在过去几年里，人们一直将地球臭氧层越来越大的空洞归咎于空调中使用的氟氯化碳。"for+时间段"常用于现在完成时态中，根据时间状语 for the past few years 可以判断需使用现在完成时，且氟氯化碳是动作的被执行者，因此使用被动语态，故排除 A、C。B 项是进行时态的被动语态不符合。故本题选 D。

2. 过去完成时

过去完成时表示过去某个时间之前已经完成的动作，即动作发生在"过去的过去"，句中有明显的参照动作或时间状语（如 before, after, by, up till）。这种时态不孤立使用。如：

There had been 25 parks in our city up till 2000.

By the end of last term we had finished the book.

(1) 用于 hardly/scarcely … when；no sooner … than 句型中，主句用过去完成时，从句用一般过去时。如：

I had hardly finished my book when he came to see me.

I had no sooner got into the room than it began to snow.

(2) 表示"第几次做某事"，主句用过去时，从句用过去完成时。如：

That was the second time that she had seen her grandfather.

3. 将来完成时

将来完成时表示在将来某个时间之前已经完成的事情,时间状语非常明显。

(1)常用的时间状语为"by+将来的时间"。如 by the end of this year, by 8 o'clock this evening, by March next year,以及由 by the time, before 或 when 等引导的状语从句。如:

By the end of next month, he will have travelled 1,000 miles on foot.

By the time you reach the station, the train will have left.

(2)在时间状语从句和条件状语从句中,将来完成时由现在完成时表示。如:

The children will do their homework the moment they have come back from school.

> **经典例题** I was out of town at the time, so I don't know exactly how it _____.

A. was happening

B. happened

C. happens

D. has happened

【答案】B。解析:句意为"那个事情发生的时候我正好出城了,所以我不知道那个事情到底是如何发生的"。本句只是对过去发生的事情的陈述,所以用一般过去时。

二、语态 ★★★

(一)概念

语态是动词的一种形式,表示主语和谓语动词之间的具体关系,分为主动语态和被动语态。主动语态表示主语是谓语动作的执行者;被动语态表示主语是谓语动作的承受者。考试中较常考查的是被动语态。

(二)常考知识点

各种时态的被动语态形式(以 make 为例)见表 5-1-3。

表 5-1-3 各种时态的被动语态形式

时间	时态		
	一般时	进行时	完成时
现在	am/is/are made	am/is/are being made	has/have been made
过去	was/were made	was/were being made	had been made
将来	shall/will be made		shall/will have been made

动词的语态常和时态、非谓语动词等一起考查,需要注意以下几点。

(1)不能用于被动语态的动词和词组:come true, consist of, take place, happen, become, rise, occur, belong, break out, appear, arrive, die, fall, last, exist, fail, succeed 等。如:

It took place before liberation.

(2)下列动词的主动语态表示被动意义,常与 well, quite, easily, badly 等副词连用:lock(锁), wash(洗), sell(卖), read(读), wear(穿), blame(责备), ride(乘坐), write(写)。如:

The case locks easily. 这箱子很好锁。

The book sells well. 这本书很畅销。

(3)常用的经典被动句型:It is said …, It is reported …, It is widely believed …, It is expected …, It is estimated ... 等。这些句子一般翻译为"据说……""人们认为……"。而"以前人们认为……"则应该说 It was believed ... , It was thought ...。

考点二 情态动词

一、情态动词的基本用法

（一）can 和 could

can 和 could 表示"能力,许可,可能"等。could 是 can 的过去式。表示请求时 could 可以代替 can,语气较为委婉,但表示允许时不用 could。在口语中 can 可以代替 may 表示"许可",may 比较正式。如：

Can you carry the heavy box?（表能力）

—Can/Could I go now?（表请求）

—Yes, you can.（表允许）

I thought the story could not be true.（表可能）

注意：can 和 be able to 都可以表示能力,在意思上没有区别。但 can 只有原形和过去式,表示一般性的能力,而 be able to 则有更多的形式,表示在特定情况下能够做某事的能力。

（二）may 和 might

may 和 might 表示"许可,可能"。表示请求时用 might 语气更委婉,而表示允许时不用 might。may 和 might 都可表示可能性,常用于肯定句,有"或许,可能"的意思,might 语气更加不肯定。如：

You may eat whatever you like.（表许可）

They may/might be from Canada.（表可能）

（三）must 和 have to

must 表示"必须,应该";have to 表示"必须,不得不"。两者的意思很接近,但 must 表示说话人的主观看法,而 have to 表示客观需要。在回答 must 的问句时,否定式常用 needn't 或 don't have to,表示"不必",而不用 mustn't。否定形式 mustn't 表示"不应该,不许,禁止"等。must 还表示推测,意为"一定,准是",只用于肯定句,在否定句或疑问句中用 can/could。如：

—Must we hand in our exercise-books now?（表必须）

—No, you needn't./No, you don't have to.

There must be something wrong.（表推测）

Every student will have to know how to use the computer.（表必须）

（四）shall 和 should

shall 用来表示"征求对方的意见或向对方提议",用于第一、第三人称疑问句;还可表示"说话人给对方的命令、警告、允诺或威胁",用于第二、第三人称陈述句。should 表示"劝告、建议、责任、义务或要求",常译为"应该"。如：

Shall the reporters wait outside?（表征求意见）

Passengers shall not talk with the driver while the bus is moving.（表警告）

You should keep your promise.（表义务）

（五）will 和 would

will 表示"意愿、决心"等,用于各种人称陈述句。will 用于第二人称疑问句时,表示"请求或建议"。would

是 will 的过去式,用法和 will 一样,但语气比 will 更委婉。Would you please …? 是一种非常礼貌的请求。will 和 would 还可表示某种倾向或习惯性动作。如：

Will you close the window?（表请求）

I promised that I would do my best.（表决心）

The boy would sit there hour after hour looking at the traffic go by.（表习惯性动作）

二、情态动词表推测的用法

（一）对现在、将来情况的推测

(1)对现在、将来情况的肯定推测：must +动词原形或 should/need to/have to +动词原形。如：

He must be sleeping. 他一定在睡觉。

(2)对现在、将来情况的否定推测：can't +动词原形。如：

He can't be reading. 他一定没在读书。

(3)对现在、将来情况的可能推测：may/might +动词原形。如：

He may/might be reading but I'm not sure. 他可能在读书,但我不确定。

（二）对过去情况的推测

(1)对过去情况的肯定推测：must + have done sth.

(2)对过去情况的否定推测：can't + have done sth.

(3)对过去情况的可能推测：may/might + have done sth.

第三讲　从句

考点一　主语从句

一、定义

主语从句就是在复合句中用作主语的从句。

二、引导词及其用法

（一）从属连词

引导主语从句的从属连词有 that,whether。如：

Whether it will do us harm remains to be seen.

That our team had won the match made us excited.

注意:不能表述成 Our team had won the match made us excited. 尽管 that 在主语从句中没有实际含义,但它起引导主句的功能,在这里不可省略,否则句子会有两个谓语动词,结构混乱。

（二）特殊疑问词

引导主语从句的特殊疑问词有 which,how,why,when,what,where,who,whose,whom。如：

Which side wins makes no difference to him.

How he manages to finish the job is of interest to us all.

Why he failed to pass the final exam confused all of us.

When he will go abroad is not yet decided.

（三）it 作形式主语

主语从句位于句首会使句子显得"头重脚轻"，故可把 it 放在句首作形式主语，把真正的主语后置。如：

It made us excited that our team had won the match.

It is said that he is the best student in the class.

考点二 宾语从句

一、定义及时态

宾语从句就是在复合句中用作宾语的从句。

宾语从句中的时态往往受主句中时态的制约：当主句为一般现在时，从句的时态根据具体情况选用各种合适的时态；当主句为一般过去时，从句要用相应的过去时。如：

Do you know why he was late this morning?

I don't know when he will leave for Shanghai.

He said that he didn't see the film last night.

但是，当宾语的内容表示一种永恒的客观事实或真理时，不管主句是什么时态，从句只用一般现在时。如：

The teacher told us that the sun rises in the east and sets down in the west.

Our fathers said that practice makes perfect. 我们的父辈们说，熟能生巧。

二、引导词及其用法 ★★★

（一）从属连词

引导宾语从句的从属连词有 that, if, whether。

（1）that 引导陈述句作宾语从句，that 不作成分，无具体含义，只起连接作用。如：

He said that he was not coming and that he would call me tonight.

（2）whether 和 if 引导的宾语从句，表示"是否"，从句常放在动词（短语）know, ask, care, wonder, find out 等后面。如：

I don't know if there will be a bus any more.

Nobody knew whether he could pass the exam.

（二）连接代词

连接代词一般引导特殊疑问句作宾语从句。这类连接代词有 who, whom, whose, what, whoever, whomever, whatever, whichever 等。其中 what 和 whatever 除了指疑问，也可以指陈述。连接代词可在宾语从句中作主语、宾语、表语、定语等，不可省略。如：

Do you know who has won the Red Alert game?

The book will show you what the best CEOs should know.

Have you determined whichever you should buy, a Huawei or an Apple cell phone?

（三）连接副词

连接副词也可引导特殊疑问句作宾语从句。这类连接副词有 when, where, why, how, whenever, wherever, however 等，它们在宾语从句中作状语，不可省略。如：

He didn't tell me when we should meet again.

Could you please tell me how you use the new panel? 你能告诉我怎么用这个新的操纵面板吗?

None of us knows where these new parts can be bought. 没有人知道这些新的零件能在哪里买到。

三、用 it 作形式宾语的宾语从句

当出现以下两种情况时,需要用 it 作形式宾语:

(1) **动词 find,feel,consider,make,believe 等后有宾语补足语时,需要用 it 作形式宾语且将 that 引导的宾语从句后置**。如:

I consider it necessary that we take plenty of hot water every day.

I feel it a pity that I haven't been to the get-together. 我对没去聚会感到非常遗憾。

I have made it a rule that I keep diaries. 我养成了写日记的习惯。

We all find it important that we (should) make a quick decision about this matter. 我们都认为对这件事马上做出决定很重要。

(2) **有些动词(短语)接宾语从句时需要在宾语从句前加 it**。这类动词(短语)主要有 hate,take,owe,have,see to(see to it that 务必,保证)。如:

We take it that you will agree with us. 我们认为你会同意我们的。

He will have it that our plan is really practical. 他会认为我们的计划确实可行。

When you start the engine, you must see to it that the car is in neutral. 发动引擎时,一定要使汽车的离合器处于空挡位置。

--- 要点提示 ---

若宾语从句由 what,when,where,why 等引导,则不可用 it 作形式宾语。如:

We all consider what you said to be unbelievable. 我们都认为你说的并不可信。

Please tell us when his father will return from abroad. 请告诉我们他父亲什么时候从国外回来。

经典例题 Her first call of the day is to a woman poised at the door to her apartment, debating _____ to take that quick walk to get groceries.

A. whether

B. where

C. what

D. how

【答案】A。解析:句意为"她那天的第一个电话是打给一位站在自家门口正在考虑是否快步走向杂货店的女士"。whether"是否"引导宾语从句,后面可以跟不定式,如 We decided whether to walk there(我们决定是否步行去那里)。where"在哪",how"如何"在宾语从句中作状语,what"……的事/人"在宾语从句中作主语、宾语等;虽然 where,how,what 其后均可跟不定式,但代入句中均不符合句意,排除 B、C、D。

考点三 表语从句

一、定义及引导词

表语从句就是在复合句中用作表语的从句。

连接表语从句的引导词有 that,what,who,when,where,which,why,whether,how 等。如:

He has become what he wanted to be ten years ago. 他已经成为他十年前想成为的人。

She has remained where I stood yesterday for an hour. 她一直在我昨天站的地方站了一个小时。

His suggestion is that we should stay calm. 他的建议是,我们应该保持冷静。

The question is when he can arrive at the hotel. 问题是他什么时候可以到达酒店。

二、接表语从句的系动词

(1) be(being,been,am,is,are,was,were)

(2) feel,seem,look,appear,sound,taste,smell

(3) stand,lie,remain,keep,stay

(4) become,get,grow,turn,go,come,run,fall

(5) prove,turn out

When Father came in, it seemed that Tom was eating something.

The river appeared as if enveloped in smog. 那条河好像笼罩在烟雾之中。

It sounds to me as though there's a tap running somewhere. 我好像听到某处水龙头流水的声音。

The statistics prove that about 15% of people lose their jobs every year.

(6)系动词的固定搭配:come true, fall asleep, fall ill, go bad, come right, run wild(胡闹,发疯)等。

考点四 同位语从句

一、同位语

(一)定义

同位语是由两个或两个以上同一层次的语言单位组成的结构,其中前项与后项所指相同,句法功能也相同,后项是前项的同位语。换言之,一个名词(或名词的其他形式)对另一个名词或代词进行解释或补充说明,这个名词(或名词的其他形式)就是同位语。同位语与被它解释的词的格式要一致。如:

Laura Myers, a BBC reporter, asked for an interview. BBC 记者劳拉·迈尔要求采访。

Influenza, a common disease, has no cure. 流行性感冒是一种常见病,无特效药。

以上所举的同位语例子都是同位语的基本形式。

(二)特殊同位语归纳

以下几类同位语,或由于本身结构特殊,或由于它们修饰的成分结构比较特殊,往往会引起误解。

(1)代词 we,us,you 等后接同位语。如:

Are you two reading? 你们两个人在看书吗?

We girls often go to the movies together. 我们女孩子经常一起去看电影。

(2)none of us 之类的结构用作同位语。如:

We none of us said anything. 我们谁也没说话。

They've neither of them succeeded in winning her confidence. 他们两人谁也没能赢得她的信任。

注意:同位语并不影响其后句子谓语的"数",如:

学生每人都有一本词典。

正:The students each have a dictionary.

误:The students each has a dictionary.

请比较下面一句(谓语用了单数,因为 each 为句子主语):

正:Each of the students has a dictionary.

(3)从句用作同位语。在复合句中用作同位语的从句叫作同位语从句。

二、同位语从句的引导词及其用法

同位语从句一般用 that,whether,who,when,where,why,how 等词引导(不能用 if 和 which 引导),常放在 fact,news,idea,truth,hope,problem,information,wish,promise,answer,evidence,report,explanation,suggestion,conclusion 等抽象名词后面,说明该名词的具体内容。

(1)如果同位语从句意义完整,应用 that 引导同位语从句(that 不充当任何成分,只起连接作用,不可省略)。如:

The general gave the order that the soldiers should cross the river at once. 将军下达了战士们立即过河的命令。

(2)如果同位语从句意义不完整,需增加"是否"的含义,应用 whether 引导同位语从句。如:

We'll discuss the problem whether the sports meeting will be held on time. 我们将讨论运动会是否会如期举行的问题。

(3)如果同位语从句意义不完整,需增加"什么时候""什么地点""什么方式"等含义,应用 when,where,how 等词引导同位语从句。如:

I have no idea when he will be back.

(4)当主句的谓语较短,而同位语从句较长时,同位语从句通常后置。如:

The thought came to him that maybe the enemy had fled the city.

考点五 定语从句

一、定义

定语从句是用来修饰它前面的先行词(名词或代词)的从句,所以又称形容词从句。根据与先行词的关系,定语从句可分为限制性定语从句和非限制性定语从句。银行招聘考试主要考查引导定语从句的关系代词、关系副词、介词+引导词及非限制性定语从句。解答定语从句题目需要首先确定定语从句修饰的是哪个词,作什么成分。

二、限制性定语从句

限制性定语从句对先行词起限定作用,与先行词关系十分密切,不用逗号隔开,也不能省略,否则句意就不完整。

引导定语从句的词有关系代词和关系副词两类。

1. 关系代词

引导定语从句的关系代词主要有 who,whom,whose,which,that,as 等。具体内容见表 5-1-4。

表 5-1-4　引导定语从句的关系代词的用法及例句

引导词	用法及例句
who	用来代替人,在定语从句中作主语。如: The pupils who had been watching started to applaud.

(续表)

引导词	用法及例句
whom	用来代替人,在定语从句中作宾语,在限制性定语从句中可以省略。如: The boy (whom) you saw yesterday is here now. 注意:口语中可用 who 代替 whom。但如果关系代词作介词的宾语,只能用 whom,不能用 who。如果介词在句尾,则两者都可以用
whose	多指人,也可指物,指物时可与 of which 互换使用,在定语从句中作定语。如: People whose dogs bite other people should keep them tied up. The house whose windows are broken in unoccupied.
which	指物,在定语从句中作主语或宾语,作宾语时可以省略。如: The car which (that) was stolen has been found. The few points (which/that) the president stressed in his report are very important indeed. 注意:which 除了指物,还可以指婴儿、动物和表示单数意义的集合名词;另外还可指人的地位、职业或品格等
that	指物或指人,在定语从句中作主语、宾语或表语。作宾语或表语时可以被省略。如: He is a man that (who) means what he says. These are the pictures that I took in Shanghai. The people (that/whom) you met in the campus yesterday are from England.
as	可指人,也可指物,通常与 the same,such,so 等连用,形式为 the same … as,such … as,as … as,so … as。as 在定语从句中可作主语、宾语、表语等。如: I lend you such books as will interest you. (as 代替物,作主语) Such people as you describe are rare nowadays. (as 代替人,作宾语) Mass is not the same thing as weight is. (作表语)

当出现以下几种情况时,引导词通常只能用 that,不用 which,who 或 whom:

(1)当先行词是 all,everything,nothing,something,anything,little,much,none,few 等不定代词时。如:

All that you want are here.

Is there anything that you want to buy in town?

Much that I learned in the book is very useful.

(2)当先行词被序数词或形容词最高级修饰时。如:

This is the first time I have ever eaten sushi.

This is the best film that I have ever seen.

(3)当先行词被 no,every,some,any,only,very,much 等限定词修饰时。如:

There is no person that doesn't make mistakes.

That's the only thing that we can do now.

This is the very book that I have been looking for.

(4)当并列的两个先行词分别表示人与动物或人与物时。如:

Look at the man and his donkey that are walking up the street. 瞧瞧从街道上走过来的那个男人和他的驴。

The scientist and his achievements that you told me about are admired by us all. 我们所有人都钦佩你告诉我的那位科学家和他所取得的成就。

(5) 主句是以 who 或 which 开头的特殊疑问句时。如：

Who is the girl that is talking with Mr. Brown?

Which of us that knows something about physics does not know this?

注意：先行词是人称代词和指示代词时，常用 who 引导。例如：

Those who don't wish to go need not do so.

He who contributes to the people deserves respect.

(6) 当关系代词在从句中作表语时。如：

He does not seem to be the man that he was.

(7) 当定语从句为 there be 句型时，从句主语的关系代词只能为 that，但 that 经常可以省略。如：

I know the difference (that) there is between you.

2. 关系副词

引导定语从句的关系副词有 why，where，when 等。关系副词也可根据其在句中的搭配关系，转换成"介词+关系代词"的结构。引导定语从句的关系副词的用法及例句如表 5-1-5 所示。

表 5-1-5　引导定语从句的关系副词的用法及例句

引导词	用法及例句
why	引导表示原因的定语从句，在限制性定语从句中作原因状语。其先行词一般是 reason。如： That is the reason why(that/for which) I am not in favor of the plan. (that 可用作关系副词，在意义和用法上与关系副词相同) 当主句主语是 reason 时，作主句表语的成分不能有 because 和 because of。其结构一般为 the reason why (that) … is that …。如： The reason why(that) he didn't come is that he was ill.
where	引导表示地点的定语从句，在限制性定语从句中作地点状语。其先行词通常有 place，room，city，town，country 等。如： China is the only country where(in which) wild pandas can be found.
when	引导表示时间的定语从句，在限制性定语从句中作时间状语。其先行词通常有 time，day，morning，night，week，month，year 等。如： This is the time when(during which) brand loyalties may be formed that could last well into adulthood.

//// 要点提示 ////

当先行词是表时间的名词(如 time，day，year 等)和表地点的名词(如 place，house，country 等)时，一定要注意分析从句的结构，如果缺少主语或宾语，引导词应该用 which 或 that；缺少时间状语或地点状语时，才能用 when 或 where。如：

I will never forget the days that(which) I spent in Peking University. (从句可还原为 I spent the days in Peking University. 本句中 days 作 spent 的宾语，故用关系代词 that/which)

3. "介词+which/whom"引导的定语从句

在"介词+which/whom"引导的定语从句中，介词的选择取决于：

(1) 定语从句中谓语动词或表语的搭配(指人只能用 whom，指物用 which)。如：

This is the college in which I am studying. (从句可还原为 I am studying in the college.)

He is the man about whom we are talking. (从句可还原为 We are talking about the man.)

(2)先行词与介词的习惯搭配。

①当先行词表示"领域,方面"时,如 aspect,respect,area,field 等,用 in which。如:

Are you able to find work in the field in which you obtained your degree?

②当先行词表示"价格,利率,速度"时,如 rate,price,speed 等,用 at which。如:

The speed at which the machine operates is shown on the meter.

③当先行词表示"程度"时,如 degree,extent 等,用 to which。如:

It is useful to be able to predict the extent to which price change will affect supply and demand.

④当先行词表示"根据,依据,基础"时,如 grounds,foundation,basis 等,用 on which。

(3)当定语从句为最高级时只能用 of which,其他情况则用其他介词。如:

I have five dictionaries of which Longman Dictionary is the best.

I have five dictionaries among which Longman Dictionary is published in the UK.

注意:句中有不可拆分的动词短语时,其介词不能提前,如 put up with;有的短语可能有不同的介词搭配,此时需要根据上下文来确定,如 be familiar with/to, compare with/to 等。

经典例题 The explosion of a hydrogen bomb is the result of uncontrolled nuclear fusion. It is the most terrible weapon of war _____ man has invented.

A. which　　　　　　　　　　　B. that

C. as　　　　　　　　　　　　　D. since

【答案】B。解析:句意为"氢弹的爆炸是不受控制的核聚变的结果。它是人类发明的最可怕的战争武器。"当先行词由形容词最高级修饰时,引导定语从句的关系词用 that。

/// 要点提示 ///

(1)介词+that 不能引导定语从句,in that 引导状语从句,表示"因为"。

(2)选择引导词时,考虑其在从句中充当的成分,并考虑特殊情况。

三、非限制性定语从句 ★★

(一)定义

非限制性定语从句起补充说明的作用,在句子中不充当成分,去掉它也不会影响全句的意思,它与主句往往用逗号隔开。

(二)引导词及其用法

非限制性定语从句既可以修饰主句的部分内容,也可以修饰主句的全部内容。其引导词有 who,whom,whose,which,when,where,as。that 和 why 不能用于引导非限制性定语从句。

1. who

who 用于指人,引导非限制性定语从句时作主语。如:

Our guide, who was a French Canadian, was an excellent cook.

2. whom

关系代词 whom 用于指人,在非限制性定语从句中作动词宾语和介词宾语。作介词宾语时,介词可位于 whom 前面。如:

Peter, whom you met in London, is now back in Paris.

Mr. Smith, from whom I have learned a lot, is a famous scientist.

3. whose

whose 多指人,也可指物。指物时,可用 of which 替换。在非限制性定语从句中作定语。如:

The boy, whose father is an engineer, studies very hard.

The play, whose(of which) style is rigidly formal, is typical of the period.

4. which

关系代词 which 在非限制性定语从句中可以指代主句中的名词、形容词、短语、其他从句或整个主句,在从句中作主语、动词宾语、介词宾语或表语。

(1)which 指代主句中的名词。被指代的名词包括表示物、婴儿或动物的名词,表示单数意义的集体名词及表示职业、品格等的名词。如:

Water, which is a clear liquid, has many uses.

The baby which is sleeping in bed is her daughter.

(2)which 指代主句中的形容词。如:

She was very patient towards the children, which her husband seldom was.

(3)which 指代某个从句。如:

He said that he had never seen her before, which was not true.

(4)which 指代整个主句。如:

In the presence of so many people he was a little tense, which was understandable.

5. when

关系副词 when 在非限制性定语从句中作时间状语,指代主句中表示时间的词语。如:

He will put off the picnic until May 1st, when he will be free.

6. where

关系副词 where 在非限制性定语从句中作地点状语,指代主句中表示地点的词语。如:

They went to London, where they lived for six months.

7. as

as 引导的非限制性定语从句具有以下特征:

(1)as 引导非限制性定语从句时,指代整个主句,对其进行说明,通常用于 as we all know,as it is known,as is known to all,as it is,as is said above,as always mentioned above,as is usual,as is often the case,as is reported in the newspaper 等句式中。

(2)as 引导的非限制性定语从句的位置比较灵活,可位于句首或句末,也可位于主句中间,通常用逗号将其与主句隔开。

(3)as 在非限制性定语从句中作主语、表语或宾语。如:

He forgot to bring his pen with him, as was often the case. (as 在从句中作主语)

As we all know, the moon is a satellite of the earth. (as 在从句中作宾语)

He is absorbed in work, as he often was. (as 在从句中作表语)

▶ 经典例题 My eldest son, _____ work takes him all over the world, is in New York at the moment.

A. that B. whose

C. his D. who

【答案】B。解析:句意为"我的长子此刻正在纽约,他的工作使他在全世界到处跑"。空格处需填引导非限制性定语从句的关系词,排除 A、C。work 前缺少定语,所以要用 whose 修饰 work,并引导此非限制性定语从句。

四、同位语从句与定语从句的区别

在形式上,同位语从句与定语从句类似,在英译中时,有时也可译为"……的(想法、消息等)"。其主要区别在于:

(1)从意义上来说,同位语从句是对一个名词加以补充说明;定语从句是对一个名词进行修饰或限定。如:

The news that I have passed the exam is true.(同位语从句,即从句所表达的意思就是前面名词的内容)我已经通过了考试这一消息是真的。

The news that he told me just now is true.(定语从句,即从句对前面名词起修饰限定作用,消息是"他告诉我的"那个消息,而不是别的消息)他刚才告诉我的消息是真的。

(2)从结构上来说,同位语从句由连词引导,连词在句中不作任何成分,只起引导作用;由关系代词引导的定语从句,关系代词在从句中充作一定成分,含有代替所修饰或所限制的词语的意义。如:

The idea that computers can recognize human voices surprises many people.(同位语从句,that 在从句中不充当任何成分)计算机能够识别人的声音的想法使许多人感到惊奇。

The idea that he gave surprises many people.(定语从句,that 在从句中作 gave 的宾语)他提出的观点令许多人感到吃惊。

命题角度

定语从句的考查方式基本是要求考生选择正确的引导词。

考点六 状语从句

一、定义

状语从句主要用来修饰主句或主句的谓语,一般可分为九大类,分别表示时间、地点、原因、目的、结果、条件、让步、比较和方式。掌握状语从句的关键是掌握引导不同状语从句的常用连接词和特殊连接词。

二、九大状语从句

(一)时间状语从句

时间状语从句的引导词如下:

(1)常用引导词:when,while,whenever,as,since,before,after 等。

(2)表示时间的名词短语:the moment,the instant,the minute,the second,next time,every time,by the time。

(3)表示时间的副词:immediately,instantly/directly。

(4)否定词组或短语:not … until …,no sooner … than …,hardly(scarcely) … when …等。如:

The students didn't stop talking until the teacher came in.

He had hardly begun to speak when the audience interrupted him.

She had no sooner gone out than a student came to visit her.

（二）地点状语从句

地点状语从句的引导词如下：

（1）常用引导词：where。如：

Where he arrives, John fits himself quickly.

（2）特殊引导词：wherever, anywhere, everywhere。如：

Wherever he went, he was warmly welcome.

I will meet you anywhere you like.

Everywhere they appeared, they were popular with the public.

（三）原因状语从句

原因状语从句的引导词包括以下几类：

（1）常用引导词：because, since, as, for。如：

My friends dislike me because I'm handsome and successful.

Since we don't have class tomorrow, why not go out for a picnic?

As Monday is a national holiday, all government offices will be closed.

It rained last night, for the ground is wet this morning.

（2）特殊引导词：in that（因为，由于），now that（既然，因为），seeing that（既然），considering that（考虑到，因为），given that（鉴于）等。如：

The girl is like her mother in that she also has very delicate feeling.

Now that you are sixteen, you can get a driver's license.

Seeing that it's raining hard, we'll have to stay here for the night.

They did the job very well, considering that they had no experience.

Given that they are inexperienced, they've done a good job.

（3）常用介词短语：because of, due to, owing to。如：

We had an accident because of his carelessness.

But pockets of doubt have crept in, owing to a mishandling of safety inspections.

（四）结果状语从句

结果状语从句的引导词如下：

（1）常用引导词：so ... that ..., such ... that ...（如此……以至于……），such that ...（这样）等。如：

He had so many things to do that he was busy all day long.

The foreign visitor was such a fast speaker that nobody could understand him.

His anger was such that he lost control of himself.

（2）特殊引导词：to the extent that ..., to the degree that ..., to such an extent that ..., to such a degree that ...。如：

The sad mother was grieved to the degree that she couldn't eat anything for 3 days.

He went on with his empty speech to such an extent that some of us began to doze. 他继续他的空谈大论以至于有人开始打盹儿了。

（五）目的状语从句

目的状语从句的引导词如下：

(1) 常用引导词：so that, in order that 等。从句中常含有情态动词 may/might, shall/should, will/would, can/could 等。如：

The teacher raised his voice so that the students in the back could hear more clearly.

(2) 特殊引导词：lest（唯恐，以防），in case, for fear that（以防）等。从句用虚拟语气，即"should+动词原形"，但 should 可省略。如：

He hurried on, lest she (should) meet him again.

She didn't dare to call me for fear that they might hear us.

（六）条件状语从句

条件状语从句的引导词如下：

(1) 常用引导词：if, unless 等。如：

If winter comes, can spring be far behind?

You don't need an umbrella unless it is raining.

(2) 特殊引导词：so/as long as, in case, only if, if only, on condition that, provided/providing that, suppose/supposing that 等。如：

He will surely finish the job on time so long as he's left to do it in his own way.

You can arrive in Beijing earlier for the meeting provided you don't mind taking the night train.

（七）让步状语从句

让步状语从句的引导词如下：

(1) 常用引导词：though, although, even if, even though, as 等。

注意：主句前不可用 but，但可用 yet/still。如：

Although he tried hard, (yet/still) he failed.

Though he was inexperienced, did a very good job.

Much as I admired his courage, I don't think he acted wisely.

一般，although 引导的让步状语从句不倒装，as 引导的让步状语从句必须倒装，though 引导的让步状语从句既可以倒装也可以不倒装。

(2) 表示让步的介词：despite, in spite of, for all 等。如：

In spite of his inexperience, he did a very good job.

(3) 表示让步的副词：however, nevertheless, nonetheless, though 等。如：

This view, however, is generally thought to be wrong.

(4) no matter + what, who, when, where, which, how 可以代替 whatever, whoever, whenever, wherever, whichever, however，表示"无论……"，除 however 后面加形容词或副词外，一般都可以单独使用。

(5) while 位于句首，一般意为"尽管……"。如：

While I accept that he is not perfect, I do actually like the person.

（八）比较状语从句

比较状语从句的引导词如下：

(1) 常用引导词：as（同级比较），than（不同程度的比较）等。如：

She is as bad-tempered as her mother.

The house is three times as big as ours.

(2)特殊引导词组:the more ...,the more ...(越……越……);just as ...,so ...;A is to B what X is to Y(A 与 B 的关系就如 X 与 Y 的关系);no ... more than;not A so much as B 等。如:

The more you exercise,the healthier you will be.

Food is to men what oil is to machine. 食物之于人,犹如油之于机器。

(九)方式状语从句

方式状语从句的引导词如下:

(1)常用引导词(组):as,as if 等。如:

When in Rome,do as the Romans do.

She behaves as if she were the boss.

(2)特殊引导词组:the way 等。如:

Sometimes we teach our children the way our parents have taught us.

---- **考点拓展** ----

if,whether 引导从句时,应注意以下几点:

(1)表示"是否"时,if 和 whether 通常可互换。如:

He asked if(whether)we wanted a drink.

注意:若是引导条件状语从句,则只能用 if(意为"如果")。

(2)当引导一个表示否定含义的宾语从句时,用 if 而不用 whether。如:

I don't care if it doesn't rain.

注意:在个别词语(如 wonder,not sure 等)后面的宾语从句,有时也可用 whether 引导。如:

I wonder if(whether) he isn't mistaken.

(3)whether 后可以加 or not,但是 if 不可以。如:

I will write to you whether or not I can come.

(4)在不定式前只能用 whether。如:

I can't decide whether to stay. 我不能决定是否留下。

(5)引导宾语从句或主语从句,且置于句首时只能用 whether。如:

Whether he has left, I can't say. (whether 引导宾语从句)

Whether he will come is still a question. (whether 引导主语从句)

(6)引导表语从句、让步状语从句、同位语从句时用 whether,不用 if。如:

The question is whether we should go on with the work.

Whether he agrees or not, I shall not do that.

The question whether we need it has not been considered.

第四讲　非谓语动词与主谓一致

考点一　非谓语动词

一、概述

非谓语动词,是指不能作谓语的动词。一个句子只能有一个谓语,如果一个句子中出现了两个及两个以上的动词,则只能由一个动词作谓语,其他的动词只能以非谓语的形式出现。非谓语动词的特点是不受主语人称和数的限制,但又具有动词的某些特征。非谓语动词不仅可以接宾语,还有时态和语态的变化。此外,非谓语动词还可以作主语、表语、宾语、宾语补足语、定语、状语和同位语。

二、非谓语动词的三种形式

非谓语动词有三种形式:动词不定式、动名词、分词(现在分词和过去分词)。

(一)动词不定式

1. 可直接接动词不定式作宾语的动词(往往表示请求、要求、选择、决定、打算、企图等),包括 afford,begin,threaten,agree,bother,decide,fail,hinder,offer,pretend,undertake,ask,care,demand,venture,manage,prefer,start,want,pledge,hesitate 等。如:

He pledged never to come back until he had made great success.

I hesitate to spend so much money on clothes.

2. 以下情况下常使用不带(或省略)to 的动词不定式。

(1)感官动词,如 feel, listen, hear, look at, notice, see, watch, observe, perceive。如:

I saw a man enter the shop.

(2)个别表示使役意义的动词,如 have,let,make 等。如:

The teacher has us write a composition every week.

(3)一些情态动词,如 had better,would rather … than …,would sooner … than …,rather than,may,well do,may as well do (还是……好了),cannot but …,cannot help but …等句型。如:

Rather than wait for anyone, I decided to go home by taxi.

We might as well put up here for tonight.

(4)在 do(did, does, done) nothing(anything, everything) but(except) + do 句型中。如:

I can do nothing but follow your advice.

注意:如果 but 或 except 之前没有 do 的某种形式,其后的 to 不能省略。如:

There is no choice but to wait and see.

(5)由 all, what 引导的主语从句或者主语被 only,first,least 或形容词最高级修饰,且从句中含有 do 时,其表语如果是动词不定式,则往往省略 to。如:

What I have to do is take a rest.

The only thing I could do was do it myself.

(6)由并列连词 and,except,but,than,or 连接两个及两个以上的具有相同意义或功能的不定式时,第二个动词不定式不带 to。如:

I'd like to stay with you, help you and learn from you.

She told us to stay home and wait till she came back.

注意:如果两个不定式表示对照或对比,则不能省略 to。如:

To try and fail is better than not to try at all.

He hasn't decided whether to quit or to stay.

To be or not to be, that is a question.

3. 有些动词后一般接"疑问词+动词不定式"作宾语。例如 ask, consider, discover, discuss, explain, guess, know, inquire, observe, show, teach, understand, wonder 等。如:

I wonder who to invite.

Ask my brother where to put the car.

(二)动名词

(1)可直接接动名词作宾语的动词,包括 admit, avoid, dread, excuse, stop, advise, consider, miss, fancy, imagine, postpone, allow, involve, dislike, escape, risk, suggest, forbid 等。如:

Forbid smoking on trains.

We have to postpone sending our answer to the request.

注意:上述动词中 allow, advise, forbid, permit, recommend 在有"人"作宾语时,则后接不定式作宾语补足语。如:

I recommended going by subway.

The doctor recommended me to take a few days' rest.

(2)下列短语中 to 为介词,后面只能接动名词或名词。

keep to	object to	indifference to	look forward to
with an eye to	amount to	commit ... to	be familiar to
stand up to	with regard to	take to	owe ... to
be faithful to	put one's mind to	with a view to	lead to
resign ... to	be superior to	get down to	be opposed to
succeed to	attribute ... to	be sensitive to	live up to
in relation to	admit to	dedicate ... to	be devoted to
owing to	aid to	point to	limit to

(3)在 demand, deserve, need, require, want, worth 等词后面接动名词形式表示被动的意思,即用主动形式表示被动意义。如果接不定式,必须用不定式的被动形式。如:

My socks want mending/to be mended.

That novel is well worth reading.

(4)下列 it 作形式主语或形式宾语的句型中,用动名词作逻辑主语或逻辑宾语。

①It is no use(no good, no point, no sense, a waste of time 等名词短语)+ doing sth. 如:

It's no use crying over spilt milk.

It's simply a waste of time and money watching that movie.

②It is good(nice, useless 等形容词)+ doing sth. 如:

It is good playing chess after supper.

③There is no point(use, sense, good 等名词)+ doing sth. 如:

There is no point in my going out to date someone.

(5) have difficulty(trouble, problem, pleasure, a difficult time)(in)结构中,后接动名词;但注意 take the trouble, have no time 后接不定式。如:

The teachers have had some problems deciding when they should return the final papers to the students.

I worked so late in the office last night that I hardly had time to catch the last bus.

(6)表 5-1-6 中的动词(组)后既可接不定式,也可接动名词,但表示的意义不同。不定式一般表示事情尚未发生;而动名词则表示事情已经发生。

表 5-1-6　既可接不定式也可接动名词的动词(组)

动词(组)	用法	例句
remember	remember to do sth. 记得将要去做某事	Please remember to take the medicine.
	remember doing sth. 记得已经做过某事	I remember taking the medicine.
forget	forget to do sth. 忘记了要做的事情	I forgot to mail the letter.
	forget doing sth. 忘记了已经做过的事情	I forgot mailing the letter.
stop	stop to do sth. 停止手中的事去做另一件事	We stopped to have a rest.
	stop doing sth. 停止正在做的事情	I really must stop smoking.
go on	go on to do sth. 继续做另一件事情	The president welcomed the new students and then went on to explain the college regulations.
	go on doing sth. 继续做正在做的事	Peter went on sleeping despite the noise outside.
try	try to do sth. 努力、尽力去做某事	He tried to climb the tree, but he could not.
	try doing sth. 尝试、试着做某事	Have you tried tasting this chocolate?
mean	mean to do sth. 打算做某事	I don't mean to be rude, but could you stop smoking?
	mean doing sth. 意味着做某事	Jumping from job to job means losing some benefits.
regret	regret to do sth. 对某事感到遗憾	I regret to tell you that you failed the test.
	regret doing sth. 后悔做过某事	I regret lending him so much money. He never paid me back.

(三) 分词 ★★★

分词分为现在分词和过去分词。

现在分词表示的意义是主动和进行,其一般形式为:动词原形+ ing(部分分词有不规则变化)。

过去分词表示的意义是被动和完成,其一般形式为:动词原形+ ed(部分分词有不规则变化)。

由于分词具有形容词、副词的特征,因此在句中可作表语、定语、补语和状语等。

1. 作表语

现在分词作表语常常表示主动关系或主语的某种特性;过去分词作表语表示被动关系或表示主语处于某种状态。通常情况下现在分词(-ing)意为"令人……的",过去分词(-ed)意为"感到……"。

The situation is encouraging. 形势令人鼓舞。

They were very excited at the news. 听到这个消息,他们非常激动。

2. 作定语

(1)分词作定语既可放在所修饰的词之前,作前置定语;也可放在所修饰的词之后,作后置定语。其作用相当于一个定语从句。如：

Where are the reserved seats? (= Where are the seats which have been reserved?)

The people working with me (who work with me) treat me like their friend.

(2)分词作后置定语可分为限制性(紧跟在所修饰的中心词之后)和非限制性(用逗号与其所修饰的中心词分开)两种,其作用分别相当于一个限制性定语从句和非限制性定语从句。

(3)分词常和形容词、副词或名词构成合成形容词作定语。如：

China is a peace-loving country. 中国是爱好和平的国家。

The flower-carrying girl must be waiting for somcone. 那位手持鲜花的姑娘一定在等人。

The newly-built building is our office building. 这座新建的大楼是我们的办公楼。

(4)有些不及物动词的过去分词作定语,并不表示被动的意思,而是表示完成。这类过去分词常作前置修饰语。这类动词有 fallen,faded,returned,retired,risen,vanished 等。如：

There are a lot of fallen leaves in autumn.

3. 作宾语补足语

(1)现在分词作宾语补足语。

①hear,see,notice,watch,observe 等表示感官或感觉的动词可用现在分词作宾语补足语。如：

I saw the boy climbing the tree.

②catch,discover,find,get,have 等动词可用现在分词作宾语补足语。如：

She caught me smoking again.

(2)过去分词作宾语补足语。

①表示感觉或心理状态的动词 see,hear,listen to,feel,think,find 等可接过去分词作宾语补足语。如：

I heard the song sung in English. (过去分词 sung 的动作显然先于谓语动作 heard)

②使役动词 have,make,get,keep,leave 等接过去分词作宾语补足语,有两种情况:一是过去分词所表示的动作由他人完成;二是过去分词所表示的动作由句中的主语所经历。如：

He had his money stolen. 他的钱被偷了(被别人偷去了)。

He had his leg broken. 他的腿断了(他自己的经历)。

4. 作状语

分词作状语实际上就是一个并列句或状语从句的省略,并对句子稍做改动。如：

Being a clever boy,he studies very well. (= As he is a clever boy,he studies very well.)因为他是个聪明的孩子,所以他学习很好。

> **经典例题** Culture may do more than mirror history, _____ its citizen's thinking and language.

A. even influencing

B. may even influence

C. it may even influence

D. that it may even influence

【答案】A。解析:句意为"文化不仅能反映历史,甚至还会影响人们的思维和语言"。前半句成分完整,后半句要么是有连词连接的句子,要么是非限制性定语从句,要么是非谓语动词作状语。B 项虽有谓语动词 influence,但与前半句之间缺少连词,故排除;C 项有主谓结构 it may influence,但也与前半句之间缺少连词,故排除;D 项是从句,但是分析题干可知,这个从句放在此处不合适,因为它既不是定语从句也不是宾语从句,而

that不能引导非限制性定语从句,故排除。A项,influence与其逻辑主语culture之间是主动关系,故用现在分词,空格及其后的成分作状语。

///// 要点提示 /////

分词不能做主语,动名词和动词不定式可以做主语。

三、动词不定式、动名词和现在分词的被动形式

动词不定式、动名词和现在分词的被动形式见表5-1-7。

表5-1-7 动词不定式、动名词和现在分词的被动形式

形式		被动形式	意义及例句
动词不定式		to be done	表示将来的动作。如: They will not allow such things to be done.
动名词		being done	表示动作正在(被)进行或者表示原因、条件等。如: He narrowly escaped being run over.
现在分词	一般式	being done	表示某一被动动作正在进行。如: The building being repaired is our library.
	完成式	having been done	强调这个被动的动作在谓语动词所表示的动作之前完成。如: Having been badly damaged by the earthquake, the city has to be rebuilt.

///// 要点提示 /////

选择非谓语动词的步骤:
(1)分析句子结构,看句子中是否有谓语。
(2)考虑非谓语动词在句子中充当的成分。
(3)考虑非谓语动词与主语之间的语态关系,并考虑其时态。

考点二 主谓一致

在英语中,主语和谓语在数、性和格上应该保持一致,尤其是主语和谓语之间出现插入语,或者名词非正常形式作主语时,需要特别注意。主谓一致主要考查考生能否正确掌握其特殊用法。

一、语法一致

(1)不定式、动名词及从句作主语时应看作单数,谓语动词用单数。如:
Early to bed and early to rise makes one healthy, wealthy and wise. (指"早睡早起"这一件事)
To work hard is necessary.
What I said and did is of no concern to you.
Reading three classical novels and making some social inventions are assignments for the students during the holiday. (注意:指不同性质的两件事,谓语动词用复数)

(2)不定代词one, every, each, everybody, everyone, one of, no one, nothing, nobody, someone, somebody, either, neither, many a等作主语或是修饰主语时应看作单数,谓语动词用单数。如:
Neither of my sisters likes sports. 我的姐妹们都不喜欢运动。

Many a student takes a walk on campus after dinner. 晚饭后，许多学生在校园里散步。

（3）有些短语，如 a lot of, most of, any of, half of, three fifths of, eighty percent of, some of, none of, the rest of, all of 等后面接不可数名词，或者是单数形式的名词作主语时应看作单数，谓语动词用单数；但后面接可数名词的复数形式作主语时应看作复数，谓语动词用复数。如：

A lot of money in the shop was stolen yesterday when the electricity was suddenly cut off.

（4）当主语后面接由 along with, as well as, as much as, accompanied by, including, in addition to, more than, no less than, rather than, together with 等连接的词组时，其谓语动词的形式要根据主语的单复数而定。如：

Petroleum, along with fuel gas, has recently risen in price. 最近石油和燃料煤气的价格上涨了。

二、意义一致

（1）一些以 -s 或 -es 结尾的由两部分组成的物体名词，如 glasses, pliers, scissors, shorts, suspenders, trousers 等，作主语时，如果没有"一把""一副"等单位词修饰，谓语动词通常用复数形式。如果有单位词修饰，则由单位词决定谓语动词的单、复数形式。如：

Mary's glasses are new.

One pair of pliers isn't enough.

Two pairs of scissors are missing from my tool box.

（2）表示时间、金钱、距离、体积、重量、面积、数字等的词语作主语时，其意义若是指"总量"，应看作单数，谓语动词用单数形式；但如果其意义是指"有多少数量"，则应该看作复数，谓语动词也应该用复数形式。如：

Twenty years stands for a long period in one's life. 二十年在人的一生里意味着一个很长的时期。

Four weeks are often approximately regarded as one month. 人们常常粗略地将四个星期看成一个月。

（3）当 and 连接的两个并列主语在意义上指同一人、同一物、同一事或者同一概念时，应看作单数，谓语动词用单数形式。当 and 连接的两个形容词修饰一个单数形式的主语，但其实是指两种不同的事物时，主语应该看作复数，那么谓语动词也应该用复数形式。如：

War and peace is a constant theme in history. 战争与和平是历史上一个永恒的主题。

同例：ham and eggs 火腿蛋　　　　　　　steam and bread 馒头（或 steamed bread）

bread and butter　　　　　　　　　　　apple pie and ice cream

fork and knife　　　　　　　　　　　　egg and rice 蛋炒饭

The writer and translator is delivering a speech in our university tonight.（指同一个人）

The writer and the translator are delivering a speech in our university tonight.（指两个人）

A black and a white dog are playing in the yard.（指两只狗）

A black and white dog is playing in the yard.（指一只狗）

三、就近原则

就近原则是指谓语动词的人称和单复数常常与其最近的主语保持一致，常用于含有连词 either ... or ..., neither ... nor ..., not only ... but also ..., not ... but ... 等的句子中，以及 there be 句型、主谓倒装句中。如：

Either I or they are responsible for the result of the matter. 要么是我，要么是他们，要对那件事的结果负责任。

> **经典例题** A recent survey by the University of Aurora Business School _____ that three out of every four new businesses are started with funds from personal saving accounts.

A. finding
B. founded
C. found
D. find

【答案】C。解析：句意为"奥罗拉大学商学院最近的一项调查发现，每四家新企业中，就有三家的启动资金来自个人储蓄账户"。分析句子结构可知主语是 a recent survey，that 后跟的是宾语从句，因此主句中缺少谓语。A 项为 find 的现在分词，不能直接作谓语，排除；B 项是 found 的过去式和过去分词，found "建立，创立"，与句意不符，排除；C 项为 find 的过去式和过去分词；D 项为 find 的动词原形，因为主语 a recent survey 是可数名词单数，如果使用一般现在时，则应用第三人称单数形式，即 finds，排除。

第五讲 特殊句式

考点一 虚拟语气

虚拟语气在英语里主要用来表达三种语气，即幻想式虚拟语气、强制式虚拟语气和含蓄式虚拟语气。

一、幻想式虚拟语气

幻想式虚拟语气即非真实的情景，不可能发生的事，或表达说话人的主观愿望或假想，通常通过 if 从句和 wish + that 从句来表达。

（一）if 句型 ★★★

1. if 条件状语从句中的虚拟语气形式

在 if 非真实虚拟条件状语从句中，主句和从句谓语动词主要有以下几种形式。具体内容见表 5-1-8。

表 5-1-8　if 条件状语从句中的虚拟语气形式

假设类型	条件从句谓语动词形式	主句谓语动词形式
与现在事实相反	动词过去式（be 动词用 were）	would/should/could/might + 动词原形
与过去事实相反	had + 过去分词	would/should/could/might + have + 过去分词
与将来事实可能相反	动词过去式（be 动词用 were） 或 should + 动词原形 或 were to + 动词原形	would/should/could/might + 动词原形

2. if 虚拟条件句的基本用法

（1）表示与现在事实相反的假设。

If I were Bill Gates, I would not work so hard every day.

If the earth suddenly stopped spinning, we would all fly off it.

（2）表示与过去事实相反的假设。

If I had gone to America when I graduated from middle school, I would have got my PhD degree.

If the whole operation had not been planned beforehand, a great deal of time and money would have been lost.

(3) 表示与将来事实相反的假设。

If it should/were to snow tomorrow, I would go skiing.

It is unlikely that a nation would choose war if its goals could be met peacefully.

在使用 if 虚拟条件句时,还需要注意以下两点:

(1) 当虚拟条件句中的谓语动词有 were,should,had 时,if 可省略,并将 were,should,had 等词置于句首。如:

Were she here, she would agree with me.

Should he agree to go there, we would send him there.

Had he worked harder, he would have got through the exam.

(2) 当条件句发生的动作和主句发生的动作时间不一致时(例如:条件句动作发生在过去,主句的动作发生在现在),谓语动词要根据表示的时间进行调整,即可能出现错综时间条件句。如:

If you had taken the medicine yesterday, you would feel much better now.

If I were you, I wouldn't have missed the film last night.

(二) wish 句型（表达"但愿……,要是……多好"的语气）

wish 后面如果跟宾语从句,要求接虚拟语气结构,其主要形式有三种。具体内容见表 5-1-9。

表 5-1-9 wish 句型

使用情境	结构及例句
表示对现在情况的虚拟	wish+主语+动词过去式或 were。如: I wish I knew the answer to the question. I wish I were a bird.
表示对过去情况的虚拟	wish+主语+had+动词分词。如: They wish they had not lost the chance.
表示对将来情况的虚拟	wish+主语+would+动词原形。如: I wish he would forgive me.

同例:在 as if/as though 引导的状语从句和 if only 引导的感叹句中,谓语动词与 wish 引导的宾语从句中的虚拟语气形式相同。如:

He talked as if he had known Tom for a long time.

He talks as if he were the boss. 他说起话来就像他是老板。

If only I were free now. (注意:if only …后面可以不加主句)

二、强制式虚拟语气

强制式虚拟语气即某些特殊动词和形容词的使用导致句子必须使用虚拟语气。

(1) **表示建议、命令、请求、坚持等主观色彩的动词后接从句时必须用虚拟语气**。其结构形式为表示建议、命令、请求、坚持等主观色彩的动词+ that +(should)+动词原形,其中 should 经常被省略。这类动词包括 suggest,propose,recommend,demand,order,command,desire,require,insist,advise,decree(发布命令;下令),determine,prefer,stipulate,move(动议,规定),direct(命令),maintain(坚持),decide,ask 等。如:

I suggest that you (should) not be late again next time.

I prefer that you (should) not do that.

注意一:以上动词转化为名词（如 suggestion, proposal, demand, order, command, advice, desire, requirement,request,agreement,determination,preference,resolution 等)后接同位语从句或表语从句时,从句要用虚拟语气,其谓语部分用"(should)+动词原形"。如:

We are all for your proposal that the discussion (should) be put off.

His demand is that all of us (should) be present at the meeting.

注意二:有时这些动词的宾语从句不用虚拟语气,必须根据句子的意思来判断。

(2)It is/was +形容词/过去分词+ that +(should)+动词原形,这些形容词/过去分词主要表示必要性、重要性、强制性、合适性、义务性,即某人对某事的反应。这类词包括 important,natural,desirable,possible,astonishing,advisable(可取的,明智的),anxious,appropriate,compulsory(义务的;强制的;强迫的),crucial(至关重要的),eager,essential,fitting,imperative(命令的,强制的;必要的),improper,necessary,obligatory(义不容辞的,必须的),preferable,proper,urgent,vital,requested 等。如:

It is necessary that we all should do our best to protect the environment around us.

It is of the utmost importance that you be here on time. 你按时到这里是极其重要的。

I don't think it advisable that Tim be assigned to the job since he has no experience. 既然蒂姆没有经验,我认为分配他做这项工作是不明智的。

注意:在表示不可思议、滑稽、不可想象、令人吃惊这样语气偏强的形容词,如 amazing,strange,odd,ridiculous,surprising,unthinkable,incredible 等后的 that 从句中,should 一般不省略,而且翻译为"竟然",表示说话人惊异、懊悔、失望等的情感。如:

It is surprising that they should pass the time like that.

It is incredible that Jane should have finished her paper so soon.

It is strange that there should be any hope of finding the lost child.

三、含蓄式虚拟语气

含蓄式虚拟语气即通过某些特殊结构来表达一种含蓄的语气。在含蓄条件句中,如果表示对现在或将来情况的假设,主句谓语动词用 should/would be 型虚拟式;如果表示对过去情况的假设,谓语动词用 should/would have been 型虚拟语气。

(一)常见表达方式

含蓄式虚拟语气的常见表达方式如下:

(1)But for +名词+主句。如:

But for his help (= If it had not been for his help), I would not have finished it so early. 要不是他的帮助,我本来不可能这么早完成。

(2)Otherwise +句子。如:

We didn't know his telephone number, otherwise we would have telephoned him. 我们不知道他的电话号码,要不然我们就给他打电话了。

(3)If only +句子。如:

If only he had remembered to close the door. 当初他要是记得把门关上就好了。(与过去事实相反)

If only I were you. 我要是你该多好。(与现在事实相反)

If only it would stop raining. 但愿雨能停下来。(与将来事实相反)

(二)表示"宁可,但愿"的虚拟语气

would rather …,would sooner …,had rather …,would just as soon …,would prefer …意为"宁可,但愿"。从句

用虚拟语气,若表示现在或将来的事情,谓语用过去时;若表示过去的事情,谓语用过去完成时。如:

I would rather that you painted the room green.

I'd just as soon you had returned the book yesterday.

(三)表示"该是……的时候了"的虚拟语气

It's(about/high/good) time that …,表示"该是……的时候了",从句通常用一般过去时或"should+动词原形(should 不能省略)"。如:

It's time you went to bed.

It's high time that we took action.

(四)表示"唯恐,以免"的虚拟语气

在 lest that …,for fear that …,in case that …引导的表示消极意义的目的状语从句中常用虚拟语气,表示"唯恐,以免",从句用(should)+动词原形。如:

He put his coat over the child for fear(lest) that he (should) catch a cold.

He emphasized it again and again lest (that) she (should) forget.

Take a hat with you in case (that) the sun is very hot. (注意:该句陈述某一事实)

(五)倒装的让步状语从句中的虚拟语气

有些让步状语从句是倒装句,这种倒装往往是一些公式化的句子,句中的谓语动词为 be 型虚拟语气或"情态动词+动词原形"。如:

The business of each day, be it selling goods or shipping them, went quite smoothly.

You needn't worry about her, be she well or ill.

>> 经典例题 He is the happiest, _____ , who finds peace in his home.

A. be he rich or poor

B. were rich or poor

C. is he rich or poor

D. whether rich or poor

【答案】A。解析:句意为"无论贫富,只要家庭和睦,他就是最幸福的人"。be he rich or poor 是一个省略了 whether 的倒装句,完整的句子应是 whether he is rich or poor。由 be 引导的倒装句表示让步,并带有虚拟语气的结构特点,即 be 动词用原形,它既可位于句首,也可位于句末或穿插句中。

考点二 There be 句型

There be 结构是英语中陈述事物客观存在的常用句型,表示"有",其确切含义是"存在"。there 作为引导词,本身没有意义,用动词 be 的某些形式作为谓语动词,它的主语是一些表示泛指或不定特指的名词词组,动词 be 和主语的数必须一致。句子最后通常为表示地点和时间的状语。因此要表达"某个地方或某个时间存在什么事物或人"的时候常用"there be+名词+地点(时间)"这一句型。

一、There be 结构中的主谓一致

There be 结构中的主谓一致遵循以下两点:

(1)当动词 be 后所接的名词是单数可数名词或不可数名词时,be 应该取单数 is;当动词 be 后所接的名词

是复数的可数名词时,be 用复数 are。如:

There was a party yesterday.

There is some apple juice in the bottle.

There are some strangers in the street.

(2)如果 There be 后面是几个并列名词作主语,动词 be 的形式和最靠近它的那个名词保持数的一致,也就是常说的"就近原则"。如:

There is a pen,two books and many pencils on the desk. 桌上有一支钢笔、两本书和许多铅笔。

There are two books,a pen and many pencils on the desk. 桌上有两本书、一支钢笔和许多铅笔。

二、There be 结构中的时态与语态

(1)There be 结构可以有一般现在时、一般过去时、将来时和完成时。如:

There are some books on the desk.

There was an accident last night.

There have been many changes in the village recently.

There had been a fight here before he came back.

There will be a good film in the cinema on next month.

(2)There 可和各种助动词或情态动词连用。

(3)There be 结构中的谓语动词可以是"be going to/seem to/happen to/used to/be likely to/…+be(原形)"。

(4)There be 结构中的谓语动词有时可采用被动语态。如:

There was said to be a fairy in the forest.

There is reported to be a number of the wounded on both sides.

三、There be 的否定和疑问

(1)There be 结构变成否定句时,需在动词 be 后加 not (any)或 no。如:

There are not any boats on the river.

(2)There be 结构变成疑问句时,将动词 be 提到 There 之前,句子其余部分不变。回答用 yes 或 no,后接简单答语。如:

—Are there any boats on the river?

—Yes, there are./No, there are not.

(3)当有助动词或情态动词时,否定式是在助动词或情态动词后面加 not;疑问句是将助动词或情态动词提至 There 之前。如:

There won't be a football match tomorrow.

Could there be something in what he said?

四、There be 结构的变体

There be 结构中的 be 有时还可以被 live, exist, lie, stand, seem, rise, remain, happen, come, go 等动词代替。如:

Once there lived an old fisherman in a village by the sea.

There remained just twenty-eight pounds.

五、There be 的非限定形式

There be 的非限定形式有 there to be 和 there being 两种,在句中可以作主语、宾语和状语。

(一)作主语

there being 结构可以起名词的作用,直接位于句首作主语;当"there to be+名词(词组)"作主语时,通常用 it 作形式主语,并且用 for 引导。如:

There being a bus stop near the house is a great advantage. 房子旁边有个停车点,真是方便极了。

It would be surprising for there to be no objections. 没有反对意见,这倒令人吃惊。

(二)作宾语

(1)作动词宾语时,通常用 there to be 结构。能这样用的及物动词为数有限,常见的有 expect, like, mean, intend, want, prefer, hate 等。如:

We expect there to be no argument. 我们希望不再出现争吵。

Would you like there to be a picture on the wall? 你喜欢墙上挂幅画吗?

People don't want there to be another war. 人们不希望再有战争。

(2)在作介词的宾语时,如果介词是 for,便只能用 there to be 结构,其他介词要用 there being 结构。如:

The teacher was waiting for there to be complete silence. 老师在等着大家都安静下来。

I never dreamed of there being any chance for me to try. 我做梦也没想到有让我试试的机会。

(三)作状语

用作状语的 there be 非谓语形式,通常用 there being 结构。如:

There being nobody in the room, he didn't go in. 由于屋里没有人,他没进去。

> **经典例题** It is not uncommon for there _____ problems of communication between the old and the young.

A. be　　　　　　　　　　　　B. to be

C. are　　　　　　　　　　　　D. being

【答案】B。解析:句意为"老人和年轻人之间存在沟通问题是很常见的"。there to be 与 there being 是 there be 句型的非限定形式。当用作介词补足成分且介词是 for 时,只能用 there to be 结构,如 It was unusual for there to be so few people in the street。若介词不是 for,则用 there being 结构,如 John was relying on there being another opportunity。

六、There be 的固定句型

There be +名词或代词+ to do (+介词) 有某事要做

There be + some/no + trouble/difficulty (in) doing sth./with sth. 做某事(没)有困难

There be + some/no + doubt about/as to sth./that ... 对某事(没)有疑问

There is no sense/use/good/point (in) doing sth. 做某事没有道理/用处/好处/意义

There is no need (for sb.) to do sth./that ... (某人)做某事没有必要

There is no chance/possibility to do sth./of doing sth./that ... 没有做某事的机会/可能性

There is a time when ... 有做某事的一段时间

考点拓展

there be 和 have 的区别与联系

项目	there be	have
区别	意为存在，强调某地有某物，指没有生命的物体，不表示所属关系。如： There are some trees in front of the house.	表示所有关系，表示有生命的人或者动物，强调某人或某地有某物，这是其基本用法。如： Tom has many friends in China.
联系	在表示结构上的含有时，既可以用 there be 句型，也可以用 have(has) 来表示。如： There are many long rivers in China. China has many long rivers.	

考点三 反义疑问句

一、基本概念

反义疑问句又称附加疑问句，是指在陈述句后面对所叙述的事实提出疑问。其结构基本有两种：一是"肯定陈述句+简略否定问句"；二是"否定陈述句+简略肯定问句"。反义疑问句后一部分的主谓与前一部分的主谓要保持一致。如：

It looks like rain, doesn't it?

He doesn't need to work so late, does he?

二、反义疑问句需要注意的问题

(1)陈述部分的主语是 this 或者 that 时，疑问部分的主语多用 it；陈述部分的主语为 these 或者 those 时，疑问部分的主语用 they。如：

This is a book, isn't it?

Those are books, aren't they?

(2)如果陈述句为 there be 结构时，疑问句部分仍用 there。如：

There once was a man named David, wasn't there?

(3)在英语口语中，"I am +表语结构"，后面的反义疑问句用 aren't I。如：

I am very interested in learning piano, aren't I?

(4)陈述句的主语是动词不定式、动名词或者从句时，疑问部分的主语多用 it。如：

Taking care of our environment is very important, isn't it?

What he said is right, isn't it?

(5)陈述句中含有 not, no, hardly, neither, never, few, little, too ... to 等否定词或者具有否定意义的词时，疑问部分常用肯定形式。如：

Few people knew the news, did they?

Tom has never been to England, has he?

但陈述句中如果有带否定意义的前缀或者后缀的单词，整个句子仍视为肯定句，反义疑问部分多用否定形式。如：

He is unhappy, isn't he?

(6)陈述句的主语是 nobody,no one,everyone,somebody 等不定代词时,反义疑问部分的主语多用 they(当强调全体时)或 he(当强调个体时)。如果陈述句的主语是 something,nothing,anything,everything 等不定代词时,反义疑问部分的主语多用 it。如:

No one knows him, do they?

Something is waiting for you, isn't it?

(7)陈述句是主从复合结构时,如果主句的谓语动词是 think,believe,expect,feel,guess 等,主语是第一人称 I 或者 we 时,反义疑问部分的人称、时态与宾语从句保持一致,同时还要考虑到否定转移。如:

I believe that the boy can get the ticket for you, can't he?

I don't think he is clever, is he?

We believe he can do it better, can't he?

若主语是第二人称或者第三人称,反义疑问句应该看主语。如:

She thought it is meaningless, didn't she?

如果是转述的要注意 He said that you were in hospital, weren't you?(这里是对那个 you 说的)

(8)祈使句的反义疑问句中,let's 要用 shall we, let us 要用 will you,其他形式一般用 will you/won't you/would you。如:

Let's meet in the coffee bar, shall we? 我们在咖啡厅碰头,好吗?

Have a little more wine, will you? 喝点酒,好吗?

(9)must 的反义疑问句:陈述部分有 must 的疑问句,疑问部分根据实际情况而定。

①must 表示"应该",其反义疑问部分用 mustn't(不应该)。如:

You must work hard next term, mustn't you?

②must 表示"必须"或"有必要",其反义疑问部分用 needn't(不必)。如:

They must finish the work, needn't they?

③陈述部分含有情态动词 mustn't,表示"禁止"时,疑问部分可以用 must,也可用 may。如:

You mustn't park your car here, must you?

④must 表示推测,其疑问部分必须与 must 后面的主要动词呼应。

a. 对现在动作或者存在情况的推测。如:

You must know the answer to the exercise, don't you? 你一定知道这项练习的答案,是不是?

That must be your bed, isn't it? 那一定是你的床,是吗?

b. 对过去发生的动作或者存在情况的推测。句中陈述部分没有表示过去的时间状语,这时,疑问部分中的动词就用现在完成时(haven't/hasn't +主语)。如:

You must have told her about it, haven't you? 你一定把这事告诉她了,是吗?

(10)have 作为动词的反义疑问句。

①当陈述部分有 have/had to 结构时,反义疑问句用 do 的适当形式。如:

We have to finish it, don't we?

②当 has,have 用作助动词时,疑问句才用 has,have 引导。如:

She has seen it, hasn't she?(这里的 has 用作助动词)

③当陈述句中有 had better,或其中的 had 表示完成时态时,疑问句应该用 hadn't 等开头。如:

You had better get up early, hadn't you?

④其他情况句中有 have 时,疑问句应该用 don't 等开头;如 have 表示"有",疑问句用 do 或 have 开头。如:

He has three sisters, doesn't he? = He has three sisters, hasn't he?

He doesn't have any sister, does he?

⑤当 must have done 表示对过去情况的推测(一般句中有明确的表示过去的时间状语),疑问句要根据陈述部分谓语的情况用"didn't +主语"或"wasn't/weren't +主语"。

如果强调动作的完成(一般没有明确的过去时间状语),疑问句要用"haven't/hasn't +主语"。如:

He must have read the novel last week, didn't he? 他上星期一定读了那本小说,是吗?

You must have told her about it, haven't you? 你一定把这事告诉她了,是吗?

(11)带有情态动词 dare 或 need 的反义疑问句,疑问部分常用 dare(need)+主语。如:

We need not do it again, need we?

He dare not say so, dare you?

当 dare,need 为实义动词时,疑问部分用助动词 do +主语。如:

She doesn't dare to go home alone, does she?

(12)感叹句中,疑问部分用 be +主语。如:

What a smell, isn't it?

(13)陈述部分为由 neither ... nor, either ... or 连接的并列主语时,疑问部分根据其实际逻辑意义而定。如:

Neither you nor I am an engineer, are we?

(14)陈述部分的谓语是 wish,疑问部分用 may +主语。如:

I wish to have a word with you, may I?

(15)含有 ought to 的反义疑问句,若陈述部分是肯定的,则疑问部分用 shouldn't/oughtn't +主语。如:

He ought to know what to do, oughtn't he?/shouldn't he?

(16)陈述部分的谓语是 used to 时,疑问部分用 didn't +主语/usedn't +主语。如:

He used to take pictures there, didn't he?/usedn't he?

(17)陈述部分有 would rather +v.,疑问部分多用 wouldn't +主语。如:

He would rather read it ten times than recite it, wouldn't he?

(18)陈述部分有 You'd like to + v.,疑问部分用 wouldn't +主语。如:

You'd like to go with me, wouldn't you?

对反义疑问句的回答,无论问题的提法如何,如果事实是肯定的,就用 yes,事实是否定的,就要用 no。要特别注意陈述句部分是否定结构,反义疑问句部分用肯定式提问时,回答 yes 或者 no 与汉语正好相反。这种省略回答的 yes 要译成"不",no 要译成"是"。如:

—He likes playing football, doesn't he? 他喜欢踢足球,是吗?

—Yes, he does. /No, he doesn't. 是的,他喜欢。/不,他不喜欢。

—His sister didn't attend the meeting, did she? 他姐姐/妹妹没有参加会议,是吗?

—Yes, she did. /No, she didn't. 不,她参加了。/是的,她没参加。

>> 经典例题 Children enter school at the age of six, _____?

A. do the children   B. don't they   C. don't the children   D. aren't they

【答案】B。解析:句意为"孩子们六岁入学,不是吗?"陈述部分是肯定句,且 enter 是实义动词,疑问部分用否定 don't they 的形式。

考点四 倒装句

一、全部倒装

全部倒装是指将谓语动词全部置于主语之前,即<u>动词+主语</u>。这种结构通常只用于一般现在时和一般过去时。常见的结构有以下几种:

(1)以 here,there,now,then 等副词开头的句子中,习惯上用一般现在时的倒装。如:

There comes the bus! 公共汽车来了!

There goes the bell. 铃响了。

Now comes your turn. 轮到你了。

注意:在这种句型中,当主语是人称代词时,不用倒装,需用正常语序。如:

Here you are. 给你。

There he comes. 他来了。

(2)以表示处所、声音等意义的副词开头的句子,用表示运动的不及物动词(如 go,come,rush,fly 等)作谓语时,为了表示生动,可将某些副词放在句首,谓语动词放在主语之前,形成倒装结构。如:

Away flew the birds. 鸟儿飞走了。

Out went the children. 孩子们出去了。

The door burst open and in rushed a stranger. 门突然开了,一个陌生人冲了进来。

注意:在上述情况中,如果主语是代词,就不用全部倒装。如:

In he came and the meeting began. 他一进来,会议就开始了。

(3)表示地点的介词短语位于句首时,要使用全部倒装。如:

Between the two buildings stands a tall pine. 两座楼之间有棵大松树。

In front of the house was a small river. 房前有一条小河。

(4)直接引语的部分或全部内容位于句首时,点明说话人的部分主谓要倒装。如:

"Are you listening to English on the radio?" said Mother. 母亲问道:"你在用收音机听英语吗?"

注意:如果引述动词后有间接宾语或状语,句子不倒装。

二、部分倒装 ★★

部分倒装即将谓语动词的一部分(如助动词、系动词或情态动词)置于主语之前。如果句中的谓语没有助动词或情态动词,则需添加助动词 do,does 或 did,并将其置于主语之前,即"<u>助动词/情态动词+主语+动词</u>"。

当出现以下几种情形时,需用部分倒装:

(1)否定副词或有否定意义的副词或短语位于句首时,需部分倒装。常见的词语有 no, not, never, seldom,little,hardly,at no time,in no way,not until 等。如:

Not until the child fell asleep did the mother leave the room.

Little did I realize that one day Michael would become famous.

（2）当"only+状语"置于句首，谓语动词非 be 动词时，需部分倒装。如：

Only by means of cultural exchange can we avoid misunderstanding each other.

Only when the war was over in 1918 was he able to get back to work happily.（如果句子是主从复合句，主句倒装，从句不倒装；系动词 was 置于主语前，相当于完全倒装）

（3）虚拟语气条件句中有时需部分倒装。在虚拟语气条件句中，从句谓语动词有 were, had, should 等词时，可将 if 省略，把 were, had, should 移到主语之前，出现部分倒装。如：

Were I you, I would do more practice after class.

Had you arrived at the station ten minutes earlier, you could have caught the train.

Should it snow tomorrow, they couldn't go out.

（4）as/though 引导的让步状语从句通常部分倒装，as 必须用倒装结构，though 可用可不用。在倒装句中，though 可以用 as 或 that 代替，但让步状语从句中的部分倒装是特殊情况，不是将助动词调到主语前，而是将：①表语调到引导词前；②动词原形调到引导词前，助动词占据谓语位置。

Strange though it may appear, it's true.（作表语的形容词提前）

Child that he was, he had a good command of English.（作表语的名词提前，同时省去不定冠词 a）

Try as I did, I could not fulfill my task.（带助动词的谓语动词提前）

第二章　阅读理解

考情简报

题型题量概述

2023年度银行招聘考试中阅读理解的题量相对以前年份有所减少。中行、农行、建行为15道（3篇文章），其次是邮储银行、工行，为10道（2篇文章）。

往年农行、邮储银行、进出口银行一般为20~30道（4~6篇文章），工行、建行、招行、广发银行一般为15道（3篇文章），交行、农发行最少，一般为5~10道（1~2篇文章）。

考查内容概述

阅读理解的题型包括细节题、推断题、主旨题、态度题、词义猜测题。其中，细节题出现频率最高。

考点一　细节题

一、题型概述

细节题是银行招聘考试中考查频率最高、题量最多的题型。这类题型主要考查考生在阅读文章时对具体细节的理解和把握，以及从文章中提取具体事实及信息的能力。

细节题一般可以分为两类：

第一类，仅涉及原文中某一个或几个句子，内容覆盖面较窄。对于此类问题，考生需要根据题干关键词或信息在原文中精确定位，然后找到描述该关键词或信息的内容，将该内容与选项中的某一项联系起来，如果是原文信息未作曲解的同义表述即为正确答案。

第二类，对文章的某一段或数段甚至全文进行提问，内容覆盖面较广。最常见的问法有，四个选项中哪一项是正确的（错误的），或同意以下哪一选项的说法等。对于此类题型，考生首先应仔细审题，提炼出题干和选项的要点，通常这类问题的每个选项均有各自的关键词。根据这些关键词在原文中进行定位，寻找相关信息。对比选项和原文，排除干扰项，选出正确选项。

细节题的常用提问方式有以下几种：

Which of the following is NOT true?

Which of the following is NOT mentioned?

The main reason for ... is ...

According to the author ...

二、解题思路及步骤 ★★★

细节题的一般解题思路可以概括为"查找+对应"。其具体步骤如下：

（1）定位，即回原文查找。定位有两种方法：一是关键词定位法。关键词可以是专有名词（如人名、地名等）、时间、数字、修饰词，如果没有上述关键词，可以按照名词、动词、形容词的顺序选定关键词。二是顺序法。大部分题目的题目顺序与文章顺序基本一致。

（2）对比文章和选项，即根据题干，找到与原文信息对应的正确选项。

注意：细节题一般都可以在原文中直接或间接找到答案，切记不可凭感觉做题。

三、正确项和干扰项的特征

正确项是原文的同义转述或改写，即对原文的重新加工，用不同的词语或句型表达相同的意思。

干扰项具有以下特征：

（1）偷换概念：选项在提到原文部分内容的同时，还包含与原文不相符的内容。

（2）答非所问：选项提及的内容虽是原文信息，但不符合题目要求。

（3）以偏概全：扩大了适用范围，即将原文中只适用于部分的情况变为适用于全部的情况。

（4）无中生有：选项中出现了原文没有提到或推导不出的信息。

（5）正反混淆：选项的内容和作者在原文中提到的信息相反。

（6）过于绝对：选项中出现了表示绝对意义的词语，如 only，never，all，everything，nobody 等。

（7）逻辑颠倒：看似是从原文推断出来的结论，实际上与原文不符，例如选项中涉及的因果关系与原文所说的因果关系正好相反。

 推断题

一、题型概述

推断题考查考生的推理判断能力及对已知信息的分析和概括能力，尤其是推测作者字里行间的言外之意。这类题型是银行招聘考试的常考题型，所占比重较大，难度相对于细节题来说较大，通常要求考生对文章或是段落进行深层推理和理解。

推断题的常用提问方式有以下几种：

What is implied by the guidelines?

What can be inferred from the information?

What will probably happen when …

二、解题方法 ★★★

与细节题的解题方法类似，推断题也需要根据题干和选项信息回归原文，但这类题型的答案不会只是原文信息的简单表述，考生应充分理解文章，分析语篇特征，在领会全文的基础上做出正确的推理和判断。

考生在解答推断题时应注意以下几点：

（1）以原文为基础，但不拘泥于文章的字面意思，要根据已知信息推导未知信息。

（2）弄清上下文的逻辑关系，从文意和逻辑上进行合情合理的推断。

（3）注意间接表达的句子，这些句子常采用比喻、反语的方式，其背后通常蕴藏着需要探索的意义。

（4）注意结构复杂或语义深刻的句子，这些句子需谨慎对待，读出其弦外之音。

三、正确项和干扰项的特征

正确项具有以下特征：

（1）大多含义深刻，更具综合性和概括性。

（2）有时会与通过常识得出的结论相反。

(3)正确项表述一般不会使用绝对意义的词汇,而会使用一些非绝对意义的词,如 often,usually,sometimes,some,may,might,can,could,possibly,probably 等。

干扰项具有以下特征:

(1)只是原文的简单复述,而非推断出来的结论。

(2)虽然符合常识,但不是基于文章事实或上下文逻辑推理出来的观点。

(3)虽然是以文章提供的事实或内在逻辑为推理依据的,但推理过头、概括过度。

(4)看似是由原文推断出来的结论,实际上与原文不符。

(5)论断过于绝对。

(6)由文中信息杂糅而成,并非原文真实意思的表达。

一、题型概述

主旨题要求考生能够把握全文或文章某一段落的大意,旨在考查考生的综合、概括、归纳和分析能力。题干中的标志词一般有 main idea,subject,the best title,topic,purpose,summary 等。该题型可细分为段落主旨题和全文主旨题。在银行招聘考试中,常考的为全文主旨题。

(1)段落主旨题针对某一段或几段的主题进行提问。常用的提问方式有:

In the first paragraph/Paragraph X, the author discusses …

We learn from Paragraph X that …

Which of the following is true according to Paragraph X?

(2)全文主旨题针对全文的主题进行提问。常用的提问方式有:

What would be the best title for this passage?

What is this passage mainly about?

What is the main idea of this article?

The main purpose of the passage is to …

Which of the following is this passage mainly about?

Which of the following can best summarize the main idea of the passage?

Which of the statements can best reflect the main idea of this passage?

二、解题技巧 ★★

对于主旨题,考生在阅读文章时要特别留意以下几处:

(1)文章的首段和尾段,通常为文章主旨出现最频繁之处。

(2)每段的首句和尾句,通常是段落主旨主要出现的地方。

(3)文章或段落中出现转折的地方,转折所在句往往揭示了作者真实的写作目的或基本观点,即文章的中心思想所在。

(4)作者有意识地反复重复的观点通常是文章主旨。反复提到的词,一般是体现中心思想的核心词。

(5)如果文章中没有明确的主旨句,考生可通过归纳各段的主要内容,进而确定文章主题。

三、正确项和干扰项的特征

正确项具有以下特征:

(1)较全面、有针对性地表达了文章或段落的中心思想。

(2)若文章或段落含有明确的中心句,则与之意思相近的为正确项。

(3)常包含文中反复出现的主题词、关键词或者有抽象意义的词语。

干扰项具有以下特征:

(1)以偏概全,只涉及文章的某一细节,非文章或段落的中心意思。

(2)当问及全文主旨时,选项只是某一段落的大意。

(3)概括范围太过宽泛,超出了文章阐述的范围,或者与文章内容无关。

考点四 态度题

一、题型概述

态度题考查作者或文章中所涉及人物对于文章的主题或涉及的某一现象、问题所表现出来的态度。态度题的题干中通常会出现 attitude,opinion,tone 等标志词。

态度题有两种,一种是"大态度",即作者对全篇谈论的事情的态度。解答这类题通常需要通读全文,掌握主题思想和主要事实之后做出判断。文章中表示转折意义的词最能代表作者的态度,如 but,yet,however 等。另外一种是"小态度",即文章中出现的某个人物的态度或者针对某句话的态度。这类题的解题方法是首先要弄清问题问的是什么,然后在文中找到相应的关键词或句子。对重要的形容词和副词应认真分析,然后做出推断。

态度题的常见提问方式有以下几种:

What is the author's attitude towards …?

How would you describe … attitude towards …?

What is the tone (mood) of the passage?

The author's attitude towards … seems to be …

Which of the following best describes the author's attitude towards …

二、解题策略 ★★

对于态度题,考生要注意以下几点:

(1)不要将自己的态度掺杂其中,同时还要注意区分作者本人的态度和作者引用的观点的态度。

(2)作者的态度一般与文章主旨相关联,支持某一事物与否应视其与主旨的一致程度而定。作者态度基本不会是漠不关心,所以 indifferent,uninterested,impassive,unconcerned 等词一般不是正确选项。

(3)当作者的态度没有明确显露时,考生要学会根据作者语言的褒贬去判断作者的态度,通过阅读全文来把握文章的主旨和感情基调。

(4)表示"客观"的词多为正确选项,如 objective,impartial,unbiased,unprejudiced 等。

在阅读中,明白作者的语气、观点、态度、立场以及与其他人物观点之间的关系,可以帮助考生准确理解文章的主旨。这些观点、态度有的很直白地表现出来,有的则隐藏在字里行间,需要通读全文、把握主旨来判断。

三、正确项和干扰项的特征

如果问作者的态度,那么正确项与文章主旨相关联。如果问其他人物的态度,则要考查作者引用该人物观点的目的;如果是为了支持自己的观点,那么正确项与文章主旨相一致;如果是为了批驳这一观点,则正确项与作者的观点相悖或与文章主旨相悖。

干扰项通常具有以下特征：

(1)望文生义,拘泥于表面意思,非原文真实意图的表达。

(2)将其他人物的态度错置于作者身上。

(3)无中生有,编造事实或曲解原文。

四、常见的表示态度的词

常见的表示态度的词见表 5-2-1。

表 5-2-1　常见的表示态度的词

表示积极、肯定的意义	positive 肯定的；favorable 赞成的；supportive 支持的；enthusiastic 热情的；optimistic 乐观的；confident 自信的；admiring 赞赏的；sympathetic 同情的；tolerant 宽容的；approving 赞成的；persuasive 有说服力的；informative 有教益的；提供有用信息的；promising 有希望的
表示消极、否定的意义	negative 否定的；pessimistic 悲观的；critical 批评的；worried 担忧的；opposed 反对的；suspicious 可疑的；doubtful 怀疑的；ironic 讽刺的；skeptical 怀疑的；hostile 有敌意的；sarcastic 讽刺的；disappointed 失望的；radical 激进的；biased 有偏见的；confused 困惑的；subjective 主观的；disapproval 不赞成；objection 反对；criticism 批评；adverse 不利的
表示客观的意义	objective 客观的；impartial 公平的,不偏不倚的；unbiased 无偏见的；unprejudiced 无偏见的；disinterested 公正的,无私的
表示中立、不关心的意义	neutral 中立的；ambiguous 含糊的,模棱两可的；impassive 冷漠的；uninterested 冷淡的,不感兴趣的；indifferent 漠不关心的；unconcerned 冷漠的,不关心的

考点五 词义猜测题

一、题型概述

词义猜测题是指在阅读过程中根据对语篇背景知识、信息、逻辑及语言结构等的综合理解去猜测或推断某个词、短语或句子的意思。主要考查考生根据上下文推断单词或短语意思的能力。所考查词汇一般有两种情况：一是超纲词；二是熟词生义。

词义猜测题常用的提问方式有以下几种：

The underlined word "…"(para 2, line 3) probably means …

What does the underlined word "…" mean?

Which of the following is closest in meaning to "…"?

二、解题技巧 ★★

对于完全陌生的单词,可以通过以下办法猜测词义：

(1)通过语境猜测词义。通过文章主题和上下文的逻辑关系,来推测生词和句子的含义。要求词不离句,句不离篇。从对两种事物或现象的对比描述中,推断出词义。

(2)根据定义猜测词义。定义的形式通常包括：用一个句子或者段落给生词定义；使用破折号、冒号后面的内容或者引号、括号中的内容对生词加以解释或者定义。

(3)通过经验及生活常识猜测词义。在阅读文章的基础上利用自己对日常生活的理解和判断对单词含义进行猜测。

对于熟悉的单词,其具体含义可以通过以下办法猜测:

(1)代入检验法:如果选项中的单词都认识,可以分别代入原文,检查一下是否符合逻辑。

(2)词汇关系法:查看是否有特定的搭配或者逻辑关系。

(3)句子关系法:根据语法结构和句子逻辑关系判断文章中句子关系是顺接还是逆接,话题和感情色彩是相同还是相反。

作答此类题型时,要注意不能脱离语境,尤其要避免直接用自己熟悉的意义去解释词语,要充分利用句子结构、标点符号、文字描述和其他观点所提供的信息和线索。除了根据上下文语境猜测单词的含义,还可以利用构词法等知识来判断,这些方法可以相互补充,以验证答案的准确性。

三、正确项和干扰项的特征

词义猜测题的正确项与上下文文义一致,符合文章逻辑。

干扰项一般具有以下特征:

(1)望文生义,利用字面意义设置干扰项。

(2)不符合语境或无中生有。

(3)熟词生义类词义猜测题,通常会将该熟词的常见含义设置为干扰项。

>> 经典例题 The European Commission, which proposes laws for the EU, voted overwhelmingly on Thursday to propose legislation compelling companies selling smartphones in Europe to commit to a single charging standard—which, logically, would be the already widely adopted USB-C. This, the commission argues, would greatly reduce the number of cables people would need. More importantly, it would cut way down on the number of charging cables and wall units that end up in landfills.

Such a law would also force Apple to ditch its Lightning cable. Apple, which sold the most phones of any phone maker in the world last quarter, would—in theory—be hurt more than anybody else. Makers of Android phones have already switched to USB-C. Apple says that just forcing it to ditch its own Lightning standard would send generations of its familiar white chargers and cables to the landfill.

Last week, an Apple spokesperson said in a statement: "Legislation would have a direct negative impact by disrupting the hundreds of millions of active devices and accessories (配件) used by our European Apple customers, creating the electronic waste and greatly inconveniencing users." It also said an EU law would be against "innovation".

However, the company didn't fret about making millions of old cables obsolete when it made a voluntary pledge to move toward the Micro USB standard back in 2009. While Micro USB became the standard for other companies, Apple instead went its own way with Lightning. The first iPhones with Lightning ports appeared in 2012, sending millions of old Dock Connector cables to the trash heap.

Apple also hasn't specified what it means by a possible USB law stifling innovation. Is it working on a connector that's better than today's Lightning or USB-C?

Rather than resisting a potential EU law because it doesn't want to switch out Lightning for USB-C, Apple may be eyeing an option that's better still than having one standard charging cable. That's having no charging cable at all.

Reports surfaced last week that Apple is working on a 2021 iPhone that can be charged wirelessly and only wirelessly.

It says that the 2021 iPhone would rely on wireless for data transfers as well as charging. Apple may now just be trying to slow down the EU's movement toward a charging standard in order to buy time. Even if Apple does have to move from Lightning to USB-C, it'll only be temporary. So whether you love or hate the prospect of a USB-C iPhone, don't spend too much time thinking about it. The shift that's really going to provoke strong opinions is coming up when Apple introduces a line of iPhones with no port at all.

1. The European Commission voted to pass legislation about _____.

A. reducing the number of cables

B. ending up wastes in landfills

C. a single charging standard

D. smartphone selling regulations

2. What does "ditch" mean in the second paragraph?

A. Abandon.

B. Improve.

C. Adjust.

D. Adopt.

3. What is the author's attitude towards Apple spokesman's comments?

A. Neutral.

B. Supportive.

C. Pessimistic.

D. Not mentioned.

4. In the author's opinion, why might Apple slow down the pace of unifying charging standards?

A. Because Apple doesn't want to switch out Lightning for USB-C at all.

B. Because it guarantees greater likelihood Apple will be able to stick with Lightning until it can shift entirely to wireless charging.

C. Because Apple strongly believes that this law stifles innovation.

D. Because then Apple may get technical support from other company for developing wireless charging.

5. Which can be the best title for this passage?

A. Forget the Charging Standard, Apple's Endgame Is No Cable at All

B. EC's Attempt to Reduce the Number of Cables

C. An EC Legislation to Unify the Adoption of USB-C

D. Apple Severely Opposed Legislation to Unify USB-C

1.【答案】C。解析:细节题。题干:欧盟委员会投票通过了关于_____的立法。

根据题干关键词 The European Commission 和 legislation 定位到第一段第一句"The European Commission, which proposes laws for the EU, voted overwhelmingly on Thursday to propose legislation compelling companies selling smartphones in Europe to commit to a single charging standard …(负责为欧盟立法的欧盟委员会周四以压倒性优势投票通过了一项法案,要求在欧洲销售智能手机的公司承诺采用单一的充电标准……)",由句意可知,欧盟委员会投票通过了关于要求在欧洲销售智能手机的公司承诺采用单一的充电标准的法案,C 项"单一充电标准"符合文意。

A 项"减少数据线的数量",根据选项关键词 the number of cables 定位到第一段第二句"This, the commission argues, would greatly reduce the number of cables people would need(委员会认为,这将大大减少人们所需的数据线数量)"可知,采用单一的充电标准的其中一个结果是会大大减少人们所需的数据线数量,但这并不是欧盟委员会投票通过的立法的内容,排除。

B项根据第一段第二句中 landfills 设置干扰,原句表示"法案将导致大量充电数据线被扔进垃圾填埋场",并非"法案的内容是'把垃圾扔进垃圾填埋场'",B项与文意不符,排除。

D项"智能手机销售法规"表述过于笼统,排除。

综上所述,本题选 C。

2.【答案】A。解析:词义猜测题。题干:第二段中的单词"ditch"的意思是什么?

根据题干定位到画线单词所在句"Such a law would also force Apple to ditch its Lightning cable(这样的法律还将迫使苹果公司_____其闪电数据线)"。根据第一段第一句"... which, logically, would be the already widely adopted USB-C(……理论上应该是已经广泛使用的 USB-C 接口)"和第二段倒数第二句"Makers of Android phones have already switched to USB-C(安卓手机制造商已经换成了 USB-C 接口)"可知,单一的标准是 USB-C 接口,那么意味着苹果需要放弃自己的闪电接口。由此可知,"ditch"的意思是"放弃"。此外,第二段最后一句"Apple says that just forcing it to ditch its own Lightning standard would send generations of its familiar white chargers and cables to the landfill(苹果公司表示,仅仅是迫使其_____自己的闪电标准接口,就会把一代又一代熟悉的白色充电器和数据线送进垃圾填埋场)"中也出现了"ditch"这个词,也可从后半句 send ... to the landfill(送进垃圾填埋场)推知"ditch"表示"放弃",A项正确。

B项"提高",C项"调整,调节",D项"采用"均不符合语境,排除。

综上所述,本题选 A。

3.【答案】C。解析:态度题。题干:作者对苹果发言人的评论是什么态度?

首先根据题干关键词 Apple spokesman 定位到第三段。由本段大意可知,苹果发言人声称该项法案会造成电子浪费,给使用者带来不便,并且不利于创新。第四段中作者认为苹果2012年使用 Lightning 充电接口已经造成了电子浪费,第五段作者认为苹果没有具体举出该法案如何对创新有不利影响。由此可知,作者对苹果发言人的观点是持反对态度的。故 C 项"消极的"正确。

A项"中立的"、B项"支持的"和D项"没有提及"都不符合文意,排除。

综上所述,本题选 C。

4.【答案】B。解析:推断题。题干:在作者看来,为什么苹果可能放慢统一充电标准的步伐?

根据题干关键词 slowdown the pace 和 charging standards 定位到最后一段第一、二句"It says that the 2021 iPhone would rely on wireless for data transfers as well as charging. Apple may now just be trying to slow down the EU's movement toward a charging standard in order to buy time(据说2021年的苹果设备将依靠无线来进行数据传输和充电。为了争取时间,苹果可能只会试图让欧盟放慢向规定充电口标准迈进的步伐)"。由句意可知,苹果放慢步伐是为了转向无线充电,因此 B 项"因为它能够保证在完全转向无线充电之前,苹果更有可能继续坚持使用 Lightning 充电接口"正确。

A项"因为苹果一点也不想转向 USB-C 接口"并不是最直接和最主要的原因,故排除。

C项"因为苹果坚定地认为这项法案抑制了创新"这句话本身正确,但它并不是苹果放慢转换接口形式的原因,故排除。

D项"因为之后苹果可能会从其他公司得到技术支持来发展无线充电"在原文中并无体现,故排除。

综上所述,本题选 B。

5.【答案】A。解析：主旨题。题干：以下哪项是本文的最佳标题？

梳理文章脉络可知，文章首段首先说明欧盟委员会通过了统一欧洲手机充电接口的法律，其次指出苹果发言人的态度，最后用大量篇幅讲述了苹果在转向无线充电上所做的努力。因此 A 项"忘掉充电标准，苹果最终选择无线充电"能够概括文章大意，故为正确答案。

B 项"欧洲企图减少数据线的数量"为文章片段信息，无法概括全文，排除；C 项"欧盟委员会立法统一采用 USB-C 接口"只是文章首段大意，且统一采用 USB-C 接口仅为作者的猜测，排除；D 项"苹果强烈反对立法统一采用 USB-C 接口"不符合文意，排除。

综上所述，本题选 A。

第三章　完形填空

考情简报

题型题量概述

在银行招聘考试中，各大行对完形填空这一题型考查相对较少。中行考查较多，题量一般为 10 道；工行不稳定，2023 年度为 5 道，往年有设置 10 道题目的情况；邮储银行、交行也不稳定，有时不考查，有时又设置 5 道试题。其余银行基本不考查此题型。

考查内容概述

完形填空主要考查词义辨析、上下文理解以及固定搭配等。

一、考点讲解

（一）词汇考点

1. 近义词

完形填空中的近义词与选词填空的同义词、近义词辨析相似，但是考查范围更广。这里所有的"近义"都是"阅读层面"，而非"语义层面"上的，因此一定要代入文章来选择。近义词解题线索多在句内（或段内）。考生在平时要多阅读以增强语感。

2. 形近词

除了选词填空部分所说的形近词，形近词也可以泛指前缀或后缀一样的词。形近词的含义可能相差很多，从出题角度来看，考查的仍然是单词量。做题时可以使用排除法。形近词的解题线索一般在句内。

3. 不相关的词

不相关的词主要还是根据词本身的意思和句意来解答。答题的线索在句外。一定要根据上下文的语境和文章的内在逻辑来选择。

（二）语法考点

完形填空部分最常考的语法点有介词、连词的用法，动词的时态语态，非谓语动词及代词等。介词主要考查的仍是介词与形容词或动词的固定搭配，而连词主要考查的是对上下文逻辑关系的理解。

二、解题技巧

银行英语考试中完形填空部分往往篇幅较短，且对语法的考查和选词填空部分相似，因此在做完形填空题目时，我们可以采取"完形单选化"的解题策略，即按照做选词填空的方法来完成。有些考查时态或非谓语动词的题目，我们无须通读全文，而只看空格处所在句就可以快速识别正确选项。这样可以大大提高答题速度。但是对考查连词的题目，我们仍需联系上下文，理解文意，从文章中获取正确的逻辑关系，从而选择相应的连词。考查连词的题目，可以放在最后完成，因为它们经常与文章脉络相关，存在转折或因果等关系。

▷ 经典例题 Facebook has been playing with fire and has got its fingers burned, again. On November 29th America's Federal Trade Commission (FTC) announced that it had reached a ___1___ settlement with the giant social network over accusations that it had __2__ people about its use of their personal data. The details of the settlement make clear that Facebook, which __3__ over 800 million users, betrayed its users' trust. It is also notable __4__ it appears to be part of a broader attempt by the FTC to craft a new privacy framework to __5__ the swift rise of social networks in America.

1. A. draft   B. outline   C. sketch   D. blueprint
2. A. faked   B. misled   C. encouraged   D. lied
3. A. consists   B. constitutes   C. blows   D. boasts
4. A. because   B. unless   C. though   D. while
5. A. hold up   B. keep up   C. deal with   D. meet with

1.【答案】A。解析：此处的句意为"美国联邦贸易委员会(FTC)宣布其已……初步达成解决方案"。四个选项均既可作动词也可作名词,且作名词时都含"草图"之意。draft 专指精确的草图或草案,a draft settlement 为固定搭配,意为"一份和解草案",故 A 项为正确答案。outline 强调简化了的整体；sketch 表示某一事物整体情况所用的图、模型或语言描述；blueprint 指详细而具体的行动计划,均不符合句意。

2.【答案】B。解析：此空所在的部分是 that 引导的同位语从句,说明 accusations（控诉）的具体内容为"该社交网巨头就个人信息的使用_____用户"。mislead 意为"误导,引入歧途,把……引致错误的思想或行为",该词通常指有意或无意地使人走错路、犯错误,填入符合句意,且构成 mislead sb.（about sth.）的搭配,故 B 项为正确答案。fake 指"伪造,冒充,假装",不符合题意；根据"控诉"一词可以排除 encourage"鼓励,鼓舞"；lie"说谎,撒谎"为不及物动词,常用结构为 lie to sb. about sth.，故排除 D。

3.【答案】D。解析：此处的句意为"Facebook _____ 八亿多用户"。boast 作为动词有两层含义：一是指"自夸,自吹自擂,夸口说"；二是指"有（值得自豪的东西）",不用进行时,如 The hotel also boasts two swimming pools and a golf course.（那家宾馆还拥有两个游泳池和一个高尔夫球场。）此题考查了它的第二层含义,故 D 项 boasts 为正确答案。consist 是不及物动词,后接 of 使用才能表示"由……组成"；constitute 是及物动词,但表示"部分构成整体"；blow 指"吹动,刮,吹奏",三者均不符合句意,故排除 A、B、C。

4.【答案】A。解析：在"It is also notable _____ it appears to be part of a broader attempt ..."中,由 also 可推断出后一个 it 指代前句中的 the settlement（和解）,该句句意为"值得注意的是,_____这项和解似乎是一个更大计划的一部分",根据本段内容可知此处要填表示因果关系的连词,故 A 项的 because"因为"为正确答案。unless"除非,如果不"表条件；though"虽然,尽管"表让步；while"而,然而"表对比,均不符合文意,故排除。

5.【答案】C。解析：此处的句意为"FTC 有个更大的计划,那就是创建一个新的隐私体系以_____美国社交网络的快速崛起"。deal with"处理,应对"符合文意,C 项为正确答案。hold up"支撑,耽搁"；keep up"保持,继续"；meet with sth."遭遇某事,受到某种待遇,经历、体验（不愉快的事）",均不符合文意,故排除 A、B、D。

附录　性格测试指引

性格测试是指将科学与经验有机结合起来,针对评价目标,通过定性、定量的方式,对应试者的能力、个性、知识水平、职业倾向和发展潜力等方面进行综合测试、分析和评价。

性格测试答题策略如下。

1. 紧扣职业要求,把握答题的关键点

一是要有积极的心态。比如回答"任何人只要他有能力而且愿意努力工作是否能成功"这类题,选"是"就能反映一个人的积极心态。

二是要紧扣职业能力要求。对于明显的职业倾向类题目考生一般会做出明智的选择,如"银行的工作对我很有吸引力"等;另外,银行职业要求从业者具备较好的记忆力、观察力、逻辑推理能力、快速反应能力和抗压能力等,因此答题时要注意题目的考查方向和侧重点。比如,回答身体方面的问题"我时常咳嗽",要选"否";回答"别人对我所说的话,我立刻就忘记了",要选"否"。

2. 注意测谎类题目

测谎题的原理是题目前后重复出现,若作答不一致,将导致测评的说谎分数过高,无法通过。但也不必过于担心,不是全部题目的作答必须完全一样,在统计分数时会有个合理的缓冲区间,只要不超过这个区间即可。这类题目主要分为有固定答案的题目、一对相同的题目、一对相反的题目。

(1)有固定答案的题目。作答此类试题时,考生要仔细分辨出题人的语言拿捏度,一般这类题目中都会出现有时、偶尔等字眼,题目描述的并不是经常性的状态,而是合情合理的客观事实。

如:有时我也讲假话。①是;②否。我有时发怒。①是;②否。这两题均应选择"是"。

(2)一对相同的题目。相同题一般成对穿插出现在测评表前后。有的前后两个题目一字不差,问法完全相同,这样的题目不会造成考生理解的偏差,出错概率较小。

(3)一对相反的题目。与相同题一样,相反题也是成对穿插出现在测评表前后的。通常,相反题会从两个相反的方面对同一主题或同一情景进行考查。这类试题出错的概率较大,在作答时要运用逆向思维保持答案的一致。比如,前面问"我喜欢忙忙碌碌过日子",隔几个题目后会再问"我无法忍受闲着无事情干"。

3. 以相对论法则应对疑惑题

性格测试中,有些题目难以判断考查意图,有些题目更是雾里看花,似是而非。这就是所谓的疑惑题。考生在面对较难把握的疑惑题时,需要注意相对论法则。

决定疑惑题答案倾向性的往往是频率副词。频率副词在题干中描述一类行为出现的概率和频率,从总体上说,频率副词有两类:一类词表示的概念非常绝对,如时常、经常、总是、从来没有、几乎没有,包括大多数人这种不太明显的频率副词,我们统称之为绝对词;另一类表示的概念较为相对,发生的频率比较低,如有时、偶尔、曾经,我们将其统称为相对词。

做这类题目时,要注意审题,如"我总是会多次确认是否把门锁上",题目中的"多次确认"这个行为显然有些过分了,从专业的角度看,是强迫症的表现。